上海市工程建设规范

市域铁路工程施工质量验收标准

Standard for construction quality acceptance of suburban railway

DG/TJ 08—2436—2023
J 17004—2023

主编单位：上海申铁投资有限公司
　　　　　上海建工集团股份有限公司
批准部门：上海市住房和城乡建设管理委员会
施行日期：2023 年 12 月 1 日

同济大学出版社

2023　上海

图书在版编目(CIP)数据

市域铁路工程施工质量验收标准 / 上海申铁投资有限公司,上海建工集团股份有限公司主编. —上海：同济大学出版社,2024.4
ISBN 978-7-5765-1076-8

Ⅰ.①市… Ⅱ.①上… ②上… Ⅲ.①城市铁路-工程施工-工程验收-质量标准-上海 Ⅳ.①U239.5-65

中国国家版本馆 CIP 数据核字(2024)第 034266 号

市域铁路工程施工质量验收标准

上海申铁投资有限公司
上海建工集团股份有限公司 主编

责任编辑	朱　勇
责任校对	徐春莲
封面设计	陈益平

出版发行　同济大学出版社　www.tongjipress.com.cn
　　　　　(地址：上海市四平路 1239 号　邮编：200092　电话：021-65985622)

经　销	全国各地新华书店
印　刷	大丰市科星印刷有限责任公司
开　本	889mm×1194mm　1/32
印　张	36.5
字　数	915 000
版　次	2024 年 4 月第 1 版
印　次	2024 年 4 月第 1 次印刷
书　号	ISBN 978-7-5765-1076-8
定　价	398.00 元

本书若有印装质量问题,请向本社发行部调换　　版权所有　侵权必究

上海市住房和城乡建设管理委员会文件

沪建标定〔2023〕273 号

上海市住房和城乡建设管理委员会 关于批准《市域铁路工程施工质量验收标准》 为上海市工程建设规范的通知

各有关单位：

由上海申铁投资有限公司和上海建工集团股份有限公司主编的《市域铁路工程施工质量验收标准》，经我委审核，现批准为上海市工程建设规范，统一编号为 DG/TJ 08—2436—2023，自 2023 年 12 月 1 日起实施。

本标准由上海市住房和城乡建设管理委员会负责管理，上海申铁投资有限公司负责解释。

特此通知。

上海市住房和城乡建设管理委员会
2023 年 6 月 1 日

前　言

　　根据上海市住房和城乡建设管理委员会《关于印发〈2021年上海市工程建设规范、建筑标准设计编制计划〉的通知》（沪建标定〔2020〕771号）的要求，上海申铁投资有限公司和上海建工集团股份有限公司会同有关单位进行了广泛的调查研究，认真总结实践经验，参照国内外相关标准和规范，并在反复征求意见的基础上，制定本标准。

　　本标准的主要内容有：总则；术语；基本规定；施工测量与工程监测；材料；地下车站及构筑物；地面及高架车站；盾构隧道；桥涵；路基；轨道；装饰装修工程；站内客运设备；站台门；通风与空调；给水排水及消防水系统；牵引供电；电力；通信；信号；信息；火灾自动报警系统；环境与设备监控系统；机电系统支吊架；综合监控系统；车辆基地；综合接地；附录A~F。

　　各单位及相关人员在执行本标准过程中，如有意见和建议，请反馈至上海市交通委员会（地址：上海市世博村路300号1号楼；邮编：200125；E-mail：shjtbiaozhun@126.com），上海申铁投资有限公司（地址：上海市大木桥路16号；邮编：200032；E-mail：guoyc@shsttz.cn），上海市建筑建材业市场管理总站（地址：上海市小木桥路683号；邮编：200032；E-mail：shgcbz@163.com），以供今后修订时参考。

主 编 单 位：上海申铁投资有限公司
　　　　　　　上海建工集团股份有限公司
参 编 单 位：上海隧道工程有限公司
　　　　　　　上海天佑工程咨询有限公司
　　　　　　　上海市机械施工集团有限公司
　　　　　　　上海市基础工程集团有限公司

上海建工建材科技集团股份有限公司
上海市安装工程集团有限公司
中国中铁电气化局集团有限公司
中国铁路通信信号上海工程局集团有限公司
中国中铁四局集团有限公司
上海勘察设计研究院(集团)股份有限公司
中铁上海设计院集团有限公司
中铁第四勘察设计院集团有限公司
上海市政工程设计研究总院(集团)有限公司
上海市建筑科学研究院
上海市城市建设设计研究总院(集团)有限公司
上海建工二建集团有限公司
上海建工四建集团有限公司

主要起草人：林　强　陶叶平　李继栋　姜文星　王美华
　　　　　　杜　峰　陈利兵　魏永明　汤文军　王军良
　　　　　　冯　强　张嘉俊　赵　军　胡　锦　金仁兴
　　　　　　吴　杰　朱敏涛　王佩刚　张健丰　张　帆
　　　　　　郭春生　许琳琪　周宇冠　周　华　姚利君
　　　　　　张中杰　富秋实　张　铭　贾元迪　吴佳琪
　　　　　　庄焱风　贾海林　林海榕　徐克洋　余　鲸
　　　　　　张建其　王　洋　王松林　孙兴华　傅　丹
　　　　　　张梓升　张飞寅　方　蕾　蒋洪进　张雯静
　　　　　　罗赛楠　李剑锋　金　毅　文新伦　张西临
　　　　　　陈　晨　施　强　应　寅　汤　毅　何　健
　　　　　　范景祥　刘明荞　刘俊国　沈　振　戴加东
　　　　　　刘　洋　王海松　施　陈　王培晓
主要审查人：朱沪生　王秀志　杨立新　陆惠明　何永昶
　　　　　　陆　静　杜伟国　高　飞　徐亚玲

上海市建筑建材业市场管理总站

目 次

1 总　则 ··· 1
2 术　语 ··· 2
3 基本规定 ··· 4
　3.1 一般规定 ·· 4
　3.2 工程施工质量验收的划分 ·························· 6
　3.3 工程施工质量验收 ································ 8
　3.4 质量验收程序和组织 ······························ 9
4 施工测量与工程监测 ································· 11
　4.1 一般规定 ·· 11
　4.2 测量控制网 ······································ 11
　4.3 施工测量 ·· 15
　4.4 工程监测 ·· 19
5 材　料 ·· 21
　5.1 一般规定 ·· 21
　5.2 混凝土原材料 ···································· 22
　5.3 混凝土配合比设计 ································ 28
　5.4 特殊混凝土 ······································ 31
　5.5 钢　材 ·· 35
　5.6 预制构件 ·· 37
6 地下车站及构筑物 ···································· 40
　6.1 一般规定 ·· 40
　6.2 基坑围护 ·· 40
　6.3 地基处理 ·· 61
　6.4 桩基础 ·· 66

6.5 地下水控制 ………………………………………… 73
　　6.6 基坑开挖与回填(含支撑体系) …………………… 81
　　6.7 混凝土结构 ………………………………………… 87
　　6.8 砌体结构 …………………………………………… 112
　　6.9 主体结构防水 ……………………………………… 124
　　6.10 细部构造防水 …………………………………… 130
　　6.11 特殊施工法结构防水 …………………………… 142
7 地面及高架车站 ………………………………………… 144
　　7.1 一般规定 …………………………………………… 144
　　7.2 地基与基础 ………………………………………… 144
　　7.3 混凝土结构 ………………………………………… 144
　　7.4 钢结构 ……………………………………………… 145
　　7.5 砌体结构 …………………………………………… 170
　　7.6 膜结构 ……………………………………………… 170
　　7.7 主体结构防水 ……………………………………… 174
　　7.8 细部构造防水 ……………………………………… 175
　　7.9 屋　面 ……………………………………………… 175
8 盾构隧道 ………………………………………………… 182
　　8.1 一般规定 …………………………………………… 182
　　8.2 钢筋混凝土管片 …………………………………… 183
　　8.3 钢管片 ……………………………………………… 187
　　8.4 隧道内部结构预制构件 …………………………… 189
　　8.5 始发、接收洞口段地层处理 ……………………… 198
　　8.6 始发、接收施工及洞口防护 ……………………… 200
　　8.7 井接头 ……………………………………………… 202
　　8.8 盾构掘进及管片拼装 ……………………………… 203
　　8.9 壁后注浆 …………………………………………… 205
　　8.10 管片手孔封堵及嵌缝 …………………………… 206
　　8.11 隧道内部结构 …………………………………… 206

8.12	联络通道	212
8.13	盾构法隧道防水	222
8.14	成型隧道验收	225

9 桥 涵 227

- 9.1 一般规定 227
- 9.2 围护结构 227
- 9.3 桩基础 229
- 9.4 承台 232
- 9.5 墩台 234
- 9.6 支座垫石 239
- 9.7 支座 240
- 9.8 混凝土简支梁 242
- 9.9 预应力混凝土连续梁、连续刚构 258
- 9.10 结合梁 276
- 9.11 钢桁梁 285
- 9.12 拱桥 291
- 9.13 钢筋混凝土刚构(架)桥 301
- 9.14 斜拉桥 304
- 9.15 桥梁附属设施 312
- 9.16 涵洞 324

10 路 基 333

- 10.1 一般规定 333
- 10.2 地基处理 333
- 10.3 基床以下路堤 348
- 10.4 基床 355
- 10.5 过渡段 359
- 10.6 路基支挡工程 365
- 10.7 路基防护 377
- 10.8 路基防排水 384

	10.9 路基附属工程	392
11	轨　道	401
	11.1 一般规定	401
	11.2 普通双块式无砟道床	401
	11.3 长枕埋入式无砟道床	408
	11.4 减振式无砟道床	408
	11.5 有砟轨道道床	415
	11.6 无砟道岔	418
	11.7 有砟道岔	422
	11.8 钢轨伸缩调节器	429
	11.9 线路铺轨	431
	11.10 钢轨预打磨	439
	11.11 轨道安全设备及附属设施	440
12	装饰装修工程	445
	12.1 一般规定	445
	12.2 地面工程	445
	12.3 抹灰工程	447
	12.4 外墙防水工程	448
	12.5 饰面工程	448
	12.6 门窗工程	450
	12.7 吊顶工程	451
	12.8 轻质隔墙工程	451
	12.9 幕墙工程	451
	12.10 细部工程	452
	12.11 导向标识	452
13	站内客运设备	456
	13.1 一般规定	456
	13.2 土建交接检及井道	458
	13.3 自动扶梯与自动人行道	460

- 13.4 电梯 …… 463
- 13.5 轮椅升降机 …… 471
- 14 站台门 …… 476
  - 14.1 一般规定 …… 476
  - 14.2 门体系统 …… 476
  - 14.3 电气系统 …… 484
  - 14.4 监控系统 …… 488
  - 14.5 系统调试 …… 489
- 15 通风与空调 …… 492
  - 15.1 一般规定 …… 492
  - 15.2 风管、配件及部件制作 …… 493
  - 15.3 风管系统 …… 503
  - 15.4 设备安装 …… 506
  - 15.5 空调水系统 …… 516
  - 15.6 防排烟系统 …… 522
  - 15.7 空调制冷系统 …… 527
  - 15.8 防腐与绝热 …… 529
  - 15.9 系统调试 …… 532
- 16 给水排水及消防水系统 …… 535
  - 16.1 一般规定 …… 535
  - 16.2 室内给水系统 …… 536
  - 16.3 室内排水系统 …… 568
  - 16.4 室内热水系统 …… 577
  - 16.5 卫生器具 …… 581
  - 16.6 室外给水管网 …… 586
  - 16.7 室外排水管网 …… 594
  - 16.8 气体灭火系统 …… 596
- 17 牵引供电 …… 604
  - 17.1 一般规定 …… 604

17.2　牵引变电所 ································· 605
　　17.3　柔性接触网 ································· 636
　　17.4　供电调度及远动系统 ······················· 678
18　电　力 ··· 681
　　18.1　一般规定 ··································· 681
　　18.2　基　础 ····································· 681
　　18.3　电气装置 ··································· 682
　　18.4　电缆敷设 ··································· 696
　　18.5　35 kV及以下架空线路 ······················ 702
　　18.6　低压配电 ··································· 703
　　18.7　电气照明 ··································· 712
　　18.8　防雷、接地 ································· 720
　　18.9　光伏发电系统 ······························· 726
19　通　信 ··· 729
　　19.1　一般规定 ··································· 729
　　19.2　通信管线 ··································· 729
　　19.3　通信线路 ··································· 733
　　19.4　机房设备 ··································· 746
　　19.5　电源及接地系统 ····························· 753
　　19.6　传输系统 ··································· 757
　　19.7　专用移动通信系统 ··························· 759
　　19.8　电话交换系统 ······························· 765
　　19.9　有线调度通信系统 ··························· 768
　　19.10　综合视频监控系统 ·························· 770
　　19.11　时钟同步及时间同步系统 ···················· 774
　　19.12　综合网管系统 ······························ 777
　　19.13　应急通信系统 ······························ 778
　　19.14　公安通信系统 ······························ 779

20 信 号 782
20.1 一般规定 782
20.2 光(电)缆线路 782
20.3 地面固定信号 791
20.4 轨道占用检查装置 804
20.5 应答器及室外地面电子单元 817
20.6 车载信号的地面检测设备 821
20.7 道岔转辙装置 823
20.8 室内设备 829
20.9 信号电源 840
20.10 计算机联锁 841
20.11 列车运行控制系统 843
20.12 调度集中系统 845
20.13 信号监测系统 846
20.14 车辆段调车防护系统 848
20.15 车辆段控制集中系统 849
20.16 辅助系统 850

21 信 息 853
21.1 一般规定 853
21.2 客票系统 853
21.3 旅客服务信息系统 860
21.4 动车组管理信息系统 864
21.5 办公信息系统 865
21.6 系统布线 866
21.7 安防系统 869
21.8 门禁系统 873

22 火灾自动报警系统 875
22.1 一般规定 875
22.2 管线敷设 875

	22.3	设备安装	877
	22.4	系统调试	882
23	环境与设备监控系统	888
	23.1	一般规定	888
	23.2	管线敷设	888
	23.3	设备安装	889
	23.4	系统调试	892
24	机电系统支吊架	895
	24.1	一般规定	895
	24.2	风管系统支吊架	896
	24.3	管道系统支吊架	899
	24.4	电气系统支吊架	903
	24.5	综合支吊架与抗震支吊架	904
25	综合监控系统	907
	25.1	一般规定	907
	25.2	光(电)缆线路敷设	907
	25.3	设备安装及配线	908
	25.4	电源与接地	909
	25.5	系统调试	910
26	车辆基地	914
	26.1	一般规定	914
	26.2	基地构筑物	915
	26.3	主要工艺设备	922
	26.4	非标准工艺设备	940
	26.5	车辆基地功能检验	943
27	综合接地	947
	27.1	一般规定	947
	27.2	贯通地线	947
	27.3	接地体和接地端子	949

27.4 等电位连接 ··· 953
附录 A 施工现场质量管理检查记录 ···················· 955
附录 B 市域铁路工程的分部分项工程划分 ············ 956
附录 C 检验批质量验收记录 ····························· 1006
附录 D 分项工程质量验收记录 ·························· 1007
附录 E 分部(子分部)工程质量验收记录 ············· 1008
附录 F 单位(子单位)工程质量竣工验收记录 ········ 1009
本标准用词说明 ·· 1013
引用标准名录 ··· 1014
条文说明 ··· 1025

Contents

1 General provisions 1
2 Terms 2
3 Basic regulations 4
   3.1 General requirements 4
   3.2 Division of acceptance of constructional quality 6
   3.3 Project construction quality acceptance 8
   3.4 Procedure and organization of acceptance of constructional quality 9
4 Construction surveying and engineering monitoring 11
   4.1 General requirements 11
   4.2 Surveying control network 11
   4.3 Construction surveying 15
   4.4 Engineering monitoring 19
5 Materials 21
   5.1 General requirements 21
   5.2 Concrete raw materials 22
   5.3 Design of concrete 28
   5.4 Special concrete 31
   5.5 Steel products 35
   5.6 Precast member 37
6 Underground station and structure 40
   6.1 General requirements 40
   6.2 Foundation pit enclosure 40
   6.3 Foundation treatment 61

6.4	Pile foundation	66
6.5	Groundwater control	73
6.6	Foundation pit excavation and backfilling (including support system)	81
6.7	Concrete structure	87
6.8	Masonry structure	112
6.9	Waterproof of main structure	124
6.10	Waterproof of detailed structure	130
6.11	Waterproof of special construction method structure	142

7 Ground and elevated stations 144

7.1	General requirements	144
7.2	Subgrade and foundation	144
7.3	Concrete structure	144
7.4	Steel construction	145
7.5	Masonry structure	170
7.6	Membrane structure	170
7.7	Waterproof of main structure	174
7.8	Waterproof of detailed structure	175
7.9	Roof	175

8 Shield tunnel 182

8.1	General requirements	182
8.2	Concrete segment	183
8.3	Steel segment	187
8.4	Prefabricated components for tunnel interior structures	189
8.5	Ground treatment works of launching shaft and receiving shaft	198

8.6	Construction and protection of launching shaft and receiving shaft	200
8.7	Joint of working shaft	202
8.8	Shield tunneling and segment assembly	203
8.9	Grouting for tunnel	205
8.10	Hand hole sealing and caulking of segments	206
8.11	Internal structure of tunnel	206
8.12	Connect channel	212
8.13	Waterproof of shield tunnel	222
8.14	Acceptance of formed tunnel	225

9 Bridge and culvert 227

9.1	General requirements	227
9.2	Retaining structures	227
9.3	Pile foundation	229
9.4	Pile caps	232
9.5	Abutment	234
9.6	Support mat stone	239
9.7	Support	240
9.8	Concrete simple-supported beam	242
9.9	Prestressed concrete continuous beam and continuous rigid frame	258
9.10	Bond beam	276
9.11	Steel truss beam	285
9.12	Arch bridge	291
9.13	Concrete rigid frame bridge	301
9.14	Cable stayed bridge	304
9.15	Bridge ancillary facilities	312
9.16	Culvert	324

10	Roadbed	333
	10.1 General requirements	333
	10.2 Foundation treatment	333
	10.3 Embankment below the foundation bed	348
	10.4 Foundation bed	355
	10.5 Changeover portion	359
	10.6 Retaining works of roadbed	365
	10.7 Subgrade protection	377
	10.8 Waterproof and drainage of roadbed	384
	10.9 Subgrade ancillary works	392
11	Track	401
	11.1 General requirements	401
	11.2 Ordinary double-block type ballastless road bed	401
	11.3 Long sleeper embedding ballastless road bed	408
	11.4 Damping ballastless road bed	408
	11.5 Track bed with gravel	415
	11.6 Ballastless turnout	418
	11.7 Gravel turnout	422
	11.8 Rail stretching regulator	429
	11.9 Line track laying	431
	11.10 Steel rail pre-grinding	439
	11.11 Track safety equipment and ancillary equipments	440
12	Decoration	445
	12.1 General requirements	445
	12.2 Ground	445
	12.3 Plastering engineering	447
	12.4 Exterior wall waterproof engineering	448

12.5　Architectural surface engineering …………… 448
12.6　Door and window engineering ……………… 450
12.7　Hang ceiling engineering ……………………… 451
12.8　Light partition wall engineering …………… 451
12.9　Curtain wall engineering ……………………… 451
12.10　Detail ……………………………………………… 452
12.11　Guide signs ……………………………………… 452
13　Passenger traffic equipment in stations ……………… 456
13.1　General requirements ………………………… 456
13.2　Civil engineering handover inspection and shaft track …………………………………………… 458
13.3　Escalator and moving sidewalk …………… 460
13.4　Stair lift ………………………………………… 463
13.5　Wheel chair lift ……………………………… 471
14　Platform screen door …………………………………… 476
14.1　General requirements ………………………… 476
14.2　Door system …………………………………… 476
14.3　Electric system ………………………………… 484
14.4　Monitoring system …………………………… 488
14.5　System test …………………………………… 489
15　Ventilation and air condition ………………………… 492
15.1　General requirements ………………………… 492
15.2　Production of air ducts and parts ………… 493
15.3　Duct system …………………………………… 503
15.4　Installation of equipment …………………… 506
15.5　Air condition water system ………………… 516
15.6　Smoke control and exhaust system ……… 522
15.7　Air conditioning refrigeration system …… 527
15.8　Anticorrosion and heat insulation ………… 529

15.9　System test ································· 532
16　Water supply and drainage and fire protection water system ··· 535
　　16.1　General requirements ························· 535
　　16.2　Interior water supply system ················ 536
　　16.3　Interior plumbing system ···················· 568
　　16.4　Interior hot water system ··················· 577
　　16.5　Sanitary ware ································ 581
　　16.6　Outdoor network of water supply ············ 586
　　16.7　Outdoor network of drains ··················· 594
　　16.8　Gas fire extinguishing system ··············· 596
17　Traction power supply ······························ 604
　　17.1　General requirements ························· 604
　　17.2　Traction substation ·························· 605
　　17.3　Flexible contact network ···················· 636
　　17.4　Power supply dispatching and remote operation system ··· 678
18　Electric power ······································ 681
　　18.1　General requirements ························· 681
　　18.2　Foundation ···································· 681
　　18.3　Electric installation ························ 682
　　18.4　Cable laying ·································· 696
　　18.5　Overhead line with 35 kV and below ·········· 702
　　18.6　Low-voltage distribution ····················· 703
　　18.7　Electric lighting ····························· 712
　　18.8　Anti-thunder and grounding ··················· 720
　　18.9　Photovoltaic system ·························· 726
19　Communication ······································· 729
　　19.1　General requirements ························· 729
　　19.2　Communication pipeline ······················· 729

- 19.3 Telecommunication line ... 733
- 19.4 Machine room equipment ... 746
- 19.5 Power supply and grounding system ... 753
- 19.6 Transmission system ... 757
- 19.7 Dedicated mobile communication system ... 759
- 19.8 Telephone switching system ... 765
- 19.9 Wired dispatch communication system ... 768
- 19.10 Integrated video surveillance system ... 770
- 19.11 Clock and time synchronization system ... 774
- 19.12 Integrated network management system ... 777
- 19.13 Emergency communication system ... 778
- 19.14 Public security communication system ... 779
- 20 Signals ... 782
- 20.1 General requirements ... 782
- 20.2 Optical (electric) cable line ... 782
- 20.3 Ground fixed signal ... 791
- 20.4 Track occupancy inspection device ... 804
- 20.5 Transponder and outdoor ground electronic unit ... 817
- 20.6 Ground detection equipment for vehicle signals ... 821
- 20.7 Switching device ... 823
- 20.8 Indoor equipment ... 829
- 20.9 Signal power source ... 840
- 20.10 Computer interlocking ... 841
- 20.11 Train operation control system ... 843
- 20.12 Centralized traffic control system ... 845
- 20.13 Signal monitoring system ... 846
- 20.14 Vehicle depot switching protection system ... 848
- 20.15 Depot control centralized system ... 849

20.16　Auxiliary system …… 850
21　Information …… 853
　　　21.1　General requirements …… 853
　　　21.2　Ticket system …… 853
　　　21.3　Passenger service information system …… 860
　　　21.4　CRH train management information system …… 864
　　　21.5　Office information system …… 865
　　　21.6　System wiring …… 866
　　　21.7　Security and protection system …… 869
　　　21.8　Access control system …… 873
22　Automatic fire alarming system …… 875
　　　22.1　General requirements …… 875
　　　22.2　Line laying …… 875
　　　22.3　Installation of equipment …… 877
　　　22.4　System test …… 882
23　Environment and equipment monitoring system …… 888
　　　23.1　General requirements …… 888
　　　23.2　Line laying …… 888
　　　23.3　Installation equipment …… 889
　　　23.4　System test …… 892
24　Electromechanical system support and hanger …… 895
　　　24.1　General requirements …… 895
　　　24.2　Support and hanger of air duct system …… 896
　　　24.3　Pipe system support and hanger …… 899
　　　24.4　Electrical system support and hanger …… 903
　　　24.5　Comprehensive support hanger and seismic support hanger …… 904
25　Integrated supervisory and control system …… 907
　　　25.1　General requirements …… 907
　　　25.2　Optical (electric) cable line laying …… 907

25.3	Installation and wiring of equipment	908
25.4	Power supply and earthing	909
25.5	System test	910

26 Vehicle base 914
    26.1 General requirements 914
    26.2 Base building 915
    26.3 Major process equipment 922
    26.4 Unnormalized process equipment 940
    26.5 Functional inspection of the vehicle base 943

27 Integrated grounding 947
    27.1 General requirements 947
    27.2 Grounding wire 947
    27.3 Earth electrode and earth terminal 949
    27.4 Equipotential connection 953

Appendix A Records of quality management inspection in construction site 955
Appendix B Division of part and sub-item projects 956
Appendix C Quality acceptance record of inspection lot 1006
Appendix D Quality acceptance record of subentry engineering 1007
Appendix E Quality acceptance record of part project (sub-part project) 1008
Appendix F Completion acceptance record of unitproject (subunit project) 1009

Explanation of wording in this standard 1013
List of quoted standards 1014
Explanation of provisions 1025

1 总　则

1.0.1 为加强市域铁路工程施工质量管理，规范市域铁路工程施工质量验收，保证工程质量与安全可靠，特制定本标准。

1.0.2 本标准适用于新建设计速度为 160 km/h 及以下，采用交流电力牵引的标准轨距市域铁路工程的施工质量验收，改建和扩建的市域铁路工程在技术条件相同时也可适用。

1.0.3 市域铁路施工过程中涉及的新技术、新工艺、新设备、新材料，其施工质量的验收应符合设计文件和相应标准的要求。

1.0.4 市域铁路工程施工质量的验收除应符合本标准外，尚应符合国家、行业和本市现行有关标准的规定。

2 术 语

2.0.1 市域铁路 suburban railway

实现中心城与新城、新市镇组团之间的快速度、公交化、通勤化、大运量的轨道交通系统。

2.0.2 质量证明文件 quality certificate document

随同进场材料、构配件、器具、半成品、设备等一同提供用于证明其质量状况的有效文件(含电子文档),包括合格证、出厂检验报告和型式检验报告等。

2.0.3 进场检验 site inspection

对进入施工现场的建筑材料、构配件、设备及器具,按相关标准的要求进行检验,并对其质量、规格及型号等是否符合要求做出确认的活动。

2.0.4 验收 acceptance

在施工单位自行检查评定合格的基础上,参与建设活动的有关单位根据设计文件和相关标准,共同对检验批、分项、分部、单位工程的质量按有关规定进行检验,根据相关标准以书面形式对工程施工质量达到合格与否做出确认。

2.0.5 检验 inspection

对项目的性能进行量测、检查、试验等,并将结果与标准规定要求进行比较,以确定每项性能是否合格所进行的活动。

2.0.6 检验批 inspection lot

按相同的生产条件或按规定的方式汇总起来供检验用的、由一定数量样本组成的检验体。

2.0.7 工序 construction procedure

施工过程中具有相对独立特点的作业活动,或由必要的技术间歇及停顿分割的作业活动,是组成施工过程的基本单元。

2.0.8 主控项目 dominant item

工程中对安全、节能、卫生、环境保护、公众利益和主要使用功能起决定性作用的检验项目。

2.0.9 一般项目 general item

除主控项目以外的检验项目。

2.0.10 旁站 on-site supervision

监理单位对工程的关键部位或关键工序的施工质量进行的监督活动。

2.0.11 见证检验 witness inspection

监理单位对施工单位材料检验或某项检测、试验过程进行的监督活动。

2.0.12 见证取样 sampling witness

监理单位对施工单位进行的涉及结构安全的试块、试件及工程材料现场取样、封样、送检工作的监督活动。

2.0.13 平行检验 parallel inspection

在施工单位自检的同时,监理单位按有关规定或约定对同一检验项目进行的检测试验活动。

2.0.14 抽样检验 sampling inspection

按照规定的抽样方案,监理单位对进场的原材料、构配件、半成品、设备或者施工活动过程产品随机抽取一定数量的检测点所进行的检验,检测点应具有特征代表性。

2.0.15 交接检验 handing over inspection

由施工的承接方和完成方共同检查并对可否继续施工做出确认的活动。

3 基本规定

3.1 一般规定

3.1.1 工程施工质量管理应有健全的质量管理体系、质量技术标准、质量控制和质量检验制度。工程施工质量管理可按本标准附录 A 的要求进行检查记录。

3.1.2 工程施工质量控制应符合下列规定：

  1 工程采用的主要材料、半成品、构配件和设备，应符合相关技术文件或产品质量标准的规定。施工单位应对其外观、规格、型号和质量证明文件等进行验收，并经监理工程师检查认可。

  2 各工序应按施工规范和技术标准进行质量控制，每道工序完成后，施工单位应进行自查，并形成验收记录。

  3 每两道工序之间应进行交接检验，经监理工程师认可并形成交接验收记录。上道工序应满足下道工序的施工条件和技术要求，未经检验或检验不合格不得进行下道工序施工。

  4 施工所采用的计量和测试的仪器、仪表等，应按计量法规的规定进行检测与校准。

  5 在设备安装结束并完成单机性能指标检测后，应进行各子系统的功能调试；各子系统功能调试合格后，应进行系统集成联动功能调试；系统调试前，施工单位应编制完整的调试大纲，调试大纲应报送监理单位和建设单位审核批准后方可实施。

3.1.3 工程施工质量验收应符合下列规定：

  1 施工质量验收应符合本标准、相关验收规范的规定和工程设计文件的要求。

2 工程施工质量的验收均应在施工单位自行检查评定合格的基础上进行。

　　3 工程施工质量验收应包括实体质量检查与主要功能检查、观感质量检查、质量保证资料检查等内容。

　　4 检验批的质量应按主控项目和一般项目验收。

　　5 对涉及结构安全、节能、环境保护和主要使用功能的试块、试件等，应在进场时或施工过程中按规定进行平行检验，各系统安装完成后应进行使用功能检测。

　　6 隐蔽工程在覆盖前应按国家法律法规和本标准要求，由施工单位通知监理单位进行验收，并应形成验收文件，留存影像资料，经监理工程师验收合格后方可进入下道工序施工。

　　7 单位工程以及涉及结构安全、节能、环境保护和主要使用功能的重要分部工程在验收前应按规定进行抽样检验。

　　8 工程的观感质量应由验收人员现场检查和共同确认。

3.1.4 工程各类质量检测报告、检查验收记录和其他工程技术资料，应按规定编制并严格履行责任人签字确认制度。

3.1.5 各类主体工程应在土建施工阶段为机电安装和四电集成工程的接口提供基础条件，其预埋件产品质量与预留位置尺寸等应符合设计要求，并应纳入施工阶段的工序管控。

3.1.6 调度、运营、培训、车辆基地等生产生活设施的房屋建筑、庭院广场等附属设施及各类系统设备的工程划分和施工质量验收应符合现行国家标准《建筑工程施工质量验收统一标准》GB 50300 的相关规定。

3.1.7 防雷及接地工程的施工质量验收除应符合本标准外，尚应符合现行国家标准《建筑物防雷工程施工与质量验收规范》GB 50601 的相关规定。

3.1.8 工程质量验收的相关操作人员应持证上岗，所使用的验收器具应处于有效期内。

3.2 工程施工质量验收的划分

3.2.1 工程施工质量验收应划分为单位(子单位)工程、分部(子分部)工程、分项工程和检验批。

3.2.2 单位工程应按一个完整工程或一个相当规模的施工范围划分,且应符合下列规定:

 1 具备独立施工条件并能形成独立使用功能的建筑物及构筑物应划分为一个单位工程。

 2 规模较大的单位工程,可根据其独立使用功能或结构形式,划分为若干个子单位工程。

3.2.3 分部工程应按一个完整部位或主要结构及施工阶段划分,且应符合下列规定:

 1 可按专业性质、建筑物部位确定。

 2 当分部工程较大或较复杂时,可按材料种类、施工特点、施工程序、专业系统及类别将分部工程划分为若干个子分部工程。

3.2.4 分项工程应按主要工种、工序、材料、施工工艺、设备类别等划分。

3.2.5 检验批可根据施工质量控制和验收需要按施工部位、工程量、施工段或变形缝等划分。

3.2.6 各单位工程、子单位工程宜按下列规定划分:

 1 车站的单位、子单位工程划分宜符合下列规定:

  1) 每座独立的车站宜划分为一个单位工程;

  2) 分属于不同线路的换乘站的车站工程、同一车站采用不同工法施工的区段、不同期实施施工的车站工程、车站每个出入口或风道等附属结构工程宜划分为子单位工程。

 2 区间的隧道、桥涵、路基的单位、子单位工程划分宜符合下列规定：

    1）每段独立的区间宜划分为一个单位工程；

    2）同一区间采用不同工法施工的区段、区间附属工程、同一区间不同期实施施工的区段、同一区间划分为不同施工标段的区段宜划分为子单位工程。

  3 车辆基地的单位、子单位工程划分宜符合下列规定：

    1）每座车辆段、停车场或车辆基地宜划分为一个单位工程；

    2）车辆段、停车场或车辆基地内具有独立使用功能单体工程、工艺设备安装、道路及环境、管线等附属工程宜分别划分为子单位工程。

  4 轨道工程的单位、子单位工程划分宜符合下列规定：

    1）轨道工程宜划分为一个单位工程；

    2）分期施工的、分标段施工的、车辆基地范围内的轨道工程宜分别划分为子单位工程。

  5 牵引供电、电力、通信、信号、信息等独立的线性工程宜各划分为一个单位工程，子单位工程的划分宜符合下列规定：

    1）分期施工的、分标段施工的、车辆基地范围内的通信、信号、供电工程宜分别划分为子单位工程；

    2）专用通信系统、公安通信系统、民用通信系统宜各划分为一个子单位工程；

    3）每座牵引变电所或电力主变电所工程宜划分为子单位工程。

  6 具有独立功能的火灾自动报警、环境与设备监控、综合监控等系统宜整体划为一个单位工程；分期施工的、分标段施工的上述工程宜划分为一个子单位工程。

3.2.7 分部分项工程划分宜按本标准附录B采用。

3.3 工程施工质量验收

3.3.1 参建单位应按照各自的职责范围,对施工阶段的工程施工质量进行控制。每道工序完工后,都应采取相应的检测手段检查施工质量,并形成记录。

3.3.2 检验批的质量验收应包括下列内容:

  1 实物检查:原材料、构配件、成品、半成品等的检验应按进场的批次和本标准规定的抽样检验进行;工序质量的检验应按本标准规定的抽样检验进行。

  2 资料检查:原材料、构配件、成品、半成品等的质量证明文件(质量合格证,规格、型号及性能检测报告等)和检验报告,工序的施工记录、自检和交接检验记录、平行检验报告、见证检验报告、隐蔽工程验收记录、关键工序的影像资料等。

3.3.3 检验批施工质量验收合格应符合下列规定:

  1 主控项目的质量经抽样检验全部合格。

  2 一般项目的质量经抽样检验合格。当采用计数抽样检验时,有允许偏差的抽样点,除有专门要求外,合格率应达到80%及以上;最大偏差不应大于规定允许偏差的1.5倍,其中钢结构工程不合格点的最大(或最小)偏差值不应大于规定允许偏差的1.2倍,且不合格点不应集中,不应有严重缺陷。

  3 具有完整的施工原始记录、质量检查记录。

3.3.4 分项工程施工质量验收合格应符合下列规定:

  1 分项工程所含的检验批的质量均应验收合格。

  2 分项工程所含的检验批质量验收记录应完整。

3.3.5 分部(子分部)工程施工质量验收合格应符合下列规定:

  1 分部(子分部)工程所含分项工程的质量均应验收合格。

  2 质量控制资料应完整。

  3 有关安全、节能、环境保护和主要使用功能的抽样检验结果应符合相应规定。

　　4　观感质量应符合要求。

3.3.6　单位工程(子单位)施工质量验收合格应符合下列规定：

　　1　单位工程（子单位）所含分部工程施工质量均应验收合格。

　　2　质量控制资料应完整。

　　3　单位(子单位)工程所含分部工程有关安全、节能、环境保护和主要使用功能的检测资料应完整。

　　4　主要功能项目的抽查结果应符合本标准的规定。

　　5　观感质量应符合要求。

3.3.7　工程施工质量验收记录可按下列规定填写：

　　1　检验批质量验收记录可按本标准附录C填写,填写时应具有现场验收检查原始记录。

　　2　分项工程质量验收记录可按本标准附录D填写。

　　3　分部工程质量验收记录可按本标准附录E填写。

　　4　单位工程质量验收记录应包括质量控制资料核查记录、安全和功能检验资料核查记录、主要功能抽查记录及观感质量检查记录,应按本标准附录F填写。

3.3.8　当工程质量不符合要求时,应按下列规定进行处理：

　　1　经返工或返修的,应重新进行验收。

　　2　经有资质的检测机构检测鉴定能够达到设计要求的工程,应予以验收。

　　3　通过返修或加固处理仍不能满足安全使用要求的工程,严禁验收。

3.4　质量验收程序和组织

3.4.1　施工质量验收应按检验批、分项工程、分部(子分部)工程、单位(子单位)工程和竣工质量验收的顺序进行验收。

3.4.2 检验批应由专业监理工程师组织施工单位项目专职质量检查员等进行验收。

3.4.3 分项工程应由专业监理工程师组织施工单位项目专业技术负责人等进行验收。

3.4.4 分部工程应由总监理工程师组织施工单位项目负责人和项目技术负责人等进行验收。勘察、设计单位项目负责人和施工单位技术、质量部门负责人应参加地基与基础分部工程的验收，设计单位项目负责人和施工单位技术、质量部门负责人应参加主体结构、节能分部工程的验收。

3.4.5 单位工程验收应由建设单位项目负责人组织勘察、设计、施工、监理等单位项目负责人进行验收。

3.4.6 单位工程有分包单位施工时，分包单位对所承包的工程项目应进行自检，并按本标准规定的程序进行验收，总包单位应派人参加。分包单位应将其质量控制资料整理完整，并移交给总包单位。

3.4.7 竣工质量验收应由建设单位组织验收组按施工标段进行验收。验收组应由建设、勘察、设计、施工、监理等单位的有关负责人组成。验收组组长应由建设单位有关负责人担任。

4 施工测量与工程监测

4.1 一般规定

4.1.1 施工现场应建立测量多级复核制度,实施前应编制测量专项方案,经审批后方可实施。

4.1.2 工程监测实施前,应编写监测专项方案,并按规定报批后方可实施。

4.1.3 施工测量和工程监测所用仪器设备和软件系统应符合下列规定:

1 需计量检定、校准的测量仪器设备,应按要求进行检定、校准,并在检定、校准的有效期内使用。

2 测量仪器应定期检查,必要时应校正。

3 测量仪器设备应在其使用说明书给定的作业条件下使用,使用时应避免受机械振动和光电干扰等影响。当仪器设备发生异常时,应停止使用。

4 软件系统应通过专业测评或第三方试验验证。

4.1.4 施工测量和工程监测记录应真实、齐全、规范,并妥善保管。

4.2 测量控制网

4.2.1 平面控制网检查验收应符合下列规定:

1 卫星定位控制网应选取精度可靠、均匀分布、数量3个以上、等级为城市二等(或城市卫星定位CORS站)及以上的控制点作为起算点。

2 轨道面的综合投影长度变形值不应大于 15 mm/km 及设计文件的要求。

3 平面控制沿线路走向布设,相邻控制点应相互通视。设计的车站、风井位置应至少有 1 个通视的控制点,控制点使用强制归心观测标或强制归心观测墩建造。

4 明挖段、高架段首级控制点间距不应大于 1 000 m,精密导线点间距不应大于 350 m。

5 控制点应点位稳定、标型合理、相邻点通视良好。

6 卫星定位控制网外业观测接收机的精度等级和同步观测时段长度,内业解算的基线质量和闭合差、约束平差后的点位中误差、边长相对中误差等技术指标应满足现行国家标准《城市轨道交通工程测量规范》GB/T 50308 相应等级的要求。

7 精密导线外业观测仪器标称精度等级(含测角、测距)、测站观测限差、往返测较差,内业解算的坐标和方位闭合差、点位中误差、边长相对中误差等技术指标应满足现行国家标准《城市轨道交通工程测量规范》GB/T 50308 的要求。

8 成果资料应包括控制网图、测量仪器、外业观测及气象记录、控制网平差资料和精度评定资料、控制点成果表、点之记等。

检验数量:施工单位、监理单位全数检查。

检验方法:检查测量成果,包括起算点数量及可靠性、投影长度变形值的合理性、控制点分布和通视情况、测量记录和规范符合情况。

4.2.2 高程控制网的检查验收应符合下列规定:

1 高程控制网应以沿线基岩标作为起算点。

2 每个车站高程控制点应设不少于 1 个深埋水准点、1 个浅埋水准点,高架段区间段深埋点间距不宜超过 3 km。深埋水准点宜选⑦$_2$层作为持力层;考虑控制点资源共享,可利用邻近 0.6 km 范围内已有满足条件的深埋水准点。

3 水准测量按现行国家标准《国家一、二等水准测量规范》

GB/T 12897 中二等水准测量的相关技术要求执行。

4 成果资料应包括水准网图、测量仪器及检验资料、外业观测及气象记录、控制网平差资料和精度评定资料、控制点成果表、点之记等。

检验数量：施工单位、监理单位全数检查。

检验方法：检查测量成果，包括检查起算点数量及可靠性、控制点分布和埋设情况、仪器和标尺、测量记录及规范符合情况。

4.2.3 地面控制网定期复测应符合下列规定：

1 建设期间的控制网复测频率应满足测量方案和控制网有效性维护的要求，首次复测应在开工前完成。

2 复测应按原测相同的测量方法、不低于原测的精度要求实施。

3 控制点日常使用前应进行相邻关系检测。

4 地面控制点的相邻关系应符合表 4.2.3 的要求，否则应联测修正。

表 4.2.3 地面控制点的相邻关系

相邻点夹角检测限差		相邻点边长检测		相邻高程控制点检测
边长>1 km	边长≤1 km	边长>1 km	边长≤1 km	高差不符值 $<8\sqrt{L}$ mm (L 为线路长，单位为 km)
±5″	±8″	相对精度优于 1/100 000	边长检测较差≤10 mm	

注：相邻点的边长检测值应采用往返观测后的平均值。

检验数量：施工单位、监理单位全数检查。

检验方法：检查复测次数、精度、稳定性评价及选用合理性。

4.2.4 调线调坡测量、轨道施工测量前应测设轨道控制网，控制点间距宜为 30 m～60 m，现场应埋设强制对中标志，强制对中标志的三方向坐标分量上的重复安装误差和互换安装误差应不大于 0.4 mm。

检验数量：施工单位、监理单位全数检查。

检验方法:检查控制网测量成果资料,现场测量对中标志。

4.2.5 轨道控制网测量应符合现行国家标准《城市轨道交通工程测量规范》GB/T 50308 的要求,检查验收应符合下列规定:

1 固定约束平差后的主要技术要求应符合表 4.2.5 的规定。

表 4.2.5 固定约束平差后的主要技术要求

与起算点联测		任意设站导线网联测		方向观测中误差	距离观测中误差	点位中误差	相邻点相对点位中误差
方向改正数	距离改正数	方向改正数	距离改正数				
≤4.0″	≤4 mm	≤3.0″	≤2 mm	≤1.8″	≤1 mm	≤3 mm	≤1 mm

2 高程控制网平差后,高程中误差不应超过±2 mm,相邻点高差中误差不应超过±1 mm。

3 分段测量时,相邻段的交接部位不应位于道岔区。分段的区间长度不宜小于 2 km 或一个区间长度,相邻段重复测量的控制点不少于 4 对,重叠点的坐标或高程差值不超过±3 mm。

4 成果资料应包括测量仪器及检验资料、外业观测及气象记录、控制点联测示意图、平差计算及精度评定资料、平面和高程成果表、对中装置等。

检验数量:施工单位、监理单位全数检查。

检验方法:检查控制网测量成果资料。

4.2.6 地面控制网应与城市控制网联测,沿线相交叉或邻近的相关工程有完好的控制网点时应联测,无联测条件时应实测相关工程的结构坐标,验证拟建结构与已有结构之间空间位置的协调性。

检验数量:施工单位、监理单位全数检查。

检验方法:检查测量记录和互差情况。

4.2.7 控制网测量资料应完整,档案应规整,成果表达应合理。

检验数量:施工单位、监理单位全数检查。

检验方法：检查控制测量资料。

4.3 施工测量

4.3.1 单位工程施工测量的起算控制点、相邻标段联测、测量资料使用应符合下列规定：

1 起算控制点应成果正确、来源可靠。

2 地面控制点加密或使用前应进行相邻工点联测，互差符合精度要求。

3 既有测量成果应先复测后使用，复测周期不宜大于3个月。复测互差应符合精度要求，超限时应查明原因、申报原测单测检查复位。

4 测量资料应来源明确，使用前应复核验算。

5 控制点的交接、相邻工程的联测、既有测量成果的复测应留有记录。

检验数量：施工单位、监理单位全数检查。

检验方法：外业测量及坐标、高程成果资料核算。

4.3.2 工点施工前期的土方测量、拆迁测量应收集已有地形测绘成果并实测验证。

检验数量及方法：施工单位进行外业测量、内业计算全数检查；监理单位旁站监督、内业全数检查。

4.3.3 盾构法（或暗挖法）隧道施工测量内容包括地面控制测量、联系测量、隧道内控制测量、掘进（或暗挖）施工测量、贯通测量和竣工测量，应符合下列规定：

1 地面控制点使用和检查应符合本标准第4.3.1条的要求。

2 每个区间的联系测量次数不应少于3次。暗挖区间贯通长度大于1.5 km时，应增加联系测量次数，平面联系测量应采用2种以上方法重复验证。

3 隧道内控制点应稳固、标识明确,平面控制点宜采用强制对中装置。控制测量向施工面引测时,应起算于稳定的导线点或高程点。

4 盾构掘进期间,应人工实测拼装环偏差,验证自动导向系统的有效性。

5 隧道贯通后应测量隧道纵向、横向和高程贯通误差。

6 贯通后应以始发和接收工作井内的控制点为起算点,对隧道内的导线点和水准点分别重新组成附合路线、附合水准,作为隧道竣工测量的起算基准。

检验数量:施工单位全数检查;监理单位对控制测量成果全数检查,对施工放样旁站监督且独立测量抽检不少于20%,对测量资料全数检查。

4.3.4 高架结构施工测量包括地面控制网加密测量、柱(墩)基础施工放样、承台放样、柱(墩)施工测量、上部结构施工测量和竣工测量,应符合下列规定:

1 地面控制点使用和检查应符合本标准第4.3.1条的要求。地面控制点密度不能满足施工放样要求时,应按现行国家标准《城市轨道交通工程测量规范》GB/T 50308的精度导线、二等水准要求,测设加密控制点。

2 各阶段施工放样应逐墩测设中心点、中线切线和法线桩,点位放样后应有校核或验证措施。

检验数量:施工单位全数检查;监理单位对加密控制点全数检查,对施工放样旁站监督且独立测量抽检不少于20%,对测量资料全数检查。

4.3.5 明挖隧道和车站施工测量包括地面控制网加密测量、围护结构施工放样、基坑开挖测量和结构施工测量,应符合下列规定:

1 地面控制点使用和检查应符合本标准第4.3.4条第1款的要求。

2 施工前土方测量、拆迁测量应符合本标准第4.3.2条的要求。

3 围护结构施工测量应满足施工工法对中线坐标、顶底标高、垂直度控制的要求。

4 基坑开挖、结构施工测量应结合施工方法实施,满足轴线、标高定位精度要求。

检验数量:施工单位全数检查;监理单位对加密控制点全数检查,对施工放样旁站监督且独立测量抽检不少于20%,对测量资料全数检查。

4.3.6 暗挖隧道和车站施工测量符合本标准第4.3.3条第1~3、5、6款的要求。

4.3.7 轨道竣工测量的成果检查验收应符合下列规定:

1 正线轨道的测点密度直线段不应大于6 m,曲线段不应大于5 m;每处的测量内容应包括右股钢轨的平面坐标、高程,两股钢轨间的轨距和水平度;成果内容应包括线路中心线偏差、轨道高程偏差、轨距偏差、两轨水平度偏差等。

2 道岔区应检查道岔位置、距离、高程以及轨距,明确表达道岔岔心里程位置、轨顶全长范围内高低差。

检验数量:施工单位全数检查;监理单位旁站监督,对测量资料全数检查。

4.3.8 建筑竣工测量的成果检查验收应符合下列规定:

1 测量对象应包括区间地面线、隧道、高架、车站结构限界竣工测量,车辆基地、停车场场地标高竣工测量,以及其他附属建筑竣工测量。结构限界断面测点数量、位置、测量方法和精度应符合国家标准《城市轨道交通工程测量规范》GB/T 50308—2017第7~9章的相关规定。

2 地下区间隧道和地下车站及附属设施应进行其内侧平面位置、高程和结构尺寸的测量,调查结构厚度,并应实测车站出入口、风井等场地标高和结构标高。

3 高架桥、高架车站及其柱(墩)应进行其平面位置、高程、结构尺寸以及主要角点距相邻建筑的距离测量。对车站出入口、通道和区间风道结构应进行其平面位置、高程和结构尺寸测量。

4 区间隔断门结构竣工测量应符合国家标准《城市轨道交通工程测量规范》GB/T 50308—2017 附录 K 的相关规定。

检验数量：施工单位全数检查；监理单位旁站监督，对测量资料全数检查。

4.3.9 设备设施竣工测量的成果检查验收应符合下列规定：

1 测量内容应包括接触轨、架空接触网、风机以及行车信号与线路标志设备。

2 接触轨、架空接触网竣工测量的测量点密度，在直线段不应大于 30 m，曲线段不应大于 10 m，且应计算接触轨或架空接触网与轨道的间距、高差。

3 风机和风管应测量其轴线、消音墙以及风管与线路轨道立体相交处主要部位的平面位置和高程。

4 行车信号与线路标志应测量其里程、与轨道的水平距离和高差。其中岔区的警冲标，应测定其到撒岔中心的距离以及与两侧钢轨的垂距。

5 轨行区两侧附属设施、凸出物应测定其与轨道之间的水平距离和高差。

检验数量：施工单位全数检查；监理单位旁站监督，对测量资料全数检查。

4.3.10 管线竣工测量的成果检查验收应符合下列规定：

1 测量内容应包括施工拆迁、改移、复原的现有管线和新建管线。

2 应测定各种管线起点或衔接点、转折点、分支点、交叉点、变坡点的管线(或管沟)中心以及每个检查井中心、小室轮廓角点的坐标和高程，实测其管径、结构尺寸和管底或管外顶的高程。

3 应分类别、分区段编制管线测量成果表、管线平面综合图、管线纵断面图、小室大样图、管线竣工测量技术报告等成果。

检验数量:施工单位全数检查;监理单位旁站监督,对测量资料全数检查。

4.3.11 测量资料的规整性、现势性、注记完整性以及图面布局合理性应符合相关技术标准的要求。

检验数量:施工单位全数检查;监理单位旁站监督,对测量资料全数检查。

4.4 工程监测

4.4.1 施工过程中,应对工程结构本体、周围岩土体、地下水及周边保护对象等进行监测。工程监测应采用仪器监测与现场巡视检查相结合的方式实施。

4.4.2 工程结构本体、周围岩土体、地下水的预警值应根据设计要求确定,周边环境的预警值应根据权属单位、设计文件及相关技术标准要求确定。

4.4.3 监测网基准点数量不应少于 3 个,并应布设在施工影响范围外。监测期间,基准点和工作基点应定期联测以检验其稳定性。

4.4.4 监测频率应能准确反映监测对象的动态变化,监测信息异常时应及时预警并采取相应措施。

4.4.5 工程监测应严格按照审批的监测方案开展工作,保证监测数据真实、准确、完整。

4.4.6 施工结束,监测数据稳定后,应经相关单位同意,方可停止监测工作,并应编制、提交总结报告。

4.4.7 基坑工程监测应包含围护桩(墙)顶部位移、围护桩(墙)深层水平位移、支撑轴力、立柱竖向位移、地表竖向位移、地下水位及周边保护对象变形等监测项目,监测范围、监测点布置应满足设计及现行上海市工程建设规范《基坑工程施工监测规程》DG/TJ 08—2001、《城市轨道交通工程施工监测技术规范》DG/TJ 08—2224 的要求。

4.4.8 盾构隧道监测应包含隧道结构竖向位移、隧道结构净空收敛、地表竖向位移及周边保护对象变形等监测项目，联络通道监测应包含隧道结构竖向位移、隧道结构净空收敛、地表竖向位移及周边保护对象变形等监测项目，监测范围、监测点布置应满足设计及现行上海市工程建设规范《城市轨道交通工程施工监测技术规范》DG/TJ 08—2224 的要求。

4.4.9 高架桥梁监测应包含墩柱竖向位移、梁体徐变等监测项目，监测范围、监测点布置应满足设计及现行上海市工程建设规范《城市轨道交通工程施工监测技术规范》DG/TJ 08—2224 的要求。

4.4.10 路基工程监测应满足设计要求，并应对施工影响范围内的周边保护对象进行监测。

4.4.11 工程结构形成后应进行结构变形监测，监测点标志应稳固、明显、结构合理、便于观测。

4.4.12 监测点应按照监测方案及时布设，现场监测点标识清晰，并应做好监测点保护。遇有测点损坏，有条件时应及时补设。监测点布设应考虑到施工阶段和运营阶段监测衔接工作。

4.4.13 监测日报表应对预警测点进行标识，对项目状态进行评判。监测成果应及时向相关单位报送。

4.4.14 监测总结报告应包含项目概况、监测依据、监测项目、监测点布设、仪器设备、数据采集技术与方法、监测数据及巡查分析、监测工作结论与建议。

5 材 料

5.1 一般规定

5.1.1 混凝土原材料应符合现行有关标准和设计文件的规定，应进行进场检查和复检，进场检查项目应包括产品的品种、规格、外观、生产厂家等；复检项目、批次和其他要求应符合现行有关标准的规定。

5.1.2 特殊混凝土的施工质量验收除按本章的规定执行外，尚应符合相关标准的规定。

5.1.3 钢筋的质量验收除按本章的规定执行外，尚应符合现行国家标准《钢筋混凝土用钢》GB/T 1499 的规定。

5.1.4 装配整体式混凝土结构用预制构件应有相应的质量证明材料，产品质量应符合《混凝土结构工程施工质量验收规范》GB 50204 等国家现行有关标准和设计文件的规定。各类构配件应按要求进行进场检查和复检，进场检查项目应包括产品的品种、规格、生产厂家、外观质量、尺寸偏差以及预埋件数量、位置等；复检项目、检查批次和其他要求应符合现行有关标准和设计文件的规定。

5.1.5 现场应采用预拌混凝土，其质量控制应符合现行上海市工程建设规范《预拌混凝土生产技术标准》DG/TJ 08—227 的规定。搅拌站应做好预拌混凝土原材料的进货验收、混凝土配合比设计和出厂检验，施工单位应检验进场混凝土的强度、拌合物坍落度和设计要求的耐久性能，掺有引气型外加剂的混凝土还应检验拌合物的含气量。混凝土运输、浇筑及间歇的全部时间不应超过混凝土的初凝时间。

5.1.6 市域铁路工程混凝土类别宜按表 5.1.6 进行分类。

表 5.1.6 市域铁路工程混凝土类别

混凝土类别	结构类别	
第一类	桥涵	简支梁、连续梁、结合梁、拱桥、刚构桥、框架桥、斜拉桥、墩柱、承台、桩基、涵洞、桥涵附属结构
	轨道	轨枕、道床板、路基段底座
第二类	地下车站及构筑物	地下连续墙、钻孔桩等围护结构、主体结构、二次结构
	盾构隧道	隧道结构、联络通道
	地面及高架车站	轨道梁(非简支梁)、站厅、站台、桩基、承台结构

5.1.7 市域铁路工程第一类混凝土的原材料性能、配合比设计和混凝土性能宜符合现行行业标准《铁路混凝土工程施工质量验收标准》TB 10424 的有关规定,第二类混凝土的原材料性能、配合比设计和混凝土性能宜符合现行上海市工程建设规范《轨道交通及隧道工程混凝土结构耐久性设计施工技术标准》DG/TJ 08—2128 的有关规定。

5.1.8 市域铁路工程第一类混凝土应按现行行业标准《铁路混凝土工程施工质量验收标准》TB 10424 的规定留置标养试件并进行检验评定,第二类混凝土应按现行国家标准《混凝土强度检验评定标准》GB/T 50107 的规定留置标养试件并进行检验评定。

5.1.9 同条件养护试件的留置应符合相关专业验收标准的要求并满足施工需要。

5.1.10 本标准中未涉及的其他原材料的技术指标和进场检验应符合国家、行业及本市现行有关标准的规定。

5.2 混凝土原材料

Ⅰ 胶凝材料

5.2.1 水泥宜选用硅酸盐水泥或普通硅酸盐水泥。水泥进场时应对其品种、代号、强度等级、编号、出厂日期等进行检查,并对水泥的强度、安定性和凝结时间等技术指标进行复验。用于第一类混凝土的水泥比表面积不大于 380 m²/kg,用于第二类混凝土的水泥比表面积不大于 400 m²/kg。

检验数量:同厂家、同品种、同强度等级、同批号、连续进场且不超过 10 d 的水泥为一验收批,每批总量不宜超过 500 t。每批抽样数量不应少于 1 次。

检验方法:检查质量证明文件和抽样检验报告。

5.2.2 粉煤灰进场时应对其品种、等级、出厂日期等进行检查,并对粉煤灰的细度、烧失量、需水量比等技术指标进行复验。

检验数量:同厂家、同品种、同等级、连续进场且不超过 10 d 的产品为一验收批,每批总量不得超过 200 t,不足 200 t 时按一批计。每批抽样数量不应少于 1 次。

检验方法:检查质量证明文件和抽样检验报告。

5.2.3 粒化高炉矿渣粉进场时应对其品种、等级、出厂日期等进行检查,并对粒化高炉矿渣粉的活性指数、流动度比等技术指标进行复验。

检验数量:同厂家、同品种、同等级、连续进场且不超过 10 d 的产品为一验收批,每批总量不得超过 200 t,不足 200 t 时按一批计。每批抽样数量不应少于 1 次。

检验方法:检查质量证明文件和抽样检验报告。

5.2.4 硅灰进场时应对其品种、技术指标、出厂日期等进行检查,并对硅灰的烧失量、需水量比和 28 d 活性指数等技术指标进行复验。

检验数量:同厂家、同品种、同等级、连续进场且不超过 10 d 的产品为一验收批,每批总量不得超过 30 t,不足 30 t 时按一批计。每批抽样数量不应少于 1 次。

检验方法:检查质量证明文件和抽样检验报告。

Ⅱ 骨 料

5.2.5 细骨料应选用级配合理、质地坚固、吸水率低、空隙率小的洁净天然砂或母材检验合格、经专门机组生产的机制砂或由天然砂与机制砂按一定比例混合而成的混合砂,不应使用海砂或淡化海砂。

5.2.6 粗骨料应选用粒形良好、级配合理、质地坚固、吸水率低、线胀系数小的洁净碎石。当一种级配的骨料无法满足使用要求时,可以将两种或两种以上级配的粗骨料混合使用。粗骨料应分级采购、分级运输、分级堆放、分级计量。

5.2.7 天然砂的性能和复验要求应符合下列规定:

 1 宜使用中砂,不应单独使用细砂和特细砂,不应使用海砂、山砂及风化严重的多孔砂。

 2 进场时应对其相关性能指标进行复验,用于第一类、第二类混凝土的天然砂还应满足氯离子含量不超过 0.01% 的要求。

 检验数量:同厂家(产地)、同品种、同规格的细骨料每 1 000 t 为一批,不足上述数量按一批计。当细骨料的质量比较稳定、进料量又较大时,同厂家(产地)、同品种、同规格的可每周检验不少于 2 次。当进料过程中出现异常时,应增加取样检测频率。

 检验方法:检查抽样检验报告

5.2.8 机制砂、混合砂的性能和复验要求应符合下列规定:

 1 机制砂和混合砂的颗粒级配应符合表 5.2.8-1 的规定,且细度模数应为 2.3~3.2,按现行国家标准《建设用砂》GB/T 14684 的检验方法进行检验。机制砂和混合砂的实际颗粒级配与表 5.2.8-1 中累计筛余相比,除筛孔尺寸 4.75 mm 和 0.60 mm 筛挡的累计筛余外,其余各级的累计筛余可超出表中限定范围,但合计超出量不应大于 5%。

表5.2.8-1 机制砂和混合砂的颗粒级配

级配区	1区	2区	3区
粒径(mm)	累计筛余(%)		
4.75	10～0	10～0	10～0
2.36	35～5	25～0	15～0
1.18	65～35	50～10	25～0
0.60	85～71	70～41	40～16
0.30	95～80	92～70	85～55
0.15	100～85	100～80	100～75

机制砂和混合砂颗粒级配允许一个粒级(不含4.75 mm和筛底)的分计筛余可略有超出,但不应大于5%。当石粉亚甲基蓝MB值大于1.4时,机制砂和混合砂0.15 mm和筛底的分计筛余之和不宜大于25%。

表5.2.8-2 机制砂和混合砂分计筛余

方孔筛尺寸(mm)	4.75	2.36	1.18	0.60	0.30	0.15	筛底
分计筛余(%)	0～10	10～15	10～25	20～31	20～30	5～15	0～20

当机制砂和混合砂的实际颗粒级配不符合表5.2.8-1和表5.2.8-2的规定时,宜采取相应的技术措施,并应经试验验证能保证混凝土拌合物工作性能、力学性能、耐久性能后再使用。

Ⅰ类砂的累计筛余应符合表5.2.8-1中2区的规定,分计筛余应符合表5.2.8-2的规定;Ⅱ类砂、Ⅲ类砂的累计筛余应符合表5.2.8-1中1、2、3区的规定。

2 机制砂和混合砂的石粉含量应符合表5.2.8-3的规定。

表 5.2.8-3 机制砂和混合砂石粉含量

项目		指标		
		Ⅰ类	Ⅱ类	Ⅲ类
石粉含量（%）	MB值<1.0	<5.0	<7.0	<10.0
	1.0≤MB值<1.4	<3.0		
	MB值≥1.4 或不合格	<2.0	<3.0	<5.0

3 机制砂和混合砂的压碎指标应符合表 5.2.8-4 的规定。

表 5.2.8-4 机制砂和混合砂的压碎指标

指标	Ⅰ类	Ⅱ类	Ⅲ类
总压碎指标(%)	≤15	≤20	≤25
单级最大压碎指标(%)	≤20	≤25	≤30

4 机制砂和混合砂的其他技术要求应符合相关标准的规定。

检验数量：同厂家（产地）、同品种、同规格的细骨料每1000 t 为一批，不足上述数量按一批计。当细骨料的质量比较稳定、进料量又较大时，同厂家（产地）、同品种、同规格的可每周检验不少于2次。当进料过程中出现异常时，应增加取样检测频率。

检验方法：检查抽样检验报告。

5.2.9 混凝土中应选用级配合理、粒形良好、质地坚固的洁净碎石。粒径宜为连续级配。进场时应对其颗粒级配、含泥量、泥块含量和针片状颗粒含量等性能指标进行复验。

检验数量：同厂家（产地）、同品种、同规格的再生粗骨料以600 t 为一验收批，其他粗骨料以1 000 t 为一验收批，不足上述数量按一批计。当粗骨料的质量比较稳定、进料量又较大时，同厂家（产地）、同品种、同规格的可每周检验不少于2次。当进料过程中出现异常时，应增加取样检测频率。

检验方法：检查抽样检验报告。

Ⅲ 外加剂

5.2.10 高强混凝土减水剂宜选用高效减水剂或高性能减水剂，引气剂、膨胀剂等外加剂应选用能明显改善混凝土性能且品质稳定的产品。外加剂与水泥及矿物掺和料之间应具有良好的相容性，其品种和掺量应经试验确定。

5.2.11 对含气量要求大于等于 4.0% 的混凝土，宜采取减水剂和引气剂双掺方式进行配制。

5.2.12 减水剂进场时应对减水率、匀质性等性能指标进行复验。

  检验数量：同厂家、同品种、同编号的产品每 50 t 为一批，不足上述数量按一批计。每批抽样数量不应少于 1 次。

  检验方法：检查质量证明文件和抽样检验报告。

5.2.13 引气剂进场时应对含气量等性能指标进行复验。

  检验数量：同厂家、同品种、同编号的产品每 5 t 为一批，不足上述数量按一批计。每批抽样数量不应少于 1 次。

  检验方法：检查质量证明文件和抽样检验报告。

5.2.14 严重腐蚀环境下采取防腐蚀强化措施时选用的钢筋阻锈剂、混凝土表面涂层材料、混凝土表面憎水材料、包裹用钢板和阴极保护材料等的品种、质量应符合设计要求和相关产品标准的规定。

  检验数量：按相关标准的规定进行检验。

  检验方法：检查质量证明文件和抽样检验报告。

Ⅳ 水

5.2.15 混凝土拌和用水应符合现行行业标准《混凝土用水标准》JGJ 63 的规定。除不溶物、可溶物可不作要求外，混凝土养护用水的性能应与拌和用水一致，不应采用海水养护混凝土。

  检验数量：地表水每 6 个月检验 1 次；地下水每年检验 1 次；

再生水每 3 个月检验 1 次,在质量稳定 1 年后,可每 6 个月检验 1 次;混凝土企业设备洗刷水每 3 个月检验 1 次,在质量稳定 1 年后,可每年检验 1 次。

检验方法:检查水质检验报告。

5.3 混凝土配合比设计

5.3.1 混凝土应根据设计使用年限、环境条件和施工工艺等进行配合比设计。混凝土配合比应满足现行行业标准《普通混凝土配合比设计规程》JGJ 55 的规定。混凝土配合比选定试验的检验和计算项目应符合表 5.3.1 的规定。当设计对混凝土的耐久性指标有更高要求时,其配合比应另行设计确定。

表 5.3.1 混凝土配合比选定试验的检验和计算项目

序号	检验项目	检验方法	备注
1	坍落度或维勃稠度	按现行国家标准《普通混凝土拌合物性能试验方法标准》GB/T 50080	基本检验项目
2	泌水率		基本检验项目
3	凝结时间		基本检验项目
4	扩展度和扩展时间		仅对成型方式为自密实的混凝土
5	抗压强度	按现行国家标准《普通混凝土力学性能试验方法标准》GB/T 50081	
6	电通量	按现行国家标准《普通混凝土长期性能和耐久性能试验方法标准》GB/T 50082	基本检验项目
7	含气量	按现行国家标准《普通混凝土拌合物性能试验方法标准》GB/T 50080	

续表 5.3.1

序号	检验项目	检验方法	备注
8	弹性模量	按现行国家标准《普通混凝土力学性能试验方法标准》GB/T 50081	仅对预应力混凝土或当设计有要求时
9	抗冻等级	按现行国家标准《普通混凝土长期性能和耐久性能试验方法标准》GB/T 50082	仅对处于冻融破坏环境的混凝土或对耐久性有特殊要求的混凝土
10	气泡间距系数	按现行行业标准《铁路混凝土》TB/T 3275	仅对处于冻融破坏、盐类结晶破坏环境的混凝土
11	氯离子扩散系数	按现行国家标准《普通混凝土长期性能和耐久性能试验方法标准》GB/T 50082	仅对处于氯盐环境的混凝土
12	56 d 抗硫酸盐结晶破坏等级		仅对处于盐类结晶破坏环境的混凝土
13	胶凝材料抗蚀系数	按现行行业标准《铁路混凝土》TB/T 3275	仅对处于硫酸盐化学侵蚀环境的混凝土
14	抗渗等级		仅对隧道衬砌混凝土
15	收缩	按现行国家标准《普通混凝土长期性能和耐久性能试验方法标准》GB/T 50082	仅对无砟轨道底座板混凝土、双块式轨道道床板混凝土、自密实混凝土
16	总碱含量	各种混凝土原材料的碱含量之和	
17	总氯离子含量	各种混凝土原材料的氯离子含量之和	基本检验项目
18	总三氧化硫含量	各种混凝土原材料的三氧化硫含量之和	

检验数量:施工单位对同强度等级、同性能要求的混凝土进行 1 次混凝土配合比验证。当原材料或施工工艺发生变化时,应重新进行配合比验证。监理单位全数检查。

检验方法:进行配合比验证;确认混凝土配合比选定报告。

5.3.2 第一类混凝土的总碱含量应符合现行行业标准《铁路混凝土工程施工质量验收标准》TB 10424 的规定,第二类混凝土的总碱含量应符合现行上海市工程建设规范《轨道交通及隧道工程混凝土结构耐久性设计施工技术标准》DG/TJ 08—2128 的规定。

检验数量:每一混凝土配合比进行 1 次总碱含量计算。

检验方法:计算并检查计算单。

5.3.3 第一类混凝土的总氯离子含量应符合现行行业标准《铁路混凝土工程施工质量验收标准》TB 10424 的规定,第二类混凝土的总氯离子含量应符合现行上海市工程建设规范《轨道交通及隧道工程混凝土结构耐久性设计施工技术标准》DG/TJ 08—2128 的规定。

检验数量:每一混凝土配合比进行 1 次总氯离子含量计算。

检验方法:计算并检查计算单。

5.3.4 第一类混凝土的总三氧化硫含量应符合现行行业标准《铁路混凝土工程施工质量验收标准》TB 10424 的规定,第二类混凝土的总三氧化硫含量应符合现行上海市工程建设规范《轨道交通及隧道工程混凝土结构耐久性设计施工技术标准》DG/TJ 08—2128 的规定。

检验数量:每一混凝土配合比进行 1 次总三氧化硫含量计算。

检验方法:计算并检查计算单。

5.3.5 第一类混凝土中矿物掺合料掺量应符合现行行业标准《铁路混凝土工程施工质量验收标准》TB 10424 的规定,第二类混凝土中矿物掺合料掺量应符合现行上海市工程建设规范《轨道交通及隧道工程混凝土结构耐久性设计施工技术标准》DG/TJ

08—2128 的规定。

检验数量:每一混凝土配合比进行 1 次计算。
检验方法:计算并检查计算单。

5.3.6 混凝土的最大水胶比、最小胶凝材料用量应满足设计要求。当设计无要求时,第一类混凝土应符合现行行业标准《铁路混凝土工程施工质量验收标准》TB 10424 的规定,第二类混凝土应符合现行上海市工程建设规范《轨道交通及隧道工程混凝土结构耐久性设计施工技术标准》DG/TJ 08—2128 的规定。

检验数量:每一混凝土配合比进行 1 次计算。
检验方法:计算并检查计算单。

5.4 特殊混凝土

Ⅰ 自密实混凝土

5.4.1 自密实混凝土配合比应在综合其工作性能、力学性能、收缩性能、耐久性能等要求的基础上进行选定,且应根据现场工艺试验结果确定。

5.4.2 混凝土中宜掺加粉煤灰、矿渣粉等矿物掺合料。不同矿物掺合料的掺量应通过试验确定。

5.4.3 板式无砟轨道用自密实混凝土所用原材料和主要性能指标除应符合本标准要求外,还应符合现行行业标准《铁路混凝土工程施工质量验收标准》TB 10424 的规定。

5.4.4 自密实混凝土的配合比设计除应符合本标准第 5.3 节的有关规定外,其拌合物还应满足自密实性能指标:

1 自密实性能指标检验应包含坍落扩展度和扩展时间 T_{500}。其他自密实性能指标检验按设计要求进行。

2 自密实混凝土坍落扩展度和扩展时间 T_{500} 检验频率应与强度检验频率一致。

检验数量:对同强度等级、同性能要求的混凝土进行 1 次混凝土配合比选定试验。当原材料或施工工艺发生变化时,应重新进行配合比选定试验。

检验方法:进行配合比选定试验;确认混凝土配合比选定报告。

5.4.5 自密实混凝土的强度等级应符合设计要求。用于检验混凝土强度的试块在浇筑地点随机抽取。

检验数量:对同一配合比混凝土,取样与试件留置应符合下列规定:

1 每拌制100盘且不超过100 m³时,取样不得少于1次。

2 每工作班拌制不足100盘时,取样不得少于1次。

3 连续浇筑超过1 000 m³时,每200 m³取样不得少于1次。

4 每一楼层取样不得少于1次。

5 每次取样应至少留置1组试件。

检验方法:检查施工记录及混凝土强度试验报告。

Ⅱ 纤维混凝土

5.4.6 纤维混凝土应根据所使用纤维的种类、掺量选择适宜的施工工艺。

5.4.7 钢纤维混凝土采用的骨料最大粒径不宜大于25 mm且不应大于纤维长度的2/3。

5.4.8 纤维混凝土投料顺序、搅拌方法和搅拌时间应通过现场匀质性试验确定。

5.4.9 纤维混凝土中除纤维外其他组成材料质量和用量的检验应符合本标准第5.2节的规定。

5.4.10 纤维混凝土应根据不同工程类别要求,分别进行有关力学性能和耐久性能试验,其试件的制作、数量及评定方法应符合有关标准的规定。

5.4.11 纤维混凝土所用纤维的品种、规格、质量应符合设计要求。

检验数量:钢纤维同厂家、同品种、同规格的产品每 10 t 为一批,不足 10 t 时也按一批计。合成纤维同厂家、同品种、同规格的产品每 1 t 为一批,不足 1 t 时也按一批计。每批抽检 1 次。

检验方法:检查质量证明文件和抽样检验报告。

5.4.12 钢纤维混凝土配合比设计时应检验劈裂抗拉强度或设计规定的指标,其他性能应符合本标准第 5.3 节的规定。

检验数量:对同强度等级、同性能的混凝土进行 1 次混凝土配合比选定试验;当使用的原材料、施工工艺发生变化时,均应重新进行配合比选定试验。

检验方法:进行配合比选定试验并检查确认配合比选定报告。

5.4.13 合成纤维混凝土配合比应根据早期抗裂性能对比试验结果进行选定,其他要求应符合本标准第 5.3 节的规定。

检验数量:对同强度等级、同性能的混凝土进行 1 次混凝土配合比选定试验;当使用的原材料、施工工艺发生变化时,均应重新进行配合比选定试验。

检验方法:进行配合比选定试验,早期抗裂试验方法按现行国家标准《普通混凝土长期性能和耐久性能试验方法标准》GB/T 50082 中的早期抗裂试验方法进行。

5.4.14 纤维混凝土中的纤维掺量应符合设计要求。

检验数量:每工作班至少检验 2 次。

检验方法:现场检查。

Ⅲ 水下混凝土

5.4.15 原材料除应符合本标准第 5.2 节的有关规定外,还应符合下列规定:

1 水泥宜采用普通硅酸盐水泥、矿渣硅酸盐水泥,不得采用快硬型水泥。

2 粗骨料宜选用连续级配坚硬碎石或卵石。最大粒径不应大于钢筋笼主筋最小净距的1/3,宜优先采用5 mm～25 mm碎石。

5.4.16 水下混凝土配合比设计除应符合本标准第5.3节的规定外,还应符合下列规定:

1 小于C40混凝土配制强度应比设计强度提高1级;大于等于C40混凝土配制强度应比设计强度提高2级。

2 混凝土的初凝时间不应少于正常运输和灌注时间之和的2倍,且不应少于8 h。

3 胶凝材料用量不应少于360 kg/m^3。

4 水下灌注混凝土的含砂率宜为40%～50%,宜选用中砂;粗骨料的最大粒径应小于40 mm。

5.4.17 水下混凝土的强度检验除按本标准第5.3节的规定执行外,其质量检验还应符合下列规定:

1 经抽样超声波检查无夹渣、断层等现象。

2 当要求钻芯取样时,钻芯试件的平均强度不应低于设计强度标准值。

5.4.18 水下混凝土的坍落度宜为180 mm～220 mm,在可能与水接触的最初灌注阶段,坍落度可适当减小。混凝土施工中应进行坍落度检测。单桩混凝土坍落度检测次数应符合表5.4.18的规定。

表5.4.18 单桩混凝土坍落度检测次数

序号	单桩混凝土量(m^3)	次数	检测时间
1	≤50	2	灌注混凝土前、后阶段各1次
2	>50	3	灌注混凝土前、中、后阶段各1次

检验方法:现场测试。

Ⅳ 清水混凝土

5.4.19 原材料除应符合本标准第5.2节的有关规定外,还应符合下列规定：

1 应有足够的存储量，原材料的颜色和技术参数宜一致。

2 宜选用强度等级不低于 42.5 级的硅酸盐水泥、普通硅酸盐水泥。同一工程的水泥宜为同一厂家、同一品种、同一强度等级。

3 粗骨料应采用连续粒级，颜色应均匀，表面应洁净，性能应符合现行行业标准《清水混凝土应用技术规程》JGJ 169 的相关规定。

4 细骨料宜采用中砂，性能应符合现行行业标准《清水混凝土应用技术规程》JGJ 169 的相关规定。

5 同一工程所用的掺合料应来自同一厂家、同一型号规格。

5.4.20 混凝土配合比设计除应符合本标准第 5.3 节的规定外，还应按照设计要求进行试配，确定混凝土表面颜色，应制作工程实样，经相关方验收通过后方可进行生产。

5.4.21 混凝土外观质量与检验方法应符合现行行业标准《清水混凝土应用技术规程》JGJ 169 的相关规定。

5.5 钢 材

5.5.1 型材和管材的品种、规格、性能应符合国家现行有关标准的规定并满足设计要求。型材和管材进场时，应按国家现行标准的规定抽取试件且应进行屈服强度、抗拉强度、伸长率和厚度偏差检验，检验结果应符合国家现行有关标准的规定。

检验数量：施工单位、监理单位对质量证明文件全数检查；施工单位按进场批次和产品的抽样检验方案确定抽样数量；监理单位见证取样。

检验方法：检查质量合格证明文件及抽样检验报告等。

5.5.2 钢筋进场时，应按国家现行有关标准的规定抽取试件做屈服强度、抗拉强度、伸长率、弯曲性能和重量偏差检验，检验结果应符合国家现行有关标准的规定。

检验数量:施工单位、监理单位对质量证明文件全数检查;施工单位按进场批次和产品的抽样检验方案确定抽样数量;监理单位按照施工单位检查数量的20%进行平行检验。

检验方法:检查质量合格证明文件及抽样检验报告等。

5.5.3 成型钢筋进场时,应抽取试件作屈服强度、抗拉强度、伸长率、焊接工艺试验和重量偏差检验,检验结果应符合国家现行有关标准的规定。

检验数量:施工单位对同一厂家、同一类型、同一钢筋来源的成型钢筋,不超过30 t为一批,每批中每种钢筋牌号、规格均应至少抽取1个钢筋试件,总数不应少于3个;监理单位见证取样。

检验方法:检查质量证明文件和抽样检验报告。

5.5.4 对按一、二、三级抗震等级设计的框架和斜撑构件(含梯段)中的纵向受力普通钢筋应采用HRB 400E、HRB 500E、HRBF 400E或HRBF 500E钢筋,其强度和最大力下总伸长率的实测值应符合下列规定:

1 抗拉强度实测值与屈服强度实测值的比值不应小于1.25。

2 屈服强度实测值与屈服强度标准值的比值不应大于1.30。

3 最大力下总伸长率不应小于9%。

检验数量:施工单位、监理单位对质量证明文件全数检查;施工单位按进场批次和产品的抽样检验方案确定抽样数量;监理单位见证取样。

检验方法:检查质量合格证明文件及抽样检验报告等。

5.5.5 钢筋应平直、无损伤,表面不应有裂纹、油污、颗粒状或片状老锈。

检验数量:施工单位全数检查;监理单位抽样检验。

检验方法:观察。

5.5.6 成型钢筋的外观质量和尺寸偏差应符合国家现行有关标准的规定。

检验数量：施工单位对同一厂家、同一类型的成型钢筋，不超过30 t为一批，每批随机抽取3个成型钢筋；监理单位抽样检验。

检验方法：实测检查。

5.6 预制构件

5.6.1 专业企业生产的预制构件进场时，预制构件性能检验应符合下列规定：

1 梁板类简支梁受弯预制构件进场时应进行结构性能检验，并符合下列规定：

1) 结构性能检验应符合国家现行有关标准的规定及设计要求。
2) 钢筋混凝土构件和允许出现裂缝的预应力混凝土构件应进行承载力、挠度和裂缝宽度检验；不允许出现裂缝的预应力混凝土构件应进行承载力、挠度和抗裂检验。
3) 对大型构件及有可靠应用经验的构件，可只进行裂缝宽度、抗裂和挠度检验。
4) 对使用数量较少的构件，当能提供可靠依据时，可不进行结构性能检验。

2 对其他预制构件，除设计有专门要求外，进场时可不做结构性能检验。

3 对进场时不做结构性能检验的预制构件，应采取下列措施：

1) 施工单位或监理单位代表应驻厂监督生产过程。
2) 当无驻厂监督时，预制构件进场时应对其主要受力钢筋数量、规格、间距、保护层厚度及混凝土强度等进行实体检验。

检验数量：施工单位对同一类型预制构件不超过1 000个为

一批，每批随机抽取 1 个构件进行结构性能检验；监理单位见证检验。

检验方法：检查结构性能检验报告或实体检验报告。

5.6.2 预制构件应有标识，外观质量不应有一般缺陷和严重缺陷，且不应有影响结构性能和安装、使用功能的尺寸偏差。

检验数量：施工单位全数检查；监理单位抽样检验。

检验方法：观察、尺量、检查处理记录。

5.6.3 预制构件上的预埋件、预留插筋、预埋管线等的规格和数量以及预留孔、预留洞的数量应符合设计要求。

检验数量：施工单位全数检查；监理单位抽样检验。

检验方法：观察。

5.6.4 预制构件应的尺寸偏差及检验方法应符合现行国家标准《混凝土结构工程施工质量验收规范》GB 50204 的规定。

检验数量：同一类型的构件，不超过 100 个为一批，每批应抽查构件数量的 5%，且不应少于 3 个。

检验方法：尺量、观察。

5.6.5 常用预制混凝土小型构件的结构尺寸偏差和检查数量应符合行业标准《铁路混凝土工程施工质量验收标准》TB 10424—2018 第 6.4.16 条的规定。

检验数量：施工单位检查生产数量的 1%，至少 10 件；监理单位抽样检验。

检验方法：尺量。

5.6.6 常用预制混凝土小型构件的外观质量应符合行业标准《铁路混凝土工程施工质量验收标准》TB 10424—2018 第 6.4.17 条的规定。

检验数量：施工单位检查生产数量的 1%，至少 10 件；监理单位抽样检验。

检验方法：尺量、观察。

5.6.7 混凝土小型构件出场时，应在包装的明显部位标明出场日期和质量验收标志。构件上的预埋件、预留空洞的规格、位置和数量应符合设计要求。

　　检验数量：施工单位全数检查；监理单位抽样检验。

　　检验方法：观察。

5.6.8 混凝土结构表面应平整、颜色均匀，不应有漏筋、蜂窝缺陷。

　　检验数量：施工单位全数检查；监理单位抽样检验。

　　检验方法：观察。

6 地下车站及构筑物

6.1 一般规定

6.1.1 本章适用于采用明挖法和盖挖法修建的车站主体、区间明挖隧道和附属结构、区间风井等工程的施工质量验收。

6.1.2 地下车站及构筑物分部分项工程划分宜按本标准附录表B.0.1采用。

6.1.3 地下车站及构筑物所涉及综合接地工程的施工质量验收应符合本标准第27章的相关规定。

6.2 基坑围护

Ⅰ 水泥土重力式围护墙

6.2.1 水泥土重力式围护墙采用双轴水泥土搅拌桩施工时，应符合表6.2.1的规定。

表6.2.1 水泥土重力式双轴搅拌桩验收标准

序号		检验项目	允许偏差	检验数量	检验方法
主控项目	1	水泥、外加剂质量	符合设计要求	每批次检查1次	查验产品合格证及复试报告
	2	浆液水灰比	符合设计要求	随机抽查且每台班不少于3次	比重计测量
	3	水泥用量	符合设计要求	每根桩检查1次	查验单桩用量记录或查看流量仪

续表6.2.1

	序号	检验项目	允许偏差	检验数量	检验方法
主控项目	4	成桩质量、桩体强度	符合设计要求	成桩质量检查5%；桩体强度1%，且不少于3根	采用浅部开挖桩头，目测检查搅拌均匀性，量测成桩直径、桩位偏差、搭接情况等；抗压强度检验采用取芯检测强度
一般项目	5	喷浆提升或下沉速度	不大于试桩参数	随机抽查	检查单位时间内提升高度或提升单位高度的时间
		重复搅拌提升速度	≤0.5 m/min	随机抽查	
	6	水泥土重力式双轴搅拌桩施工允许偏差	按本标准第6.3.13条相关内容		

检验数量：施工单位按表6.2.1检查；监理单位抽样检验。

6.2.2 水泥土重力式围护墙采用三轴水泥土搅拌桩施工时应符合表6.2.2的规定。

表6.2.2 水泥土重力式三轴搅拌桩验收标准

	序号	检验项目	允许偏差	检验数量	检验方法
主控项目	1	水泥、粉煤灰、外加剂	符合设计要求	每批次检查1次	查验产品合格证及复试报告
	2	浆液水灰比	符合设计要求	随机抽查且每台班不少于3次	比重计测量
	3	水泥用量	符合设计要求	每根桩检查1次	查验单桩用量记录或查看流量仪
	4	桩体强度	符合设计要求	浆液试块每台班1根，每根桩取2个点	查看28 d试块强度报告

续表6.2.2

序号		检验项目	允许偏差	检验数量	检验方法
主控项目	4	桩体强度	符合设计要求	钻芯取样总桩数2%,且不少于3根,每根取芯不少于5组	钻芯法
一般项目	5	水泥土重力式三轴搅拌桩允许偏差	按本标准第6.2.15条相关内容		

检验数量:施工单位按表6.2.2检查;监理单位抽样检验。

Ⅱ 钢板桩围护墙(含钢管钢板桩围护PLC工法)

主控项目

6.2.3 钢板桩的规格、材质及排列方式应符合设计文件或施工工艺要求。

检验数量:施工单位每批检查;监理单位抽样检验。

检验方法:核查质量保证书及施工记录。

6.2.4 钢板桩桩身接头在同一截面上且1m范围内,不应超过50%,接头焊缝不应低于二级焊缝质量要求。

检验数量:施工单位检查20%焊缝;监理单位见证检验。

检验方法:无损探伤检验。

6.2.5 钢板桩围护墙的质量检验应符合表6.2.5的规定。

表6.2.5 钢板桩围护墙质量检验

序号	检验项目	允许偏差(mm)	检验数量	检验方法
1	桩长	±100	每20根钢板桩检查1点	钢尺量
2	桩身弯曲度	≤2‰l	每20根钢板桩检查1点	钢尺量

续表6.2.5

序号	检验项目	允许偏差 (mm)	检验数量	检验方法
3	桩顶标高	±100	每20根钢板桩检查2点	水准仪测量

注:l为钢板桩设计桩长(mm)。

检验数量:施工单位按表6.2.5进行检查;监理单位抽样检验。

一般项目

6.2.6 钢板桩围护墙的质量检验应符合表6.2.6的规定。

表6.2.6 钢板桩围护墙的质量检验

序号	检验项目	允许偏差	检验数量	检验方法
1	齿槽平直度及光滑度	无电焊渣或毛刺	每20根钢板桩检查1点	用1m长的桩段做通过试验
2	成桩垂直度	≤1/100	每20根钢板桩检查1点	经纬仪测量
3	轴线位置	±100 mm	每连续10 m检查1点	经纬仪测量或钢尺量
4	齿槽咬合程度	紧密	每20根钢板桩检查1点	目测

检验数量:施工单位按表6.2.6检查;监理单位抽样检验。

Ⅲ 预制钢筋混凝土板桩围护墙

主控项目

6.2.7 预制钢筋混凝土板桩原材料质量应符合设计文件规定。

检验数量:施工单位、监理单位全数检查。

检验方法:核查质量保证书及复试报告。

6.2.8 预制钢筋混凝土板桩围护墙的质量检验应符合表6.2.8的规定。

表 6.2.8 预制钢筋混凝土板桩围护墙质量检验

序号	检验项目	允许偏差(mm)	检验数量	检验方法
1	桩长	0~+10	每根桩检查1点	钢尺量
2	桩身弯曲度	≤0.1%l	每根桩检查1点	钢尺量
3	桩身厚度	0~+10	每根桩检查1点	钢尺量
4	凹凸槽尺寸	±3	每根桩检查1点	钢尺量
5	桩顶标高	±100	每20根桩检查2点	水准仪测量

注:l为预制钢筋混凝土板桩设计桩长(mm)。

检验数量:施工单位按表6.2.8检查;监理单位抽样检验。

一般项目

6.2.9 预制钢筋混凝土板桩围护墙质量检验应符合表6.2.9的规定。

表 6.2.9 预制钢筋混凝土板桩围护墙质量检验

序号	检验项目	允许偏差(mm)	检验数量	检验方法
1	保护层厚度	±5	每根桩检查1点	钢尺量
2	横截面相对两面之差	≤5	每根桩检查1点	钢尺量
3	桩尖对桩轴线的位移	≤10	每根桩检查1点	钢尺量
4	沉桩垂直度	≤1/100	每20根桩检查1点	线锤及直尺测量
5	轴线位置	≤100	每连续10m检查1点	经纬仪测量及钢尺量
6	板缝间隙	≤20	每连续10m检查1点	钢尺量

检验数量:施工单位按表6.2.9检查;监理单位抽样检验。

Ⅳ 型钢水泥土搅拌墙(含SMW)

6.2.10 型钢水泥土搅拌墙的桩身强度检测应符合下列规定:

1 三轴水泥土搅拌桩在基坑开挖前应检验桩身强度,强度指标应符合设计要求。

2 桩身强度宜采用浆液试块强度试验确定,也可以采用钻取桩芯强度试验确定。当能够建立静力触探、标准贯入度或动力触探等原位测试结果与浆液试块强度试验或钻取桩芯强度试验结果的对应关系时,也可采用原位试验检验桩身强度。

3 浆液试块强度试验应符合下列规定:

1) 取刚搅拌完成而尚未凝固的水泥土搅拌桩浆液制作试块,每台班应抽检1根桩,每根桩不应少于2个取样点,每个取样点应制作3件试块。
2) 取样点应设置在基坑坑底以上1m范围内和坑底以上最软弱土层处的搅拌桩内。
3) 试块应及时密封水下养护28d后进行无侧限抗压强度试验。

4 钻取桩芯强度试验应符合下列规定:

1) 采用地质钻机并选择可靠的取芯钻具,钻取搅拌桩施工后28d龄期的水泥土芯样,钻取的芯样应立即密封并及时进行无侧限抗压强度试验。
2) 抽检数量不应少于总桩数的2%,且不应少于3根。每根桩的取芯数量不宜少于5组,每组不宜少于3件试块。芯样应在全桩长范围内连续钻取的桩芯上选取,取样点应沿桩长不同深度和不同土层处的5点,且在基坑坑底附近应设取样点。
3) 钻取桩芯得到的试块强度,宜根据钻取桩芯过程中芯样的情况,乘以1.2~1.3的系数。钻孔取芯完成后的空隙应注浆填充。

主控项目

6.2.11 水泥、外掺剂和钢材等原材料质量应符合设计文件和国家现行有关标准的规定。施工水灰比和水泥用量根据设计要求进行抽检。

检验数量：施工单位、监理单位全数检查。

检验方法：查验产品合格证书及复试报告。

6.2.12 内插型钢的质量检验应符合表6.2.12的规定。型钢焊缝质量应符合设计要求和现行行业标准《焊接H型钢》YB 3301和《建筑钢结构焊接技术规程》JGJ 81的相关规定。

表6.2.12 内插型钢的质量检验

序号	检验项目	允许偏差(mm)	检验数量	检验方法
1	型钢截面高度	±5	每根检查1点	钢尺量
2	型钢截面宽度	±3	每根检查1点	钢尺量
3	型钢腹板厚度	≥-1	每根检查1点	游标卡尺量测
4	翼缘板厚度	≥-1	每根检查1点	游标卡尺量测
5	型钢长度	±10	每根检查1点	钢尺量
6	型钢挠度	≤L/500	每根检查1点	钢尺量

注：L 为型钢长度(mm)。

检验数量：施工单位按表6.2.12检查；监理单位抽样检验。

6.2.13 型钢水泥土搅拌墙(SMW)的质量检验应符合表6.2.13的规定。

表6.2.13 型钢水泥土搅拌墙(SMW)的质量检验

序号	检验项目	允许偏差	检验数量	检验方法
1	桩身强度	不小于设计值	每台班检查2点 总桩数的2%	28 d试块强度 钻芯法
2	水泥用量	黏性土：≥360 kg/m³ 砂土：≥325 kg/m³	每根检查，并进行总量复核	查看流量表

检验数量：施工单位按表6.2.13检查；监理单位抽样检验。

一般项目

6.2.14 内插型钢的质量检验应符合表 6.2.14 的规定。

表 6.2.14 内插型钢的质量检验

序号	检验项目	允许偏差	检验数量	检验方法
1	型钢垂直度	≤1/200	每根桩全过程检查	经纬仪测量
2	型钢顶标	±50 mm	每根桩检查1点	水准仪测量
3	型钢插入平面位置	≤50 mm(平行于基坑边线)	每根桩检查1点	钢尺量
		≤10 mm(垂直于基坑边线)	每根桩检查1点	
4	形心转角	≤3°	每根桩检查1点	量角器量测

检验数量：施工单位按表 6.2.14 检查；监理单位抽样检验。

6.2.15 型钢水泥土搅拌墙(SMW)的质量检验应符合表 6.2.15 的规定。

表 6.2.15 型钢水泥土搅拌墙(SMW)的质量检验

序号	检验项目	允许偏差	检验数量	检验方法
1	桩底标高	0~+50 mm	每根桩检查1点	测钻杆长度或检查自动深度记录仪
2	桩位偏差	≤50 mm	每根桩检查1点	钢尺量
3	桩径	±10 mm	每根桩检查1点	用钢尺量钻头
4	桩身垂直度	≤1/200	每根桩全过程检查	经纬仪量测或检查自动测斜仪
5	提升速度	1 m/min~2 m/min	每根桩检查1次	测机头上升距离和时间
6	下沉速度	0.5 m/min~1 m/min	每根桩检查1次	测机头下沉距离和时间
7	桩顶标高	±200 mm	每根桩检查1点	水准仪测量

续表6.2.15

序号	检验项目	允许偏差	检验数量	检验方法
8	施工间歇	≤24 h		检查施工记录

注:测量桩位偏差时,应保证桩机平面定位偏差小于20 mm;测量桩身垂直度时,应保证导向架垂直度偏差小于1/250。

检验数量: 施工单位按表6.2.15检查;监理单位抽样检验。

Ⅴ 等厚度水泥土搅拌墙(含TRD、CSM)

6.2.16 等厚度水泥土搅拌墙(TRD、CSM)墙身强度成墙后检验验收可采用试块,也可采用现场钻取芯样强度试验的方法确定。其中,TRD工法和CSM工法内插型钢要求应符合本标准第6.2.12条和第6.2.14条的相关规定。

 1 试块制作数量及方法应符合下列规定:
  1)按一个独立延米墙身长度取样,用刚切割搅拌完成尚未凝固的水泥土制作试块;
  2)每台班抽查1延米墙身,每延米墙身制作水泥土试块3组,可根据土层分布和墙体所在位置的重要性在墙身不同深度处的三点取样,采用水下养护测定28 d无侧限抗压强度。

 2 芯样选取位置应沿搅拌墙深度方向结合加固土层特性确定,每孔取芯数量不应少于3组,每组3件试块。用于抗压强度检测的水泥土墙龄期不宜少于28 d,取芯孔数量应符合下列规定:
  1)渠式切割水泥土搅拌墙(TRD)的取芯数量宜每50延米取1个点,且不应少于3个检测点;
  2)铣削深搅水泥土搅拌墙(CSM)的取芯孔数量宜不少于总幅数的2%,且不应少于3个检测点。

主控项目

6.2.17 等厚度水泥土搅拌墙(TRD、CSM)的水泥、外掺剂等原材料质量应符合设计文件和国家现行有关标准的规定,其质量检验应符合表 6.2.17 的规定。

表 6.2.17 等厚度水泥土搅拌墙的质量检验

序号	检验项目	允许偏差	检验数量	检验方法
1	墙身强度	不小于设计值	每切割幅检查1点	28 d试块强度或钻芯法
2	水泥用量	黏性土:≥400 kg/m³ 砂土:≥500 kg/m³	每切割幅检查3次	查看流量表
3	墙身长度	不小于设计值	每切割幅检查1次	测切割链长度
4	垂直度	≤1/250	每切割幅检查1点	测斜仪测量
5	墙厚	±30 mm	每切割幅检查1点	钢尺量

检验数量:施工单位按表 6.2.17 检查;监理单位抽样检验。

一般项目

6.2.18 等厚度水泥土搅拌墙(TRD、CSM)成墙质量检验应符合表 6.2.18 的规定。

表 6.2.18 等厚度水泥土搅拌墙(TRD、CSM)成墙质量检验

序号	检验项目	允许偏差	检验数量	检验方法
1	水胶比	设计值	每切割幅检查1次	实际用水量与水泥等胶凝材料的重量比
2	中心线定位	±25 mm	每切割幅检查1点	钢尺量
3	墙顶标高	≥−10 mm	每切割幅检查1点	钢尺量

检验数量:施工单位按表 6.2.18 检查;监理单位抽样检验。

Ⅵ 灌注桩排桩

6.2.19 灌注桩排桩施工中应加强过程控制,对成孔、钢筋笼制作与安装、混凝土灌注等各项技术指标进行检查验收。

6.2.20 灌注桩施工完成后,采用低应变法检测桩身完整性;若低应变法检测不符合要求,进行钻芯取样检测,其方法应符合现行国家行业标准《建筑基桩检测技术规范》JGJ 106的相关内容。低应变法的检测数量应符合以下规定:

1 灌注桩排桩:抽检数量不宜少于总桩数的20%,且不应少于5根。

2 "桩墙合一"的灌注桩排桩:抽检数量应为总桩数的100%。

主控项目

6.2.21 灌注桩排桩所采用的原材料、钢筋焊接应符合设计文件和有关规范规定。

检验数量:施工单位按批次全数检查;监理单位按照施工单位检查数量的20%进行平行检验。

检验方法:查验原材料生产许可证、质量保证书及复试报告、钢筋焊接试验报告。

6.2.22 灌注桩排桩钢筋笼主筋的连接应符合下列规定:

1 上、下节钢筋笼主筋接头应50%错开,错开长度不小于35倍钢筋直径。

2 钢筋接头采用焊接连接时,其质量应符合现行行业标准《钢筋焊接及验收规程》JGJ 18的有关规定;钢筋接头采用机械连接时,其质量应符合现行行业标准《钢筋机械连接技术规程》JGJ 107的有关规定。

检验数量:施工单位、监理单位全数检查。

检验方法:尺量。

6.2.23 灌注桩排桩质量检验应符合表6.2.23的规定。

表6.2.23 灌注桩排桩质量检验

序号	检验项目		允许偏差	检验数量	检验方法
1	成孔	孔深	0~+300 mm	每根桩检查1点	测绳测量
2		护筒中心	≤20 mm	每根桩检查1点	桩机就位前尺测量护筒

续表6.2.23

序号	检验项目		允许偏差	检验数量	检验方法
3	钢筋笼	主筋间距	±10 mm	每根桩检查3点	尺量
4	钢筋笼	长度	±100 mm	每根桩检查1点	尺量
5	成桩	混凝土强度	不小于设计要求	每根桩检查1组	检查试块报告

检验数量：施工单位、监理单位按表6.2.23检查。

一般项目

6.2.24 灌注桩排桩质量检验应符合表6.2.24的规定。

表6.2.24 灌注桩排桩质量检验

序号	检验项目		允许偏差	检验数量	检验方法
1	成孔	垂直度	≤1/150 (≤1/200)	每根桩检查1点	测钻杆或井径仪测量
2	成孔	泥浆比重（两次清孔后）	1.15 g/cm³～1.20 g/cm³	每根桩检查1点	比重计测量
3	成孔	桩径	±50 mm	每根桩检查1点	井径仪测量
4	成孔	沉渣厚度 支护桩	≤200 mm	每根桩检查1点	测绳测量
		沉渣厚度 支护桩（兼承重桩）	≤100 mm		
5	钢筋笼	混凝土保护层	±20 mm	每根桩检查3点	尺量
6	钢筋笼	钢筋笼安装深度	±100 mm	每根桩检查1点	尺量
7	钢筋笼	箍筋间距	±20 mm	每根桩检查3点	尺量
8	钢筋笼	直径	±10 mm	每根桩检查3点	尺量
9	成桩	混凝土充盈系数	≥1	每根桩检查1点	检查实际灌注量
10	成桩	混凝土坍落度	180 mm～220 mm	每根桩<50 m³检查2次	坍落度仪测量

续表6.2.24

序号	检验项目	允许偏差	检验数量	检验方法
10	成桩 混凝土坍落度	180 mm~220 mm	每根桩≥50 m³ 检查3次	坍落度仪测量
11	桩顶标高	±50 mm	每根桩检查1点	水准仪测量

注：适用于灌注桩排桩"桩墙合一"的设计情况。

检验数量：施工单位按表6.2.24检查；监理单位抽样检验。

Ⅶ 咬合桩围护墙

6.2.25 咬合桩施工前需要进行导墙施工，宜采用定型钢模。套管使用前应进行试拼装，检查其平直度，单节平直度偏差应小于5 mm，整根套管平直度偏差应小于10 mm。咬合桩采用超缓凝混凝土应进行试拌，初凝时间控制在60 h左右，3 d强度控制在3 MPa以内。干成孔咬合桩混凝土试块按设计强度验收，水下浇灌咬合桩混凝土试块强度应不低于桩身设计强度的1.15倍。

主控项目

6.2.26 咬合桩围护墙质量检验应符合表6.2.26的规定。

表6.2.26 咬合桩围护墙质量检验

序号	检验项目	允许偏差	检验数量	检验方法
1	导墙定位孔孔径	±10 mm	每根桩检查1点	钢尺量
2	导墙定位孔孔口定位	≤10 mm	每根桩检查1点	钢尺量
3	钢套管顺直度	≤1/500	每根桩检查1点	线锤测量
4	成孔孔径	0~+30 mm	每根桩检查1点	超声波或测斜仪测量
5	成孔孔深	0~+300 mm	每根桩检查1点	测绳测量
6	成孔垂直度	≤3‰	每根桩检查1点	线锤测套管垂直度

续表6.2.26

序号	检验项目	允许偏差	检验数量	检验方法
7	成孔桩位	≤10 mm	每根桩检查1点	尺测量导墙上定位孔
8	钢筋笼主筋间距	±10 mm	每根桩检查3点	尺量
9	钢筋笼长度	±100 mm	每根桩检查1点	尺量
10	成桩混凝土强度	不小于设计要求	每根桩检查1组	检查试块报告

检验数量:施工单位、监理单位按表6.2.26检查。

一般项目

6.2.27 咬合桩围护墙质量检验应符合表6.2.27的规定。

表6.2.27 咬合桩围护墙质量检验

序号	检验项目		允许值或允许偏差	检验数量	检验方法
1	导墙面平整度		±5 mm	每10 m检查1点	钢尺量
2	导墙平面位置		≤20 mm	每10 m检查1点	钢尺量
3	导墙顶面标高		±20 mm	每10 m检查1点	水准仪测量
4	成孔沉渣	支护桩	≤200 mm	每根桩检查1点	测绳测量
		支护桩(兼承重桩)	≤100 mm		
5	矩形钢筋笼长边		±10 mm	每根桩检查1点	钢尺量
6	矩形钢筋笼短边		−10 mm~0	每根桩检查1点	钢尺量
7	矩形钢筋笼转角		≤5°	每根桩检查1点	量角器测量
8	钢筋笼安放位置		≤10 mm	每根桩检查1点	钢尺量
9	混凝土保护层		±20 mm	每根桩检查3点	尺量
10	钢筋笼安装深度		±100 mm	每根桩检查1点	尺量
11	箍筋间距		±20 mm	每根桩检查3点	尺量

续表6.2.27

序号	检验项目	允许值或允许偏差	检验数量	检验方法
12	直径	±10 mm	每根桩检查3点	尺量
13	混凝土充盈系数	≥1	每根桩检查1点	检查实际灌注量
14	混凝土坍落度	180 mm~220 mm	每根桩检查2次	坍落度仪测量
15	桩顶标高	±50 mm	每根桩检查1点	水准仪或测绳测量

检验数量：施工单位按表6.2.27检查；监理单位抽样检验。

Ⅷ 地下连续墙

6.2.28 作为永久结构的地下连续墙，其与地下结构底板、梁及楼板之间连接的预埋钢筋接驳器应按原材料检验要求进行抽样复验，取每500套为一个检验批，每批应抽检3件，复验内容为外观、尺寸、抗拉强度等。

6.2.29 地下连续墙用混凝土应符合下列规定：

1 混凝土抗压强度和抗渗等级应符合设计要求。

2 混凝土抗压强度试件每100 m^3 混凝土不应少于1组，且每幅槽段不应少于1组；混凝土抗渗试件每5幅槽段不应少于1组。

3 混凝土浇筑后充盈系数不应小于1.0。

6.2.30 作为永久结构的地下连续墙施工结束后，应采用超声波透射法对墙身质量进行检验，同类型槽段的检查数量不应少于20%，且不应少于3幅。若超声波透射法检测地下连续墙不符合设计要求，应进行钻芯取样检测，其检测要求由设计核定。

主控项目

6.2.31 地下连续墙施工采用的原材料、钢筋焊接应符合设计文件和有关规范的规定。

检验数量：施工单位按批次全数检查；监理单位按照施工单

位检查数量的 20% 进行平行检验。

检验方法:查验原材料生产许可证、质量保证书及复试报告、钢筋焊接试验报告。

6.2.32 地下连续墙导墙质量检验应符合表 6.2.32 的规定。

表 6.2.32 地下连续墙导墙质量检验

序号	检验项目	允许偏差(mm)	检验数量	检验方法
1	导墙平面位置	±10	每施工段检查2点	尺量
2	垂直度	≤H/500,且≤5		线锤、尺量

注:H 为导墙深度(mm)。

检验数量:施工单位、监理单位按表 6.2.32 检查。

6.2.33 地下连续墙泥浆质量检验应符合表 6.2.33 的规定。

表 6.2.33 地下连续墙泥浆质量检验

序号	检验项目		允许偏差(g/cm³)	检验数量	检验方法
1	新拌制泥浆比重		1.03~1.10	新拌制泥浆每池(筒)按1次/d检查	泥浆比重计测量
2	清孔后槽内泥浆比重	<75 m 墙	≤1.15	槽内上、中和离槽底 500 mm 处共检查3次	
		≥75 m 墙	≤1.20		

检验数量:施工单位、监理单位按表 6.2.33 检查。

6.2.34 地下连续墙成槽质量检验应符合表 6.2.34 的规定。

表 6.2.34 地下连续墙成槽质量检验

序号	检验项目		允许偏差	检验数量	检验方法
1	垂直度	<75 m 成槽	≤1/300	每幅槽段按1点/2.8延长米检查	超声波测斜仪测量
		<75 m 套铣成槽	≤1/500		
		≥75 m 墙	≤1/800		

检验数量:施工单位、监理单位按表 6.2.34 检查。

6.2.35 地下连续墙钢筋笼质量检验应符合表 6.2.35 的规定。

表 6.2.35 地下连续墙钢筋笼质量检验

序号	检验项目		允许偏差(mm)	检验数量	检验方法
1	厚度		-10～0	每幅钢筋笼检查3点	钢尺量,每片钢筋网检查上、中、下3处
2	长度		±50		
3	宽度		-20～0		
4	主筋间距		±10	每幅钢筋笼检查4点	
5	钢筋笼对角线长度差		±20	每幅钢筋笼检查1点	尺量
6	钢筋笼安装	平面位置	<20	每幅钢筋笼检查1点	
		顶面标高	<10	每幅钢筋笼检查4点	水准仪测量

检验数量:施工单位、监理单位按表 6.2.35 检查。

6.2.36 地下连续墙混凝土浇灌质量检验应符合表 6.2.36 的规定。

表 6.2.36 地下连续墙混凝土浇灌质量检验

序号	检验项目		允许偏差(mm)	检验数量	检验方法
1	坍落度	<75 m 墙	180～220	每幅槽段,<75 m 检查3次;≥75 m 检查4次	坍落度筒
		≥75 m 墙	200～240		
2	坍落扩展度	<75 m 墙	340～380		
		≥75 m 墙	340～400		

检验数量:施工单位、监理单位按表 6.2.36 检查。

6.2.37 地下连续墙成墙质量检验应符合表 6.2.37 的规定。

表 6.2.37 地下连续墙成墙质量检验

序号	检验项目	允许偏差	检验数量	检验方法
1	混凝土强度等级	符合设计要求	每幅槽段检查1点	检查混凝土抗压、抗渗试验报告
2	混凝土抗渗等级	符合设计要求	每5幅槽段检查1次	

检验数量:施工单位、监理单位按表 6.2.37 检查。

一般项目

6.2.38 地下连续墙导墙质量检验应符合表 6.2.38 的规定。

表 6.2.38 地下连续墙导墙质量检验

序号	检验项目	允许偏差(mm)	检验数量	检验方法
1	导墙内净距	0～+40	每施工段检查 2 点	尺量
2	导墙顶面平整度	≤5		钢尺量
3	导墙顶标高	±20		水准仪测量
4	导墙两侧顶面高差	±10		水准仪测量

检验数量:施工单位按表 6.2.38 检查;监理单位抽样检验。

6.2.39 地下连续墙泥浆质量检验应符合表 6.2.39 的规定。

表 6.2.39 地下连续墙泥浆质量检验

序号	检验项目		允许偏差	检验数量	检验方法
1	新拌制泥浆	粘度 黏性土	20 s～30 s	新拌制泥浆池(筒)按 1 次/d 检查	漏斗法
		粘度 砂土	25 s～30 s		
2		胶体率	≥98%		量筒法
3		失水量 <75 m 墙	<30 ml/30 min		失水量仪
		失水量 ≥75 m 墙	<25 ml/30 min		
4		泥皮厚度	<1 mm		失水量仪
5		pH 值	8～9		pH 试纸
6	循环泥浆	比重 <75 m 墙	1.05 g/cm³～1.25 g/cm³	槽段口或出浆口按 1 次/8 h 检查	比重计
		比重 ≥75 m 墙	1.05 g/cm³～1.30 g/cm³		
7		粘度 黏性土	22 s～30 s		漏斗法
		粘度 砂土	25 s～40 s		

57

续表6.2.39

序号	检验项目		允许偏差	检验数量	检验方法
8	循环泥浆	失水量	<30 ml/30 min	槽段口或出浆口按1次/d检查	失水量仪
9		泥皮厚度	<3 mm		失水量仪
10		pH值	8～11	槽段口或出浆口按1次/8 h检查	pH试纸
11		含砂率 黏性土	≤4%		泥浆含砂量测定仪
		砂土	≤7%		
12	清孔后槽内泥浆	粘度	20 s～30 s	槽内上、中和离槽500 mm处检查3次	漏斗法
13		含砂率 <75 m墙	≤7%		泥浆含砂量测定仪
14		含砂率 ≥75 m墙	上≤3%		
			中≤5%		
			下≤7%		
15		pH值 <75 m墙	8～9		pH试纸
16		pH值 ≥75 m墙	8～10		

检验数量：施工单位按表6.2.39检查；监理单位抽样检验。

6.2.40 地下连续墙成槽质量检验应符合表6.2.40的规定。

表6.2.40 地下连续墙成槽质量检验

序号	检验项目		允许偏差(mm)	检验数量	检验方法
1	成槽深度(清孔后)		0～+100	每幅槽段按1点/2.8延长米检查	测绳
2	成槽厚度		0～+50		超声波测斜仪测量
3	沉渣厚度	<75 m墙	临时结构：≤200		重锤探测或沉积物测定仪测量
			永久结构：≤100		
		≥75 m墙	—	—	泥浆置换率100%

续表6.2.40

序号	检验项目		允许偏差(mm)	检验数量	检验方法
4	槽位	<75 m墙	≤30	每幅槽段检查1点	钢尺量
		≥75 m墙	≤20		
5	接头处两槽段中心线偏差		≤1/4墙厚,且不侵占内衬边界		相邻两槽超声波资料对比

检验数量:施工单位按表6.2.40检查;监理单位抽样检验。

6.2.41 地下连续墙钢筋笼质量检验应符合表6.2.41的规定。

表6.2.41 地下连续墙钢筋笼质量检验

序号	检验项目	允许偏差(mm)	检验数量	检验方法
1	分布筋间距	±20	每幅钢筋笼检查4点	在任何一个断面连续测量取钢筋间距、取其平均值作为1点
2	预埋连接钢筋或接驳器中心位置	±10	每幅钢筋笼按20%检查	尺量
3	预埋件中心位置	±10		
4	钢筋笼保护层厚度	0~+10	每幅钢筋笼检查3点	
5	钢筋笼制作平台平整度	±20	每3幅检查若干	尺量

检验数量:施工单位按表6.2.41检查;监理单位抽样检验。

6.2.42 地下连续墙混凝土浇灌质量检验应符合表6.2.42的规定。

表6.2.42 地下连续墙混凝土浇灌质量检验

序号	检验项目	允许偏差	检验数量	检验方法
1	导管水密性	符合设计要求	每根导管检查1次	地面预拼接采用压力注水检查漏水

续表6.2.42

序号	检验项目		允许偏差	检验数量	检验方法
2	混凝土上升速度	<75 m墙	3 m/h~8 m/h	每幅槽段检查5点	测锤、查混凝土浇灌记录
		≥75 m墙	5 m/h~12 m/h		
3	相邻两导管间混凝土高差		≤0.5 m	每幅槽段检查3点	
4	浇灌过程中导管埋入混凝土深度		2 m~6 m	每车混凝土检查1次 每拆一次导管检查1次	测绳测量
5	后注浆	注浆终止条件	注浆总量达到设计要求	每幅墙检查1次	查看流量表
			注浆量达到设计要求80%以上,且压力达到2 MPa	每幅墙检查1次	查看流量表,检查压力表读数
		水胶比	符合设计要求	每台班检查3次	实际用水量与水泥等胶凝材料的重量比

检验数量:施工单位按表6.2.42检查;监理单位抽样检验。

6.2.43 地下连续墙成墙质量检验应符合表6.2.43的规定。

表6.2.43 地下连续墙成墙质量检验

序号	检验项目		允许偏差	检验数量	检验方法
1	整修后墙面平整度	<75 m墙	≤50 mm	每幅槽段检查3点	吊垂线尺测量、拉直线尺测量
		≥75 m墙	≤100 mm		
2	预埋件		≤30 mm	每幅槽段全数检查	观察、尺量
3	预埋连接钢筋或接驳器中心位置		≤30 mm	每幅槽段按10%检查	

续表6.2.43

序号	检验项目		允许偏差	检验数量	检验方法
4	墙面露筋面积	分离墙	≤1% 不应露石、夹泥	每幅槽段 全数检查	观察、尺量
		单层墙	无		
		叠合墙	≤1%		
5	永久结构的渗漏水		无渗漏、线流,且 ≤0.1 L/(m²·d)	每幅槽段 全数检查	现场检查

检验数量:施工单位按表6.2.43检查;监理单位抽样检验。

6.3 地基处理

Ⅰ 注浆法

6.3.1 注浆工程竣工验收检验应依据设计指标,检验时间宜为注浆结束后28 d。无特殊要求时,可选用标准贯入、静力触探或轻便触探等试验对加固地层进行检测,检测点为注浆孔数的2%~5%。检验点合格率小于或等于80%,或虽合格率大于80%,但检测的强度平均值达不到设计强度或防渗要求时,应对不合格的注浆区实施重复注浆。

主控项目

6.3.2 注浆选用的水泥、砂、黏土、水玻璃、各种化学浆材、外加剂等原材料的质量应符合设计文件和国家现行标准的规定。

检验数量:施工单位、监理单位全数检查。

检验方法:查验产品合格证,抽样复试。

6.3.3 注浆体强度应符合设计文件规定。

检验数量:施工单位按注浆孔数的2%~5%检查;监理单位见证检验。

检验方法:按设计要求检验;无特殊要求时,可选用标准贯入、静力触探或轻便触探等试验检验。

6.3.4 对于设计明确提出承载力要求的工程,地基承载力应符合设计文件规定。

检验数量:施工单位按每 100 m² 检测 1 孔,且每个单体工程检测点数量不少于 3 点的要求检查;监理单位见证检验。

检验方法:载荷试验检验。

一般项目

6.3.5 注浆法质量检验应符合表 6.3.5 的规定。

表 6.3.5 注浆法质量检验

序号	检验项目	允许偏差	检验数量	检验方法
1	各种注浆材料称量误差	<3%	随机抽查 1 点	称量
2	注浆孔位误差	≤20 mm	每孔检查 1 点	钢尺量
3	注浆孔深误差	≤100 mm	每孔检查 1 点	量测注浆管长度
4	注浆压力与设计参数偏差	≤10%	每孔检查 1 点	压力表测量

检验数量:施工单位按表 6.3.5 检查;监理单位抽样检验。

Ⅱ 高压喷射注浆法(含旋喷桩、MJS、RJP、N-Jet)

6.3.6 高压喷射注浆(旋喷桩、MJS 工法、RJP 工法、N-Jet 工法)可采用开挖检查、取芯、载荷试验或局部开挖透水检验等方法进行检验,检验时间宜为高压喷射注浆结束 28 d 后。

主控项目

6.3.7 高压喷射注浆法(旋喷桩、MJS、RJP、N-Jet)质量检验应符合表 6.3.7 的规定。

表 6.3.7 高压喷射注浆法(旋喷桩、MJS、RJP、N-Jet)质量检验

序号	检验项目		允许偏差	检验数量	检验方法
1	复合地基承载力		不小于设计值	检查总桩数的1%,且不少于3根	静载试验
2	单桩承载力		不小于设计值	检查总桩数的1%,且不少于3根	静载试验
3	水胶比		设计值	每台班检查3次	实际用水量与水泥等胶凝材料的重量比
4	水泥用量		不小于设计值	每台班检查3次	查看流量表
5	桩长		不小于设计值	每根桩检查1点	测钻杆长度
6	桩身强度		不小于设计值	检查总桩数的1%,且不少于3根	钻芯法
7	钻孔垂直度	高压旋喷	≤1/100	每桩检查1点	经纬仪或角度仪测钻杆
		MJS	≤1/200		
		RJP	≤1/200		
		N-Jet	不大于设计值		

检验数量:施工单位按表 6.3.7 检查;监理单位抽样检验,对表中第1、2、6项进行见证检验。

一般项目

6.3.8 浆液拌制选用的水泥、外加剂等原材料的质量应符合设计文件和国家现行有关标准的规定。

检验数量:施工单位、监理单位全数检查。

检验方法:查验产品合格证,抽样复试。

6.3.9 高压喷射注浆法(旋喷桩、MJS、RJP、N-Jet)质量检验应符合表 6.3.9 的规定。

表6.3.9 高压喷射注浆法(旋喷桩、MJS、RJP、N-Jet)质量检验

序号	检验项目	允许偏差(mm)	检验数量	检验方法
1	钻孔位置	≤50	每桩检查1点	钢尺量
2	孔深	±200	每桩检查1点	量测钻杆长度
3	注浆压力	按设计参数	每桩检查1点	查看压力表
4	桩位	±20	每桩检查1点	开挖后桩顶下500 mm处用钢尺量或全站仪测量
5	桩径	0~+50	按每桩1%检查,且不少于3根	开挖后用钢尺量
6	桩顶标高	不小于设计值	按每桩1%检查,且不少于3根	开挖后用水准仪测量
7	桩身搭接	≥250,且满足设计要求	抽查	开挖后用钢尺量或根据取芯情况判断

检验数量:施工单位按表6.3.9检查;监理单位抽样检验。

Ⅲ 水泥土搅拌桩

6.3.10 竖向承载水泥土搅拌桩地基竣工验收时,承载力检验应采用载荷试验及单桩竖向增强体静载荷试验,检验数量分别为桩总数的1%,且每项单体工程不应少于3点。

主控项目

6.3.11 浆液拌制选用的水泥、外加剂等原材料的质量应符合设计文件和国家现行有关标准的规定。

检验数量:施工单位、监理单位全数检查。
检验方法:查验产品合格证及复试报告。

6.3.12 水泥土搅拌桩地基质量检验应符合表6.3.12的规定。

表6.3.12 水泥土搅拌桩地基质量检验

序号	检验项目	允许偏差	检验数量	检验方法
1	复合地基承载力	不小于设计值	检查总桩数的1%,且不少于3根	静载试验

续表6.3.12

序号	检验项目	允许偏差	检验数量	检验方法
2	单桩竖向增强体承载力	不小于设计值	检查总桩数的1%，且不少于3根	静载试验
3	水泥用量	黏性土：≥360 kg/m³ 砂土：≥325 kg/m³	每台班检查3点	查看流量表
4	桩长	不小于设计值	每根桩检查1点	测钻杆长度
5	搅拌叶回转直径	±20 mm	每根桩检查1点	钢尺量
6	桩身强度	不小于设计值	每台班检查2次	28 d试块抗压试验
			检查总桩数不少于1%，且不少于3根	钻芯法

检验数量：施工单位按表6.3.12检查；监理单位抽样检验，对表中第1、2、6项进行见证检验。

一般项目

6.3.13 水泥土搅拌桩质量检验应符合表6.3.13的规定。

表6.3.13 水泥土搅拌桩质量检验

序号	检验项目	允许偏差(mm)	检验数量	检验方法
1	桩底标高	±100	每桩检查1点	检查搅拌头深度
2	桩垂直度	≤1/100	每桩检查1点	用经纬仪检查钻杆垂直度
3	桩顶标高	−50～+100	抽查	桩头暴露后用水准仪测量
4	桩位偏差	≤50	每桩检查1点	用钢尺量桩基平面定位，或桩头暴露后用钢尺量
5	桩径	−10～+30	每桩检查1点	用钢尺量钻头

续表6.3.13

序号	检验项目	允许偏差(mm)	检验数量	检验方法
6	搭接长度偏差	搭接长度的1/4并不大于50	抽查	桩头暴露后用钢尺量

检验数量：施工单位按表6.3.13检查；监理单位抽样检验。

6.4 桩基础

Ⅰ 灌注桩工程桩

6.4.1 灌注桩工程桩应进行承载力和桩身完整性检验。

6.4.2 灌注桩工程桩验收时应符合下列规定：

1 设计等级为甲级或地质条件复杂时，应采用静载试验的方法对桩基承载力进行检验，检验桩数不应少于总桩数的1%，且不应少于3根；当总桩数少于50根时，不应少于2根。

2 在有经验和对比资料的地区，设计等级为乙级、丙级的桩基可采用高应变法对桩基进行竖向抗压承载力检测，检测数量不应少于总桩数的5%，且不应少于10根。

6.4.3 灌注桩工程桩的桩身完整性的抽检数量不应少于总桩数的20%，且不应少于10根。每根柱子承台下的桩抽检数量不应少于1根。

主控项目

6.4.4 灌注桩工程桩质量检验除应符合本标准第5.5.2条的规定外，尚应符合表6.4.4的规定。

表6.4.4 灌注桩工程桩质量检验

序号	检验项目	允许偏差	检验数量	检验方法
1	承载力	不小于设计值	根据设计要求	静载试验
2	孔深	0～+300 mm	每根桩检查1点	用测绳或井径仪测量

续表6.4.4

序号	检验项目	允许偏差	检验数量	检验方法
3	桩身完整性	—	根据设计要求	钻芯法、低应变法、声波透射法
4	混凝土强度	不小于设计值	每根	28 d试块强度或钻芯法

检验数量:施工单位、监理单位按表6.4.4检查。

一般项目

6.4.5 灌注桩工程桩质量检验应符合表6.4.5的规定。

表6.4.5 灌注桩工程桩质量检验

序号	检验项目		允许偏差	检验数量	检验方法
1	垂直度		≤1/100	每根桩检查1点	用超声波或井径仪测量
2	孔径		0～+50 mm	每根桩检查1点	
3	桩位	$D<1\ 000$ mm	≤70+0.01H	每根桩检查1点	全站仪或用钢尺量开挖前量护筒,开挖后量桩中心
		$D≥1\ 000$ mm	≤100+0.01H		
4	泥浆指标	比重(黏土或砂性土)	1.05～1.25	每根桩检查1点	比重计测量,清孔后在距孔底500 mm处取样
		含砂率	≤7%	每根桩检查1点	洗砂瓶
		粘度	18 s～28 s	每根桩检查1点	粘度计测量
5	泥浆面标高(高于地下水位)		0.5 m～1 m	每根桩检查1点	目测

续表6.4.5

序号	检验项目		允许偏差	检验数量	检验方法
6	钢筋笼质量	主筋间距	±10 mm	每根桩检查3次	钢尺量
		长度	±100 mm	每根桩检查1点	
		钢筋材料检验	设计要求	≤60 t 检查1次	抽样送检
		箍筋间距	±20 mm	每根桩检查3次	钢尺量
		笼直径	±10 mm	每根桩检查3次	
7	沉渣厚度	端承桩	≤50 mm	每根桩检查1次	沉渣仪或重锤测量
		摩擦桩	≤100 mm	每根桩检查1次	
8	混凝土坍落度		180 mm～220 mm	每根桩检查2次	坍落度仪测量
9	钢筋笼安装深度		0～+100 mm	每根桩检查1次	钢尺量
10	混凝土充盈系数		≥1.0	每根桩检查1次	实际灌注量与计算灌注量的比
11	桩顶标高		−50 mm～+30 mm	每根桩检查1次	水准仪测量,需扣除桩顶浮浆层及劣质桩身
12	后注浆	注浆终止条件	注浆量不小于设计要求	每根桩检查1次	查看流量表
			注浆量不小于设计要求的80%,且注浆压力达到设计值	每根桩检查1次	查看流量表,检查压力表读数

续表6.4.5

序号	检验项目	允许偏差	检验数量	检验方法
12	后注浆	水胶比	设计值	每台班检查3次	实际用水量与水泥等胶凝材料的重量比
13	扩底桩	扩底直径	不小于设计值	每根桩检查1次	井径仪测量
		扩底高度	不小于设计值	每根桩检查1次	

注：H 为桩基施工面至设计桩顶的距离(mm)。

检验数量：施工单位按表6.4.5检查；监理单位抽样检验。

Ⅱ 预制钢管桩

6.4.6 预制钢管桩施工前应对桩位、成品桩的外观质量进行检验。

6.4.7 施工中应进行下列检查：

1 静压深度、收锤标准、终压标准及桩身(架)垂直度检查。

2 接桩质量、接桩间歇时间及桩顶完整状况；电焊质量除应进行常规检查外，尚应做10%的焊缝探伤检查。

3 每层土、每米进尺锤击数、最后1.0m进尺锤击数、总锤击数、最后三阵贯入度、桩顶标高、桩尖标高等。

6.4.8 施工结束后应进行承载力检验。

主控项目

6.4.9 钢管桩施工质量检验应符合表6.4.9的规定。

表6.4.9 钢管桩质量检验

序号	检验项目	允许偏差	检验数量	检验方法
1	承载力	不小于设计值		静载试验、高应变法

续表6.4.9

序号	检验项目		允许偏差	检验数量	检验方法
2	钢管桩外径或断面尺寸	桩端	≤0.5%D(mm)	每根桩检查1点	钢尺量
		桩身	≤0.1%D(mm)	每根桩检查1点	钢尺量
3	桩长		不小于设计值	每根桩检查1点	钢尺量
4	矢高		≤1‰l	每根桩检查1点	钢尺量

注:l 为两节桩长(mm);D 为钢管桩外径或边长(mm)。

检验数量:施工单位、监理单位按表6.4.9检查。监理单位对承载力检测试验进行见证检验。

一般项目

6.4.10 钢管桩施工质量检验应符合表6.4.10的规定。

表6.4.10 钢管桩质量检验

序号	检验项目			允许偏差	检验数量	检验方法
1	桩位	带有基础梁的桩	垂直基础梁的中心线	≤100+0.01H (mm)	每根桩检查1点	全站仪测量或钢尺量
			沿基础梁的中心线	≤150+0.01H (mm)		
		承台桩	桩数为1~3根桩基中的桩	≤100+0.01H (mm)		
			桩数大于或等于4根桩基中的桩	≤1/2桩径+0.01H 或1/2边长+0.01H (mm)		
2	垂直度			≤1/100	每根桩检查1点	经纬仪测量
3	端部平整度			≤2 mm	每根桩检查1点	水平尺量
4	端部平面与桩身中心线的倾斜值			≤2 mm	每根桩检查1点	水平尺量

续表6.4.10

序号	检验项目		允许偏差	检验数量	检验方法
5	上下节桩错口	钢管桩外径≥700 mm	≤3 mm	每根桩检查1点	钢尺量
		钢管桩外径<700 mm	≤2 mm	每根桩检查1点	钢尺量
6	焊缝	咬边深度	≤0.5 mm	每根桩检查1点	焊缝检查仪
		加强层高度	≤2 mm	每根桩检查1点	焊缝检查仪
		加强层宽度	≤3 mm	每根桩检查1点	焊缝检查仪
7	焊缝电焊质量外观		无气孔、无焊瘤、无裂缝	每根桩检查1点	目测
8	焊缝探伤检验		设计要求	每根桩检查1点	超声波或射线探伤
9	焊接结束后停歇时间		≥1 mm	每根桩检查1点	用表计时
10	节点弯曲矢高		<1‰l	每根桩检查1点	钢尺量
11	桩顶标高		±50 mm	每根桩检查1点	水准仪测量
12	收锤标准		设计要求	每根桩检查1点	钢尺量或查沉桩记录

注：H 为桩基施工面至设计桩顶的距离(mm)；l 为两节桩长(mm)。

检验数量：施工单位按表6.4.10检查；监理单位抽样检验。

Ⅲ 钢筋混凝土预制桩

主控项目

6.4.11 锤击、静压预制桩质量检验应符合表6.4.11的规定。

表6.4.11 锤击、静压预制桩质量检验

序号	检验项目	允许偏差	检验数量	检验方法
1	承载力	不小于设计值	按设计要求	静载试验、高应变法等
2	桩身完整性	—	每桩检查1点	低应变法

检验数量：施工单位按表6.4.11检查；监理单位见证检验。

一般项目

6.4.12 锤击、静压预制桩质量检验应符合表6.4.12的规定。

表6.4.12 锤击、静压预制桩质量检验

序号	检验项目			允许偏差	检验数量	检验方法
1	成品桩质量			表面平整，颜色均匀，掉角深度小于10 mm，蜂窝面积小于总面积的0.5%	每批检查5点	查产品合格证
2	桩位	带有基础梁的桩	垂直基础梁中心线	≤100+0.01H (mm)	每桩检查1点	全站仪测量或尺量
			沿基础梁的中心线	≤150+0.01H (mm)		
		承台桩	桩数为1～3根桩基中的桩	≤100+0.01H (mm)		
			桩数大于或等于4根桩基中的桩	≤1/2桩径+0.01H 或 1/2边长+0.01H (mm)		
3	电焊条质量			符合设计要求	每批检查3点	查产品合格证
4	接桩：焊缝质量			本标准表6.4.10	每节桩检查接头	本标准表6.3.10
	电焊结束后停歇时间	锤击		≥8(3)min	每节桩检查接头	用表计时
		静压		≥6(3)min		
	上下节平面偏差			≤10 mm	每节桩检查接头	钢尺量
	节点弯曲矢高			同桩体弯曲要求		钢尺量
5	收锤标准			符合设计要求	每根桩检查1点	钢尺量或查沉桩记录

续表6.4.12

序号	检验项目	允许偏差	检验数量	检验方法
6	桩顶标高	±50 mm	每根桩检查1点	水准仪测量
7	垂直度	≤1/100	每根桩检查1点	经纬仪测量
8	混凝土灌芯	设计要求	每根桩检查1点	查灌注量

注:1. H 为桩基施工面至设计桩顶的距离(mm);l 为两节桩长(mm);
  2. 括号内为采用二氧化碳气体保护焊时的数值。

  检验数量:施工单位按表6.4.12检查;监理单位抽样检验。

6.5 地下水控制

Ⅰ 轻型井点

主控项目

6.5.1 轻型井点的井深应大于设计文件规定深度500 mm。

  检验数量:施工单位、监理单位全数检查。

  检验方法:测绳量测和检查施工记录。

6.5.2 有效井点数不应小于各套设计井点数的90%,且相邻3个或以上井点不得同时失效,关键部位的每个井点均应有效。

  检验数量:施工单位、监理单位全数检查。

  检验方法:比较各泵组出水量,对出水量异常的泵组应逐点进行漏气、负压效果等状态检查。

6.5.3 轻型井点真空度不应小于0.065 MPa。

  检验数量:施工单位、监理单位全数检查。

  检验方法:真空度表测量。

一般项目

6.5.4 井点管设置深度不应小于设计深度。

  检验数量:施工单位检查不少于每套井点数的20%;监理单位抽样检验。

检验方法:尺量。

6.5.5 井点间距偏差应控制在设定间距的±0.3 m以内。

检验数量:施工单位检查不少于每套井点数的20%;监理单位抽样检验。

检验方法:尺量。

6.5.6 井点孔口段应用黏性土填实,不得使用粉土或砂性土,封填过程应分段捣实。

检验数量:施工单位检查不少于每套井点数的20%;监理单位抽样检验。

检验方法:用搓条法检验土性,用尺量环状柱高,用孔口浸水法检验封填密实性。

6.5.7 轻型井点的实际填料量不应小于计算量的95%。

检验数量:施工单位全数检查;监理单位抽样检验。

检验方法:现场称量或检查施工填料记录。

6.5.8 井管垂直度不应大于1%。

检验数量:施工单位全数检查;监理单位抽样检验。

检验方法:下管时垂球测量。

6.5.9 井点封填环状柱高不应小于1.0 m。

检验数量:施工单位检查不少于每套井点数的20%;监理单位抽样检验。

检验方法:用搓条法检验土性,用尺量环状柱高,用孔口浸水法检验封填密实性。

Ⅱ 疏干降水管井

主控项目

6.5.10 泥浆护壁回转钻进成孔的泥浆粘度,在黏性土中宜为15 s~16 s;在粉性土、粉细砂土层中宜为17 s~18 s。钻进成孔时的泥浆密度不宜大于1.15 g/cm³;终孔后清孔时的泥浆密度宜为1.08 g/cm³~1.10 g/cm³;井管设置后、滤料围填前的泥浆密度宜为 1.05 g/cm³～1.07 g/cm³。

检验数量：施工单位检查不应小于管井总数的50%；监理单位抽样检验。

检验方法：用粘度计、密度计测定。

6.5.11 活塞洗井的全程提拉不应少于20次，持续时间不应少于2h，并至井内泛水变清；空压机洗井应全部清除沉淀管中的沉渣。

检验数量：施工单位全数检查；监理单位抽样检验。

检验方法：观测活塞密封性，监听负压爆破声，观察泛水清浊度。

6.5.12 在降水运行期间，常规真空疏干管井的负压管路系统的真空负压不应小于0.065 MPa；超强真空降水管井的负压管路系统不应小于0.08 MPa。

检验数量：施工单位全数检查；监理单位抽样检验。

检验方法：检读真空表。

6.5.13 有效管井数不应少于设计井数的90%。井管垂直度要求应符合本标准第6.5.8条的有关规定。

检验数量：施工单位、监理单位全数检查。

检验方法：用出水量比较方法检验。

6.5.14 降水效果应满足设计要求，坑底应基本干燥，无明显渗水、析水现象。

检验数量：施工单位、监理单位全基坑开挖面检查。

检验方法：量测观测井水位，或观察坑内土的干燥状态。

一般项目

6.5.15 常规疏干井质量检验应符合表6.5.15的规定。

表6.5.15 常规疏干井质量检验

序号	检验项目	允许偏差	检验数量	检验方法
1	井管沉设深度	±0.2 m	≥50%井数	测绳量测入土管长
2	管井间距	±1.0 m		测绳量测井距

续表6.5.15

序号	检验项目	允许偏差	检验数量	检验方法
3	滤料规格	滤料的平均粒径 D_{50} 应为降水目的层的平均粒径 d_{50} 的6倍~12倍；滤料不均匀系数不宜大于3	全数检查	级配单验收与目测
4	滤料围填	高出滤管顶端2 m以上	全数检查	测绳量测料面标高 测算围填滤料体积
		滤料体积≥95%计算容积		—
5	黏土封填	不得使用粉性土、砂性土封填	≥50%井数	搓条法检验土性
		封填环形柱高≥1.5 m		测算围填黏土体积
		分段捣实，基本不漏水、气		孔口浸水检验

检验数量：施工单位按表6.5.15检查；监理单位抽样检验。

6.5.16 超强真空降水管井质量检验应符合表6.5.16的规定。

表6.5.16 超强真空降水管井质量检验

序号	检验项目	允许偏差	检验数量	检验方法
1	井管沉设深度	±0.15 m	≥50%井数	测绳量测入土管长
2	管井间距	±1.0 m		测绳量测井距
3	滤料规格	滤料的平均粒径 D_{50} 应为降水目的层的平均粒径 d_{50} 的6倍~12倍；滤料不均匀系数不宜大于3	全数检查	级配单验收与目测
4	滤料围填	回填至地面	全数检查	测绳量测料面标高
		滤料体积≥95%，计算容积		测算围填滤料体积

检验数量：施工单位按表6.5.16检查；监理单位抽样检验。

Ⅰ 降压降水管井

主控项目

6.5.17 泥浆护壁回转钻进成孔的泥浆粘度与密度控制应符合本标准第 6.5.10 条的规定。不同孔径、井径的降压井的验收应符合设计要求。

检验数量：施工单位检查不应小于管井总数的 50%；监理单位抽样检验。

检验方法：用粘度计、密度计测定。

6.5.18 活塞洗井的全程提拉不应少于 40 次，持续时间一般不应少于 4 h，并至井内泛水变清。空压机洗井应全部清除沉淀管中的沉渣。

检验数量：施工单位全数检查，监理单位抽样检验。

检验方法：观测活塞密封性，监听负压爆破声，观察泛水清浊度。

6.5.19 滤料围填的料面标高不应低于设计标高，且不小于滤管顶端以上 2 m，围填量不应小于料柱计算容积的 95%。

检验数量：施工单位全数检查；监理单位抽样检验。

检验方法：用测绳量测料面深度，或小翻斗车体积累加法验证滤料围填量。

6.5.20 滤料顶面以上应使用黏性土或黏土球封填，封填应连续、密实，封填耗用泥料的体积应与实测黏土柱高的计算体积一致。

检验数量：施工单位全数检查；监理单位抽样检验。

检验方法：用搓条法检验封填土土性，用测绳量测封填土柱顶底标高。

6.5.21 有效井数应达到 100%。井管垂直度要求应符合本标准第 6.5.8 条的规定。

检验数量：施工单位、监理单位全数检查。

检验方法:用出水量比较方法检验,出水量不应小于设计值。

6.5.22 承压水水位降深应满足各开挖工况对承压水位控制的要求。

检验数量:施工单位检查所有的承压水位观测井;监理单位抽样检验。

检验方法:定时采集观测井内的承压水位。

一般项目

6.5.23 降压管井质量检验应符合表6.5.23的规定。

表6.5.23 降压管井质量检验

序号	检验项目	允许偏差	检验数量	检验方法
1	井管沉设深度	±0.15 m	全数检查	测绳量测入土管长
2	管井间距	±1.0 m		测绳量测井距
3	滤料规格	滤料的平均粒径D_{50}应为降水目的层的平均粒径d_{50}的6倍~12倍;滤料不均匀系数不宜大于3	全数检查	级配单验收与目测
4	黏土封填	不得使用粉性土、砂性土封填	全数检查	搓条法检验土性
		封填柱高允许偏差±1.0		测算封填土体积
		分段捣实,基本不漏水、气		孔口浸水检验

检验数量:施工单位按表6.5.23检查;监理单位抽样检验。

Ⅳ 回灌井

主控项目

6.5.24 以井底地层控制的井孔,井深应符合设计要求。

检验数量:施工单位、监理单位全数检查。

检验方法:测绳量测和检查施工记录。

6.5.25 回灌井钢管滤水管孔隙率不应小于20%,无砂水泥管滤水管孔隙率不应小于15%。

  检验数量:施工单位全数检查;监理单位抽样检验。
  检验方法:检查出厂质量合格证及质量证明文件。

6.5.26 回灌井滤料含泥量不应大于3%,滤料级配应符合设计要求。

  检验数量:施工单位、监理单位全数检查。
  检验方法:抽样检验,检查试验报告。

6.5.27 回灌井实际填料量不应小于计算量的95%。

  检验数量:施工单位全数检查;监理单位抽样检验。
  检验方法:现场称盘或检查施工填料记录。

6.5.28 回灌井水质应优于回灌层水质或与其一致,毒理性指标应符合现行国家标准《生活饮用水卫生标准》GB 5749的规定。

  检验数量:施工单位全数检查;监理单位抽样检验。
  检验方法:抽样检验,检查水质化验单。

6.5.29 回灌井设备安装应符合设计要求,供水管路应密封。

  检验数量:施工单位、监理单位全数检查。
  检验方法:观察检查。

一般项目

6.5.30 以深度控制的井孔,井深的允许偏差应为±200 mm。

  检验数量:施工单位全数检查;监理单位抽样检验。
  检验方法:测绳量测和检查施工记录。

6.5.31 回灌井的回灌量不宜小于单位抽水量的1/5倍。回灌压力控制在0.05 MPa~0.1 MPa。

  检验数量:施工单位全数检查;监理单位抽样检验。
  检验方法:用回灌量及出水量比较的方法检验;查看压力表读数。

6.5.32 回灌井直径允许偏差应为±20 mm。

  检验数量:施工单位全数检查;监理单位抽样检验。
  检验方法:钢尺量。

6.5.33 回灌井垂直度不应大于1%。

检验数量:施工单位全数检查;监理单位抽样检验。

检验方法:垂球测量。

6.5.34 回灌井滤水管下管应居中,其轴线位置的允许偏差应为±100 mm。

检验数量:施工单位全数检查;监理单位抽样检验。

检验方法:钢尺量。

Ⅴ 管井封井

6.5.35 在底板浇筑完毕后实施封井的管井,应在井管外壁位于底板中部处焊接1道~2道止水钢板。止水钢板宽度不宜小于600 mm,板厚不宜小于6 mm。

6.5.36 封井作业完成后,应通过井内渗水试验检验封井质量。对于坑内的联合降水管井、降压降水管井、承压水位观测井,在确定封井可靠有效后,应在低于底板顶面部位20 cm深度范围内封焊1道~2道井内止水钢板,并用砂浆封填至与底板顶面。

主控项目

6.5.37 粒径0.5 cm~1.0 cm的细石子回填量、注浆量或混凝土回填量应满足设计要求。

检验数量:施工单位全数检查;监理单位抽样检验。

检验方法:用小斗车或桶的体积累加法验证测算。

6.5.38 混凝土强度等级应比地下结构底板混凝土强度等级高一级。

检验数量:施工单位检查50%;监理单位抽样检验。

检验方法:试块抗压试验。

6.5.39 止水钢板与井管焊接部位应无裂缝、渗水。

检验数量:施工单位全数检查;监理单位抽样检验。

检验方法:渗水试验。

6.5.40 注浆或混凝土回填、养护后,应无地下水上渗。

检验数量:施工单位全数检查;监理单位抽样检验。

检验方法:渗水试验,24 h内应无水渗出。

6.6 基坑开挖与回填(含支撑体系)

Ⅰ 基坑开挖

主控项目

6.6.1 基坑机械开挖至基底应预留0.2 m~0.3 m的土层采用人工开挖,不应扰动基底土层。如发生超挖,应按设计要求处理。

检验数量:施工单位、监理单位全数检查。

检验方法:观察、仪器测量。

6.6.2 基坑开挖完成后,应由监理会同勘察、设计、业主及施工单位进行基底验槽,并作好验槽记录。当基底土质与勘察资料不符时,应根据设计单位意见进行基底处理。

检验数量:施工单位、监理单位全数检查。

检验方法:观察、钎探。

6.6.3 基坑支护结构的安装应依据设计要求或施工技术方案确定的时间内完成;采用钢管支撑的基坑,在本层土开挖完成后应及时完成支撑体系安装及预加轴力施加。

检验数量:施工单位、监理单位全数检查。

检验方法:核查基坑开挖和支护结构安装时间。

6.6.4 基坑边坡和平台宽度、挖土过程中临时边坡和平台宽度均应符合设计及施工工艺规定。

检验数量:施工单位全数检查;监理单位抽样检验。

检验方法:尺量。

6.6.5 基坑内应设置排水沟和集水井。基坑开挖后,基底不应有积水。

检验数量:施工单位全数检查;监理单位抽样检验。

检验方法:观察。

6.6.6 基坑底部标高必须符合设计要求,不应超挖。

检验数量:施工单位、监理单位全数检查。

检验方法:观察、测量。

6.6.7 基坑开挖质量检验应符合表6.6.7的规定。

表6.6.7 基坑开挖质量检验

序号	检验项目	允许偏差(mm)	检验数量	检验方法
1	基底标高	−20～0	100 m²～400 m² 检查1点	水准仪测量
2	长度、宽度	−50～+200	每边检查2点	经纬仪测量、尺量
3	平台宽度	−50～+100	每边检查2点	尺量

检验数量:施工单位按表6.6.7检查;监理单位抽样检验。

一般项目

6.6.8 坑底表面平整度允许偏差应为20 mm。

检验数量:施工单位每100 m²检查1点;监理单位抽样检验。

检验方法:靠尺测量。

6.6.9 基坑开挖时轴线位置允许偏差不应大于15 mm。

检验数量:施工单位每纵横轴线检查4点;监理单位抽样检验。

检验方法:经纬仪或全站仪测量。

Ⅱ 支撑体系

主控项目

6.6.10 涂刷模板隔离剂时,不应沾污钢筋和混凝土接槎处。混凝土支撑模板、钢筋、混凝土验收应符合本标准第6.7节的相关规定。

6.6.11 钢支撑进场时应检查直径及壁厚,且应具备合格证及其原材料证明材料。

检验数量:施工单位全数检查;监理单位抽样检验。

检验方法：尺量，检查合格证、证明材料。

6.6.12 围檩标高、立柱桩截面尺寸必须符合设计要求。

检验数量：施工单位全数检查；监理单位抽样检验。

检验方法：水准仪、钢尺测量。

6.6.13 预加轴力的钢支撑和混凝土支撑必须符合设计要求。采用伺服轴力自动补偿系统钢支撑和混凝土支撑施工应符合下列要求：

1 支撑与千斤顶轴力补偿装置之间应采用高强螺栓或焊接连接成整体。

2 千斤顶轴力补偿装置与围护体连接应可靠牢固。

3 千斤顶轴力补偿装置安装时，应确保千斤顶顶力垂直于支撑横截面，且应通过支撑轴线。

检验数量：施工单位、监理单位全数检查。

检验方法：检查油泵读数或传感器。

6.6.14 钢及混凝土支撑系统质量检验应符合表 6.6.14 的规定。

表 6.6.14 钢及混凝土支撑系统质量检验

序号	检验项目			允许偏差	检验数量	检验方法
1	混凝土支撑	强度指标		符合设计要求	每桩检查2点	施工记录及试件强度试验报告
2		支撑位置	标高	±20 mm		水准仪测量
3			平面	±30 mm		尺量
4	钢支撑	支撑位置	标高	±20 mm		水准仪测量
5			平面	±30 mm		尺量
6		围檩与支撑的节点偏差		≤15 mm		拉线、尺量
7		斜牛腿节点焊缝检查		符合设计要求		观察
8		预加轴向力		±50 kN	每桩检查1点	油泵读数或传感器

检验数量:施工单位按表 6.6.14 检查;监理单位抽样检验。

6.6.15 立柱桩的钢立柱成桩质量检验应符合表 6.6.15 的规定。

表 6.6.15 立柱桩钢立柱成桩质量检验

序号	检验项目	允许偏差	检验数量	检验方法
1	垂直度	临时:1/200 永久:1/500	每桩检查 1 点	线锤及直尺测量
2	顶标高	±20 mm	每桩检查 1 点	水准仪及钢尺测量
3	桩位偏差	临时:≤20 mm 永久:≤10 mm	每桩检查 1 点	拉线测量
4	平面转角	≤5°	每桩检查 1 点	量角器测量

检验数量:施工单位按表 6.6.15 检查;监理单位抽样检验。

一般项目

6.6.16 钢及混凝土支撑系统质量检验应符合表 6.6.16 的规定。

表 6.6.16 钢及混凝土支撑系统质量检验

序号	检验项目		允许偏差(mm)	检验数量	检验方法
1	混凝土支撑	桩基	参见本标准第 6.4.4 条、6.6.15 条和 6.6.17 条相关内容		
2		立柱中线偏差			
3		顶标高			
4		垂直度			
5		支撑截面尺寸	−10~+15	每根桩检查 1 点	尺量
6	钢支撑	支撑杆件制作 截面尺寸	±5	每根桩检查 2 点	按验收标准
7		支撑杆件制作 截面扭曲	≤8		

续表6.6.16

序号	检验项目		允许偏差(mm)	检验数量	检验方法
8	钢支撑	立柱桩桩基	参见本标准第6.4.4条、6.6.15条和6.6.17条相关内容		
9		中线偏差			
10		顶标高			
11		垂直度			
12	围檩标高		≤20	每根桩检查2点	水准仪测量
13	轴线弯曲矢高	水平	$f≤L/1\ 000$	每跨检查1点	水准仪或尺测量
		竖向	$f≤L/600$		

注:L 为支撑构件的计算长度(mm)。水平向:取与计算支撑相交的相邻横向水平支撑或联系杆中心距的1倍~1.2倍;竖方向:混凝土支撑取支撑全长,钢支撑取支撑全长的1.2倍。

检验数量:施工单位按表6.6.16检查;监理单位抽样检验。

6.6.17 立柱桩的钢立柱制作质量检验应符合表6.6.17的规定。

表6.6.17 立柱桩的钢立柱制作质量检验

序号	检验项目	允许偏差	检验数量	检验方法
1	长度	临时:±20 mm 永久:±10 mm	每根桩检查1点	尺量
2	截面几何尺寸	临时:±20 mm 永久:±10 mm	每根桩检查2点	尺量
3	柱身弯曲矢高	临时:≤20 mm 永久:≤5 mm	每根桩检查1点	拉线、尺量
4	柱身扭曲	≤5°	每根桩检查1点	拉线、尺量

检验数量:施工单位按表6.6.17检查;监理单位抽样检验。

Ⅲ 垫 层

6.6.18 基坑土方开挖应严格按设计要求进行,不得超挖。土方开挖完成后应立即施工垫层,对基坑进行封闭,防止水浸和暴露,并应及时进行地下结构施工。

Ⅳ 土方回填

主控项目

6.6.19 回填材料必须符合设计要求。

检验数量:施工单位对不同的回填材料全数检查;监理单位抽样检验。

检验方法:观察、试验检验,检查试验报告。

6.6.20 基坑必须在结构达到设计强度后方可回填,回填前应将基坑内积水、杂物清理干净。

检验数量:施工单位、监理单位全数检查。

检验方法:检查结构强度试验报告,观察基坑清理情况。

6.6.21 回填必须分层压实,压实度必须符合设计要求。

检验数量:按基坑长度每层、长度 50 m 或 1 000 m^2 检测 1 组(3 点);监理单位见证检验。

检验方法:灌砂法或灌水法、环刀法、核子密度仪法。

6.6.22 土方回填标高允许偏差应为±30 mm。

检验数量:施工单位每段基坑或长 50 m 检查 5 点;监理单位抽样检验。

检验方法:水准仪测量。

一般项目

6.6.23 土方回填土料应符合设计要求或相关规定。

检验数量:施工单位每段基坑或长 50 m 检查 2 点;监理单位抽样检验。

检验方法:观察或取样检查。

6.7 混凝土结构

Ⅰ 模板及支架工程

6.7.1 模板及支架可分为钢管扣件式脚手架、碗扣式钢管脚手架、盘扣式脚手架、轮扣式脚手架、工具式脚手架等;应根据安装、使用和拆除工况进行设计,并应满足承载力、刚度和整体稳固性要求。安装及拆除应符合对应的现行相关标准。

主控项目

6.7.2 模板及支架用材料的技术指标应符合国家现行有关标准的规定。进场时应抽样检验模板和支架材料的外观、规格和尺寸。

检验数量:施工单位按国家现行有关标准的规定检查;监理单位抽样检验。

检验方法:检查质量证明文件,观察、尺量。

6.7.3 现浇混凝土结构模板及支架的安装质量检验应符合现行国家标准《混凝土结构工程施工质量验收规范》GB 50204 的规定。

检验数量:施工单位、监理单位按国家现行有关标准的规定检查。

检验方法:检查质量证明文件,观察、尺量。

6.7.4 后浇带处的模板及支架应独立设置。

检验数量:施工单位、监理单位全数检查。

检验方法:观察。

6.7.5 支架竖杆或竖向模板安装在土层上时,应符合下列规定:

1 土层应坚实、平整,其承载力或密实度应符合相关的要求。

2 应有排水措施。

3 支架竖杆下应有底座或垫板。

检验数量:施工单位、监理单位全数检查。

检验方法:观察,检查土层密实度检测报告、土层承载力验算或现场检测报告。

6.7.6 模板及支架质量检验应符合表6.7.6的规定。

表6.7.6 模板支架质量检验

序号	检验项目	允许偏差	检验数量	检验方法
1	模板厚度	±0.5 mm～±0.8 mm	每批检测3点	仪器、尺量
2	钢管外径	±0.5 mm	每批检测3点	仪器、尺量
3	钢管壁厚	±10%	每批检测3点	仪器、尺量
4	立杆间距	±50 mm	每10 m检测2点	尺量
5	立杆垂直度	3‰	10%	仪器、尺量
6	水平杆间距	±50 mm	每10 m检查2点	尺量
7	剪刀撑间距	±50 mm		尺量
8	拉条螺栓间距	±50 mm		尺量
9	轴线偏差	≤10 mm		仪器、尺量
10	结构板标高	±5 mm		尺量或水准仪测量
11	立柱、侧墙偏差	±5 mm		仪器、尺量

注:表中检查中心线位置时,应沿纵、横两个方向测量,并取其中较大值。

检验数量:施工单位按表6.7.6检查;监理单位抽样检验。

6.7.7 拆除承重模板及支(拱)架拆除时的混凝土强度应符合设计要求和相关专业验收标准的规定;当设计无具体要求时,混凝土强度应符合表6.7.7的规定。

表6.7.7 拆除承重模板时的混凝土强度要求

构件类型	构件跨度(m)	达到设计的混凝土立方体抗压强度标准值的百分率(%)
板	≤2	≥50
	>2,≤8	≥75
	>8	≥100

续表6.7.7

构件类型	构件跨度(m)	达到设计的混凝土立方体抗压强度标准值的百分率(%)
梁、拱、壳	≤8	≥75
	>8	≥100
悬臂构件	—	≥100

  检验数量：施工单位、监理单位全数检查。
  检验方法：检查同条件养护试件强度试验报告。

6.7.8 对后张法预应力混凝土结构构件，侧模宜在预应力张拉前拆除；底模支架的拆除应按施工技术方案执行，当无具体要求时，不应在结构构件建立预应力前拆除。
  检验数量：施工单位、监理单位全数检查。
  检验方法：检查同条件养护试件强度试验报告。

6.7.9 后浇带模板的拆除和支顶应按施工技术方案执行。
  检验数量：施工单位、监理单位全数检查。
  检验方法：观察。

一般项目

6.7.10 模板安装应符合下列规定：
  1 模板的接缝应严密。
  2 模板内不应有杂物、积水或冰雪等。
  3 模板与混凝土的接触面应平整、清洁。
  4 用作模板的地坪、胎膜等应平整、清洁，不应有影响结构件质量的下沉、裂缝、起砂或起鼓。
  5 对清水混凝土及装饰混凝土构件，应使用能达到设计效果的模板。
  检验数量：施工单位全数检查；监理单位抽样检验。
  检验方法：观察。

6.7.11 对跨度不小于4 m的现浇钢筋混凝土梁、板，其模板应按设计要求起拱;当设计无具体要求时,起拱高度宜为跨度的1/1 000~3/1 000。

检验数量:施工单位全数检查;监理单位抽样检验。

检验方法:水准仪测量或拉线钢尺检查。

6.7.12 固定在模板上的预埋件、预留孔和预留洞均不应遗漏,且应安装牢固,其质量检验应符合表 6.7.12 的规定。

表 6.7.12 预埋件和预留孔洞质量检验

序号	检验项目		允许偏差(mm)	检验数量	检验方法
1	预埋钢板中心线位置		3	每件(孔)检查2点	钢尺量
2	预埋管、预留孔中心线位置		3		
3	插筋	中心线位置	5		
		外露长度	0~+10		
4	预埋螺栓	中心线位置	2		
		外露长度	0~+10		
5	预留洞	中心线位置	10		
		尺寸	0~+10		

注:检查轴线位置时,应沿纵、横两个方向量测,并取其中的较大值。

检验数量:施工单位按表 6.7.12 检查;监理单位抽样检验。

6.7.13 现浇结构模板安装质量检验应符合表 6.7.13 的规定。

表 6.7.13 现浇结构模板安装质量检验

序号	检验项目		允许偏差(mm)	检验数量	检验方法
1	轴线位置		5	每一结构检查2点	钢尺量
2	底模上表面标高		±5		水准仪测量或拉线、钢尺量
3	截面内部尺寸	基础	±10	每一结构检查3点	钢尺量
		柱、墙、梁	−5~+4		钢尺量

续表6.7.13

序号	检验项目		允许偏差(mm)	检验数量	检验方法
4	层高垂直度	≤6 m	8	每一结构检查1点	经纬仪测量或吊线、钢尺量
		>6 m	10	每一结构检查2点	经纬仪测量或吊线、钢尺量
5	相邻两板表面高低差		2		钢尺量
6	表面平整度		5	每一结构检查4点	2m靠尺检查

注：检查轴线位置时，应沿纵、横两个方向量测，并取其中的较大值。

检验数量：施工单位按表6.7.13检查；监理单位抽样检验。

6.7.14 预制构件模板安装质量检验应符合表6.7.14的规定。

表6.7.14 预制构件模板安装质量检验

序号	检验项目		允许偏差(mm)	检验数量	检验方法
1	长度	板、梁	±5	每一构件检查3点	用钢尺量两角边，取其中较大值
		薄腹梁、桁架	±10		
		柱	−10～0		
		墙板	−5～0		
2	宽度	板、墙板	−5～0	每一构件检查3点	用钢尺量一端及中部，取其中较大值
		梁、薄腹梁、桁架、柱	−5～+2		
3	高(厚)度	板	−3～+2		用钢尺量一端及中部，取其中较大值
		墙板	−5～0 −3～+2		
		梁、薄腹梁、桁架、柱	−5～+2		

续表 6.7.14

序号	检验项目		允许偏差(mm)	检验数量	检验方法
4	侧向弯曲	梁、板、柱	$L/1000$ 且≤15	每一结构检查1点	拉线、用钢尺量最大弯曲处
		墙板、薄腹梁、桁架	$L/1500$ 且≤15		
5	板的表面平整度		3	每一结构检查4点	2m靠尺检查
6	相邻两板表面高低差		1		钢尺量
7	对角线差	板	7	每一结构检查1点	用钢尺量两个对角线
		墙板	5		
8	翘曲	板、墙板	$L/1500$		调平尺在两端量测
9	设计起拱	薄腹梁、桁架、梁	±3		拉线、用钢尺量跨中

注:L 为构件长度(mm)。

检验数量:施工单位首次使用及大修后的模板应全数检查,使用中的模板应定期检查,并根据使用情况不定期抽查;监理单位抽样检验。

6.7.15 拆除非承重模板时,应保证混凝土表面及棱角不受损伤。

检验数量:施工单位全数检查;监理单位抽样检验。

检验方法:观察。

Ⅱ 钢筋工程

主控项目

6.7.16 钢筋进场时,应按国家现行相关标准的规定抽取试件做屈服强度、抗拉强度、伸长率、弯曲性能和重量偏差检验,其验收规定应符合本标准第5.5节的相关规定。

6.7.17 成型钢筋进场时,应抽取试件做屈服强度、抗拉强度、伸长率和重量偏差检验,其验收规定应符合本标准第 5.5 节的相关规定。

6.7.18 对按一、二、三级抗震等级设计的框架和斜撑构件(含梯段)中的纵向受力普通钢筋性能要求及验收规定应符合本标准第 5.5 节的相关规定。

6.7.19 钢筋弯折的弯弧内直径应符合下列规定:

1 光圆钢筋,不应小于钢筋直径的 2.5 倍。

2 400 MPa 级带肋钢筋,不应小于钢筋直径的 4 倍。

3 500 MPa 级带肋钢筋,当直径为 28 mm 以下时不应小于钢筋直径的 6 倍,当直径为 28 mm 及以上时不应小于钢筋直径的 7 倍。

4 箍筋弯折处尚不应小于纵向受力钢筋的直径。

检验数量:施工单位同一设备加工的同一类型钢筋,每工作班抽查不应少于 3 件;监理单位抽样检验。

检验方法:尺量。

6.7.20 纵向受力钢筋的弯折后平直段长度应符合设计要求。光圆钢筋末端做 180°弯钩时,弯钩的平直段长度不应小于钢筋直径的 3 倍。

检验数量:施工单位同一设备加工的同一类型钢筋,每工作班抽查不应少于 3 件;监理单位抽样检验。

检验方法:尺量。

6.7.21 箍筋、拉筋的末端应按设计要求做弯钩,并应符合下列规定:

1 对一般结构构件,箍筋弯钩的弯折角度不应小于 90°,弯折后平直段长度不应小于箍筋直径的 5 倍;对有抗震设防要求或设计有专门要求的结构构件,箍筋弯钩的弯折角度不应小于 135°,弯折后平直段长度不应小于箍筋直径的 10 倍。

2 圆形箍筋的搭接长度不应小于其受拉锚固长度,且两末端弯钩的弯折角度不应小于 135°,弯折后平直段长度对一般结构构件不应小于箍筋直径的 5 倍,对有抗震设防要求的结构构件不应小于箍筋直径的 10 倍。

　　3　梁、柱复合箍筋中的单肢箍筋两端弯钩的弯折角度均不应小于 135°,弯折后平直段长度应符合本条第 1 款对箍筋的有关规定。

　　检验数量:施工单位同一设备加工的同一类型钢筋,每工作班抽查不应少于 3 件;监理单位抽样检验。

　　检验方法:尺量。

6.7.22　盘卷钢筋调直后应进行力学性能和重量偏差检验,其强度应符合国家现行有关标准的规定,其断后伸长率、重量偏差应符合表 6.7.22 的规定。当采用无延伸功能的机械设备调直的钢筋时,可不进行本条规定的检验。

　　检验数量:施工单位同一设备加工的同一类型钢筋,每工作班抽查不应少于 3 件;监理单位抽样检验。

　　检验方法:检查抽样检验报告。

表 6.7.22　盘卷钢筋调直后的断后伸长率、重量偏差要求

序号	钢筋牌号	断后伸长率 $A(\%)$	重量偏差(%)	
			直径 6 mm～12 mm	直径 14 mm～16 mm
1	HPB 300	≥21	≥-10	—
2	HRB 400、HRFB 400	≥15	≥-8	≥-6
3	HRB 400	≥13		
4	HRB 500、HRBF 500	≥14		

注:断后伸长率 A 的量测标距为 5 倍钢筋直径。

6.7.23　钢筋的连接方式应符合设计要求。

　　检验数量:施工单位全数检查;监理单位抽样检验。

　　检验方法:观察。

6.7.24　在施工现场,应按现行行业标准《钢筋机械连接通用技

术规程》JGJ 107 和《钢筋焊接及验收规程》JGJ 18 的规定抽取钢筋机械连接接头、焊接接头试件做力学性能检验,其质量应符合有关标准的规定。

机械连接检验数量:施工单位同一批材料的同等级、同形式、同规格的接头每 500 个为一验收批,不足 500 个接头也按一批计,每一验收批必须在工程结构中随机截取 3 个试件做单向拉伸强度试验;监理单位按照施工单位检查数量的 20% 进行平行检验。

钢筋焊接检验数量:施工单位同一接头形式、同钢筋级别 300 个接头为一验收批,每一验收批取 3 个拉力试件;监理单位按照施工单位检验数量的 20% 进行平行检验。

检验方法:检查产品合格证、接头力学性能试验报告。

6.7.25 钢筋安装时,受力钢筋的牌号、规格和数量必须符合设计要求。

检验数量:施工单位、监理单位全数检查。

检验方法:观察、尺量。

6.7.26 钢筋应安装牢固。受力钢筋的安装位置、锚固方式应符合设计要求。

检验数量:施工单位、监理单位全数检查。

检验方法:观察、尺量。

一般项目

6.7.27 钢筋进场时和使用前的外观质量检查应本标准第 5.5.5 条的规定。

6.7.28 成型钢筋的外观质量和尺寸偏差应符合本标准第 5.5.6 条的规定。

6.7.29 钢筋机械连接套筒、钢筋锚固板以及预埋件等的外观质量应符合现行国家标准《混凝土结构工程施工质量验收规范》GB 50204 的规定。

检验数量:施工单位按国家现行有关标准的规定检查;监理

单位抽样检验。

检验方法：检查产品质量证明文件，观察，尺量。

6.7.30 钢筋加工的形状、尺寸应符合设计要求，其质量检验应符合表 6.7.30 的规定。

检验数量：施工单位同一设备加工的同一类型钢筋，每工作班抽查不应少于 3 件；监理单位抽样检验。

检验方法：尺量。

表 6.7.30 钢筋加工质量检验

序号	检验项目	允许偏差（mm）
1	受力钢筋沿长度方向的净尺寸	±10
2	弯起钢筋的弯折位置	±20
3	箍筋外廓尺寸	±5

6.7.31 钢筋的接头宜设置在受力较小处。同一纵向钢筋不宜设置 2 个或 2 个以上接头。接头末端至钢筋弯起点的距离不应小于钢筋直径的 10 倍。

检验数量：施工单位全数检查；监理单位抽样检验。

检验方法：观察，钢尺量。

6.7.32 钢筋机械连接接头、焊接接头的外观质量应符合现行行业标准《钢筋机械连接技术规程》JGJ 107 和《钢筋焊接及验收规程》JGJ 18 的规定。

检验数量：施工单位按现行行业标准《钢筋机械连接技术规程》JGJ 107 和《钢筋焊接及验收规程》JGJ 18 的规定检查；监理单位抽样检验。

检验方法：观察，尺量。

6.7.33 当纵向受力钢筋采用机械连接接头或焊接接头时，同一连接区段内纵向受力钢筋的接头面积百分率应符合设计要求，且应满足现行行业标准《钢筋机械连接技术规程》JGJ 107 要求的 I 级接头的面积百分率不受限制，采用 II 级接头。当设计无具体要

求时,应符合下列规定:

1 受拉接头,不宜大于50%;受压接头,可不受限制。

2 直接承受动力荷载的结构构件中,不宜采用焊接;当采用机械连接时,不应超过50%。

检验数量:施工单位在同一检验批内,对梁、柱和独立基础,应抽查构件数量的10%,且不应少于3件;对墙和板,应按有代表性的自然间抽查10%,且不应少于3间;对大空间结构,墙可按相邻轴线间高度5 m左右划分检查面,板可按纵横轴线划分检查面,抽查10%,且均不应少于3面。监理单位抽样检验。

检验方法:观察、尺量。

6.7.34 当纵向受力钢筋采用绑扎搭接接头时,接头的设置应符合下列规定:

1 接头的横向净间距不应小于钢筋直径,且不应小于25 mm。

2 同一连接区段内,纵向受拉钢筋的接头面积百分率应符合设计要求;当设计无具体要求时,应符合下列规定:

    1)梁类、板类及墙类构件,不宜超过25%;基础筏板,不宜超过50%。

    2)柱类构件,不宜超过50%。

    3)当工程中确有必要增大接头面积百分率时,对梁类构件不应大于50%。

检验数量:施工单位在同一检验批内,对梁、柱和独立基础,应抽查构件数量的10%,且不应少于3件;对墙和板,应按有代表性的自然间抽查10%,且不应少于3间;对大空间结构,墙可按相邻轴线间高度5 m左右划分检查面,板可按纵横轴线划分检查面,抽查10%,且均不应少于3面。监理单位抽样检验。

检验方法:观察、尺量。

6.7.35 梁、柱类构件的纵向受力钢筋搭接长度范围内箍筋的设置应符合设计要求;当设计无具体要求时,应符合下列规定:

1 箍筋直径不应小于搭接钢筋较大直径的 1/4。

2 受拉搭接区段的箍筋间距不应大于搭接钢筋较小直径的 5 倍,且不应大于 100 mm。

3 受压搭接区段的箍筋间距不应大于搭接钢筋较小直径的 10 倍,且不应大于 200 mm。

4 当柱中纵向受力钢筋直径大于 25 mm 时,应在搭接接头两个端面外 100 mm 范围内各设置 2 道箍筋,其间距宜为 50 mm。

检验数量:施工单位在同一检验批内,应抽查构件数量的 10%,且不应少于 3 件;监理单位抽样检验。

检验方法:观察、尺量。

6.7.36 钢筋安装质量检验应符合表 6.7.36 的规定,受力钢筋保护层厚度的合格点率应达到 90% 及以上,且不应有超过表中数值 1.5 倍的尺寸偏差。钢筋保护层垫块规格、位置和数量应符合设计要求。当设计无要求时,构件侧面和底面的垫块数量不应少于 4 个/m²,并应均匀分布、设置牢固。

检验数量:施工单位在同一检验批内,对梁、柱和独立基础,应抽查构件数量的 10%,且不应少于 3 件;对墙和板,应按有代表性的自然间抽查 10%,且不应少于 3 间;对大空间结构,墙可按相邻轴线间高度 5 m 左右划分检查面,板可按纵横轴线划分检查面,抽查 10%,且均不应少于 3 面。监理单位抽样检验。

表 6.7.36 钢筋安装质量检验

序号	检验项目		允许偏差 (mm)	检验方法
1	绑扎钢筋网	长、宽	±10	尺量
		网眼尺寸	±20	尺量连续 3 档,取最大偏差值
2	绑扎钢筋骨架	长	±10	尺量
		宽、高	±5	尺量

续表6.7.36

序号	检验项目		允许偏差(mm)	检验方法
3	纵向受力钢筋	锚固长度	−20	尺量
		间距	±10	尺量两端、中间各1点,取最大偏差值
		排距	±5	
4	纵向受力钢筋、箍筋的混凝土保护层	基础	±10	尺量
		柱、梁	±5	
		板、墙、壳	±3	尺量
5	绑扎箍筋、横向钢筋间距		±20	尺量连续3档,取最大偏差值
6	钢筋弯起点位置		20	尺量
7	预埋件	中心线位置	5	尺量
		水平高差	0～+3	塞尺测量

注:检查中心线位置时,沿纵、横两个方向量测,并取其中偏差的较大值。

Ⅲ 混凝土工程

主控项目

6.7.37 水泥进场时,应对其品种、代号、强度等级、包装或散装编号、出厂日期等进行检查,并应对水泥的强度、安定性和凝结时间进行检验,检验结果应符合现行国家标准《通用硅酸盐水泥》GB 175等的相关规定。

检验数量:施工单位按同一厂家、同一品种、同一代号、同一强度等级、同一批号且连续进场的水泥,每批总量不宜超过500 t,每批抽样数量不应少于1次;监理单位见证取样。

检验方法:检查质量证明文件和抽样检验报告。

6.7.38 混凝土外加剂进场时,应对其品种、性能、出厂日期等进行检查,并应对外加剂的相关性能指标进行检验,检验结果应符合现行国家标准《混凝土外加剂》GB 8076和《混凝土外加剂应用技术规范》GB 50119 等的相关规定。

检验数量:施工单位按同一厂家、同一品种、同一性能、同一批号且连续进场的混凝土外加剂,不超过 50 t 为一批,每批抽样数量不应少于 1 次;监理单位见证取样。

检验方法:检查质量证明文件和抽样检验报告。

6.7.39 预拌混凝土进场时,其质量应符合现行国家标准《预拌混凝土》GB/T 14902 及现行上海市工程建设规范《预拌混凝土和预制混凝土构件生产质量管理规程》DG/TJ 08—2034 的规定。

检验数量:施工单位、监理单位全数检查。

检验方法:检查质量证明文件。

6.7.40 混凝土拌合物不应离析。

检验数量:施工单位、监理单位全数检查。

检验方法:观察。

6.7.41 混凝土中氯离子含量和碱总含量应符合现行国家标准《混凝土结构设计规范》GB 50010 的规定和设计要求。

检验数量:施工单位、监理单位同一配合比的混凝土检查不应少于 1 次。

检验方法:检查原材料试验报告和氯离子、碱的总含量计算书。

6.7.42 混凝土的强度等级必须符合设计要求。用于检验混凝土强度的试件应在浇筑地点随机抽取。

检验数量:施工单位对同一配合比混凝土,取样与试件留置应符合下列规定:

1 每拌制 100 盘且不超过 100 m^3 时,取样不应少于 1 次。

2 每工作班拌制不足 100 盘时,取样不应少于 1 次。

3 连续浇筑超过 1 000 m^3 时,每 200 m^3 取样不应少于 1 次。

4 每一楼层取样不应少于 1 次。

5 每次取样应至少留置 1 组试件。

监理单位按照施工单位检查数量的 20% 进行平行检验。

检验方法:检查施工记录及混凝土强度试验报告。

6.7.43 现浇结构的外观质量不应有严重缺陷。对已出现的严重缺陷,应由施工单位提出技术处理方案,并经监理单位认可后进行处理;对裂缝或连接部位的严重缺陷,技术处理方案尚应经设计单位认可。对经处理的部位应重新验收。

检验数量:施工单位、监理单位全数检查。

检验方法:观察,检查技术处理方案。

6.7.44 现浇结构不应有影响结构性能和使用功能的尺寸偏差。设备混凝土基础不应有影响结构性能和设备安装的尺寸偏差。对超过尺寸允许偏差且影响结构性能或安装、使用功能的部位,应由施工单位提出技术处理方案,并经监理、设计单位认可后进行处理。对经处理的部位应重新验收。

检验数量:施工单位、监理单位全数检查。

检验方法:测量检验。

一般项目

6.7.45 混凝土原材料中的粗骨料、细骨料质量应符合现行行业标准《普通混凝土用砂、石质量及检验方法标准》JGJ 52 的规定。

检验数量:施工单位按现行行业标准《普通混凝土用砂、石质量及检验方法标准》JGJ 52 的规定检查;监理单位见证取样。

检验方法:检查抽样检验报告。

6.7.46 混凝土拌制及养护用水应符合本标准第 5.2 条的相关规定。

6.7.47 混凝土拌合物稠度应满足施工方案的要求。

检验数量:施工单位对同一配合比混凝土,取样应符合下列规定(监理单位旁站):

1 每拌制 100 盘且不超过 100 m³ 时,取样不应少于 1 次。

2 每工作班拌制不足 100 盘时,取样不应少于 1 次。

3 连续浇筑超过 1 000 m³ 时,每 200 m³ 取样不应少于 1 次。

4 每一楼层取样不应少于 1 次。

监理单位按施工单位检查数量的20%进行抽查。

检验方法：检查稠度抽样检验记录。

6.7.48 混凝土有耐久性指标要求时，应在施工现场随机抽取试件进行耐久性检验，其检验结果应符合本标准第5.1.6和5.1.7条对不同部位混凝土的分类规定。

检验数量：同一配合比的混凝土，取样不应少于1次，留置试件数量应符合现行国家标准《普通混凝土长期性能和耐久性能试验方法标准》GB/T 50082和现行行业标准《混凝土耐久性检验评定标准》JGJ/T 193的规定；监理单位旁站。

检验方法：检查试件耐久性试验报告。

6.7.49 混凝土有抗冻要求时，应在施工现场进行混凝土含气量检验，其检验结果应符合国家现行有关标准的规定和设计要求。

检验数量：同一配合比的混凝土，取样不应少于1次，取样数量应符合现行国家标准《普通混凝土拌合物性能试验方法标准》GB/T 50080的规定；监理单位旁站。

检验方法：检查混凝土含气量试验报告。

6.7.50 后浇带的留设位置应符合设计要求。后浇带和施工缝的留设及处理方法应符合施工方案要求。

检验数量：施工单位、监理单位全数检查。

检验方法：观察。

6.7.51 混凝土浇筑完毕后应及时进行养护，养护时间以及养护方法应符合施工方案要求。

检验数量：施工单位、监理单位全数检查。

检验方法：观察，检查混凝土养护记录。

6.7.52 现浇结构的外观质量不应有一般缺陷。对已出现的一般缺陷，应由施工单位按技术方案进行处理，对经处理的部位应重新验收。

检验数量：施工单位、监理单位全数检查。

检验方法：观察。

6.7.53 现浇结构质量检验应符合表 6.7.53 的规定。

表 6.7.53 现浇结构质量检验

序号	检验项目		允许偏差（mm）	检验数量	检验方法
1	轴线位移	整体基础	15	每 20 m 检查 1 点	仪器测量、尺量
		独立基础	10		
		柱、墙、梁	8		
2	垂直度	层高 ≤6 m	10	每层检查 1 点	仪器测量、尺量
		层高 >6 m	12		
		全高(H)≤300 m	$H/30000+20$		
		全高(H)>300 m	$H/10000$ 且≤80		
3	标高	层高	±10	每层检查 1 点	水准仪测量或拉线、尺量
		全高	±30		
4	截面尺寸	基础	$-10\sim+15$	每层检查 1 点	尺量
		柱、梁、板、墙	$-5\sim+10$		
		楼梯相邻踏步高差	6		
5	电梯井	中心位置	10	每层检查 1 点	尺量
		长、宽尺寸	$0\sim+25$		
6	表面平整度		8	每层检查 1 点	2 m 靠尺和塞尺测量
14	预埋件中心位置	预埋板	10	每个构件检查 1 点	尺量
		预埋螺栓	5		
		预埋管	5		
		其他	10		
15	预留洞、孔中线位置		15	每孔(洞)检查 1 点	尺量

注：检查柱轴线、中心线位置时，沿纵、横两个方向测量，并取其中偏差的较大值。H 为全高(mm)。

检验数量:施工单位按表 6.7.53 检查;监理单位抽样检验。

Ⅳ 预应力工程

主控项目

6.7.54 预应力筋进场时,应按国家现行相关标准的规定抽取试件做抗拉强度、伸长率检验,其检验结果应符合相应标准的规定。

检验数量:施工单位、监理单位对质量证明文件全数检查。施工单位按进场批次和产品的抽样检验方案确定抽样数量。监理单位按照施工单位检查数量的 20% 进行平行检验。

检验方法:检查质量证明文件和抽样检验报告。

6.7.55 无粘结预应力钢绞线进场时,应进行防腐润滑脂量和护套厚度的检验,检验结果应符合现行行业标准《无粘结预应力钢绞线》JG/T 161 的规定。经观察认为涂包质量有保证时,无粘结预应力筋可不做油脂量和护套厚度的抽样检验。

检验数量:施工单位、监理单位按现行行业标准《无粘结预应力钢绞线》JG/T 161 的规定全数检查。

检验方法:观察,检查质量证明文件和抽样检验报告。

6.7.56 预应力筋用锚具应和锚垫板、局部加强钢筋配套使用,锚具、夹具和连接器进场时,应按现行行业标准《预应力筋用锚具、夹具和连接器应用技术规程》JGJ 85 的相关规定对其性能进行检验,检验结果应符合该标准的规定。锚具、夹具和连接器用量不足检验批规定数量的 50%,且供货方提供有效的检验报告时,可不做静载锚固性能检验。

检验数量:施工单位按现行行业标准《预应力筋用锚具、夹具和连接器应用技术规程》JGJ 85 的规定检查;监理单位按施工单位检查数量的 20% 进行平行检验。

检验方法:检查质量证明文件、锚固区传力性能试验报告和抽样检验报告。

6.7.57 孔道灌浆用普通硅酸盐水泥和外加剂,其质量应符合本标准第 6.7.37 条和第 6.7.38 条的规定;成品灌浆材料的质量应符合现行国家标准《水泥基灌浆材料应用技术规范》GB/T 50448 的规定。

检验数量:施工单位按进场批次和产品的抽样检验方案确定;监理单位见证取样。

检验方法:检查产品合格证、出厂检验报告和进场复验报告。

6.7.58 预应力筋安装时,其品种、级别、规格、数量必须符合设计要求。

检验数量:施工单位、监理单位全数检查。

检验方法:观察、钢尺量。

6.7.59 预应力筋的安装位置应符合设计要求。

检验数量:施工单位、监理单位全数检查。

检验方法:观察、尺量。

6.7.60 预应力筋张拉或放张前,应对构件混凝土强度进行检验。同条件养护的混凝土立方体试件抗压强度应符合设计要求;当设计无具体要求时,应符合下列规定:

1 应达到配套锚固产品技术要求的混凝土最低强度且不应低于设计混凝土强度等级值 75%。

2 对采用消除应力钢丝或钢绞线作为预应力筋的先张法构件,不应低于 30 MPa。

检验数量:施工单位、监理单位全数检查。

检验方法:检查同条件养护试件抗压强度试验报告。

6.7.61 对后张法预应力结构构件,钢绞线出现断裂或滑脱的数量不应超过同一截面钢绞线总根数的 3%,且每根断裂的钢绞线断丝不应超过 1 丝;对多跨双向连续板,其同一截面应按每跨计算。

检验数量:施工单位、监理单位全数检查。

检验方法:检查张拉记录。

6.7.62 先张法预应力筋张拉锚固后,实际建立的预应力值与工程设计规定检验值的相对允许偏差为±5%。

检验数量:施工单位每工作班抽查预应力筋总数的1%,且不少于3根;监理单位旁站。

检验方法:对先张法施工,检查预应力筋应力检测记录;对后张法施工,检查见证张拉记录。

6.7.63 预留孔道灌浆后,孔道内水泥浆应饱满、密实。

检验数量:施工单位全数检查;监理单位旁站。

检验方法:观察,检查灌浆记录。

6.7.64 灌浆用水泥浆的性能应符合下列规定:

1 3 h自由泌水率宜为0,且不应大于1%,泌水应在24 h内全部被水泥浆吸收。

2 水泥浆中氯离子含量不应超过水泥重量的0.06%。

3 当采用普通灌浆工艺时,24 h自由膨胀率不应大于6%;当采用真空灌浆工艺时,24 h自由膨胀率不应大于3%。

检验数量:施工单位同一配合比检查1次;监理单位见证取样。

检验方法:检查水泥浆性能试验报告。

6.7.65 灌浆用水泥浆的抗压强度不应小于30 MPa。

检验数量:施工单位每工作班留置1组边长为70.7 mm的立方体试件;监理单位按施工单位检查数量的20%平行检测。

检验方法:检查水泥浆试件强度试验报告。

6.7.66 锚具的封闭保护应符合设计要求;当设计无具体要求时,外露锚具和预应力筋的混凝土保护层厚度不应小于:一类环境时20 mm,二a、二b类环境时50 mm,三a、三b类环境时80 mm。

检验数量:施工单位、监理单位在同一检验批内,抽查预应力筋总数的5%,且不少于5处。

检验方法:观察、钢尺量。

一般项目

6.7.67 预应力筋使用前应进行外观检查,其质量应符合下列规定:

1 有粘结预应力筋展开后应平顺,不应有弯折,表面不应有裂纹、小刺、机械损伤、氧化铁皮和油污等。

2 无粘结预应力筋护套应光滑、无裂缝、无明显褶皱。

检验数量:施工单位全数检查;监理单位抽样检验。

检验方法:观察。

6.7.68 预应力筋用锚具、夹具和连接器使用前应进行外观检查,其表面应无污物、锈蚀、机械损伤和裂纹。

检验数量:施工单位全数检查;监理单位抽样检验。

检验方法:观察。

6.7.69 预应力成孔管道进场时,应进行管道外观质量检查、径向刚度和抗渗漏性能检验,其检验结果应符合下列规定:

1 金属管道外观应清洁,内外表面应无锈蚀、油污、附着物、孔洞;金属波纹管不应有不规则褶皱,咬口应无开裂、脱扣;钢管焊缝应连续。

2 塑料波纹管的外观应光滑、色泽均匀,内外壁不应有气泡、裂口、硬块、油污、附着物、孔洞及影响使用的划伤。

3 塑料波纹管的环刚度和抗渗漏性能应符合行业标准《预应力混凝土桥梁用塑料波纹管》JT/T 529—2016 第 5 章和第 6 章的相关规定。

4 金属管道径向刚度和抗渗漏性能应符合行业标准《预应力混凝土用金属波纹管》JG 225—2020 第 4 章和第 5 章的相关规定。

检验数量:施工单位、监理单位对外观应全数检查;施工单位对径向刚度和抗渗漏性能的检查数量应按进场的批次和产品的抽样检验方案确定。监理单位见证取样。

检验方法:观察,检查质量证明文件和抽样检验报告。

6.7.70 预应力筋端部锚具的制作质量应符合下列规定：

1 钢绞线挤压锚具挤压完成后，预应力筋外端露出挤压套筒的长度不应小于 1 mm。挤压锚具和预应力筋之间应放置 1 个螺旋圈。

2 钢绞线压花锚具的梨形头尺寸和直线锚固段长度不应小于设计值。

3 钢丝镦头的钢丝长度应一致，不应出现横向裂纹，镦头的强度不得低于钢丝强度标准值的 98%。

检验数量：施工单位对挤压锚，每工作班抽查 5%，且不应少于 5 件；对压花锚，每工作班抽查 3 件；对钢丝镦头强度，每批钢丝检查 6 个镦头试件。监理单位见证取样。

检验方法：观察、钢尺量、检查镦头强度试验报告。

6.7.71 预应力筋或成孔管道的安装质量应符合下列规定：

1 成孔管道的连接应密封。

2 预应力筋或成孔管道应平顺，并应与定位支撑钢筋绑扎牢固。

3 当后张有粘结预应力筋曲线孔道波峰和波谷的高差大于 300 mm，且采用普通灌浆工艺时，应在孔道波峰设置排气孔。

4 锚垫板的承压面应与预应力筋或孔道曲线末端垂直，预应力筋或孔道曲线末端直线段长度应符合表 6.7.71 的规定。

表 6.7.71 预应力筋曲线起始点与张拉锚固点之间直线段最小长度

预应力张拉控制力 N(kN)	$N \leqslant 1\,500$	$1\,500 \leqslant N \leqslant 6\,000$	$N > 6\,000$
直线段最小长度(mm)	400	500	600

检验数量：施工单位、监理单位全数检查。

检验方法：观察、钢尺量。

6.7.72 预应力筋或成孔管道定位控制点的竖向位置质量检验应符合表 6.7.72 的规定，其合格点率应达到 90% 及以上，且不应有超过表中数值 1.5 倍的尺寸偏差。

表 6.7.72 预应力或成孔管道定位控制点竖向位置质量检验

序号	检验项目		允许偏差(mm)	检验数量	检验方法
1	截面高(厚)度(mm)	$h \leqslant 300$	±5	每束检查5点	钢尺量
2		$300 < h \leqslant 1\,500$	±10		
3		$h > 1\,500$	±15		

注:束形控制点的竖向位置偏差合格点率应达到90%及以上,且不应有超过表中数值1.5倍的尺寸偏差。

检验数量:施工单位、监理单位检查各类型构件中预应力筋总数的5%,且对各类型构件均不少于5束,每束不应少于5处。

6.7.73 锚固阶段张拉端预应力筋的内缩量应符合设计要求;当设计无具体要求时,应符合表6.7.73的规定。

表 6.7.73 张拉端预应力筋的内缩量限值

锚具类别		内缩量限值(mm)
支承式锚具(镦头锚具等)	螺帽缝隙	1
	每块后加垫板的缝隙	1
	锥塞式锚具	5
夹片式锚具	有顶压	5
	无顶压	6~8

检验数量:施工单位、监理单位每工作班抽查预应力筋总数的3%,且不少于3束。

检验方法:钢尺量。

6.7.74 后张法预应力筋锚固后,其外露长度不宜小于预应力筋直径的1.5倍,且不宜小于30 mm。

检验数量:施工单位、监理单位在同一检验批内,抽查预应力筋总数的3%,且不少于5束。

检验方法:观察、钢尺量。

V 预制构件

主控项目

6.7.75 预制构件应在明显部位标明生产单位、构件型号、生产日期和质量验收标志。构件上的预埋件、插筋和预留孔洞的规格、位置和数量应符合标准图或设计的要求。

检验数量:施工单位、监理单位全数检查。

检验方法:观察。

6.7.76 预制构件的外观质量不应有严重缺陷,预制构件不应有影响结构性能和安装、使用功能的尺寸偏差。

检验数量:施工单位、监理单位全数检查。

检验方法:观察。

6.7.77 预制构件上的预埋件、预留插筋、预埋管线等的规格和数量以及预留孔、预留洞的数量应符合设计要求。

检验数量:施工单位、监理单位全数检查。

检验方法:观察。

一般项目

6.7.78 预制构件应有标识。

检验数量:施工单位全数检查;监理单位抽样检验。

检验方法:观察。

6.7.79 预制构件的外观质量不应有一般缺陷。

检验数量:施工单位、监理单位全数检查。

检验方法:观察,检查技术处理方案。

6.7.80 预制构件质量检验应符合表 6.7.80 的规定。

表 6.7.80 预制构件质量检验

序号	检验项目		允许偏差(mm)	检验方法
1	长度	楼板、梁、柱、桁架	<12 m	±5	尺量
			≥12 m 且<18 m	±10	

续表6.7.80

序号	检验项目		允许偏差(mm)	检验方法
1	长度	楼板、梁、柱、桁架 ≥18 m	±20	尺量
		墙板	±4	
2	宽度、高(厚)度	楼板、梁、柱、桁架	±5	尺量一端及中部,取其中偏差绝对值较大处
		墙板	±4	
3	表面平整度	楼板、梁、柱、墙板内表面	5	2 m靠尺和塞尺量测
		墙板外表面	3	
4	侧向弯曲	楼板、梁、柱	$L/750$ 且 $\leqslant 20$	拉线、直尺量测最大侧向弯曲处
		墙板、桁架	$L/1\,000$ 且 $\leqslant 20$	
5	翘曲	楼板	$L/750$	调平尺在两端量测
		墙板	$L/1\,000$	
6	对角线	楼板	10	尺量两个对角线
		墙板	5	
7	预留孔	中心位置	5	尺量
		孔尺寸	±5	
8	预留洞	中心位置	10	尺量
		孔口尺寸、深度	±10	
9	预埋件	预埋板中心位置	5	尺量
		预埋板与混凝土平面高差	−5～0	
		预埋螺栓	2	
		预埋螺栓外露长度	−5～+10	
		预埋套筒、螺母中心位置	2	
		预埋套筒、螺母与混凝土面的平面高差	±5	

续表6.7.80

序号	检验项目		允许偏差(mm)	检验方法
10	预留插筋	中心线位置	5	尺量
		外露长度	±5	
11	键槽	中心线位置	5	尺量
		长度、宽度	±5	
		深度	±10	

注：1. L 为构件长度(mm)。
  2. 检查中心线、螺栓和孔道位置时，应由纵、横两个方向量测，并取其中的较大值。

  检验数量：施工单位同一工作班生产的同类型构件，抽查5%且不少于3件；监理单位抽样检验。

6.7.81 预制构件的粗糙面的质量及键槽的数量应符合设计要求。

  检验数量：施工单位全数检查；监理单位抽样检验。
  检验方法：观察。

6.8 砌体结构

主控项目

6.8.1 水泥使用应符合下列规定：

  1 水泥进场时应对其品种、等级、包装或散装仓号、出厂日期等进行检查，并应对其强度、安定性进行复验，其质量必须符合现行国家标准《通用硅酸盐水泥》GB 175 的有关规定。

  2 当在使用中对水泥质量有怀疑或水泥出厂超过3个月（快硬硅酸盐水泥超过1个月）时，应复查试验，并按复验结果使用。

  3 不同品种的水泥，不得混合使用。

  检验数量：按同一生产厂家、同品种、同等级、同批号连续进场水泥,每批总量不宜超过 500 t,每批抽样不少于 1 次。施工单位每批抽样试验 1 次。监理单位检查质量证明文件、试验报告并见证检验,但至少 1 次。

检验方法:检查产品合格证、出厂检验报告并进行强度、凝结时间、安定性试验。

6.8.2 砂浆用砂宜采用过筛中砂,并应满足下列要求:

1 不应混有草根、树叶、树枝、塑料、煤块、炉渣等杂物。

2 砂中含泥量、泥块含量、石粉含量、云母、轻物质、有机物、硫化物、硫酸盐及氯盐含量(配筋砌体砌筑用砂)等应符合现行行业标准《普通混凝土用砂、石质量及检验方法标准》JGJ 52 的有关规定。

3 人工砂、山砂及特细砂,应经试配能满足砌筑砂浆技术条件要求。

检验数量和检验方法:根据现行国家标准《砌体结构工程施工质量验收规范》GB 50203 的相关规定。

6.8.3 拌制水泥混合砂浆的粉煤灰、建筑生石灰、建筑生石灰粉及石灰膏应符合下列规定:

1 粉煤灰、建筑生石灰、建筑生石灰粉的品质指标应符合现行行业标准《粉煤灰在混凝土及砂浆中应用技术规程》JGJ 28、《建筑生石灰》JC/T 479、《建筑生石灰粉》JC/T 480 的有关规定。

2 建筑生石灰、建筑生石灰粉熟化为石灰膏,其熟化时间分别不得少于 7 d 和 2 d;沉淀池中储存的石灰膏,应防止干燥、冻结和污染,严禁采用脱水硬化的石灰膏;建筑生石灰粉、消石灰粉不得替代石灰膏配置水泥石灰砂浆。

3 石灰膏的用量,应按稠度 120 mm±5 mm 计量,现场施工中石灰膏不同稠度的换算系数可按国家标准《砌体结构工程施工质量验收规范》GB 50203—2011 中的表 4.0.3 确定。

检验数量和检验方法:根据现行国家标准《砌体结构工程施工质量验收规范》GB 50203 的相关规定。

6.8.4 拌制砂浆用水的水质应符合现行行业标准《混凝土用水标准》JGJ 63 的有关规定。

检验数量和检验方法：根据现行国家标准《砌体结构工程施工质量验收规范》GB 50203 的相关规定。

6.8.5 砌筑砂浆应进行配合比设计。当砌筑砂浆的组成材料有变更时，其配合比应重新确定。砌筑砂浆的稠度宜按国家标准《砌体结构工程施工质量验收规范》GB 50203—2011 中的表 4.0.5 采用。

检验数量和检验方法：根据现行国家标准《砌体结构工程施工质量验收规范》GB 50203 的相关规定。

6.8.6 施工中不应采用强度等级小于 M5 水泥砂浆替代同强度等级水泥混合砂浆；如需替代，应将水泥砂浆提高一个强度等级。

检验数量和检验方法：根据现行国家标准《砌体结构工程施工质量验收规范》GB 50203 的相关规定。

6.8.7 在砂浆中掺入砌筑砂浆增塑剂、早强剂、缓凝剂、防冻剂、防水剂等砂浆外加剂，其品种和用量应经有资质的检测单位检验和试配确定。所用外加剂的技术性能应符合现行国家标准和现行行业标准《砌筑砂浆增塑剂》JG/T 164、《砂浆、混凝土防水剂》JC 474 的有关规定。

检验数量和检验方法：根据现行国家标准《砌体结构工程施工质量验收规范》GB 50203 的相关规定。

6.8.8 配置砌筑砂浆时，各组分材料应采用质量计量，水泥及各种外加剂配料的允许偏差为±2%；砂、粉煤灰、石灰膏等配料允许偏差为±5%。

检验数量和检验方法：根据现行国家标准《砌体结构工程施工质量验收规范》GB 50203 的相关规定。

6.8.9 砌筑砂浆应采用机械搅拌，搅拌时间自投料完起算应符合下列规定：

1 水泥砂浆和水泥混合砂浆不得少于 120 s。

2 水泥粉煤灰砂浆和掺用外加剂的砂浆不得少于 180 s。

3 掺增塑剂的砂浆、其搅拌方式、搅拌时间应符合现行行业标准《砌筑砂浆增塑剂》JG/T 164 的有关规定。

4 干混砂浆及加气混凝土砌块专用砂浆宜按掺用外加剂的砂浆确定搅拌时间或按产品说明书采用。

检验数量和检验方法：根据现行国家标准《砌体结构工程施工质量验收规范》GB 50203 的相关规定。

6.8.10 现场拌制的砂浆应随拌随用，拌制的砂浆应在 3 h 内使用完毕；当施工期间最高气温超过 30℃时，应在 2 h 内使用完毕。预拌砂浆及蒸压加气混凝土砌块专用砂浆的使用时间应按照厂方提供的说明书确定。

检验数量和检验方法：根据现行国家标准《砌体结构工程施工质量验收规范》GB 50203 的相关规定。

6.8.11 砌体结构工程使用的湿拌砂浆，除直接使用外，必须储存在不吸水的专用容器内，并根据气候条件采取遮阳、保温、防雨雪等措施。砂浆储存过程中严禁随意加水。

检验数量和检验方法：根据现行国家标准《砌体结构工程施工质量验收规范》GB 50203 的相关规定。

6.8.12 砌筑砂浆试块强度验收时，其强度合格标准应符合下列规定：

1 同一验收批砂浆试块强度平均值应大于或等于设计强度等级值的 1.10 倍。

2 同一验收批砂浆试块抗压强度的最小值一组平均值应大于或等于设计强度等级值的 85%。

检验数量：施工单位每一检验批且不超过 250 m^3 砌体的各类、各强度等级的普通砌筑砂浆，每台搅拌机应至少抽检 1 次。验收批的预拌砂浆、蒸压加气混凝土砌块专用砂浆，抽检可为 3 组。监理单位见证取样。

检验方法：在砂浆搅拌机出料口或在湿拌砂浆的储存容器出料口随机取样制作砂浆试块（现场拌制的砂浆，同盘砂浆只应做

1组试块),试块标养28 d后做强度试验。预拌砂浆中的湿拌砂浆稠度应在进场时取样检验。

6.8.13 砌体砌筑完毕应及时覆盖,保湿保温养护,养护期不应小于7 d。冬期施工,砂浆砌体养护至砂浆抗压强度达到设计强度值的70%。位于水中的砂浆砌体砂浆终凝前不应浸水。

检验数量:施工单位、监理单位全数检查。

检验方法:观察和试验检验。

6.8.14 沉降缝、泄水孔、反滤层的位置、数量、材料和结构尺寸应符合设计要求。

检验数量:施工单位、监理单位全数检查。

检验方法:观察、尺量和计数检查。

6.8.15 砌体工程的预拌砂浆施工质量验收应符合上海市工程建设规范《预拌砂浆应用技术标准》DG/TJ 08—502—2020第8章的相关规定。

6.8.16 构造柱的混凝土及砂浆的强度等级应符合设计要求。

检验数量:施工单位每检验批砌体,试块不应少于1组,验收批砌体试块不得少于3组;监理单位见证取样。

检验方法:检查混凝土和砂浆试块试验报告。

6.8.17 构造柱与墙体的连接应符合下列规定:

1 墙体应砌成马牙槎,马牙槎凹凸尺寸不宜小于60 mm,高度不应超过300 mm,马牙槎应先退后进,对称砌筑;马牙槎尺寸偏差每一构造柱不应超过2处。

2 预留拉结钢筋的规格、尺寸、数量及位置应正确,拉结钢筋应沿墙高每隔500 mm设2ϕ6,伸入墙内宜通长设置,钢筋的竖向位移不应超过100 mm,且竖向位移每一构造柱不得超过2处。

3 施工中不得任意弯折拉结钢筋。

检验数量:施工单位、监理单位每检验批抽查不应少于5处。

检验方法:观察、尺量。

6.8.18 对有较大振动荷载或可能产生不均匀沉降的房屋,应采用混凝土过梁。当过梁的跨度不大于 1.5 m 时,可采用钢筋砖过梁;不大于 1.2 m 时,可采用砖砌平拱过梁。

检验数量:施工单位、监理单位全数检查。

检验方法:根据国家标准《砌体结构设计规范》GB 50003—2011 第 7 章的规定。

6.8.19 砖砌过梁的构造应符合下列规定:

1 砖砌过梁截面计算高度内的砂浆不宜低于 M5(Mb5、Ms5)。

2 砖砌平拱用竖砖砌筑部分的高度不应小于 240 mm。

3 钢筋砖过梁底面砂浆层处的钢筋,其直径不应小于 5 mm,间距不宜大于 120 mm,钢筋伸入支座砌体内的长度不宜小于 240 mm,砂浆层的厚度不宜小于 30 mm。

检验数量:施工单位、监理单位全数检查。

检验方法:根据国家标准《砌体结构设计规范》GB 50003—2011 第 7 章的规定。

6.8.20 砖砌体的砖和砂浆的强度等级必须符合设计要求。

检验数量:每一生产厂家,烧结普通砖、混凝土实心砖每 15 万块,烧结多孔砖、混凝土多孔砖、蒸压灰砂砖及蒸压粉煤灰砖每 10 万块各为一检验批,不足上述数量时按一批计,抽检数量为 1 组。砂浆试块的抽检数量执行本标准第 6.8.12 条的有关规定。施工单位、监理单位全数检查。

检验方法:查砖和砂浆试块试验报告。

6.8.21 砖砌体灰缝砂浆应密实饱满,砖墙水平灰缝的砂浆饱满度不得低于 80%;砖柱水平灰缝和竖向灰缝饱满度不得低于 90%。

检验数量:施工单位每检验批抽查不应少于 5 处;监理单位抽样检验。

检验方法:用百格网检查砖底面与砂浆的粘结痕迹面积,每处检查 3 块砖,取其平均值。

6.8.22 砖砌体的转角处和交接处应同时砌筑,严禁无可靠措施的内外墙分砌施工。在抗震设防烈度为 8 度及 8 度以上地区,对不能同时砌筑而必须留置的临时间断处应砌成斜槎,普通砖砌体斜槎水平投影长度不应小于高度的 2/3,多孔砖砌体的斜槎长高比不应小于 1/2。斜槎高度不得超过 1 步脚手架的高度。

检验数量:施工单位每检验批抽查不应少于 5 处;监理单位抽样检验。

检验方法:观察。

6.8.23 混凝土小型空心砌块砌体的小砌块和芯柱混凝土、砌筑砂浆的强度等级必须符合设计要求。

检验数量:每一生产厂家,每 1 万块小砌块为一验收批,不足 1 万块按一批计,抽检数量为 1 组;用于多层以上建筑的基础和底层小砌块抽检数量不应少于 2 组。砂浆试块的抽检数量应执行本标准第 6.8.12 条的有关规定。施工单位、监理单位全数检查。

检验方法:检查小砌块和芯柱混凝土、砌筑砂浆试块试验报告。

6.8.24 混凝土小型空心砌块砌体水平灰缝和竖向灰缝的砂浆饱满度,按净面积计算不得低于 90%。

检验数量:施工单位每检验批抽查不应少于 5 处;监理单位抽样检验。

检验方法:用专用百格网检测小砌块与砂浆粘结痕迹,每处检测 3 块小砌块,取其平均值。

6.8.25 混凝土小型空心砌块墙体转角处和纵横交接处应同时砌筑。临时间断处应砌成斜槎,斜槎水平投影长度不应小于斜槎高度。施工洞口可预留直槎,但在洞口砌筑和补砌时,应在直槎上下搭砌的小砌块孔洞内用强度等级不低于 C20(或 Cb20)的混凝土灌实。

检验数量:施工单位每检验批抽查不应少于 5 处;监理单位抽样检验。

检验方法:观察。

6.8.26 混凝土小型空心砌块的小砌块砌体芯柱在楼盖处应贯通,不得削弱芯柱截面尺寸;芯柱混凝土不得漏灌。

检验数量:施工单位每检验批抽查不应少于5处;监理单位抽样检验。

检验方法:观察。

6.8.27 石砌体的石材及砂浆强度等级必须符合设计要求。

检验数量:同一产地的同类石材抽检不应少于1组。砂浆试块的抽检数量执行本标准第6.8.12条的有关规定。施工单位、监理单位全数检查。

检验方法:料石检查产品质量证明书,石材、砂浆检查试块试验报告。

6.8.28 石砌体的灰缝砂浆饱满度不应小于80%。

检验数量:施工单位每检验批不应少于5处;监理单位抽样检验。

检验方法:观察。

6.8.29 配筋砌体的钢筋的品种、规格、数量和设置部位应符合设计要求。

检验数量:施工单位、监理单位全数检查。

检验方法:检查钢筋的合格证书、钢筋性能复试试验报告,隐蔽工程验收记录。

6.8.30 填充墙砌体的烧结空心砖、小砌块和砌筑砂浆的强度等级应符合设计要求。

检验数量:烧结空心砖每10万块为一验收批,小砌块每1万块为一验收批,不足上述数量时按一批计,抽检数量为1组。砂浆试块的抽检数量执行本标准第6.8.12条的有关规定。施工单位、监理单位全数检查。

检验方法:检查砖、小砌块进场复验报告和砂浆试块试验报告。

6.8.31 填充墙砌体应与主体结构可靠连接,其连接构造应符合设计要求,未经设计同意,不得随意改变连接构造方法。每一填充墙柱拉结筋的位置超过1皮块体高度的数量不得多于1处。

检验数量:施工单位每检验批抽查不应少于5处;监理单位抽样检验。

检验方法:观察。

一般项目

6.8.32 砌体尺寸和位置质量检验应符合表6.8.32的规定。

表6.8.32 砌体尺寸和位置质量检验

序号	检验项目	允许偏差(mm)		检验方法和数量
		基础	墙	
1	底、顶面高程	±25	±15	测量不少于5处
2	砌体厚度	0~+30	0~+20	尺量不少于5处
3	轴线位置	20	15	测量不少于5处

检验数量:施工单位按表6.8.32检查;监理单位抽样检验。

6.8.33 砂浆砌体砌缝宽度、位置、砌筑方式和方法应符合表6.8.33的规定。

表6.8.33 砌体砌缝宽度、位置和砌筑方式

序号	检验项目	浆砌片石	浆砌块石	浆砌料石、混凝土预制块
1	表面砌缝宽度	≤40 mm	≤30 mm	≤20 mm
2	每找平一次的砌筑高度	≤1 200 mm	≤1 200 mm	—
3	两层间竖向错缝	≥80 mm	≥80 mm	≥100,困难时丁石上、下只能一面有竖缝
4	三块料石相接处的空隙	≤70 mm	—	—
5	砌筑方式	—	一丁一顺或一丁两顺	一丁一顺

续表6.8.33

序号	检验项目	浆砌片石	浆砌块石	浆砌料石、混凝土预制块
6	砌筑方法	挤浆法,底层座浆	挤浆法,底层座浆	挤浆法,底层座浆

检验数量:施工单位每检验批抽查不应少于5处;监理单位抽样检验。

检验方法:观察、尺量。

6.8.34 砂浆砌体表面砌缝应砂浆饱满、砌缝整洁,无空鼓、裂纹和脱落。沉降缝应整齐竖直,上、下贯通。泄水孔坡度应向外,无堵塞现象。

检验数量:施工单位全数检查;监理单位抽样检验。

检验方法:观察、尺量。

6.8.35 构造柱质量检验应符合表6.8.35的规定。

表6.8.35 构造柱质量检验

序号	检验项目			允许偏差(mm)	检验方法
1	中心线位置			10	用经纬仪和尺检查或其他测量仪器检查
2	层间错位			8	用经纬仪和尺检查或其他测量仪器检查
3	垂直度	每层		10	用2m托线板检查
		全高	≤10 m	15	用经纬仪和尺检查或其他测量仪器检查
			>10 m	20	

检验数量:施工单位每检验批抽查不应少于5处;监理单位抽样检验。

6.8.36 砖砌体组砌方法应正确,内、外搭砌,上、下错缝。清水墙、窗间墙无通缝;混水墙中不得有长度大于300 mm的通缝,长度200 mm~300 mm的通缝每间不超过3处,且不得位于同一面墙上。砖柱不得采用包心砌法。

检验数量:施工单位每检验批抽查不应少于 5 处;监理单位抽样检验。

检验方法:观察。砌体组砌方法抽检每处应为 3 m～5 m。

6.8.37 砖砌体的灰缝应横平竖直、厚薄均匀,水平灰缝厚度及竖向灰缝宽度宜为 10 mm,但不应小于 8 mm,也不应大于 12 mm。

检验数量:施工单位每检验批抽查不应少于 5 处;监理单位抽样检验。

检验方法:水平灰缝厚度用尺量 10 皮砖砌体高度折算;竖向灰缝宽度用尺量 2 m 砌体长度折算。

6.8.38 混凝土小型空心砌块砌体的水平灰缝厚度和竖向灰缝宽度宜为 10 mm,但不应小于 8 mm,也不应大于 12 mm。

检验数量:施工单位每检验批抽查不应少于 5 处;监理单位抽样检验。

检验方法:水平灰缝厚度用尺量 5 皮小砌块的高度折算;竖向灰缝宽度用尺量 2 m 砌体长度折算。

6.8.39 石砌体的组砌形式应符合下列规定:

1 应内、外搭砌,上、下错缝,拉结石、丁砌石交错设置。

2 毛石墙拉结石每 0.7 m² 墙面不应少于 1 块。

检验数量:施工单位每检验批抽查不应少于 5 处;监理单位抽样检验。

检验方法:观察。

6.8.40 配筋砌体设置在砌体灰缝中钢筋的防腐保护应符合国家标准《砌体结构工程施工质量验收规范》GB 50203—2011 第 3.0.16 条的规定,且钢筋保护层完好,不应有肉眼可见裂纹、剥落和擦痕等缺陷。

检验数量:施工单位每检验批抽查不应少于 5 处;监理单位抽样检验。

检验方法:观察。

6.8.41 配筋砌体的网状配筋砖砌体中,钢筋网规格及放置间距应符合设计规定。每一构件钢筋网沿砌体高度位置超过设计规定 1 皮砖厚不得多于 1 处。

检验数量:施工单位每检验批抽查不应少于 5 处;监理单位抽样检验。

检验方法:通过钢筋网成品检查钢筋规格,钢筋网放置间距采用局部剔缝观察,或用探针刺入灰缝内检查,或用钢筋位置测定仪测定。

6.8.42 填充墙留置的拉结筋或网片的位置应与块体皮数相符合。拉结钢筋或网片应置于灰缝中,埋置长度应符合设计要求,竖向位置偏差不应超过 1 皮高度。

检验数量:施工单位每检验批抽查不应少于 5 处;监理单位抽样检验。

检验方法:观察、尺量。

6.8.43 砌筑填充墙时应错缝搭砌,蒸压加气混凝土砌块搭砌长度不应小于砌块长度的 1/3;轻骨料混凝土小型空心砌块搭砌长度不应小于 90 mm;竖向通缝不应大于 2 皮。

检验数量:施工单位每检验批抽查不应少于 5 处;监理单位抽样检验。

检验方法:观察。

6.8.44 填充墙的水平灰缝厚度和竖向灰缝宽度应正确,烧结空心砖、轻骨料混凝土小型空心砌块的灰缝应为 8 mm~12 mm;蒸压加气混凝土砌块砌体当采用水泥砂浆、水泥混合砂浆或蒸压加气混凝土砌块砌筑砂浆时,水平灰缝厚度和竖向灰缝宽度不应超过 15 mm;当蒸压加气混凝土砌块砌体采用蒸压加气混凝土砌块粘结砂浆时,水平灰缝厚度和竖向灰缝宽度宜为 3 mm~4 mm。

检验数量:施工单位每检验批抽查不应少于 5 处;监理单位抽样检验。

检验方法:水平灰缝厚度用尺量 5 皮小砌块的高度折算;竖

向灰缝宽度用尺量2m砌体长度折算。

6.9 主体结构防水

6.9.1 地下工程应按设计的防水等级标准进行验收。地下工程渗漏水调查与检测应符合国家标准《地下防水工程施工质量验收规范》GB 50208—2011附录C的相关规定。

Ⅰ 防水混凝土

主控项目

6.9.2 防水混凝土的原材料、配合比及坍落度必须符合设计要求。

检验数量：施工单位全数检查；监理单位对原材料见证取样，配合比全数检查，旁站坍落度试验。

检验方法：检查出厂合格证、质量检验报告、计量措施和现场抽样试验报告。

6.9.3 防水混凝土的抗压强度和抗渗性能必须符合设计要求。

检验数量：施工单位全数检查；监理单位按施工单位检查数量的20%平行检验。

检验方法：检查混凝土抗压、抗渗试验报告。

6.9.4 防水混凝土的变形缝、施工缝、后浇带、穿墙管道、预埋件等设置和构造，均必须符合设计要求，严禁有渗漏。

检验数量：施工单位、监理单位全数检查。

检验方法：观察和检查隐蔽工程验收记录。

一般项目

6.9.5 防水混凝土结构表面应坚实、平整，不应有露筋、蜂窝等缺陷；埋设件位置应正确。

检验数量：施工单位、监理单位全数检查。

检验方法：观察、尺量。

6.9.6 防水混凝土结构表面的裂缝宽度不应大于设计要求,且不应贯通。

检验数量:施工单位全数检查;监理单位抽样检验。

检验方法:刻度放大镜检查。

6.9.7 防水混凝土结构厚度不应小于 250 mm,其允许偏差应为 +10 mm～-5 mm;主体结构迎水面钢筋保护层厚度应符合设计要求,其允许偏差为 +10 mm～-3 mm。

检验数量:施工单位全数检查;监理单位抽样检验。

检验方法:尺量和检查隐蔽工程验收记录。

Ⅱ 水泥砂浆防水层

主控项目

6.9.8 防水砂浆的原材料及配合比必须符合设计规定。

检验数量:施工单位按施工面积每 100 m² 抽查 1 处,每处 10 m²,且不应少于 3 处;监理单位对原材料见证取样,配合比全数检查。

检验方法:检查产品合格证、产品性能检测报告、计量措施和材料进场检验报告。

6.9.9 防水砂浆的粘结强度和抗渗性能必须符合设计规定或国家现行材料标准要求。

检验数量:施工单位按施工面积每 100 m² 抽查 1 处,每处 10 m²,且不应少于 3 处;监理单位按施工单位检查数量的 20% 进行平行检验。

检验方法:检查砂浆粘结强度、抗渗性能检测报告。

6.9.10 水泥砂浆防水层与基层、水泥砂浆防水层各层之间应结合牢固,无空鼓现象。防水层的基层应符合下列规定:

1 基层表面应平整、坚实、清洁,且应充分湿润、无明水。

2 基层表面的孔洞、缝隙,应采用与防水层相同的水泥砂浆堵塞并抹平。

3 施工前应将埋设件、穿墙管预留凹槽内嵌填密封材料后,再进行水泥砂浆防水层施工。

检验数量:施工单位按施工面积每 100 m² 抽查 1 处,每处 10 m²,且不应少于 3 处;监理单位抽样检验。

检验方法:观察和用小锤轻击检查。

一般项目

6.9.11 水泥砂浆防水层表面应密实、平整,不应有裂纹、起砂、麻面等缺陷。

检验数量:施工单位按施工面积每 100 m² 抽查 1 处,每处 10 m²,且不应少于 3 处;监理单位抽样检验。

检验方法:观察。

6.9.12 水泥砂浆防水层施工缝留槎位置正确,采用阶梯坡型槎,离阴阳角处不小于 200 mm,接槎按层次顺序操作,层层搭接紧密。

检验数量:施工单位按施工面积每 100 m² 抽查 1 处,每处 10 m²,且不应少于 3 处;监理单位抽样检验。

检验方法:观察和检查隐蔽工程验收记录。

6.9.13 水泥砂浆防水层的平均厚度应符合设计要求,最小厚度不应小于设计值的 85%。

检验数量:施工单位按施工面积每 100 m² 抽查 1 处,每处 10 m²,且不应少于 3 处;监理单位抽样检验。

检验方法:针测法或其他有效方法检查。

6.9.14 水泥砂浆防水层表面平整度的允许偏差应为 5 mm。

检验数量:施工单位按施工面积每 100 m² 抽查 1 处,每处 10 m²,且不应少于 3 处;监理单位抽样检验。

检验方法:2 m 靠尺和楔形塞尺检查。

Ⅲ 卷材防水层

6.9.15 在进场材料检验的同时,防水卷材接缝粘结质量检验应按国家标准《地下防水工程质量验收规范》GB 50208—2011附录D执行。铺贴防水卷材前,基面应干净、干燥,并应涂刷基层处理剂;当基面潮湿时,应涂刷湿固化型胶粘剂或潮湿界面隔离剂。

主控项目

6.9.16 卷材防水层所用卷材及主要配套材料必须符合设计要求。

检验数量:施工单位按进场批次和产品的抽样检验方案检查;监理单位对防水卷材按施工单位检查数量的20%进行平行检验。

检验方法:检查产品合格证、产品性能检测报告和材料进场检验报告。

6.9.17 卷材防水层及其转角处、变形缝、穿墙管道等细部做法应符合设计要求。

检验数量:施工单位按施工面积每 100 m² 抽查 1 处,每处 10 m²,且不应少于 3 处;监理单位抽样检验。

检验方法:观察和检查隐蔽工程验收记录。

一般项目

6.9.18 卷材防水层的搭接缝应粘贴或焊接牢固,密封严密,不应有扭曲、折皱、翘边和起泡等缺陷。

检验数量:施工单位按施工面积每 100 m² 抽查 1 处,每处 10 m²,且不应少于 3 处;监理单位抽样检验。

检验方法:观察和检查隐蔽工程验收记录。

6.9.19 侧墙卷材防水层的保护层厚度应符合设计要求。

检验数量:施工单位按施工面积每 100 m² 抽查 1 处,每处 10 m²,且不应少于 3 处;监理单位抽样检验。

检验方法:观察、尺量。

6.9.20 采用"外防外贴"法铺贴卷材防水层时,立面卷材接槎的搭接宽度,高聚物改性沥青类卷材应为 150 mm,合成高分子类卷材应为100 mm,且上层卷材应盖过下层卷材。

　　检验数量:施工单位按施工面积每100 m² 抽查1处,每处10 m²,且不应少于3处;监理单位抽样检验。

　　检验方法:观察、钢尺量。

6.9.21 卷材搭接宽度的允许偏差应为—10 mm。

　　检验数量:施工单位按施工面积每100 m² 抽查1处,每处10 m²,且不应少于3处;监理单位抽样检验。

　　检验方法:观察、尺量。

Ⅳ　塑料板防水层

6.9.22 塑料板防水层的基面应平整,无尖锐突出物,基面平整度 D/L 不应大于 $1/6$。

主控项目

6.9.23 塑料防水板及其配套材料必须符合设计要求。

　　检验数量:施工单位按现行国家标准《地下防水工程质量验收规范》GB 50208 规定确定;监理单位见证取样。

　　检验方法:检查产品合格证、产品性能检测报告和材料进场检验报告。

6.9.24 塑料防水板的搭接缝必须采用双缝热熔焊接,每条焊缝的有效宽度不应小于10 mm。

　　检验数量:施工单位、监理单位全数检查。

　　检验方法:双焊缝间空腔内充气检查和尺量。

一般项目

6.9.25 塑料防水板应采用无钉孔铺设,其固定点的间距应根据基面平整情况确定,拱部宜为0.5 m～0.8 m,边墙宜为1.0 m～1.5 m,底部宜为1.5 m～2.0 m;局部凹凸较大时,应在凹处加密固定点。

　　检验数量:施工单位全数检查;监理单位抽样检验。

　　检验方法:观察、尺量。

6.9.26 塑料防水板与暗钉圈应焊接牢靠,不应漏焊、假焊和焊穿。

　　检验数量:施工单位全数检查;监理单位抽样检验。

　　检验方法:观察、尺量。

6.9.27 塑料防水板的铺设应平顺,不应有下垂、绷紧和破损现象。

　　检验数量:施工单位按铺设面积 100 m² 抽查 1 处,每处 10 m²,且不应少于 3 处;监理单位抽样检验。

　　检验方法:观察。

6.9.28 塑料板搭接宽度的允许偏差为 −10 mm。

　　检验数量:施工单位按铺设面积 100 m² 抽查 1 处,每处 10 m²,且不应少于 3 处;监理单位抽样检验。

　　检验方法:尺量。

Ⅴ 涂料防水层

6.9.29 有机防水涂料基面应干燥。当基面较潮湿时,应涂刷湿固化型胶粘剂或潮湿界面隔离剂;无机防水涂料施工前,基面应充分湿润,但不得有明水。

主控项目

6.9.30 涂料防水层所用材料的质量及配合比必须符合设计要求。

　　检验数量:施工单位按现行国家标准《地下防水工程质量验收规范》GB 50208 规定确定;监理单位见证取样。

　　检验方法:检查产品合格证、产品性能检测报告、计量措施和材料进场检验报告。

6.9.31 涂料防水层及其转角处与穿墙管等细部做法均应符合设计要求。

　　检验数量:施工单位、监理单位全数检查。

　　检验方法:观察和检查隐蔽工程验收记录。

6.9.32 涂料防水层的平均厚度应符合设计要求,最小厚度不应低于设计厚度的90%。

检验数量:施工单位、监理单位全数检查。

检验方法:针测法检查。

一般项目

6.9.33 涂料防水层应与基层粘结牢固,表面平整、涂刷均匀,不应流淌、鼓泡、露槎。

检验数量:施工单位全数检查;监理单位抽样检验。

检验方法:观察。

6.9.34 涂层间夹铺胎体增强材料时,应使防水涂料浸透胎体覆盖完全,不应有胎体外露现象。

检验数量:施工单位全数检查;监理单位抽样检验。

检验方法:观察。

6.9.35 侧墙涂料防水层的保护层与防水层应结合紧密,保护层厚度应符合设计要求。

检验数量:施工单位全数检查;监理单位抽样检验。

检验方法:观察。

6.10 细部构造防水

Ⅰ 施工缝

主控项目

6.10.1 施工缝用止水带、遇水膨胀止水条或止水胶、水泥基渗透结晶型防水涂料和预埋注浆管必须符合设计要求。

检验数量:施工单位全数检查;监理单位见证取样。

检验方法:检查产品合格证、产品性能检测报告和材料进场检验报告。

6.10.2 施工缝防水构造必须符合设计要求。

检验数量:施工单位、监理单位全数检查。

检验方法:观察和检查隐蔽工程验收记录。

一般项目

6.10.3 墙体水平施工缝应留设在高出底板表面不小于 300 mm 的墙体上。拱、板与墙结合的水平施工缝,宜留在拱、板与墙交接处以下 150 mm~300 mm 处;垂直施工缝应避开地下水和裂隙水较多的地段,并宜与变形缝相结合。

检验数量:施工单位全数检查;监理单位抽样检验。
检验方法:观察和检查隐蔽工程验收记录。

6.10.4 在施工缝处继续浇筑混凝土时,已浇筑的混凝土抗压强度不应小于 1.2 MPa。

检验数量:施工单位全数检查;监理单位抽样检验。
检验方法:观察和检查隐蔽工程验收记录。

6.10.5 水平施工缝浇筑混凝土前,应先将其表面浮浆和杂物清除,然后铺设净浆或涂刷混凝土界面处理剂、水泥基渗透结晶型防水涂料,再铺 30 mm~50 mm 厚的 1∶1 水泥砂浆,并及时浇筑混凝土。

检验数量:施工单位全数检查;监理单位抽样检验。
检验方法:观察和检查隐蔽工程验收记录。

6.10.6 垂直施工缝浇筑混凝土前,应先将其表面清理干净,再涂刷混凝土界面处理剂或水泥基渗透结晶型防水涂料,并及时浇筑混凝土。

检验数量:施工单位全数检查;监理单位抽样检验。
检验方法:观察和检查隐蔽工程验收记录。

6.10.7 中埋式止水带及外贴式止水带埋设位置应准确,固定应牢靠。

检验数量:施工单位全数检查;监理单位抽样检验。
检验方法:观察和检查隐蔽工程验收记录。

6.10.8 遇水膨胀止水条应具有缓膨胀性能;止水条与施工缝基面应密贴,中间不应有空鼓、脱离等现象;止水条应牢固地安装在缝表面或预留凹槽内;止水条采用搭接连接时,搭接宽度不应小于 30 mm。

  检验数量:施工单位全数检查;监理单位抽样检验。
  检验方法:观察和检查隐蔽工程验收记录。

6.10.9 遇水膨胀止水胶应采用专用注胶器挤出粘结在施工缝表面,并做到连续、均匀、饱满,无气泡和孔洞,挤出宽度及厚度应符合设计要求;止水胶挤出成形后,固化期内应采取临时保护措施;止水胶固化前不应浇筑混凝土。

  检验数量:施工单位全数检查。监理单位抽样检验。
  检验方法:观察和检查隐蔽工程验收记录。

6.10.10 预埋注浆管应设置在施工缝断面中部,注浆管与施工缝基面应密贴并固定牢靠,固定间距宜为 200 mm~300 mm;注浆导管的连接应牢固、严密,导管埋入混凝土内的部分应与结构钢筋绑扎牢固,导管的末端应临时封堵严密。

  检验数量:施工单位全数检查。监理单位抽样检验。
  检验方法:观察和检查隐蔽工程验收记录。

Ⅱ 诱导缝、变形缝

主控项目

6.10.11 诱导缝、变形缝用止水带、填缝材料和密封材料必须符合设计要求。

  检验数量:施工单位全数检查;监理单位见证取样。
  检验方法:检查产品合格证、产品性能检测报告和材料进场检验报告。

6.10.12 诱导缝、变形缝防水构造必须符合设计要求。
  检验数量:施工单位、监理单位全数检查。
  检验方法:观察和检查隐蔽工程验收记录。

6.10.13 中埋式止水带埋设位置应准确,其中间空心圆环与诱导缝、变形缝的中心线应重合。

检验数量：施工单位、监理单位全数检查。

检验方法：观察和检查隐蔽工程验收记录。

一般项目

6.10.14 中埋式止水带的接缝应设在边墙较高位置上，不应设在结构转角处；接头宜采用热压焊接，接缝应平整、牢固，不应有裂口和脱胶现象。

检验数量：施工单位全数检查；监理单位抽样检验。

检验方法：观察和检查隐蔽工程验收记录。

6.10.15 中埋式止水带在转弯处应做成圆弧形；顶板、底板内止水带应安装成盆状，并宜采用钢筋套或扁钢固定。

检验数量：施工单位全数检查；监理单位抽样检验。

检验方法：观察和检查隐蔽工程验收记录。

6.10.16 外贴式止水带在诱导缝、变形缝与施工缝相交部位宜采用十字配件；外贴式止水带在诱导缝、变形缝转角部位宜采用直角配件。止水带埋设位置应准确，固定应牢靠，并与固定止水带的基层密贴，不得出现空鼓、翘边等现象。

检验数量：施工单位全数检查；监理单位抽样检验。

检验方法：观察和检查隐蔽工程验收记录。

6.10.17 安设于结构内侧的可卸式止水带所需配件应一次配齐，转角处应做成45°坡角，并增加紧固件的数量。

检验数量：施工单位全数检查；监理单位抽样检验。

检验方法：观察和检查隐蔽工程验收记录。

6.10.18 嵌填密封材料的缝内两侧基面应平整、洁净、干燥，并应涂刷基层处理剂；嵌缝底部应设置背衬材料；密封材料嵌填应严密、连续、饱满，粘结牢固。

检验数量：施工单位全数检查；监理单位抽样检验。

检验方法：观察和检查隐蔽工程验收记录。

6.10.19 诱导缝、变形缝表面粘贴卷材或涂刷涂料前，应在缝上设置隔离层和加强层。

检验数量:施工单位全数检查;监理单位抽样检验。

检验方法:观察和检查隐蔽工程验收记录。

Ⅲ 后浇带

6.10.20 后浇带用遇水膨胀止水条或止水胶、预埋注浆管、外贴式止水带必须符合设计要求。

检验数量:施工单位全数检查;监理单位见证取样。

检验方法:检查产品合格证、产品性能检测报告和材料进场检验报告。

6.10.21 补偿收缩混凝土的原材料及配合比必须符合设计要求。

检验数量:施工单位全数检查;监理单位对原材料见证取样,配合比全数检查。

检验方法:检查产品合格证、产品性能检测报告和材料进场检验报告。

6.10.22 采用掺膨胀剂的补偿收缩混凝土,其抗压强度、抗渗性能和限制膨胀率必须符合设计要求。

检验数量:施工单位按批全数检查;监理单位见证取样。

检验方法:检查产品合格证、产品性能检测报告和材料进场检验报告。

一般项目

6.10.23 补偿收缩混凝土浇筑前,后浇带部位和外贴式止水带应采取保护措施。

检验数量:施工单位全数检查;监理单位抽样检验。

检验方法:观察。

6.10.24 后浇带两侧的接缝表面应先清理干净,再涂刷混凝土界面处理剂或水泥基渗透结晶型防水涂料;后浇混凝土的浇筑时间应符合设计要求。

检验数量:施工单位全数检查;监理单位抽样检验。

检验方法:观察和检查隐蔽工程验收记录。

6.10.25 遇水膨胀止水条的施工应符合本标准第6.10.8条的规定;遇水膨胀止水胶的施工应符合本标准第6.10.9条的规定;预埋注浆管的施工应符合本标准第6.10.10条的规定;外贴式止水带的施工应符合本标准第6.10.16条的规定。

检验数量:施工单位全数检查;监理单位抽样检验。

检验方法:观察和检查隐蔽工程验收记录。

6.10.26 后浇带混凝土应一次浇筑,不应留设施工缝;混凝土浇筑后应及时养护,养护时间不应少于28 d。

检验数量:施工单位全数检查;监理单位抽样检验。

检验方法:观察和检查隐蔽工程验收记录。

Ⅳ 穿墙管

主控项目

6.10.27 穿墙管用遇水膨胀止水条和密封材料必须符合设计要求。

检验数量:施工单位全数检查;监理单位抽样检验。

检验方法:检查产品合格证、产品性能检测报告和材料进场检验报告。

6.10.28 穿墙管防水构造必须符合设计要求。

检验数量:施工单位全数检查;监理单位抽样检验。

检验方法:观察和检查隐蔽工程验收记录。

一般项目

6.10.29 固定式穿墙管应加焊止水环或环绕遇水膨胀止水圈,并做好防腐处理;穿墙管应在主体结构迎水面预留凹槽,槽内应用密封材料嵌填密实。

检验数量:施工单位全数检查;监理单位抽样检验。

检验方法:观察和检查隐蔽工程验收记录。

6.10.30 套管式穿墙管与止水环及翼环应连续满焊,并做好防腐处理;套管内表面应清理干净,穿墙管与套管之间应用密封材料和橡胶密封圈进行密封处理,并采用法兰盘及螺栓进行固定。

检验数量:施工单位全数检查;监理单位抽样检验。

检验方法:观察和检查隐蔽工程验收记录。

6.10.31 穿墙盒的封口钢板与混凝土结构上预埋的角钢应焊严,并从钢板上的预留浇注孔注入改性沥青密封材料或细石混凝土,封填后将浇注孔口用钢板焊接封闭。

检验数量:施工单位全数检查;监理单位抽样检验。

检验方法:观察和检查隐蔽工程验收记录。

6.10.32 当主体结构迎水面有柔性防水层时,防水层与穿墙管连接处应增设加强层。

检验数量:施工单位全数检查;监理单位抽样检验。

检验方法:观察和检查隐蔽工程验收记录。

6.10.33 密封材料嵌填应密实、连续、饱满,粘结牢固。

检验数量:施工单位全数检查;监理单位抽样检验。

检验方法:观察和检查隐蔽工程验收记录。

Ⅴ 埋设件

主控项目

6.10.34 埋设件用密封材料必须符合设计要求。

检验数量:施工单位全数检查;监理单位抽样检验。

检验方法:检查产品合格证、产品性能检测报告、材料进场检验报告。

6.10.35 埋设件防水构造必须符合设计要求。

检验数量:施工单位全数检查;监理单位抽样检验。

检验方法:观察和检查隐蔽工程验收记录。

一般项目

6.10.36 埋设件应位置准确,固定牢靠;埋设件应进行防腐处理。

检验数量:施工单位全数检查;监理单位抽样检验。

检验方法:观察、尺量和手板检查。

6.10.37 埋设件端部或预留孔、槽底部的混凝土厚度不得小于 250 mm;当混凝土厚度小于 250 mm 时,应局部加厚或采取其他防水措施。

检验数量:施工单位全数检查;监理单位抽样检验。

检验方法:尺量和检查隐蔽工程验收记录。

6.10.38 结构迎水面的埋件周围应预留凹槽,凹槽内应用密封材料填实。

检验数量:施工单位全数检查;监理单位抽样检验。

检验方法:观察和检查隐蔽工程验收记录。

6.10.39 用于固定模板的螺栓必须穿过混凝土结构时,可采用工具式螺栓或螺栓加堵头,螺栓上应加焊止水环。拆模后留下的凹槽应用密封材料封堵密实,并用聚合物水泥砂浆抹平。

检验数量:施工单位全数检查;监理单位抽样检验。

检验方法:观察和检查隐蔽工程验收记录。

6.10.40 预留孔、槽内的防水层应与主体防水层保持连续。

检验数量:施工单位全数检查;监理单位抽样检验。

检验方法:观察和检查隐蔽工程验收记录。

6.10.41 密封材料嵌填应密实、连续、饱满、粘贴牢固。

检验数量:施工单位全数检查;监理单位抽样检验。

检验方法:观察和检查隐蔽工程验收记录。

Ⅵ 预留通道接头

主控项目

6.10.42 预留通道接头用中埋式止水带、遇水膨胀止水条或止水胶、预埋注浆管、密封材料和可卸式止水带必须符合设计要求。

检验数量:施工单位全数检查;监理单位抽样检验。

检验方法:检查产品合格证、产品性能检测报告、材料进场检验报告。

6.10.43 预留通道接头防水构造必须符合设计要求。

　　检验数量:施工单位全数检查;监理单位抽样检验。

　　检验方法:观察和检查隐蔽工程验收记录。

6.10.44 中埋式止水带埋设位置应准确,其中间空心圆环与通道接头中心线应重合。

　　检验数量:施工单位全数检查;监理单位抽样检验。

　　检验方法:观察和检查隐蔽工程验收记录。

一般项目

6.10.45 预留通道先浇混凝土结构、中埋式止水带和预埋件应及时保护,预埋件应进行防锈处理。

　　检验数量:施工单位全数检查;监理单位抽样检验。

　　检验方法:观察。

6.10.46 遇水膨胀止水条的施工应符合本标准第6.10.8条的规定;遇水膨胀止水胶的施工应符合本标准第6.10.9条的规定;预埋注浆管的施工应符合本标准第6.10.10条的规定。

　　检验数量:施工单位全数检查;监理单位抽样检验。

　　检验方法:观察和检查隐蔽工程验收记录。

6.10.47 密封材料嵌填应密实、连续、饱满、粘贴牢固。

　　检验数量:施工单位全数检查。监理单位抽样检验。

　　检验方法:观察和检查隐蔽工程验收记录。

6.10.48 用膨胀螺栓固定可拆卸式止水带时,止水带与紧固件压块及止水带与基面之间应结合紧密。采用金属膨胀螺栓时,应选用不锈钢材料或进行防锈处理。

　　检验数量:施工单位全数检查;监理单位抽样检验。

　　检验方法:观察和检查隐蔽工程验收记录。

6.10.49 预留通道接头外部应设保护墙。

　　检验数量:施工单位全数检查;监理单位抽样检验。

　　检验方法:观察和检查隐蔽工程验收记录。

Ⅶ 桩 头

主控项目

6.10.50 桩头用聚合物水泥防水砂浆、水泥基渗透结晶型防水涂料、遇水膨胀止水条或止水胶和密封材料必须符合设计要求。

检验数量：施工单位全数检查；监理单位抽样检验。

检验方法：检查产品合格证、产品性能检测报告和材料进场检验报告。

6.10.51 桩头防水构造必须符合设计要求。

检验数量：施工单位全数检查；监理单位抽样检验。

检验方法：观察和检查隐蔽工程验收记录。

6.10.52 桩头混凝土应密实，如发现渗漏水应及时采取封堵措施。

检验数量：施工单位全数检查；监理单位抽样检验。

检验方法：观察和检查隐蔽工程验收记录。

一般项目

6.10.53 桩头顶面和侧面裸露处应涂刷水泥基渗透结晶型防水涂料，并延伸到结构底板垫层 150 mm 处；桩头四周 300 mm 范围内应抹聚合物水泥防水砂浆过渡层。

检验数量：施工单位全数检查；监理单位抽样检验。

检验方法：观察和检查隐蔽工程验收记录。

6.10.54 结构底板防水层应做在聚合物水泥防水砂浆过渡层上并延伸至桩头侧壁，其与桩头侧壁接缝处应采用密封材料嵌填。

检验数量：施工单位全数检查；监理单位抽样检验。

检验方法：观察和检查隐蔽工程验收记录。

6.10.55 遇水膨胀止水条的施工应符合本标准第 6.10.8 条的规定；遇水膨胀止水胶的施工应符合本标准第 6.10.9 条的规定。

检验数量：施工单位全数检查；监理单位抽样检验。

检验方法：观察和检查隐蔽工程验收记录。

6.10.56 密封材料嵌填应密实、连续、饱满、粘结牢固。

检验数量：施工单位全数检查；监理单位抽样检验。

检验方法：观察和检查隐蔽工程验收记录。

Ⅷ 孔 口

主控项目

6.10.57 孔口用防水卷材、防水涂料和密封材料必须符合设计要求。

检验数量：施工单位全数检查；监理单位抽样检验。

检验方法：检查产品合格证、产品性能检测报告、材料进场检验报告。

6.10.58 孔口防水构造必须符合设计要求。

检验数量：施工单位全数检查；监理单位抽样检验。

检验方法：观察和检查隐蔽工程验收记录。

一般项目

6.10.59 人员出入口高出地面不应小于500 mm；汽车出入口设置明沟排水时，其高出地面宜为150 mm，并应采取防雨措施。

检验数量：施工单位全数检查；监理单位抽样检验。

检验方法：观察，尺量。

6.10.60 窗井的底部在最高地下水位以上时，窗井的墙体和底板应做防水处理，并宜与主体结构断开。窗台下部的墙体和底板应做防水层。

检验数量：施工单位全数检查；监理单位抽样检验。

检验方法：观察和检查隐蔽工程验收记录。

6.10.61 窗井或窗井的一部分在最高地下水位以下时，窗井应与主体结构连成整体，其防水层也应连成整体，并应在窗井内设置集水井。窗台下部的墙体和底板应做防水层。

检验数量：施工单位全数检查；监理单位抽样检验。

检验方法：观察和检查隐蔽工程验收记录。

6.10.62 窗井内的底板应低于窗下缘 300 mm。窗井墙高出室外地面不得小于 500 mm;窗井外地面应做散水,散水与墙面间应采用密封材料嵌填。

检验数量:施工单位全数检查;监理单位抽样检验。

检验方法:观察和检查隐蔽工程验收记录。

6.10.63 密封材料嵌填应密实、连续、饱满、粘结牢固。

检验数量:施工单位全数检查;监理单位抽样检验。

检验方法:观察和检查隐蔽工程验收记录。

Ⅸ 坑、池

主控项目

6.10.64 坑、池防水混凝土的原材料、配合比及坍落度必须符合设计要求。

检验数量:施工单位全数检查;监理单位抽样检验。

检验方法:检查产品合格证、产品性能检测报告、计量措施和材料进场验收报告。

6.10.65 坑、池防水构造必须符合设计要求。

检验数量:施工单位全数检查;监理单位抽样检验。

检验方法:观察和检查隐蔽工程验收记录。

6.10.66 坑、池、储水库内部防水层完成后,应进行蓄水试验。

检验数量:施工单位全数检查;监理单位抽样检验。

检验方法:观察和检查蓄水试验记录。

一般项目

6.10.67 坑、池、储水库宜采用防水混凝土整体浇筑,混凝土表面应坚实、平整,不得有露筋、蜂窝和裂缝等缺陷。

检验数量:施工单位全数检查;监理单位抽样检验。

检验方法:观察和检查隐蔽工程验收记录。

6.10.68 坑、池底板的混凝土厚度不应小于 250 mm;当底板的厚度小于 250 mm 时,应采取局部加厚措施,并应使防水层保持连续。

检验数量:施工单位全数检查;监理单位抽样检验。

检验方法:观察和检查隐蔽工程验收记录。

6.10.69 坑、池施工完后,应及时遮盖和防止杂物堵塞。

检验数量:施工单位全数检查;监理单位抽样检验。

检验方法:观察。

6.11 特殊施工法结构防水

Ⅰ 顶管法防水

一般项目

6.11.1 管节混凝土、节接头密封材料、嵌填密封材料质量检验应符合表 6.11.1 的规定,具体性能指标应符合设计文件规定。

表 6.11.1 顶管法隧道管节混凝土与节接头密封圈等质量检验

序号	检验项目		允许偏差	检验数量	检验方法
1	管节混凝土	强度等级	直径≥2 m	每 100 节检查 1 次	检查抗压、抗渗试验报告
			直径<2 m	每 200 节检查 1 次	
		抗渗等级	直径≥2 m	每 200 节检查 1 次	
			直径<2 m	每 400 节检查 1 次	
2		氯离子扩散系数	直径≥2 m	整条隧道检查 2 次	检查氯离子扩散系数试验报告
			直径<2 m	整体隧道检查 1 次	
3	节接头	止水密封圈	直径≥2 m	整条隧道检查 2 次	检查出厂合格证、质量检验报告、试样抽检试验报告
			直径<2 m	整体隧道检查 1 次	
4		嵌填密封材料	直径≥2 m	整条隧道检查 2 次	
			直径<2 m	整体隧道检查 1 次	

6.11.2 顶管管道贯通后管节接头应无漏泥、滴水现象。

检验数量:施工单位全数检查;监理单位抽样检验。

检验方法:观察。

6.11.3 顶管管节与工作井的接头密封所用帘布橡胶板与井壁密贴,在注浆压力下,应无漏泥、漏水现象。

检验数量:施工单位全数检查;监理单位抽样检验。

检验方法:观察。

Ⅱ 渗漏水治理

一般项目

6.11.4 注浆材料及防水抹面材料应符合设计及施工工艺规定。

检验数量:施工单位按批次检查;监理单位抽样检验。

检验方法:查验产品合格证、质量检验报告、隐蔽工程验收记录或现场抽样报告。

6.11.5 注浆效果应符合设计或施工工艺规定。

检验数量:施工单位全数检查;监理单位抽样检验。

检验方法:渗漏水量计量检测;有注入深度要求时,可用钻孔取芯检测、超声波检测。

6.11.6 快硬水泥、防水砂浆抹面应平实,无裂缝和渗漏现象。

检验数量:施工单位全数检查;监理单位抽样检验。

检验方法:观察。

7 地面及高架车站

7.1 一般规定

7.1.1 本章适用于地面及高架车站地基与基础、建筑主体结构等工程的施工质量验收。

7.1.2 地面及高架车站分部分项工程划分宜按本标准附录B.0.2采用。

7.1.3 地面及高架车站及所涉及综合接地工程的施工质量验收应符合本标准第27章的相关规定。

7.2 地基与基础

7.2.1 地面及高架车站基坑围护、地基处理、桩基础、地下水控制、基坑开挖与回填等工程的施工质量验收应符合本标准第6.2～6.6节的相关规定。

7.3 混凝土结构

7.3.1 地面及高架车站钢筋混凝土结构工程、钢管混凝土结构、劲性钢筋混凝土结构、现浇结构、预应力混凝土结构等工程的施工质量验收，应符合本标准第6.7节的相关规定。钢管柱钢管、劲钢钢结构加工和施工验收应符合本标准第7.4节的相关规定；本节未涉及的技术、材料、设备、工艺的施工质量验收应符合现行国家标准《钢管混凝土结构技术规范》GB 50936等现行标准的相关规定。

7.4 钢结构

Ⅰ 原材料

主控项目

7.4.1 钢板、型材、管材、铸钢件、拉索、拉杆、锚具、压型金属板、膜材、钢结构用支座和橡胶垫等材料的品种、型号、规格及质量应符合设计要求和国家现行有关产品标准的规定。

检验数量：施工单位、监理单位对质量证明文件全数检查，施工单位按进场批次和产品的抽样检验方案确定抽样数量；监理单位见证取样。

检验方法：检查质量合格证明文件及抽样检验报告等。

Ⅱ 焊接

主控项目

7.4.2 焊条、焊丝、焊剂、电渣焊熔嘴等焊接材料与母材的匹配应符合设计要求及现行国家标准《钢结构焊接规范》GB 50661 的规定。焊条、焊剂、药芯焊丝、焊嘴等在使用前，应按其产品说明书及焊接工艺文件的规定进行烘焙和存放。

7.4.3 焊接材料进场时，应按国家现行标准的规定抽取试件且应进行化学成分和力学性能检验，检验结果应符合国家现行标准的规定。对于下列情况之一的钢结构所采用的焊接材料应按其产品标准的要求进行抽样复验，复验结果应满足国家现行标准规定及设计要求：

1 结构安全等级为一级的一、二级焊缝。
2 结构安全等级为二级的一级焊缝。
3 需要进行疲劳验算构件的焊缝。
4 设计要求复检的复验报告。

检验数量：施工单位质量证明文件全数检查；抽样数量按进

场批次和产品抽样检验方案确定。监理单位见证取样。

检验方法:检查质量证明书、抽样检验报告,检查烘焙记录。

7.4.4 持证焊工应在其焊工合格证书规定的认可范围内施焊,严禁无证焊工施焊。

检验数量:施工单位、监理单位全数检查。

检验方法:检查焊工合格证及其认可范围、有效期。

7.4.5 施工前应按现行国家标准《钢结构焊接规范》GB 50661的规定进行焊接工艺评定,根据评定报告确定焊接工艺,编写焊接工艺规程并进行全过程质量控制。

检验数量:施工单位、监理单位全数检查。

检验方法:检查有效期内的焊接工艺评定报告、焊接工艺规程,焊接过程参数测定、记录。

7.4.6 设计要求的一、二级焊缝应进行内部缺陷的无损检测,一、二级焊缝的质量等级和检测要求应符合表7.4.6的规定。

检验数量:施工单位全数检查;监理单位见证检验。

检验方法:检查超声波或射线探伤记录。

表7.4.6 一、二级焊缝质量等级及缺陷分级

焊缝质量等级		一级	二级
内部缺陷 超声波探伤	缺陷评定等级	Ⅱ	Ⅲ
	检验等级	B级	B级
	检测比例	100%	20%
内部缺陷 射线探伤	缺陷评定等级	Ⅱ	Ⅲ
	检验等级	B级	B级
	检测比例	100%	20%

注:二级焊缝检测比例的计数方法应按以下原则确定:工厂制作焊缝按照焊缝长度计算百分比,且探伤长度不小于200 mm;当焊缝长度小于200 mm时,应对整条焊缝探伤;现场安装焊缝应按照同一类型、同一施焊条件的焊缝条数计算百分比,且不应少于3条焊缝。

7.4.7 焊缝内部缺陷的无损检测应符合下列规定:

1 采用超声波检测时,超声波检测设备、工艺要求及缺陷评定等级应符合现行国家标准《钢结构焊接规范》GB 50661的规定。

2 当不能采用超声波探伤或对超声波检测结果有疑义时,可采用射线检测验证,射线检测技术应符合现行国家标准《焊缝无损检测 射线检测 第1部分:X和伽玛射线的胶片技术》GB/T 3323.1或《焊缝无损检测 射线检测 第2部分:使用数字化探测器的X和伽玛射线技术》GB/T 3323.2的规定,缺陷评定等级应符合现行国家标准《钢结构焊接规范》GB 50661的规定。

3 焊接球节点网架、螺栓球节点网架及圆管T、K、Y节点焊缝的超声波探伤方法及缺陷分级应符合国家现行标准的有关规定。

检验数量:施工单位全数检查;监理单位见证检验。

检验方法:检查超声波或射线探伤记录。

7.4.8 T形接头、十字接头、角接接头等要求焊透的对接和角接组合焊缝,其加强焊脚尺寸h_k不应小于$t/4$且不大于10 mm,其允许偏差为0~4 mm。

检验数量:施工单位、监理单位资料全数检查,同类焊缝检查10%,且不应少于3条。

检验方法:观察、焊缝量规测量。

7.4.9 栓钉和钢材焊接应进行焊接工艺评定,其结果应满足设计要求并符合国家现行标准的规定。栓钉焊瓷环保存时应有防潮措施,受潮的焊接瓷环使用前应在120℃~150℃范围内烘焙1 h~2 h。

检验数量:施工单位、监理单位全数检查。

检验方法:检查焊接工艺评定报告和烘焙记录。

一般项目

7.4.10 焊缝外观质量应符合国家标准《钢结构工程施工质量验收标准》GB 50205—2020中表5.2.7-1和表5.2.7-2的规定。

检验数量：施工单位按承受静荷载的二级焊缝每批同类构件抽查10%，承受静荷载的一级焊缝和承受动荷载的焊缝每批同类构件抽查15%，且不应少于3件；被抽查构件中，每一类型焊缝应按条数抽查5%，且不应少于1条；每条应抽查1处，总抽查数不应少于10处。监理单位抽样检验。

检验方法：观察或使用放大镜、焊缝量规和钢尺检查；当有疲劳验算要求时，采用渗透或磁粉探伤检查。

7.4.11 焊缝外观尺寸要求应符合国家标准《钢结构工程施工质量验收标准》GB 50205—2020 中表 5.2.8-1 和表 5.2.8-2 的规定。

检验数量：施工单位承受静荷载的二级焊缝每批同类构件抽查10%，承受静荷载的一级焊缝和承受动荷载的焊缝每批同类构件抽查15%，且不应少于3件；被抽查构件中，每种焊缝应按条数各抽查5%，但不应少于1条；每条应抽查1处，总抽查数不应少于10处。监理单位抽样检验。

检验方法：焊缝量规检查。

7.4.12 对于需要进行预热或后热的焊缝，其预热温度或后热温度应符合国家现行标准的规定或通过焊接工艺评定确定。

检验数量：施工单位全数检查；监理单位抽样检验。

检验方法：检查预热或后热施工记录和焊接工艺评定报告。

Ⅲ 紧固件连接

主控项目

7.4.13 普通螺栓作为永久性连接螺栓，当设计有要求或对其质量有疑义时，应进行螺栓实物最小拉力载荷复验，试验方法按国家标准《钢结构工程施工质量验收标准》GB 50205—2020 附录 B 执行，其结果应符合现行国家标准《紧固件机械性能 螺栓、螺钉和螺柱》GB/T 3098.1 的规定。

检验数量：施工单位每一规格螺栓抽查8个；监理单位见证

取样。

检验方法：检查螺栓实物复验报告。

7.4.14 连接薄钢板采用的自攻钉、拉铆钉、射钉等其规格尺寸应与被连接钢板相匹配，并满足设计要求，其间距、边距等应符合设计要求。

检验数量：施工单位、监理单位按连接节点数抽查1%，且不应少于3个。

检验方法：观察、尺量。

7.4.15 钢结构制作和安装单位应按现行国家标准《钢结构工程施工质量验收标准》GB 50205的相关规定分别进行高强度螺栓连接摩擦面的抗滑移系数试验和复验，现场处理的构件摩擦面应单独进行摩擦面抗滑移系数试验，其结果应符合设计要求。

检验数量：施工单位参见国家标准《钢结构工程施工质量验收标准》GB 50205—2020附录B；监理单位见证检验。

检验方法：检查摩擦面抗滑移系数试验报告和复验报告。

7.4.16 高强度螺栓连接副应在终拧完成1h后、48h内进行终拧质量检查，检查结果应符合国家标准《钢结构工程施工质量验收标准》GB 50205—2020附录B的相关规定。

检验数量：施工单位、监理单位按节点数抽查10%，且不应少于10个；每个抽查节点按螺栓数抽查10%，且不应少于2个。

检验方法：参见国家标准《钢结构工程施工质量验收标准》GB 50205—2020附录B。

7.4.17 对于扭剪型高强度螺栓连接副，除因构造原因无法使用专用扳手拧掉梅花头者外，螺栓尾部梅花头拧断为终拧结束。未在终拧中拧掉梅花头的螺栓数不应大于该节点螺栓数的5%，对所有梅花头未拧掉的扭剪型高强度螺栓连接副应采用扭矩法或转角法进行终拧并做标记，且按本标准第7.4.16条的规定进行终拧质量检查。

检验数量：施工单位、监理单位按节点数抽查10%，且不应少于10个节点，被抽检节点中梅花头未拧掉的扭剪型高强度螺栓连接副全数进行终拧扭矩检查。

检验方法：观察及参见国家标准《钢结构工程施工质量验收标准》GB 50205—2020附录B。

一般项目

7.4.18 永久性普通螺栓紧固应牢固、可靠，外露丝扣不应少于2扣。自攻螺钉、钢拉铆钉、射钉等与连接钢板应紧固密贴，外观排列整齐。

检验数量：施工单位按连接节点数检查10%，且不应少于3个；监理单位抽样检验。

检验方法：观察和用小锤敲击检查。

7.4.19 高强度螺栓连接副的施拧顺序和初拧、复拧扭矩应符合设计要求和现行行业标准《钢结构高强度螺栓连接技术规程》JGJ 82的相关规定。

检验数量：施工单位全数检查；监理单位抽样检验。

检验方法：检查扭矩扳手标定记录和螺栓施工记录。

7.4.20 高强度螺栓连接副终拧后，螺栓丝扣外露应为2扣～3扣，其允许偏差为10%的螺栓丝扣外露1扣或4扣。

检验数量：施工单位按节点数抽查5%，且不应少于10个；监理单位抽样检验。

检验方法：观察。

7.4.21 高强度螺栓连接摩擦面应保持干燥、整洁，不应有飞边、毛刺、焊接飞溅物、焊疤、氧化铁皮、污垢等；除设计要求外，摩擦面不应涂漆。

检验数量：施工单位全数检查；监理单位抽样检验。

检验方法：观察。

7.4.22 高强度螺栓应能自由穿入螺栓孔，当不能自由穿入时，严禁气割扩孔，应用铰刀修正。修孔数量不应超过该节点螺栓数量的 25%,扩孔后的孔径不应超过 $1.2d$(d 为螺栓直径)。

检验数量:施工单位全数检查;监理单位抽样检验。

检验方法:观察及用卡尺检查。

Ⅳ 钢零件及钢部件加工

主控项目

7.4.23 钢材切割面或剪切面应无裂纹、夹渣、毛刺和分层。

检验数量:施工单位、监理单位全数检查。

检验方法:观察或用放大镜检查,有疑义时应进行渗透、磁粉或超声波探伤检查。

7.4.24 A、B级螺栓孔(Ⅰ类孔)应具有 H12 的精度,孔壁表面粗糙度 R_a 不应大于 12.5 μm。其孔径质量检验应符合表 7.4.24-1 的规定。C级螺栓孔(Ⅱ类孔),孔壁表面粗糙度 R_a 不应大于 25 μm,其质量检验应符合表 7.4.24-2 的规定。

表 7.4.24-1 A、B级螺栓孔径质量检验

序号	检验项目	允许偏差(mm)		检验数量	检验方法
		螺径公称直径	螺栓孔直径		
1	螺栓公称直径、螺栓孔直径	10~18	−0.18~0.00	0.00~+0.18	按钢构件数量抽查10%且不少于3件	游标卡尺或孔径量规检查
2		18~30	−0.21~0.00	0.00~+0.21		
3		30~50	−0.25~0.00	0.00~+0.25		

表 7.4.24-2 C级螺栓孔质量检验

序号	检验项目	允许偏差(mm)	检验数量	检验方法
1	直径	0.00~+1.0	按钢构件数量抽查10%且不少于3件	游标卡尺或孔径量规检查
2	圆度	2.0		
3	垂直度	$0.03t$,且不应大于2.0		

检验数量:施工单位、监理单位按表 7.4.24-1 和表 7.4.24-2 全数检查。

7.4.25 碳素结构钢在环境温度低于—16℃,低合金结构钢在环境温度低于—12℃时,不应进行冷矫正和冷弯曲。

检验数量:施工单位、监理单位全数检查。

检验方法:检查制作工艺报告和施工记录。

7.4.26 气割或机械剪切的零件需要进行边缘加工时,其刨削余量不宜小于2.0 mm。

检验数量:施工单位、监理单位全数检查。

检验方法:检查制作工艺报告和施工记录。

7.4.27 螺栓球成型后,表面不应有裂纹、褶皱和过烧。

检验数量:施工单位每种规格抽查5%;监理单位抽样检验。

检验方法:用10倍放大镜观察检查或表面探伤。

7.4.28 封板、锥头、套筒表面不得有裂纹、过烧及氧化皮。

检验数量:施工单位每种规格抽查5%,且不应少于3个;监理单位抽样检验。

检验方法:用10倍放大镜观察检查或表面探伤。

7.4.29 封板、锥头与杆件连接焊缝质量应满足设计要求;当设计无要求时,应符合国家标准《钢结构工程施工质量验收标准》GB 50205—2020 第5章的二级焊缝质量等级标准。

检验数量:施工单位每种规格抽查5%,且不应少于3根;监理单位抽样检验。

检验方法:超声波探伤或检查检验报告。

7.4.30 焊接球的半球由钢板压制而成,钢板压成半球后,表面不应有裂纹、褶皱,焊接球的两半球对接处坡口宜采用机械加工,对焊缝表面应打磨平整。

检验数量:施工单位每种规格抽查5%,且不应少于3根;监理单位抽样检验。

检验方法:用10倍放大镜观察检查或表面探伤。

7.4.31 焊接球的焊缝质量应满足设计要求;当设计无要求时,

应符合国家标准《钢结构工程施工质量验收标准》GB 50205—2020 第5章的二级焊缝质量等级标准。

检验数量:施工单位每种规格抽查5%,且不应少于3根;监理单位抽样检验。

检验方法:超声波探伤或检查检验报告。

7.4.32 铸钢件与其他结构连接部位四周150 mm的区域,应按现行国家标准《铸钢件 超声检测 第1部分:一般用途铸钢件》GB/T 7233.1和《铸钢件 超声检测 第2部分:高承压铸钢件》GB/T 7233.2的规定进行100%超声波探伤检测。检测结果应符合国家现行标准的规定并满足设计要求。

检验数量:施工单位、监理单位全数检查。

检验方法:检查探伤报告。

一般项目

7.4.33 螺栓孔孔距质量检验应符合表7.4.33的规定。

表7.4.33 螺栓孔孔距质量检验

序号	检验项目		允许偏差(mm)	检验数量	检验方法
1	同一组内任意两孔间距离	≤500	±1.0	按钢构件数量抽查10%且不少于3件	钢尺量
		501~1 200	±1.5		
		1 201~3 000	—		
		>3 000	—		
2	相邻两组的端孔间距离	≤500	±1.5		
		501~1 200	±2.0		
		1 201~3 000	±2.5		
		>3 000	±3.0		

注:1. 在节点中连接板与一根杆件相连的所有螺栓孔为一组。
2. 对接接头在拼接板一侧的螺栓孔为一组。
3. 在两相邻节点或接头间的螺栓孔为一组,但不包括上述两款所规定的螺栓孔。
4. 受弯构件翼缘上的连接螺栓孔,每米长度范围内的螺栓孔为一组。

检验数量:施工单位按表7.4.33检查;监理单位抽样检验。

7.4.34 螺栓孔的孔壁应光滑,无毛刺、飞边,孔壁垂直度不应大于板厚的3‰,孔的圆度偏差不应大于2mm。

检验数量:施工单位按钻孔组数量抽查10%,且不应少于10组;监理单位抽样检验。

检验方法:角尺、卡尺检查和观察。

7.4.35 气割质量检验应符合表7.4.35的规定。

表7.4.35 气割质量检验

序号	检验项目	允许偏差(mm)	检验数量	检验方法
1	零件宽度、长度	±3.0	按切割面数抽查10%,且不应少于3个	观察或钢尺、塞尺检查
2	切割面平面度	$0.05t$,且不大于2		
3	割纹深度	≤0.3		
4	局部缺口宽度	≤1.0		

检验数量:施工单位按表7.4.35检查;监理单位抽样检验。

7.4.36 矫正后的钢材表面,不应有明显的凹痕或损伤,划痕深度不得大于0.5mm,且不应大于该钢材厚度允许负偏差的1/2。

检验数量:施工单位、监理单位全数检查。

检验方法:观察和实测检查。

7.4.37 钢板、型钢冷矫正的最小曲率半径和最大弯曲矢高应符合国家标准《钢结构工程施工质量验收标准》GB 50205—2020第7.3.4条的规定。

检验数量:施工单位按冷矫正的件数抽查10%,且不应少于3个;监理单位抽样检验。

检验方法:观察和实测检查。

7.4.38 板材和型材的冷弯成型最小曲率半径应符合国家标准《钢结构工程施工质量验收标准》GB 50205—2020第7.3.5条的规定。

检验数量:施工单位、监理单位全数检查。

检验方法:观察和实测检查。

7.4.39 钢材矫正后的允许偏差应符合国家标准《钢结构工程施工质量验收标准》GB 50205—2020 第 7.3.6 条的规定。

检验数量:施工单位按矫正件数抽查 10%,且不应少于 3 个;监理单位抽样检验。

检验方法:观察和实测检查。

7.4.40 钢管弯曲成型和矫正后的允许偏差应符合国家标准《钢结构工程施工质量验收标准》GB 50205—2020 第 7.3.7 条的规定。

检验数量:施工单位按矫正件数抽查 10%,且不应少于 3 个;监理单位抽样检验。

检验方法:观察和实测检查。

7.4.41 钢板压制或卷制后,应采用样板检查其弧度,样板与管内壁的间隙应符合国家标准《钢结构工程施工质量验收标准》GB 50205—2020 第 7.3.8 条的规定。完成压制或卷制后,对口错边 $t/10$(t 为壁厚)且不应大于 3 mm。压制或卷制时,不得采用锤击方法矫正钢板。

检验数量:施工单位、监理单位全数检查。

检验方法:套膜或游标卡尺检查。

7.4.42 边缘加工质量检验应符合表 7.4.42 的规定。

表 7.4.42 边缘加工质量检验

序号	检验项目	允许偏差	检验数量	检验方法
1	零件宽度、长度	±1.0 mm	按加工面数抽查10%,且不应少于3个	观察和实测检查
2	加工边直线度	$L/3\,000$,且不大于 2 mm		
3	加工面垂直度	$0.025t$,且不大于 0.5 mm		
4	加工面表面粗糙度	$R_a \leqslant 50\,\mu m$		

注:L 为加工边长度;t 为加工面的厚度。

检验数量:施工单位按表 7.4.42 检查;监理单位抽样检验。

7.4.43 螺栓球螺纹尺寸应符合现行国家标准《普通螺纹 基本尺寸》GB/T 196 的规定,螺纹公差应符合现行国家标准《普通螺纹公差》GB/T 197 中 6H 级精度的规定。

检验数量:施工单位每种规格抽查 5%,且不应少于 3 个;监理单位抽样检验。

检验方法:标准螺纹量规检查。

7.4.44 螺栓球加工允许偏差应符合国家标准《钢结构工程施工质量验收标准》GB 50205—2020 第 7.5.7 条的规定。

检验数量:施工单位每种规格抽查 5%,且不应少于 3 个;监理单位抽样检验。

检验方法:符合国家标准《钢结构工程施工质量验收标准》GB 50205—2020 第 7.5.7 条的规定。

7.4.45 焊接球表面应光滑平整,局部凹凸不平不应大于 1.5 m。

检验数量:施工单位每种规格抽查 5%,且不应少于 3 个;监理单位抽样检验。

检验方法:弧形套膜、卡尺和观察检查。

7.4.46 焊接球加工的允许偏差应符合国家标准《钢结构工程施工质量验收标准》GB 50205—2020 第 7.5.9 条的规定。

检验数量:施工单位每种规格抽查 5%,且不应少于 3 个;监理单位抽样检验。

检验方法:符合国家标准《钢结构工程施工质量验收标准》GB 50205—2020 第 7.5.9 条的规定。

7.4.47 铸钢件连接面的表面粗糙度 R_a 不应大于 25 μm。连接孔、轴的表面粗糙度不应大于 12.5 μm。

检验数量:施工单位按零件数抽查 10%,且不应少于 3 个;监理单位抽样检验。

检验方法:粗糙度对比样板检查。

7.4.48 有连接要求的轴(外圆)和孔机械加工质量检验应符合表 7.4.48 的规定或设计要求。

表7.4.48 轴(外圆)和孔机械加工质量检验

序号	检验项目	允许偏差	检验数量	检验方法
1	轴(外圆)直径	$-d/200$,且不大于$-2\ mm$	按规格抽查10%,且不应少于3个	卡尺、直尺、角度尺检查
2	孔径	$d/200$,且不大于$2\ mm$		
3	圆度	$d/200$,且不大于$2\ mm$		
4	端面垂直度	$d/200$,且不大于$2\ mm$		
5	管口曲线	$2\ mm$		
6	同轴度	$1\ mm$		
7	相邻两轴线夹角	$\pm 25'$		

注:d为轴(外圆)直径或孔径。

检验数量:施工单位按表7.4.48检查;监理单位抽样检验。

7.4.49 有连接要求的平面、端面、边缘机械加工质量检验应符合表7.4.49的规定或设计要求。

表7.4.49 平面、端面、边缘机械加工质量检验

序号	检验项目	允许偏差	检验数量	检验方法
1	长度、宽度	$\pm 1\ mm$	按规格抽查10%,且不应少于3个	卡尺、直尺、角度尺检查
2	平面平行度	$0.5\ mm$		
3	加工面对轴线的垂直度	$L/1\ 500$,且不大于$2\ mm$		
4	平面度	$0.3/m^2$		
5	加工边直线度	$L/3\ 000$,且不大于$2\ mm$		
6	相邻两加工边夹角	$30'$		

注:L为加工面边长或加工边长度。

检验数量:施工单位按表7.4.49检查;监理单位抽样检验。

7.4.50 铸钢件可用机械、加热的方法进行矫正,矫正后的表面不得有明显的凹痕或其他损伤。

检验数量:施工单位、监理单位全数检查。

检验方法:观察。

V 组 装

主控项目

7.4.51 钢材、钢部件拼接或对接时采用的焊缝质量等级应满足设计要求。当设计无要求时,应采用质量不低于二级的熔透焊缝,对直接承受拉力的焊缝,应采用一级熔透焊缝。

检验数量:施工单位、监理单位全数检查。

检验方法:观察、钢尺量。

7.4.52 钢吊车梁的下翼缘不应焊接工装夹具、定位板、连接板等临时工件。钢吊车梁和吊车桁架组装、焊接完成后在自重荷载下不得有下挠。

检验数量:施工单位、监理单位全数检查。

检验方法:构件直立,在两端支撑后,用水准仪和钢尺检查。

7.4.53 端部铣平质量检验应符合表 7.4.53 的规定。

表 7.4.53 端部铣平质量检验

序号	检验项目	允许偏差(mm)	检验数量
1	两端铣平时构件长度	±2.0	每铣平面检查1点
2	两端铣平时零件长度	±0.5	
3	铣平面的平面度	0.3	
4	铣平面对轴线的垂直度	$L/1\,500$	

检验数量:施工单位、监理单位按表 7.4.53 全数检查。

检验方法:钢尺、角尺、塞尺等检查。

7.4.54 钢构件外形尺寸质量检验应符合表 7.4.54 的规定。

表 7.4.54 钢构件外形尺寸质量检验

序号	检验项目	允许偏差(mm)	检验数量
1	单层柱、梁、桁架受力支托(支承面)表面至第一安装孔距离	±1.0	每件检查1点

续表7.4.54

序号	检验项目	允许偏差(mm)	检验数量
2	多节柱铣平面至第一安装孔距离	±1.0	每件检查1点
3	实腹梁两端最外侧安装孔距离	±3.0	
4	构件连接处的截面几何尺寸	±3.0	
5	柱、梁连接处的腹板中心线偏移	2.0	
6	受压构件(杆件)弯曲矢高	$L/1000$,且不应大于10.0	

检验数量:施工单位按表7.4.54检查;监理单位抽样检验。

检验方法:钢尺量。

一般项目

7.4.55 焊接H型钢、各种钢构件允许偏差应符合国家标准《钢结构工程施工质量验收标准》GB 50205—2020 第8.3.2条的规定。

检验数量:施工单位按钢构件数抽查10%,且不应少于3件;监理单位抽样检验。

检验方法:钢尺、角尺、塞尺等检查。

7.4.56 设计要求顶紧的接触面应有75%以上的面积密贴,且边缘最大间隙不应大于0.8 mm。

检验数量:施工单位全数检查;监理单位抽样检验。

检验方法:0.3 mm塞尺检查,其塞入面积应小于25%,边缘间隙不应大于0.8 mm。

7.4.57 安装焊缝坡口允许偏差应为±5°。

检验数量:施工单位对所有坡口抽查10%,且不少于3条,每条检查2点;监理单位抽样检验。

检验方法:焊缝量规检查。

7.4.58 钢构件表面不应有明显的凹面和损伤,划痕深度不应大于0.5 mm,焊疤、飞溅物、毛刺应基本清理干净。

检验数量：施工单位全数检查；监理单位抽样检验。

检验方法：观察。

Ⅵ 预拼装

主控项目

7.4.59 高强度螺栓和普通螺栓连接的多层板叠，应采用试孔器进行螺栓孔通过率检查，并应符合下列规定：

1 当采用比孔公称直径小 1 mm 的试孔器检查时，每组孔的通过率不应小于 85%。

2 当采用比螺栓公称直径大 0.3 mm 的试孔器检查时，通过率应为 100%。

检验数量：施工单位、监理单位按预拼装单元全数检查。

检验方法：试孔器检查。

一般项目

7.4.60 预拼装时宜先使用不少于螺栓孔总数 10% 的冲钉定位，再采用临时螺栓紧固。临时螺栓在一组孔内不得少于螺栓孔数量的 20%，且不应少于 2 个。

检验数量：施工单位按预拼装单元全数检查；监理单位抽样检验。

检验方法：观察。

7.4.61 实体预拼装的允许偏差应符合国家标准《钢结构工程施工质量验收标准》GB 50205—2020 第 9.2.3 条的相关规定。

检验数量：施工单位、监理单位按预拼装单元全数检查。

检验方法：符合国家标准《钢结构工程施工质量验收标准》GB 50205—2020 第 9.2.3 条的规定。

Ⅶ 安 装

主控项目

7.4.62 建筑物的定位轴线、基础轴线和标高、地脚螺栓的规格及其紧固应符合设计要求。当设计无要求时,应符合表 7.4.62 的规定。

表 7.4.62 建筑物定位轴线、基础上柱定位轴线和标高、地脚螺栓(锚栓)质量检验

序号	检验项目	允许偏差(mm)
1	建筑物定位轴线	$L/20\,000$,且不应大于 3.0
2	基础上柱的定位轴线	1.0
3	基础上柱底标高	±2.0
4	地脚螺栓(锚栓)位移	2.0

检验数量:施工单位、监理单位全数检查。

检验方法:经纬仪、水准仪、全站仪和钢尺现场实测。

7.4.63 基础顶面直接作为柱的支承面或基础顶面预埋钢板或支座作为柱的支承面时,其支承面、地脚螺栓孔(锚栓孔)位置质量检验应符合表 7.4.63 的规定。

表 7.4.63 支承面、地脚螺栓孔(锚栓孔)位置质量检验

序号	检验项目		允许偏差(mm)	检验数量	检验方法
1	支承面	标高	±3.0	按柱基数抽查 10%且不应少于 3 个	水准仪测量
2		水平度	$L/1\,000$		水平尺测量
3	地脚螺栓孔(锚栓孔)	螺栓中心偏移	5.0		经纬仪、全站仪和钢尺实测

检验数量:施工单位、监理单位按表 7.4.63 检查。

7.4.64 采用座浆垫板时,座浆垫板质量检验应符合表 7.4.64 的规定。

表 7.4.64 座浆垫板质量检验

序号	检验项目	允许偏差(mm)	检验数量	检验方法
1	顶面标高	$-3.0 \sim 0.0$	按柱基数抽查10%且不应少于3个	水准仪测量
2	水平度	$l/1000$		水准仪、全站仪、水平尺和钢尺现场实测
3	位置	20.0		经纬仪、全站仪和钢尺实测

检验数量:施工单位、监理单位按表 7.4.64 检查。

7.4.65 采用杯口基础时,杯口尺寸质量检验应符合表 7.4.65 的规定。

表 7.4.65 杯口尺寸质量检验

序号	检验项目	允许偏差(mm)	检验数量	检验方法
1	底面标高	$-5.0 \sim 0.0$	按基础数抽查10%且不应少于3个	水准仪测量
2	杯口深度 H	± 5.0		钢尺量
3	杯口垂直度	$H/1000$,且不应大于10.0		吊线、钢尺量
4	柱脚轴线对柱定位轴线的偏差	1.0		经纬仪测量、钢尺量

检验数量:施工单位、监理单位按表 7.4.65 检查。

7.4.66 钢屋(托)架、钢梁(桁架)的几何尺寸偏差和变形应满足设计要求并符合本标准的规定。运输、堆放和吊装等造成的钢构件变形及涂层脱落,应进行矫正和修补。

检验数量:施工单位、监理单位按钢梁数抽查10%,且不应少于3个。

检验方法:拉线、钢尺现场实测或观察。

7.4.67 钢屋(托)架、钢桁架、钢梁、次梁的垂直度和侧向弯曲矢高的允许偏差应符合国家标准《钢结构工程施工质量验收标准》

GB 50205—2020 表 10.4.2 的规定。

7.4.68 当钢桁架(或梁)安装在混凝土柱上时,其支座中心对定位轴线的偏差不应大于 10 mm;当采用大型混凝土屋面板时,钢桁架(或梁)间距的偏差不应大于 10 mm。

检验数量:施工单位、监理单位按同类构件数抽查 10%,且不应少于 3 榀。

检验方法:拉线和钢尺现场实测。

7.4.69 钢吊车梁或直接承受动力荷载的类似构件,其安装允许偏差应符合国家标准《钢结构施工质量验收标准》GB 50205—2020 第 10.4.4 条的规定。

7.4.70 钢梁安装的允许偏差应符合国家标准《钢结构施工质量验收标准》GB 50205—2020 第 10.4.5 条的规定。

7.4.71 钢平台、钢梯、栏杆拼装应符合现行国家标准《固定式钢梯及平台安全要求》GB 4053 的规定。钢平台、钢梯和防护栏杆拼装的允许偏差应符合现行国家标准《钢结构工程施工质量验收标准》GB 50205 的规定。

一般项目

7.4.72 地脚螺栓(锚栓)规格、位置及紧固应满足设计要求,地脚螺栓(锚栓)的螺纹应有保护措施。

检验数量:施工单位全数检查;监理单位抽样检验。

检验方法:观察。

7.4.73 地脚螺栓(锚栓)尺寸质量检验应符合表 7.4.73 的规定。

表 7.4.73 地脚螺栓(锚栓)尺寸质量检验(mm)

螺栓(锚栓)直径	检验项目	
	螺栓(锚栓)外露长度	螺栓(锚栓)螺纹长度
$d \leqslant 30$	$0 \sim +1.2d$	$0 \sim +1.2d$
$d > 30$	$0 \sim +1.0d$	$0 \sim +1.0d$

检验数量:施工单位按柱基数抽查10%,且不应少于3个;监理单位抽样检验。

检验方法:钢尺现场实测。

7.4.74 钢柱等主要构件的中心线及标高基准点等标记应齐全。

检验数量:施工单位按同类构件或钢柱数抽查10%,且不应少于3件;监理单位抽样检验。

检验方法:观察。

7.4.75 柱的现场拼接接头焊缝组间隙质量检验应符合表7.4.75的规定。

表7.4.75 柱的现场拼接接头焊缝组间隙质量检验

序号	检验项目	允许偏差(mm)	检验数量
1	无垫板间隙	0.0~+3.0	每焊缝组对检查3点
2	有垫板间隙	-2.0~+3.0	

检验数量:施工单位按同类节点数抽查10%,且不应少于3个;监理单位抽样检验。

检验方法:钢尺量。

7.4.76 钢柱表面应干净,结构主要表面不应有疤痕、泥沙等污垢。

检验数量:施工单位按同类构件数抽查10%,且不应少于3件;监理单位抽样检验。

检验方法:观察。

7.4.77 主体钢结构总高度可按相对标高或设计标高进行控制。总高度的允许偏差应符合国家标准《钢结构工程施工质量验收标准》GB 50205—2020第10.9.2条的规定。

Ⅷ 涂 装

主控项目

7.4.78 钢结构涂料、稀释剂和固化剂等材料的品种、规格、性能等应符合现行国家产品标准和设计要求。

检验数量：施工单位全数检查；监理单位见证取样。

检验方法：检查产品的质量合格证明文件、检验报告等。

7.4.79 涂装前钢材表面除锈应符合国家现行有关标准的规定和设计要求。处理后的钢材表面不应有焊渣、焊疤、灰尘、油污、水和毛刺等。当设计无要求时，钢材表面除锈等级应符合表 7.4.79 的规定。

表 7.4.79 各种底漆或防锈漆要求最低的除锈等级

序号	涂料品种	除锈等级
1	油性酚醛、醇酸等底漆或防锈漆	St3
2	高氯化聚乙烯、氯化橡胶、氯磺化聚乙烯、环氧树脂、聚氨酯等底漆或防锈漆	Sa2½
3	无机富锌、有机硅、过氯乙烯等底漆	Sa2½

检验数量：施工单位、监理单位按构件数的 10% 进行抽查，且不应少于 3 件。

检验方法：铲刀检查和用现行国家标准《涂装前钢材表面锈蚀等级和除锈等级》GB 8923 规定的图片对照观察。

7.4.80 防腐涂料、涂装遍数、涂装间隔、涂装厚度均应满足设计文件、涂料产品标准的要求。当设计对涂层厚度无要求时，涂层干漆膜总厚度：室外不应小于 150 μm，室内不应小于 125 μm。

检验数量：施工单位、监理单位按构件数的 10% 进行抽查，且不应少于 3 件。

检验方法：干漆膜测厚仪检查。每个构件检测 5 处，每处的数值为 3 个相距 50 mm 测点涂层干漆膜厚度的平均值。漆膜厚度的允许偏差应为 $-25\ \mu m$。

7.4.81 钢结构防火涂料的粘结强度、抗压强度应符合国家现行标准《钢结构防火涂料》GB 14907 的相关规定。

检验数量：施工单位每使用 100 t 或不足 100 t 薄涂型防火涂

料应抽检 1 次粘结强度；每使用 500 t 或不足 500 t 厚涂型防火涂料应抽检 1 次粘结强度和抗压强度。监理单位见证取样。

检验方法：检查复检报告。

7.4.82 膨胀型（超薄型、薄涂型）防火涂料、厚涂型防火涂料的涂层厚度及隔热性能应满足国家现行标准有关耐火极限的要求，且不应小于－200 μm。当采用厚涂型防火涂料涂装时，80% 及以上涂层面积应满足国家现行标准有关耐火极限的要求，且最薄处厚度不应低于设计要求的 85%。

检验数量：施工单位、监理单位按同类构件数的 10% 进行抽查，且均不应少于 3 件。

检验方法：膨胀型（超薄型、薄涂型）防火涂料采用涂层厚度测量仪，涂层厚度允许偏差应为－5%。厚涂型防火涂料的涂层厚度采用国家标准《钢结构工程施工质量验收标准》GB 50205—2020 附录 D 的方法检测。

7.4.83 超薄型防火涂料涂层表面不应出现裂纹；薄涂型防火涂料涂层表面裂纹宽度不应大于 0.5 mm；厚涂型防火涂料涂层表面裂纹宽度不应大于 1.0 mm。

检验数量：施工单位、监理单位按同类构件数的 10% 进行抽查，且均不应少于 3 件。

检验方法：观察、钢尺量。

7.4.84 当钢结构处于有腐蚀介质环境、外露或设计有要求时，应进行涂层附着力测试。在检测范围内，当涂层完整度达到 70% 以上时，涂层附着力可认定为质量合格。

检验数量：施工单位、监理单位按构件数抽查 1%，且不应少于 3 件，每件测 3 处。

检验方法：按现行国家标准《漆膜附着力测定法》GB 1720 或《色漆和清漆　漆膜的划格试验》GB/T 9286 执行。

一般项目

7.4.85 防腐涂层应均匀，无明显皱皮、流坠、针眼和气泡等。

检验数量:施工单位全数检查;监理单位抽样检验。

检验方法:观察。

7.4.86 金属热喷涂防腐涂层的外观应均匀一致,涂层不得有气孔、裸露母材的斑点、附着不牢的金属熔融颗粒、裂纹或影响使用寿命的其他缺陷。

检验数量:施工单位全数检查;监理单位抽样检验。

检验方法:观察。

7.4.87 防腐涂装完成后,构件的标志、标记和编号应清晰完整。

检验数量:施工单位全数检查;监理单位抽样检验。

检验方法:观察。

7.4.88 防火涂料涂装基层不应有油污、灰尘和泥砂等污垢。

检验数量:施工单位全数检查;监理单位抽样检验。

检验方法:观察。

7.4.89 防火涂料不应有误涂、漏涂,涂层应闭合,无脱层、空鼓、明显凹痕、粉化松散和浮浆、乳突等缺陷。

检验数量:施工单位全数检查;监理单位抽样检验。

检验方法:观察。

Ⅸ 轻钢屋面

主控项目

7.4.90 建筑物的定位轴线、基础上柱的定位轴线和标高、地脚螺栓(锚栓)的规格和位置、地脚螺栓(锚栓)紧固应符合设计要求。当设计无要求时,应符合上海市工程建设规范《轻型钢结构制作及安装验收标准》DG/TJ 08—010—2018 附录表 D.0.3 的规定。

检验数量:施工单位按柱基数量 10% 检查,且不少于 3 个;监理单位抽样检验。

检验方法:经纬仪、水准仪、全站仪和钢尺实测。

7.4.91 钢柱柱底轴线对定位轴线的偏移、柱基准点标高和垂直度的质量检验应按上海市工程建设规范《轻型钢结构制作及安装验收标准》DG/TJ 08—010—2018 附录表 D.0.7 的规定执行。

检验数量：施工单位标准柱全数检查，非标准柱抽查 10%，且不应少于 3 根；监理单位抽样检验。

检验方法：参见上海市工程建设规范《轻型钢结构制作及安装验收标准》DG/TJ 08—01—2018 附录表 D.0.7 中检验方法。

7.4.92 钢主梁、受压杆件的垂直度和侧向弯曲矢高的质量检验应按上海市工程建设规范《轻型钢结构制作及安装验收标准》DG/TJ 08—010—2018 第 9.4.3 条的规定执行。

检验数量：施工单位按同类构件数量 10% 检查，且不应少于 3 个；监理单位抽样检验。

检验方法：吊线、拉线、经纬仪和钢尺现场实测。

7.4.93 单层轻型框架钢结构整体质量检验应符合表 7.4.93 的规定。

表 7.4.93 单层轻型框架钢结构整体质量检验

序号	检验项目	允许偏差(mm)	检验方法
1	整体垂直度	$H/1\,000$ 且不应大于 15.0	全站仪、经纬仪测量
2	整体平面弯曲	$L/1\,500$ 且不应大于 25.0	全站仪、经纬仪测量

检验数量：施工单位对主要受力面全数检查，对每个所检查的立面，除 2 列角柱外，中间柱应至少选取 1 列进行检查；监理单位抽样检验。

7.4.94 多层轻型钢结构整体质量检验应符合表 7.4.94 的规定。

表 7.4.94 多层轻型框架钢结构整体质量检验

序号	检验项目	允许偏差(mm)	检验方法
1	整体垂直度	$H/2\,500$ 且不应大于 25.0	根据各节柱的倾斜算出

续表7.4.94

序号	检验项目	允许偏差(mm)	检验方法
2	整体平面弯曲	$L/1500$ 且不应大于 25.0	根据各层的偏差算出

检验数量:施工单位对主要立面全数检查,除2列角柱外,中间柱应至少选取1列进行检查;监理单位抽样检验。

检验方法:对于整体垂直度,可采用激光经纬仪、全站仪测量,也可根据各节柱的垂直度允许偏差累计(代数和)计算。对于整体平面弯曲,可按产生的允许偏差累计(代数和)计算。

一般项目

7.4.95 钢柱连接错口、同一层柱顶高差质量检验应符合表7.4.95的规定。

表7.4.95 钢柱连接错口、同一层柱顶高差质量检验

序号	检验项目	允许偏差(mm)	检验方法
1	上、下柱连接处的错口	3.0	钢尺量
2	同一层柱的各柱顶高度差	5.0	水准仪测量

检验数量:施工单位标准柱全数检查,非标准柱抽查10%,且不应少于3根;监理单位抽样检验。

7.4.96 钢梁安装高差质量检验应符合表7.4.96的规定。

表7.4.96 钢梁安装高差质量检验

序号	检验项目	允许偏差(mm)	检验方法
1	同一根梁两端顶面高度	$L/1000$ 且不应大于 10.0	水准仪测量
2	主梁和次梁表面的高差	±2.0	直尺和钢尺量

注:L 为钢梁的长度。

检验数量:施工单位标准柱全数检查,非标准柱抽查10%,且不应少于3根;监理单位抽样检验。

7.4.97 多层轻型框架钢结构主体结构总高度质量检验应符合

表 7.4.97 的规定。

表 7.4.97 多层轻型框架钢结构主体结构总高度质量检验

序号	检验项目	允许偏差(mm)	检验方法
1	相对标高控制安装	$\pm\sum(\Delta k - \Delta z - \Delta w)$	全站仪、水准仪测量和钢尺量
2	设计标高控制安装	$H/1000$,且不应大于 30.0 $-H/1000$,且不应大于 -30.0	

注:Δk 为每节柱长度的制作允许偏差;Δz 为每节柱长度受荷载后的压缩值;Δw 为每节柱接头焊缝的收缩值。

检验数量:施工单位标准柱按 10% 检查,且不应少于 4 列;监理单位抽样检验。

7.5 砌体结构

7.5.1 地面及高架车站砌体结构工程的施工质量验收应符合本标准第 6.8 节的相关规定。

7.5.2 本节砌体工程中未涉及的技术、材料、设备、工艺的施工质量验收还应符合现行国家标准《砌体结构工程施工质量验收规范》GB 50203 的相关规定。

7.6 膜结构

7.6.1 地面及高架车站主体结构膜结构工程的施工质量验收应符合现行国家标准《钢结构工程施工质量验收标准》GB 50205 的相关规定。

主控项目

7.6.2 索杆的拉索、拉杆、索头长度,销轴直径、锚头开口深度等的尺寸和偏差应符合现行产品标准的规定并满足设计要求。

检验数量:施工单位按照索杆数抽查 10%,且不应少于 3 个;监理单位抽样检验。

检验方法:游标卡尺、钢尺现场实测和观察。

7.6.3 采用铸钢件制作的锚具,进场前应采用超声波探伤进行内部缺陷的检验,其内部缺陷分级及探伤方法应符合现行国家标准《铸钢件 超声检测 第1部分:一般用途铸钢件》GB/T 7233.1和《铸钢件 超声检测 第2部分:高承压铸钢件》GB/T 7233.2的规定,检测结果应满足设计要求。进场后应检查产品合格和铸钢件的探伤报告。

检验数量:施工单位、监理单位全数检查。

检验方法:检查超声波探伤记录。

7.6.4 进场前成品拉索应进行张拉检验,张拉载荷应为拉索标称破断力的55%和设计拉力值二者中的较大值,且张拉持续时间不应少于1 h。检验后,拉索应完好无损。进场后应检查产品合格证、拉索的出场张拉记录。

检验数量:施工单位、监理单位全数检查。

检验方法:检查张拉检验记录。

7.6.5 膜材料、膜片放样尺寸、膜片裁剪尺寸应满足设计要求,膜片放样尺寸的允许偏差应为±1 mm,膜片裁剪尺寸的允许偏差应为±2 mm。

检验数量:施工单位、监理单位全数检查。

检验方法:钢尺、经纬仪、水准仪或全站仪检验。

7.6.6 施工单位对其首次采用的膜片热合连接形式、热合设备、热合层数、热合膜材等,应进行热合工艺评定,根据评定报告制订热合工艺和实施方案。

检验数量:施工单位、监理单位全数检查。

检验方法:检查热合工艺评定。

7.6.7 索杆预应力施加方案,包括预应力施加顺序、分阶段张拉次数、各阶段张拉力和位移值等应满足设计要求;对承重索杆应进行内力和位移双控制,各阶段张拉力值或位移变形值允许偏差应为±10%。

检验数量：施工单位、监理单位全数检查。

检验方法：检查施工方案，现场用钢尺、经纬仪、水准仪、全站仪、测力仪或压力油表检查。

7.6.8 内力和位移测量调整后，索杆端锚具连接固定及保护措施应满足设计要求；索杆锚固长度、锚固螺纹旋合丝扣、螺母外侧露出丝扣等应满足设计要求。当设计无要求时，应符合表7.6.8的规定。

表7.6.8 索杆锚固连接构造要求

序号	检验项目	连接构造要求
1	锚固螺纹旋合丝扣	旋合长度不应小于1.5d
2	螺母外侧露出丝扣	宜露出2扣～3扣

注：d为索杆直径。

检验数量：施工单位、监理单位全数检查。

检验方法：观察，钢尺、卡尺检验。

7.6.9 连接固定膜单元的耳板、T形件、天沟等的螺孔、销孔空间位置允许偏差应为10 mm，相邻两个孔间距允许偏差应为±5 mm。

检验数量：施工单位按同类连接件数抽查10%，且不应少于3处；监理单位抽样检验。

检验方法：钢尺、水准仪、经纬仪或全站仪等检验。

7.6.10 膜结构应按照经审核的膜单元总装图和分装图进行安装。

检验数量：施工单位、监理单位全数检查。

检验方法：检查膜结构安装方案，钢尺量。

7.6.11 膜结构预张力施加应以施力点位移和外形尺寸达到设计要求为控制标准，位移和外形尺寸允许偏差应为±10%。

检验数量：施工单位、监理单位全数检查。

检验方法：钢尺量。

一般项目

7.6.12 锚具表面不应有裂纹、未融合、气孔、缩孔、夹砂及明显凹坑等外部缺陷。锚具表面的防腐处理和保护措施应符合现行产品标准的规定并满足设计要求。

检验数量：施工单位、监理单位全数检查。

检验方法：观察。

7.6.13 拉索、拉杆应按其预拉力设计值控制进行无应力状态下料，拉索、拉杆直径、长度应满足设计要求，尺寸偏差应符合表 7.6.13 的规定。

表 7.6.13 拉索尺寸偏差值(mm)

序号	检验项目		连接构造要求
1	拉索、拉杆直径 d		$-0.010d \sim +0.015d$
2	带外包层索体直径		$-1 \sim +2$
3	索杆长度 l	$l \leqslant 50$ m	± 15
		50 m $< l \leqslant 100$ m	± 20
		$l \geqslant 100$ m	$\pm 0.0002l$

检验数量：施工单位、监理单位全数检查。

检验方法：游标卡尺、钢尺现场实测。

7.6.14 拉索、拉杆表面保护层应光滑平整、无破损，保护层应紧密包覆，锚具与有保护层的拉索、拉杆防水密封处不应有损伤。

检验数量：施工单位、监理单位全数检查。

检验方法：观察。

7.6.15 热合成型后的膜单元，其外形尺寸应满足设计要求，外形尺寸质量检验应符合表 7.6.15 的规定。

表 7.6.15 膜单元外形尺寸质量检验

序号	检验项目	允许偏差(mm)
1	PTFE 膜材	± 10
2	PVC 膜材	± 15
3	ETFE 膜材	± 5

检验数量：施工单位、监理单位全数检查。
检验方法：钢尺、经纬仪、水平仪或全站仪检验。

7.6.16 膜单元应平整、无破损，膜表面无脏渍、尘土及划伤等。热合缝及周边加强部分外观应平整，不得有杂质、气泡、褶皱等缺陷。

检验数量：施工单位、监理单位全数检查。
检验方法：观察。

7.6.17 膜片搭接方向、热合缝宽度应满足设计要求，热合缝宽度允许偏差应为±2 mm。

检验数量：施工单位、监理单位全数检查。
检验方法：直尺和卡尺检查。

7.6.18 预应力施加完毕，拉索、拉杆（含保护层）、锚具、销轴及其他连接件应无损伤。

检验数量：施工单位、监理单位全数检查。
检验方法：观察。

7.6.19 膜结构安装完毕后，其外形和建筑观感应满足设计要求；膜面应平整美观，无存水、漏水、渗水现象。

检验数量：施工单位、监理单位全数检查。
检验方法：观察。

7.7 主体结构防水

7.7.1 地面及高车站主体结构防水的施工质量验收应符合本标准第6.9节的相关规定。

7.7.2 本节主体结构防水工程中未涉及的技术、材料、设备、工艺的施工质量验收还应符合现行国家标准《地下防水工程质量验收规范》GB 50208的相关规定。

7.8 细部构造防水

7.8.1 地面及高架车站主体结构防水的施工质量验收应符合本标准第 6.10 节的相关规定。

7.8.2 本节细部构造防水工程中未涉及的技术、材料、设备、工艺的施工质量验收还应符合现行国家标准《地下防水工程质量验收规范》GB 50208 的相关规定。

7.9 屋 面

7.9.1 地面及高架车站屋面工程的基层与保护工程、保温与隔热工程、防水与密封工程、瓦与板面工程、细部构造工程的施工质量验收,应符合现行国家标准《屋面工程质量验收规范》GB 50207 的相关规定。

Ⅰ 屋面防水工程

主控项目

7.9.2 防水卷材、防水涂料、胎体增强材料、密封材料、复合防水层及其配套材料的质量应符合设计要求。

检验数量:施工单位、监理单位全数检查。监理单位对防水卷材按施工单位检查数量的 20% 进行平行检验。

检验方法:检查出厂合格证、质量检验报告和进场检验报告。

7.9.3 防水层、复合防水层不应有渗漏和积水现象。

检验数量:施工单位按屋面面积每 100 m^2 抽查 1 处,每处应为 10 m^2,且不应少于 3 处;接缝密封防水应按每 50 m 抽查 1 处,每处应为 5 m,且不应少于 3 处。监理单位见证检验。

检验方法:雨后观察或淋水、蓄水试验。

7.9.4 防水层在檐口、檐沟、天沟、水落口、泛水、变形缝和伸出屋面管道的防水构造应符合设计要求。

　　检验数量:施工单位、监理单位全数检查。

　　检验方法:观察。

7.9.5 密封材料嵌填应密实、连续、饱满、粘结牢固,不应有气泡、开裂、脱落等缺陷。

　　检验数量:施工单位全数检查;监理单位抽样检验。

　　检验方法:观察。

一般项目

7.9.6 卷材的搭接缝应粘结或焊接牢固,密封应严密,不得有皱褶、翘边和鼓泡等缺陷。

　　检验数量:施工单位按施工面积每 100 m² 抽查 1 处,每处 10 m²,且不应少于 3 处;监理单位抽样检验。

　　检验方法:观察。

7.9.7 卷材防水层的收头应与基层粘结,钉压应牢固,密封应严密。

　　检验数量:施工单位按施工面积每 100 m² 抽查 1 处,每处 10 m²,且不应少于 3 处;监理单位抽样检验。

　　检验方法:观察。

7.9.8 卷材防水层的铺贴方向应正确,卷材搭接宽度的允许偏差应为 -10 mm。

　　检验数量:施工单位按施工面积每 100 m² 抽查 1 处,每处 10 m²,且不应少于 3 处;监理单位抽样检验。

　　检验方法:观察。

7.9.9 屋面排气构造的排气道应纵横贯通,不应堵塞;排气管应安装牢固,位置应正确,封闭应严密。

　　检验数量:施工单位按屋面面积每 100 m² 抽查 1 处,每处应为 10 m²,且不应少于 3 处;接缝密封防水应按每 50 m 抽查 1 处,每处应为 5 m,且不应少于 3 处。监理单位见证检验。

　　检验方法:观察。

7.9.10 涂膜防水层与基层应粘结牢固,表面应平整,涂布应均匀,不应有流淌、皱褶、起泡和露胎体等缺陷。

检验数量:施工单位按屋面面积每 100 m^2 抽查 1 处,每处应为 10 m^2,且不应少于 3 处;接缝密封防水应按每 50 m 抽查 1 处,每处应为 5 m,且不应少于 3 处。监理单位见证检验。

检验方法:观察。

7.9.11 涂膜防水层的收头应用防水涂料多遍涂刷。

检验数量:施工单位按屋面面积每 100 m^2 抽查 1 处,每处应为 10 m^2,且不应少于 3 处;接缝密封防水应按每 50 m 抽查 1 处,每处应为 5 m,且不应少于 3 处。监理单位见证检验。

检验方法:观察。

7.9.12 铺贴胎体增强材料应平整顺直,搭接尺寸应准确,应排除气泡,并应与涂料粘结牢固;胎体增强材料搭接宽度的允许偏差应为—10 mm。

检验数量:施工单位按屋面面积每 100 m^2 抽查 1 处,每处应为 10 m^2,且不应少于 3 处;接缝密封防水应按每 50 m 抽查 1 处,每处应为 5 m,且不应少于 3 处。监理单位见证检验。

检验方法:观察。

7.9.13 复合防水层卷材与涂膜应粘贴牢固,不应有空鼓和分层现象。

检验数量:施工单位按屋面面积每 100 m^2 抽查 1 处,每处应为 10 m^2,且不应少于 3 处;接缝密封防水应按每 50 m 抽查 1 处,每处应为 5 m,且不应少于 3 处。监理单位见证检验。

检验方法:观察。

7.9.14 复合防水层的总厚度应符合设计要求。

检验数量:施工单位按屋面面积每 100 m^2 抽查 1 处,每处应为 10 m^2,且不应少于 3 处;接缝密封防水应按每 50 m 抽查 1 处,每处应为 5 m,且不应少于 3 处。监理单位见证检验。

检验方法:观察。

7.9.15 密封防水部位的基层应符合下列规定：

1 基层应牢固，表面应平整、密实，不应有裂缝、蜂窝、麻面、起皮和起砂现象。

2 基层应清洁、干燥，且应无油污、无灰尘；嵌入的背衬材料与接缝壁间不应留有空隙。

3 嵌入的背衬材料与接缝壁间不应留有空隙。

4 密封防水部位的基层宜涂刷基层处理剂，涂刷应均匀，不应漏涂。

检验数量：施工单位按屋面面积每 100 m² 抽查 1 处，每处应为 10 m²，且不应少于 3 处；接缝密封防水应按每 50 m 抽查 1 处，每处应为 5 m，且不应少于 3 处。监理单位见证检验。

检验方法：观察。

7.9.16 接缝宽度和密封材料的嵌填深度应符合设计要求，接缝宽度的允许偏差应为±10%。

检验数量：施工单位按屋面面积每 100 m² 抽查 1 处，每处应为 10 m²，且不应少于 3 处；接缝密封防水应按每 50 m 抽查 1 处，每处应为 5 m，且不应少于 3 处。监理单位见证检验。

检验方法：观察。

7.9.17 嵌填的密封材料表面应平滑，缝边应顺直，应无明显不平和周边污染现象。

检验数量：施工单位按屋面面积每 100 m² 抽查 1 处，每处应为 10 m²，且不应少于 3 处；接缝密封防水应按每 50 m 抽查 1 处，每处应为 5 m，且不应少于 3 处。监理单位见证检验。

检验方法：观察。

Ⅱ 屋面保温工程

主控项目

7.9.18 保温材料的质量、导热系数、表观密度或干密度、抗压强度或压缩强度、燃烧性能应符合设计要求。

检验数量:施工单位全数检查;监理单位见证取样。

检验方法:检查出厂合格证、质量检验报告和进场检验报告。

7.9.19 现浇泡沫混凝土所用原材料的质量及配合比应符合设计要求。

检验数量:施工单位全数检查;监理单位见证取样。

检验方法:检查原材料出厂合格证、质量检验报告和计量措施。

7.9.20 板状材料和现浇泡沫混凝土保温层的厚度应符合设计要求,其正偏差应不限,负偏差应为5%,且不应大于4 mm。纤维材料保温层的厚度应符合设计要求,其正偏差应不限,毡不应有负偏差,板负偏差应为4%,且不应大于3 mm。

检验数量:施工单位、监理单位应按屋面面积每100 m² 抽查1处,每处应为10 m²,且不应少于3处。

检验方法:钢针插入和尺量。

7.9.21 屋面热桥部位处理应符合设计要求。

检验数量:施工单位、监理单位应按屋面面积每100 m² 抽查1处,每处应为10 m²,且不应少于3处。

检验方法:观察。

一般项目

7.9.22 保温材料铺设应紧贴基层,应铺平垫稳,拼缝应严密,粘贴应牢固。

检验数量:施工单位、监理单位应按屋面面积每100 m² 抽查1处,每处应为10 m²,且不应少于3处。

检验方法:观察。

7.9.23 固定件的规格、数量和位置均应符合设计要求;垫片应与保温层表面齐平。

检验数量:施工单位、监理单位应按屋面面积每100 m² 抽查1处,每处应为10 m²,且不应少于3处。

检验方法:观察。

7.9.24 板状材料保温层表面平整度的允许偏差应为 5 mm。

检验数量：施工单位、监理单位应按屋面面积每 100 m² 抽查 1 处，每处应为 10 m²，且不应少于 3 处。

检验方法：2 m 靠尺和塞尺检查。

7.9.25 板状材料保温层接缝高低差的允许偏差应为 2 mm。

检验数量：施工单位、监理单位应按屋面面积每 100 m² 抽查 1 处，每处应为 10 m²，且不应少于 3 处。

检验方法：直尺和塞尺检查。

7.9.26 装配式骨架和水泥纤维板应铺钉牢固，表面应平整；龙骨间距和板材厚度应符合设计要求。

检验数量：施工单位、监理单位应按屋面面积每 100 m² 抽查 1 处，每处应为 10 m²，且不应少于 3 处。

检验方法：观察、尺量。

7.9.27 具有抗水蒸气渗透外覆面的玻璃棉制品，其外覆面应朝向室内，拼缝应用防水密封胶带封严。

检验数量：施工单位、监理单位应按屋面面积每 100 m² 抽查 1 处，每处应为 10 m²，且不应少于 3 处。

检验方法：观察。

7.9.28 现浇泡沫混凝土应分层施工，粘结应牢固，表面应平整，找坡应正确。

检验数量：施工单位、监理单位应按屋面面积每 100 m² 抽查 1 处，每处应为 10 m²，且不应少于 3 处。

检验方法：观察。

7.9.29 现浇泡沫混凝土不应有贯通性裂缝，以及疏松、起砂、起皮现象。

检验数量：施工单位、监理单位应按屋面面积每 100 m² 抽查 1 处，每处应为 10 m²，且不应少于 3 处。

检验方法：观察。

7.9.30 现浇泡沫混凝土保温层表面平整度的允许偏差应为

5 mm。

检验数量:施工单位、监理单位应按屋面面积每 100 m² 抽查 1 处,每处应为 10 m²,且不应少于 3 处。

检验方法:2 m 靠尺和塞尺检查。

Ⅲ 金属屋面系统

主控项目

7.9.31 对于下列情况之一,金属屋面系统应按国家标准《钢结构工程施工质量验收标准》GB 50205—2020 的附录 B 的规定进行抗风揭性能检测,检测结果应满足设计要求:

1 建筑结构安全等级为一级的金属屋面。
2 防水等级Ⅰ、Ⅱ级的大型公共建(构)筑物金属屋面。
3 采用新材料、新板或新构造的金属屋面。
4 设计文件提出检测要求的金属屋面。

检验数量:施工单位每金属屋面系统检查 3 组(个)试件;监理单位见证检验。

检验方法:抗风揭性能检测。

8 盾构隧道

8.1 一般规定

8.1.1 本章适用于盾构法施工、预制管片拼装式衬砌结构隧道、隧道内部结构以及冻结法施工的联络通道工程的质量验收。

8.1.2 盾构隧道分部分项工程及检验批宜按本标准附录B.0.3进行划分。

8.1.3 盾构隧道所涉及综合接地工程的施工质量验收应符合本标准第27章的相关规定。

8.1.4 盾构施工期间的地基处理应根据工程地质与水文条件、地表环境、临近建(构)筑物情况和设计要求选择合理施工方法。

8.1.5 盾构机性能应满足工程地质与水文地质条件、环境保护、隧道线路和结构设计等要求,组装质量应符合相应规范和产品技术指标规定。

8.1.6 盾构机在现场组装完成后,应进行各系统调试和整机联调,调试完成后应进行盾构现场验收并确认现场验收报告,验收合格后方可进行始发施工。验收应符合下列规定:

    1 现场性能验收时,应在通电运行情况下,先检查、记录、考核盾构各系统自身的设备功能、动作能力、运转状况和运行参数。

    2 应在整机持续空载运行状态下,检验整机联动工作的系统配合情况和整体稳定状态。

    3 盾构各系统和整机性能考核结果,应满足盾构出厂时制造商出具的设备技术规格书或设备技术说明文件的相关性能指标,经参验方设备类专业人员评估确认后,方可验收通过,签署盾构现场验收报告。

8.1.7 盾构施工应建立完整的测量和监控量测系统。

8.2 钢筋混凝土管片

8.2.1 钢筋混凝土管片应采用高精度的钢模制作,管片制作的钢筋、混凝土施工质量应符合设计要求及本标准第 6.7 节的规定。

8.2.2 盾构管片的检测应符合现行行业标准《盾构隧道管片质量检测技术标准》CJJ/T 164 的规定。

8.2.3 材料级配应满足高强度混凝土制作要求。

主控项目

8.2.4 成型钢模质量检验应符合表 8.2.4 的规定。

表 8.2.4 成型钢模质量检验

序号	检验项目	允许偏差	检验数量	检验方法
1	宽度	±0.4 mm	6 点/块	专用量具测量
2	弧弦长	±0.4 mm	2 点/块	专用量具测量
3	纵环向芯棒中心距	±0.5 mm	全数/块	专用量具测量
4	内腔高度	±1 mm	4 点/块	专用量具测量
5	环面角度	±0.02°	6 点/块	专用量具测量
6	端面角度	±0.01°	6 点/块	专用量具测量
7	端板与侧板角度处的缝隙	≤0.15 mm	6 点/块	专用量具测量
8	模表面粗糙度 R_a	≤3.2 mm	6 点/块	专用量具测量

检验数量:施工单位按每套钢模周转 100 次后,检验 1 次;钢模受到重击或严重碰撞时,检验 1 次;钢筋混凝土管片几何尺寸不合格时,检验 1 次;钢模停用超 3 个月,投入生产前,检验 1 次。监理单位抽样检验。

8.2.5 管片出厂时的混凝土强度与抗渗等级应符合设计要求,

并应出具产品合格证。

检验数量：施工单位、监理单位全数检查。

检验方法：检查混凝土试件的强度报告、抗渗报告及产品合格证。

8.2.6 混凝土管片外观应无严重缺陷，质量缺陷等级描述应符合表 8.2.6 的规定。

表 8.2.6 混凝土管片外观质量严重缺陷

缺陷类型	缺陷描述
露筋	管片内钢筋未被混凝土包裹而外露
蜂窝	混凝土表面缺少水泥砂浆而形成石子外露
空洞	混凝土内空穴深度和长度均超过保护层厚度
夹渣	混凝土内夹有杂物且深度超过保护层厚度
疏松	混凝土中局部不密实
裂缝	可见的贯穿裂缝
	长度方向延伸穿过密封槽，宽度大于 0.2mm、深度大于 1mm 的裂缝
外表缺陷	密封槽部位在长度 50 mm 的范围内存在直径大于 5 mm、深度大于 5 mm 的气泡超过 5 个
	管片孔洞周圈混凝土气泡、蜂窝沿孔周累计分布长度超过孔周长的 1/3
预埋件缺陷	管片预埋注浆管堵塞、破损、松动

检验数量：施工单位、监理单位全数检查。

检验方法：观察、钢尺量、仪器检测。

8.2.7 管片出厂时的抗弯性能技术指标应符合设计要求，并应出具物理力学性能检测报告。

检验数量：施工单位按每项市域铁路工程、每个生产厂家在首次生产时做一次型式检验，并应符合设计要求；监理单位见证检验。

检验方法:检查厂家出具的物理力学性能检测报告。

8.2.8 管片出厂前,应对管片拼装成环的尺寸偏差进行管片的水平方向预拼装检验。管片水平拼装质量检验应符合表 8.2.8 的规定。

表 8.2.8 管片水平拼装质量检验

序号	检验项目	允许偏差(mm)	检验数量	检验方法
1	环向缝间隙	≤1.0	每缝测 6 点	塞尺量
2	纵向缝间隙	≤2.0	每缝测 3 点	塞尺量
3	成环后内径	±2	测 4 条	钢卷尺量
4	成环后外径	−2~+6	测 4 条	钢卷尺量
5	螺栓不同轴度	≤1.0	全数检查	目测

检验数量:施工单位按管片试生产开始制作的 6 环取 3 环进行水平拼装试验;正常生产时每套钢模每生产 100 环应抽取 3 环做水平拼装检验。监理单位旁站。

检验方法:检查厂家水平拼装检验记录。

8.2.9 拼装用管片的弹性密封垫、传力缓冲衬垫及遇水膨胀橡胶条材料的粘贴应牢固、平整、严密、位置正确,不应有起鼓、超长、缺损现象。

检验数量:施工单位全数检查;监理单位抽样检验。

检验方法:观察。

8.2.10 钢筋混凝土管片应进行检漏测试,测试应符合设计要求。

检验数量:直径 8 m 以上隧道,施工单位按每生产 50 环管片抽查 2 块做检漏测试;直径 8 m 以下隧道,施工单位按每生产 100 环管片抽查 2 块做检漏测试。监理单位见证检验。

检验方法:根据设计要求,同时检查检漏试验报告、质量评定记录。

一般项目

8.2.11 钢筋混凝土管片的钢筋骨架应采用焊接连接,预埋件安装应符合设计要求,钢筋骨架制作质量检验应符合表8.2.11的规定。

表8.2.11 钢筋骨架制作质量检验

序号	检验项目	允许偏差或允许值(mm)	检验数量	检验方法
1	主筋间距	±5	每榀4点	尺量
2	箍筋间距	±10	每榀5点	
3	分布筋间距	±5	每榀5点	
4	骨架长、宽、高	−10~+5	每榀6点	

检验数量:施工单位按表8.2.11检查;监理单位抽样检验。

8.2.12 混凝土管片外观不宜有一般缺陷,缺陷情况的描述应符合表8.2.12的规定。存在一般缺陷的管片数量不应大于同期生产管片总数量的10%。对已经出现的一般缺陷,应由生产厂家按技术要求处理后重新验收。

表8.2.12 混凝土管片外观质量一般缺陷

缺陷类型	缺陷描述
裂缝	非贯穿性干缩裂缝
外形缺陷	棱角磕碰、飞边等
外表缺陷	管片表面麻面、掉皮、起砂、存在少量气泡或外弧面粗糙不平整,疏松

检验数量:施工单位、监理单位全数检查。
检验方法:观察,检查生产厂家的技术处理方案。

8.2.13 管片内弧面应具有产品信息标识。
检验数量:施工单位全数检查;监理单位抽样检验。
检验方法:观察。

8.2.14 管片尺寸质量检验应符合表8.2.14的规定。

表 8.2.14 管片尺寸质量检验

序号	检验项目	允许偏差(mm)	检验数量	检验方法
1	宽度	±1	每块测3点	卡尺量
2	弧、弦长	±1	每块测3点	样板、塞尺量
3	厚度	−1～+3	每块测3点	尺量
4	主筋保护层厚度	−3～+5	每块测3点	仪器测量
5	内弧面半径	−1/+1	每块测3点	尺量
6	外弧面半径	−1/+1	每块测3点	尺量
7	螺栓孔位及孔径	±1	每个	尺量

检验数量：施工单位按每15环抽检1环；监理单位抽样检验。

8.3 钢管片

主控项目

8.3.1 钢管片制作质量检验应符合表8.3.1的规定。

表 8.3.1 钢管片制作质量检验

序号	检验项目	规定值或允许偏差(mm)	检验数量	检验方法
1	管片宽度	±1	每15环抽检1环	游标卡尺测量
2	焊缝尺寸	符合设计要求	全数检查	尺量

检验数量：施工单位、监理单位全数检查。
检验方法：尺量、观察。

一般项目

8.3.2 钢管片制作质量检验应符合表8.3.2的规定。

表 8.3.2 钢管片制作质量检验

序号	检验项目	规定值或允许偏差(mm)	检验数量	检验方法
1	管片弧弦长	±1.0	每管片抽查,各测4处	钢卷尺测量
2	管片厚度	−1~+3	每管片抽查,各测4处	游标卡尺测量
3	环面平整度	≤0.2	每管片抽查,测量中部1处	尺量
4	螺栓孔直径	±1.0	全数检查	尺量
5	焊缝探伤	符合设计要求	全数检查	检查探伤报告

检验数量：施工单位按表 8.3.2 检查；监理单位抽样检验。

8.3.3 钢管片内外表面不应有凹陷、刻痕、焊疤、电弧擦伤等缺陷,边缘应无毛刺。

检验数量：施工单位全数检查；监理单位抽样检验。

检验方法：观察。

8.3.4 焊缝均应平滑、无裂纹、未熔合、夹渣、未填满弧坑、焊瘤等外观缺陷,预焊件的装焊符合设计要求。

检验数量：施工单位全数检查；监理单位抽样检验。

检验方法：观察。

8.3.5 钢管片外露表面的防腐处理和涂层加工应符合设计要求和现行国家标准《建筑防腐蚀工程施工规范》GB 50212 的规定,各种涂层应出具相应的检测报告。

检验数量：施工单位全数检查；监理单位抽样检验。

检验方法：外观质量宜采用目测的方式进行检测,涂层检查检测报告。

8.3.6 钢管片出厂前,应对钢管片拼装成环的尺寸偏差进行钢管片的水平方向预拼装检验,钢管片水平拼装允许偏差应符合设计要求。

检验数量：每个钢管片生产厂家进行厂内整环钢管片水平拼装试验；监理单位旁站。

检验方法:检查厂家水平拼装检验记录。

8.4 隧道内部结构预制构件

8.4.1 隧道内部结构预制构件生产单位应具备相应的生产工艺设施,并应有完善的质量管理体系和必要的试验检测手段,应提供构件质量证明文件。

8.4.2 隧道内部结构预制构件制作前,应对其技术要求和质量标准进行技术交底,并应制订生产方案;生产方案应包括生产工艺、模具方案、生产计划、技术质量控制措施、成品保护、堆放及运输方案等内容。

8.4.3 隧道内部结构预制构件制作所使用的钢筋、混凝土施工质量应符合设计要求及本标准第 6.7 节的规定。

8.4.4 隧道内部结构预制构件驳运与吊装应采取防止破损的保护措施。

Ⅰ 预制下部弧形构件

主控项目

8.4.5 预制下部弧形构件的质量应符合国家现行有关标准、设计要求及本标准第 5.6 节的规定。

 检验数量:施工单位全数检查;监理单位抽样检验。

 检验方法:检查质量证明文件或质量验收记录。

8.4.6 如设计要求进行结构性能检验的,预制构件结构性能应符合国家现行有关标准的规定和设计要求。

 检验数量:施工单位按同一类型构件抽检 1 件;监理单位见证检验。

 检验方法:检查结构性能检验报告或实体检验报告。

8.4.7 预制下部弧形构件外观质量应无严重缺陷,质量缺陷等级描述应符合表 8.4.7 的规定。

表 8.4.7 预制下部弧形构件外观质量严重缺陷等级

缺陷类型	缺陷描述	严重缺陷
露筋	构件内钢筋未被混凝土包裹而外露	主筋有露筋
裂缝	裂隙从混凝土表面延伸至混凝土内部	构件主要受力部位有影响结构性能或使用功能的裂隙
连接部位缺陷	构件连接处混凝土缺陷及连接钢筋、连接件松动、套筒未保护	连接部位有影响结构传力性能的缺陷
外形缺陷	表面缺棱掉角、棱角不直、翘曲不平等	有影响使用功能的外形缺陷

检验数量:施工单位、监理单位全数检查。
检验方法:观察。

8.4.8 预制下部弧形构件的预埋件、预埋管线、预埋套筒等的规格和数量以及预留孔、预留洞的数量应符合设计要求。

8.4.9 预制下部弧形件的预埋套筒内螺纹应与螺栓螺纹匹配,且螺栓预紧力值符合设计要求。

检验数量:施工单位、监理单位全数检查。
检验方法:观察。

一般项目

8.4.10 预制下部弧形构件应有标识。
检验数量:施工单位全数检查;监理单位抽样检验。
检验方法:观察。

8.4.11 预制下部弧形构件外观不宜有一般缺陷,缺陷情况的描述应符合表 8.4.11 的规定。

表 8.4.11 预制下部弧形构件外观质量一般缺陷等级

缺陷	缺陷描述	一般缺陷
露筋	构件内钢筋未被混凝土包裹而外露	其他钢筋有少量露筋

续表8.4.11

缺陷	缺陷描述	一般缺陷
孔洞	混凝土中孔穴深度和长度均超过保护层厚度	非受力部位有孔洞
夹渣	混凝土内夹有杂物且深度超过保护层厚度	其他部位有少量夹渣
裂缝	裂隙从混凝土表面延伸至混凝土内部	其他部位有少量不影响结构性能或使用功能的裂隙
裂纹	构件表面的裂纹或者龟裂现象	非预应力构件有表面的裂纹或者龟裂现象
连接部位缺陷	构件连接处混凝土缺陷及连接钢筋、连接件松动、套筒未保护	连接部位有基本不影响结构传力性能的缺陷
外形缺陷	表面缺棱掉角、棱角不直、翘曲不平等	有不影响使用功能的外形缺陷
外形缺陷	构件内表面麻面、掉皮、起砂、沾污等；外表面预埋件破坏	有不影响使用功能的外表缺陷

检验数量：施工单位、监理单位全数检查。

检验方法：观察，检查处置记录。

8.4.12 预制下部弧形构件模板及支架质量验收应符合设计要求及本标准第6.7节的规定。

8.4.13 预制下部弧形构件尺寸质量检验应符合表8.4.13的规定。根据设计实际要求调整允许偏差值。

表8.4.13 预制下部弧形构件尺寸质量检验

序号	检验项目		允许偏差（mm）	检验方法
1	弧形构件	纵向长度、高度、壁厚	±5	尺量
2		横向宽度	±5	尺量
3		预埋件	±5	尺量

检验数量：施工单位同一工作班生产的同类型构件，抽查5%

且不少于3件;监理单位抽样检验。

检验方法:尺量。

Ⅱ 预制中隔墙

主控项目

8.4.14 预制中隔墙的质量应符合国家现行有关标准、设计要求及本标准第5.6节的规定。

检验数量:施工单位全数检查;监理单位抽样检验。

检验方法:检查质量证明文件或质量验收记录。

8.4.15 如设计要求进行结构性能检验的,预制构件结构性能应符合国家现行有关标准的规定和设计要求。

检验数量:施工单位按同一类型构件抽检1件;监理单位见证检验。

检验方法:检查结构性能检验报告或实体检验报告。

8.4.16 预制中隔墙外观质量应无严重缺陷,质量缺陷等级描述应符合表8.4.16的规定。

表8.4.16 预制中隔墙外观质量严重缺陷等级

缺陷类型	缺陷描述	严重缺陷
露筋	构件内钢筋未被混凝土包裹而外露	主筋有露筋
蜂窝	混凝土表面缺少水泥砂浆而形成石子外露	主筋部位和搁置点位置有蜂窝
孔洞	混凝土中孔穴深度和长度均超过保护层厚度	构件主要受力部位有孔洞
夹渣	混凝土内夹有杂物且深度超过保护层厚度	构件主要受力部位有夹渣
疏松	混凝土中局部不密实	构件主要受力部位有疏松
裂缝	裂隙从混凝土表面延伸至混凝土内部	构件主要受力部位有影响结构性能或使用功能的裂隙

续表8.4.16

缺陷类型	缺陷描述	严重缺陷
裂纹	构件表面的裂纹或者龟裂现象	预应力构件受拉侧有影响结构性能或使用功能的裂纹
连接部位缺陷	构件连接处混凝土缺陷及连接钢筋、连接件松动、套筒未保护	连接部位有影响结构传力性能的缺陷
外形缺陷	表面缺棱掉角、棱角不直、翘曲不平等	有影响使用功能的外形缺陷
外形缺陷	构件内表面麻面、掉皮、起砂、沾污等；外表面预埋件破坏	有影响使用功能的外形缺陷

检验数量：施工单位、监理单位全数检查。

检验方法：观察。

8.4.17 预制中隔墙的预埋件规格、性能和数量应符合设计要求。

检验数量：施工单位按同一生产企业、同一品种的构件，不超过100个为一批，每批抽查构件数量的5%，且不少于3件；监理单位见证检验。

检验方法：观察，通过相应的预埋件性能指标检测。

一般项目

8.4.18 预制中隔墙应有标识。

检验数量：施工单位全数检查；监理单位抽样检验。

检验方法：观察。

8.4.19 预制中隔墙外观不宜有一般缺陷，缺陷情况的描述应符合表8.4.19的规定。

表8.4.19 预制中隔墙外观质量一般缺陷等级

缺陷	缺陷描述	一般缺陷
露筋	构件内钢筋未被混凝土包裹而外露	其他钢筋有少量露筋
蜂窝	混凝土表面缺少水泥砂浆而形成石子外露	其他部位有少量蜂窝

续表8.4.19

缺陷	缺陷描述	一般缺陷
孔洞	混凝土中孔穴深度和长度均超过保护层厚度	非受力部位有孔洞
夹渣	混凝土内夹有杂物且深度超过保护层厚度	其他部位有少量夹渣
疏松	混凝土中局部不密实	其他部位有少量疏松
裂缝	裂隙从混凝土表面延伸至混凝土内部	其他部位有少量不影响结构性能或使用功能的裂隙
裂纹	构件表面的裂纹或者龟裂现象	非预应力构件有表面的裂纹或者龟裂现象
连接部位缺陷	构件连接处混凝土缺陷及连接钢筋、连接件松动、套筒未保护	连接部位有基本不影响结构传力性能的缺陷
外形缺陷	表面缺棱掉角、棱角不直、翘曲不平等	有不影响使用功能的外形缺陷
外形缺陷	构件内表面麻面、掉皮、起砂、沾污等；外表面预埋件破坏	有不影响使用功能的外表缺陷

检验数量：施工单位、监理单位全数检查。

检验方法：观察，检查处置记录。

8.4.20 预制中隔墙模板及支架质量验收应符合设计要求及本标准第6.7节的规定。

8.4.21 预制中隔墙构件尺寸质量检验应符合表8.4.21的规定。根据设计实际要求调整允许偏差值。

表8.4.21 预制中隔墙尺寸质量检验

序号	检验项目		允许偏差	检验方法
1	中隔墙	纵向长度、高度	±5 mm	尺量
2		壁厚	±4 mm	尺量
3		横向宽度	±5 mm	尺量
4		表面平整度	±1.5 mm/m	尺量
5	预埋件	预留孔位	±1 mm	尺量

检验数量:施工单位同一工作班生产的同类型构件,抽查5%且不少于3件;监理单位抽样检验。

检验方法:尺量。

Ⅲ 预制顶部钢结构连接件

主控项目

8.4.22 隧道内部结构预制顶部钢结构连接件的钢材品种、型号、规格及质量应符合设计要求和国家现行有关产品标准的规定。

检验数量:施工单位、监理单位对质量证明文件全数检查,施工单位按进场批次和产品的抽样检验方案确定抽样数量。监理单位见证取样。

检验方法:检查质量合格证明文件及抽样检验报告等。

8.4.23 隧道内部结构预制顶部钢结构连接件的焊接应符合现行国家标准《钢结构焊接规范》GB 50661、设计要求及本标准第7.4节的规定。

检验数量:施工单位、监理单位全数检查。

检验方法:检查有效期内的焊接工艺评定报告、焊接工艺规程及焊接过程参数测定、记录。

8.4.24 隧道内部结构预制顶部钢结构连接件的防腐及防火要求应符合设计要求及本标准第7.4节的规定。

Ⅳ 预制疏散平台

主控项目

8.4.25 预制疏散平台的质量应符合国家现行有关标准、设计要求及本标准第5.6节的规定。

检验数量:施工单位全数检查;监理单位抽样检验。

检验方法:检查质量证明文件或质量验收记录。

8.4.26 如设计要求进行结构性能检验的,预制构件结构性能应符合国家现行有关标准的规定和设计要求。

检验数量:施工单位按同一类型构件抽检 1 件;监理单位见证检验。

检验方法:检查结构性能检验报告或实体检验报告。

8.4.27 预制疏散平台外观质量应无严重缺陷,质量缺陷等级描述应符合表 8.4.27 的规定。

表 8.4.27 预制疏散平台外观质量严重缺陷等级

缺陷类型	缺陷描述	严重缺陷
露筋	构件内钢筋未被混凝土包裹而外露	主筋有露筋
蜂窝	混凝土表面缺少水泥砂浆而形成石子外露	主筋部位和搁置点位置有蜂窝
孔洞	混凝土中孔穴深度和长度均超过保护层厚度	构件主要受力部位有孔洞
夹渣	混凝土中夹有杂物且深度超过保护层厚度	构件主要受力部位有夹渣
疏松	混凝土中局部不密实	构件主要受力部位有疏松
裂缝	裂隙从混凝土表面延伸至混凝土内部	构件主要受力部位有影响结构性能或使用功能的裂隙
裂纹	构件表面的裂纹或者龟裂现象	预应力构件受拉侧有影响结构性能或使用功能的裂纹
连接部位缺陷	构件连接处混凝土缺陷及连接钢筋、连接件松动、灌浆套筒未保护	连接部位有影响结构传力性能的缺陷
外形缺陷	表面缺棱掉角、棱角不直、翘曲不平等	有影响使用功能的外形缺陷
外形缺陷	构件内表面麻面、掉皮、起砂、沾污等;外表面预埋件破坏	有影响使用功能的外形缺陷

检验数量:施工单位、监理单位全数检查。

检验方法:观察。

8.4.28 预制疏散平台的预埋件规格、性能和数量应符合设计要求。

检验数量:施工单位按同一生产企业、同一品种的构件,不超过 100 个为一批,每批抽查构件数量的 5%,且不少于 3 件;监理单位见证检验。

检验方法:观察,通过相应的预埋件性能指标检测。

一般项目

8.4.29 预制疏散平台应有标识。

检验数量:施工单位全数检查;监理单位抽样检验。

检验方法:观察。

8.4.30 预制疏散平台外观不宜有一般缺陷,缺陷情况的描述应符合表 8.4.30 的规定。

表 8.4.30 预制疏散平台外观质量一般缺陷等级

缺陷	缺陷描述	一般缺陷
露筋	构件内钢筋未被混凝土包裹而外露	其他钢筋有少量露筋
蜂窝	混凝土表面缺少水泥砂浆而形成石子外露	其他部位有少量蜂窝
孔洞	混凝土中孔穴深度和长度均超过保护层厚度	非受力部位有孔洞
夹渣	混凝土内夹有杂物且深度超过保护层厚度	其他部位有少量夹渣
疏松	混凝土中局部不密实	其他部位有少量疏松
裂缝	裂隙从混凝土表面延伸至混凝土内部	其他部位有少量不影响结构性能或使用功能的裂隙
裂纹	构件表面的裂纹或者龟裂现象	非预应力构件有表面的裂纹或者龟裂现象
连接部位缺陷	构件连接处混凝土缺陷及连接钢筋、连接件松动、灌浆套筒未保护	连接部位有基本不影响结构传力性能的缺陷
外形缺陷	表面缺棱掉角、棱角不直、翘曲不平等	有不影响使用功能的外形缺陷
外形缺陷	构件内表面麻面、掉皮、起砂、沾污等;外表面预埋件破坏	有不影响使用功能的外表缺陷

检验数量:施工单位、监理单位全数检查。

检验方法:观察,检查处置记录。

8.4.31 预制疏散平台模板及支架质量验收应符合设计要求及本标准第 6.7 节的规定。

8.4.32 预制疏散平台尺寸偏差及检验方法应符合设计要求。

8.5 始发、接收洞口段地层处理

8.5.1 采用冻结法加固的盾构始发和接收段施工质量验收应符合本节的规定。采用灌注桩、旋喷桩、搅拌桩等加固的盾构始发和接收段的桩体、加固体强度、完整性、地基承载力、垂直度等质量验收应符合本标准第 6 章的相关规定。

8.5.2 地层冻结工程应由具备相应资质的专业设计单位进行专项设计。设计应包括结构设计、冻结工艺设计、解冻方式和冻胀融沉控制等内容。

8.5.3 冻结管宜采用无缝钢管。冻结管下入地层后应进行试压,试验压力下降不应超过 0.05 MPa,再延续 15 min 压力保持不变为合格。

8.5.4 冻结孔及冻结制冷施工应符合现行上海市工程建设规范《旁通道冻结法技术规程》DG/TJ 08—902 的相关规定。

主控项目

8.5.5 冻结孔及制冷施工应符合下列规定:

1 冻结孔的布孔和钻进应符合设计文件及施工规范的规定。

2 供液管连接应牢固、严密。

3 冻结管的盐水流量和去回路盐水温度应满足设计文件及施工规范的要求。

4 冷却水的供应量、水质应符合设计文件及施工规范的规定。

检验数量:施工单位、监理单位全数检查。
检验方法:观察及查验施工记录。

8.5.6 地层冻结施工对施工范围内及周边环境的影响应控制在允许范围内。

检验数量:施工单位、监理单位全数检查。
检验方法:检查环境监测数据。

8.5.7 应检查施工设备完好情况,材料储备情况、备件储备情况、应急设备和材料齐备情况应符合施工方案的规定。

检验数量:施工单位、监理单位全数检查。
检验方法:每天现场检查和检查施工记录。

一般项目

8.5.8 冻结孔质量检验应符合表8.5.8的规定。

表 8.5.8 冻结孔质量检验

序号	检验项目		允许偏差或允许值	检验数量	检验方法
1	钻孔偏斜率	垂直钻孔	<1%	1点/孔	灯光测斜
		水平钻孔	<1.5%		经纬仪测量
2	开孔间距误差		<150 mm		钢尺量
3	终孔间距		<1.2 m		根据成孔精度推算
4	冻结管压力测试	理论压力	小于<0.05 MPa/30 min		压力表测量

检验数量:施工单位按表8.5.8检查;监理单位抽样检验。

8.5.9 制冷技术参数质量检验应符合表8.5.9的规定。

表 8.5.9 制冷技术参数质量检验

序号	检验项目			允许偏差或允许值	检验数量	检验方法
1	冷媒	氯化钙溶液	浓度	29°Bé′~31°Bé′	100%	比重计测量
	制冷剂	氟利昂	纯度	>99.8%	2次/批	检查质保书

续表8.5.9

序号	检验项目		允许偏差或允许值	检验数量	检验方法
2	冷却水温度	单级压缩制冷	<22℃	2次/天	温度计测量
		双级压缩制冷	<25℃	2次/天	温度计测量
		螺杆冷冻机	<30℃	2次/天	温度计测量
3	真空试漏	初始真空度	0.097 MPa~0.101 MPa	2次	压力计测量
		24 h真空度	0.090 MPa~0.093 MPa	2次	压力计测量
4	冷量损失		<20%	2次/天	温度计测量
5	盐水降温梯度	盐水正温时	<5.0℃	3次/天	温度计测量
		盐水负温时	>2℃	3次/天	温度计测量

检验数量：施工单位按表8.5.9检查；监理单位抽样检验。

8.5.10 液氮冻结施工应符合设计文件及施工规范规定，其技术参数质量检验应符合表8.5.10的规定。

表8.5.10 液氮冻结技术参数质量检验

序号	检验项目	允许偏差或允许值	检验数量	检验方法
1	储罐出口温度	−170℃~−150℃	2次/h	温度计测量
2	储罐出口压力	0.1 MPa~0.15 MPa	2次/h	压力计测量
3	冻结管出口温度	−70℃~−50℃	2次/h	温度计测量
4	冻结管出口压力	0.05 MPa~0.1 MPa	2次/h	压力计测量

检验数量：施工单位按表8.5.10检查；监理单位抽样检验。

8.6 始发、接收施工及洞口防护

主控项目

8.6.1 盾构始发、接收前，应对加固体、洞圈和基座进行检测确认。

检验数量：施工单位、监理单位全数检查。

检验方法:钻孔取芯,仪器测量。

8.6.2 盾构始发、接收防护装置的安装应符合施工工艺要求,并满足止水要求。

检验数量:施工单位、监理单位全数检查。

检验方法:观察。

8.6.3 采用工作井内回填水泥砂浆的盾构过井施工,应在过井前对回填材料规格、回填厚度、材料强度等进行检查,同时应符合设计其他要求。

检验数量:施工单位、监理单位全数检查。

检验方法:观察。

一般项目

8.6.4 隧道洞门预埋钢环制作试拼装和定位安装质量检验应符合表8.6.4-1和表8.6.4-2的规定。

表8.6.4-1 隧道洞门预埋钢环制作试拼装质量检验

序号	检验项目	允许偏差(mm)	检验数量		检验方法
			钢环数量	每环点数	
1	钢环内径	+5~+10	全数检查	内弧面正交直径上4点	尺量
2	钢环外端面平整度	±5	全数检查	外端面正交直径上4点	尺量

表8.6.4-2 隧道洞门预埋钢环定位安装质量检验

序号	检验项目	允许偏差(mm)	检验数量		检验方法
			钢环数量	每环点数	
1	钢环内径	+10~+20	全数检查	内弧面正交直径上4点	尺量、全站仪测量
2	钢环垂直度	±10	全数检查	外端面竖径上下2点	吊线、全站仪测量
3	钢环横向倾斜度	±10	全数检查	外端面横径左右2点	尺量、全站仪测量

续表 8.6.4-2

序号	检验项目	允许偏差（mm）	检验数量 钢环数量	检验数量 每环点数	检验方法
4	钢环平面位置	±10	全数检查	1点	全站仪测量
5	钢环高程	±10	全数检查	1点	水准仪测量

检验数量：施工单位、监理单位按表 8.6.4-1 和表 8.6.4-2 检查。

8.6.5 盾构始发、接收前，盾构机轴线的平面位置、高程与隧道轴线质量检验宜符合表 8.6.5 的规定。

表 8.6.5 隧道洞门轴线质量检验

序号	检验项目	允许偏差（mm）	检验数量 洞门数量	检验数量 每处点数	检验方法
1	平面位置	±50	全数检查	1点	全站仪测量
2	高程	±50	全数检查	1点	水准仪测量

检验数量：施工单位、监理单位按表 8.6.5 检查。

8.6.6 盾构始发、接收前应按设计要求安装洞门密封装置，密封装置应完整无缺损，安装应牢固。

检验数量：施工单位、监理单位全数检查。

检验方法：观察。

8.7 井接头

8.7.1 井接头钢筋、模板、混凝土施工质量应符合本标准第 6.7 节的规定。

8.7.2 井接头防水施工质量应符合本标准第 8.13 节的规定。

8.7.3 井接头制作应符合设计要求，若拆除洞圈处管片存在高风险，宜采用外包式井接头。

主控项目

8.7.4 现浇结构的外观质量不应有严重缺陷。
检验数量:施工单位、监理单位全数检查。
检验方法:观察。

8.7.5 混凝土构筑物与隧道连接应严密,无渗漏现象。
检验数量:施工单位、监理单位全数检查。
检验方法:观察。

一般项目

8.7.6 现浇结构的外观质量不宜有一般缺陷。
检验数量:施工单位全数检查;监理单位抽样检验。
检验方法:观察。

8.7.7 井接头端面垂直度允许偏差应为 8 mm。
检验数量:施工单位每端面检查 2 点;监理单位抽样检验。
检验方法:2 m 靠尺测量。

8.8 盾构掘进及管片拼装

主控项目

8.8.1 管片拼装过程中,隧道轴线平面位置和高程质量检验应符合表 8.8.1 的规定。在拼装过程中应加强掘进姿态与轴线控制,且应符合设计要求。

表 8.8.1 隧道轴线平面位置和高程质量检验

序号	检验项目		允许偏差(mm)	检验数量	检验方法
1	隧道轴线平面位置	直径 8 m~12 m 隧道	±75	1 点/环	全站仪、经纬仪测量
2		直径 12 m 以上隧道	±100		
3	隧道轴线高程	直径 8 m~12 m 隧道	±75	1 点/环	水准仪测量
4		直径 12 m 以上隧道	±100		

检验数量:施工单位、监理单位按表 8.8.1 检查。

8.8.2 管片螺栓产品质量应符合下列规定:

1 管片螺栓的型式、材质与最小抗拉强度应符合设计要求;当设计无明确要求时,应符合现行国家标准《紧固件机械性能 螺栓、螺钉和螺柱》GB/T 3098.1 的规定。螺母、平垫圈链接件的机械性能应符合现行国家标准《平垫圈 C 级》GB/T 95 或《平垫圈 A 级》GB/T 97.1 的规定。

2 管片螺栓及连接件防腐涂层的处理工艺与涂层厚度应符合设计要求,并应符合《锌铬涂层技术条件》GB/T 18684、《钢铁质件粉末渗锌》JB/T 5067、《金属覆盖层钢铁质件热浸镀锌层技术要求及试验方法》GB/T 13912 的等现行标准的规定。

检验数量:施工单位按同批次生产出厂的产品应按 1 个检验批,不应超过 200 环管片的螺栓安装总套数;每检验批抽检 1 组,每组 3 套。监理单位见证取样。

检验方法:检查产品出厂合格证、质量检验报告,以及螺栓抗拉强度和防腐涂层厚度等产品性能检测报告。

一般项目

8.8.3 隧道内管片螺栓及连接件安装数量、螺栓拧紧度应符合设计要求,安装紧固完成后,双头螺杆外露螺纹长度不宜小于 2 个螺距。单头斜螺杆的螺帽必须密贴管片。

检验数量:施工单位全数检查;监理单位抽样检验。

检验方法:成型隧道观察,力矩扳手检查。

8.8.4 施工中管片拼装质量检验应符合表 8.8.4 的规定。

表 8.8.4 管片拼装质量检验

序号	检验项目		允许偏差	检验数量		检验方法
				环数	点数	
1	衬砌环椭圆度	直径 8 m~12 m 隧道	±5‰	每 10 环	—	断面仪、全站仪测量
2		直径 12 m 以上隧道	±6‰			

续表8.8.4

序号	检验项目		允许偏差	检验数量		检验方法
				环数	点数	
3	衬砌环内错台	直径8 m～12 m隧道	5 mm	逐环	4点/环	钢尺量
4		直径12 m以上隧道	6 mm			
5	衬砌环间错台	直径8 m～12 m隧道	6 mm	逐环	4点/环	钢尺量
6		直径12 m以上隧道	7 mm			

注：椭圆度指圆形隧道管片衬砌拼装成环后隧道最大、最小直径的差值与隧道设计要求的内径的比值，以千分数表示。

检验数量：施工单位按表8.8.4检查；监理单位抽样检验。

8.9 壁后注浆

8.9.1 壁后注浆分为同步注浆和二次补强注浆，应根据工程地质条件、地表沉降状态、环境要求及设备等情况选择注浆方式、注浆参数。

8.9.2 注浆浆液配比和压注工艺应与工程所处地质与水文条件、环境保护、盾构机设备、变形控制等条件相适应，并通过试验段进行调整优化。

主控项目

8.9.3 注浆使用的原材料、浆液配合比、注浆压力和注浆量应符合试验确定的配合比要求及设计要求。

检验数量：施工单位、监理单位全数检查。

检验方法：检查材料质量证明文件、配合比报告、施工记录。

一般项目

8.9.4 每环压浆量应不低于盾尾建筑孔隙量的1.1倍，并保证地表沉降控制在环境保护要求的规定以内。

检验数量：施工单位每环检查；监理单位抽样检验。

检验方法：记录统计压浆量是否满足要求。

8.9.5 注浆压力应结合地层水土压力、管阻损耗压力和隧道稳定性进行综合计算设定,并满足环境保护要求。

检验数量:施工单位每环检查;监理单位抽样检验。

检验方法:沉降监测、记录统计注浆压力是否满足要求。

8.10 管片手孔封堵及嵌缝

主控项目

8.10.1 管片手孔封堵、嵌缝所用的原材料质量应符合设计要求,同时符合相关现行标准要求。

检验数量:施工单位、监理单位全数检查。

检验方法:检查材料质量证明文件和试验报告。

8.10.2 管片手孔封堵材料性能应符合设计要求,同时符合相关现行标准要求。

检验数量:施工单位、监理单位全数检查。

检验方法:查验资料。

一般项目

8.10.3 隧道衬砌拱顶严禁渗漏水,隧道经堵漏处理后防水等级应符合设计要求。

检验数量:施工单位全数检查;监理单位抽样检验。

检验方法:观察并记录统计。

8.10.4 手孔封堵、嵌缝施工后表面应平整,无脱落现象。

检验数量:施工单位全数检查;监理单位抽样检验。

检验方法:观察并记录统计。

8.11 隧道内部结构

8.11.1 隧道内部预制构件应验收合格并按拼装顺序存放。

8.11.2 预制构件安装应按拼装工艺要求进行,安装的质量应符合设计要求。

Ⅰ 预制下部弧形构件安装

主控项目

8.11.3 连接预制中隔墙的螺栓,其材料及连接质量应符合国家现行标准及设计要求。

　　检验数量:施工单位、监理单位全数检查。

　　检验方法:检查质量证明文件、灌浆记录及相关检验报告。

一般项目

8.11.4 预制下部弧形构件安装质量检验应符合设计要求;当设计无具体要求时,应符合表8.11.4的规定。

表8.11.4 预制下部弧形构件安装质量检验

序号	检验项目	允许偏差	检验方法
1	相邻弧形件上下错台	≤20 mm	钢直尺和塞尺量
2	相邻弧形件块间间隙	≤20 mm	钢直尺和塞尺量
3	相邻弧形件螺栓连接率	100%	目测

　　检验数量:施工单位按表8.11.4检查;监理单位抽样检验。

Ⅱ 预制中隔墙安装

主控项目

8.11.5 连接预制中隔墙的螺栓,其材料及连接质量应符合国家现行标准及设计要求。

　　检验数量:施工单位、监理单位全数检查。

　　检验方法:检查质量证明文件、灌浆记录及相关检验报告。

一般项目

8.11.6 预制中隔墙安装质量检验应符合设计要求;当设计无具体要求时,应符合表8.11.6的规定。

表 8.11.6 预制中隔墙安装质量检验

序号	检验项目	允许偏差	检验方法
1	相邻中隔墙螺栓连接率	100%	螺栓全部与螺母旋紧,目测
2	相邻中隔墙墙间间隙	直线段±10 mm	钢直尺和塞尺量
3	垂直度	≤1‰	全站仪测量或吊线、尺量,每5块检查1次
4	与弧形件间螺栓连接率,拧紧	100%	中隔墙与弧形件间螺栓连接数量符合设计要求,目测

检验数量:施工单位全数检查;监理单位抽样检验。

Ⅲ 预制顶部钢结构连接件安装

主控项目

8.11.7 预制顶部钢结构连接件通过后植螺栓与管片连接,其材料及连接质量应符合国家现行标准及设计要求。

检验数量:施工单位、监理单位全数检查。

检验方法:检查质量证明文件及相关检验报告。

一般项目

8.11.8 预制顶部连接件安装质量检验应符合设计要求;当设计无具体要求时,应符合表 8.11.8 的规定。

表 8.11.8 预制顶部连接件安装质量检验

序号	检验项目	规定值允许偏差	检验数量	检验方法
1	螺栓与顶部连接件连接率	100%	螺栓全部与螺母旋紧	目测
2	环氧胶粘剂厚度	≥5 mm	每块	尺量
3	与管片贴合度	≤2 mm	每块	尺量
4	填充隔离材料	±1 mm	每块	尺量

检验数量:施工单位按表8.11.8检查;监理单位抽样检验。

Ⅳ 预制疏散平台安装

主控项目

8.11.9 预制疏散平台安装前,其混凝土抗压强度应达到设计强度要求。

检验数量:施工单位、监理单位全数检查。

检验方法:检查检验报告。

一般项目

8.11.10 预制疏散平台安装应与横向水平线垂直。

检验数量:施工单位全数检查;监理单位抽样检验。

检验方法:经纬仪测量或吊线、尺量。

8.11.11 预制疏散平台安装完成后,大于5mm的拼缝应作嵌缝处理。

检验数量:施工单位全数检查;监理单位抽样检验。

检验方法:观察。

8.11.12 预制疏散平台安装质量检验应符合设计要求;当设计无具体要求时,应符合表8.11.12的规定。

表8.11.12 预制疏散平台安装质量检验

序号	检验项目	允许偏差(mm)	检验方法
1	相邻高差	≤5	尺量
2	疏散平台与界限间隙	0～10	激光测距仪测量

检验数量:施工单位全数检查;监理单位抽样检验。

Ⅴ 现浇钢筋混凝土结构

8.11.13 现浇钢筋混凝土结构质量验收应符合本标准第6.7节的规定。

Ⅵ 混凝土结构后锚固施工

8.11.14 钢筋、锚栓、胶粘剂、锚固胶的类别和规格应满足设计要求。

8.11.15 钻孔施工时,基材表面温度和孔内表层含水率应符合设计和胶粘剂、锚固胶使用说明书要求;无明确要求时,基材表面温度不应低于15℃。

主控项目

8.11.16 基材上不应有结构抹灰层、装饰层和严重的裂缝。

检验数量:施工单位、监理单位全数检查。

检验方法:观察。

8.11.17 植筋或锚栓钻孔应符合下列规定:

　　1 植筋或锚栓钻孔前,应认真进行孔位的放样和定位,经核对无误后方可进行钻孔作业。

　　2 植筋钻孔孔径质量检验应满足表8.11.17-1的要求;钻孔深度、垂直度和位置质量检验应满足表8.11.17-2的要求。

表8.11.17-1 植筋钻孔孔径质量检验

序号	钻孔直径	允许偏差(mm)	钻孔直径	允许偏差(mm)
1	<14	0~+1	22~32	0~+2.0
2	14~20	0~+1.5	34~40	0~+2.5

表8.11.17-2 植筋钻孔深度、垂直度和位置质量检验

序号	植筋部位	允许偏差		
		钻孔深度(mm)	垂直度(%)	钻孔位置(mm)
1	基础	0~+20	±5	±10
2	上部构件	0~+10	±3	±5
3	连接节点	0~+5	±1	±3

　　检验数量:施工单位、监理单位按每种规格随机抽检5%,且

不少于5个。

检验方法：钢尺、探针、游标卡尺测量。

3 锚栓钻孔质量检验应满足表8.11.17-3、表8.11.17-4的要求。

表8.11.17-3 锚栓钻孔质量检验

序号	检验项目	允许偏差(mm)
1	锚孔深度(mm)	0～+5
2	锚孔垂直度	±2%
3	锚孔位置(mm)	±5

表8.11.17-4 锚栓钻孔直径质量检验

序号	钻孔直径	允许偏差(mm)	钻孔直径	允许偏差(mm)
1	≤14	0～+0.3	30～32	0～+0.6
2	16～22	0～+0.4	34～37	0～+0.7
3	24～28	0～+0.5	≥40	0～+0.8

检验数量：施工单位、监理单位按每种规格随机抽检5%，且不少于5个。

检验方法：钢尺、探针、游标卡尺测量。

8.11.18 安装后的植筋、锚栓外观及承载力检验应符合设计要求。

检验数量：施工单位、监理单位按每种规格随机抽检5%，且不少于5个。

检验方法：观察，查验检验报告。

一般项目

8.11.19 基材表面应坚实、平整，连接部位的原构件混凝土上不宜有局部缺陷。

检验数量：施工单位、监理单位按每种规格随机抽检5%，且不少于5个。

检验方法:观察。

8.11.20 在钢筋或锚栓安装前,应彻底清理植筋孔或清理钢筋表面的附着物或污渍,清孔后,植筋孔或锚孔和基面内应无残留的粉尘和碎屑。

检验数量:施工单位、监理单位按每种规格随机抽检5%,且不少于5个。

检验方法:观察。

8.12 联络通道

Ⅰ 冻结加固

主控项目

8.12.1 采用冻结法施工的联络通道,地层冻结应由具有资质的专业设计单位进行设计,并应编制专项冻结施工方案,应按设计文件和方案要求进行质量验收。

检验数量:施工单位、监理单位全数检查。

检验方法:查看资料。

8.12.2 在开挖前,根据测温孔实测温度计算的冻结壁厚度、冻结壁平均温度和冻结壁与隧道管片界面均应满足冻结设计的要求。

检验数量:施工单位、监理单位按每段、每次开挖检查1次。

检验方法:现场检查,测温和测量仪器检查。

8.12.3 冻土壁厚度范围应无未冻土、涌砂及渗流水。
检验数量:施工单位、监理单位根据设计及工艺要求检查。
检验方法:探孔检验。

8.12.4 结构施工时,与冻结壁接触的混凝土温度不应低于5℃。
检验数量:施工单位、监理单位按每20 m²设1处测温孔。
检验方法:温度计测量。

8.12.5 当停止冷冻作业时,混凝土强度和结构完成的情况应符合设计要求。

　　检验数量:施工单位、监理单位全数检查。

　　检验方法:检查施工记录和核对设计文件。

Ⅱ　冻结体开挖

8.12.6　开挖过程中应检测冻结壁的结霜情况和变形量,发现退霜、冻结壁变形或有剥落、掉块等异常情况,应查明原因,经处理后方可继续施工。

8.12.7　冻结体开挖应在临时支护的保护下进行,联络通道冻结应在隧道开口部的两侧架设的预应力支架。

8.12.8　联络通道冻土开挖前应在开口部位安装安全应急防护门。

主控项目

8.12.9　在开挖和结构施工过程中,应检查冻结壁的厚度、深度和温度指标。

　　检验数量:施工单位、监理单位按设计文件给定的数量检查。

　　检验方法:利用测温孔的温度记录,根据设计文件计算冻结的深度和厚度。

8.12.10　冻结壁暴露的时间应符合设计要求。

　　检验数量:施工单位、监理单位全数检查。

　　检验方法:检查施工记录。

8.12.11　冻结开挖测温孔的温度、冻结壁厚度与平均温度、积极冻结的时间及盐水系统去回路温差、流量等应符合设计要求及施工工艺规定。

　　检验数量:施工单位、监理单位全数检查。

　　检验方法:检查施工记录。

8.12.12　冻结体开挖质量检验应符合表8.12.12的规定。

表 8.12.12 冻结体开挖质量检验

序号	检验项目	规定值或允许偏差（mm）	检验数量	检验方法
1	开挖步距	不大于设计值	2个喇叭口各2点，正常段6点，共10点	采用激光断面仪、全站仪、经纬仪量测周边轮廓断面，绘制断面图与设计文件规定的断面核对
2	开挖断面超挖	不大于30	5个断面，每断面拉2条直线	
3	开挖中心线偏差	不大于20	—	

检验数量：施工单位按每开挖一循环检查1次；监理单位旁站。

一般项目

8.12.13 在开挖过程中，应检测开挖面的冻结壁温度、冻土进入开挖面厚度和冻结壁的变形情况。

检验数量：施工单位按每段、每次开挖检查1次；监理单位抽样检验。

检验方法：现场检查，测温和测量仪器检查。

8.12.14 防护门应能灵活开关，关闭后应能承受安装位置的地下水压，符合开挖方案的规定。

检验数量：施工单位全数检查；监理单位抽样检验。

检验方法：检查施工记录，现场观察。

Ⅲ 格栅钢架与型钢

主控项目

8.12.15 型钢材料进厂检验应符合现行国家标准《碳素结构钢》GB/T 700的规定。

检验数量：施工单位按同牌号、同炉罐号、同规格、同交货状态的型钢，每60 t为一批，不足60 t按一批计，每批抽验1次；监理单位见证取样。

检验方法：检查产品合格证、出厂检验报告和进场复验报告。

8.12.16 制作钢架的钢材品种、级别、规格和数量应符合设计要求。

检验数量:施工单位全数检查;监理单位抽样检验。

检验方法:观察、钢尺量。

8.12.17 格栅钢架钢筋的弯制、末端的弯钩及型钢钢架的弯制应符合设计要求,焊缝应符合设计要求,不应有焊渣,钢筋应无锈蚀。

检验数量:施工单位全数检查;监理单位抽样检验。

检验方法:观察、钢尺量。

8.12.18 钢架安装的位置、接头连接、纵向拉杆应符合设计要求,钢架安装不应侵入二次衬砌断面,开挖面不应有虚渣和积水。

检验数量:施工单位、监理单位全数检查。

检验方法:观察、钢尺量。

8.12.19 格栅钢架主筋连接应在格栅接头处,应采用同一型号钢筋焊接,钢架与围岩间的间隙应采用喷射混凝土喷密实。

检验数量:施工单位、监理单位全数检查。

检验方法:观察。

8.12.20 钢筋、型钢、钢轨原材料应平直、无损伤,表面不应有裂纹、油污、颗粒状或片状锈蚀。

检验数量:施工单位、监理单位全数检查。

检验方法:观察。

一般项目

8.12.21 格栅钢架加工质量检验应符合表 8.12.21 的规定。

表 8.12.21 格栅钢架加工质量检验

序号	检验项目		允许偏差(mm)	检验数量	检验方法
1	拱架(包括顶拱和墙拱架)	拱架矢高及弧长	0~+20	每榀1点	钢尺量
2		墙架长度	±20	每榀1点	钢尺量
3		墙架横断面尺寸(高、宽)	0~+10	每榀2点	钢尺量

续表8.12.21

序号	检验项目	允许偏差(mm)	检验数量	检验方法
4	钢筋格栅	高度 ±30	每榀3点	钢尺量
5		宽度 ±20		
6		扭曲度 20		

检验数量：施工单位按表8.12.21检查；监理单位抽样检验。

8.12.22 钢架安装质量检验应符合表8.12.22的规定。

表8.12.22 钢架安装质量检验

序号	检验项目	允许偏差	检验数量	检验方法
1	钢架纵向	±50 mm	每榀钢架3点	钢尺量
2	钢架横向	±30 mm		
3	高程偏差	±30 mm	每榀钢架2点	钢尺量
4	垂直度	1°	每榀钢架3点	钢尺量
5	钢架保护层厚度	−5 mm		

检验数量：施工单位按表8.12.22检查；监理单位抽样检验。

Ⅳ 挂网喷射混凝土

8.12.23 喷射混凝土完成后应布设测点，进行监控量测工作。

主控项目

8.12.24 喷射混凝土所用的水泥、细骨料、粗骨料、拌合用水等原材料，应符合国家现行有关标准、设计要求及本标准第5.2节的规定。

8.12.25 喷射混凝土的强度应符合设计要求。用于检查喷射混凝土强度的试件，可采用喷大板切割制取。

检验数量：施工单位按每联络通道拱和墙应各制作强度检查试件不少于2组；当材料或配合比变化时，应分别制作试件。监理单位见证取样。

检验方法:检查混凝土强度试验报告。

8.12.26 钢筋网应符合国家现行有关标准、设计要求及本标准第5.5节的规定。

一般项目

8.12.27 喷射混凝土拌制前,砂、石含水率应符合混凝土配合比设计规定,并应符合设计要求及本标准第5.3节的规定。

检验数量:施工单位按每工作班不应少于1次;监理单位见证取样。

检验方法:砂、石含水率测试。

8.12.28 喷射混凝土原材料每盘称重的偏差应符合下列规定:

1 水泥重量的允许偏差应为±2%。
2 粗、细骨料重量的允许偏差应为±3%。
3 水、外加剂重量的允许偏差应为±2%。

检验数量:施工单位按每工作班不应少于1次;监理单位抽样检验。

检验方法:称重检查。

8.12.29 钢筋网的网格间距允许偏差应为10 mm,钢筋总根数不应小于设计要求,钢筋搭接长度允许偏差应为±15 mm。

检验数量:施工单位按每进场一批,随机抽样5片;监理单位抽样检验。

检验方法:钢尺量。

8.12.30 钢筋网宜在喷射一层混凝土后铺挂。采用双层钢筋网时,第二层钢筋网应在第一层钢筋网被混凝土覆盖及混凝土终凝后铺设。

检验数量:施工单位、监理单位按每循环检验1次。

检验方法:观察,检查施工记录。

8.12.31 钢筋网搭接长度不应小于200 mm(或1网格)。

检验数量:施工单位、监理单位按每循环检验1次,随机抽样5片。

检验方法：钢尺量。

8.12.32 钢筋应调直后使用,钢筋表面不应有裂纹、油污、颗粒状或片状锈蚀。

检验数量：施工单位、监理单位按每批检验 1 次。

检验方法：观察。

Ⅴ 二衬钢筋

8.12.33 钢筋工程的验收应符合本标准第 6.7 节的规定。

Ⅵ 二衬模板与支架

8.12.34 模板及支架工程的验收应符合本标准第 6.7 节的规定。

主控项目

8.12.35 二次衬砌施工前应对初期支护及其净空测量验收,断面尺寸的允许偏差应为 −5 mm。

检验数量：施工单位、监理单位全数检查。

检验方法：测量。

8.12.36 支架应进行稳定性检算,支承结构试压应符合设计要求。

检验数量：施工单位、监理单位全数检查。

检验方法：检查施工记录。

8.12.37 模板支立前应清理干净并涂刷隔离剂,铺设应牢固、平整、接缝严密、不漏浆。

检验数量：施工单位、监理单位全数检查。

检验方法：观察。

一般项目

8.12.38 模板安装应符合下列规定：

1 模板的接缝不应漏浆；在浇筑混凝土前,木模板应浇水湿润,模板内不应有积水。

2 浇筑混凝土前,模板内的杂物应清理干净。
3 相邻两块模板接缝高低差不应大于 2 mm。
检验数量:施工单位全数检查;监理单位抽样检验。
检验方法:观察、钢尺量。

8.12.39 墙角、起拱线及拱顶结构的模板安装质量检验应符合表 8.12.39 的规定。

表 8.12.39 墙角、起拱线及拱顶结构的模板安装质量检验

序号	检验项目	允许偏差(mm)	检验数量	检验方法
1	边墙角	±15	全数检查	钢尺量
2	起拱线	±10	全数检查	钢尺量
3	拱顶	0~+10	全数检查	水准仪测量

检验数量:施工单位按表 8.12.39 检查;监理单位抽样检验。

8.12.40 顶板结构模板允许偏差应符合下列规定:
1 高程应预留沉落量 0 mm~+10 mm。
2 中线应为 ±10 mm。
3 宽度应为 10 mm~15 mm。
检验数量:施工单位对同一检查项目不少于 3 个点;监理单位抽样检验。
检验方法:测量。

Ⅶ 二衬混凝土

8.12.41 混凝土工程的验收应符合本标准第 6.7 节的规定。

一般项目

8.12.42 隧道结构各部位尺寸质量检验应符合表 8.12.42 的规定。

表 8.12.42 隧道结构各部位尺寸质量检验

序号	检验项目	允许偏差					检验数量	检验方法
		仰拱	拱部	变形缝	预埋件	预留孔洞		
1	平面位置(mm)	—	—	±20	±20	±20	每施工段 1 点	钢尺量
2	垂直度(‰)	—	—	—	—	—	每施工段 1 点	吊线、钢尺量
3	直顺度(mm)	—	—	5	—	—	每施工段 1 点	
4	平整度(mm)	10	15	—	—	—	每施工段 3 点	3 m 靠尺检查
5	高程(mm)	±15	10~30	—	—	—	每施工段 1 点	水准仪测量

注:1. 本表不包括特殊要求项目的偏差标准。
    2. 平面位置以隧道线路中线为准进行测量。

检验数量:施工单位按表 8.12.42 检查;监理单位抽样检验。

Ⅷ 充填注浆与融沉注浆

8.12.43 注浆过程中应执行"多点、少量、多次、均匀、循序渐进"的原则。

主控项目

8.12.44 注浆使用的原材料、浆液配合比、注浆压力和注浆量应符合设计要求。

检验数量:施工单位、监理单位全数检查。

检验方法:检查材料质量证明文件、配合比报告、施工记录。

一般项目

8.12.45 注浆压力、注浆量应符合设计要求。

检验数量:施工单位全数检查;监理单位抽样检验。

检验方法:检查注浆记录。

8.12.46 注浆孔数量、深度应符合设计要求。

检验数量:施工单位全数检查;监理单位抽样检验。

检验方法:观察,检查注浆记录。

Ⅸ 冻结孔充填与封堵

主控项目

8.12.47 充填冻结管材料应采用强度等级 M10 以上水泥砂浆或强度等级 C15 以上混凝土,水泥浆的水灰比不应大于 0.8,浆液应防止受冻,充填的浆液体积不应小于冻结管容积的 95%,每根冻结管充填量应有原始记录,充填完成后根据设计要求进行冻结孔封堵施工。

检验数量:施工单位、监理单位全数检查。

检验方法:检查注浆记录。

一般项目

8.12.48 钢管片上的孔口应焊接厚度不宜小于 12 mm 的钢板,并应按设计要求采用混凝土填满钢管片格仓。

检验数量:施工单位全数检查;监理单位抽样检验。

检验方法:检查施工记录。

Ⅹ 防水层

主控项目

8.12.49 防水层实测项目质量检验应符合表 8.12.49 的规定。

表 8.12.49 防水层实测项目质量检验

序号	检验项目	规定值或允许偏差(mm)	检验数量	检验方法
1	平整度	$D/L<1/10$	抽 3 个纵向断面,每个断面 3 点	钢尺量
2	搭接宽度偏差	-10	抽 3 个断面,每个断面 3 点	钢尺量
3	焊缝宽度	不小于 10	按焊缝数量 5%,每条焊缝 1 处,但不少于 3 处	钢尺量

注:D 为支护层相邻两凸面凹进去的深度。

检验数量:施工单位、监理单位按表 8.12.49 检查。

一般项目

8.12.50 防水层应表面平顺,无折皱、无气泡、无破损等现象,与洞壁密贴,松紧适度,无紧绷现象。

检验数量:施工单位全数检查;监理单位抽样检验。

检验方法:观察,检查施工记录。

8.12.51 接缝、补眼粘贴应密实饱满,不应有气泡、空隙。

检验数量:施工单位全数检查;监理单位抽样检验。

检验方法:观察,检查施工记录。

8.13 盾构法隧道防水

主控项目

8.13.1 盾构法隧道防水主控项目质量检验应符合表 8.13.1 的规定。

表 8.13.1 盾构法隧道防水主控项目质量检验

序号	检验项目		规定	检验数量		检验方法
1	整条隧道	隧道渗漏	隧道渗量	符合设计要求	整条隧道任意 100 m²	1次~2次	尺量,观察,设临时围堰储水检测
			局部湿迹与漏量			2次~4次	
2	管片混凝土		强度等级	符合设计要求	每工作台班制作抗压试件1组		检查试验报告、质量评定记录
3			抗渗等级		每10环制作抗渗试件1组		
4			外防水涂层性能指标		整条隧道或单项工程1点		
5	管片接缝		密封垫	按现行国家标准《高分子防水材料 第4部分:盾构法隧道管片用橡胶密封垫》GB 18173.4 的相关规定	常规指标每200环~250环检查1次		检查产品合格证、质保单及抽样检测报告	若设计要求整环或局部嵌缝,则嵌缝材料的检查数量与方法相同
					全性能检测整条隧道2~3次		

续表8.13.1

序号	检验项目		规定	检验数量	检验方法
6	隧道与井接头	密封材料	符合设计要求	进出洞每组接头1点	检查产品合格证、质保单或抽样检测报告
7	隧道与联络通道接头	密封材料	符合设计要求	每组接头1点	检查产品合格证、质保单或抽样检测报告
8	联络通道	防水混凝土、塑料防水板或聚合物水泥、聚合物砂浆等防水材料	符合国家现行标准规定	每个通道1点	

检验数量:施工单位、监理单位按表8.13.1检查。

一般项目

8.13.2 盾构法隧道防水一般项目质量检验应符合表8.13.2的规定。

表8.13.2 盾构法隧道防水一般项目质量检验

序号	检验项目		规定	检验数量	检验方法	备注
1	管片混凝土	管片渗漏	渗水厚度≤管片保护层厚度	每50环2点	检查单块管片捡漏报告	试生产阶段捡漏频度应加大;管片宽度大于1.2m,可加大检查频度
2	管片接缝	管片接缝其他防水材料	符合设计要求	整条隧道1点	检查隐蔽工程验收记录	若设计要求整环或局部嵌缝,则检查数量与方法同管片接缝其他防水材料
3		手孔封堵作业质量				

续表8.13.2

序号	检验项目		规定	检验数量	检验方法	备注
4	隧道与井接头	井接头渗水量	符合设计要求	每组接头1点	观察、尺量与计量,检查隐蔽工程验收记录	—
5	隧道与联络通道接头	接头及通道渗漏量		每个通道1点		
6	联络通道	防水作业				

检验数量:施工单位按表8.13.2检查;监理单位抽样检验。

8.13.3 管片修补后的质量评定应符合表8.13.3的规定。

表8.13.3 缺损修补评定标准

缺陷类型	评定标准
气泡	修补处和管片整体平整、光滑、色差不明显,符合设计要求
混凝土剥落、缺角掉边、凹槽部位缺损	修补处和管片整体平整、光滑、色差不明显,无开裂符合设计要求
裂缝	修补处和管片整体平整、光滑、色差不明显,用裂缝观察仪观察裂缝已经愈合,符合设计要求

检验数量:施工单位、监理单位全数检查。

8.13.4 临时开设的管片注浆孔应按设计要求进行防水处理。
检验数量:施工单位全数检查;监理单位抽样检验。
检验方法:观察。

8.13.5 管片的环向及纵向螺栓应全部穿进并拧紧,外露铁件防腐处理应符合设计要求。
检验数量:施工单位全数检查;监理单位抽样检验。
检验方法:观察、扭力扳手检查。

8.14 成型隧道验收

主控项目

8.14.1 防水质量应符合设计要求,渗水情况应符合设计要求的防水等级要求。

检验数量:施工单位、监理单位全数检查。

检验方法:观察及钢尺量渗水面积。

8.14.2 管片结构表面应无贯穿裂缝,管片接缝应符合设计要求。

检验数量:施工单位、监理单位全数检查。

检验方法:观察、仪器检查。

8.14.3 衬砌结构不应侵入建筑限界。

检验数量:施工单位按每5环检验1次;监理单位见证检验。

检验方法:全站仪、水准仪测量,或隧道断面仪测量。

8.14.4 隧道轴线平面位置和高程质量检验应符合表8.14.4的规定。

表8.14.4 隧道轴线平面位置和高程偏差质量检验

序号	检验项目		允许偏差(mm)	检验数量	检验方法
1	隧道轴线平面位置	直径8 m~12 m隧道	±100	10环	全站仪或经纬仪测量
2		直径12 m以上隧道	±150		
3	隧道轴线高程	直径8 m~12 m隧道	±100	10环	水准仪或全站仪测量
4		直径12 m以上隧道	±150		

检验数量:施工单位按每10环检验1次;监理单位见证检验。

一般项目

8.14.5 管片变位质量检验应符合表8.14.5的规定。

表 8.14.5 管片变位质量检验

序号	检验项目	检验项目	允许偏差（mm）	检验数量	检验方法
1	衬砌环直径椭圆度	直径 8 m～12 m 隧道	±6‰D	10 环	断面仪、全站仪测量
2	衬砌环直径椭圆度	直径 12 m 以上隧道	±6‰D	10 环	断面仪、全站仪测量
3	衬砌环内错台	直径 8 m～12 m 隧道	10	逐环检查，4点/环	钢尺量
4	衬砌环内错台	直径 12 m 以上隧道	12	逐环检查，4点/环	钢尺量
5	衬砌环间错台	直径 8 m～12 m 隧道	15	逐环检查，4点/环	钢尺量
6	衬砌环间错台	直径 12 m 以上隧道	17	逐环检查，4点/环	钢尺量

注：D 指隧道的外直径(mm)。

检验数量：施工单位按表 8.14.5 检查；监理单位抽样检验。

9 桥涵

9.1 一般规定

9.1.1 本章适用于桥涵工程基坑围护及土方开挖、桩基础、承台、墩台、支座垫石、支座、混凝土简支梁、预应力混凝土连续梁及连续刚构、结合梁、拱桥、钢筋混凝土刚构(架)和框架桥、斜拉桥、桥梁附属设施与涵洞的施工质量验收。

9.1.2 桥涵分部分项工程及检验批宜按本标准附录 B.0.4 进行划分。

9.1.3 桥涵所涉及综合接地工程的施工质量验收应符合本标准第 27 章的相关规定。

9.2 围护结构

Ⅰ 钢套箱围堰

9.2.1 钢套箱围堰应符合下列规定：

1 钢套箱围堰壳体的加工尺寸和预拼装精度应满足设计要求,并符合有关技术规范的规定。

2 钢套箱围堰拼焊后应进行水密试验,满足设计要求后方可下沉。下沉到设计高程时,应检查基底,确认处理后方可继续下沉。

3 钢套箱围堰内各舱混凝土的浇筑顺序应满足设计要求。

4 钢套箱围堰实测项目应符合表 9.2.1-1 的规定。

5 钢套箱围堰的混凝土封底实测项目应符合表 9.2.1-2 的规定。

表 9.2.1-1　钢套箱围堰实测项目

序号	检验项目		规定值或允许偏差(mm)	检验数量	检验方法
1	顶面轴线偏差(mm)		≤80	纵横轴线两端共测4点	全站仪测量
2	围堰平面尺寸(mm)	半径	±D/500,互相垂直的直径差<20	每节段测顶面	尺量
		长、宽	±30,对角线差<20		
3	高度(mm)		±10	每节测5处	尺量
4	对接错边(mm)		≤2	每节间测	尺量
5	焊缝尺寸(mm)		满足设计要求	抽查20%焊缝,且不少于3条,每条焊缝检查3处	量规检验
6	焊缝探伤			满足设计要求;设计未要求时抽查20%焊缝,且不少于3条	超声法检验
7	顶面高程(mm)		±30	测5处	水准仪测量
8	竖直度(mm)		≤h/100	测两轴线位置共4处	铅锤法检验

注:D 为围堰直径,h 为围堰高度,均以 mm 计。

表 9.2.1-2　钢套箱围堰混凝土封底实测项目

序号	检验项目	规定值或允许偏差	检验数量	检验方法
1	混凝土强度	在合格标准内	按《混凝土强度评定标准》GB/T 50107检查	按《混凝土强度评定标准》GB/T 50107检查
2	基底高程	−200 mm～0	每节测5处	尺量
3	顶面高程	±50 mm	测5处	水准仪测量

Ⅱ　其他围护结构

9.2.2 其他围护结构包括水泥土重力式围护墙、钢板桩围护墙、预制钢筋混凝土板桩围护墙、型钢水泥土搅拌墙、等厚度水泥土搅拌墙、灌注桩排桩、咬合桩围护墙、地下连续墙,其质量检验应符合本标准第6.2节的规定。

9.3 桩基础

Ⅰ 沉入桩

主控项目

9.3.1 沉桩前应对桩的质量进行验收,其质量和规格应符合设计要求。

　　检验数量:施工单位、监理单位全数检查。

　　检验方法:检查质量证明文件、尺量、观察。

9.3.2 沉入桩的下沉、桩尖高程和最终贯入度应符合设计和施工工艺要求。

　　检验数量:施工单位、监理单位全数检查。

　　检验方法:观察、测量并检查沉桩记录。

9.3.3 桩的承载力试验应符合设计要求。

　　检验数量:施工单位按设计要求数量检验;

　　检验方法:施工单位进行静载试验,监理单位见证检验。

9.3.4 桩顶高程和桩头处理应符合设计要求。

　　检验数量:施工单位、监理单位全数检查。

　　检验方法:测量、观察。

9.3.5 接桩应符合设计要求,连接牢固。

　　检验数量:施工单位、监理单位全数检查。

　　检验方法:观察。

一般项目

9.3.6 沉桩桩位质量检验应符合表9.3.6的规定。

表 9.3.6　沉桩桩位质量检验

序号	检验项目		允许偏差	检验方法
1	桩位	群桩 中间桩	$d/2$ 且不大于 250 mm	测量或尺量检查
		群桩 外缘桩	$d/4$	
		单排桩 顺桥方向	100 mm	
		单排桩 横桥方向	150 mm	
2	倾斜度	直桩	1%	测斜仪或吊线和尺量
		斜桩	15%·$\tan\theta$	

注：1. d 为桩径或短边(mm)。
　　2. θ 为斜桩轴线与垂线间的夹角。

检验数量：施工单位按表 9.3.6 检查；监理单位抽样检验。

Ⅱ　灌注桩工程桩

主控项目

9.3.7　钻孔达到设计深度后，桩底地质情况应符合设计要求。

检验数量：施工单位、监理单位全数检查；勘察设计单位对代表性的桩进行现场确认。

检验方法：检查施工记录、观察。

9.3.8　孔径、孔深不应小于设计值，孔型应符合设计要求。

检验数量：施工单位、监理单位全数检查。

检验方法：测量和用检孔器或成孔检测仪器检查。

9.3.9　钢筋原材料的质量检验应符合现行行业标准《铁路混凝土工程施工质量验收标准》TB 10424 的相关规定。

检验数量：施工单位、监理单位全数检查。

检验方法：检查原材料进场质量验收记录。

9.3.10　钢筋加工、连接和安装的检验应符合现行行业标准《铁路混凝土工程施工质量验收标准》TB 10424 的相关规定。

检验数量：施工单位、监理单位全数检查。

检验方法：观察、尺量。

9.3.11 混凝土原材料、配合比设计和拌和质量应符合现行行业标准《铁路混凝土工程施工质量验收标准》TB 10424的相关规定。

9.3.12 混凝土施工应符合设计要求和现行行业标准《铁路混凝土工程施工质量验收标准》TB 10424等相关标准的规定。

9.3.13 桩的混凝土强度等级应符合设计要求。

检验数量：施工单位每根桩应在混凝土的浇筑地点随机抽样制作混凝土试件不应少于1组，每浇筑100 m³时取1组，不足100 m³时按100 m³计。监理单位按施工单位检查数量的20%进行平行检验。

检验方法：混凝土强度试验、混凝土耐久性性能试验。

9.3.14 桩身顶端超灌部分应凿除，顶面应平整，不应损坏基桩钢筋。

检验数量：施工单位、监理单位全数检查。

检验方法：检测混凝土强度和观察。

9.3.15 灌注桩桩身混凝土应匀质、完整。其检验应符合下列规定：

1 对灌注桩桩身混凝土应按设计要求进行完整性检测。

2 对桩身混凝土质量有疑问和设计有要求的桩，应采用钻芯取样进行检测。

检验数量：施工单位、监理单位全数检查。

检验方法：具备相应资质的检测机构进行检测，施工单位、监理单位检查检测报告。

一般项目

9.3.16 灌注桩钻孔质量检验应符合本标准表6.4.5的规定。

检验数量：施工单位按表6.4.5检查；监理单位抽样检验。

9.3.17 钻孔桩钢筋骨架质量检验应符合表9.3.17的规定。

表9.3.17 灌注桩钢筋骨架质量检验

序号	检验项目	允许偏差	检验方法
1	钢筋骨架在承台底以下长度	±100 mm	尺量
2	钢筋骨架直径	±20 mm	

续表 9.3.17

序号	检验项目	允许偏差	检验方法
3	主钢筋间距	±0.5d	尺量不少于 5 处
4	加强筋间距	±20 mm	
5	箍筋间距或螺旋筋间距	±20 mm	
6	钢筋骨架垂直度	1‰	测斜仪或吊线尺量
7	钢筋保护层厚度	不小于设计值	检查垫块

注:d 为钢筋直径(mm)。

检验数量:施工单位按表 9.3.17 检查;监理单位抽样检验。

9.3.18 桩顶凿除后的高程和主筋伸入承台长度质量检验应符合表 9.3.18 的规定。

表 9.3.18 桩顶高程和主筋伸入承台长度质量检验

序号	检验项目	允许偏差(mm)	检验方法
1	桩顶高程(凿除后)	−30～0	测量
2	主筋伸入承台长度	不小于设计值	尺量

检验数量:施工单位按表 9.3.18 检查;监理单位抽样检验。

9.4 承 台

Ⅰ 钢 筋

主控项目

9.4.1 钢筋原材料、钢筋加工、连接和安装的质量检验应符合现行行业标准《铁路混凝土工程施工质量验收标准》TB 10424 的相关规定。

检验数量:施工单位、监理单位全数检查。

检验方法:检查原材料进场质量验收记录、观察、尺量。

9.4.2 预埋墩身钢筋伸入承台中的长度应符合设计要求。

检验数量：施工单位、监理单位全数检查。
检验方法：观察、尺量。

一般项目

9.4.3 钢筋原材料表面质量和加工、安装质量检验应符合现行行业标准《铁路混凝土工程施工质量验收标准》TB 10424 的相关规定。

检验数量：施工单位、监理单位全数检查。
检验方法：观察、尺量。

Ⅱ 混凝土

主控项目

9.4.4 混凝土原材料、配合比设计和拌和质量应符合现行行业标准《铁路混凝土工程施工质量验收标准》TB 10424 的相关规定。

检验数量：施工单位、监理单位全数检查。
检验方法：检查混凝土拌合物出场质量验收记录。

9.4.5 混凝土施工应符合设计要求和现行行业标准《铁路混凝土工程施工质量验收标准》TB 10424 等相关标准的规定。

9.4.6 桩头与承台连接应符合设计要求。

检验数量：施工单位、监理单位全数检查。
检验方法：观察、尺量。

一般项目

9.4.7 承台质量检验应符合表 9.4.7 的规定。

表 9.4.7 承台质量检验

序号	检验项目	允许偏差(mm)	检验方法
1	尺寸	±30	尺量长、宽、高各 2 点
2	顶面高程	±20	每 10 m² 测量 1 点，且测量 5 点
3	轴线偏位	15	测量纵横各 2 点

检验数量：施工单位按表 9.4.7 检查；监理单位抽样检验。

9.4.8 混凝土结构表面应平整、颜色均匀，不应有露筋、蜂窝缺陷。

检验数量：施工单位全数检查；监理单位抽样检验。
检验方法：观察。

9.5 墩 台

Ⅰ 现浇墩台

主控项目

9.5.1 钢筋原材料的质量检验应符合现行行业标准《铁路混凝土工程施工质量验收标准》TB 10424 的相关规定。

检验数量：施工单位、监理单位全数检查。
检验方法：检查原材料进场质量验收记录。

9.5.2 钢筋加工、连接和安装的检验应符合现行行业标准《铁路混凝土工程施工质量验收标准》TB 10424 的相关规定。

9.5.3 混凝土原材料、配合比设计和拌和质量应符合现行行业标准《铁路混凝土工程施工质量验收标准》TB 10424 的相关规定。

检验数量：施工单位、监理单位全数检查。
检验方法：检查混凝土拌合物出场质量验收记录。

9.5.4 混凝土施工应符合设计要求和现行行业标准《铁路混凝土工程施工质量验收标准》TB 10424 等相关标准的规定。

9.5.5 墩台混凝土宜连续浇筑，当分段浇筑时，施工缝应符合设计要求。设计无要求时，应符合下列规定：

1 施工缝的平面应与结构的轴线相垂直，边缘应处理平整。

2 空心墩施工缝不宜设在空心段与实心段交界位置。

3 墩台周边应设直径不小于 16 mm 的钢筋(设计有连接或护面钢筋时可不另设)，钢筋埋入深度和露出长度均不应小于钢筋直径的15倍,间距不应大于20 cm。使用光圆钢筋时,两端应设半圆形标准弯钩,使用带肋钢筋时可不设弯钩。连接钢筋的混凝土保护层厚度应符合有关规定。

检验数量:施工单位、监理单位全数检查。

检验方法:观察、尺量。

9.5.6 墩台顶面排水坡应符合设计要求。

检验数量:施工单位、监理单位全数检查。

检验方法:观察、测量。

一般项目

9.5.7 钢筋原材料表面质量和加工、安装允许偏差应符合现行行业标准《铁路混凝土工程施工质量验收标准》TB 10424 的相关规定。

9.5.8 墩台质量检验应符合表 9.5.8 的规定。

表 9.5.8 墩台质量检验

序号	检验项目	允许偏差(mm)	检验方法
1	墩台前后、左右边缘距设计中心线尺寸	±20	测量不少于5处
	表面平整度	5	2 m靠尺检查不少于5处
	空心墩壁厚	±5	尺量不少于5处
2	预埋件和预留孔位置	5	尺量
3	空心墩通风孔位置	10	尺量

检验数量:施工单位按上表检查。监理单位抽样检验。

Ⅱ 预制拼装墩台

主控项目

9.5.9 预制构件、灌浆套筒及灌浆料应具有相关质量证明文件,其质量应符合国家相关标准的规定和设计要求。

检验数量:施工单位、监理单位全数检查。

检验方法:检查质量证明文件或质量验收记录。

9.5.10 预制构件上的预埋件、预留插筋、预应力孔道、支座垫石等的规格和数量应符合设计要求。

检验数量:施工单位、监理单位全数检查。

检验方法:观察、卷尺测量。

9.5.11 预制构件起吊时,结构混凝土强度和预应力孔道灌浆料强度应达到设计要求强度的80%以上。

检验数量:施工单位、监理单位全数检查。

检验方法:检查同条件养护试块。

9.5.12 预制构件底部砂浆垫层强度应满足设计要求。

检验数量:每工作班同一配合比应制作至少1组边长为70.7 mm的立方体试件,标准养护28 d后进行抗压强度试验。

检验方法:检查灌浆料强度检测报告。

9.5.13 套筒灌浆时,可通过预埋传感器法检测灌浆饱满性。如检测灌浆不饱满,应随即进行二次灌浆,二次灌浆后应进行复测,直至灌浆饱满。

检验数量:可根据现场灌浆工艺检验要求确定。

检验方法:检查套筒灌浆饱满性检查报告。

9.5.14 套筒灌浆结束后不少于3 d,可通过钻孔内窥镜法检测灌浆饱满性。如检测灌浆不饱满,应按现行行业标准《钢筋套筒灌浆连接应用技术规程》JGJ 355的规定进行处理。

检验数量:可按现行国家标准《建筑结构检测技术标准》GB/T 50344确定。

检验方法:检查套筒灌浆饱满性检查报告。

9.5.15 预制混凝土构件结合面粗糙度或键槽尺寸应符合设计要求。

检验数量:按照进场检验批,同一规格(品种)的构件每次抽检数量不应少于该规格(品种)数量的5%且不少于5件,少于5件则全数检查。

检验方法:检查预制混凝土构件结合面粗糙度或键槽尺寸检测报告。

一般项目

9.5.16 预制墩台构件应有标识。

检验数量:全数检查。

检验方法:观察。

9.5.17 预制墩台构件表面应无空洞、露筋、蜂窝、麻面和缺棱掉角等现象。

检验数量:全数检查。

检验方法:观察。

9.5.18 预制墩台构件质量检验应符合表 9.5.18 的规定;设计有专门规定时,尚应符合设计要求。

表 9.5.18 预制墩台构件质量检验

序号	检验项目		允许偏差(mm)	检验数量
1	截面尺寸(宽度、高度)		±2	每个构件检查4点
2	构件长度		±5	每个构件检查2点
3	表面平整度		3	每个构件检查1点
4	保护层厚度		±5	每个构件检查1点
5	留出筋	位置	±2	每件
		长度	−5~0	
6	支座垫石	位置	±5	每件
		高程	±5	
		PVC管埋深	+20	
7	接地预埋钢板位置		±10	每件
8	吊点位置		±20	每件
9	灌浆套筒		±2	每件
10	锚垫板位置、预埋件		±5	每件
11	预应力孔道		±2	每件

检验数量:施工单位按表 9.5.18 检查;监理单位抽样检验。

9.5.19 承台质量检验应符合表 9.5.19 的规定。

表 9.5.19 承台质量检验

序号	检验项目		允许偏差	检验数量
1	断面尺寸		±20 mm	检查 2 个断面
2	顶面高程		±2 mm	检查 8 处~10 处
3	轴线偏差		±15 mm	横纵各检查 2 点
4	结构高度		±20 mm	检查 8 处~10 处
5	拼接面平整度		5 mm/m	横纵各检查 2 点
6	留出筋	位置	±2 mm	每件
		长度	−5 mm~0	
7	预应力孔道(无粘结)		±2 mm	每件

检验数量:施工单位按表 9.5.19 检查;监理单位抽样检验。

9.5.20 墩台拼装完成后,预制构件安装偏差应符合设计要求;当设计无要求时,应符合表 9.5.20 的规定。

表 9.5.20 墩台拼装质量检验

序号	检验项目	允许偏差(mm)	检验数量
1	平面位置	10	每个构件检查 2 点
2	相邻位置	±10	每个构件检查 1 点
3	垂直度	≤0.5%H,且不大于 20	每个构件检查 2 点
4	顶面高程	±10	每个构件检查 1 点
5	节段间错台	3	每个构件检查 4 点

检验数量:施工单位按表 9.5.20 检查;监理单位抽样检验。

9.6 支座垫石

Ⅰ 钢 筋

主控项目

9.6.1 钢筋原材料、钢筋加工、连接和安装的检验应符合现行行业标准《铁路混凝土工程施工质量验收标准》TB 10424 的相关规定。

检验数量：施工单位、监理单位全数检查。

检验方法：检查原材料进场质量验收记录，观察、尺量。

一般项目

9.6.2 钢筋原材料表面质量和加工、安装允许偏差的检验应符合现行行业标准《铁路混凝土工程施工质量验收标准》TB 10424 的相关规定。

检验数量：施工单位、监理单位全数检查。

检验方法：观察、尺量。

Ⅱ 混凝土

主控项目

9.6.3 混凝土原材料、配合比设计和拌和应符合现行行业标准《铁路混凝土工程施工质量验收标准》TB 10424 的相关规定。

检验数量：施工单位、监理单位全数检查。

检验方法：检查混凝土拌合物出场质量验收记录。

9.6.4 混凝土施工应符合设计要求和现行行业标准《铁路混凝土工程施工质量验收标准》TB 10424 等相关标准的规定。

一般项目

9.6.5 支座垫石质量检验应符合表 9.6.5 的规定。

表9.6.5 支座垫石质量检验

序号	检验项目		允许偏差(mm)	检验方法
1	支座垫石	顶面高程	−10～0	尺量
		中心位置	10	
2	锚栓孔	纵、横向中心位置	5	
		深度	0～20	

检验数量：施工单位按表9.6.5检查；监理单位抽样检验。

9.7 支 座

Ⅰ 支座砂浆

9.7.1 桥梁支座砂浆的强度等级应符合设计要求。强度等级评定标准条件养护试件的试验龄期为28 d(其他早期龄期强度根据工程需要确定)，并应在砂浆的浇筑地点随机抽样制作，其试件的取样与留置频率应为每工作班取样不应少于1次，每次取样不少于1组试件。

检验数量：施工单位按规定的取样与留置频率所需数量制作试件；监理单位全数检查。

检验方法：检查试件留置情况，龄期满足要求后进行试验检验。

9.7.2 桥梁支座砂浆表面应密实平整，不应有蜂窝、孔洞、疏松、麻面和缺棱掉角等缺陷。

检验数量：施工单位、监理单位全数检查。

检验方法：观察。

Ⅱ 支座安装

主控项目

9.7.3 支座品种、规格、质量和调高量等应符合设计要求和相关标准的规定。

检验数量:施工单位、监理单位全数检查。
检验方法:观察和检查质量证明文件。

9.7.4 支座的安装位置及方向应符合设计要求。
检验数量:施工单位、监理单位全数检查。
检验方法:观察。

9.7.5 固定支座上下座板应互相对正,活动支座上下座板横向应对正,纵向预偏量应根据支座安装施工温度与设计安装温度之差和梁体混凝土未完成收缩、徐变量及弹性压缩量计算确定,并在各施工阶段进行调整,当体系转换全部完成时梁体支座中心应符合设计要求。
检验数量:施工单位、监理单位全数检查。
检验方法:观察、尺量。

9.7.6 支座锚栓应拧紧,其埋置深度和外露长度应符合设计要求。
检验数量:施工单位、监理单位全数检查。
检验方法:观察、尺量。

9.7.7 支座与梁底及垫石之间应密贴无空隙。
检验数量:施工单位、监理单位全数检查。
检验方法:观察。

9.7.8 支座的螺栓、防尘罩等部件应齐全。
检验数量:施工单位、监理单位全数检查。
检验方法:观察。

一般项目

9.7.9 支座安装质量检验应符合表9.7.9的规定。

表9.7.9 支座安装质量检验

序号	检验项目	允许偏差(mm)	检验方法
1	支座中心纵向位置偏差	20	尺量
2	支座中心横向位置偏差	10	

续表9.7.9

序号	检验项目		允许偏差(mm)	检验方法
3	预制梁同端支座中心横向距离		−10～15	
4	盆式橡胶支座	支座板四角高差	1	尺量
		固定支座上下座板的纵横错动量	1	
		活动支座中线的纵横错动量(按设计气温定位后)	3	
5	钢支座	下板中心十字线偏转：下座板尺寸＜2 000 mm	1	尺量
		下板中心十字线偏转：下座板尺寸≥2 000 mm	1‰边宽	
		固定支座十字线中心与全桥贯通测量后墩台中心线纵向偏差：连续梁或跨度60 m以上简支梁	20	
		固定支座十字线中心与全桥贯通测量后墩台中心线纵向偏差：跨度小于60 m简支梁	10	
		固定支座上下座板中线的纵横错动量	3	
		活动支座中心线的纵向错动量(按设计气温定位后)	3	
		支座底板四角相对高差	2	
		活动支座的横向错动量	3	
		上下座板及摇、辊轴之间的偏转	1	

检验数量：施工单位按表9.7.9检查；监理单位抽样检验。

9.8 混凝土简支梁

9.8.1 钢筋、混凝土、预应力和支座的施工应符合设计要求和现行行业标准《铁路混凝土工程施工质量验收标准》TB 10424等相关标准的规定。

9.8.2 预应力混凝土简支箱梁(厂制)制造单位应按规定取得制梁生产资质。

9.8.3 先张法制梁台座的传力柱及横梁应具有足够的强度、刚度和稳定性,其抗倾覆安全系数不应小于1.3,抗滑移安全系数不应小于1.3,反力梁的压缩变形、固定横梁的变形横梁变形的挠跨比均应满足设计要求,张拉横梁的位置应保证预应力筋位置满足设计要求。

9.8.4 预应力张拉设备及仪表应按规定进行校验。

9.8.5 后张法首孔梁预应力筋张拉前,应对管道摩阻损失、喇叭口损失和锚口摩阻损失进行实际测定;先张法折线配筋张拉前,对折线筋应力损失进行实际测定。设计单位根据施工单位提供的实测结果对张拉控制应力进行调整。

9.8.6 制梁支架应进行专项施工设计,其强度刚度及整体稳定性应满足各阶段施工荷载和施工工艺要求,并应进行预压,以消除非弹性变形和测出弹性变形值。支架的基础应坚实稳固。

9.8.7 移动模架应具有足够的强度、刚度和稳定性。主梁挠度不应大于$L/550$(L为主梁支撑跨度),在各种工况下稳定系数均不应小于1.5。

9.8.8 移动支架每次拼装前,应对各零部件的完好情况进行检查。每次拼装完毕均应进行全面检查和试验,符合设计要求方可投入使用。移动支架纵向前移的抗倾覆稳定系数不应小于1.5,移动支架的下滑道应具有足够的强度、刚度、长度和宽度。

9.8.9 后张法预应力混凝土简支箱梁的预应力筋张拉应符合设计要求;设计无要求时,宜按预张拉、初张拉和终张拉三个阶段进行。

9.8.10 梁上设有吊孔时,其尺寸、位置、预埋件、钢筋布置、运输支点的位置等应满足设计要求。

9.8.11 预制梁段在拼装前应进行全面检查,梁段的外形尺寸、接缝面平整度应符合设计要求,控制梁段拼装中线、高程的标线及标点数据应符合工艺设计要求。

9.8.12 箱梁出厂(场)应有制造技术证明书,产品质量应符合相关标准的规定。

9.8.13 混凝土浇筑前的钢筋检查、预应力张拉值和伸长值管道压浆压力值应留存影像资料。

9.8.14 监理单位应对桥梁混凝土浇筑管道摩阻试验、预应力筋张拉、预应力管道压浆、箱梁静载试验、箱梁架设落梁等进行旁站。

Ⅰ 先张法预应力混凝土简支梁预制

主控项目

9.8.15 钢筋原材料质量应符合现行行业标准《铁路混凝土工程施工质量验收标准》TB 10424 的相关规定。

检验数量：施工单位、监理单位全数检查。

检验方法：检查原材料进场质量验收记录。

9.8.16 钢筋加工、连接和安装的检验应符合现行行业标准《铁路混凝土工程施工质量验收标准》TB 10424 的相关规定。

9.8.17 混凝土原材料、配合比设计和拌和应符合现行行业标准《铁路混凝土工程施工质量验收标准》TB 10424 的相关规定。

检验数量：施工单位、监理单位全数检查。

检验方法：检查混凝土拌合物出场质量验收记录。

9.8.18 混凝土施工的检验应符合现行行业标准《铁路混凝土工程施工质量验收标准》TB 10424 的相关规定。

9.8.19 梁体混凝土的养护应符合下列规定：

1 采用蒸汽养护时，分为静停、升温、恒温、降温四个阶段。静停期间棚温应不低于 5℃，浇筑完 4 h 后方可升温，升温速度不应大于 10℃/h。恒温养护期间养护环境温度不宜超过 45℃，梁体芯部混凝土温度不宜超过 60℃，最高不应超过 65℃，降温速度不应大于 10℃/h。恒温养护时间应根据梁体拆模强度要求、混凝土配合比及环境等通过试验确定。

2 采用自然养护时，混凝土外露面宜采用保湿、保温材料覆盖,梁体洒水次数应能使混凝土表面保持充分湿润,保湿养护时间不应小于 14 d;相对湿度低于 40% 的地区,保湿养护时间不宜少于 28 d。当环境温度低于 5℃时,梁体表面应喷涂养护剂,采取保温措施,不应对梁体混凝土洒水。

3 混凝土、环境温度测量及监控宜采用自动温度测试、调控系统。

检验数量:施工单位、监理单位全数检查。

检验方法:观测、检查养护记录和测温记录。

9.8.20 拆模时的梁体混凝土强度应符合设计要求。设计无具体要求时,混凝土强度应达到设计强度的 60% 及以上。

检验数量:施工单位、监理单位全数检查。

检验方法:拆模前进行一组同条件养护试件强度试验。

9.8.21 预应力混凝土简支梁静载试验应符合现行行业标准《简支梁试验方法预应力混凝土梁静载弯曲试验》TB/T 2092 的相关规定。

检验数量:按规定数量抽查。

检验方法:施工单位检验;监理单位见证检验。

9.8.22 预应力原材料质量应符合现行行业标准《铁路混凝土工程施工质量验收标准》TB 10424 的相关规定。

检验数量:施工单位、监理单位全数检查。

检验方法:检查原材料进场质量验收记录。

9.8.23 预应力筋制作和安装、张拉或放张和封锚(端)的检验应符合现行行业标准《铁路混凝土工程施工质量验收标准》TB 10424 的相关规定。

9.8.24 先张梁预应力筋隔离套管的品种、规格和位置应符合设计要求。安装时,内端应堵塞严密,外端应穿出端分丝板以外 50 mm~150 mm 并加以固定。

检验数量:施工单位、监理单位全数检查。

检验方法:观察、尺量。

9.8.25 预应力筋安装顺序应符合设计要求和施工技术方案。预应力筋安装宜自下而上,先穿直线预应力筋,再穿折线预应力筋,折线预应力筋应通过转折器相应的槽口。

检验数量:施工单位、监理单位全数检查。

检验方法:观测、尺量。

9.8.26 预应力筋张拉工艺应符合设计要求。预应力筋张拉工艺除设计有特别要求外,宜采用单束初调、单束张拉或者单束初调、整体初张、单束终张。张拉时宜先进行直线预应力筋初调,再初调和张拉折线预应力筋,最后张拉直线预应力筋。

检验数量:施工单位、监理单位全数检查。

检验方法:观察、尺量。

9.8.27 预应力筋放张应在梁体混凝土强度和弹性模量符合设计要求,且混凝土龄期不少于72 h时进行。放张工艺应采用整体放张,并符合设计要求。

检验数量:施工单位、监理单位全部检查。

检验方法:施工单位分别进行一组同条件养护试件混凝土强度和弹性模量试验;监理单位检查强度试验报告并见证检验。

一般项目

9.8.28 钢筋原材料表面质量和加工允许偏差的检验应符合现行行业标准《铁路混凝土工程施工质量验收标准》TB 10424的相关规定。

9.8.29 钢筋安装质量检验应符合表9.8.29的规定。

表9.8.29 钢筋安装质量检验

序号	检验项目	允许偏差(mm)	检验方法
1	桥面主筋间距及位置(拼装后检查)	±15	尺量检查不少于5处
2	底板钢筋间距及位置偏差	±8	
3	箍筋间距及位置偏差	±15	
4	腹板箍筋的垂直度(偏离垂直位置)	±15	

续表9.8.29

序号	检验项目	允许偏差(mm)	检验方法
5	钢筋保护层厚度与设计偏差值(腹板、顶、底板拉筋除外)	0~5	尺量检查不少于5处
6	其他钢筋偏移量	≤20	

检验数量:施工单位全数检查。

9.8.30 梁体外形尺寸质量检验应符合表9.8.30的规定。

表9.8.30 梁外形尺寸质量检验

序号	检验项目	允许偏差(mm)及质量要求		检验方法
1	梁全长	$L \leq 16$ m	±10	检查桥面及底板两侧,放张/终张拉30 d后测量
		$L > 16$ m	±20	
2	梁跨度	$L \leq 16$ m	±10	检查相邻墩(台)支座中心至中心,放张/终张拉30 d后测量
		$L > 16$ m	±20	
3	桥面及防护墙内侧宽度	±10		检查1/4跨、跨中、3/4跨和梁两端
4	腹板厚度	−5~10		通风孔测量,1/4跨、跨中、3/4跨和梁两端
5	底板宽度	±5		专用测量工具测量,1/4跨、跨中、3/4跨和梁两端
6	桥面偏离设计位置	10		从支座螺栓中心放线,引向桥面
7	梁高	−5~10		检查两端
8	梁体上拱度	$L < 16$ m	$L/2\,000$	终张拉30 d后测量
		$L \geq 16$ m	$L/3\,000$	

续表9.8.30

序号	检验项目		允许偏差(mm)及质量要求	检验方法
9	顶板厚		0~10	检查最大误差处
10	底板厚		0~10	
11	防护墙厚度		±5	
12	表面倾斜偏差		3 mm/m	检查两端,抽查腹板
13	梁面平整度		3 mm/m 底板顶面 10 mm	检查 1/4 跨、跨中、3/4 跨和梁两端
14	钢筋保护层厚度		90%测点实测值不小于设计值	梁跨中、梁两端的顶板顶底面、底板顶底面、两腹板内外侧面、梁两端面、挡咋墙侧面和顶面各20点
15	支座板	每块边缘高差	1	尺量
		支座中心线偏离设计位置	3	
		螺栓孔	垂直支座板	
		螺栓孔中心位置偏差	2	尺量每块板上4个螺栓中心距
		外露底面	平整无损、无飞边,防锈处理	目测
16	预埋件	桥面预留钢筋	设置齐全、位置正确,±10 mm	钢卷尺测量,满足设计要求
		防落梁预埋件	位置尺寸正确	
		接触网支柱预埋件	位置尺寸正确	
		声(风)屏障预埋件	位置尺寸正确	
		伸缩缝预埋件	形状、位置尺寸正确	
		检查梯拉手预埋件	尺寸准确,安装正确	
		接地端子	位置正确,安装牢固	
		泄水管、管盖	位置正确,安装牢固	

续表9.8.30

序号	检验项目	允许偏差(mm)及质量要求	检验方法
17	防水层	按本标准中有关规定	目测
18	桥牌	位置正确,安装牢固,生产许可证等标识齐全完整	

检验数量:施工单位按表9.8.30检查;监理单位抽样检验。

9.8.31 梁体及封锚(端)混凝土外观质量应平整密实、颜色均匀、整洁,无露筋、空洞、石子堆垒,桥面流水畅通。对空洞、蜂窝、漏浆、掉角等缺陷应修整并养护到规定强度。

检验数量:施工单位全数检查。

检验方法:观察。

9.8.32 预应力施工原材料表面质量和安装位置允许偏差的检验应符合现行行业标准《铁路混凝土工程施工质量验收标准》TB 10424的相关规定。

9.8.33 预应力筋隔离管道下料长度允许偏差不宜大于20 mm。

检验数量:施工单位检查10%且不少于5处。

检验方法:尺量。

Ⅱ 后张法预应力混凝土简支梁预制

主控项目

9.8.34 钢筋原材料质量应符合现行行业标准《铁路混凝土工程施工质量验收标准》TB 10424的相关规定。

检验数量:施工单位、监理单位全数检查。

检验方法:检查原材料进场质量验收记录。

9.8.35 钢筋加工连接和安装的检验应符合现行行业标准《铁路混凝土工程施工质量验收标准》TB 10424的相关规定。

9.8.36 混凝土原材料配合比设计和拌和应符合现行行业标准《铁路混凝土工程施工质量验收标准》TB 10424的相关规定。

检验数量:施工单位监理单位全数检查。

检验方法:检查混凝土拌和物出场质量验收记录。

9.8.37 混凝土施工的检验应符合现行行业标准《铁路混凝土工程施工质量验收标准》TB 10424 的相关规定。

9.8.38 梁体混凝土养护应符合本标准第 9.8.19 条的规定。

9.8.39 拆模时的梁体混凝土强度应符合本标准第 9.8.20 条的规定。

9.8.40 预应力原材料质量应符合现行行业标准《铁路混凝土工程施工质量验收标准》TB 10424 的相关规定。

检验数量:施工单位、监理单位全数检查。

检验方法:检查原材料进场质量验收记录。

9.8.41 预应力筋制作和安装、张拉或放张和封锚(端)的检验应符合现行行业标准《铁路混凝土工程施工质量验收标准》TB 10424 的相关规定。

一般项目

9.8.42 钢筋原材料表面质量和加工允许偏差的检验应符合现行行业标准《铁路混凝土工程施工质量验收标准》TB 10424 的相关规定。

9.8.43 钢筋安装允许偏差和检验方法应符合本标准第 9.8.29 条的规定。

9.8.44 梁体外形尺寸允许偏差和检验方法应符合本标准第 9.8.30 条的规定。

9.8.45 梁体表面质量应符合本标准第 9.8.31 条的规定。

9.8.46 预应力筋表面质量、孔道位置和张拉端内缩量允许偏差的检验应符合现行行业标准《铁路混凝土工程施工质量验收标准》TB 10424 的相关规定。

Ⅲ 架桥机架设预应力混凝土简支梁

主控项目

9.8.47 梁体规格、质量应符合设计要求和有关标准的规定。

检验数量:施工单位、监理单位全数检查。
检验方法:检查制造技术证明书。

9.8.48 墩台支座中心线、支座垫石标高应符合设计要求和有关标准的规定。

检验数量:施工单位、监理单位全数检查。
检验方法:复核测量。

9.8.49 梁存放和运输支点位置应符合设计要求,且支点应位于同一平面上。箱梁同一端支点相对高差不应大于 2 mm,架设时吊点位置应符合设计要求。

检验数量:施工单位、监理单位全数检查。
检验方法:观察、尺量和测量。

9.8.50 预制箱梁架设落梁应采用支点反力控制,支座垫石顶面与支座底面间隙灌浆硬化前,每个支点反力与四个支点反力的平均值之差不应超过±5%。支座砂浆强度达到 20 MPa、千斤顶撤出后方可通过运架设备。

检验数量:施工单位监理单位全数检查。
检验方法:观察、计量和试验检测。

9.8.51 预制箱梁支座垫石顶面与支座底面间的砂浆厚度不应小于 20 mm,也不应大于 30 mm。

检验数量:施工单位、监理单位全数检查。
检验方法:测量。

9.8.52 预制箱梁架设后的相邻梁跨梁端桥面之间、梁端桥面与相邻桥台胸墙顶面之间的相对高差不应大于 10 mm。预制箱梁桥面高程不应高于设计高程,也不应低于设计高程 20 mm。

检验数量:施工单位、监理单位全数检查。
检验方法:测量。

9.8.53 梁体架设后应稳固、无损伤、梁缝均匀。

检验数量:施工单位、监理单位全数检查。
检验方法:观察、尺量。

9.8.54 支座安装的检验应符合本标准第9.7节的规定。

9.8.55 钢筋原材料质量应符合现行行业标准《铁路混凝土工程施工质量验收标准》TB 10424的相关规定。

检验数量：施工单位、监理单位全数检查。

检验方法：检查原材料进场质量验收记录。

9.8.56 钢筋加工连接和安装的检验应符合现行行业标准《铁路混凝土工程施工质量验收标准》TB 10424的相关规定。

9.8.57 混凝土原材料配合比设计和拌和应符合现行行业标准《铁路混凝土工程施工质量验收标准》TB 10424的相关规定。

检验数量：施工单位、监理单位全数检查。

检验方法：检查混凝土拌和物出场质量验收记录。

9.8.58 混凝土施工的检验应符合现行行业标准《铁路混凝土工程施工质量验收标准》TB 10424的相关规定。

9.8.59 预应力原材料质量应符合现行行业标准《铁路混凝土工程施工质量验收标准》TB 10424的相关规定。

检验数量：施工单位、监理单位全数检查。

检验方法：检查原材料进场质量验收记录。

9.8.60 预应力筋制作和安装、张拉、压浆、封锚(端)的检验应符合现行行业标准《铁路混凝土工程施工质量验收标准》TB 10424的相关规定。

一般项目

9.8.61 支座安装允许偏差的检验应符合本标准第9.7节的规定。

9.8.62 钢筋原材料表面质量和加工允许偏差的检验应符合现行行业标准《铁路混凝土工程施工质量验收标准》TB 10424的相关规定。

9.8.63 钢筋安装允许偏差及检验方法应符合本标准第9.8.29条规定。

9.8.64 混凝土截面尺寸的允许偏差应为0～10 mm，表面平整度的允许偏差应为±5 mm/m。

检验数量:施工单位每部位检查不少于3处。

检验方法:尺量。

9.8.65 混凝土表面质量的检验应符合本标准第9.8.31条的规定。

9.8.66 预应力筋表面质量、孔道位置和张拉端内缩量允许偏差的检验应符合现行行业标准《铁路混凝土工程施工质量验收标准》TB 10424的相关规定。

9.8.67 同一孔梁的横向预应力预留管道应在同一轴线上,水平及竖直方向的偏差应不大于4 mm。

检验数量:施工单位、监理单位全数检查。

检验方法:观察、记录。

Ⅳ 支架法现浇预应力混凝土简支梁

主控项目

9.8.68 模板及支架安装的检验应符合现行行业标准《铁路混凝土工程施工质量验收标准》TB 10424的相关规定。

9.8.69 支架的地基和基础承载力应符合施工工艺的要求。

检验数量:施工单位全数检查;监理单位见证检验。

检验方法:承载力试验。

9.8.70 模板及支架应具有足够的强度、刚度和稳定性。浇筑混凝土前应按设计及有关技术要求对支架进行预压。

检验数量:施工单位、监理单位全数检查。

检验方法:进行专项设计并预压。

9.8.71 模板及支架的拆除应符合设计要求和施工技术方案的规定。

检验数量:施工单位、监理单位全数检查。

检验方法:观察和检查施工记录。施工单位拆模前进行一组同条件养护试件强度试验;监理单位检查试验报告。

9.8.72 钢筋原材料质量应符合现行行业标准《铁路混凝土工程

施工质量验收标准》TB 10424 的相关规定。

检验数量：施工单位、监理单位全数检查。

检验方法：检查原材料进场质量验收记录。

9.8.73 钢筋加工连接和安装的检验应符合现行行业标准《铁路混凝土工程施工质量验收标准》TB 10424 的相关规定。

9.8.74 混凝土原材料配合比设计和拌和应符合现行行业标准《铁路混凝土工程施工质量验收标准》TB 10424 的相关规定。

检验数量：施工单位、监理单位全数检查。

检验方法：检查混凝土拌和物出场质量验收记录。

9.8.75 混凝土施工的检验应符合现行行业标准《铁路混凝土工程施工质量验收标准》TB 10424 的相关规定。

9.8.76 梁体混凝土的养护应符合本标准第 9.8.19 条的规定。

9.8.77 预应力原材料质量应符合现行行业标准《铁路混凝土工程施工质量验收标准》TB 10424 的相关规定。

检验数量：施工单位、监理单位全数检查。

检验方法：检查原材料进场质量验收记录。

9.8.78 预应力筋制作和安装、张拉、压浆、封锚（端）的检验应符合现行行业标准《铁路混凝土工程施工质量验收标准》TB 10424 的相关规定。

9.8.79 支座安装的检验应符合本标准第 9.7 节的规定。

一般项目

9.8.80 模板上预埋件和预留孔洞的允许偏差、拆除时对混凝土保护的检验应符合现行行业标准《铁路混凝土工程施工质量验收标准》TB 10424 的相关规定。

9.8.81 模板安装质量检验应符合表 9.8.81 的规定。

表 9.8.81 模板安装质量检验

序号	检验项目	允许偏差（mm）	检验方法
1	侧、底模板全长	±10	尺量各不少于 3 处

续表9.8.81

序号	检验项目	允许偏差(mm)	检验方法
2	底模板宽	0~5	尺量不少于5处
3	底模板中心线与设计位置偏差	2	拉线测量
4	桥面板中心线与设计位置偏差	10	
5	腹板中心线位置偏差	10	尺量
6	隔板中心线位置偏差	5	
7	模板垂直度	每米高度3	吊线尺量检查不少于5处
8	侧、底模板平整度	每米长度2	1m靠尺和塞尺检查各不少于5处
9	桥面板宽度	±10	尺量不少于5处
10	腹板厚度	0~10	
11	底板厚度	0~10	
12	顶板厚度	0~10	
13	隔板厚度	−5~10	
14	端模板预留预应力管道偏离设计位置	3	尺量

检验数量：施工单位按表9.8.81检查；监理单位抽样检验。

9.8.82 钢筋原材料表面质量和加工允许偏差的检验应符合现行行业标准《铁路混凝土工程施工质量验收标准》TB 10424的相关规定。

9.8.83 钢筋安装的允许偏差及检验方法应符合本标准第9.8.29条规定。

9.8.84 梁体外形尺寸的允许偏差和检验方法应符合本标准第9.8.30条的规定。

9.8.85 混凝土表面质量的检验应符合本标准第9.8.31条的规定。

9.8.86 预应力筋表面质量、孔道位置和张拉端内缩量允许偏差的检验应符合现行行业标准《铁路混凝土工程施工质量验收标准》TB 10424 的相关规定。

9.8.87 支座安装允许偏差的检验应符合本标准第 9.7 节的规定。

Ⅴ 移动模架现浇预应力混凝土简支梁

主控项目

9.8.88 模板及支架应具有足够的强度、刚度和稳定性。浇筑混凝土前应按设计及有关技术要求对支架进行预压。

检验数量：施工单位、监理单位全数检查。

检验方法：施工单位进行设计计算并预压；监理单位检查计算书、预压报告并见证检验。

9.8.89 模板及支架拆除的检验应符合本标准第 9.8.71 条的规定。

9.8.90 移动模架的墩旁托架及落地支架，应具有足够的强度、刚度和稳定性，基础应坚实稳固。

检验数量：施工单位、监理单位首次使用时。

检验方法：查阅设备检算、试验检测资料。

9.8.91 移动模架在每次拼装前，应对各零部件的完好情况进行检查。每次拼装完毕，均应进行全面检查和试验，符合工艺设计要求后方可投入使用。移动模架纵向前移的抗倾覆稳定系数不应小于 1.5。

检验数量：施工单位、监理单位全数检查。

检验方法：查阅设备检算、试验检测资料，现场观察。

9.8.92 钢筋原材料质量应符合现行行业标准《铁路混凝土工程施工质量验收标准》TB 10424 的相关规定。

检验数量：施工单位、监理单位全数检查。

检验方法：检查原材料进场质量验收记录。

9.8.93 钢筋加工连接和安装的检验应符合现行行业标准《铁路混凝土工程施工质量验收标准》TB 10424 的相关规定。

9.8.94 混凝土原材料配合比设计和拌和应符合现行行业标准《铁路混凝土工程施工质量验收标准》TB 10424 的相关规定。

检验数量：施工单位、监理单位全数检查。

检验方法：检查混凝土拌和物出场质量验收记录。

9.8.95 混凝土施工的检验应符合现行行业标准《铁路混凝土工程施工质量验收标准》TB 10424 的相关规定。

9.8.96 梁体混凝土的养护应符合本标准第 9.8.19 条的规定。

9.8.97 预应力原材料质量应符合现行行业标准《铁路混凝土工程施工质量验收标准》TB 10424 的相关规定。

检验数量：施工单位、监理单位全数检查。

检验方法：检查原材料进场质量验收记录。

9.8.98 预应力筋制作和安装、张拉、压浆、封锚（端）的检验应符合现行行业标准《铁路混凝土工程施工质量验收标准》TB 10424 的相关规定。

9.8.99 支座安装的检验应符合本标准第 9.7 节的规定。

一般项目

9.8.100 模板上预埋件和预留孔洞的允许偏差、拆除时对混凝土保护的检验应符合现行行业标准《铁路混凝土工程施工质量验收标准》TB 10424 的相关规定。

9.8.101 模板安装允许偏差和检验方法应符合本标准第 9.8.81 条的规定。

9.8.102 钢筋原材料表面质量和加工允许偏差的检验应符合现行行业标准《铁路混凝土工程施工质量验收标准》TB 10424 的相关规定。

9.8.103 钢筋安装允许偏差及检验方法应符合本标准第 9.8.29 条规定。

9.8.104 后张梁外形尺寸的允许偏差和检验方法应符合本标准

第 9.8.30 条的规定。

9.8.105 梁体的表面质量的检验应符合本标准第 9.8.31 条的规定。

9.8.106 预应力筋表面质量、孔道位置和张拉端内缩量允许偏差的检验应符合现行行业标准《铁路混凝土工程施工质量验收标准》TB 10424 的相关规定。

9.8.107 支座安装允许偏差的检验应符合本标准第 9.7 节的规定。

9.9 预应力混凝土连续梁、连续刚构

Ⅰ 悬臂浇筑预应力混凝土连续梁、连续刚构

9.9.1 挂篮、支架、钢筋、混凝土、预应力和支座的施工应符合设计要求和现行行业标准《铁路混凝土工程施工质量验收标准》TB 10424 等相关标准的规定。

9.9.2 悬臂浇筑预应力混凝土连续梁、连续刚构施工应编制详细的专项施工方案,方案应包括施工设计和安全操作细则。

9.9.3 悬臂浇筑所用挂篮应具有足够的强度、刚度和稳定性,结构形式、几何尺寸应适应梁段高度变化并满足与已浇筑梁段搭接需要和挂篮走行要求。挂篮走行和浇筑混凝土时的抗倾覆稳定系数不应小于 2。挂篮使用前应进行载重试验,预压荷载为最大施工荷载的 1.2 倍。

9.9.4 预应力张拉设备及仪表应配套标定、配套使用并按规定校验。应按设计要求对管道摩阻和锚口(包括喇叭口)摩阻进行实际测定,设计单位应根据实测结果对张拉控制力进行确认或调整。

9.9.5 预应力混凝土连续梁悬臂浇筑施工前,应将墩顶梁段与桥墩临时固结牢固,连续刚构墩顶梁段与桥墩整体浇筑。悬臂浇筑梁段应对称、平衡施工,实际不平衡偏差不应大于设计允许值。

9.9.6 悬臂浇筑梁段施工过程中,应进行线形监测,超出允许偏

差应及时调整纠正。悬臂合龙时，两悬臂端的高差应在设计允许范围内。

9.9.7 连续梁、连续刚构预应力筋张拉时的梁体混凝土强度、弹性模量及龄期应符合设计要求。纵向预应力应采用两端同步张拉，并符合设计要求的张拉顺序。采用三向预应力的结构，设计无要求时应符合下列规定：

1 预应力筋张拉应按先纵向、再竖向、后横向的顺序进行。

2 竖向预应力筋应左右对称单端张拉，宜从已施工端顺序进行。

3 横向预应力筋应在梁体两侧交替单端张拉，宜从已施工端顺序进行。每一梁段伸臂端的最后一束横向预应力筋，应在下一梁段横向预应力筋张拉时进行张拉。

4 横向和竖向预应力筋张拉滞后纵向预应力筋张拉不宜大于3个悬浇梁段。

9.9.8 挂篮前移时，纵向预应力筋应张拉完成。

9.9.9 管道压浆方法应符合设计要求。管道压浆应在预应力筋终张拉完毕后48 h内完成，并应按先纵向、再竖向、后横向顺序进行施工，竖向预应力管道应从最低点开始压浆。同一管道压浆应连续进行一次完成。压浆时，浆体温度应为5℃～30℃，梁体温度在压浆时及压浆完毕后3 d内不应低于5℃。

9.9.10 合龙段施工应符合设计要求，边跨现浇梁段采用支架施工时，应符合本标准第9.8节的相关规定。

9.9.11 混凝土浇筑前的钢筋检查、预应力张拉值和伸长值、管道压浆压力值应留存影像资料。

9.9.12 监理单位应对梁体混凝土的浇筑、预应力筋张拉、预应力管道压浆进行旁站。

主控项目

9.9.13 挂篮及模板安装和拆除的检验应符合现行行业标准《铁路混凝土工程施工质量验收标准》TB 10424的相关规定。

9.9.14 用于梁体施工的挂篮、支架或托架使用前应进行预压试验。

检验数量：施工单位、监理单位全数检查。

检验方法：预压试验。

9.9.15 钢筋原材料质量应符合现行行业标准《铁路混凝土工程施工质量验收标准》TB 10424 的相关规定。

检验数量：施工单位、监理单位全数检查。

检验方法：检查原材料进场质量验收记录。

9.9.16 钢筋加工连接和安装的检验应符合现行行业标准《铁路混凝土工程施工质量验收标准》TB 10424 的相关规定。

9.9.17 混凝土原材料、配合比设计和拌和应符合现行行业标准《铁路混凝土工程施工质量验收标准》TB 10424 的相关规定。

检验数量：施工单位、监理单位全数检查。

检验方法：检查混凝土拌和物出场质量验收记录。

9.9.18 混凝土施工的检验应符合现行行业标准《铁路混凝土工程施工质量验收标准》TB 10424 的相关规定。

9.9.19 梁段混凝的浇筑应符合施工工艺要求。

检验数量：施工单位、监理单位全数检查。

检验方法：观察。

9.9.20 合龙段施工及体系转换应符合设计和施工工艺的要求。

检验数量：施工单位、监理单位全数检查。

检验方法：观察和监控。

9.9.21 预应力原材料质量应符合现行行业标准《铁路混凝土工程施工质量验收标准》TB 10424 的相关规定。

检验数量：施工单位、监理单位全数检查。

检验方法：检查原材料进场质量验收记录。

9.9.22 预应力筋制作和安装、张拉、压浆、封锚（端）的检验应符合现行行业标准《铁路混凝土工程施工质量验收标准》TB 10424 的相关规定。

9.9.23 连续梁、连续刚构预应力筋的张拉时间、张拉方法和张拉顺序应符合设计要求。

检验数量:施工单位、监理单位全数检查。

检验方法:观察。施工单位进行混凝土强度和弹性模量试验;监理单位检查试验报告、施工记录。

9.9.24 梁段预应力筋终张拉完毕后应在 48 h 内完成管道压浆。

检验数量:施工单位、监理单位全数检查。

检验方法:观察、检查施工记录。

9.9.25 支座安装的检验应符合本标准第 9.7 节的规定。

一般项目

9.9.26 模板上预埋件和预留孔洞允许偏差和拆除时混凝土保护的检验应符合现行行业标准《铁路混凝土工程施工质量验收标准》TB 10424 的相关规定。

9.9.27 预应力混凝土连续梁(刚构)的模板尺寸质量检验应符合表 9.9.27 的规定。

表 9.9.27 预应力混凝土连续梁(刚构)的模板尺寸质量检验

序号	检验项目	允许偏差(mm)	检验方法
1	梁段长	±10	尺量
2	梁高	0~10	
3	顶板厚	0~10	尺量检查不少于 5 处
4	底板厚	0~10	
5	腹板厚	0~10	
6	横隔板厚	0~10	
7	腹板间距	±10	
8	腹板中心偏离设计位置	10	
9	梁体宽	0~10	
10	模板表面平整度	3	1 m 靠尺测量不少于 5 处
11	模板接缝错台	2	尺量

续表9.9.27

序号	检验项目		允许偏差(mm)	检验方法
12	管道位置		5	尺量
13	梁段纵向旁弯		10	拉线测量不少于5处
14	梁段高度变化段位置		±10	测量检查
15	底模拱度偏差		3	测量检查
16	底模同一端两角高差		2	
17	桥面预留钢筋位置		10	尺量
18	支座板	四角高度差	1	水平尺靠量检查四角
		螺栓中心位置	2	尺量(包括对角线)
		平整度	2	尺量

检验数量：施工单位按表9.9.27检查；监理单位抽样检验。

9.9.28 钢筋原材料表面质量和加工允许偏差的检验应符合现行行业标准《铁路混凝土工程施工质量验收标准》TB 10424的相关规定。

9.9.29 钢筋安装质量检验应符合表9.9.29的规定。

表9.9.29 钢筋安装质量检验

序号	检验项目	允许偏差(mm)	检验方法
1	钢筋全长	±10	尺量检查不少于5处
2	弯起钢筋的位置	20	
3	箍筋内净尺寸	±3	
4	主筋横向位置	10	
5	箍筋间距	±15	
6	其他钢筋位置	10	
7	箍筋垂直度	15	吊线和尺量检查不少于5处
8	钢筋保护层厚度	−2～5	尺量检查不少于5处

检验数量：施工单位全部检查；监理单位抽样检验。

9.9.30 连续梁(刚构)悬臂浇筑梁段质量检验应符合表 9.9.30 的规定。

表 9.9.30 连续梁(刚构)悬臂浇筑梁段质量检验

序号	检验项目	允许偏差(mm)	检验方法
1	悬臂梁段顶面高程	−5～15	测量
2	合龙前两悬臂端相对高差	合龙段长的 1/100,且不大于 15	
3	梁段轴线偏差	15	
4	相邻梁段错台	5	

检验数量:施工单位全数检查;监理单位抽样检验。

9.9.31 悬臂浇筑连续梁(刚构)梁体外形尺寸质量检验应符合表 9.9.31 的规定。

表 9.9.31 连续梁、连续刚构梁体外形尺寸质量检验

序号	检验项目	允许偏差(mm)	检验方法
1	梁全长	±30	尺量检查中心及两侧
2	边孔梁长	±20	
3	各变高梁段长度及位置	±10	
4	边孔跨度	±20	尺量检查桥台与相邻桥墩支座中心对中心
5	梁底宽度	−5～10	尺量检查每个梁段及每孔 1/4、跨中和 3/4 截面
6	桥面中心位置	10	检查 1/4、跨中和 3/4 截面及最大偏差处
7	梁高	−5～15	尺量检查梁端、跨中及梁体变截面处
8	底板厚度	0～10	测量检查跨中及梁端
9	腹板厚度	0～10	
10	顶板厚度	−5～10	
11	桥面高程	±20	
12	桥面宽度	±10	

续表9.9.31

序号	检验项目	允许偏差(mm)	检验方法
13	表面平整度	5	1 m靠尺每10 m检查1处
14	腹板间距	±10	测量检查跨中及梁端
15	接触网支柱基础预埋螺栓距桥面中心线偏差	0～10	测量

检验数量:施工单位全数检查;监理单位抽样检验。

9.9.32 连续梁、连续刚构梁体外观质量的检验应符合本标准第9.8.31条的规定。

9.9.33 预应力筋表面质量、孔道位置和张拉端内缩量允许偏差的检验应符合现行行业标准《铁路混凝土工程施工质量验收标准》TB 10424的相关规定。

9.9.34 支座安装允许偏差的检验应符合本标准第9.7节的规定。

Ⅱ 悬臂拼装预应力混凝土连续梁、连续刚构

9.9.35 混凝土原材料、配合比设计和拌和,模板及支架、钢筋、混凝土、预应力和支座的施工应符合设计要求及现行行业标准《铁路混凝土工程施工质量验收标准》TB 10424的相关规定。

9.9.36 悬臂拼装施工使用的起吊设备应具有足够的起吊力和稳定性,悬臂走行及吊梁时的抗倾覆稳定系数不应小于1.5。设备自重应满足设计要求,使用前应进行走行及起吊试验。

9.9.37 预制梁段在拼装前应进行全面检查,梁段的外形尺寸、接缝面平整度应符合设计要求,控制梁段拼装中线、高程的标线及标点数据应符合工艺要求。

9.9.38 预应力混凝土连续梁悬臂拼装施工前,应按设计将墩顶梁段与桥墩临时固结。悬拼梁段应对称、平衡进行施工,不平衡偏差不应大于设计允许值。

9.9.39 悬臂拼装施工应进行线形监控,确保拼装过程和成桥后的线形符合设计要求。

9.9.40 混凝土浇筑前的钢筋检查、预应力张拉值和伸长值、管道压浆压力值应留存影像资料。

9.9.41 监理单位应对梁段混凝土的浇筑、预应力筋张拉、预应力管道压浆进行旁站。

主控项目

9.9.42 模板及支架安装和拆除的检验应符合现行行业标准《铁路混凝土工程施工质量验收标准》TB 10424 的相关规定。

9.9.43 预制梁段的底模顶面应与桥梁底面设计线形一致。

检验数量:施工单位、监理单位全数检查。

检验方法:观察、尺量。

9.9.44 钢筋原材料质量应符合现行行业标准《铁路混凝土工程施工质量验收标准》TB 10424 的相关规定。

检验数量:施工单位、监理单位全数检查。

检验方法:检查原材料进场质量验收记录。

9.9.45 钢筋加工连接和安装的检验应符合现行行业标准《铁路混凝土工程施工质量验收标准》TB 10424 的相关规定。

9.9.46 混凝土原材料、配合比设计和拌和应符合现行行业标准《铁路混凝土工程施工质量验收标准》TB 10424 的相关规定。

检验数量:施工单位、监理单位全数检查。

检验方法:检查混凝土拌和物出场质量验收记录。

9.9.47 混凝土施工的检验应符合现行行业标准《铁路混凝土工程施工质量验收标准》TB 10424 的相关规定。

9.9.48 预制梁段施工应使相邻梁段混凝土匹配浇筑,接缝面应设置隔离层;起吊梁段的吊点应位置准确。

检验数量:施工单位、监理单位全数检查。

检验方法:观察。

9.9.49 合龙段施工的检验应符合本标准第 9.9.20 条的规定。

9.9.50 预应力原材料质量应符合现行行业标准《铁路混凝土工程施工质量验收标准》TB 10424 的相关规定。

检验数量:施工单位、监理单位全数检查。

检验方法:检查原材料进场质量验收记录。

9.9.51 预应力筋制作和安装、张拉、压浆、封锚(端)的检验应符合现行行业标准《铁路混凝土工程施工质量验收标准》TB 10424 的相关规定。

9.9.52 预应力筋张拉时间、张拉方法和张拉顺序的检验应符合本标准第 9.9.23 条的规定。

9.9.53 梁段预应力筋终张拉完毕后应在 48 h 内完成管道压浆。

检验数量:施工单位、监理单位全数检查。

检验方法:观察、检查施工记录。

9.9.54 梁段应在桥墩两侧对称、平衡拼装施工,两侧不平衡重偏差不应大于设计允许值。

检验数量:施工单位、监理单位全数检查。

检验方法:计算、观察。

9.9.55 拼装梁段胶接缝材料种类、性能、质量应符合设计要求。

检验数量:施工单位、监理单位全数检查。

检验方法:观察、检查试验资料。

9.9.56 拼装梁段胶接缝材料的配合比例应符合设计要求,稠度和固化时间应符合施工工艺要求。

检验数量:施工单位、监理单位全数检查。

检验方法:观察、检查配合比试验记录。

9.9.57 拼装梁段的接缝面处理、接缝宽度和拼装方法应符合设计要求和施工工艺要求。接缝面应无尘土、无油脂污染,涂胶粘剂前应保持干燥状态。

检验数量:施工单位、监理单位全数检查。

检验方法:观察、尺量。

9.9.58 支座安装的检验应符合本标准第 9.7 节的规定。

一般项目

9.9.59 模板上预埋件和预留孔洞允许偏差和拆除时混凝土保护的检验应符合现行行业标准《铁路混凝土工程施工质量验收标准》TB 10424 的相关规定。

9.9.60 预制梁段的模板安装允许偏差及检验方法应符合本标准第 9.9.27 条的规定。

9.9.61 钢筋原材料表面质量和加工的允许偏差的检验应符合现行行业标准《铁路混凝土工程施工质量验收标准》TB 10424 的相关规定。

9.9.62 钢筋安装允许偏差和检验方法应符合本标准第 9.9.27 条的规定。

9.9.63 预制梁段允许偏差和检验方法应符合本标准第 9.9.30 条的规定。

9.9.64 预制梁段的表面质量应符合本标准第 9.8.31 条的规定。

9.9.65 预应力筋表面质量、孔道位置和张拉端内缩量允许偏差的检验应符合现行行业标准《铁路混凝土工程施工质量验收标准》TB 10424 的相关规定。

9.9.66 悬臂拼装预应力混凝土连续梁质量检验应符合表 9.9.66 的规定。

表 9.9.66 悬臂拼装预应力混凝土连续梁质量检验

序号	检验项目	允许偏差(mm)	检验方法
1	高程	20	测量
2	中线	15	
3	相邻两墩悬臂端相对高差	20	
4	拼接处相邻梁段高差	3	
5	相邻梁段中线偏差	3	

检验数量：施工单位全数检查。

9.9.67 支座安装允许偏差的检验应符合本标准第 9.7 节的规定。

Ⅲ 支架法现浇预应力混凝土连续箱梁、连续刚构

9.9.68 模板及支架、钢筋、混凝土、预应力和支座的施工应符合设计要求和现行行业标准《铁路混凝土工程施工质量验收标准》TB 10424 等相关标准的规定。

9.9.69 现浇支架应进行施工设计，其强度、刚度及稳定性应能满足施工各阶段施工荷载的要求和施工工艺要求，并应进行预压。支架预压荷载不应小于最大施工荷载的 1.1 倍。

9.9.70 支架法现浇连续梁、连续刚构分段长度、位置以及分段浇筑、张拉顺序应符合设计要求。

9.9.71 预应力张拉设备及仪表应配套标定、配套使用并按规定校验。在张拉前应对管道摩阻和锚口（包括喇叭口）摩阻进行实际测定，设计单位应根据实测结果对张拉控制力进行确认或调整。

9.9.72 连续刚构墩顶梁段应与墩顶混凝土整体浇筑。

9.9.73 管道压浆方法应符合设计要求。压浆应按先纵向、再竖向、后横向顺序进行施工，竖向预应力管道应从最低点开始压浆。同一管道压浆应连续进行一次完成。

9.9.74 梁底模及支架应按设计要求的顺序进行卸载、拆除。设计无要求时，应从梁体挠度最大处支架节点开始，逐步对称卸落相邻节点。

9.9.75 混凝土浇筑前的钢筋检查、预应力张拉值和伸长值、管道压浆压力值应留存影像资料。

9.9.76 监理单位应对梁体混凝土的浇筑、预应力筋张拉、预应力管道压浆进行旁站。

主控项目

9.9.77 支架安装和拆除的检验应符合现行行业标准《铁路混凝

土工程施工质量验收标准》TB 10424 的相关规定。

9.9.78 支架的地基和基础承力应符合施工工艺的要求。

检验数量:施工单位、监理单位全数检查。

检验方法:施工单位进行承载力试验;监理单位见证检验。

9.9.79 模板及支架应具有足够的强度刚度和稳定性。梁体钢筋绑扎前应按设计要求及相关规定进行预压。

检验数量:施工单位、监理单位全数检查。

检验方法:施工单位进行设计计算并预压;监理单位检查计算书、预压报告并见证检验。

9.9.80 分段浇筑、张拉的连续梁、连续刚构支架应设置临时刚性支墩,临时刚性支墩的强度和刚度应符合设计要求和施工工艺要求。

检验数量:施工单位、监理单位全数检查。

检验方法:检查设计计算书、观察。

9.9.81 钢筋原材料质量应符合现行行业标准《铁路混凝土工程施工质量验收标准》TB 10424 的相关规定。

检验数量:施工单位、监理单位全数检查。

检验方法:检查原材料进场质量验收记录。

9.9.82 钢筋加工连接和安装的检验应符合现行行业标准《铁路混凝土工程施工质量验收标准》TB 10424 的相关规定。

9.9.83 混凝土原材料、配合比设计和拌和应符合现行行业标准《铁路混凝土工程施工质量验收标准》TB 10424 的相关规定。

检验数量:施工单位、监理单位全数检查。

检验方法:检查混凝土拌和物出场质量验收记录。

9.9.84 混凝土施工的检验应符合现行行业标准《铁路混凝土工程施工质量验收标准》TB 10424 的相关规定。

9.9.85 梁体混凝土分段浇筑顺序、长度、接缝方式应符合设计要求。

检验数量:施工单位、监理单位全数检查。

检验方法:观察和检查施工记录。

9.9.86 合龙段施工及体系转换应符合设计要求。

检验数量:施工单位监理单位全数检查。

检验方法:观察、监控。

9.9.87 梁体混凝土的养护应符合本标准第9.8.19条的规定。

9.9.88 预应力原材料质量应符合现行行业标准《铁路混凝土工程施工质量验收标准》TB 10424的相关规定。

检验数量:施工单位、监理单位全数检查。

检验方法:检查原材料进场质量验收记录。

9.9.89 预应力筋制作和安装张拉压浆封锚的检验应符合现行行业标准《铁路混凝土工程施工质量验收标准》TB 10424的相关规定。

9.9.90 支座安装的检验应符合本标准第9.7节的规定。

一般项目

9.9.91 模板上预埋件和预留孔洞允许偏差和拆除时混凝土强度的检验应符合现行行业标准《铁路混凝土工程施工质量验收标准》TB 10424的相关规定。

9.9.92 外模和底模尺寸的允许偏差和检验方法应符合本标准第9.9.27条的规定。

9.9.93 钢筋原材料表面质量和加工的允许偏差的检验应符合现行行业标准《铁路混凝土工程施工质量验收标准》TB 10424的相关规定。

9.9.94 钢筋安装允许偏差和检验方法应符合本标准第9.9.29条的规定。

9.9.95 梁体外形尺寸的允许偏差和检验方法应符合本标准第9.9.31条的规定。

9.9.96 梁体外观质量应符合本标准第9.8.31条的规定。

9.9.97 预应力筋表面质量、孔道位置和张拉端内缩量允许偏差的检验应符合现行行业标准《铁路混凝土工程施工质量验收标准》TB 10424 的相关规定。

9.9.98 支座安装允许偏差的检验应符合本标准第 9.7 节的规定。

Ⅳ 转体法施工预应力混凝土连续梁、连续刚构

9.9.99 梁体采用悬臂浇筑时,应采取临时固定措施,保证施工期间梁体稳定。主梁梁体施工完成后,拆除转盘上各临时支撑点,完成从主梁施工到梁体待转的体系转换。

9.9.100 转体施工前应按施工工艺要求对转体结构进行称重、配重和试转。

9.9.101 接近止动距离时应按方案要求进行止动操作,设专人负责限位工作。

9.9.102 转体完成后应及时约束固定,按设计要求形成稳定的结构体系。

9.9.103 球铰安装应留有影像资料。

9.9.104 监理单位应对球铰安装、梁体转体进行旁站。

主控项目

9.9.105 球铰或支座品种、规格、性能、结构及涂装质量应符合设计要求和相关产品标准的规定。

检验数量:施工单位、监理单位全数检查。

检验方法:观察和检查产品出厂合格证。

9.9.106 转体系统承载力、上下转盘及滑道表面摩擦系数、动力设施和锚固体系应符合施工工艺要求。

检验数量:施工单位、监理单位全数检查。

检验方法:检查测试资料、施工记录、尺量、观察。

9.9.107 球铰或支座上下座板应水平安装。

检验数量:施工单位、监理单位全数检查。

检验方法:观察、尺量。

9.9.108 球铰或支座与梁底及垫石之间应密贴,垫层材料质量

及强度应符合设计要求。

检验数量：施工单位、监理单位全数检查。

检验方法：观察。

9.9.109 球铰或支座锚栓质量及埋置深度和螺栓外露长度应符合设计要求。

检验数量：施工单位、监理单位全数检查。

检验方法：观察、尺量。

9.9.110 上、下转盘和转轴的制作安装精度应满足设计要求。

检验数量：施工单位、监理单位全数检查。

检验方法：检查测试资料、施工记录，尺量、观察。

9.9.111 设置于上转盘周边的撑脚应对称均匀布置。

检验数量：施工单位、监理单位全数检查。

检验方法：仪器测量。

9.9.112 预埋于上转盘的转体牵引索固定端应与上转盘外圆相切，预埋时应清除钢绞线表面的锈迹、油污后，逐根顺次沿着既定索道排列缠绕后，穿过牵引千斤顶。

检验数量：施工单位、监理单位全数检查。

检验方法：检查施工记录，仪器测量、观察。

9.9.113 千斤顶应分别水平、对称地布置于转盘两侧的同一平面内，千斤顶的中心线应与上转盘外圆相切，中心线高度与上转盘预埋钢绞线的中心线水平。

检验数量：施工单位、监理单位全数检查。

检验方法：检查施工记录，仪器测量、观察。

9.9.114 转体纵横向稳定系数应大于 1.5。

检验数量：施工单位、监理单位全数检查。

检验方法：检查工艺设计资料。

9.9.115 转动前，转体各部结构混凝土强度、预应力筋（斜拉索）张拉值及外形尺寸应符合设计要求。

检验数量：施工单位、监理单位全数检查。

检验方法:检查试验报告、施工记录,尺量、测试。

9.9.116 支座安装的检验应符合本标准第9.7节的规定。

一般项目

9.9.117 转体球铰及支座安装质量检验应符合表9.9.117的规定。

表9.9.117 球铰安装质量检验

序号	检验项目		允许偏差(mm)	检验方法
1	球铰中心轴线	相对设计位置偏差	5	测量
		竖向垂直度	1/1 000	
2	球铰或支座	顶面各角相对高差	≤1	测量
3	撑脚高度		±2	测量
4	滑道平整度	3 m长度内平整度	±1	测量
		径向对称点高差	不大于滑道直径的1/5 000	测量

检验数量:施工单位按表9.9.117检查;监理单位抽样检验。

9.9.118 转体施工质量检验应符合表9.9.118的规定。

表9.9.118 转体施工质量检验

序号	检验项目	允许偏差	检验方法
1	梁体轴线偏差	不大于10 mm	测量
2	合龙前两悬臂端相对高差	合龙段长的1/100,且不大于15 mm	
3	顶面高程	±20 mm	

检验数量:施工单位按表9.9.118检查;监理单位抽样检验。

9.9.119 支座安装允许偏差的检验应符合本标准第9.7节的规定。

Ⅴ 顶推法施工预应力混凝土连续梁

9.9.120 制梁台座应坚固、稳定,沉降满足施工工艺要求;位于顶推线上的制梁台座,中线及纵坡应与桥梁设计中线及纵坡相一致。

9.9.121 临时墩、导梁、现浇支架应具有足够的强度、刚度和稳定性。

9.9.122 顶推设备、滑道、导向及纠偏装置应符合顶推工艺设计的要求。

9.9.123 顶推施工前应进行试顶,检验设备性能,验证设计摩擦系数。

主控项目

9.9.124 导梁长度及与主梁连接方式应符合设计要求。导梁应具有足够的强度和刚度,底面应平直。

检验数量:施工单位、监理单位全数检查。

检验方法:观察、试验检测和精密水准仪测量。

9.9.125 顶推滑道材料和摩擦系数应符合顶推工艺设计要求。

检验数量:施工单位、监理单位全数检查。

检验方法:试验检测。

9.9.126 千斤顶的顶推力应不小于计算顶推力的2倍,顶推过程中墩、台纵向位移不应大于设计要求。

检验数量:施工单位、监理单位全数检查。

检验方法:观察、尺量。

9.9.127 顶推时各墩的顶推设备均应同步启动、同步运行。

检验数量:施工单位、监理单位全数检查。

检验方法:观察、尺量。

9.9.128 顶推过程中梁体混凝土应力不应大于设计允许值。

检验数量:施工单位、监理单位全数检查。

检验方法:监测。

9.9.129 顶推到达设计位置后,应按设计要求张拉后期预应力、解除临时预应力。

检验数量:施工单位、监理单位全数检查。

检验方法:检查施工记录。

9.9.130 支座的检验应符合本标准第9.7节的规定。

9.9.131 落梁程序应符合设计要求。拆除滑动装置时,顶梁高度不应大于5 mm,下落高度不应大于10 mm,相邻桥墩各顶点高差不应大于5 mm,同一墩、台两侧梁底顶落高差不应大于1 mm;落梁时应以支点反力控制施工,可在不大于计算支点反力值±10%范围内兼顾调整梁底高程。

检验数量:施工单位、监理单位全数检查。

检验方法:观察、尺量。

一般项目

9.9.132 顶推法架设预应力混凝土连续梁质量检验应符合表9.9.132的规定。

表9.9.132 顶推法架设预应力混凝土连续梁质量检验

序号	检验项目	允许偏差(mm)	检验方法
1	桥梁全长	±20	测量
2	桥梁跨度	±20	
3	桥梁预制中线	2	
4	桥梁成桥中线	20	
5	导梁中线	2	
6	相邻两跨支承点同侧滑移装置纵向顶面高程	±1	
7	同一支承点滑移装置横向顶面高程	±1	
8	制梁台座或拼装线(包括滑移装置)和底模高程	±1	
9	导梁底面纵向高程	±2	
10	导梁底面横向高差	±1	
11	顶推梁端面垂直度	1/1 000梁高	
12	桥梁底面平整度	2	2 m靠尺检查不少于5处
13	桥梁底面高程	±2	测量

检验数量：施工单位按表9.9.132检查；监理单位抽样检验。

9.9.133 制梁台座相邻梁段底模顶面高差允许偏差应为1mm，相邻墩（包括主墩与临时墩）滑道顶面高程的允许偏差应为±2mm，同墩相邻滑道顶面高差的允许偏差应为1mm。

检验数量：施工单位全数检查；监理单位抽样检验。

检验方法：水准仪测量。

9.9.134 采用单点或多点水平千斤顶方式顶推时，顶推滑道的长度应大于水平千斤顶行程加滑块的长度，宽度应为滑板宽度的1.2倍～1.5倍；相邻墩滑道顶面高程的允许偏差宜为±2mm，同墩两滑道高程的允许偏差宜为±1mm。

检验数量：施工单位全数检查。

检验方法：观察、尺量。

9.9.135 支座安装允许偏差的检验应符合本标准第9.7节的规定。

9.10 结合梁

9.10.1 钢筋、混凝土和预应力施工应符合设计要求和现行行业标准《铁路混凝土工程施工质量验收标准》TB 10424等相关标准的规定。

9.10.2 高强度螺栓连接副施拧使用的扳手，每天班前和班后各进行1次标定，班前标定值不应超过规定值的±3%，班后标定不应超过规定值的±5%。

9.10.3 钢梁工地焊接拼装前应进行焊接工艺试验，合格后方可正式焊接。

9.10.4 钢梁节点栓群终拧，杆件结合点可能积水的缝隙封填，剪力连接器验收应留有影像资料。

Ⅰ 钢 梁

主控项目

9.10.5 工厂制造钢梁的结构尺寸、焊缝质量、底层涂装质量、剪力连接器数量及质量、工地栓接板面、工地焊接接头板端坡口等应符合设计要求和相关标准的规定。

检验数量：施工单位、监理单位全数检查。

检验方法：检查钢梁出厂合格证、焊缝检查（包括弦杆、整体节点焊接的平整度）记录、栓接接头抗滑移系数试验记录、剪力连接器弯曲检验合格证、钢梁试拼记录，观察、尺量。

9.10.6 钢板梁或开口箱梁梁段工地焊接焊缝质量应符合设计文件和焊接工艺要求。

检验数量：施工单位全数检查；监理单位见证检验。

检验方法：观察、尺量、超声波探伤，并对25%工地焊接横向受拉对接焊缝做射线检查；监理单位见证检验。

9.10.7 钢梁梁段（杆件）栓接拼装前应对工厂随梁发送的栓接板面抗滑移系数试件进行检验，抗滑移系数应符合设计要求后方可进行拼装。

检验数量：施工单位全数检查；监理见证检验。

检验方法：抗滑移系数试验。

9.10.8 高强度螺栓连接副到货后应及时对规格、质量、扭矩系数进行复验，复验时其扭矩系数平均值应为0.110~0.150，标准差不应大于0.010。复验宜在温度为15℃~25℃、相对湿度为50%~70%的环境条件下进行，复验时试验所用的机具、仪表及连接副均应放置在该环境内2h以上。高强度螺栓连接副现场存放超过6个月应重新检验。扭矩系数、螺纹参数、形位公差、螺栓楔负载、螺母保证荷载、螺母硬度、垫圈硬度、表面处理、表面缺陷应符合现行国家标准《钢结构用高强度大六角头螺栓、大六角螺母、垫圈与技术条件》GB/T 1231的相关规定。

检验数量:连接副规格、质量施工单位和监理单位全部检查。施工单位和监理单位按生产厂家提供批号每批不少于 8 套分批送检。

检验方法:观察、尺量和检查产品质量证明文件。施工单位进行相关试验;监理单位检查试验报告和见证检验。

9.10.9 在支架上拼装钢梁时,冲钉和高强度螺栓总数量不应少于孔眼总数的 1/3,其中冲钉占 2/3,孔眼较少部位冲钉和高强度螺栓数量不应小于 6 个。采用悬臂法拼装钢梁时,连接处冲钉数量应按所承受的荷载计算确定,但不应少于孔眼数的 1/2,其余孔眼布置高强度螺栓。冲钉和高强度螺栓应均匀布置。

检验数量:施工单位、监理单位全数检查。

检验方法:观察和检查计算资料。

9.10.10 现场焊接剪力连接器的焊接质量应符合设计要求。设计无要求时,应符合下列规定:

1 栓钉周边焊缝长度、宽度、高度、饱满度及栓钉与钢板的垂直度和结合程度应符合焊接工艺规定。

2 栓钉沿轴线方向焊缝平均高度不应小于 0.2 倍栓钉直径。

3 栓钉沿轴线方向焊缝最小高度不应小于 0.15 倍栓钉直径。

4 栓钉周边焊缝平均直径不应小于 1.25 倍栓钉直径。

5 对于栓钉焊接位置偏差,沿杆件的纵向,栓钉根部和顶部应控制在±3 mm;沿杆件的横向,栓钉根部应控制在±3 mm,顶部应控制在±5 mm。

6 每班开始生产前应按规定的焊接工艺试焊 2 个栓钉,沿栓钉轴线弯曲 30°,焊缝应完好无损伤。

检验数量:施工单位抽检 5%,但每工作班不小于 2 个;监理单位见证检验。

检验方法:观察、尺量、弯曲试验。

9.10.11 钢梁涂装体系应符合设计要求。

检验数量:施工单位、监理单位全数检查。

检验方法：对照设计文件检查。

9.10.12 涂装使用的各种涂料品种、质量，应符合设计要求和相关标准的规定。

检验数量：施工单位、监理单位全数检查。

检验方法：观察和检查出厂合格证、第三方检验报告。

9.10.13 涂装前，杆件表面的污泥、油垢、铁锈等应清除干净，杆件表面除锈及粗糙度应符合现行行业标准《铁路钢桥保护涂装及涂料供货技术条件》TB/T 1527 的规定。

检验数量：施工单位、监理单位全数检查。

检验方法：观察和检查试验记录。

9.10.14 杆件结合点可能积水的缝隙应在涂装前进行封填。缝宽不大于 0.3 mm 的，用底层涂料封填；缝宽大于 0.3 mm 的，用腻子封填。腻子的使用寿命不应低于油漆寿命；并应具有耐水、耐候、防渗、防锈性能。

检验数量：施工单位、监理单位全数检查。

检验方法：观察、尺量。

9.10.15 涂装工艺应符合现行行业标准《铁路钢桥保护涂装及涂料供货技术条件》TB/T 1527 的有关规定。

检验数量：施工单位、监理单位全数检查。

检验方法：观察和检查施工记录。

9.10.16 涂装体系干膜最小总厚度和每一涂层干膜平均厚度不应小于设计要求厚度，且每一涂层的最小厚度不应小于设计要求厚度的 90%。

检验数量：施工单位、监理单位全数检查。

检验方法：磁性测厚仪或杠杆千分尺等仪器检测。

9.10.17 涂装涂料涂层对底材附着力和涂装体系涂层间附着力，应符合现行行业标准《铁路钢桥保护涂装及涂料供货技术条件》TB/T 1527 的有关规定。

检验数量：施工单位全数检查；监理单位见证检验。

检验方法:拉开法或划格法测定。

9.10.18 支座安装的检验应符合本标准第9.7节的规定。

一般项目

9.10.19 钢板梁或开口钢箱梁尺寸质量检验应符合表9.10.19的规定。

表9.10.19 钢板梁或开口钢箱梁尺寸质量检验

序号	检验项目		允许偏差(mm)	检验方法
1	梁高(H)	$H \leqslant 2$ m	±2	尺量两端腹板处
		$H > 2$ m	±4	
2	主梁中心距		±3	尺量两端腹板中心线距
3	相邻梁段上下翼缘错边量		焊接:≤1 栓接:≤2	尺量
4	相邻梁段腹板错边量		焊接≤1,栓接≤2	
5	拼接梁段两端边孔中心距		1.0(采用工地扩孔为2.0)	尺量
6	连续梁长度		±15	拼接后量全长
7	主梁上拱度		+10 −3	尺量或测量跨中
8	横断面对角线差		4	尺量两端断面
9	腹板平面度		板梁$h/350$且不大于8	尺量
			箱梁$h/250$且不大于8	
10	旁弯		板梁$L/5$,箱梁$3+0.1L$,且均不大于8	
11	支点高差		5	测量
12	主梁、纵横梁盖板对腹板的垂直度		0.5(有孔部位) 1.5(其他部位)	直角尺测量

注:L为跨长(m);腹板平面度h为盖板与加劲肋或加劲肋与加劲肋之间的距离(mm)。

检验数量:施工单位按表 9.10.19 检查;监理单位抽样检验。

9.10.20 钢桁梁安装质量检验应符合表 9.10.20 的规定。

表 9.10.20 钢桁梁安装质量检验

序号	检验项目		允许偏差	检验方法
1	墩台处横梁中线与设计线路中线偏移		10 mm	
2	两孔(联)间相邻横梁中线相对偏差		5 mm	
3	墩台处横梁顶与设计高程偏差		±10 mm	
4	两孔(联)间相邻横梁相对高差		5 mm	
5	每孔梁对角线支点的相对高差		5 mm	
6	固定支座处钢梁节点中心线与设计里程纵向偏差	连续梁、梁跨≥60 m 简支梁	±20 mm	
		梁跨<60 m 简支梁	±10 mm	测量
7	钢梁平面	弦杆节点对梁跨端节点中心联线的偏移	跨度的 1/5 000	
		弦杆节点对相邻两个奇数或偶数节点中心联线的偏移	5 mm	
8	竖杆在钢梁的横断面内垂直偏移		竖杆理论长度的 1/700	
9	钢梁立面拱度偏差	设计拱度≤60 mm	±4 mm	
		设计拱度≤120 mm	设计拱度的±8%	
		设计拱度>120 mm	按技术文件中规定	
10	两主桁相对节点位置	支点处相对高差	梁宽的 1/1 000	
		梁跨中心节点处相对高差	梁宽的 1/500	
		跨中其他节点处相对高差	根据支点及跨中节点高差按比例增减	

检验数量:施工单位按表 9.10.20 检查;监理单位抽样检验。

9.10.21 涂装涂料涂层表面应平整光泽、颜色均匀,无漏底、漏涂、起泡、气孔、裂纹、剥落、划伤及咬底缺陷,手工涂刷的无明显刷痕。在任何 1 m² 范围内,橘皮、起皱、针孔、流挂小于 3 cm×3 cm 面积的缺陷不应超过 2 处,小面积刷痕不应超过 4 处,涂料颗粒和尘土微粒所占涂装面积不应超过 10%。

检验数量:施工单位全数检查。

检验方法:观察、尺量。

9.10.22 支座安装允许偏差的检验应符合本标准第 9.7 节的规定。

Ⅱ 桥面板

主控项目

9.10.23 钢筋原材料质量应符合现行行业标准《铁路混凝土工程施工质量验收标准》TB 10424 的相关规定。

检验数量:施工单位、监理单位全数检查。

检验方法:检查钢筋进场质量验收记录。

9.10.24 钢筋加工连接和安装的检验应符合现行行业标准《铁路混凝土工程施工质量验收标准》TB 10424 的相关规定。

9.10.25 混凝土原材料、配合比设计和施工的检验应符合现行行业标准《铁路混凝土工程施工质量验收标准》TB 10424 的相关规定。

检验数量:施工单位、监理单位全数检查。

检验方法:检查混凝土拌和物出场质量验收记录。

9.10.26 混凝土施工的检验应符合现行行业标准《铁路混凝土工程施工质量验收标准》TB 10424 的相关规定。

9.10.27 预应力原材料质量应符合现行行业标准《铁路混凝土工程施工质量验收标准》TB 10424 的相关规定。

9.10.28 预应力筋制作和安装、张拉、压浆、封锚(端)的检验应符合现行行业标准《铁路混凝土工程施工质量验收标准》TB 10424 的相关规定。

9.10.29 钢筋混凝土桥面板的规格和质量、现浇桥面板混凝土分段浇筑顺序及方法、预应力张拉顺序等应符合设计要求。

　　检验数量：施工单位、监理单位全数检查。

　　检验方法：检查出厂合格证、验收记录，观察、尺量。

9.10.30 桥面板现场安装时钢梁与桥面板的结合面及剪力连接器表面应清理干净，栓钉应无变形、锈蚀等缺陷。

　　检验数量：施工单位、监理单位全数检查。

　　检验方法：观察。

一般项目

9.10.31 钢筋原材料表面质量和加工安装允许偏差的检验应符合现行行业标准《铁路混凝土工程施工质量验收标准》TB 10424 的相关规定。

9.10.32 混凝土桥面板质量检验应符合表 9.10.32 的规定。

表 9.10.32　混凝土桥面板质量检验

序号	检验项目	允许偏差	检验方法
1	板长	±10 mm	尺量不少于5处
2	板宽	0~10 mm	
3	板厚	0~10 mm	
4	板纵向中线相对旁弯最大偏离值	10 mm	拉线、尺量
5	表面垂直度	4‰	1 m 靠尺检查不少于5处
6	表面平整度	5 mm	1 m 靠尺检查不少于5处

　　检验数量：施工单位全数检查。

9.10.33 混凝土外观质量的检验应符合本标准第 9.8.31 条的规定。

9.10.34 预应力筋表面质量、孔道位置和张拉端内缩量允许偏差的检验应符合现行行业标准《铁路混凝土工程施工质量验收标准》TB 10424 的相关规定。

9.10.35 结合梁质量检验应符合表 9.10.35 的规定。

表 9.10.35 结合梁质量检验

序号	检验项目	允许偏差(mm)	检验方法
1	桥梁全长	±15	尺量,检查桥面及钢梁
2	梁高	−5~15	尺量,检查梁端桥面板顶至钢梁底
3	桥面板厚度	−5~10	尺量,检查跨中及两端
4	桥面板中心线与钢梁中心线	10	尺量,检查梁端和跨中
5	桥面防护墙内侧宽度	−5~10	
6	桥面平整度	5	1m靠尺检查不少于5处
7	接触网支柱基座钢筋位置	5	尺量
8	上拱度(与设计值相比)	−3~10	测量,检查跨中

检验数量:施工单位全数检查。

Ⅲ 钢混连接段

主控项目

9.10.36 在安装普通钢筋时,应采取有效措施防止对焊钉或型钢等连接件产生碰撞或其他损伤,并应避免普通钢筋与连接件的位置重叠。当普通钢筋或局部加强钢筋与连接件有位置上的冲突时,不得随意切断或破坏剪力连接装置,而应适当调整钢筋的位置。穿过开孔板的钢筋应在栓孔上居中贯通布置安装,其偏差应不超过 5 mm,并不得与开孔板焊接。

9.10.37 钢构件按设计规定进行安装并精确定位后,应将其锁定在支架或吊架上,并应与混凝土梁进行刚性连接,刚性连接装置的形式应符合设计要求。

9.10.38 连接段混凝土应符合设计要求,且宜采用经专门设计的高流动性、低收缩率的自密实混凝土;混凝土中可适量掺加能提高抗裂性能的材料,但应得到设计的认可并应通过试验确定其掺量和效果。

9.10.39 预应力钢束张拉时，接头混凝土的强度、弹性模量（或龄期）应符合设计要求；设计未要求时，混凝土的强度不低于设计强度的85%。预应力钢束的张拉应对称、均衡地进行。

一般项目

9.10.40 浇筑连接段混凝土前，应对混凝土梁的结合面进行凿毛处理，凿毛的深度应不小于8 mm，凿毛后的结合面上不应有浮浆和光滑的表面；同时应对钢构件部分的浮锈和其他杂物等进行清洁处理。处理完成后，应将全部结合面清理干净，对混凝土的结合面应进行充分湿润。

9.10.41 浇筑连接段混凝土宜选择在夜间温度场较为稳定的时段进行施工；浇筑完成后，应及时覆盖进行保温、保湿养护，养护的时间宜不少于14 d。

9.10.42 连接段混凝土在未达到设计要求的强度前，不得承受荷载。

9.11 钢桁梁

9.11.1 钢桁梁构件出厂应提供下列文件：
 1 产品合格证书（含质量检验报告）。
 2 钢材、焊材和高强度螺栓及涂装材料出厂质量证明书及检验报告。
 3 施工图、拼装简图及加工图。
 4 工厂高强度螺栓摩擦面抗滑移系数试验报告。
 5 焊接工艺评定试验报告、高强度螺栓施拧试验报告及其他主要工艺试验报告。
 6 焊缝检验报告、焊缝重大修补记录和焊接接头破坏性检验报告。
 7 工厂试拼装记录。

8 涂装试验报告。

9 构件发送表和包装清单。

9.11.2 高强度螺栓连接副施拧使用的扳手,在每天班前和班后应按照本标准第9.10.2条的规定进行标定。

9.11.3 采用整节段或桁片式架设时,应在工厂内进行连续匹配预拼,合格后方可出厂。

9.11.4 钢梁现场焊接应在拼装前进行焊接工艺试验,合格后方可正式焊接。

9.11.5 杆件结合点可能积水的缝隙封填等验收应留有影像资料。

Ⅰ 杆件预拼

主控项目

9.11.6 工厂制造的钢梁结构尺寸、焊缝质量、涂装质量、剪力连接器数量及质量、工地栓接头位置的栓接面、工地焊接接头板端坡口应符合设计要求和相关标准的规定。

检验数量:施工单位、监理单位全数检查。

检验方法:观察、尺量。检查钢梁出厂合格证、杆件制造记录、焊接工艺评定试验报告、焊缝检查记录、涂装检查记录、栓接接头抗滑移系数试验记录、剪力连接器弯曲检验合格证、钢梁试拼记录等。

9.11.7 钢桁梁构件拼装前应进行板面抗滑移系数试验,每批试件的抗滑移系数最小值应符合设计要求;设计无要求时,不应小于0.45。

检验数量:施工单位、监理单位全数检查。

检验方法:施工单位对随梁试件进行试验;监理单位见证检验。

9.11.8 高强度螺栓连接副到货后的检验应符合本标准第9.10.8条的规定。

9.11.9 钢桁梁杆件预拼应按照杆件预拼图施工。杆件预拼成吊装单元后,杆件及钉栓布置不应妨碍后续拼装。

检验数量:施工单位、监理单位全数检查。

检验方法:对照预拼图检查。

9.11.10 高强度螺栓连接副施拧应符合相关标准规定和施工工艺要求。

检验数量:施工单位全数检查;监理单位每个栓群或节点板随机抽查 10%,但主桁和纵、横梁连接处不少于 2 副,其余节点不少于 1 副。

检验方法:施工单位使用扭矩扳手或量角器检查;监理单位见证检验。

9.11.11 节点板、拼接板与杆件预拼时,穿入的临时螺栓和冲钉数量不应少于安装总数的 1/3,冲钉穿入数量不宜多于临时螺栓的 30%;对于螺栓孔较少的栓群,临时螺栓数量不应少于 2 个。

检验数量:施工单位、监理单位全数检查。

检验方法:观察。

9.11.12 由板厚小于 32 mm 板组成的板束,其板层缝隙应满足 0.3 mm 插片深入缝隙深度不大于 20 mm 的规定。由板厚大于 32 mm 板组成的板束,其密贴标准应符合设计要求。对于箱形插入式杆件,当节点栓孔边距 B 大于等于 60 mm 时,采用 0.3 mm 插片深入缝隙深度不应大于 $(B-40)$ mm。

检验数量:施工单位、监理单位全数检查。

检验方法:塞尺检查。

9.11.13 磨光顶紧节点预拼应按照工厂的编号对号组拼,不应调换、调边或翻面拼装,磨光顶紧处缝隙不大于 0.2 mm 的密贴面积不应小于 75%。

检验数量:施工单位、监理单位全数检查。

检验方法:塞尺检查。

一般项目

9.11.14 钢桁梁杆件预拼质量检验应符合表 9.11.14 的规定。

表 9.11.14 钢桁梁杆件预拼质量检验

序号	检验项目	允许偏差(mm)	检验方法
1	两片纵梁间距	±1	尺量不少于5处
2	两片纵梁平面对角线	±2	

检验数量：施工单位全数检查。

Ⅱ 拼装架设

主控项目

9.11.15 钢桁梁拼装架设顺序应符合设计要求。设计无要求时，应按钢桁梁节间依次进行施工。主桁杆件应左右两侧对称拼装成闭合三角形，每组拼完成1个节间或1孔梁应即检测调正其位置及预拱度。

检验数量：施工单位、监理单位全数检查。

检验方法：观察和检查测量记录。

9.11.16 在支架上拼装钢桁梁时，冲钉和高强度螺栓总数量不应少于栓孔总数的1/3，其中冲钉应占2/3，栓孔较少部位冲钉和高强度螺栓数量不应少于6个。工具螺栓宜安装于拼接板四周和拼缝位置。

检验数量：施工单位、监理单位全数检查。

检验方法：观察、计数。

9.11.17 采用悬臂法或半悬臂法拼装钢桁梁时，连接处冲钉数量应按所承受的荷载计算决定，但不应少于栓孔总数的1/2，其余栓孔布置高强度螺栓。冲钉和高强度螺栓应均布安装。工具螺栓数量应满足板束密贴要求。

检验数量：施工单位、监理单位全数检查。

检验方法：观察、计数和检查计算资料。

9.11.18 杆件拼装时,栓接板面及栓孔应洁净、干燥、平整;当拼装出现摩擦面间隙时,板面处理应符合相关标准的规定。

　　检验数量:施工单位、监理单位全数检查。

　　检验方法:观察、尺量。

9.11.19 整体桁段架设前,应对梁段进行全面检查,杆件及零件数量、连接质量、涂装质量应符合要求。临时固定装置应完整,桁段应无变形或扭曲。

　　检验数量:施工单位、监理单位全数检查。

　　检验方法:测量、观察。

9.11.20 钢桁梁段工地焊接焊缝质量应符合设计文件和焊接工艺要求。

　　检验数量:施工单位、监理单位全数检查。

　　检验方法:焊缝外观检查和焊缝检验。施工单位无损检测,并对25%工地焊接横向受拉对接焊缝做射线检查;监理单位见证检验。

9.11.21 扭矩法终拧检查扭矩,欠拧和超拧值均不应大于规定值的10%,每个栓群或节点检查的螺栓合格率不应小于80%,并应对欠拧者补拧至规定扭矩,超拧者更换连接副后重新拧紧。

　　检验数量:施工单位全数检查;监理单位每个栓群或节点板随机抽查10%,但主桁和纵、横梁连接处不少于2副,其余节点不少于1副。

　　检验方法:施工单位使用扭矩扳手或量角器检查;监理单位见证检验。

9.11.22 钢梁安装的测量工作应及时准确,每安装完一个节间测量1次钢梁中线及各节点挠度,随时判断钢梁制造和安装质量,并及时与线形、应力等监控数据相比较。

　　检验数量:施工单位、监理单位全数检查。

　　检验方法:检查技术资料、观察。

一般项目

9.11.23 钢桁梁安装允许偏差和检验方法应符合本标准第9.10.20条的规定。

Ⅲ 涂 装

主控项目

9.11.24 钢桁梁涂装应符合本标准第9.10节的规定。

一般项目

9.11.25 钢桁梁涂装表面质量的检验应符合本标准第9.10节的规定。

Ⅳ 桥面板

主控项目

9.11.26 钢桥面板原材料的品种、规格、质量应符合设计要求和相关标准的规定。

检验数量:施工单位、监理单位全数检查。

检验方法:检查质量证明文件。施工单位按规定抽样进行力学性能试验;监理单位检查试验报告。

9.11.27 焊条、焊丝、焊剂、电渣焊熔嘴等焊接材料与母材的匹配应符合设计要求及相关标准的规定。

检验数量:施工单位、监理单位全数检查。

检验方法:检查质量证明文件。

9.11.28 焊缝质量应符合设计文件和焊接工艺要求。

检验数量:施工单位、监理单位全数检查。

检验方法:观察、尺量。施工单位按相关标准进行探伤检查;监理单位检查探伤报告。

9.11.29 高强度螺栓连接副到货后的复验应符合本标准第9.10.8条的规定。

9.11.30 高强度螺栓连接副施拧应符合相关标准规定和施工方

案要求。

检验数量：施工单位全数检查；监理单位每个栓群或节点板随机抽查10%。

检验方法：施工单位使用扭矩扳手或量角器检查；监理单位见证检验。

9.11.31 混凝土桥面板施工的检验应符合本标准第9.10节的规定。

Ⅴ 支 座

主控项目

9.11.32 支座安装顶梁位置、先后顺序和顶落幅度应符合设计要求。

检验数量：施工单位、监理单位全数检查。

检验方法：观察、测量。

9.11.33 支座安装的检验应符合本标准第9.7节的规定。

一般项目

9.11.34 支座安装允许偏差的检验应符合本标准第9.7节的规定。

9.12 拱 桥

9.12.1 钢筋和混凝土的施工应符合设计要求和现行行业标准《铁路混凝土工程施工质量验收标准》TB 10424等相关标准的规定。

9.12.2 钢结构拱肋应选择有相应资质、能力的工厂制造，监理单位应派员驻厂监造。

9.12.3 钢拱肋拼装架设前应按设计文件和施工方案要求进行预拼装。

9.12.4 拱肋的预拱度应按设计要求和施工工艺确定。

9.12.5 拱桥施工过程中应按设计文件和专项施工方案进行线形监控。

9.12.6 钢拱肋节段制作、拼装架设前应进行焊接工艺试验,评定合格后方可正式焊接。

9.12.7 钢筋混凝土拱浇筑拱上结构时,拱圈混凝土强度应满足设计要求。

9.12.8 拱脚预埋段,钢管内混凝土压注、吊杆及系杆的密封与防腐等验收应留存影像资料。

9.12.9 监理单位应对吊杆及系杆张拉、钢管内混凝土压注进行旁站。

Ⅰ 钢管混凝土拱

主控项目

9.12.10 钢管拱肋制作所采用原材料的品种、规格、质量应符合设计要求和相关标准的规定。

检验数量:施工单位、监理单位对质量证明文件全数检查,施工单位按进场批次和产品的抽样检验方案确定抽样数量。监理单位见证取样。

检验方法:检查质量合格证明文件及抽样检验报告等。

9.12.11 焊条、焊丝、焊剂、电渣焊熔嘴等焊接材料与母材的匹配应符合设计要求及相关标准规定。

检验数量:施工单位、监理单位全数检查。

检验方法:检查质量证明文件。

9.12.12 钢板的放样、号料、切割、卷制、焊接应符合施工方案的要求。

检验数量:施工单位、监理单位全数检查。

检验方法:观察、尺量、检查施工记录。

9.12.13 焊缝质量应符合设计文件和焊接工艺要求。

检验数量:施工单位全数检查;监理单位见证检验。

检验方法:观察、尺量、超声波探伤。

9.12.14 钢管拱肋拼装架设前应对节段的质量进行全面检查和验收。

检验数量:施工单位、监理单位全数检查。

检验方法:观察、尺量、检查质量证明文件。

9.12.15 拱脚预埋应按设计和施工方案要求采取可靠的定位、固定防偏移措施。

检验数量:施工单位、监理单位全数检查。

检验方法:观察、测量。

9.12.16 拱肋拼装的方法、顺序应符合设计要求。

检验数量:施工单位、监理单位全数检查。

检验方法:观察。

9.12.17 混凝土原材料、配合比设计和拌和应符合现行行业标准《铁路混凝土工程施工质量验收标准》TB 10424 的相关规定。

检验数量:施工单位、监理单位全数检查。

检验方法:检查混凝土拌和物出场质量验收记录。

9.12.18 混凝土施工的检验应符合现行行业标准《铁路混凝土工程施工质量验收标准》TB 10424 的相关规定。

9.12.19 钢管内混凝土的压注工艺及压注顺序应符合设计要求和施工方案的规定。

检验数量:施工单位、监理单位全数检查。

检验方法:观察。

9.12.20 压注完成后的钢管内混凝土应饱满密实,钢管混凝土脱空率或脱空高度应符合设计要求;设计无要求时,脱空率应不大于 0.6‰或脱空高度小于 5 mm。

检验数量:施工单位选取拱脚、拱顶、1/4 和 3/4 拱跨处等主要断面,每个断面对称测 8 点,每个点不少于 3 次。

检验方法:施工单位在浇筑 7 d 后、28 d 前进行超声波检测;

监理单位见证检验。

9.12.21 钢管拱肋涂装的检验应符合本标准第9.10节的规定。

9.12.22 吊杆、系杆及配件的品种、规格、质量应符合设计要求和相关标准的规定。

检验数量:施工单位、监理单位全数检查。

检验方法:观察、尺量、检查质量证明文件。

9.12.23 吊杆及系杆的安装方法和安装顺序应符合设计要求。

检验数量:施工单位、监理单位全数检查。

检验方法:观察、检查施工记录。

9.12.24 吊杆及系杆的张拉顺序和张拉力应符合设计要求。张拉完毕后,应结合施工监测进行索力调整,保证索力和伸长值满足设计要求。

检验数量:施工单位、监理单位全数检查。

检验方法:观察、检查施工记录。

9.12.25 吊杆及系杆的密封、防腐等措施应符合设计要求。

检验数量:施工单位、监理单位全数检查。

检验方法:观察、检查施工记录。

9.12.26 拱上立柱应按本标准墩身相关规定进行验收。

9.12.27 梁部应根据不同结构类型,按本标准相关规定进行验收。

9.12.28 支座安装的检验应符合本标准第9.7节的规定。

一般项目

9.12.29 拱肋节段加工质量检验应符合表9.12.29的规定。

表9.12.29 拱肋节段加工质量检验

序号	检验项目	允许偏差(mm)	检验方法
1	长度	±5	尺量
2	弯曲度	节段长的1/1 000且不大于10	

续表9.12.29

序号	检验项目	允许偏差(mm)	检验方法
3	椭圆度(失圆度)	钢管直径的1/500	尺量
4	管端不平度	钢管直径的1/500且不大于3	
5	钢管直径	钢管直径的1/500且不大于5	

检验数量：施工单位按表9.12.29检查；监理单位抽样检验。

9.12.30 拱肋节段安装质量检验应符合表9.12.30的规定。

表9.12.30 拱肋节段安装质量检验

序号	检验项目	允许偏差(mm)	检验方法
1	内弧偏离设计弧线	8	测量
2	吊装成拱后横向位置	跨径的1/6 000	
3	吊装成拱后竖向位置	10	
4	拱肋管口中心距	±5	
5	拱肋接缝错台	0.2倍壁厚且不大于3	
6	拱顶及1/4、3/4拱跨处高程	按设计要求	
7	拱脚预埋位置	竖向2、横向5、纵向5	
8	吊杆孔水平位置	横向3、纵向10	
9	吊杆孔高程	±5	

检验数量：施工单位按表9.12.30检查；监理单位抽样检验。

9.12.31 钢管拱肋涂装表面质量的检验应符合本标准第9.10节的规定。

9.12.32 支座安装允许偏差的检验应符合本标准第9.7节的规定。

Ⅱ 劲性骨架拱

主控项目

9.12.33 劲性骨架制作所采用原材料的品种、规格、质量应符合设计要求和相关标准的规定。

检验数量:施工单位、监理单位全数检查。

检验方法:检查质量证明文件。施工单位按规定抽样进行力学性能测验;监理单位检查试验报告。

9.12.34 焊条、焊丝、焊剂、电渣焊熔嘴等焊接材料与母材的验收应符合本标准第9.12.11条的规定。

9.12.35 焊缝质量的验收应符合本标准第9.12.13条的规定。

9.12.36 劲性骨架杆件预拼施工的检验应符合本标准第9.11节的规定。

9.12.37 劲性骨架拼装架设的检验应符合第本标准第9.11节的规定。

9.12.38 劲性骨架涂装的检验应符合本标准第9.10节的规定。

9.12.39 混凝土原材料、配合比设计和拌和应符合现行行业标准《铁路混凝土工程施工质量验收标准》TB 10424的相关规定。

检验数量:施工单位、监理单位全数检查。

检验方法:检查混凝土拌和物出场质量验收记录。

9.12.40 混凝土施工的检验应符合现行行业标准《铁路混凝土工程施工质量验收标准》TB 10424的相关规定。

9.12.41 劲性骨架内填混凝土的压注工艺及压注顺序应符合设计要求和施工方案的规定。

检验数量:施工单位、监理单位全数检查。

检验方法:观察。

9.12.42 劲性骨架内填混凝土应饱满密实,填充质量的验收应符合本标准第9.12.20条的规定。

9.12.43 外包混凝土的浇筑工艺及顺序应符合设计要求。

检验数量:施工单位、监理单位全数检查。

检验方法:观察。

9.12.44 吊杆及系杆施工质量的验收应符合本标准第9.12.22~第9.12.25条的规定。

9.12.45 拱上立柱应按本标准墩身相关规定进行验收。

9.12.46 梁部应根据不同结构类型,按本标准相关规定进行验收。

9.12.47 支座安装的检验应符合本标准第9.7节的规定。

一般项目

9.12.48 骨架节段加工质量检验应符合表9.12.48的规定。

表9.12.48 骨架节段加工质量检验

序号	检验项目	允许偏差(mm)	检验方法
1	长度	±5	尺量
2	弯曲度	节段长的1/1 000且不大于10	

检验数量:施工单位按表9.12.48检查;监理单位抽样检验。

9.12.49 劲性骨架杆件预拼施工允许偏差和检验方法应符合本标准第9.11.14条的规定。

9.12.50 劲性骨架安装允许偏差和检验方法应符合本标准第9.10.20条的规定。

9.12.51 劲性骨架涂装表面质量的检验应符合本标准第9.10节的规定。

9.12.52 支座安装允许偏差的检验应符合本标准第9.7节的规定。

Ⅲ 钢 拱

主控项目

9.12.53 钢拱桥杆件拼装施工的检验应符合本标准第9.11节的规定。

9.12.54 钢拱桥拼装架设的检验应符合本标准第9.11节的规定。

9.12.55 钢拱桥涂装的检验应符合第本标准9.10节的规定。

9.12.56 钢桥面板施工检验应符合本标准第9.11节的规定。

9.12.57 混凝土桥面板施工检验应符合本标准第9.10节的规定。

9.12.58 支座安装的检验应符合本标准第9.7节的规定。

一般项目

9.12.59 钢拱桥杆件预拼施工允许偏差和检验方法应符合本标准第9.11.14条的规定。

9.12.60 钢拱桥安装允许偏差和检验方法应符合本标准第9.10.20条的规定。

9.12.61 钢桥装表面质量的检验应符合本标准第9.10节的规定。

9.12.62 支座安装允许偏差的检验应符合本标准第9.7节的规定。

Ⅳ 钢筋混凝土拱

主控项目

9.12.63 模板及支架安装和拆除的检验应符合现行行业标准《铁路混凝土工程施工质量验收标准》TB 10424的相关规定。

9.12.64 钢筋原材料质量应符合现行行业标准《铁路混凝土工程施工质量验收标准》TB 10424的相关规定。

检验数量：施工单位、监理单位全数检查。

检验方法：检查钢筋进场质量验收记录。

9.12.65 钢筋加工连接和安装的检验应符合现行行业标准《铁路混凝土工程施工质量验收标准》TB 10424的相关规定。

9.12.66 混凝土原材料、配合比设计和拌和应符合现行行业标准《铁路混凝土工程施工质量验收标准》TB 10424的相关规定。

检验数量：施工单位、监理单位全数检查。

检验方法：检查混凝土拌和物出场质量验收记录。

9.12.67 混凝土施工的检验应符合现行行业标准《铁路混凝土工程施工质量验收标准》TB 10424 的相关规定。

9.12.68 拱圈封顶合龙时的温度和混凝土强度应符合设计要求;设计无要求时,应符合下列规定:

1 封顶合龙宜安排在昼夜平均温度接近年平均温度时进行。

2 分段浇筑拱圈时,填塞空缝的混凝土应达到设计强度的 50%。

3 全宽浇筑拱圈时,浇筑拱圈的混凝土应达到设计强度的 70%。

4 封顶合龙采用千斤顶调整应力时,浇筑拱圈的混凝土应达到设计强度。

检验数量:施工单位、监理单位全数检查。

检验方法:同条件养护混凝土试件强度试验和温度测量,检查强度试验报告。

9.12.69 混凝土桥面板施工检验应符合本标准第 9.10 节的规定。

9.12.70 支座安装的检验应符合本标准第 9.7 节的规定。

一般项目

9.12.71 拱圈(肋)放样质量检验应符合表 9.12.71 的规定。

表 9.12.71 拱圈(肋)放样质量检验

序号	检验项目	允许偏差(mm)	检验方法
1	跨度大于 20 m 时	1/5 000 计算跨度	测量检查不少于 5 处
2	跨度等于或小于 20 m 时	4	

检验数量:施工单位全数检查。

9.12.72 拱圈(肋)拱架安装质量检验应符合表 9.12.72 的规定。

表 9.12.72 拱圈(肋)及拱架安装质量检验

序号	检验项目	允许偏差(mm)	检验方法
1	拱架顶的高程	−10~30	测量
2	平面内拱架纵向轴线与设计位置	30	

检验数量:施工单位按表 9.12.72 检查;监理单位抽样检验。

9.12.73 钢筋原材料表面质量和加工、安装允许偏差的检验应符合现行行业标准《铁路混凝土工程施工质量验收标准》的相关规定。

9.12.74 现浇混凝土拱部及拱上结构质量检验应符合表 9.12.74 的规定。

表 9.12.74 现浇混凝土拱部及拱上结构质量检验

序号		检验项目	允许偏差(mm)	检验方法
1	拱圈(肋)	拱圈(肋)平面中心位置	1/1 000 计算跨度,并不大于 30	测量不少于 5 处
		拱圈(肋)侧面位置	−10~20	
		拱圈(肋)厚度	3%设计厚度	尺量各不少于 3 处
		工字形、箱形、T 形现浇拱圈(肋)的翼缘、腹板、顶板、底板的厚度	−5~10	
		拱圈(肋)底面高程	±20	测量
2	拱上结构	侧面位置	−10~20	测量不少于 3 处
		道砟槽中心线处顶面高程	±20	测量

检验数量:施工单位按表 9.12.74 检查;监理单位抽样检验。

9.12.75 混凝表面质量的检验应符合现行行业标准《铁路混凝土工程施工质量验收标准》TB 10424 的相关规定。

9.12.76 支座安装允许偏差的检验应符合本标准第 9.7 节的规定。

9.13 钢筋混凝土刚构(架)桥

9.13.1 混凝土原材料、配合比设计和拌、模板及支架、钢筋、混凝土和预应力的施工应符合设计要求和现行行业标准《铁路混凝土工程施工质量验收标准》TB 10424 的相关规定。

9.13.2 框架桥的施工质量验收应符合第 9.15 节的规定。

9.13.3 现浇支架应具有足够的强度、刚度和稳定性,当采用预压消除非弹性变形时,预压重量为最大施工荷载的 1.1 倍。

9.13.4 刚架桥墩身与梁体混凝土施工缝应按设计要求设置。

9.13.5 主梁采用挂篮悬臂浇筑时,应符合本标准第 9.9 节的规定。

9.13.6 主梁混凝土浇筑前应对墩柱间距进行复测。

9.13.7 梁部混凝土应按设计要求的方法和顺序进行施工。设计无要求时,宜一次、连续由每跨的梁端向跨中完成一联混凝土的浇筑。

9.13.8 混凝土浇筑前钢筋的检查和预应力筋张拉值、伸长值、管道压浆值的验收应留有影像资料。

9.13.9 监理单位应对预应力筋张拉和管道压浆进行旁站。

Ⅰ 刚构(架)桥

主控项目

9.13.10 钢筋加工连接和安装的检验应符合现行行业标准《铁路混凝土工程施工质量验收标准》TB 10424 的相关规定。

9.13.11 混凝土原材料、配合比设计和拌和应符合现行行业标准《铁路混凝土工程施工质量验收标准》TB 10424 的相关规定。

检验数量:施工单位、监理单位全数检查。

检验方法:检查混凝土拌和物出场质量验收记录。

9.13.12 混凝土施工的检验应符合现行行业标准《铁路混凝土工程施工质量验收标准》TB 10424 的相关规定。

检验数量:施工单位、监理单位全数检查。

检验方法:观察、监控;监理单位旁站监理。

9.13.13 预应力原材料质量应符合现行行业标准《铁路混凝土工程施工质量验收标准》TB 10424 的相关规定。

检验数量:施工单位、监理单位全数检查。

检验方法:检查原材料进场质量验收记录。

9.13.14 预应力筋制作和安装、张拉、压浆、封锚(端)的检验应符合现行行业标准《铁路混凝土工程施工质量验收标准》TB 10424 的相关规定。

9.13.15 预应力筋的张拉时间、张拉方法和张拉顺序应符合设计要求和施工方案的规定。

检验数量:施工单位、监理单位全数检查。

检验方法:观察,混凝土强度和弹性模量试验,检查试验报告、施工记录。

9.13.16 刚构(架)桥支座安装的检验应符合本标准第 9.7 节的规定。

一般项目

9.13.17 钢筋原材料表面质量和加工的允许偏差的检验应符合现行行业标准《铁路混凝土工程施工质量验收标准》TB 10424 的相关规定。

9.13.18 钢筋安装的允许偏差和检验方法应符合本标准第 9.9.29 条的规定。

9.13.19 刚构(架)节段质量检验应符合表 9.13.19 的规定。

表 9.13.19 刚构(架)阶段质量检验

序号	检验项目	允许偏差(mm)	检验方法
1	一联全长	±20	尺量

续表9.13.19

序号	检验项目	允许偏差(mm)	检验方法
2	跨度	±10	尺量
3	轴线位置	10	测量
4	截面尺寸	±10	尺量
5	顶面高程	±10	测量
6	垂直度	2	1m尺量
7	梁面平整度	≤3 mm/m	检查 $L/4$、跨中、$3L/4$ 和梁两端

9.13.20 刚构(架)桥外观质量的检验应符合本标准第9.8.31条的规定。

9.13.21 预应力筋表面质量、孔道位置和张拉端内缩量允许偏差的检验应符合现行行业标准《铁路混凝土工程施工质量验收标准》TB 10424 的相关规定。

Ⅱ 框架桥

主控项目

9.13.22 钢筋加工连接和安装的检验应符合现行行业标准《铁路混凝土工程施工质量验收标准》TB 10424 的相关规定。

9.13.23 混凝土原材料、配合比设计和拌和应符合现行行业标准《铁路混凝土工程施工质量验收标准》TB 10424 的相关规定。

检验数量:施工单位、监理单位全数检查。

检验方法:检查混凝土拌和物出场质量验收记录。

9.13.24 混凝土施工的检验应符合现行行业标准《铁路混凝土工程施工质量验收标准》TB 10424 的相关规定。

检验数量:施工单位、监理单位全数检查。

检验方法:观察、监控;监理单位旁站监理。

一般项目

9.13.25 钢筋原材料表面质量和加工的允许偏差的检验应符合现行行业标准《铁路混凝土工程施工质量验收标准》TB 10424 的相关规定。

9.13.26 钢筋安装的允许偏差和检验方法应符合本标准第 9.9.29 条的规定。

9.14 斜拉桥

9.14.1 模板及支架、钢筋、混凝土和预应力的施工应符合设计要求和现行行业标准《铁路混凝土工程施工质量验收标准》TB 10424 等相关标准的规定。

9.14.2 悬臂浇筑梁段混凝所用牵索挂篮应有施工设计,其强度、刚度和稳定性应满足不同施工阶段施工荷载的要求。走行和浇筑混凝土时,倾覆稳定系数不应小于 2。挂篮正式施工前应试拼和进行载荷试验。

9.14.3 主梁施工应对梁体每一施工阶段进行全程监控测试和验算,以确定下一施工阶段斜拉索张拉力值和主梁线形、高程及索塔位移控制量值。

9.14.4 测试索力所用的索力测试仪或频率仪在使用前应经计量部门检定,使用期间还应按规定检定。

9.14.5 混凝浇筑前的钢筋检查、斜拉索锚具安装、锚头防腐的验收应留有影像资料。

Ⅰ 索 塔

主控项目

9.14.6 模板支架安装和拆除的检验应符合现行行业标准《铁路混凝土工程施工质量验收标准》TB 10424 的相关规定。

9.14.7 钢筋原材料质量应符合现行行业标准《铁路混凝土工程

施工质量验收标准》TB 10424 的相关规定。

检验数量：施工单位、监理单位全数检查。

检验方法：检查钢筋进场质量验收记录。

9.14.8 钢筋加工、连接和安装的检验应符合现行行业标准《铁路混凝土工程施工质量验收标准》TB 10424 的相关规定。

9.14.9 劲性骨架制作及安装应符合设计要求。

检验数量：施工单位、监理单位全数检查。

检验方法：观察、尺量。

9.14.10 混凝土原材料配合比设计和拌和应符合现行行业标准《铁路混凝土工程施工质量验收标准》TB 10424 的相关规定。

检验数量：施工单位、监理单位全数检查。

检验方法：检查混凝土拌和物出场质量验收记录。

9.14.11 混凝土施工的检验应符合现行行业标准《铁路混凝土工程施工质量验收标准》TB 10424 的相关规定。

9.14.12 预应力原材料质量应符合现行行业标准《铁路混凝土工程施工质量验收标准》TB 10424 的相关规定。

检验数量：施工单位、监理单位全数检查。

检验方法：检查原材料进场质量验收记录。

9.14.13 预应力筋制作和安装、张拉、压浆、封锚（端）的检验应符合现行行业标准《铁路混凝土工程施工质量验收标准》TB 10424 的相关规定。

9.14.14 预留管道的规格和数量应符合设计要求。

检验数量：施工单位、监理单位全数检查。

检验方法：观测和尺量。

9.14.15 索导管及锚杯的品种、规格和质量应符合设计要求。

检验数量：施工单位、监理单位全数检查。

检验方法：检查质量证明文件，观察、尺量

9.14.16 索导管及锚杯的安装位置、斜度和安装质量应符合设计要求。

检验数量:施工单位监理单位全数检查。

检验方法:检查质量证明文件,观察、尺量。

9.14.17 钢锚箱、钢锚梁、钢牛腿和索鞍的加工制作及安装应符合设计要求。

检验数量:施工单位、监理单位全数检查。

检验方法:观察、尺量。

一般项目

9.14.18 模板上预埋件和预留孔洞允许偏差、拆除时混凝土保护的检验应符合现行行业标准《铁路混凝土工程施工质量验收标准》TB 10424 的相关规定。

9.14.19 塔段模板质量检验应符合表 9.14.19 的规定。

表 9.14.19 塔段模板质量检验

序号	检验项目		允许偏差	检验方法
1	塔段模板	顶、底面尺寸	0~5 mm	尺量
		顶、底面高程	±20 mm	测量
		平面十字线位置与设计位置	5 mm	
		表面平整度	5 mm	1 m 靠尺检查
2	管道定位模板	斜拉索管道两端中心位置	3 mm	尺量
		预应力筋管道位置与设计位置	3 mm	
3	预埋配件	预埋铁件、锚杆孔、通风孔等位置	10 mm	
		锚具支承垫板与预留管道轴线垂直度	1°	角尺检查

检验数量:施工单位全数检查

9.14.20 钢筋原材料和加工安装的检验应符合现行行业标准《铁路混凝土工程施工质量验收标准》TB 10424 的相关规定。

9.14.21 索塔质量检验应符合表 9.14.21 的规定。

表 9.14.21 索塔质量检验

序号	检验项目	允许偏差(mm)	检验方法
1	顶、底平面尺寸	-5~10	尺量
2	顶、底面高程	±20	测量
3	塔身中心位置	5	
4	横梁顶面高程	±10	
5	横梁轴线	10	
6	倾斜度	塔高的1/3 000且不大于30和设计要求	

检验数量：施工单位全数检查。

9.14.22 索塔混凝土外观质量的检验应符合现行行业标准《铁路混凝土工程施工质量验收标准》TB 10424 的相关规定。

9.14.23 预应力筋施工原材料表面质量、孔道位置和张拉端内缩量允许偏差的检验应符合现行行业标准《铁路混凝土工程施工质量验收标准》TB 10424 的相关规定。

9.14.24 预留管道位置的偏差应不大于 4 mm。

检验数量：施工单位全数检查。

检验方法：尺量。

Ⅱ 混凝土主梁

主控项目

9.14.25 模板及支架安装和拆除的检验应符合现行行业标准《铁路混凝土工程施工质量验收标准》TB 10424 的相关规定。

9.14.26 钢筋原材料质量应符合现行行业标准《铁路混凝土工程施工质量验收标准》TB 10424 的相关规定。

检验数量：施工单位、监理单位全数检查。

检验方法：检查钢筋进场质量验收记录。

9.14.27 钢筋加工、连接和安装的检验应符合现行行业标准《铁

路混凝土工程施工质量验收标准》TB 10424 的相关规定

9.14.28 混凝土原材料配合比设计和拌和应符合现行行业标准《铁路混凝土工程施工质量验收标准》TB 10424 的相关规定。

检验数量：施工单位、监理单位全数检查。

检验方法：检查混凝土拌和物出场质量验收记录。

9.14.29 混凝土施工的检验应符合现行行业标准《铁路混凝土工程施工质量验收标准》TB 10424 的相关规定。

9.14.30 预应力原材料质量应符合现行行业标准《铁路混凝土工程施工质量验收标准》TB 10424 的相关规定。

检验数量：施工单位、监理单位全数检查。

检验方法：检查原材料进场质量验收记录。

9.14.31 预应力筋制作和安装、张拉、压浆封（端）的检验应符合现行行业标准《铁路混凝土工程施工质量验收标准》TB 10424 的相关规定。

9.14.32 预留管道的规格和数量应符合设计要求。

检验数量：施工单位、监理单位全数检查。

检验方法：观测和尺量。

9.14.33 主梁支座安装的检验应符合本标准第 9.7 节的规定。

9.14.34 阻尼装置的品种、规格、质量和安装应符合设计要求。

检验数量：施工单位、监理单位全数检查。

检验方法：检查质量证明文件，观察、尺量。

一般项目

9.14.35 模板上预埋件和预留孔洞允许偏差和拆除时混凝土保护的检验应符合现行行业标准《铁路混凝土工程施工质量验收标准》TB 10424 的相关规定。

9.14.36 梁段模板质量检验应符合表 9.14.36 的规定。

表 9.14.36 梁段模板质量检验

序号	检验项目		允许偏差	检验方法
1	梁端底模板	设计拱度	±10%	测量检查不少于5处
		高程	±10 mm	
		模板面铺设滑动层后的平整度	8 mm	3 m靠尺、塞尺检查不少于5处
2	梁段内外模板	梁段长度（累计）	±10 mm	尺量检查端头模板位置
		腹板外侧面距梁段中心线	−5 mm~8 mm	
		上翼缘（桥面板）距梁段中心线	−8 mm~10 mm	尺量检查侧模板不少于5处
		梁段高度	−5 mm~10 mm	尺量检查端部
		腹板、顶板、底板及横隔板的厚度	0~10 mm	
		直腹板和横隔板的垂直度（斜腹板的倾斜位移）	4‰梁高	吊线检查不少于5处
3	管道定位模板	斜拉索管道两端中心位置	3 mm	测量
		预应力筋束管道位置	3 mm	尺量
4	预埋配件	预埋件、锚杆孔、通风孔等位置	10 mm	
		锚具支承垫板与预留管道轴线垂直度	1°	角尺检查

检验数量：施工单位全数检查。

9.14.37 钢筋原材料表面质量和加工许偏差的检验应符合现行行业标准《铁路混凝土工程施工质量验收标准》TB 10424 的相关规定。

9.14.38 梁段钢筋安装的允许偏差和检验方法应符合第 9.9.29 条的规定。

9.14.39 梁段质量检验方法应符合表 9.14.39 的规定。

表 9.14.39 梁段质量检验

序号	检验项目		允许偏差(mm)	检验方法
1	长度(累计)		±15	尺量
2	中线		15	测量
3	腹板外侧面距梁段中线		−5～10	尺量检查端部
4	上翼缘(桥面板)外侧距梁段中线		−8～15	尺量检查不少于5处
5	梁段高程		−5～15	测量检查不少于5处
6	腹板、顶板、底板及横隔板的厚度		0～15	尺量检查端部
7	直腹板、横隔板垂直度(斜腹板的倾斜位移)		4‰梁高	吊线检查不少于5处
8	接触网支柱基础	预埋螺栓距桥面中心线偏差	0～10	观察、尺量
		钢筋	齐全设置、位置准确	

检验数量：施工单位全数检查。

9.14.40 梁段混凝土外观质量的检验应符合本标准第 9.8.31 条的规定。

9.14.41 预应力筋原材料表面质量、孔道位置和张拉端内缩量允许偏差的检验应符合现行行业标准《铁路混凝土工程施工质量验收标准》TB 10424 的相关规定。

9.14.42 预留管道允许偏差的检验应符合本标准第 9.14.24 条的规定。

9.14.43 主梁支座安装允许偏差的检验应符合本标准第 9.7 节的规定。

Ⅲ 钢主梁

主控项目

9.14.44 钢桁梁的拼装及架设的检验应符合本标准第 9.11 节

的规定。

9.14.45 悬臂架设节间钢梁挂索前,应准确调整钢梁的中线位置。

  检验数量:施工单位、监理单位全数检查。
  检验方法:测量。

9.14.46 合龙施工应符合设计和施工方案的要求。

  检验数量:施工单位、监理单位全数检查。
  检验方法:观察。

9.14.47 钢梁涂装的检验应符合本标准第9.10节的规定。

9.14.48 桥面板施工检验应符合本标准第9.10节的规定。

9.14.49 主梁支座安装的检验应符合本标准第9.7节的规定。

9.14.50 阻尼装置的品种、规格、质量和安装应符合设计要求。

  检验数量:施工单位、监理单位全数检查。
  检验方法:检查质量证明文件,观察、尺量。

一般项目

9.14.51 钢梁拼装及架设许偏差的检验应符合本标准第9.10和第9.11节的规定。

9.14.52 钢梁涂装的检验应符合本标准第9.10节的规定。

9.14.53 主梁支座安装允许偏差的检验应符合本标准第9.7节的规定

Ⅳ 斜拉索

主控项目

9.14.54 斜拉索、锚具和减振装置的品种、规格、质量和防腐等级应符合设计要求。

  检验数量:施工单位、监理单位全数检查。
  检验方法:检查质量证明文件,观察、尺量。

9.14.55 斜拉索转运和安装时,应无弯折、错压,锚头和防护层无损伤。

检验数量:施工单位、监理单位全数检查。

检验方法:检查施工记录,观察。

9.14.56 斜拉索护管和索导管内的填充材料和质量应符合设计要求。

检验数量:施工单位、监理单位全数检查。

检验方法:观察、尺量。

9.14.57 施工过程中斜拉索的调整应以主梁线形控制为主,索力控制为辅。合龙后索力调整应符合设计要求。

检验数量:施工单位、监理单位全数检查。

检验方法:用索力测试仪或频率仪测试索力,用测量仪器量测线形。

一般项目

9.14.58 斜拉索锚环应与锚垫板密贴并居中,允许偏差为 2 mm。

检验数量:施工单位、监理单位全数检查。

检验方法:观察、尺量。

9.14.59 成桥后斜拉索质量检验应符合表 9.14.59 的规定。

表 9.14.59 成桥后斜拉索质量检验

序号	检验项目		允许偏差	检验方法
1	索力		±5%或设计允许偏差值	索力仪测量
2	索长	$L \leqslant 100$ m	±20 mm	尺量
		$L > 100$ m	±0.000 2L	

检验数量:施工单位索力检查 100%,索长检查 10%,且不少于 5 根。

9.15 桥梁附属设施

9.15.1 钢筋、混凝土的施工应符合设计要求和现行行业标准

《铁路混凝土工程施工质量验收标准》TB 10424 等相关标准的规定。

9.15.2 遮板、盖板、人行步板和栏杆等小型预制构件的检验应符合现行行业标准《铁路混凝土工程施工质量验收标准》TB 10424 的有关规定。

9.15.3 防水层不应在雨雪天和大风天气下施工,其施工材料和施工环境应符合设计要求。

9.15.4 防水层铺设前应清除基层面灰尘和杂物。

9.15.5 混凝土保护层施工时,施工用具、材料应轻吊轻放,严禁碰伤已铺设好的防水层。

9.15.6 混凝土保护层浇筑完成后,应保湿、保温养护。

Ⅰ 锥体及排水设施

主控项目

9.15.7 桥台锥体填料种类、规格、地基处理和填筑质量应符合设计要求。锥体填筑与路基同步施工,一并验收,施工质量应符合现行行业标准《铁路路基工程施工质量验收标准》TB 10414 的相关规定。

9.15.8 砌体原材料和砌筑的检验应符合现行行业标准《铁路混凝土工程施工质量验收标准》TB 10424 的相关规定。

9.15.9 砌体的结构形式、位置、基底高程及基础埋深应符合设计要求。

检验数量:施工单位、监理单位全数检查。

检验方法:观察、测量。

9.15.10 护坡应与边坡密贴,无空洞。

检验数量:施工单位、监理单位每桥台(桥墩基坑边坡有防护时按每桥墩)抽样检验 2 处。

检验方法:挖开观察。

9.15.11 桥台锥体护坡及边坡防护应完整并符合设计要求。

检验数量：施工单位、监理单位全数检查。
检验方法：观察。

9.15.12 砌体反滤层所用材料质量和规格应符合设计要求。
检验数量：施工单位、监理单位全数检查。
检验方法：观察。

9.15.13 桥梁排水设施所用材料的品种、规格、质量应符合设计要求。
检验数量：施工单位、监理单位全数检查。
检验方法：观察、尺量，检查质量证明文件。

9.15.14 桥面泄水孔处的细部处理应符合设计要求。水平方向泄水管的排水坡度应符合设计要求，保证流水通畅。泄水管的设置范围和位置应符合设计要求。
检验数量：施工单位、监理单位全数检查。
检验方法：观察、尺量。

9.15.15 泄水管接头的连接方式应符合设计要求，接头应严密、连接牢固。桥梁排水设施应部件齐全，固定牢靠，无破损，无漏水。
检验数量：施工单位、监理单位全数检查。
检验方法：观察。

一般项目

9.15.16 混凝土砌块的检验应符合现行行业标准《铁路混凝土工程施工质量验收标准》TB 10424 的相关规定。

9.15.17 砌体质量检验应符合表 9.15.17 的规定。

表 9.15.17 砌体质量检验

序号	检验项目	允许偏差	检验方法
1	顶面高程	±50 mm	测量
2	表面平整度	30 mm	2 m 靠尺检查
3	砌体厚度	0～50 mm	尺量
4	底面高程	±50 mm	测量

续表9.15.17

序号	检验项目	允许偏差	检验方法
5	坡度	不陡于设计坡度	测量
6	反滤层厚度	不陡于设计坡度	尺量

检验数量：施工单位按表9.15.17每个砌筑段检查5处；监理单位抽样检验。

Ⅱ 挡砟墙（防护墙）、遮板、电缆槽竖墙、接触网支柱基础

主控项目

9.15.18 钢筋原材料质量应符合现行行业标准《铁路混凝土工程施工质量验收标准》TB 10424的相关规定。

检验数量：施工单位、监理单位全数检查。

检验方法：检查钢筋进场质址验收记录。

9.15.19 钢筋加工、连接和安装的检验应符合现行行业标准《铁路混凝土工程施工质量验收标准》TB 10424的相关规定。

9.15.20 挡砟墙（防护墙）、遮板、电缆槽竖墙及接触网支柱基础接地系统焊接长度、质量、位置应符合设计要求。

检验数量：施工单位、监理单位全数检查。

检验方法：观察、测量。

9.15.21 接触网支柱基础预埋螺栓、预埋钢板的规格型号、布置及防腐处理应符合设计要求。

检验数量：施工单位、监理单位全数检查。

检验方法：观察。

9.15.22 预埋和连接钢筋应符合设计要求。

检验数量：施工单位、监理单位全数检查。

检验方法：观察、尺量。

9.15.23 混凝土原材料、配合比设计和拌和应符合现行行业标准《铁路混凝土工程施工质量验收标准》TB 10424的相关规定。

检验数量:施工单位、监理单位全数检查。

检验方法:检查混凝土拌和物出场质量验收记录。

9.15.24 混凝土施工的检验应符合现行行业标准《铁路混凝土工程施工质量验收标准》TB 10424 的相关规定。

一般项目

9.15.25 钢筋原材料表面质量和加工、安装允许偏差的检验应符合现行行业标准《铁路混凝土工程施工质量验收标准》TB 10424 的相关规定。

9.15.26 挡砟墙(防护墙)、遮板、电缆槽竖墙及接触网支柱基础质量检验应符合表 9.15.26 的规定。

表 9.15.26 挡砟墙(防护墙)、遮板、电缆槽竖墙及接触网支柱基础质量检验

序号	检验项目	允许偏差(mm)	检验方法
1	中心位置	5	尺量
2	长度	±15	尺量
3	厚度	±5	尺量
4	顶面高程	±10	水准仪测量
5	顶面及侧面平整度	3	1 m靠尺、塞尺测量
6	垂直度	3 mm/1 m	吊线、尺量
7	预留孔中心位置	15	尺量

检验数量:施工单位按表 9.15.26 每 100 m 每侧各抽检 5 处。

9.15.27 接触网支柱基础(拉线基础)质量检验应符合表 9.15.27 的规定。

表 9.15.27 基础网支柱基础(拉线基础)质量检验

序号	检验项目	允许偏差
1	螺栓外露长度及螺纹长度	50 mm

续表9.15.27

序号	检验项目	允许偏差
2	螺栓相邻间距	±1 mm
3	螺栓对角线间距	±1.5 mm
4	螺栓应垂直于水平面,每根螺栓顶部的中心位置	1 mm
5	预埋钢板与基础面齐平	5 mm
6	预埋钢板应水平,高低偏差	<5 mm
7	靠近线路侧螺栓连线的法线应垂直线路中心线,一组螺栓的整体扭转	±1.5°
8	基础中心至线路中心的距离	0～50 mm
9	基础横断面尺寸	±20 mm
10	基础横线路方向的中心线应与线路中心线垂直	≤2°
11	基础顺线路方向偏移	±50 mm
12	基础顶面高程	±5 mm

检验数量:施工单位全数检查。

检验方法:测量。

Ⅲ 声(风)屏障基础、栏杆(挡板)、电缆槽(盖板)、人行步板

主控项目

9.15.28 盖板、人行步板和栏杆(挡板)安装前应进行外观检查,不应有蜂窝、空洞、疏松、露筋、缺棱掉角、断裂等缺陷。

检验数量:施工单位、监理单位全数检查。

检验方法:观察。

9.15.29 声(风)屏障、栏杆(挡板)基础上预埋螺栓、预埋钢板的材质及其防腐处理应符合设计要求。

检验数量:施工单位、监理单位全数检查。

检验方法:观察。

9.15.30 栏杆(挡板)内侧间距应符合设计要求。栏杆的连接、安装应牢固顺直,高度保持一致。栏杆杆件、挡板构件不应有弯曲或断裂现象。防抛网、防异物侵限设施的安装应符合设计要求。

检验数量:施工单位、监理单位全数检查。

检验方法:观察。

9.15.31 盖板、人行步板安装应符合设计要求,铺设应齐全、稳固、无损坏,板间空隙均匀一致。

检验数量:施工单位、监理单位全数检查。

检验方法:观察。

9.15.32 声(风)屏、栏杆(挡板)障基础上的预埋螺栓应螺纹完整,无锈蚀和水泥浆等污物。

检验数量:施工单位、监理单位全数检查。

检验方法:观察。

9.15.33 盖板、人行步板的抗裂性及承载力应符合设计要求。

检验数量:施工单位每 10 000 块为一个批次,每批次检验 3 块。

检验方法:按现行行业标准《铁路桥涵工程施工质量验收标准》TB 10415 附录 D 进行试验检验,检查试验报告。

一般项目

9.15.34 声(风)屏障、栏杆(挡板)基础上预埋螺栓间距的允许偏差应为±3 mm,外露长度允许偏差应为±3 mm。

检验数量:施工单位全数检查;监理单位抽样检验。

检验方法:观察、尺量。

9.15.35 声(风)屏障、栏杆(挡板)基础上的预埋钢板应无锈蚀和水泥浆等污物,凹槽底高程允许偏差应为±5 mm。

检验数量:施工单位全数检查;监理单位抽样检验。

检验方法:观察、尺量。

9.15.36 声(风)屏障基础、栏杆(挡板)安装允许偏差和检验方法应符合本标准第9.14.26条的规定。

Ⅳ 桥梁梁端防水装置、防落梁挡块

主控项目

9.15.37 桥梁梁端防水装置和防落梁挡块使用的原材料和部件的品种、规格、材质、性能应符合设计要求和相关标准的规定。

检验数量：施工单位、监理单位全数检查。

检验方法：观察、尺量，检查质量证明文件。

9.15.38 桥梁梁端防水装置和防落梁挡块的安装位置和范围应符合设计要求。

检验数量：施工单位、监理单位全数检查。

检验方法：测量、观察。

9.15.39 桥梁梁端防水装置和防落梁挡块的部件应齐全完整，且连接可靠。

检验数量：施工单位、监理单位全数检查。

检验方法：观察。

9.15.40 桥梁梁端防水装置的安装质量应能满足梁体位移及转动需要，并能可靠防水。

检验数量：施工单位、监理单位全数检查。

检验方法：观察。

Ⅴ 防水层及保护层

主控项目

9.15.41 防水层所用原材料的品种、规格、质量等应符合设计要求和相关标准的规定。

检验数量：施工单位、监理单位全数检查。

检验方法：检查质量证明文件。施工单位按相关标准的规定进行抽样检验；监理单位检查检验报告。

9.15.42 防水层铺设范围、构造形式等应符合设计要求。

检验数量:施工单位、监理单位全数检查。

检验方法:观察、尺量。

9.15.43 防水层的基面应平整、清洁、干燥,不应有浮渣、浮土和油污等杂物,满足防水层铺设有关技术标准的要求。

检验数量:施工单位、监理单位全数检查。

检验方法:观察。

9.15.44 防水层的搭接宽度、铺设工艺和细部做法应符合设计要求和相关技术标准的规定。

检验数量:施工单位、监理单位全数检查。

检验方法:观察、尺量。

9.15.45 防水层的铺设质量应符合设计要求和相关技术标准的规定。

检验数量:施工单位、监理单位全数检查。

检验方法:观察和试验。施工单位按相关标准的规定进行抽样检验;监理单位见证检验。

9.15.46 防水层的表面质量应厚薄一致、粘贴牢固、搭接封口正确,不应有滑移、翘边、起泡、损伤等缺陷,不应渗水。

检验数量:施工单位、监理单位全数检查。

检验方法:观察。

9.15.47 保护层混凝土原材料、配合比设计和拌和的检验应符合现行行业标准《铁路混凝土工程施工质量验收标准》TB 10424 的相关规定。

检验数量:施工单位、监理单位全数检查。

检验方法:检查混凝土拌和物出场质量验收记录。

9.15.48 混凝土施工的检验应符合现行行业标准《铁路混凝土工程施工质量验收标准》TB 10424 的相关规定。

9.15.49 纤维混凝土原材料、配合比设计和拌和的检验应符合现行行业标准《铁路混凝土工程施工质量验收标准》TB 10424 的相关规定。

9.15.50 保护层施工部位、厚度、坡度和断缝处理应符合设计要求,表面裂缝宽度不应大于 0.2 mm。

检验数量:施工单位、监理单位全数检查。

检验方法:观察、尺量和用刻度放大镜检查。

9.15.51 保护层应与防水层粘结牢固、结合紧密,并与周边混凝土密贴。混凝土表面应平整密实,不应有疏松、起砂、脱皮、损伤等现象。

检验数量:施工单位、监理单位全数检查。

检验方法:观察。

一般项目

9.15.52 保护层质量检验应符合表 9.15.52 的规定。

表 9.15.52 保护层质量检验

序号	检验项目	允许偏差(mm)	检验方法
1	表面平整度	3	1m靠尺检查
2	厚度	±5	测量
3	断缝深度	0~10	

检验数量:施工单位每孔梁、每座涵洞检查不少于 10 处。

Ⅵ 桥梁排水设施

主控项目

9.15.53 桥梁排水设施所用材料的品种、规格、质量应符合设计要求。

检验数量:施工单位、监理单位全数检查。

检验方法:观察、尺量,检查质量证明文件。

9.15.54 桥面泄水孔处的细部处理应符合设计要求。

检验数量:施工单位、监理单位全数检查。

检验方法:观察、尺量。

9.15.55 泄水管接头的连接方式应符合设计要求,接头应严密、连接牢固。

检验数量：施工单位、监理单位全数检查。

检验方法：观察。

9.15.56 水平方向泄水管的排水坡度应符合设计要求，保证流水通畅。

检验数量：施工单位、监理单位全数检查。

检验方法：观察、测量。

9.15.57 泄水管的设置范围和位置应符合设计要求。

检验数量：施工单位、监理单位全数检查。

检验方法：观察、尺量。

9.15.58 桥梁排水设施应部件齐全、固定牢靠、无破损、无漏水。

检验数量：施工单位、监理单位全数检查。

检验方法：观察。

Ⅶ 人行道、吊篮、围栏

主控项目

9.15.59 人行道、吊篮、围栏质量检验应符合表 9.15.59 的规定。

表 9.15.59 人行道、吊篮、围栏质量检验

序号	检验项目	允许偏差	检验方法
1	人行道、吊篮、围栏	符合设计要求	观察、尺量，检查产品合格证
2	人行道钢横梁、立柱、支架与桥梁的连接（焊接、栓接）	符合设计要求	观察
3	围栏、吊篮及检查梯（车）的安装	符合设计要求	观察、尺量
4	电缆槽安装和接触网支座位置	符合设计要求	观察、测量
5	声屏障的安装	符合设计要求	观察、尺量

续表9.15.59

序号	检验项目	允许偏差	检验方法
6	钢结构涂装	符合设计要求	观察和检查出厂合格证,有资质的第三方检验报告;测量

检验数量:施工单位按表9.15.59全数检查;监理单位抽样检验。

一般项目

9.15.60 扶手和人行道步行板质量检验应符合表9.15.60的规定。

表 9.15.60 扶手和人行道步行板质量检验

序号	检验项目	允许偏差(mm)	检验方法
1	扶手	10 m 长度内,矢度≤10	拉线尺量
2	人行道步行板	相邻高差≤3	尺量

检验数量:施工单位按表9.15.60全数检查;监理单位抽样检验。

9.15.61 人行道步行板及吊篮步行板应铺装平稳、板面平整、无明显损伤、排列均匀、嵌缝基本密实。

检验数量:施工单位全数检查;监理单位抽样检验。

检验方法:观察。

Ⅷ 桥上救援疏散设施

主控项目

9.15.62 桥上救援疏散设施质量检验应符合表9.15.62的规定。

表 9.15.62 桥上救援疏散设施质量检验

序号	检验项目	允许偏差	检验方法
1	桥上救援疏散设施	符合设计要求	观察,检查质量证明文件

续表9.15.62

序号	检验项目	允许偏差	检验方法
2	基础和立柱的结构形式、位置、质量	符合设计要求	观察、测量,检查施工记录
3	疏散通道的板、踏步和栏杆的结构形式、位置、质量	符合设计要求	观察、测量,检查施工记录
4	防护罩的结构形式、设置范围、安装质量	符合设计要求	观察、测量,检查施工记录
5	安全门的结构形式、安装位置、开启方向及安装质量	符合设计要求	观察、测量,检查施工记录
6	钢部件的涂装质量	符合设计要求	观察
7	指示标志的设置位置、规格、数量	符合设计要求	观察

检验数量:施工单位按表9.15.62全数检查;监理单位抽样检验。

9.15.63 桥上救援疏散设施的部件应齐全、完整、有效。

检验数量:施工单位全数检查;监理单位抽样检验。

检验方法:观察。

9.16 涵 洞

9.16.1 钢筋、混凝土和砌体的施工应符合设计要求和现行行业标准《铁路混凝土工程施工质量验收标准》TB 10424等相关标准的规定。

9.16.2 涵洞地基处理和明挖基础的施工应符合现行行业标准《铁路路基工程施工质量验收标准》TB 10414和本标准第6章的有关规定。

9.16.3 防水层及沉降缝的施工应符合本标准第9.14节的有关规定。

9.16.4 涵洞进出口的沟床应整理顺直,铺砌工程与排水设施、道路的连接应顺直。

9.16.5 涵洞处路堤缺口填筑应在涵身结构达到设计强度后进行。填筑除符合现行行业标准《铁路路基工程施工质量验收标准》TB 10414 的有关规定外,应从涵身两侧同时对称、水平、分层填筑,并碾压密实。当涵顶填土厚度超过 1.0 m 后,方可通行大型机械。涵身两侧 1 m 范围内的填土不应采用大型机械施工,宜采用人工配合小型机械的方法夯填密实。

9.16.6 混凝土或钢筋混凝土预制构件在装卸、运输过程中应防止碰撞,使用前应对质量进行检查验收。

Ⅰ 框架涵

主控项目

9.16.7 钢筋原材料质量应符合现行行业标准《铁路混凝土工程施工质量验收标准》TB 10424 的相关规定。

检验数量:施工单位、监理单位全数检查。

检验方法:检查钢筋进场质量验收记录。

9.16.8 钢筋加工、连接和安装的检验应符合现行行业标准《铁路混凝土工程施工质量验收标准》TB 10424 的相关规定。

9.16.9 混凝土原材料、配合比设计和拌和应符合现行行业标准《铁路混凝土工程施工质量验收标准》TB 10424 的相关规定。

检验数量:施工单位、监理单位全数检查。

检验方法:检查混凝土拌和物出场质量验收记录。

9.16.10 混凝土施工的检验应符合现行行业标准《铁路混凝土工程施工质量验收标准》TB 10424 的相关规定。

9.16.11 框架涵身应先浇筑底板(包括下梗肋),当底板混凝土强度达到设计强度 50% 后,再施工中、边墙及顶板混凝土。分次浇筑时,边墙的施工缝不应设在同一水平面上。

检验数量:施工单位、监理单位全数检查。

检验方法:观察。

9.16.12 防水层的检验应符合本标准第 9.15 节的规定。

9.16.13 沉降缝所用原材料的品种、规格、质量等应符合设计要求。

检验数量:施工单位、监理单位全数检查。

检验方法:检查质量证明文件、观察。

9.16.14 沉降缝位置、尺寸、构造型式和止水带的安装等应符合设计要求。

检验数量:施工单位、监理单位全数检查。

检验方法:观察、尺量。

9.16.15 沉降缝不应渗水。沉降缝填缝应密实平整、无空鼓。

检验数量:施工单位、监理单位全数检查。

检验方法:观察。

9.16.16 沉降缝应竖直、宽度均匀、环向贯通。

检验数量:施工单位、监理单位全数检查。

检验方法:观察。

一般项目

9.16.17 钢筋原材料表面质量和加工、安装允许偏差的检验应符合现行行业标准《铁路混凝土工程施工质量验收标准》TB 10424 的相关规定。

9.16.18 现浇混凝土框架涵质量检验应符合表 9.16.18 的规定。

表 9.16.18 现浇混凝土框架涵质量检验

序号	检验项目	允许偏差(mm)	检验方法
1	翼墙、帽石距设计中心线位置	20	测量检查不少于 5 处
2	孔径	±20	尺量检查不少于 5 处
3	涵长	−50~100	
4	厚度	−5~10	顶板、底板、边墙中墙各检查 2 处
5	涵身接头错台	10	尺量检查不少于 5 处

检验数量:施工单位每座涵按表 9.16.18 全数检查;监理单位抽样检验。

Ⅱ 圆 涵

主控项目

9.16.19 钢筋原材料质量应符合现行行业标准《铁路混凝土工程施工质量验收标准》TB 10424 的相关规定。

检验数量:施工单位、监理单位全数检查。

检验方法:检查钢筋进场质量验收记录。

9.16.20 钢筋加工、连接和安装的检验应符合现行行业标准《铁路混凝土工程施工质量验收标准》TB 10424 的相关规定。

9.16.21 混凝土原材料、配合比设计和拌和应符合现行行业标准《铁路混凝土工程施工质量验收标准》TB 10424 的相关规定。

检验数量:施工单位、监理单位全数检查。

检验方法:检查混凝土拌和物出场质量验收记录。

9.16.22 混凝土施工的检验应符合现行行业标准《铁路混凝土工程施工质量验收标准》TB 10424 的相关规定。

9.16.23 成品涵节的质量、规格应符合设计要求。

检验数量:施工单位、监理单位全数检查。

检验方法:检查出厂合格证、验收记录,观察。

9.16.24 预制圆涵的混凝土达到设计强度后方可吊装。涵身强度应达到设计强度后,才可分层对称填土。

检验数量:施工单位、监理单位全数检查。

检验方法:施工单位进行一组同条件养护试件强度试验;监理单位检查试验报告。

9.16.25 涵节接缝应顺流水坡度安装平顺。当壁厚不一致时,每一错台段内底面应调整平齐。

检验数量:施工单位、监理单位全数检查。

检验方法:尺量、观察。

9.16.26 防水层的检验应符合本标准第9.15节的规定。

9.16.27 沉降缝的检验应符合本标准第9.16节的规定。

一般项目

9.16.28 钢筋原材料表面质风和加工、安装允许偏差的检验应符合现行行业标准《铁路混凝土工程施工质量验收标准》TB 10424的相关规定。

9.16.29 预制混凝土圆涵质量检验应符合表9.16.29的规定。

表9.16.29 预制混凝土圆涵质量检验

序号	检验项目	允许偏差(mm)	检验方法
1	管涵直径	±10	尺量检查
2	管节长度	−10～0	尺量检查不少于4处
3	管节壁厚	−5～10	尺量检查不少于6处

检验数量:施工单位每10件检查不少于1件;监理单位抽样检验。

9.16.30 圆涵安装质量检验应符合表9.16.30的规定。

表9.16.30 圆涵安装质量检验

序号	检验项目		允许偏差(mm)	检验方法
1	轴线		20	测量检查不少于2处
2	流水面高程		±20	
3	涵身长度		−50～100	
4	相邻管节底面错台	管径≤1 000 mm	3	尺量检查不少于5处
		管径＞1 000 mm	5	

检验数量:施工单位每座涵全数检查;监理单位抽样检验。

Ⅲ 顶进涵

主控项目

9.16.31 钢筋原材料质量应符合现行行业标准《铁路混凝土工程施工质量验收标准》TB 10424 的相关规定。

检验数量:施工单位、监理单位全数检查。

检验方法:检查钢筋进场质量验收记录。

9.16.32 钢筋加工、连接和安装的检验应符合现行行业标准《铁路混凝土工程施工质量验收标准》TB 10424 的相关规定。

9.16.33 混凝土原材料、配合比设计和拌和应符合现行行业标准《铁路混凝土工程施工质量验收标准》TB 10424 的相关规定。

检验数量:施工单位、监理单位全数检查。

检验方法:检查混凝土拌和物出场质量验收记录。

9.16.34 混凝土施工的检验应符合现行行业标准《铁路混凝土工程施工质量验收标准》TB 10424 的相关规定。

9.16.35 顶进设施和线路加固应符合专项施工方案要求。

检验数量:施工单位、监理单位全数检查。

检验方法:对照专项施工方案检查。

9.16.36 混凝土应达到设计强度后方可顶进。

检验数量:施工单位、监理单位全数检查。

检验方法:同条件养护试件强度试验、检查试验报告。

9.16.37 防水层的检验应符合本标准第 9.14 节的规定。

9.16.38 沉降缝的检验应符合本标准第 9.15 节的规定。

一般项目

9.16.39 钢筋原材料表面质量和加工、安装允许偏差的检验应符合现行行业标准《铁路混凝土工程施工质量验收标准》TB 10424 的相关规定。

9.16.40 框架涵顶进后质量检验应符合表 9.16.40 的规定。

表 9.16.40 框架涵顶进后质量检验

序号	检验项目		允许偏差(mm)	检验方法
1	中线	一端顶进	200	测量检查不少于2处
		两端顶进	100	
2	高程		1‰顶程,且-200~150	测量检查不少于4处

检验数量:施工单位每座涵按表 9.16.40 全数检查;监理单位抽样检验。

9.16.41 圆涵顶进后质量检验应符合表 9.16.41 的规定。

表 9.16.41 圆涵顶进后质量检验

序号	检验项目	允许偏差(mm)	检验方法
1	高程	-50~20	测量检查不少于2处
2	中线	50	
3	管节错台	10	尺量检查不少于4处
4	对顶法接头和管节错台	30	

检验数量:施工单位每座涵按表 9.16.41 全数检查;监理单位抽样检验。

Ⅳ 端翼墙及附属工程

主控项目

9.16.42 钢筋原材料质量应符合现行行业标准《铁路混凝土工程施工质量验收标准》TB 10424 的相关规定。

检验数量:施工单位、监理单位全数检查。

检验方法:检查钢筋进场质量验收记录。

9.16.43 钢筋加工、连接和安装的检验应符合现行行业标准《铁路混凝土工程施工质量验收标准》TB 10424 的相关规定。

9.16.44 混凝土原材料、配合比设计和拌和应符合现行行业标准《铁路混凝土工程施工质量验收标准》TB 10424 的相关规定。

检验数量:施工单位、监理单位全数检查。

检验方法:检查混凝土拌和物出场质量验收记录。

9.16.45 混凝土施工的检验应符合现行行业标准《铁路混凝土工程施工质量验收标准》TB 10424 的相关规定。

9.16.46 砌体原材料和砌筑的检验应符合现行行业标准《铁路混凝土工程施工质量验收标准》TB 10424 的相关规定。

9.16.47 栏杆的安装质量检验应符合本标准第 9.15 节的规定。

一般项目

9.16.48 钢筋原材料表面质量和加工、安装允许偏差的检验应符合现行行业标准《铁路混凝土工程施工质量验收标准》TB 10424 的相关规定。

9.16.49 混凝土端翼墙及附属工程质量检验应符合表 9.16.49 的规定。

表 9.16.49 混凝土端翼墙及附属工程质量检验

序号	项目		允许偏差(mm)	检验方法
1	端、翼墙距设计中心线距离		20	测量检查不少于 4 处
2	出入口流水面高程		±20	
3	混凝土墙体	表面平整度	5	1m 靠尺检查不少于 5 处
		结构尺寸	0~20	尺量检查不少于 5 处
4	帽石尺寸		±10	尺量检查不少于 4 处

检验数量:施工单位每座涵全数检查。

9.16.50 砌体砌筑的检验应符合现行行业标准《铁路混凝土工程施工质量验收标准》TB 10424 的相关规定。

9.16.51 砌体端翼墙及附属工程质量检验应符合表 9.16.51 的规定。

表 9.16.51 砌体端翼墙及附属工程质量检验

序号	检验项目		允许偏差(mm)	检验方法
1	端、翼墙距设计中心线距离		20	测量检查不少于 4 处
2	出入口流水面高程		±20	
3	砌体墙体	表面平整度	20	1 m 靠尺检查不少于 5 处
		结构尺寸	0~50	尺量检查不少于 5 处

检验数量:施工单位每座涵全数检查。

10 路 基

10.1 一般规定

10.1.1 本章适用于地基处理、基床以下路堤、基床、过渡段、路基支挡、路基防护、路基防排水、路基附属工程的施工质量验收。

10.1.2 路基分部分项工程及检验批宜按本标准附录 B.0.5 进行划分。

10.1.3 路基所涉及综合接地工程的施工质量验收应符合本标准第 27 章的相关规定。

10.2 地基处理

Ⅰ 原地面处理

10.2.1 施工前应彻底清除路基范围原地面表层植被及根系，挖除树根，并做好地下水出露的处理和临时排水。

10.2.2 原地面处理前应核对地基条件，若发现地基条件与设计不符，应形成地质核查报告(表)，并及时向建设、勘察、设计、监理单位反馈。

10.2.3 施工前应根据设计、物探的资料，结合现场实际，收集地下管线等资料并探明位置。

主控项目

10.2.4 原地面地基碾压质量应符合相应部位的压实质量要求。

检验数量：区间正线路基沿线路纵向连续长度每 100 m、站场

路基每 1.0×10^4 m^2，施工单位检验 4 点，至少有 1 点在碾压范围边线上；监理单位按施工单位抽检数量的 20% 平行检验，每工点至少 1 点。

检验方法：按现行行业标准《铁路工程土工试验规程》TB 10102 规定的试验方法进行检验。

一般项目

10.2.5 原地面坡度陡于 1∶5 时，所设置纵、横向台阶的高度、宽度应符合设计要求。

检验数量：施工单位每个台阶检验 3 点；监理单位抽样检验。

检验方法：观察、尺量。

10.2.6 原地面处理后，排水横坡应符合设计要求，其允许偏差为 ±1%。

检验数量：区间正线路基沿线路纵向连续长度每 100 m、站场路基每 1.0×10^4 m^2，施工单位检验 4 点；监理单位抽样检验不少于 1 点。

检验方法：观察基底处理外观，用坡度尺测量横坡坡度。

Ⅱ 换 填

10.2.7 施工前应对换填范围和深度进行核对，若发现不符应及时向建设、设计、监理单位反馈。

10.2.8 采用机械挖除换填土时，应留有人工清理层，不应扰动基底持力层。

主控项目

10.2.9 换填所用的填料应符合设计要求，其质量应符合现行行业标准《铁路路基工程施工质量验收标准》TB 10414 的相关规定。

10.2.10 换填的范围、深度和基底地质条件应满足设计要求，坑底应整平。

检验数量：区间正线路基沿线路纵向连续长度每 100 m、站场

路基每 1.0×10^4 m²,施工单位检验 4 个断面;监理单位抽样检验 1 个断面。

检验方法:观察、尺量。

10.2.11 换填地基有承载力要求时,其承载力应符合设计要求。

检验数量:区间正线路基沿线路纵向连续长度每 100 m、站场路基每 1.0×10^4 m²,施工单位检验 3 个点,其中线路中间 1 点,两侧距换填边缘 2 m 处各 1 点;监理单位见证检验 1 点。

检验方法:标准贯入法。

10.2.12 换填分层压实质量应符合设计要求,其压实质量检验应符合下列规定:

1 换填基床以下路堤的质量验收应根据换填填料种类分别符合本标准第 10.3.6 和第 10.3.15 条的规定。

2 换填基床底层的质量验收应符合本标准第 10.4.6 条的规定。

3 换填基床表层的质量验收应符合本标准第 10.4.14 条的规定。

一般项目

10.2.13 换填顶面高程、横坡质量检验应符合表 10.2.13 的规定。

表 10.2.13 换填顶面高程、横坡质量检验

序号	检验项目	允许偏差	检验数量	检验方法
1	顶面高程	±50 mm	沿线路纵向每 200 m 抽样检验 10 处	仪器测量
2	横坡	±1%	沿线路纵向每 200 m 抽样检验 10 个断面	坡度尺测量

检验数量:施工单位按表 10.2.13 检查;监理单位抽样检验。

Ⅲ 垫 层

10.2.14 砂(碎石)、灰土(水泥土)等垫层施工前应进行摊铺压实工艺性试验,确定主要工艺参数。

10.2.15 土工合成材料铺设后,运输、碾压机械不应直接在其上行走,并应按设计要求及时铺填。

10.2.16 加筋材料层上、下层填料中不应有尖石、硬块。

主控项目

10.2.17 砂(碎石)垫层、土工合成、灰土(水泥土)所用材料应符合设计要求,其质量应符合现行行业标准《铁路路基工程施工质量验收标准》TB 10414 的相关规定。

10.2.18 土工合成材料的铺设层数、铺设方向和连接方法应满足设计要求。

检验数量:区间正线路基沿线路纵向连续长度每 100 m、站场路基每 1.0×10^4 m^2,施工单位检验 3 点;监理单位抽样检验 1 点。

检验方法:观察、计数。

10.2.19 砂(碎石)垫层、灰土(水泥土)垫层的厚度及压实质量应符合设计要求。

检验数量:区间正线路基沿线路纵向连续长度每 100 m、站场路基每 1.0×10^4 m^2,施工单位抽样检验 4 点,其中路基中间 2 点,两侧距路基边缘 2 m 处各 1 点;监理单位按施工单位抽检数量的 20% 平行检验。

检验方法:按现行行业标准《铁路工程土工试验规程》TB 10102 规定的试验方法检验、尺量。

一般项目

10.2.20 砂(碎石)垫层、灰土(水泥土)垫层铺设范围、厚度、顶面高程、横坡质量检验应符合表 10.2.20 的规定。

表10.2.20 砂(碎石)、灰土(水泥土)垫层施工项目质量检验

序号	检验项目	允许偏差	检验数量	检验方法
1	铺设范围	不小于设计值	区间正线路基沿线路纵向连续长度每100 m、站场路基每1.0×10^4 m^2抽样检验4处	尺量
2	厚度	不小于设计值	区间正线路基沿线路纵向连续长度每100 m、站场路基每1.0×10^4 m^2抽样检验4处	尺量
3	顶面高程	-20 mm~50 mm	区间正线路基沿线路纵向连续长度每100 m、站场路基每1.0×10^4 m^2抽样检验5处	仪器测量
4	横坡	$\pm1\%$	区间正线路基沿线路纵向连续长度每100 m、站场路基每1.0×10^4 m^2抽样检验4个断面	坡度尺测量

检验数量：施工单位按表10.2.20检查；监理单位抽样检验。

10.2.21 土工合成材料加筋垫层中土工合成材料铺设质量检验应符合表10.2.21的规定。

表10.2.21 土工合成材料铺设质量检验

序号	检验项目	允许偏差 mm	检验数量	检验方法
1	铺设范围	不小于设计值	每工点抽样检验4点	尺量，检查施工记录
2	搭接长度	0~50	区间正线路基沿线路纵向连续长度每100 m、站场路基每1.0×10^4 m^2抽样检验各3处,且每检验批不少于3处	尺量，检查施工记录
3	竖向间距	±50		
4	上、下层接缝错开距离	±50		
5	回折长度	±50		

检验数量：施工单位按表10.2.21检查；监理单位抽样检验。

Ⅳ 塑料排水板

10.2.22 塑料排水板不应接长使用。排水板插入施工时,应有保证排水板不扭曲和防止泥土、杂物进入导管的措施。

主控项目

10.2.23 塑料排水板的品种、规格应符合设计要求,其质量应符合现行行业标准《铁路路基工程施工质量验收标准》TB 10414 的相关规定。

10.2.24 塑料排水板的布设形式、数量、插设深度应符合设计要求。

检验数量:施工单位检验排水板总数的 2%。监理单位按施工单位抽检数量的 20%平行检验。

检验方法:观察、尺量、计数。

一般项目

10.2.25 塑料排水板伸入砂垫层的长度、布置范围质量检验应符合表 10.2.25 的规定。

表 10.2.25 塑料排水板质量检验

序号	检验项目	允许偏差(mm)	检验数量	检验方法
1	伸入砂垫层长度	0～+100	总根数的 10%	尺量
2	布置范围	±100	每 200 m 等间距检查 6 处	尺量
3	板间距	±100	随机抽查	尺量

检验数量:施工单位按表 10.2.25 检查;监理单位抽样检验。

Ⅴ 真空预压

10.2.26 真空预压前砂垫层表面应平整,表层无尖石、硬块。

10.2.27 真空计测点应按设计要求的数量、位置埋设,并按设计要求的观测频次和观测精度进行观测。观测资料应齐全、详实、规范。观测基桩应置于真空预压影响范围以外的稳定地基内,并定期复核校正。

10.2.28 真空预压应符合设计要求的预压时间,经评估通过后方可卸载。

主控项目

10.2.29 密封膜、排水滤管的品种、规格应符合设计要求。

检验数量:施工单位、监理单位全数检查。

检验方法:观察、检查产品质量证明文件。

10.2.30 排水滤管的布设位置、形式、数量和管上滤水孔及滤水管之间的连接应符合设计要求。使用前应核对相关材料质量验收结果,并引用、存档。

检验数量:施工单位、监理单位检查3个断面。

检验方法:观察、尺量、计数。

10.2.31 密封膜应粘接牢固,热合加工的搭接缝宽度应符合设计要求。

检验数量:施工单位、监理单位检查粘接缝总数的20%。

检验方法:观察、尺量。

10.2.32 密封膜的铺设层数应符合设计要求。

检验数量:施工单位、监理单位全数检查。

检验方法:观察、现场清点。

10.2.33 抽气阶段膜下真空度应符合设计要求。

检验数量:施工单位、监理单位按设计要求时间间隔读取全部数据。

检验方法:真空计测量。

10.2.34 真空预压后的总沉降量应符合设计要求。

检验数量:施工单位、监理单位全数检查。

检验方法:测量、检查资料。

一般项目

10.2.35 真空预压处理范围、周围排水沟位置应符合设计要求,其允许偏差为±150 mm。

检验数量:施工单位检查2个断面;监理单位抽样检验。

检验方法:观察、尺量。

Ⅵ 水泥土(浆体喷射)搅拌桩、高压喷射注浆法

10.2.36 施工前应依据不同地质条件和设备组合,选择有代表性的地段进行成桩工艺性试验(不少于3根),并进行单桩承载力或复合地基承载力试验。在保证桩合格的前提下,确定主要工艺参数,并报设计单位确认。

10.2.37 水泥土(浆体喷射)搅拌桩、高压喷射注浆法施工设备应具备自动计量装置,且应保证桩体垂直。

10.2.38 水泥土(浆体喷射)搅拌桩施工及检验要求应符合本标准第6.3节的规定。

10.2.39 高压喷射注浆法施工及检验要求应符合本标准第6.3节的规定。

Ⅶ 钢筋混凝土预制桩

10.2.40 施工前应依据不同地质条件和设备组合,选择有代表性的地段进行成桩工艺性试验(不少于3根),并进行单桩承载力试验。在保证桩合格的前提下,确定主要工艺参数及终桩条件,并报设计单位确认。

10.2.41 预制桩桩底应置于设计规定的地层中,并依据沉桩深度和贯入度进行判断,发现地层不符应及时反馈。

10.2.42 采用锤击法沉桩时,预制桩与桩帽或送桩器的衔接面应设缓冲垫。

10.2.43 沉桩施工中核对地质资料,当地质条件与设计不符时,应停止沉桩,并及时上报设计、监理单位。

10.2.44 钢筋混凝土预制桩施工及检验要求应符合本标准第6.4节的规定。

Ⅷ 水泥粉煤灰碎石桩

10.2.45 施工前应进行成桩工艺性试验(不少于 3 根),确定各项施工工艺参数后,进行单桩或复合地基承载力试验,并报设计单位确认。

10.2.46 施工前宜对场地进行预处理。采用有桩帽的水泥粉煤灰碎石桩,宜先进行桩帽厚度范围内的场坪换填处理,换填填料和压实质量应满足设计对桩间土回填质量的要求。

10.2.47 成桩施工过程中,应确保桩底达到设计要求的底层(标高),采用终孔标高进行成桩深度控制。

主控项目

10.2.48 水泥粉煤灰碎石桩所用的水泥、粉煤灰、粗细骨料的品种、规格及质量应符合设计要求和现行行业标准《铁路路基工程施工质量验收标准》TB 10414 的相关规定。

10.2.49 水泥粉煤灰碎石桩混合料坍落度应按工艺性试验确定并经监理工程师批准的参数进行控制。

检验数量:施工单位、监理单位每台班检查 3 次。

检验方法:现场坍落度试验。

10.2.50 水泥粉煤灰碎石桩混合料强度应符合设计要求。

检验数量:施工单位每台班做 1 组(3 块)试块;监理单位按施工单位检查数量的 20% 平行检验。

检验方法:每台班制作混合料试块,试件标准养护 28 d 进行抗压强度检验。

10.2.51 水泥粉煤灰碎石桩的数量、布桩形式、成桩深度应符合设计要求。

检验数量:施工单位、监理单位全数检查。

检验方法:观察、现场清点。

10.2.52 每根桩的混合料用量不应少于设计灌注量。

检验数量:施工单位、监理单位全数检查。

检验方法:料斗现场计量或混凝土泵自动记录。

10.2.53 水泥粉煤灰碎石桩的桩身完整性应满足设计要求。

检验数量:施工单位按总桩数的10%检验,且不少于3根;监理单位见证检验。

检验方法:低应变检验。

10.2.54 水泥粉煤灰碎石桩处理后的单桩或复合地基承载力应满足设计要求。

检验数量:施工单位检验总桩的2‰,且每工点不少于3根;监理单位见证检验。

检验方法:平板载荷试验或标准贯入试验。

一般项目

10.2.55 水泥粉煤灰碎石桩原材料每盘称量质量检验应符合表10.2.55的规定。

表10.2.55 原材料每盘称量质量检验

序号	材料名称	允许偏差
1	水泥、粉煤灰等干燥状态的掺合料	±2%
2	粗、细骨料	±3%
3	水、外加剂	±2%

注:1. 各种衡器应定期检定,每次使用前应进行零点校核,保证计量准确。
  2. 含水率有显著变化时,应增加含水率检测次数,并及时调整水和骨料的用量。

检验数量:施工单位每工作班抽查不少于1次;监理单位抽样检验。

检验方法:称量。

10.2.56 水泥粉煤灰碎石桩施工质量检验应符合表10.2.56的规定。

表 10.2.56 水泥粉煤灰碎石桩施工质量检验

序号	检验项目	允许偏差（mm）	检验数量	检验方法
1	桩位（纵横向）	50	按成桩总数的 10% 抽样检验，且每检验批不少于 5 根	测量
2	桩体垂直度	1%		仪器或吊线测钻杆倾斜度
3	桩体有效直径	不小于设计值		开挖 50 cm～100 cm 深后，钢卷尺测量周长，计算桩体直径
4	桩顶标高	±50		仪器测量

检验数量：施工单位按表 10.2.56 检查；监理单位抽样检验。

Ⅸ 灌注桩工程桩

10.2.57 设计要求进行单桩承载力试验时，应按照设计要求和有关规定进行试桩。

10.2.58 灌注桩工程桩施工过程中应保证桩体垂直，成孔过程中应控制和保持钻机、桩机设备垂直。

10.2.59 灌注桩工程桩严禁采用加深孔底深度的方法代替清孔。

10.2.60 灌注桩工程桩施工及检验要求应符合本标准第 6.4 节的规定。

Ⅹ 托梁（承载板）、筏板结构

10.2.61 托梁（承载板）垫层、筏板施工应在桩检验合格后进行。

10.2.62 托梁（承载板）垫层施工前应将桩头破损部分去除，露出新鲜混凝土面，顶面应平整。承载板施工前应按设计要求浇筑混凝土垫层，垫层表面应平整、不积水。

主控项目

10.2.63 钢筋、混凝土质量验收应符合现行国家标准《混凝土结构工程施工质量验收规范》GB 50204 的相关规定。

10.2.64 钢筋加工、连接和安装质量应符合设计要求。

检验数量:施工单位、监理单位全数检查。

检验方法:观察、尺量位置,清点数量。

10.2.65 桩与托梁(承载板)、托梁与承载板的连接方式、构造措施、桩体嵌固长度、预埋钢筋及套管长度应符合设计要求。

检验数量:施工单位、监理单位全数检查。

检验方法:观察、尺量。

10.2.66 混凝土强度应符合设计要求。

检验数量:施工单位每 100 m³ 混凝土取试件 1 组,不足 100 m³ 亦制取 1 组试件;监理单位按施工单位检查数量的 20% 平行检验。

检验方法:现场制作试件,标准养护 28 d 进行混凝土抗压强度试验。

一般项目

10.2.67 托梁(承载板)质量检验应符合表 10.2.67 的规定。

表 10.2.67 托梁(承载板)质量检验

序号	检验项目	允许偏差	检验数量	检验方法
1	中心位置	15 mm	每根托梁、每块承载板检验纵、横向	挂线
2	顶面标高	±10 mm	每根托梁、每块承载板检验4处	仪器测量
3	顶面平整度	3 mm/1 m	每根托梁、每块承载板检验4处	尺量
4	平面尺寸	±15 mm	每根托梁、每块承载板检验长、宽各2处	尺量
5	梁、板厚度	−10 mm~+15 mm	每根托梁、每块承载板检验4处	尺量

10.2.68 筏板质量检验应符合表 10.2.68 的规定。

表 10.2.68 筏板质量检验

序号	项目	允许偏差	检验数量	检验方法
1	基地高程	0～30 mm	每块筏板检验5处	仪器测量
2	横坡	±0.5%	每块筏板检验2个断面	坡度尺测量

10.2.69 筏板施工质量检验应符合表10.2.69的规定。

表 10.2.69 筏板施工质量检验

序号	项目	允许偏差	检验数量	检验方法
1	纵向长度	±30 mm	每块筏板检验2处	尺量
2	厚度	0～30 mm	每块筏板检验2处	尺量
3	横向宽度	0～30 mm	每块筏板检验2处	尺量
4	边缘距设计中心线尺寸	0～70 mm	每块筏板左、右边各检验2处	尺量
		±50 mm	每块筏板前、后边各检验2处	尺量

10.2.70 沉降缝(伸缩缝)材料应符合设计要求,设置应整齐垂直、上下贯通、塞缝严密,缝内应清扫干净,保持干燥,不应有杂物和积水。

检验数量:施工单位、监理单位全数检查。

检验方法:观察、尺量。

10.2.71 沉降缝(伸缩缝)应缝宽均匀、缝身竖直、环向贯通、外表光洁,沉降缝(伸缩缝)断面应与筏板轴线保持垂直。

检验数量:施工单位、监理单位全数检查。

检验方法:观察。

Ⅺ 隔断层

10.2.72 施工前应根据设备组合对隔断层填料做摊铺压实工艺性试验,确定主要工艺参数,并报设计单位确认。

10.2.73 施工前原地面平整、夯压应符合设计要求,并应结合永久性排水设施做好路基两侧地面排水。

10.2.74 复合土工膜进场后应妥善保管，防止损坏；严禁在阳光下暴晒。

10.2.75 复合土工膜铺设后，严禁直接碾压，严禁运输、碾压机械直接在复合土工膜上行走。应及时填土(砂)覆盖，待上覆土后采用轻型碾压机械压实；只有当上覆土填层厚度大于0.6m后，方能采用重型压实机械压实。

主控项目

10.2.76 毛细水隔断层填料、复合土工膜、复合土工膜上、下砂垫层所用砂料的品种、规格应符合设计要求，其质量应符合现行行业标准《铁路路基工程施工质量验收标准》TB 10414的相关规定。

10.2.77 毛细水隔断层填筑厚度及压实工艺应符合本标准第10.2.19条的规定。

10.2.78 毛细水隔断层中各结构层应分层碾压，其压实质量应符合本标准第10.2.19条的规定。

10.2.79 复合土工膜的连接方法、连接质量应符合设计要求。

检验数量：施工单位每200 m等间距检验6点；监理单位每100 m见证检验1点。

检验方法：观察、尺量。

10.2.80 复合土工膜上、下砂垫层的厚度应符合设计要求。

检验数量：施工单位每200 m等间距检验4个断面，每个断面左、中、右各1点；监理单位每400 m见证检验1个断面。

检验方法：尺量。

10.2.81 复合土工膜上、下砂垫层的压实质量应符合设计要求。

检验数量：施工单位全数检查；监理单位按施工单位检查数量的20%见证检验。

检验方法：按现行行业标准《铁路工程土工试验规程》TB 10102规定的方法进行检测。

一般项目

10.2.82 毛细水隔断层设置范围应符合设计要求,其允许偏差为±150 mm。

检验数量:施工单位每200 m等间距检查6点。

检验方法:尺量。

10.2.83 毛细水隔断层中各结构层厚度应符合设计要求,其允许偏差为±50 mm。

检验数量:施工单位每200 m等间距检查4个断面,每个断面左、中、右各1点。

检验方法:尺量,检查施工记录。

10.2.84 毛细水隔断层顶面的高程、中线至边缘距离、宽度、横坡、平整度质量检验应符合表10.2.84的规定。

表10.2.84 毛细水隔断层质量检验

序号	检验项目	允许偏差	检验数量	检验方法
1	高程	±50 mm	沿线路纵向每200 m抽样检验3点	仪器测量
2	中线至边缘距离	0~100 mm	沿线路纵向每200 m抽样检验5处	尺量
3	宽度	不小于设计值	沿线路纵向每200 m抽样检验5处	尺量
4	横坡	±0.5%	沿线路纵向每200 m抽样检验5个断面	坡度尺量
5	平整度	不大于20 mm	沿线路纵向每200 m抽样检验5点	3.0 m直尺量

10.2.85 复合土工膜铺设时,应铺平,松紧适度,表面不得褶皱或损坏。

检验数量:施工单位每100 m等间距检查3点。

检验方法:观察、尺量。

10.2.86 复合土工膜设置范围、搭接长度、顶面平整度质量检验应符合表 10.2.86 的规定。

表 10.2.86 复合土工膜质量检验

序号	检验项目	允许偏差	检验数量	检验方法
1	设置范围	±150 mm	沿线路纵向每 100 m 等间距检查 3 点	尺量
2	搭接长度	0～50 mm	沿线路纵向每 100 m 等间距检查 3 点	尺量
3	顶面平整度	填土 50 mm 填石 100 mm	沿线路纵向每 100 m 等间距检查 5 点	尺量

10.3 基床以下路堤

Ⅰ 一般路堤填筑、物理改良土路堤填筑

10.3.1 填筑前应根据地形条件和设备组合选取代表性地段进行填筑压实工艺性试验,确定松铺厚度、碾压遍数、最优含水率等施工参数。

10.3.2 上、下相接的填筑层使用不同种类及颗粒条件的填料时,其粒径应满足 $D_{15}<4d_{85}$ 的要求。下部填土为化学改良土时,可不受此项规定限制。

10.3.3 块石类填料填筑路基时,石块应大小搭配、嵌塞紧密、摊铺厚度均匀,边坡码砌应随路堤施工同步进行。

主控项目

10.3.4 路堤填料种类、质量应符合设计要求及现行行业标准《铁路路基工程施工质量验收标准》TB 10414 的相关规定。

10.3.5 基床以下路堤填筑应符合下列规定:

1 每一水平层的全宽应采用同一种填料填筑。

2 碾压时,填料的含水量应控制在由工艺性试验确定的最优含水率范围内;每层填料的摊铺厚度及碾压遍数,应按工艺性试验确定的参数进行控制。

3 碾压时,各区段交接处应互相重叠压实,纵向搭接长度不应小于2.0 m,纵向行与行之间的轮迹重叠不小于400 mm,上、下两层填筑接头应错开不小于3.0 m。

检验数量:施工单位、监理单位区间正线路基沿线路纵向连续长度每200 m、站场路基每$1.0×10^4$ m^2每层按大致均匀分布抽样检验3处。

检验方法:观察、尺量,查验出场(厂)检验报告。

10.3.6 基床以下路堤的压实质量应符合设计要求和表10.3.6的规定。站场路基基床以下路堤的压实质量应符合设计要求。

表10.3.6 基床以下路堤的压实标准

轨道类型	设计速度(km/h)	填料	压实标准		
			压实系数K	地基系数K_{30}(MPa/m)	7 d饱和无侧限抗压强度(kPa)
有砟轨道	160,140	细粒土、砂类土	≥0.90	≥80	—
		砾石类、碎石土	≥0.90	≥110	—
		块石类	≥0.90	≥130	—
		化学改良土	≥0.90	—	≥200
无砟轨道	—	砾类土及细砾土	≥0.92	≥110	—
	—	碎石类及粗砾类	≥0.92	≥130	—
	—	化学改良土	≥0.92	—	≥250

检验数量:区间正线路基连续长度每200 m、站场路基每$1.0×10^4$ m^2,施工单位每压实层均匀检验压实系数6点。另外,每填高约600 mm检验地基系数4点。监理单位按施工单位抽检数量的20%平行检验压实系数,按施工单位抽检数量的20%见证检验地基系数,且均不少于1次。

检验方法:按现行行业标准《铁路工程土工试验规程》

TB 10102 规定的试验方法进行检验。

10.3.7 按过渡段设计的短路基基床以下路堤填料种类、质量应符合设计要求及现行行业标准《铁路路基工程施工质量验收标准》TB 10414 的相关规定。

10.3.8 按过渡段设计的短路基基床以下路堤压实标准应符合本标准表 10.5.6 的规定。

检验数量：施工单位每段短路基每压实层，按大致均匀分布抽样检验压实系数 3 点；每填高约 600 mm 按大致均匀分布抽样检验地基系数 2 点。监理单位按施工单位抽检数量的 20% 平行检验压实系数，按施工单位抽检数量的 20% 见证检验地基系数，且均不少于 1 次。

检验方法：按现行行业标准《铁路工程土工试验规程》TB 10102 规定的试验方法进行检验。

一般项目

10.3.9 浸水路堤浸水与非浸水分界防护高程质量检验应符合表 10.3.9 的规定。

表 10.3.9 浸水路堤浸水与非浸水分界防护高程质量检验

检验项目	允许偏差(mm)	检验数量	检验方法
分界防护高程	0～100	沿线路纵向每 200 m 抽样检验 2 点	仪器测量

检验数量：施工单位按表 10.3.9 检查；监理单位抽样检验。

10.3.10 基床以下路堤顶面宽度、横坡质量检验应符合表 10.3.10 的规定。

表 10.3.10 基床以下路堤顶面质量检验

序号	检验项目	允许偏差	检验数量	检验方法
1	顶面宽度	不小于设计宽度	区间正线路基沿线路纵向连续长度每 200 m 抽样检验 3 个断面	尺量
2	顶面横坡	±1%		坡度尺量
3	中线至边缘距离	±50 mm		尺量

检验数量:施工单位按表 10.3.10 检查;监理单位抽样检验。

10.3.11 反压护道顶面高程、宽度、横坡质量检验应符合表 10.3.11 的规定。

表 10.3.11 反压护道质量检验

序号	检验项目	允许偏差	检验数量	检验方法
1	顶面高程	±50 mm	沿线路纵向每 200 m 抽样检验 3 个断面	仪器测量
2	顶面宽度	不小于设计宽度		尺量
3	顶面横坡	±1%		坡度尺测量

检验数量:施工单位按表 10.3.11 检查;监理单位抽样检验。

Ⅱ 化学改良土路堤填筑

10.3.12 填筑施工前,应依据地形和设备组合选取代表性地段进行化学改良土填筑压实工艺性试验,确定主要施工参数。

10.3.13 应按工艺试验确定的参数进行制备和碾压。填料不应含有灰团,粒径大于 15 mm 的土块含量不应大于 15%,且最大颗粒粒径应不大于 30 mm。压实后应色泽一致,无灰条和花面。

主控项目

10.3.14 化学改良土填料的种类应符合设计要求,质量应符合现行行业标准《铁路路基工程施工质量验收标准》TB 10414 的相关规定。

10.3.15 基床以下路堤下化学改良土填筑应内在密实、板结良好,其压实系数不应小于 0.90,7 d 饱和无侧限抗压强度不应小于 200 kPa。

检验数量:区间正线路基沿线路纵向连续长度每 200 m,施工单位每压实层按大致均匀分布检验压实系数 6 点、7 d 饱和无侧限抗压强度 4 点。监理单位按施工单位抽检数量的 20% 平行检验压实系数和 7 d 饱和无侧限抗压强度,且均不少于 1 次。

检验方法:按现行行业标准《铁路工程土工试验规程》

TB 10102 规定的方法检验；无侧限抗压强度试样应从现场已摊铺好的填料中抽样，在室内按要求的压实指标成型，并按规定进行养护和 7 d 饱和无侧限抗压强度试验。

一般项目

10.3.16 基床以下路堤化学改良土的一般项目检验应符合本标准第 10.3.9～10.3.11 条的规定。

Ⅲ 加筋路堤填筑

10.3.17 填筑施工前，应依据地形和设备组合选取代表性地段进行加筋土填筑压实工艺性试验，确定主要施工参数。

10.3.18 加筋土路堤填筑过程中，严禁施工机械直接在加筋材料上行走。

10.3.19 加筋材料受力方向上的连接应牢固，连接强度不应低于材料的抗拉强度。

10.3.20 一般路堤填料及物理改良土填筑应符合本标准第 10.3.2 条的规定，化学改良土填筑应符合本标准第 10.3.13 条的规定。

主控项目

10.3.21 加筋材料的品种、规格应符合设计要求，质量应符合现行行业标准《铁路路基工程施工质量验收标准》TB 10414 的相关规定。

10.3.22 加筋材料的铺设位置、层数、方向及连接方法应符合设计要求。

检验数量：施工单位、监理单位沿线路纵向长度每 200 m 检验 3 处。

检验方法：观察、计数。

10.3.23 加筋土路堤填料类别、质量应符合设计要求。普通填料及物理改良土填料、化学改良土填料使用前应核对现行行业标准《铁路路基工程施工质量验收标准》TB 10414 相关材料质量验收结果,并引用、存档。

10.3.24 加筋土路堤的填筑应符合本标准10.3.5条的规定。

10.3.25 加筋土路堤的压实质量应符合本标准第10.3.6条和第10.3.15条的规定。

一般项目

10.3.26 加筋材料铺设的搭接宽度、层间距、搭接缝错开距离、回折长度质量检验应符合表10.3.26的规定。

表10.3.26 加筋材料铺设质量检验

序号	检验项目	允许偏差(mm)	检验数量	检验方法
1	加筋材料搭接宽度	0~100	沿线路纵向每200m各抽样检验4处	尺量
2	加筋材料层间距	±50		仪器测量
3	加筋材料搭接缝错开距离	±50		尺量
4	加筋材料回折长度	±50		尺量

检验数量:施工单位按表10.3.26检查;监理单位抽样检验。

10.3.27 基床以下加筋土路堤填筑的允许偏差及检验应符合本标准第10.3.9~10.3.11条的规定。

Ⅳ 软土地基上路堤填筑

10.3.28 软土地基上进行填筑施工前,应依据地基条件和设备组合进行路堤填筑压实工艺性试验,确定主要施工参数。

10.3.29 软土地基上路堤填筑高度接近临界高度时,应按设计要求加密沉降观测频次,严格控制填筑速率,并应随施工过程及时分析观测数据以指导施工。

主控项目

10.3.30 软土地基上填筑路堤时,填筑速率应符合设计要求。地面中心竖向位移和边桩横向位移的昼夜变形限值应符合设计要求。

检验数量:施工单位按设计要求的观测精度和观测频次进行

观测；监理单位每 5 d 检查 1 次观测情况，每 10 d 见证观测 1 次。

检验方法：仪器测量、尺量。

10.3.31 软土路堤反压护道宜与路堤本体同步填筑，反压护道与路堤本体分开填筑时，应在路堤填至临界高度前将护道填筑完成，其填筑高度应符合设计要求。

检验数量：施工单位每 200 m 等间距检查 3 个断面，每个断面左、右侧护道各 1 点；监理单位每 200 m 见证检验 1 个断面。

检验方法：观察、尺量。

10.3.32 软土路基反压护道的设置范围应符合设计要求。

检验数量：施工单位、监理单位全数检查。

检验方法：尺量。

10.3.33 软土地基上的路堤填筑压实质量应根据所填部位、所用填料及加筋方式分别符合本标准第 10.3 节的相关规定。

Ⅴ 路堤边坡成型

10.3.34 路堤边坡宜采用加宽超填施工，超填宽度按设计要求执行。

10.3.35 路基边坡宜采用机械刷坡。刷坡时，应采取挂线法控制边坡坡率和平整度，控制线间距宜为 10 m～15 m。

主控项目

10.3.36 路堤边坡超填部分应按路基的设计宽度、边坡坡率完成刷坡，坡率应符合设计要求，偏差不应大于设计值的 3%。

检验数量：施工单位、监理单位沿线路纵向每 200 m 每侧边坡检验 3 处，在两座桥梁、桥隧或隧道结构之间每侧边坡检验 3 处。

检验方法：水平尺、坡度尺测量。

10.3.37 路堤边坡应平顺、密实、稳固。

检验数量：施工单位、监理单位沿线路纵向每 200 m 每侧边坡抽样检验 3 处，在两座桥梁、桥隧或隧道结构之间每侧边坡抽样检验 3 处。

检验方法：观察、钢钎探查。

一般项目

10.3.38 路堤变坡点位置、平台位置及宽度质量检验应符合表 10.3.38 的规定。

表 10.3.38 路堤边坡尺寸质量检验

序号	检验项目	允许偏差(mm)	检验数量	检验方法
1	变坡点位置	±200	沿线路纵向每 200 m 每侧各抽样检验 3 点	仪器测量或尺量
2	平台位置	±100		仪器测量或尺量
3	平台宽度	−50～+100		尺量

注：变坡点、平台位置以位于路肩下的高度计。

检验数量：施工单位按表 10.3.38 检查；监理单位抽样检验。

10.4 基 床

Ⅰ 基床底层

10.4.1 填筑施工前，应依据地形和设备组合选取有代表性的地段进行填料填筑压实工艺性试验，确定主要施工参数。

10.4.2 在软土、松软土地基上填筑基床底层时，应符合本标准第 10.3.29 条的规定。

10.4.3 上、下相接的填筑层使用不同种类、不同颗粒条件的填料时，其粒径应满足 $D_{15} \leqslant 4d_{85}$ 的要求。下部填层为化学改良土时，可不受此项规定限制。

主控项目

10.4.4 基床底层填料的种类应符合设计要求，质量应符合现行行业标准《铁路路基工程施工质量验收标准》TB 10414 的相关规定。

10.4.5 基床底层普通填料及物理改良土填料分层填筑应符合

本标准第10.3.5条的规定。

10.4.6 化学改良土填筑应内在密实、板结良好,其压实质量应符合表10.4.6的规定及设计和相关验收标准的要求。

表 10.4.6 基床底层的压实标准

轨道类型	设计速度 (km/h)	填料		压实标准			
				压实系数 K	地基系数 K_{30} (MPa/m)	7 d 饱和无侧限抗压强度 (kPa)	动态变形模量 E_{vd} (MPa)
有砟轨道	160,140	A、B组	砾石类、碎石类	≥0.93	≥130	—	
			砂类土(粉细砂除外)	≥0.93	≥100	—	
		化学改良土		≥0.93	—	≥350	
无砟轨道	—	A、B组	砾石类、碎石类	≥0.95	≥150	—	≥40
			砂类土(粉细砂除外)细砾土	≥0.95	≥130	—	≥40
		化学改良土		≥0.95	—	≥350	

检验数量:区间正线路基沿线路纵向连续长度每200 m,施工单位每压实层按大致均匀分布检验压实系数6点。另外,每填高约600 mm按大致均匀分布检验地基系数4点,化学改良土每压实层按大致均匀分布检验7 d饱和无侧限抗压强度4组。监理单位按施工单位抽检数量的20%平行检验压实系数、地基系数、7 d饱和无侧限抗压强度或动态变形模量,且均不少于1次。

检验方法:按现行行业标准《铁路工程土工试验规程》TB 10102规定的试验方法进行检验。无侧限抗压强度试样应从已摊铺好填料的地段现场抽样,在室内按要求的压实密度成型,并按规定进行养护和无侧限抗压强度试验。

一般项目

10.4.7 基床底层各部位施工质量检验应符合表10.4.7的

规定。

表 10.4.7 基床底层各部位质量检验

序号	检验项目	允许偏差	检验数量	检验方法
1	顶面高程	−20 mm	沿线路纵向每 200 m 抽样检验 3 点	仪器测量
2	顶面宽度	不小于设计值	沿线路纵向每 200 m 抽样检验 3 个断面	尺量
3	顶面横坡	±0.5%	沿线路纵向每 200 m 抽样检验 3 个断面	坡度尺量

检验数量：施工单位按表 10.4.7 检查；监理单位抽样检验。

Ⅱ 基床表层

10.4.8 填筑施工前，应依据地形和设备组合选取有代表性的地段进行填料填筑压实工艺性试验，确定主要施工参数。

10.4.9 接触网支柱基础、渗水暗沟及电缆槽等施工时，应做好路基保护工作。

10.4.10 基床表层与下部填层之间应满足 $D_{15}<4d_{85}$ 的要求。下部填层为化学改良土时，可不受此项规定限制。

主控项目

10.4.11 基床表层填料种类应符合设计要求，质量应符合现行行业标准《铁路路基工程施工质量验收标准》TB 10414 的相关规定。

10.4.12 基床表层填料分层填筑应符合下列规定：

1 每一水平层的全宽应采用同一种填料填筑。

2 碾压时，填料的含水量应控制在由工艺性试验确定的最优含水率范围内；每层填料的摊铺厚度及碾压遍数，应按工艺性试验确定的参数进行控制。

3 碾压时，各区段交接处应互相重叠压实，纵向搭接长度不应小于 2.0 m，纵向行与行之间的轮迹重叠不小于 400 mm，上、下两层填筑接头应错开不小于 3.0 m。

检验数量：施工单位、监理单位区间正线路基沿线路纵向连续长度每 200 m、站场路基每 1.0×10^4 m²，每层按大致均匀分布检验 3 处。监理单位按施工单位检验数量的 10% 平行检验。

检验方法：观察、尺量。按现行行业标准《铁路工程土工试验规程》TB 10102 规定的试验方法检验含水量。

10.4.13 过渡段基床表层采用级配碎石掺水泥填筑时，水泥掺量允许偏差应为试验配合比确定水泥掺量的 0～1.0%。

检验数量：施工单位每工作班检验 1 次；监理单位按施工单位检验数量的 20% 见证检验。

检验方法：料场抽样，采用滴定法或仪器法检验。

10.4.14 基床表层压实质量应符合表 10.4.14 的规定及设计和相关验收标准的要求。

表 10.4.14 基床表层的压实标准

轨道类型	设计速度 (km/h)	填料		压实标准			
				压实系数 K	地基系数 K_{30} (MPa/m)	7 d 饱和无侧限抗压强度 (kPa)	动态变形模量 E_{vd} (MPa)
有砟轨道	160，140	级配碎石		≥0.95	≥150	—	—
		A1、A2 组	砾石类、碎石类	≥0.95	≥150	—	—
无砟轨道	—	级配碎石		≥0.97	≥190	—	≥55

检验数量：检测压实系数 K 时，按区间正线路基沿线路纵向连续长度每 200 m，施工单位每压实层按大致均匀分布检验 12 点。检测地基系数 K_{30} 时，区间正线路基沿线路纵向连续长度每 200 m、站场路基每 1.0×10^4 m²，施工单位每填高约 600 mm 按大致均匀分布检验地基系数 8 点，化学改良土每压实层按大致均匀分布检验 7 d 饱和无侧限抗压强度 8 处。监理单位按施工单

位检查数量的20%平行检验,且不少于1次。

检验方法:按现行行业标准《铁路工程土工试验规程》TB 10102规定的试验方法进行检验。

一般项目

10.4.15 基床表层顶面中线高程、路肩高程、中线至路肩边缘距离、宽度、横坡、平整度质量检验应符合表10.4.15的规定。

表10.4.15 基床表层顶面质量检验

序号	检验项目	允许偏差	检验数量	检验方法
1	顶面中线高程	－20 mm	沿线路纵向每200 m抽样检验3点	仪器测量
2	路肩高程	－20 mm	沿线路纵向每200 m抽样检验5点	仪器测量
3	中线至路肩边缘距离	0~100 mm	沿线路纵向每200 m抽样检验5处	尺量
4	宽度	不小于设计值	沿线路纵向每200 m抽样检验5处	尺量
5	横坡	±0.5%	沿线路纵向每200 m抽样检验5个断面	坡度尺量
6	平整度	≤20 mm	沿线路纵向每200 m抽样检验5点	3 m直尺量

检验数量:施工单位按表10.4.15检查;监理单位抽样检验。

10.5 过渡段

Ⅰ 过渡段填层及锥体填土

10.5.1 施工前,应依据地形和设备组合选择有代表性的过渡段作为试验段,进行过渡段填层及两侧和锥体填土的填筑压实工艺性试验,确定施工工艺参数。

10.5.2 过渡段填筑前,应根据场地情况,采取相应的临时排水措施。桥台背后排水系统应与过渡段填筑协调施工。

10.5.3 过渡段填层及锥体填筑应符合下列规定：

  1 过渡段及锥体填筑前应确认地基处理已经完成且验收合格。

  2 过渡段应与相邻的路堤及锥体同步施工，并将过渡段与连接路堤的碾压面按大致相同的水平分层高度同步填筑并均匀压实。

  3 桥台后 2.0 m 范围外及涵背等大型压路机能碾压到的部位，应采用大型压路机碾压；大型压路机碾压不到的部位或在台后 2.0 m 范围内、横向结构物的顶部填土厚度小于 1.0 m 时，应采用小型振动压实设备进行压实。

  4 横向结构物两侧的过渡段填筑应对称同步填筑，并与相邻路堤同时施工。

  5 掺水泥级配碎石应在填筑压实工艺性试验确定的时延内压实完毕。

主控项目

10.5.4 过渡段填料以及两侧及锥体种类应符合设计要求，质量应符合现行行业标准《铁路路基工程施工质量验收标准》TB 10414 的相关规定。

10.5.5 在填筑压实过程中，应保证桥台、横向结构物稳定，无损伤。

  检验数量：施工单位、监理单位全数检查。

  检验方法：观察。

10.5.6 采用掺水泥级配碎石混合料填筑的过渡段应内在密实、板结良好，其压实系数不应小于 0.93，地基系数不应小于 130 MPa/m。

  检验数量：施工单位每过渡段每压实层按大致均匀分布抽样检验压实系数 2 点；每填高约 600 mm，按大致均匀分布抽样检验地基系数 1 点。监理单位按施工单位抽检数量的 20% 平行检验压实系数,按施工单位抽检数量的 20% 见证检验地基系数,且均不少于 1 次。

检验方法:按现行行业标准《铁路工程土工试验规程》TB 10102 规定的方法进行检验。

10.5.7 过渡段两侧及锥体填筑压实质量应符合表 10.5.7 的规定及设计和相关验收标准的要求。

表 10.5.7 基床表层以下过渡段两侧及锥体填筑压实标准

填料		压实标准		
		压实系数 K	地基系数 K_{30}(MPa/m)	7 d 饱和无侧限抗压强度(kPa)
A、B组	砾石类、碎石类	≥0.93	≥130	—
	砂类土(粉细砂除外)	≥0.93	≥100	—
	化学改良土	≥0.93	—	≥350

注:过渡段两侧及锥体填料与基床表层以下过渡段填料相同时,压实标准应符合表 10.5.7 的规定。

检验数量:每过渡段每压实层施工单位检验压实系数 2 点,其中左、右各 1 点,每压实约 600 mm 厚检验地基系数 2 点,其中左、右各 1 点;化学改良土填筑时,每压实约 600 mm 厚增加检验无侧限抗压强度 1 组;每锥体部位每压实层施工单位增加检验压实系数和动态变形模量各 1 点。监理单位按施工单位检查数量的 20% 进行平行检验。

检验方法:按现行行业标准《铁路工程土工试验规程》TB 10102 规定的试验方法进行检验。无侧限抗压强度试样应从已摊铺好填料的地段现场抽样,在室内按要求的压实密度成型,并按规定进行养护和无侧限抗压强度试验。

一般项目

10.5.8 基层表层以下过渡段填层及锥体的纵向填筑长度、填筑宽度,路基顶面宽度、边坡坡率质量检验应符合表 10.5.8 的规定。

表10.5.8 基层表层以下过渡段填层及锥体质量检验

序号	检验项目	允许偏差	检验数量	检验方法
1	基层表层以下过渡段纵向填筑长度	不小于设计值	每层抽样检验3点，左、中、右各1点	尺量
2	过渡段填层填筑宽度	不小于设计值	每层抽样检验2点	尺量
3	路基顶面宽度	不小于设计值	每过渡段抽样检验2点	尺量
4	边坡坡率	3%设计值	每过渡段每侧抽样检验4点	坡度尺量

检验数量：施工单位按表10.5.8检查；监理单位抽样检验。

10.5.9 基层表层以下过渡段两侧及锥体质量检验应符合表10.5.9的规定。

表10.5.9 基层表层以下过渡段两侧及锥体质量检验

序号	检验项目	允许偏差	检验数量	检验方法
1	浸水路堤防护高程	0～100 mm	每过渡段抽样检验2点	尺量或仪器测量
2	路堤顶面宽度	不小于设计值	每过渡段每填层抽样检验2点	尺量
3	边坡坡率	3%设计值	每过渡段每侧抽样检验3点	坡度尺量

检验数量：施工单位按表10.5.9检查；监理单位抽样检验。

Ⅱ 过渡段混凝土填层

10.5.10 混凝土坍落度应按工艺性试验确定的参数进行控制，同一过渡段的混凝土应连续浇筑，并应在底层混凝土初凝前将上一层混凝土浇筑完毕。

主控项目

10.5.11 混凝土施工前,应按设计要求进行基底处理,基底应平整、密实、无积水,处理后的基底压实质量应符合设计要求。

检验数量:施工单位每过渡段检验 2 点;监理单位见证检验 1 点。

检验方法:观察基底外观,动力触探(N_{10})。

10.5.12 混凝土强度等级应符合设计要求。

检验数量:施工单位每 100 m³ 混凝土取试件 1 组,不足 100 m³ 亦制取 1 组试件;监理单位按施工单位检验数量的 20% 见证检验。

检验方法:现场制作试件,标准养护 28 d 进行混凝土抗压强度试验。

10.5.13 过渡段混凝土填层应密实、平整,不应有蜂窝、麻面等缺陷。

检验数量:施工单位、监理单位全数检查。

检验方法:观察。

一般项目

10.5.14 过渡段混凝土填层质量检验应符合表 10.5.14 的规定。

表 10.5.14 过渡段混凝土填层质量检验

序号	检验项目	允许偏差(mm)	检验数量	检验方法
1	过渡段混凝土填层中线高程	±10	每过渡段抽样检验 3 点	仪器测量
2	过渡段混凝土填层中线位置	±20	每过渡段抽样检验 3 处	仪器测量、尺量
3	过渡段混凝土填层纵向长度	不小于设计值	每过渡段抽样检验 3 处,左、中、右各 1 处	尺量
4	过渡段混凝土填层横向宽度	不小于设计值	每过渡段抽样检验 3 处	尺量

续表10.5.14

序号	检验项目	允许偏差(mm)	检验数量	检验方法
5	过渡段混凝土填层厚度	±10	每过渡段抽样检验3个断面,沿过渡段纵向均匀分布	仪器测量、尺量
6	过渡段混凝土填层平整度	≤15	每过渡段抽样检验3处	3m靠尺和塞尺量

检验数量:施工单位按表10.5.14检查;监理单位抽样检验。

Ⅲ 基坑回填

10.5.15 桥台后基坑及横向结构物基坑应在基底验收合格后进行基坑回填施工。

10.5.16 桥台后基坑及横向结构物基坑开挖后,应及时回填并分层压实。采用混凝土回填时,混凝土应连续浇筑并振捣密实。

10.5.17 基坑采用灰土回填时,灰土填料压实后应内在密实、板结良好。

主控项目

10.5.18 基坑回填所用填料的种类应符合设计要求,质量应符合现行行业标准《铁路路基工程施工质量验收标准》TB 10414的相关规定。

10.5.19 基坑采用混凝土回填时,混凝土强度等级应符合设计要求。

检验数量:施工单位每个基坑检验1组;监理单位每个基坑见证检验1组。

检验方法:在浇筑地点抽样制作混凝土试件,标准养护28 d,进行抗压强度试验。

10.5.20 基坑采用级配碎石或灰土回填时,应分层回填,并采用小型振动机械压实,其压实质量应满足$E_{vd} \geq 30$ MPa。

检验数量:施工单位每个基坑检验2点;监理单位每个基坑

见证检验1点。

检验方法:按现行行业标准《铁路工程土工试验规程》TB 10102规定的试验方法进行检验。

一般项目

10.5.21 基坑回填顶面高程的允许偏差应为±50 mm。

检验数量:施工单位每个基坑检验2点;监理单位抽样检验。

检验方法:仪器测量。

10.6 路基支挡工程

Ⅰ 重力式挡土墙

10.6.1 挡土墙浇筑混凝土时,应采取有效措施保证反滤层和泄水孔排水顺畅。

10.6.2 挡墙基坑开挖到达设计标高时,应核对持力层是否符合设计要求的层位,发现不符应及时向建设、设计和监理单位反馈。

主控项目

10.6.3 挡土墙所用钢筋、水泥、粗骨料、细骨料、掺和料、外加剂、水、石料(砌块)、土工合成材料、换填基础所用材料品种、规格应符合设计要求,质量应符合现行行业标准《铁路路基工程施工质量验收标准》TB 10414的相关规定。

10.6.4 明挖基坑开挖底面应完整、无伤损、无浮渣。台阶的平、立面应平顺,斜面地基应平整、无贴补。基坑地基承载力应符合设计要求。

检验数量:施工单位全数检查;监理单位见证检验。

检验方法:石质基坑采用现场目测鉴别方法;土质基坑采用动力触探($N_{63.5}$)检测地基承载力。

10.6.5 换填基础的底面高程应符合设计要求。

检验数量:施工单位每段换填基础检验5点(四角各1点,中间1点);监理单位见证检验。

检验方法：仪器测量。

10.6.6 换填填料的压实质量应符合设计要求。

检验数量：施工单位每压实层检验 3 点；监理单位见证检验，且不少于 1 点。

检验方法：按现行行业标准《铁路工程土工试验规程》TB 10102 规定的方法进行检验。

10.6.7 基础混凝土（砌筑砂浆）、桩身混凝土、承台（托梁）混凝土的强度等级应符合设计要求，其质量验收应符合本标准第 5 章的相关规定。

10.6.8 桩基础桩孔尺寸应符合设计要求。

检验数量：施工单位、监理单位全数检查。

检验方法：尺量或检孔器检测。

10.6.9 挡土墙桩基础桩孔底部的岩土层性质应符合设计要求。

检验数量：施工单位全数检查；监理单位按施工单位检查数量的 20% 见证检验。首桩应由设计单位现场确认。

检验方法：现场取样鉴别土层，并详细记录。

10.6.10 桩基础桩身钢筋的加工、连接、安装应符合本标准第 6.7 节的相关规定。

10.6.11 桩基础桩身混凝土应连续、完整。

检验数量：施工单位全数检查；监理单位见证检验。

检验方法：低应变检测、声波透射或其他无损检测方法。

10.6.12 桩基础承台（托梁）钢筋的规格、数量及钢筋的加工、连接、安装应符合本标准第 6.7 节的相关规定。

10.6.13 钢筋混凝土挡土墙墙身钢筋的加工、连接、安装应符合本标准第 6.7 节的相关规定。

10.6.14 钢筋混凝土挡土墙的钢筋保护层垫块材质、规格、位置和数量以及挡土墙墙身混凝土（砌筑砂浆）、隔水层混凝土和墙后泄水孔无砂透水混凝土板混凝土强度等级应符合设计要求，其质量验收应符合现行国家标准《混凝土结构工程施工质量验收规范》GB 50204 的有关规定。

10.6.15 挡墙片石混凝土中的片石掺入量应符合设计要求,片石间的净距不应小于 10 cm。

检验数量:施工单位、监理单位全数检查。

检验方法:片石掺入量采用计重法;片石间净距采用尺量。

10.6.16 挡土墙墙身及基础沉降缝(伸缩缝)的预留与塞封应符合设计要求,接缝平直、塞缝严密。沉降缝(伸缩缝)应为贯通缝,严禁切割墙体设置假缝。

检验数量:施工单位、监理单位全数检查。

检验方法:观察。

10.6.17 泄水孔孔径、位置、排水坡度应符合设计要求,保持排水通畅。

检验数量:施工单位、监理单位全数检查。

检验方法:观察、尺量、测排水坡。

10.6.18 墙后反滤层、袋装砂卵砾石层、透水土工布、隔水层的所用材料品种、规格、设置位置、构造尺寸应符合设计要求。

检验数量:沿线路连续挡土墙每 100 m 每 1 m 高度,施工单位检验 5 处;监理单位见证检验。

检验方法:观察、尺量。

10.6.19 墙背回填填料的性质应符合设计要求。

检验数量:挡土墙填筑过程中沿线路方向每连续 100 m,施工单位检验 1 次,不足 100 m 时亦按 100 m 计;监理单位见证检验。

检验方法:按现行行业标准《铁路工程土工试验规程》TB 10102 规定的方法进行检验。

10.6.20 墙背填筑的分层压实质量应符合设计要求。

检验数量:按现场施工划分的段落,施工单位每段每填层检验 3 点;监理单位见证检验。

检验方法：按现行行业标准《铁路工程土工试验规程》TB 10102规定的方法进行检验。

一般项目

10.6.21 明挖基坑的台阶尺寸、斜面基底坡率、基底高程质量检验应符合表10.6.21的规定。

表10.6.21 明挖基坑质量检验

序号	检验项目	允许偏差	检验数量	检验方法
1	台阶尺寸	±100 mm	每个基坑4点	尺量
2	斜面基底坡率	±1%	每个基坑4点	水平尺与楔形尺量计算
3	基底高程	−50 mm~0	每个基坑5点	仪器测量

检验数量：施工单位按表10.6.21检查；监理单位抽样检验。

10.6.22 明挖基础顶面高程、前边缘距路基中线距离、基础宽度、基础襟边的宽度和高度、起讫里程（长度）、沉降缝（伸缩缝）位置及宽度质量检验应符合表10.6.22的规定。

表10.6.22 明挖基础质量检验

序号	检验项目	允许偏差（mm）	检验数量	检验方法
1	基础顶面高程	±20	每个基坑3点	仪器测量
2	前边缘距路基中线距离	0~50	每个基坑3点	钢尺量
3	基础宽度	±50	每个基坑3点	尺量
4	基础襟边宽度、高度	±20	每明挖基坑基础段3组	尺量
5	起讫里程（长度）	±100	每不同结构尺寸段1处	仪器测量、尺量
6	沉降缝（伸缩缝）位置	±50	每道	尺量
7	沉降缝（伸缩缝）宽度	±4	每个基坑6处	尺量

注：非水平基础底面高程应检测墙趾、墙踵处高程。

检验数量：施工单位按表 10.6.22 检查；监理单位抽样检验。

10.6.23 换填基础的顶面高程、换填深度、边缘距路基中线的距离、起讫里程质量检验应符合表 10.6.23 的规定。

表 10.6.23 换填基础质量检验

序号	检验项目	允许偏差(mm)	检验数量	检验方法
1	顶面高程	±20	3点	仪器测量
2	换填深度	±50	3点	仪器测量
3	边缘距路基中线距离	0~50	3处	钢尺量
4	起讫里程	±100	1组	仪器测量、尺量

检验数量：施工单位按表 10.6.23 检查；监理单位抽样检验。

10.6.24 墙前基坑回填应分层夯填密实，其质量应符合设计要求。

检验数量：施工单位每个基坑检验 3 点；监理单位见证检验。

检验方法：按现行行业标准《铁路工程土工试验规程》TB 10102 规定的试验方法进行检验。

10.6.25 桩基础的桩顶平面位置、桩顶(底)高程等项目的检验数量及检验方法应符合本标准第 6.3 节的相关规定。

10.6.26 桩身钢筋骨架伸入承台长度、钢筋骨架直径、主钢筋间距、加强筋间距、箍筋间距或螺旋筋间距、钢筋骨架垂直度、钢筋保护层厚度质量检验应符合表 10.6.26 的规定。

表 10.6.26 桩身钢筋骨架施工质量检验

序号	检验项目	允许偏差(mm)	检验数量	检验方法
1	钢筋骨架伸入承台长度	±100	全数检查	尺量
2	钢筋骨架直径	±20		
3	主钢筋间距	±0.5d	每根桩每项检验不少于5处	尺量
4	加强筋间距	±20		
5	箍筋间距或螺旋筋间距	±20		

续表10.6.26

序号	检验项目	允许偏差(mm)	检验数量	检验方法
6	钢筋骨架垂直度	骨架长度1‰	全数检查	吊线、尺量
7	钢筋保护层厚度	0～+10	每根桩检验两端、中间各2处	尺量

注：d 为钢筋直径。

检验数量：施工单位按表10.6.26检查；监理单位抽样检验。

10.6.27 承台（托梁）顶面高程、边缘距路基中线距离、宽度、起讫里程、沉降缝（伸缩缝）位置及宽度允许偏差、检验数量及检验标准应符合本标准第10.6.22条的规定。

10.6.28 墙身前边缘距线路中线距离、墙身厚度、顶面高程、泄水孔间距、起讫里程、沉降缝（伸缩缝）位置和宽度质量检验应符合表10.6.28的规定。

表10.6.28 挡土墙墙身质量检验

序号	检验项目	允许偏差mm	检验数量	检验方法
1	前边缘距线路中线距离	0～20	3处	仪器测量、尺量
2	墙身厚度（前缘至后缘）	0～20	3处	尺量
3	顶面高程	±20	3点	仪器测量
4	泄水孔间距	±20	抽样检验10%	尺量
5	起讫里程	±100	全数检查	仪器测量、尺量
6	沉降缝（伸缩缝）位置	±50	每道缝	尺量
7	沉降缝（伸缩缝）宽度	±4	6处	尺量

检验数量：施工单位按表10.6.28检查；监理单位抽样检验。

10.6.29 墙面垂直度、斜度、平整度质量检验应符合表10.6.29的规定。

表 10.6.29 挡土墙墙面质量检验

序号	检验项目		允许偏差	检验数量	检验方法
1	垂直度	$h\leqslant 6$ m	10 mm	3 处	吊线、尺量
2		$h>6$ m	15 mm	3 处	吊线、尺量
3	斜度		±3%设计斜度	3 处	坡度尺或吊线、尺量
4	平整度		20 mm	3 处	3 m 直尺量

注:非垂直墙面应检测斜度。

检验数量:施工单位按表 10.6.29 检查;监理单位抽样检验。

10.6.30 墙后反滤层透水土工布搭接方式应符合设计要求,搭接宽度允许偏差应为 0~50 mm。

检验数量:施工单位每条搭接缝抽样检验 3 处;监理单位抽样检验。

检验方法:观察、尺量。

10.6.31 浆砌片石(块石、砌块)的表面砌缝宽度、每找平一次的砌筑高度、两层间竖向错缝、三块片石相接处的内切圆直径和砌筑方式应符合现行行业标准《铁路路基工程施工质量验收标准》TB 10414 的相关规定。

Ⅱ 悬臂式和扶壁式挡土墙

10.6.32 挡土墙凸榫应按照设计尺寸开挖,其混凝土应与墙底板(墙趾板、墙踵板)同时浇筑,并在底板宽度方向上不间断,一次浇筑成型。

10.6.33 每段墙的趾板、踵板、立臂板和肋(扶壁)的钢筋应一次绑扎、安装成型。

10.6.34 立臂板混凝土强度达到设计强度的 70%以上方可进行墙背填筑。

主控项目

10.6.35 挡土墙所用钢筋、水泥、粗骨料、细骨料、掺和物、外加剂、土工合成材料等原材料的品种、规格应符合设计要求,质量应符合现行行业标准《铁路路基工程施工质量验收标准》TB 10414 的相关规定。挡土墙中墙趾板、墙踵板、墙面板、扶壁钢筋的加工、连接、安装应符合设计要求,质量应符合本标准第 6.7 节的相关规定。

10.6.36 明挖基坑施工质量应符合设计要求,其质量验收应符合本标准第 10.6.4 条的规定。

10.6.37 趾板、踵板、立臂板、扶壁的混凝土强度等级以及挡土墙的钢筋保护层垫块材质、规格、位置和数量应符合设计要求,其质量验收应分别符合本标准第 5 章和第 6.7 节的相关规定。

10.6.38 墙身沉降缝(伸缩缝)的施工质量应符合设计要求,其质量验收应符合本标准第 10.6.16 条的规定。

10.6.39 墙后泄水孔及反滤层的施工质量应符合设计要求,其质量验收应符合本标准第 10.6.18 条的规定。

10.6.40 墙背填料及填筑压实的施工质量应符合设计要求,其质量验收应符合本标准第 10.6.19、10.6.20 条的规定。

一般项目

10.6.41 明挖基坑各部尺寸允许偏差、检验数量及检验方法应符合本标准第 10.6.21 条的规定。

10.6.42 趾板、踵板顶面高程、前边缘距路基中线距离、宽度、起讫里程、沉降缝(伸缩缝)位置及宽度等允许偏差、检验数量及检验方法应符合本标准第 10.6.22 条的规定。

10.6.43 趾板、踵板后基坑的回填施工质量应符合设计要求,其质量验收应符合本标准第 10.6.24 条的规定。

10.6.44 扶壁的垂直度、斜度、平整度允许偏差、检验数量及检验方法应符合本标准第 10.6.29 条的有关规定。

10.6.45 墙身前边缘距线路中线距离、墙身厚度、顶面高程、泄水孔间距、起讫里程允许偏差、检验数量及检验方法应符合本标准第 10.6.28 条的规定。

10.6.46 墙身垂直度、斜度、平整度允许偏差、检验数量及检验方法应符合本标准第 10.6.29 条的规定。

10.6.47 墙后反滤层透水土工布搭接方式和搭接宽度应符合本标准第 10.6.30 条的规定。

Ⅲ 槽型挡土墙

10.6.48 侧墙混凝土强度达到设计强度后方可进行墙背填筑。

主控项目

10.6.49 挡土墙所用钢筋、水泥、粗骨料、细骨料、掺和物、外加剂、土工合成材料等原材料的品种、规格应符合设计要求,质量应符合现行行业标准《铁路路基工程施工质量验收标准》TB 10414 的相关规定。

10.6.50 墙背防水层、止水带所用土工合成材料的设置位置、铺设层数、方向和连接方法应符合设计要求。

检验数量:施工单位、监理单位沿线路方向每 100 m 检查 5 处。

检验方法:观察、计数、尺量。

10.6.51 底板、侧墙钢筋的加工、连接、安装应符合设计要求和本标准第 6.7 节的相关规定。

10.6.52 底板、侧墙的混凝土强度等级、钢筋保护层垫块材质、规格、位置和数量应符合设计要求,其质量验收应符合本标准第 6.7 节的相关规定。

10.6.53 挡土墙侧墙及底板沉降缝(伸缩缝)的施工质量应符合设计要求,其质量验收应符合本标准第 10.6.16 条的规定。

10.6.54 挡土墙内净空尺寸应符合设计要求,其允许偏差为 -20 mm~50 mm。

检验数量:施工单位、监理单位沿线路方向每 10 m 检查 2 处,左、右侧各 1 处。

检验方法:尺量。

10.6.55 侧墙与底板、相邻底板、相邻侧墙的连接钢筋预留长度应符合设计要求,每节的底板(侧墙)混凝土应连续浇筑一次成型。

检验数量:施工单位、监理单位全数检查。

检验方法:观察、尺量。

10.6.56 墙后泄水孔及反滤层的施工质量应符合设计要求,其质量验收应符合本标准第10.6.17~10.6.19条的规定。

10.6.57 墙背回填料填料的性质应符合设计要求。

检验数量:挡土墙填筑过程中沿线路方向每连续100 m,施工单位抽样检验1次,不足100 m时亦按100 m计;监理单位按施工单位检验数量的20%见证检验,且每个连续挡土墙见证检验不少于1次。

检验方法:按现行行业标准《铁路工程土工试验规程》TB 10102规定的方法进行检验。

10.6.58 墙背填筑的分层压实质量应符合设计要求。

检验数量:按现场施工段划分的段落,施工单位每段填层检验3点,监理单位每层见证检验2点。

检验方法:按现行行业标准《铁路工程土工试验规程》TB 10102规定的方法进行检验。

一般项目

10.6.59 明挖基坑各部尺寸允许偏差、检验数量及检验方法应符合本标准第10.6.4和10.6.21条的规定。

10.6.60 底板、侧墙顶面高程、前边缘距路基中线距离、宽度、起讫里程、沉降缝(伸缩缝)位置及宽度等允许偏差、检验数量及检验方法应符合本标准第10.6.28条的规定。

10.6.61 侧墙的垂直度、斜度、平整度允许偏差、检验数量及检验方法应符合本标准第10.6.29条的规定。

10.6.62 墙背防水层、止水带所用土工合成材料质量检验应符合表10.6.62的规定。

表 10.6.62 土工合成材料质量检验

序号	检验项目	允许偏差(mm)	检验数量	检验方法
1	铺设范围	不小于设计值	沿线路纵向每100 m各抽样检验3处,且每检验批不少于3处	尺量,查验施工记录
2	搭接宽度	0~50		
3	竖向间距	±30		
4	上、下层接缝错开距离	±50		
5	回折长度			

检验数量:施工单位按表 10.6.62 检查;监理单位抽样检验。

Ⅳ 桩板式挡土墙

10.6.63 桩板式挡土墙锚固桩的施工及质量验收应符合现行行业标准《铁路路基工程施工质量验收标准》TB 10414 的相关规定。

10.6.64 预制挡土板应在混凝土强度达到设计强度 75% 以上后方可运输、吊装。

10.6.65 墙后填土应在锚固桩混凝土强度达到设计强度 70% 后方可施工。

主控项目

10.6.66 桩板式挡土墙所用钢筋、水泥、粗骨料、细骨料、掺和物、外加剂等原材料的品种、规格、质量应符合设计要求和现行行业标准《铁路路基工程施工质量验收标准》TB 10414 的相关规定。

10.6.67 锚固桩施工及质量验收应符合现行行业标准《铁路路基工程施工质量验收标准》TB 10414 的相关规定。

10.6.68 桩身地上部分应按设计预埋铁件或设置翼缘。预埋铁件或翼缘的规格、尺寸、数量应符合设计要求。

检验数量:施工单位、监理单位全数检查。

检验方法:观察、尺量、计数。

10.6.69 挡土板钢筋的加工、连接、安装应符合设计要求和现行行业标准《铁路路基工程施工质量验收标准》TB 10414 的相关规定。

10.6.70 挡土板的钢筋保护层垫块材质、规格、位置和数量应符合设计要求,其质量验收应符合现行国家标准《混凝土结构工程施工质量验收规范》GB 50204 的有关规定。

10.6.71 挡土板混凝土强度等级应符合设计要求,其质量验收应符合本标准第 5 章的相关规定。

10.6.72 挡土板与锚固桩的连接处理应符合设计要求。

检验数量:施工单位、监理单位全数检查。

检验方法:观察、尺量。

10.6.73 路堤挡土墙挡土板背后路基填料及填筑质量应符合现行行业标准《铁路路基工程施工质量验收标准》TB 10414 的相关规定。

10.6.74 反滤层施工应随墙背回填同时进行,其质量验收应符合本标准第 10.6.18 条的规定。

一般项目

10.6.75 锚固桩孔中心位置、孔底高程、桩孔垂直度的允许偏差、检验数量及检验方法应符合现行行业标准《铁路路基工程施工质量验收标准》TB 10414 的相关规定。

10.6.76 锚固桩钢筋骨架加工、安装尺寸的允许偏差、检验数量及检验方法应符合现行行业标准《铁路路基工程施工质量验收标准》TB 10414 的相关规定。

10.6.77 桩身露出部分应规则、平整,无蜂窝、麻面现象。

检验数量:施工单位全数检查;监理单位抽样检验。

检验方法:观察。

10.6.78 桩身顶面高程的允许偏差、检验数量及检验方法应符合现行行业标准《铁路路基工程施工质量验收标准》TB 10414 的相关规定。

10.6.79 挡土板长度、宽度、厚度质量检验应符合表 10.6.79 的规定。

表 10.6.79 挡土板长度、宽度、厚度质量检验

序号	检验项目	允许偏差(mm)	检验数量	检验方法
1	长度	-5~10	全数检查	尺量
2	宽度	±5	全数检查	尺量
3	厚度	±5	全数检查	尺量

检验数量：施工单位按表 10.6.79 检查；监理单位抽样检验。

10.6.80 挡土板钢筋原材料、加工、安装及保护层的允许偏差应符合设计要求，其质量验收应符合本标准第 5.5 节及 6.6 节的相关规定。

10.7 路基防护

Ⅰ 绿色防护

10.7.1 路基边坡采用绿色防护时，不应影响路基边坡的稳定性。

10.7.2 采用喷混植生坡面防护时，喷层应与基面牢固结合。周边与基面之间应无空隙，锚杆锚固材料应无外露现象，周边应封严。

10.7.3 植生袋种植土宜现场装袋，并沿坡面铺设整齐。

主控项目

10.7.4 边坡绿色防护的防护范围应符合设计要求，并应沿坡面连续覆盖。

检验数量：施工单位、监理单位全数检查。
检验方法：观察、尺量。

10.7.5 边坡植物的品种、规格应符合设计要求。

检验数量：施工单位、监理单位每 500 m² 抽样检验 5 处。
检验方法：观察、尺量。

10.7.6 植株的品质应符合设计要求,并应符合下列规定:

1 色泽正常,不应有病、虫害。

2 木本植物应植株健壮,基干通直,顶芽无损伤,分枝均匀,冠形完整,根系发达,土球包装完整。

3 嫁接苗接口应完全愈合,接口平整、牢固。

检验数量:施工单位、监理单位每进场批检验1次植株品质证明文件,检验总植株数的10%,监理单位按施工单位检验数量的20%见证检验。

检验方法:查验植株品质证明文件,观察、测量植株品质。

10.7.7 边坡植物种植的密度、数量、株距、行距、树穴的直径和深度应符合设计要求。

检验数量:施工单位、监理单位按面积检验5%。

检验方法:观察、尺量。

10.7.8 边坡客土厚度应符合设计要求。

检验数量:施工单位、监理单位沿线路每侧边坡连续每500 m抽样检验5个断面,每个断面上、中、下检验共3点。

检验方法:观察、尺量。

10.7.9 固土网垫、立体植被护坡网、土工格室、植生带(袋)等土工合成材料的品种、规格应符合设计要求,质量应符合现行行业标准《铁路路基工程施工质量验收标准》TB 10414的相关规定。

10.7.10 固土网垫、立体植被护坡网、土工格室、植生带(袋)等土工合成材料的铺设范围、连接和固定方式应符合设计要求。

检验数量:施工单位、监理单位全数检查。

检验方法:随铺设层观察。

10.7.11 固土网垫、立体植被护坡网、土工格室、植生带(袋)等充填的种植土土质、喷混植生制作基材所用种植土、养生材料、挂网材料、锚杆、水泥等材料的规格、品种应符合设计要求,质量应符合现行行业标准《铁路路基工程施工质量验收标准》TB 10414的相关规定。

10.7.12 喷混植生锚杆的布置形式及间距应符合设计要求。

检验数量：施工单位、监理单位每坡面检验锚杆数量的10%。

检验方法：观察、尺量。

10.7.13 喷混植生锚杆注浆体强度等级、锚杆抗拔力、锚头及锚杆未锚入土层部分的处理应符合设计要求，其质量验收应符合现行行业标准《铁路路基工程施工质量验收标准》TB 10414 的相关规定。

10.7.14 喷混植生喷射基材厚度应符合设计要求。

检验数量：施工单位、监理单位沿坡面每100 m长抽样检验5个断面，每个断面检验3点。

检验方法：观察预埋标志尺。

一般项目

10.7.15 边坡绿色防护覆盖率、成活率的检验数量及检验方法应符合现行行业标准《铁路路基工程施工质量验收标准》TB 10414 的相关规定。

10.7.16 固土网垫、立体植被护坡网、土工格室、植生带（袋）等土工合成材料铺设的搭接宽度、上下边埋入土深度、回转长度、固定钉长度、固定钉间距质量检验应符合表10.7.16的规定。

表10.7.16 固土网垫、立体植被护坡网、土工格室、植生带（袋）等土工合成材料质量检验

序号	检验项目	允许偏差(mm)	检验数量	检验方法
1	搭接宽度	0～30	沿线路纵向长度每500 m各抽样检验5处	尺量
2	上、下边埋入土深度	不小于设计值		
3	回转长度	不小于设计值		
4	固定钉长度	不小于设计值		
5	固定钉间距	+50		

检验数量：施工单位按表10.7.16检查；监理单位抽样检验。

10.7.17 喷混植生防护各部质量检验应符合表10.7.17的规定。

表10.7.17　喷混植生防护各部质量检验

序号	检验项目	允许偏差	检验数量	检验方法
1	平面位置	±50 mm	每段护坡抽样检验4点	仪器测量
2	底面高程	±50 mm	每段护坡抽样检验3点	
3	坡顶高程	−20 mm	每段护坡抽样检验3点	
4	坡度	1%	每段护坡抽样检验3点	吊垂线
5	挂网搭接宽度	+50 mm	每个搭接缝检验3点	尺量

注：每500 m护坡作为一段，每段护坡长不足500 m按500 m计。

检验数量：施工单位按表10.7.17检查；监理单位抽样检验。

Ⅱ　骨架护坡

10.7.18 干砌砌筑应紧密，纵横搭叠应压缝，大面应平顺整齐，符合设计要求。

10.7.19 预制混凝土构件骨架护坡施工时，预制混凝土构件间砂浆应饱满，砌筑后外表整齐，勾缝顺直。

10.7.20 混凝土浇筑骨架护坡施工时，应分段放样、分段施工；骨架边线应顺直，骨架沟槽内不应有松土。

主控项目

10.7.21 现浇混凝土所用原材料品种、规格以及预制件的品种、规格、强度应符合设计要求，质量应符合现行行业标准《铁路路基工程施工质量验收标准》TB 10414的相关规定。

10.7.22 现浇混凝土、施工用砂浆强度等级应符合设计要求，其质量验收应分别符合本标准第5章和第6.8节的相关规定。

10.7.23 干砌砌筑所用石料、砌块的规格、质量应符合设计要求和现行行业标准《铁路路基工程施工质量验收标准》TB 10414的相关规定。

10.7.24 坡骨架应与边坡密贴，无空洞。

检验数量：施工单位、监理单位每500 m防护坡面抽样检验3处。

检验方法：观察。

10.7.25 骨架护坡镶边、截水缘与骨架连接应符合设计要求。

检验数量：施工单位、监理单位沿线路每 500 m 防护坡面抽样检验 5 处。

检验方法：观察。

10.7.26 沉降缝（伸缩缝）的设置、缝宽与缝的塞封应符合设计要求，其质量验收应符合本标准第 10.6.16 条的规定。

一般项目

10.7.27 混凝土预制件结构尺寸质量检验应符合表 10.7.27 的规定。

表 10.7.27 混凝土预制件结构尺寸质量检验

序号	检验项目	允许偏差（mm）	检验数量	检验方法
1	边长	5		
2	对角线长	5	抽样检验 2%	尺量
3	厚度	−2～4		

检验数量：施工单位按表 10.7.27 检查；监理单位抽样检验。

10.7.28 骨架护坡质量检验应符合表 10.7.28 的规定。

表 10.7.28 骨架护坡质量检验

序号	检验项目	允许偏差（mm）	检验数量	检验方法
1	平面位置	50	每段护坡抽样检验 4 点	尺量、仪器测量
2	基底高程	50	每段护坡抽样检验 3 点	尺量、仪器测量
3	坡顶高程	−20	每段护坡抽样检验 3 点	尺量、仪器测量
4	骨架净距	50	每段护坡抽样检验 6 处（上、中、下部各 2 处）	尺量
5	骨架宽度及边槽高度	≥设计值		尺量
6	骨架厚度及嵌置深度	≥设计值		尺量
7	护肩、镶边及基础厚度、宽度	≥设计值	每段护坡抽样检验 3 组	尺量

续表10.7.28

序号	检验项目	允许偏差(mm)	检验数量	检验方法
8	踏步宽度、厚度	≥设计值	每段护坡抽样检验1处	尺量
9	坡面平整度	≤40	每段护坡抽样检验3处	3.0 m长直尺测量

注：每500 m护坡作为一段，每段护坡长不足500 m亦按500 m计。

检验数量：施工单位按表10.7.28检查；监理单位抽样检验。

10.7.29 骨架间植物防护覆盖率、成活率的检验数量及检验方法应符合本标准第10.7.15条的规定。

Ⅲ 挡水埝

10.7.30 施工前应对挡水埝的设计位置进行核实。

10.7.31 挡水埝的防渗加固应按设计要求及时施作完成。

主控项目

10.7.32 混凝土、砌体所用钢筋、水泥、砂、骨料等材料品种、规格、质量应符合设计要求。

检验数量：施工单位全数检查；监理单位见证取样。

检验方法：观察、检查质量证明文件、试验检验。

10.7.33 混凝土强度等级应符合设计要求，其质量验收应符合本标准第5章的相关规定。

10.7.34 砌筑用砂浆的强度等级应符合设计要求，其质量验收应符合本标准第6.8节的相关规定。

10.7.35 浆砌砌筑所用片石、预制砌块的品种、规格、质量应符合设计要求。

检验数量：施工单位全数检查；监理单位见证取样。

检验方法：观察、检查质量证明文件、试验检验。

10.7.36 挡水埝所用砂、碎石垫层或土工合成材料的品种、规格、质量应符合设计要求。

检验数量：施工单位全数检查；监理单位见证取样。

检验方法:观察、检查质量证明文件、试验检验。

10.7.37 挡水板的品种、规格、质量应符合设计要求。

检验数量:施工单位全数检查;监理单位见证取样。

检验方法:观察、检查质量证明文件、试验检验。

10.7.38 挡水板坑槽底应平整,槽壁无尖锐石块及凸出物,坑槽深度及宽度应符合设计要求。

检验数量:施工单位、监理单位全数检查。

检验方法:观察、尺量。

10.7.39 挡水板的插设范围、深度和连接方式应符合设计要求。

检验数量:施工单位、监理单位全数检查。

检验方法:观察、尺量。

10.7.40 挡水板坑槽应采用小型压实机械分层回填压实,其压实质量应符合设计要求。

检验数量:施工单位每压实层每 100 m 抽样检验动力触探(N_{10})或动态变形模量 2 点;监理单位按施工单位检验数量的 20% 见证检验,且不少于 2 点。

检验方法:按现行行业标准《铁路工程土工试验规程》TB 10102 规定的方法进行检验。

10.7.41 挡水埝填筑所用填料类型、质量应符合设计要求。

检验数量:施工单位全数检查;监理单位见证取样。

检验方法:观察、试验检验。

10.7.42 挡水埝应分层填筑压实,其压实质量应符合设计要求。

检验数量:施工单位每压实层每 100 m 检验压实系数或动态变形模量 2 点;监理单位见证检验。

检验方法:按现行行业标准《铁路工程土工试验规程》TB 10102 规定的方法进行检验。

一般项目

10.7.43 挡水埝顶面高程、宽度、边坡坡率、内侧至护道(路堤)坡脚距离质量检验应符合表 10.7.43 的规定。

表 10.7.43 挡水埝质量检验

序号	检验项目	允许偏差	检验数量	检验方法
1	顶面高程	±50 mm	每段挡水埝检验2点	仪器测量
2	顶面宽度	不小于设计值	每段挡水埝检验2处	尺量
3	边坡坡率	5%设计值	每段挡水埝每侧检验2处	坡度尺量
4	内侧至护道(路堤)坡脚距离	不小于设计值	每段挡水埝检验2处	尺量

注：每 500 m 防护作为一段，长度不足 500 m 亦按一段计。

检验数量：施工单位按表 10.7.43 检查；监理单位抽样检验。

10.8 路基防排水

Ⅰ 地表排水

10.8.1 地表及站场排水沟、侧沟、天沟、平台截水沟、急流槽、吊沟挡水墙等地表排水设施应与天然沟渠和相邻的桥涵、隧道、车站、道口等排水设备衔接配合，组成完整的排水系统。

10.8.2 地表及站场排水设施施工期间，施工单位不应破坏工程范围以外的地表植被或排水径路。

10.8.3 地表及站场排水设施应根据工程特点、环境和气候特点组织施工。

10.8.4 各种预制构件的安装应符合设计要求。

主控项目

10.8.5 各种排水设施的混凝土及砌体所用的水泥、粗骨料、细骨料、石材、掺和料、外加剂、水、钢筋、土工合成材料、预制构件、沟底垫层、反滤层的品种、规格应符合设计要求，质量应符合现行行业标准《铁路路基工程施工质量验收标准》TB 10414 的相关规定。

10.8.6 地表排水设施开挖断面、排水纵坡应符合设计要求,沟底地基应稳固、平整、密实,不应有杂物和积水。

检验数量:施工单位、监理单位检查3处。

检验方法:尺量、观察、水准测量。

10.8.7 沟底垫层、反滤层、封闭层的结构形式、设置位置、厚度应符合设计要求。

检验数量:施工单位、监理单位检查3个断面。

检验方法:观察、尺量。

10.8.8 钢筋的加工、连接、安装应符合设计要求和本标准第6.7节的相关规定。

10.8.9 钢筋保护层垫块的材质、规格、位置和数量以及混凝土和砂浆强度等级应符合设计要求,其质量验收应分别符合本标准第5章和第6.7、6.8节的相关规定。

10.8.10 地表排水设施平面位置应符合设计要求,其纵坡应和实际地形相协调,排水通畅,不得反坡。

检验数量:施工单位、监理单位检查3处。

检验方法:观察、尺量、水准仪测量。

10.8.11 地表排水设施泄水孔设置的位置、布置形式、尺寸、数量应符合设计要求,且能有效排水。

检验数量:施工单位、监理单位全数检查。

检验方法:观察、尺量。

10.8.12 沉降缝(伸缩缝)的位置及塞封应符合设计要求。

检验数量:施工单位、监理单位全数检查。

检验方法:观察、尺量。

10.8.13 地表排水设施迎水侧沟壁不应高出地面,沟(槽)顶应与地面顺接。

检验数量:施工单位、监理单位全数检查。

检验方法:观察、尺量。

一般项目

10.8.14 地表排水设施铺砌背后及顶部与地面之间应填塞密实,沟(槽)的底和边应平顺整齐。

检验数量:施工单位全数检查;监理单位抽样检验。

检验方法:观察。

10.8.15 预制件结构尺寸的允许偏差、检验数量及检验方法应符合本标准第10.7.27的规定。

10.8.16 地面排水沟设置范围、高程、坡度、平整度、宽度、深度、铺砌厚度、沟顶高程、预制件安装错台质量检验应符合表10.8.16的规定。

表10.8.16 地面排水沟各施工项目质量检验

序号	检验项目	允许偏差		检验数量	检验方法
		浆砌排水沟	现浇或预制排水沟		
1	设置范围	±200 mm	±100 mm	每条沟2处	测量
2	沟底高程	土质±20 mm,石质±30 mm,铺砌沟±20 mm		3点	水准仪测量
3	沟底坡度	5%设计坡度		3处	坡度尺量
4	沟底平整度	土质15 mm,石质30 mm,铺砌沟15 mm		3处	尺量
5	宽度	−20 mm~50 mm	±20 mm	3处	尺量
6	深度	−30 mm~100 mm	±20 mm	3处	尺量
7	铺砌厚度	−10%设计厚度	不小于设计厚度	3处	尺量
8	沟顶高程	−30 mm~0	−20 mm~0	3点	水准仪测量
9	预制件安装错台	—	5 mm	6点	尺量

检验数量:施工单位按表10.8.16检查;监理单位抽样检验。

Ⅱ 地下排水

10.8.17 地下排水设施应与地表排水系统衔接配套,并确保排水畅通。

10.8.18 地下排水设施结构形式应符合设计要求;渗滤材料的充填应均匀、密实,各种反滤层设置以及预制构件的安装应符合设计要求。

主控项目

10.8.19 地下排水设施混凝土、砂浆和砌体所用的的水泥、粗骨料、细骨料、石材、掺和料、外加剂、水、钢筋、土工合成材料、预制构件(管、板等)以及垫层、反滤层的品种、规格应符合设计要求,质量应符合现行行业标准《铁路路基工程施工质量验收标准》TB 10414 的相关规定。

10.8.20 地下排水设施地基应稳固、密实,不应有杂物。

　　检验数量:施工单位检查5处;监理单位检查2处。
　　检验方法:观察。

10.8.21 垫层、反滤层、封闭层的结构形式、设置位置、厚度等构造尺寸应符合设计要求。

　　检验数量:施工单位检查5个断面;监理单位检查2个断面。
　　检验方法:观察、尺量。

10.8.22 土工合成材料铺设层数和连接方法应符合设计要求。

　　检验数量:施工单位、监理单位每 100 m 检查3处。
　　检验方法:观察、尺量,查验施工记录。

10.8.23 渗水管铺设位置、连接方法应符合设计要求。

　　检验数量:施工单位、监理单位对管道铺设位置检查4处,检查每个连接处。
　　检验方法:观察、测量。

10.8.24 钢筋的加工、连接、安装应符合设计要求和本标准第 6.7 节的相关规定。

10.8.25 钢筋保护层垫块的材质、规格、位置和数量以及混凝土、砂浆和喷射混凝土强度等级应符合设计要求,其质量验收应符合本标准第 5 章和第 6.7、6.8 节的相关规定。

10.8.26 地下排水设施设渗水孔时,其最下排渗水孔底部位置应符合设计要求。

检验数量:施工单位、监理单位全数检查。

检验方法:观察、尺量。

10.8.27 沉降缝(伸缩缝)的位置及塞封应符合设计要求。

检验数量:施工单位、监理单位全数检查。

检验方法:观察、尺量。

10.8.28 检查井相关附属设备安装应符合设计要求,井盖应密贴。

检验数量:施工单位、监理单位全数检查。

检验方法:观察、尺量。

10.8.29 渗井开挖断面应符合设计要求。

检验数量:施工单位、监理单位全数检查。

检验方法:观察、尺量。

10.8.30 渗井构造及深度、渗滤层材料铺设应符合设计要求。

检验数量:施工单位、监理单位全数检查。

检验方法:观察、测量。

一般项目

10.8.31 土工织物铺设应绷紧、押平,不应褶皱、损坏,且无老化、无污染。

检验数量:施工单位全数检查;监理单位抽样检验。

检验方法:观察。

10.8.32 地下排水设施中心位置、沟底高程、断面尺寸、排水纵坡、预制件安装错台质量检验应符合表 10.8.32 的规定。

表10.8.32 地下排水设施中心位置、沟底高程、断面尺寸、排水纵坡、预制件安装错台质量检验

序号	检验项目	允许偏差	检验数量	检验方法
1	中心位置	±50 mm	每侧3点	通过检查井引点,仪器测量
2	沟底高程	±20 mm	8点	通过检查井,水准仪测量
3	断面尺寸	−20 mm～50 mm	2处	尺量
4	排水纵坡	±5%设计坡度	2处	水准仪测量
5	预制件安装错台	5 mm	3处	尺量

检验数量:施工单位按表10.8.32检查;监理单位抽样检验。

10.8.33 检查井的位置、井底高程、净空尺寸、井盖与相邻路基面高差质量检验应符合表10.8.33的规定。

表10.8.33 检查井各施工项目质量检验

序号	检验项目		允许偏差(mm)	检验数量	检验方法
1	检查井位置	纵向	±50	每10座抽查2座	仪器测量、尺量
2		横向	−20～50		
3	井底高程		±30	每10座抽查2座	水准仪测量
4	净空尺寸(内径、深度)		±30	每10座抽查2座	尺量
5	井盖与相邻路基面高差		0～10	每10座抽查2座	水准仪测量、尺量

检验数量:施工单位按表10.8.33检查;监理单位抽样检验。

10.8.34 渗井平面位置、深度、反滤层厚度、搭接长度、断面尺寸、预制件安装错台质量检验应符合表10.8.34的规定。

表10.8.34 渗井各施工项目质量检验

序号	检验项目	允许偏差(mm)	检验数量	检验方法
1	平面位置	±50	1处	仪器测量
2	深度	0～100	1点	尺量

续表10.8.34

序号	检验项目	允许偏差(mm)	检验数量	检验方法
3	反滤层厚度	±30	2处	尺量
4	土工合成材料搭接长度	0~30	每井每分层2处	尺量
5	断面尺寸	-20~50	2处	尺量
6	预制件安装错台	±5	3处	尺量

检验数量：施工单位按表10.8.34检查；监理单位抽样检验。

Ⅲ 坡体排水

10.8.35 坡体地表排水系统(支撑渗沟)应相互衔接、整体配套。

主控项目

10.8.36 坡体排水系统所用的水泥、粗骨料、细骨料、石材、掺和料、外加剂、水等材料以及垫层、反滤层的品种、规格应符合设计要求，质量应符合现行行业标准《铁路路基工程施工质量验收标准》TB 10414的相关规定。

10.8.37 排水沟(支撑渗沟)沟底地基应稳固、密实，不应有杂物。

检验数量：施工单位、监理单位全数检查。
检验方法：观察。

10.8.38 混凝土、砂浆的强度等级应符合设计要求，其质量验收应分别符合本标准第5章和第6.7、6.8节的相关规定。

10.8.39 排水沟(支撑渗沟)沟底垫层、反滤层、封闭层的结构形式和设置应符合设计要求。

检验数量：施工单位、监理单位全数检查。
检验方法：观察、尺量。

10.8.40 支撑渗沟充填用碎石、片石应符合设计要求和现行行业标准《铁路路基工程施工质量验收标准》TB 10414的相关规定。

10.8.41 仰斜排水孔的孔径、位置、长度、排水坡度、数量和连接应符合设计要求，且保持排水通畅。

检验数量:施工单位、监理单位全数检查。

检验方法:观察、计数、炮棍法测排水坡、尺量。

一般项目

10.8.42 支撑渗沟的砌筑与充填应密实。

检验数量:施工单位全数检查;监理单位抽样检验。

检验方法:观察。

10.8.43 支撑渗沟中心间距、沟身长度、断面尺寸、反滤层厚度、封闭层厚度质量检验应符合表10.8.43的规定。

表10.8.43 支撑渗沟各施工项目质量检验

序号	检验项目	允许偏差(mm)	检验数量	检验方法
1	中心间距	±100	2处	尺量
2	沟身长度	±100	1处	尺量
3	断面尺寸	−20~50	2处	尺量
4	反滤层厚度	±30	每分层2处	尺量
5	封闭层厚度	−10%设计厚度	3处	尺量

检验数量:施工单位按表10.8.43检查;监理单位抽样检验。

Ⅳ 过渡段排水

10.8.44 过渡段无砂混凝土透水板应紧贴台背,不应错位。

10.8.45 过渡段填筑不应损坏台背软式透水管和渗水板及其基础。

主控项目

10.8.46 混凝土、无砂混凝土透水板所用的水泥、粗骨料、细骨料、水等材料以及软式透水管的品种、规格应符合设计要求,质量应符合本标准第5章的相关规定。

10.8.47 无砂混凝土透水板的品种、规格、质量应符合设计要求,外观完整、无破损。

检验数量:施工单位、监理单位全数检查。

检验方法：观察，查验产品质量证明文件。

10.8.48 过渡段软式透水管、无砂混凝土透水板设置位置、范围、坡度应符合设计要求，排水通畅。

检验数量：每个过渡段施工单位、监理单位全数检查。

检验方法：观察、尺量、仪器测量。

10.8.49 混凝土、无砂透水混凝土的强度等级应符合设计要求，其质量验收应符合本标准第 5 章的相关规定。

10.8.50 过渡段渗水盲沟质量应符合设计要求，其质量验收应符合本标准第 10.8.2 条的规定。

10.8.51 过渡段软式透水管、横向排水盲沟出口应与路基排水设施衔接，组成完整的排水系统。

检验数量：每个过渡段施工单位、监理单位全数检查。

检验方法：观察。

10.9 路基附属工程

Ⅰ 电缆槽（井）

10.9.1 电缆槽（井）的结构形式应符合设计要求，电缆槽（井）施工时不应影响路基的稳定与安全。

10.9.2 电缆槽（井）应平顺连接，电缆槽盖板应铺设平稳、牢固。

主控项目

10.9.3 混凝土和砂浆所用的的水泥、粗骨料、细骨料、掺和料、外加剂、水、钢筋等材料以及预制构件的品种、规格应符合设计要求，质量应符合本标准第 5 章的相关规定。

10.9.4 电缆槽（井）开挖断面应符合设计要求，电缆槽（井）的地基应稳固、密实，不应有杂物和积水。

检验数量：施工单位、监理单位每 200 m 电缆槽检验 5 处，电缆井全部检验。

检验方法：观察。

10.9.5 电缆槽(井)的垫层材料品种、规格应符合设计要求,质量应符合现行行业标准《铁路路基工程施工质量验收标准》TB 10414 的相关规定。

10.9.6 垫层、找平层的结构形式、位置、厚度应符合设计要求。

检验数量:施工单位、监理单位每 200 m 检验 5 个断面。

检验方法:观察、尺量。

10.9.7 混凝土和砂浆强度等级应符合设计要求,其质量验收应分别符合本标准第 5 章和第 6.8 节的相关规定。

10.9.8 预制电缆槽应拼装平顺,接缝咬合良好,接口处理及节间勾缝应符合设计要求。

检验数量:施工单位、监理单位全数检查。

检验方法:观察。

10.9.9 电缆槽(井)泄水孔的布置形式、位置、孔径、数量应符合设计要求,并确保排水通畅。

检验数量:施工单位、监理单位全数检查。

检验方法:观察、尺量。

一般项目

10.9.10 电缆井靠线路侧外壁距线路中线距离、底面高程、截面尺寸、井壁及盖板顶面高程质量检验应符合表 10.9.10 的规定。

表 10.9.10 电缆井各施工项目质量检验

序号	检验项目	允许偏差(mm)	检验数量	检验方法
1	电缆井靠线路侧外壁距线路中线距离	+20	每个电缆井抽样检验 2 点	尺量
2	底面高程	±10	每个电缆井抽样检验 3 点	水准仪测量
3	截面尺寸	+10	每个电缆井抽样检验 3 处	尺量
4	盖板顶面高程	±10	每个电缆井抽样检验井壁 2 点、盖板顶面 2 点	水准仪测量

检验数量:施工单位按表 10.9.10 检查;监理单位抽样检验。

10.9.11 电缆槽距线路中线距离、盖板顶面高程、相邻槽节安装错台、相邻盖板顶面高差、相邻槽节错台质量检验应符合表 10.9.11 的规定。

表 10.9.11 电缆槽各施工项目质量检验

序号	检验项目	允许偏差(mm)	检验数量	检验方法
1	距线路中线距离	20	每侧抽样检验5处	尺量
2	盖板顶面高程	±10	每侧抽样检验5处	水准仪测量
3	相邻槽节顶面高差	±5	每侧抽样检验5处	尺量
4	相邻盖板顶面高差	±2	每侧抽样检验5处	尺量
5	相邻槽节错台	±5	每侧抽样检验5处	尺量

检验数量:施工单位按表 10.9.11 检查;监理单位抽样检验。

10.9.12 电缆槽预埋件中心位置和预留孔的留置质量检验应符合表 10.9.12 的规定。

表 10.9.12 电缆槽预埋件施工项目质量检验

序号	检验项目		允许偏差(mm)	检验数量	检验方法
1	预埋件中心位置		±3	抽样检验2%	尺量
2	预留孔留置	中心位置	±5	抽样检验2%	尺量
3		尺寸	10	抽样检验2%	尺量

检验数量:施工单位按表 10.9.12 检查;监理单位抽样检验。

Ⅱ 接触网支柱基础

10.9.13 接触网支柱基础的结构形式应符合设计要求,接触网支柱基础施工时不应破坏渗水暗沟等结构物,且不应影响路基的稳定与安全。

主控项目

10.9.14 接触网支柱基础所用水泥、粗骨料、细骨料、石材、掺和料、外加剂、水、钢筋等材料的品种、规格应符合设计要求,质量应符合本标准第 5.2 节的相关规定。

10.9.15 接触网支柱基础预埋件和接地端子的品种、规格、质量应符合设计要求。

　　检验数量:施工单位、监理单位全数检查。

　　检验方法:查验每批产品质量证明文件和性能报告单,观察。

10.9.16 接触网支柱基础平面位置应符合设计要求。

　　检验数量:施工单位、监理单位全数检查。

　　检验方法:观察、尺量、仪器测量。

10.9.17 接触网支柱基础的基坑开挖断面应符合设计要求,地基应稳固、密实,不应有杂物和积水。

　　检验数量:施工单位、监理单位全数检查。

　　检验方法:尺量、观察。

10.9.18 接触网支柱基础混凝土强度等级应符合设计要求,其质量验收应符合本标准第 5 章的相关规定。

10.9.19 预埋件数量、位置、型号和接地端子应符合设计要求。

　　检验数量:施工单位、监理单位全数检查。

　　检验方法:观察、尺量。

一般项目

10.9.20 接触网支柱基础距线路中线位置、沿线路纵向位置、截面尺寸、埋置深度质量检验应符合表 10.9.20 的规定。

表 10.9.20　接触网支柱基础施工质量检验

序号	检验项目	允许偏差(mm)	检验数量	检验方法
1	距线路中线位置	20	抽样检验支柱数量 10%	尺量
2	沿线路纵向位置	±50	抽样检验支柱数量 10%	仪器测量
3	截面尺寸	50	抽样检验支柱数量 10%	尺量
4	埋置深度	不小于设计值	抽样检验支柱数量 10%	仪器测量

　　检验数量:施工单位按表 10.9.20 检查;监理单位抽样检验。

Ⅲ 声屏障基础

10.9.21 声屏障基础施工质量及验收应符合现行行业标准《铁路声屏障工程施工质量验收标准》TB 10428 的有关规定。

Ⅳ 预埋管、综合接地

10.9.22 预埋管和综合接地线的埋设形式应符合设计要求，施工时不应影响路基的稳定与安全。综合接地地线埋设施工及验收应符合现行行业标准《铁路防雷及接地工程技术规范》TB 10180 的有关规定。

主控项目

10.9.23 预埋管、综合接地的贯通地线及分支引接线等进场材料的品种、规格、质量应符合设计要求。

检验数量：施工单位、监理单位全数检查。

检验方法：查验每批产品质量证明文件和性能报告单。

10.9.24 预埋管、综合接地的贯通地线及分支引接线的设置位置、方式应符合设计要求。

检验数量：施工单位、监理单位全数检查。

检验方法：观察、尺量。

10.9.25 预埋管基础的形式及材料应符合设计要求。当基础为混凝土时，则其强度应达到设计强度的 70% 后方可进行后续施工。

检验数量：施工单位、监理单位全数检查。

检验方法：观察、查验混凝土试验报告。

10.9.26 预埋管内部应光滑、无毛刺，埋设前应将管口磨光。

检验数量：施工单位、监理单位全数检查。

检验方法：观察。

Ⅴ 检查设备

10.9.27 检查梯、栏杆等检查设施应顺直整齐,且与实际地形协调一致。

10.9.28 检查梯、栏杆等金属检查设施应做好防锈、防腐、防滑等处理,涂刷应均匀、色泽一致,不应有露底、起壳、脱皮现象。非金属栏杆外观完好,不应露筋。

10.9.29 检查梯的踏面应水平并防滑,棱线应顺直。

10.9.30 高边坡分级平台的位置应符合设计要求。

10.9.31 检查井的井身混凝土表面应平顺光洁。井盖形状、拉手安设应符合设计要求,井盖应安装平稳、密贴。

主控项目

10.9.32 检查设施所用的水泥、粗骨料、细骨料、石材、掺和料、外加剂、水、钢筋等材料的品种、规格应符合设计要求,质量应符合现行行业标准《铁路路基工程施工质量验收标准》TB 10414 的相关规定。

10.9.33 栏杆和涂料的品种、规格、质量应符合设计要求。

检验数量:施工单位、监理单位全数检查。

检验方法:查验质量证明文件,观察。

10.9.34 栏杆立柱的间距应符合设计要求,设置应稳固。杆件连接应牢靠。

检验数量:施工单位、监理单位全数检查。

检验方法:观察、尺量。

10.9.35 金属栏杆杆件的涂料涂刷层数、涂刷施工质量应符合设计要求。

检验数量:施工单位、监理单位全数检查。

检验方法:观察。

10.9.36 混凝土、砂浆的强度等级应符合设计要求,其质量验收应符合现行国家标准《混凝土结构工程施工质量验收规范》

GB 50204 和《预拌砂浆》GB/T 25181 的有关规定。

一般项目

10.9.37 栏杆、检查梯平面位置、构件断面尺寸、安装尺寸、检查梯(台)尺寸、平台宽度质量检验应符合表 10.9.37 的规定。

表 10.9.37 栏杆、检查梯平面位置、构件断面尺寸、安装尺寸、检查梯(台)尺寸、平台宽度质量检验

序号	检验项目	允许偏差(mm)	检验数量	检验方法
1	平面位置	±100	3 处	仪器测量
2	预制构件断面尺寸	±5%设计值	抽查 10%构件,1 组	尺量
3	安装尺寸	±20	抽查 10%构件,1 组	尺量
4	检查梯(台)尺寸	±30	抽查 5 级,2 处	尺量
5	平台宽度	−5～20	抽查 5 级,2 处	尺量

检验数量:施工单位按表 10.9.37 检查;监理单位抽样检验。

10.9.38 检查井位置、井底高程、净空尺寸、井盖直径、井盖厚度、井盖与相邻路基面高差质量检验应符合表 10.9.38 的规定。

表 10.9.38 检查井各施工项目质量检验

序号	检验项目		允许偏差(mm)	检验数量	检验方法
1	检查井位置	纵向	±50	每处检查井	仪器测量
2		横向	−20～50	每处检查井	仪器测量
3	井底高程		±30	每处检查井	仪器测量
4	净空尺寸(内径、深度)		±30	每处检查井	尺量
5	井盖直径		±10	每个井盖	尺量
6	井盖厚度		不小于设计值	每个井盖	尺量
7	井盖与相邻路基面高差		0～10	每处检查井	仪器测量

检验数量:施工单位按表 10.9.38 检查;监理单位抽样检验。

Ⅵ 防护栅栏

10.9.39 防护栅栏应在基础混凝土强度达到设计强度的70%后进行安装,安装应牢固。

主控项目

10.9.40 防护栅栏所用的水泥、粗骨料、细骨料、石材、外加剂、水、钢筋、型钢等材料以及预制构件的品种、规格应符合设计要求,质量应符合本标准第5章的相关规定。

10.9.41 防护栅栏用各类材料、构配件的品种、规格、质量应符合设计要求。

检验数量:施工单位、监理单位全数检查。

检验方法:查验每批产品质量证明文件和性能报告单,观察。

10.9.42 涂料的品种、规格、质量应符合设计要求。

检验数量:施工单位、监理单位全数检查。

检验方法:查验质量证明文件,观察。

10.9.43 防护栅栏立柱基坑尺寸应符合设计要求,坑壁应垂直。

检验数量:施工单位、监理单位全数检查。

检验方法:观察、尺量。

10.9.44 混凝土、砂浆的强度等级应符合设计要求,其质量验收应符合本标准第5章和第6.8节的相关规定。

10.9.45 陡坡地段防护栅栏下部与地面间的封闭应符合设计要求。

检验数量:施工单位、监理单位每200 m检查5处。

检验方法:观察、尺量。

10.9.46 金属栏杆杆件的涂料涂刷层数、涂刷质量应符合设计要求,不应漏涂。

检验数量:施工单位、监理单位全数检查。

检验方法:观察。

10.9.47 防护栅栏有关标志、标识的设置位置、结构尺寸应符合设计要求。
　　检验数量:施工单位、监理单位全数检查。
　　检验方法:观察、尺量。

一般项目

10.9.48 防护栅栏设置应平顺,与地面密贴。
　　检验数量:施工单位全数检查;监理单位抽样检验。
　　检验方法:观察。

11 轨 道

11.1 一般规定

11.1.1 本章适用于正线、到发线、配线、车场线及试车线的轨道结构、道岔、钢轨伸缩调节器、轨道安全设备及附属设备工程的施工质量验收。

11.1.2 轨道分部分项工程及检验批宜按本标准附录 C.0.6 进行划分。

11.1.3 轨道所涉及综合接地工程的施工质量验收应符合本标准第 27 章的相关规定。

11.1.4 用于减振道床的轨道隔振垫的橡胶制品的外观质量、材质及性能指标除执行国家现行标准外,尚应符合现行国家标准《轨道交通用道床隔振垫》GB/T 39705 的要求。

11.2 普通双块式无砟道床

Ⅰ 混凝土底座及限位凹槽

主控项目

11.2.1 钢筋原材料的质量检验应符合本标准第 5.5 节的规定。

11.2.2 钢筋加工、连接方式、接头、安装质量应符合设计要求和现行标准《铁路混凝土工程施工质量验收标准》TB 10424 的相关规定。

11.2.3 混凝土到达施工现场后,应确认混凝土强度等级、配合比等符合设计及相关要求。

检验数量:施工单位、监理单位全数检查。

检验方法:检查混凝土质量证明文件。

11.2.4 混凝土的强度等级应符合设计要求。

检验数量:施工单位同一配合比每浇筑 100 m³ 取样不应少于 1 次,单次浇筑不足 100 m³ 时取样 1 次;监理单位按施工单位检验数量的 20% 进行平行检验。

检验方法:抗压强度试验。

一般项目

11.2.5 钢筋加工允许偏差应符合现行行业标准《铁路混凝土工程施工质量验收标准》TB 10424 的相关规定。

11.2.6 钢筋骨架的绑扎应稳固,缺扣、松扣的数量不应超过绑扎扣数的 5%。

检验数量:施工单位每施工段两端及中间各检查 2 处;监理单位抽样检验。

检验方法:观察和手扳检查。

11.2.7 钢筋的绑扎安装允许偏差应符合现行行业标准《铁路混凝土工程施工质量验收标准》TB 10424 的相关规定。

11.2.8 混凝土保护层垫块的间距、布置形式应符合设计要求。

检验数量:施工单位每施工段两端及中间各检查 2 处;监理单位抽样检验。

检验方法:观察、尺量。

11.2.9 底座外形尺寸质量检验应符合表 11.2.9 的规定。

表 11.2.9 底座外形尺寸质量检验

序号		检验项目	允许偏差(mm)
1	底座	长度	±10
		宽度	±10
		顶面高程	±10
		中线位置	3
		平整度	10/3 m

续表11.2.9

序号	检验项目		允许偏差(mm)
2	凹槽	中线位置	5
		相邻凹槽中心间距	±10
		横向宽度	±5
		纵向宽度	±5
		深度	±10

检验数量：施工单位按表 11.2.9 每施工段至少抽检 10 处；监理单位抽样检验。

检验方法：专用仪器测量。

11.2.10 底座混凝土结构表面应密实、平整、颜色均匀，不应有露筋、蜂窝、孔洞、疏松、麻面和缺棱掉角等缺陷。

检验数量：施工单位、监理单位全数检查。

检验方法：观察。

11.2.11 混凝土结构表面裂缝宽度不应大于 0.2 mm。

检验数量：施工单位全数检查；监理单位抽样检验。

检验方法：观察或刻度放大镜检查。

Ⅱ 隔离层、弹性垫层

主控项目

11.2.12 隔离层及弹性垫层规格、材质应符合设计要求。

检验数量：施工单位、监理单位全数检查。

检验方法：对照设计文件核查产品说明书和质量证明。

11.2.13 隔离层应铺贴平整、无破损，接缝处及边沿无翘起、重叠、空鼓、皱褶、脱层或封口不严等缺陷。

检验数量：施工单位、监理单位全数检查。

检验方法：观察。

11.2.14 弹性垫层与凹槽侧面应粘贴牢固，顶面与底座表面平齐,接缝处及周边无翘起、空鼓、皱褶、脱层或封口不严等缺陷。

检验数量:施工单位、监理单位全数检查。

检验方法:观察。

一般项目

11.2.15 隔离层、弹性垫层的基底应平整清洁、干燥,不应有空鼓、空洞、蜂窝、麻面、浮砟、浮土和油污。

检验数量:施工单位全数检查;监理单位抽样检验。

检验方法:观察。

Ⅲ 混凝土道床板

主控项目

11.2.16 双块式轨枕的规格、型号应符合设计要求,表面应无裂纹,预埋套管内不应有混凝土淤块。

检验数量:施工单位、监理单位全数检查。

检验方法:观察。

11.2.17 扣件规格、型号应符合设计要求。

检验数量:施工单位、监理单位全数检查。

检验方法:观察。

11.2.18 轨排组装用工具轨应采用与正线轨型相同的钢轨,工具轨应无磨损、变形、损伤、毛刺等。

检验数量:施工单位、监理单位全数检查。

检验方法:观察、专用工具测量。

11.2.19 轨排支撑架应有足够的强度、刚度和稳定性,其材料质量及结构应符合施工工艺要求。支撑架应架设牢固,并与钢轨垂直,间距及安置应便于调整、拆卸和混凝土浇筑。

检验数量:施工单位、监理单位全数检查。

检验方法:检查相关工艺设计资料及材料质量证明文件,观察、测量。

11.2.20 道床混凝土浇筑前,轨排铺设及轨排精调质量检验应符合表 11.2.20-1 的规定。

表 11.2.20-1 无砟道床混凝土浇筑前轨排铺设及轨排精调质量检验

序号	检验项目	允许偏差(mm)			备注
		$V=160$ km/h	$V=140$ km/h	$V\leqslant120$ km/h	
1	轨距	±2	±2	−2~3	相对于标准轨距 1 435 mm
2	轨向	2	2	4	弦长 10 m
3	高低	2	2	4	弦长 10 m
4	水平	2	2	4	不包含曲线、缓和曲线上的超高值
5	扭曲	2	2	3	基长 3 m 不包含缓和曲线上由于超高顺坡所造成的扭曲量
6	高程	±5	±5	±5	—
7	中线	5	5	5	—

注：表中"轨向"为曲线时，应符合表 11.2.20-2 的规定。

表 11.2.20-2 轨道曲线正矢(10 m 弦量)调整允许偏差

序号	曲线半径(m)	缓和曲线正矢与计算正矢差(mm)	圆曲线正矢连续差(mm)	圆曲缓正矢量大与最小值差(mm)
1	$R\leqslant250$	4	6	9
2	$250<R\leqslant350$	3	5	7
3	$350<R\leqslant450$	2	4	5
4	$450<R\leqslant650$	2	3	4
5	$R>650$	1	2	3

检验数量：施工单位、监理单位按表 11.2.20-1 和表 11.2.20-2 全数检查。

检验方法：采用全站仪及轨道几何状态测量仪连续检测。

11.2.21 钢筋原材料的质量检验应符合本标准第 5.5 节的规定。

11.2.22 钢筋加工、连接、安装质量应符合现行行业标准《铁路混凝土工程施工质量验收标准》TB 10424 的相关规定。

11.2.23 钢筋间应按设计要求进行绝缘处理,绝缘电阻应符合设计要求。

检验数量:施工单位、监理单位全数检查。

检验方法:兆欧表测试。

11.2.24 钢筋间应按设计要求焊接接地钢筋和接地端子。

检验数量:施工单位、监理单位全数检查。

检验方法:观察、尺量。

11.2.25 混凝土到达施工现场后,应确认混凝土强度等级、配合比等符合设计及相关要求。

检验数量:施工单位、监理单位全数检查。

检验方法:检查混凝土质量证明文件。

11.2.26 混凝土的强度等级应符合设计要求。

检验数量:施工单位同一配合比每班次应取样 1 次制作试件;监理单位按施工单位检验数量的 20% 进行平行检验。

检验方法:抗压强度试验,检查试验报告。

一般项目

11.2.27 双块式轨枕表面应无碰损,桁架钢筋应无锈蚀掉块、扭曲变形,且不应有开焊或松脱。

检验数量:施工单位全数检查;监理单位抽样检验。

检验方法:观察、专用工具测量。

11.2.28 轨排组装应符合下列规定:

1 轨排左、右两根工具轨的端部接缝应相对,偏差不应大于 100 mm。

2 轨枕应方正,间距允许偏差不应大于 5 mm。

3 扣件应安装正确,无缺少、无损坏、无污染,扭力矩达到设计标准,弹条中趾部与轨距挡板凸出部分应密贴,最大空隙不应大于 0.5 mm。

检验数量:施工单位全数检查;监理单位抽样检验。

检验方法:观察、尺量。

11.2.29 钢筋加工允许偏差、接头设置、绑扎质量及安装允许偏差应符合设计要求及现行行业标准《铁路混凝土工程施工质量验收标准》TB 10424 的相关规定。

11.2.30 混凝土道床板外形尺寸质量检验应符合表 11.2.30 的规定。

表 11.2.30 混凝土道床板外形尺寸质量检验

序号	检验项目	允许偏差
1	顶面宽度	±10 mm
2	中线位置	2 mm
3	道床板顶面与承轨台面相对高差	±5 mm
4	平整度	5/1 000 mm
5	伸缩缝位置	10 mm
6	伸缩缝宽度	±5 mm
7	承轨面高程	−8 mm~2 mm
8	道床板表面排水坡	−1‰~3‰

检验数量:施工单位按表 11.2.30 每施工段至少抽检 10 处;监理单位抽样检验。

检验方法:专用仪器测量。

11.2.31 混凝土结构表面应密实、平整、颜色均匀,不应有露筋、蜂窝、孔洞、疏松、麻面和缺棱掉角等缺陷。

检验数量:施工单位、监理单位全数检查。

检验方法:观察。

11.2.32 混凝土结构表面裂缝宽度不应大于 0.2 mm。

检验数量:施工单位全数检查;监理单位抽样检验。
检验方法:观察或刻度放大镜检查。

11.2.33 道床板表面应整平、抹光,表面排水应顺畅,不应积水。
检验数量:施工单位全数检查;监理单位抽样检验。
检验方法:观察。

11.3 长枕埋入式无砟道床

11.3.1 长枕埋入式无砟道床混凝土底座及限位凹槽应符合本标准第11.2.1~11.2.11条的规定。

11.3.2 当长枕埋入式无砟道床设置隔离层、弹性垫层时,应符合本标准第11.2.12~11.2.15条的规定。

11.3.3 长枕埋入式无砟道床主要适用于岔区和过渡段,相比双块式无砟道床线路横断面尺寸长,应严格按照设计要求做好表面排水横坡,混凝土道床板其他要求应符合本标准第11.2节的有关规定。

11.4 减振式无砟道床

Ⅰ 钢弹簧浮置板道床

主控项目

11.4.1 钢轨、轨枕、扣件及其连接配件进场时,应对其类型、规格、外观进行验收,其质量应符合设计要求。
检验数量:施工单位、监理单位全数检查。
检验方法:核对设计文件,查验产品合格证、质量证明文件,观察。

11.4.2 隔振器进场时,应对其规格、型号、外观进行验收,其质量应符合设计要求及产品标准规定。
检验数量:施工单位、监理单位全数检查。

检验方法:查验产品合格证、质量证明文件,观察。

11.4.3 钢筋的品种、级别、规格和数量应符合设计要求。

检验数量:施工单位、监理单位全数检查。

检验方法:对照设计文件检查。

11.4.4 钢筋原材料的质量检验应符合本标准第5.5节的规定。

11.4.5 钢弹簧浮置板基底标高允许偏差应为±5 mm。

检验数量:施工单位、监理单位每基标检查1处。

检验方法:测量。

11.4.6 道床混凝土浇筑前轨排铺设允许偏差应符合本标准第11.2节的规定。

11.4.7 道床混凝土的强度应符合设计要求。

检验数量:施工单位同一配合比每浇筑100 m^3 取样不应少于1次,单次浇筑不足100 m^3 时取样1次;监理单位按施工单位检验数量的20%进行平行检验。

检验方法:抗压强度试验。

11.4.8 钢弹簧浮置板道床与其他类型道床连接的过渡段应符合设计要求。

检验数量:施工单位、监理单位全数检查。

检验方法:观察、尺量。

11.4.9 钢弹簧浮置板顶升高度应符合设计要求。

检验数量:施工单位、监理单位全数检查。

检验方法:测量。

11.4.10 钢弹簧浮置板轨道施工验收完成后,开通运营前应完成振动测量数据分析和安全性测试。

检验数量:施工单位、监理单位全数检查。

检验方法:审查专业单位出具的测评报告。

一般项目

11.4.11 轨枕间距允许偏差应为±10 mm。

检验数量:施工单位每施工段检查 10 个测点;监理单位抽样检验。

检验方法:钢尺量。

11.4.12 扣件螺栓、垫板同轨枕连接螺栓的扭矩应符合设计要求。

检验数量:施工单位全数检查;监理单位抽样检验。

检验方法:测力扳手检测。

11.4.13 钢筋加工允许偏差、接头设置、绑扎质量及安装允许偏差应符合设计要求及现行标准《铁路混凝土工程施工质量验收标准》TB 10424 的相关规定。

11.4.14 道床钢筋安装时,钢筋间的焊接、端子引出应符合设计要求。

检验数量:施工单位全数检查;监理单位抽样检验。

检验方法:观察、尺量。

11.4.15 隔离层应铺贴平整、无破损,接缝处搭接应严密、不漏浆,两侧应高出设计要求道床面 20 cm,并应固定在结构边墙上。

检验数量:施工单位全数检查;监理单位抽样检验。

检验方法:观察。

11.4.16 隔振器套筒应按设计要求的位置进行定位测量,隔振器套筒位置允许偏差应为±5 mm;为防止隔振器出现空吊现象,放置隔振器套筒的位置表面应平整,允许偏差应为±2 mm/m²。

检验数量:施工单位全数检查;监理单位抽样检验。

检验方法:测量、尺量。

11.4.17 当使用钢筋笼轨排法进行浮置板施工时,钢筋笼中心与线路中心偏差不应超过 10 mm。

检验数量:施工单位每个基标点检查;监理单位抽样检验。

检验方法:尺量。

11.4.18 浮置板安装弹簧时,应检查是否漏浆,并应将隔振器套筒内清理干净。浮置板顶升作业前应将浮置板道床及端模板清理干净,道床面周边的缝隙及预留孔洞应进行密封。

检验数量:施工单位全数检查;监理单位抽样检验。

检验方法:观察。

11.4.19 浮置板道床板缝宜设于两轨枕中间,距轨枕边缘应不小于 100 mm。

检验数量:施工单位每施工段检查 10 个测点;监理单位抽样检验。

检验方法:尺量。

11.4.20 道床模板安装质量检验应符合表 11.4.20 的规定。

表 11.4.20 道床模板安装质量检验

序号	检验项目		允许偏差(mm)	备注
1	地下线	水沟位置	±10	以临近钢轨中心线为基准
2		水沟宽度	±5	—
3	非地下线	宽度	±5	以钢轨中心线为基准,单侧允许偏差
4		长度(沿线路方向)	±5	—
5		模板平整度	2	1 m 靠尺检查

检验数量:施工单位按表 11.4.20 每施工段抽检 10 处;监理单位抽样检验。

检验方法:尺量。

11.4.21 混凝土结构应密实,表面应平整、颜色均匀,不应有裂缝、露筋、蜂窝、麻面、空洞、疏松和缺棱掉角等缺陷。

检验数量:施工单位、监理单位全数检查。

检验方法:观察。

11.4.22 道床外形尺寸质量检验应符合表 11.4.22 的规定。

表 11.4.22 道床外形尺寸质量检验

序号	检验项目		允许偏差(mm)
1	地下线	水沟位置	±20
2		水沟宽度	±10
3	非地下线	宽度	±10
4		长度(沿线路方向)	±10
5	道床顶面与承轨台面相对高差		−5～0
6	平整度		3/1 000

检验数量:施工单位按表 11.4.22 每施工段抽检 10 处;监理单位抽样检验。

检验方法:尺量,1 m 靠尺量。

Ⅱ 减振垫浮置板道床

主控项目

11.4.23 钢轨、轨枕、扣件及其连接配件进场检验应符合本标准第 11.4.1 条的规定。减振垫进场时,应对其规格、型号、外观进行验收,其质量应符合设计要求。

检验数量:施工单位、监理单位全数检查。

检验方法:核对设计文件,查验产品合格证、质量证明文件,观察。

11.4.24 钢筋进场检验、安装规格、型号等应符合本标准第 11.4.3 和 11.4.4 条的规定。

11.4.25 减振垫道床限位凸台(凹槽)设置应符合设计要求。

检验数量:施工单位、监理单位全数检查。

检验方法:对照设计文件检查。

11.4.26 减振垫铺设应平整,搭接应牢固、密封。

检验数量:施工单位、监理单位全数检查。

检验方法:观察。

11.4.27 减振垫道床与其他类型道床连接的过渡段应符合设计要求。

检验数量:施工单位、监理单位全数检查。

检验方法:对照设计文件观察,尺量。

11.4.28 道床混凝土浇筑前,轨排铺设精度、道床混凝土的强度、混凝土施工应符合现行国家标准《地下铁道工程施工质量验收标准》GB/T 50299的相关规定。

11.4.29 减振垫浮置板轨道施工验收完成后,开通运营前应完成振动测量数据分析和安全性测试。

检验数量:施工单位、监理单位全数检查。

检验方法:审查专业单位出具的测评报告。

一般项目

11.4.30 减振垫道床基底及限位凸台(凹槽)质量检验应符合表11.4.30的规定。

表11.4.30 减振垫道床基底及限位凸台(凹槽)质量检验

序号	部位	检验项目	允许偏差(mm)
1	道床基底	标高	−5~10
2		平整度	5
3	限位凸台(凹槽)	宽度	±5
4		长度	±5
5		高度	±5

检验数量:施工单位按表11.4.30每基标检查1处;监理单位抽样检验。

检验方法:测量。

11.4.31 限位凸台(凹槽)隔离层的设置应符合设计要求,密封严实。

检验数量:施工单位全数检查;监理单位抽样检验。

检验方法:测量、观察。

11.4.32 减振垫道床两侧密封应符合设计要求。

检验数量:施工单位全数检查;监理单位抽样检验。

检验方法:对照设计文件检查。

11.4.33 轨枕间距、扣件螺栓扭矩应符合本标准第 11.4.12 条的规定,钢筋的加工、安装、连接、安装位置,道床模板安装,道床混凝土浇筑质量、外形尺寸应符合现行国家标准《地下铁道工程施工质量验收标准》GB/T 50299 的相关规定。

Ⅲ 梯形轨枕道床

主控项目

11.4.34 钢轨、扣件轨道部件进场检验应符合本标准第 11.4.1 条的规定。

11.4.35 梯形轨枕进场时,应对其型号、外观、数量进行验收,减振垫层及缓冲垫层应粘贴牢固、无缺失,连接杆件表面保护层应完好,外贴辅助材料应完整。

检验数量:施工单位、监理单位全数检查。

检验方法:查验产品合格证和质量证明文件,观察。

11.4.36 钢筋进场检验、规格、型号应符合本标准第 5.5 节的规定。

11.4.37 道床混凝土浇筑前轨排铺设精度应符合本标准第 11.2 节的规定。

11.4.38 道床混凝土的强度、混凝土施工应符合本标准第 11.4.7 条的规定。

11.4.39 梯形轨枕道床与其他类型道床连接的过渡段应符合设计要求。

检验数量:施工单位、监理单位全数检查。

检验方法:对照设计文件检查,尺量。

11.4.40 梯形轨枕轨道施工验收完成后,开通运营前应完成振动测量数据分析和安全性测试。

检验数量：施工单位、监理单位全数检查。
检验方法：审查专业单位出具的测评报告。

一般项目

11.4.41 梯形（纵向）轨枕纵向间距允许偏差应为±10 mm。
检验数量：施工单位全数检查；监理单位抽样检验。
检验方法：尺量。

11.4.42 台座表面与梯形（纵向）轨枕间的隔离空隙不应小于10 mm。
检验数量：施工单位全数检查；监理单位抽样检验。
检验方法：观察、尺量。

11.4.43 扣件螺栓扭矩应符合本标准第11.4.12条的规定，钢筋的加工、安装、连接、安装位置，道床模板安装，道床混凝土浇筑质量、外形尺寸应符合现行国家标准《地下铁道工程施工质量验收标准》GB/T 50299的相关规定。

11.4.44 竖曲线、缓和曲线、圆曲线前后超高顺接段扣件的调整应符合设计要求。
检验数量：施工单位全数检查；监理单位抽样检验。
检验方法：对照设计文件检查，尺量。

11.5 有砟轨道道床

主控项目

11.5.1 底砟进场时应对其品种、外观等进行验收，其质量应符合现行行业标准《铁路碎石道床底砟》TB/T 2897的相关规定。
检验数量：施工单位、监理单位全数检查。
检验方法：检查生产及出厂检验报告和产品合格证。

11.5.2 道砟进场时应对其材质、品种、级别、外观等进行验收，其质量应符合现行行业标准《铁路碎石道砟》TB/T 2140的相关规定。

检验数量：施工单位、监理单位全数检查。

检验方法：检查检验报告和产品合格证。

11.5.3 道砟进场时应对其粒径级配、颗粒形状及清洁度进行检验，其质量应符合现行行业标准《铁路碎石道砟》TB/T 2140 的相关规定。

检验数量：施工单位同一产地、级别且连续进场的道砟，每 5 000 m³ 为一批，不足 5 000 m³ 时按一批计，每批抽检 1 次；监理见证取样。

检验方法：检查检验报告。

11.5.4 轨枕轨道部件进场检验应符合本标准第 11.4.1 条的规定。

11.5.5 螺旋道钉锚固时，抗拔力不应小于 60 kN。

检验数量：施工单位每千米抽检 3 个道钉；监理单位见证检验。

检验方法：抗拔试验。

一般项目

11.5.6 底砟厚度允许偏差应为 ±50 mm，半宽允许偏差应为 0～50 mm，底砟高程允许偏差应为 ±20 mm。

检验数量：施工单位每 500 m 抽检 1 处；监理单位抽样检验。

检验方法：尺量。

11.5.7 正线道床压实密度不应小于 1.7 g/cm³。

检验数量：施工单位每 5 000 m 抽检 5 处，每处测 1 个点位；监理单位见证检验。

检验方法：试验检测。

11.5.8 道床整理砟肩宽度允许偏差应为 0～50 mm，厚度允许偏差应为 ±50 mm。

检验数量：施工单位正线每 2 km 抽检 10 个测点，站线每股道抽检 5 个测点；监理单位抽样检验。

检验方法：尺量。

11.5.9 铺轨时,扣件安装应符合设计要求。

检验数量:施工单位每 2 km 抽检 2 个轨排,各检查 5 个扣件,站线每股道抽检 10 个扣件;监理单位抽样检验。

检验方法:观察,扭力扳手检测。

11.5.10 整道后的线路、道岔应道床饱满、捣固密实。

检验数量:施工单位全数检查;监理单位抽样检验。

检验方法:观察。

11.5.11 无缝线路整道后轨道几何尺寸质量检验应符合表 11.5.11 的规定。

表 11.5.11 无缝线路轨道几何尺寸质量检验

序号	检验项目		允许偏差(mm)			备注
			V=160 km/h	V=140 km/h	V≤120 km/h	
1	轨距		-2~4,变化率不应大于1‰	-2~4,变化率不应大于1‰	-2~6,变化率不应大于1‰	相对于标准轨距 1 435 mm
2	轨向	直线	4	4	4	弦长 10 m
		曲线	—	—	—	—
3	高低		4	4	4	弦长 10 m
4	水平		4	4	4	不包含曲线、缓和曲线上的超高值
5	扭曲		3	3	3	基长 3 m 不包含缓和曲线上由于超高顺坡所造成的扭曲量
6	中线		10	10	10	—
7	高层		10	10	10	—

检验数量:施工单位按表 11.5.11 全数检查;监理单位抽样检验。

11.5.12 有缝线路整道后轨道几何尺寸质量检验应符合表 11.5.12 的规定。

表 11.5.12 有缝线路轨道几何尺寸质量检验

序号	检验项目		允许偏差(mm)			备注
			V=160 km/h	V=140 km/h	V≤120 km/h	
1	轨距		−2~4,变化率不应大于1‰	−2~4,变化率不应大于1‰	−2~6,变化率不应大于1‰	相对于标准轨距 1 435 mm
2	轨向	直线	4	4	5	弦长 10 m
		曲线	—			—
3	高低		4	4	4	弦长 10 m
4	水平		4	4	5	不包含曲线、缓和曲线上的超高值
5	扭曲		4	4	5	基长 3 m 不包含缓和曲线上由于超高顺坡所造成的扭曲量
6	中线		10	10	10	—
7	高层		10	10	10	—

检验数量:施工单位按表 11.5.12 全数检查;监理单位抽样检验。

11.6 无砟道岔

主控项目

11.6.1 道岔及岔枕的类型、规格和质量应符合设计要求。
检验数量:施工单位、监理单位全数检查。
检验方法:查验产品合格证和质量证明文件,观察。

11.6.2 螺旋道钉抗拔力应符合设计要求。

检验数量：施工单位每组道岔抽检 3 个道钉；监理单位见证检验。

检验方法：抗拔试验。

11.6.3 查照间隔（辙叉心作用面至护轨头部外侧的距离）不应小于 1 391 mm；护背距离（翼轨作用面至护轨头部外侧的距离）不应大于 1 348 mm。测量位置应符合设计要求。

检验数量：施工单位、监理单位全数检查。

检验方法：尺量。

11.6.4 导曲线不应有反超高。

检验数量：施工单位、监理单位全数检查。

检验方法：轨道尺测量。

11.6.5 基本轨应落槽，滑床板应平正，轨撑与轨头下颚和垫板挡间应密贴，钢轨接头、尖轨尖端、根部、辙叉心等部位不应有空吊板，其他部位不应有连续空吊板，空吊板率不应大于 8%。

检验数量：施工单位、监理单位全数检查。

检验方法：观察、锤击检查。

11.6.6 道岔辙叉及尖轨安装应符合下列规定：

1 转辙器（或可动心轨辙叉）应扳动灵活。

2 尖轨无损伤，尖轨顶面宽 50 mm 及以上断面处不低于基本轨顶面 2 mm。

3 在静止状态下，尖轨尖端（或可动心轨辙叉）至第一牵引点应与基本轨密贴，间隙小于 0.5 mm；其他地段小于 1 mm。

检验数量：施工单位、监理单位全数检查。

检验方法：观察、钢尺量、仪器检查。

11.6.7 钢筋原材料的质量检验应符合本标准第 5.5 节的规定。

11.6.8 道岔道床混凝土浇筑前道岔精调质量检验应符合表 11.6.8 的规定。

表 11.6.8 道岔道床混凝土浇筑前道岔精调质量检验

序号	检验项目		允许偏差	检验方法
1	高低		2 mm/10 m 弦	轨道尺量
2	轨向	直线	2 mm	弦量
		支距		
3	水平		2 mm/10 m 弦	
4	中线		5 mm	测量
5	轨距	尖轨尖端	±1 mm	
		其他	±2 mm	
6	扭曲		2 mm	

检验数量:施工单位、监理单位按表11.6.8全数检查。

11.6.9 道床混凝土质量验收应符合本标准第11.2.25、11.2.26条的要求。

一般项目

11.6.10 扣件螺栓、接头螺栓、铁垫板螺栓的扭矩应符合设计要求,并应涂油。

检验数量:施工单位每组道岔抽检扣件、接头、铁垫板螺栓各5个,涂油全数检查;监理单位抽样检验。

检验方法:扭力扳手检测、观察。

11.6.11 钢筋加工允许偏差、接头设置、绑扎质量及安装允许偏差应符合设计要求及现行行业标准《铁路混凝土工程施工质量验收标准》TB 10424 的相关规定。

11.6.12 道床钢筋安装时,钢筋间的焊接、端子引出应符合设计要求。

检验数量:施工单位全数检查;监理单位抽样检验。

检验方法:观察、尺量。

11.6.13 道床变形缝宜设于两轨枕中间,距轨枕边缘不应小于100 mm。

检验数量：施工单位每施工段检查10个测点；监理单位抽样检验。
检验方法：尺量。

11.6.14 道床模板安装允许偏差应符合本标准第11.4.20条的规定。

11.6.15 有缝道岔铺设质量检验应符合表11.6.15的规定。

表11.6.15 有缝道岔铺设质量检验

序号	检验项目		允许偏差(mm)		
			正线	到发线	车场线及其他配线
1	方向	直线(10 m弦量)	4	6	6
2		导曲线支距	±2		
3	高低(10 m弦量)		4	6	6
4	水平		4	6	6
5	轨距	尖轨尖端	±1		
6		其他部位	−2～3		
7	顶轨与尖轨轨腰的间隙		≤1		
8	滑床板与尖轨间隙		缝隙小于1.0,且大于或等于1.0缝隙不应连续出现	≤2(每侧允许1处大于2)	≤2(每侧允许1处大于2)
9	轨缘槽宽度		平直段−0.5～1.0；其余±2.0	−1～3	−1～3
10	接头	错牙、错台	≤1	≤2	≤2
11		头尾接头相错量	≤15	≤20	≤20
12		轨缝实测平均值与设计文件规定差值	±2		
13	岔枕间距、偏斜		±10	±20	±20
14	尖轨尖端相错量		≤10		

检验数量:施工单位按表 11.6.15 每组道岔全数检查;监理单位抽样检验。

检验方法:尺量。

11.7 有砟道岔

Ⅰ 铺道岔前铺砟

主控项目

11.7.1 底砟品种、外观,道砟的品种、级别、外观应符合设计要求及本标准第 11.5.1~11.5.3 条的规定。

11.7.2 底砟应采用机械碾压,压实密度应符合设计要求。

检验数量:施工单位压实密度每组道岔检测 2 个点位;监理单位见证检验。

检验方法:灌水法、灌砂法、检查检测报告。

一般项目

11.7.3 底砟厚度允许偏差应符合本标准第 11.5.6 条的规定。

11.7.4 有缝线路单层道床轨道,铺轨前每股钢轨下预铺砟带宽度应不小于 800 mm,厚度应为 150 mm~200 mm。

检验数量:施工单位每 500 m 抽检 1 处;监理单位抽样检验。

检验方法:尺量。

11.7.5 单层道床铺轨前,道砟摊铺应按中线铺设,并采用机械碾压,压实密度不应小于 1.7 g/cm³。砟面平整度用 3 m 靠尺检查不应大于 30 mm,厚度应为 150 mm~200 mm。

检验数量:施工单位对每组道岔处检查砟面平整度、压实密度各 2 个点位;监理单位见证检验。

检验方法:灌水法、灌砂法、尺量。

Ⅱ 道岔铺设

主控项目

11.7.6 道岔的类型、规格和外观应符合设计要求。

检验数量：施工单位、监理单位全数检查。

检验方法：观察。

11.7.7 尖(心)轨第一牵引点前与基本轨密贴缝隙应小于0.5 mm。

检验数量：施工单位、监理单位全数检查。

检验方法：尺量。

11.7.8 查照间隔(辙叉心作用面至护轨头部外侧的距离)不应小于1 391 mm；护背距离(翼轨作用面至护轨头部外侧的距离)不应大于1 348 mm。

检验数量：施工单位、监理单位全数检查。

检验方法：尺量。

11.7.9 道岔轨件不应有碰伤、擦伤、掉块、低陷、压溃飞边等缺陷。

检验数量：施工单位、监理单位全数检查。

检验方法：观察。

11.7.10 有缝道岔绝缘接头轨缝不应小于6 mm。

检验数量：施工单位、监理单位全数检查。

检验方法：尺量。

一般项目

11.7.11 道岔铺设内部结构尺寸质量检验应符合表11.7.11的规定。

表11.7.11 道岔铺设内部结构尺寸质量检验(mm)

序号	检验项目		正线	到发线	车场线及其他站线
1	轨距	尖轨尖端	±1	±1	±1
2		其他	−2～3	−2～3	−2～3

续表 11.7.11

序号	检验项目	正线	到发线	车场线及其他站线
3	支距	±2	±2	±2
4	尖(心)轨其余部分与基本轨密贴缝隙[除尖(心)轨第一牵引点前]	<1.0	<1.0	<1.0
5	顶铁与尖(心)轨轨腰的缝隙	<1.0	<1.0	<1.0
6	尖轨限位器两侧缝隙差	±1.0	—	—
7	可动心轨其余部位与翼轨密贴缝隙	<1.0	—	—
8	护轨轮缘槽宽度	平直段0.5~1.0；其余±2.0	−1~3	−1~3
9	可动心轨辙叉第一牵引点处开口值	±3.0	—	—
10	岔枕位置偏差	±10，累计误差±20	±20	±20
11	轨缝实测值与设计值差	±2	±2	±2
12	错台、错牙	≤1	≤1	≤2
13	道岔全长	±20	±20	±20

检验数量：施工单位按表 11.7.11 每组道岔全数检查；监理单位抽样检验。

检验方法：尺量。

11.7.12 道岔各部位螺栓扭矩应符合设计要求。

检验数量：施工单位每组道岔抽检扣件、紧固螺栓各 3 个；监理单位见证检验。

检验方法：测力扳手检测，观察。

11.7.13 道岔各类螺栓丝扣均应按规定涂专用长效油脂。

检验数量:施工单位、监理单位全数检查。

检验方法:观察。

Ⅲ 道岔钢轨焊接

主控项目

11.7.14 钢轨铝热焊接头的型式检验应符合行业标准《钢轨焊接 第3部分:铝热焊接》TB/T 1632.3—2019 第5.2节的规定。

检验数量:施工单位按上述标准规定的数量进行检验;监理单位见证检验。

检验方法:按上述标准规定的方法进行检验。

11.7.15 钢轨铝热焊接头的生产检验应符合行业标准《钢轨焊接 第3部分:铝热焊接》TB/T 1632.3—2019 第5.3节的规定。

检验数量:施工单位按上述标准规定的数量进行检验;监理单位见证检验。

检验方法:按上述标准规定的方法进行检验。

11.7.16 钢轨焊头应进行超声波探伤检查。超声波探伤应符合行业标准《钢轨焊接 第1部分:通用技术条件》TB/T 1632.1—2014 第5章的规定。

检验数量:施工单位全数检查;监理单位见证检验。

检验方法:观察、探伤仪检查。

11.7.17 无缝道岔与相邻无缝线路锁定焊联应在设计锁定轨温范围内进行,且与相邻单元轨节的锁定轨温差不应大于5℃。

检验数量:施工单位、监理单位全数检查。

检验方法:用轨温计测定并记录。

11.7.18 道岔与两端线路钢轨锁定焊联时,限位器子、母块应居中,并记录锁定轨温,在钢轨上标记位移观测"零点"位置。

检验数量:施工单位、监理单位全数检查。

检验方法:观察,用轨温计测定并记录。

11.7.19 钢轨焊头及其附近钢轨表面不应有裂纹、明显压痕、划伤、碰痕、打磨灼伤等伤损。

检验数量：施工单位、监理单位全数检查。

检验方法：观察。

11.7.20 轨底上表面焊缝两侧 150 mm 范围内及距两侧轨底角边缘各 35 mm 的范围内应打磨平整，不应打亏。

检验数量：施工单位、监理单位全数检查。

检验方法：观察、尺量。

11.7.21 钢轨焊接接头应纵向打磨平顺，不应有低接头，钢轨焊接接头平直度应符合表 11.7.21 的规定。

表 11.7.21　钢轨焊接接头平直度质量检验（mm）

序号	检验项目	允许偏差
1	轨顶面	+0.4/m～+0.1/m
2	轨头内侧工作面	±0.3/m
3	轨底（焊筋）	+0.5～0

注：1. 轨顶面中，符号"+"表示高出钢轨母材规定基准面。
　　2. 轨头内侧工作面中，符号"+"表示凹进。

检验数量：施工单位、监理单位全数检查。

检验方法：用 1 m 直尺或专用平直度检查仪检查。

一般项目

11.7.22 经打磨后的铝热焊接头轨头部位应符合下列规定：

1 不应出现裂纹。

2 可出现 1 个最大尺寸不超过 1 mm 的气孔。

3 在轨头下颚与焊筋边缘交界处半径为 2 mm 的区域内可出现 1 个最大尺寸不超过 1 mm 的气孔、夹渣或夹砂。

检验数量：施工单位全数检查；监理单位抽样检验。

检验方法：观察、尺量。

11.7.23 铝热焊接头焊筋表面应符合下列规定：

1 最多可出现 3 个最大尺寸不超过 2 mm 的气孔。

2 焊筋表面夹渣或夹砂等缺陷的尺寸应符合表 11.7.23 的

规定,这些缺陷不应侵入钢轨的横断面内。

表11.7.23 焊筋表面夹渣或夹砂等缺陷的最大尺寸

序号	缺陷面积(mm^2)	缺陷深度(mm)
1	≤10	≤3
2	≤15	≤2
3	≤20	≤1

检验数量:施工单位全数检查;监理单位抽样检验。

检验方法:观察、尺量。

11.7.24 钢轨铝热焊焊缝距离承轨台边缘不应小于100 mm,困难条件下不小于40 mm。

检验数量:施工单位全数检查;监理单位抽样检验。

检验方法:尺量。

Ⅳ 道岔整理

主控项目

11.7.25 道砟的品种、级别应符合设计要求及本标准第11.5.2条的规定。

11.7.26 道岔整理后的道床应饱满、捣固密实。

检验数量:施工单位、监理单位全数检查。

检验方法:观察。

11.7.27 导曲线不应有反超高。

检验数量:施工单位、监理单位全数检查。

检验方法:轨道尺测量。

11.7.28 钢轨接头、尖轨尖端、跟部、辙叉心等部位不应有空吊板;其他部位不应连续空吊板,空吊板率不应大于8%。

检验数量:施工单位、监理单位全数检查。

检验方法:观察、捶击。

11.7.29 道岔转辙器及尖轨安装应符合本标准第11.6.6条的规定。

11.7.30 道岔平顺性质量检验应符合表 11.7.30 的规定。

表 11.7.30 道岔平顺性质量检验

序号	检验项目		允许偏差(mm)			检验数量	检验方法
			正线	到发线	车场线及其他站线		
1	轨向	直线(1 000 mm 弦量)	4	4	4	5 个点	尺量
		支距	2	2	2		
2	高低(1 000 mm 弦量)		4	4	6	5 个点	尺量
3	水平		4	4	4	10 个点	轨距尺量
4	轨距	尖轨尖端	±1	±1	±1	5 个点	尺量
		其他	-2~3	-2~3	-2~3		
5	扭曲(基线长 3 000 mm)		3	—	—	5 个点	尺量

检验数量:施工单位、监理单位按表 11.7.30 检查每组道岔。

一般项目

11.7.31 道岔整道后质量检验应符合表 11.7.31 的规定。

表 11.7.31 道岔整道后质量检验

序号	检验项目		允许偏差(mm)			检验数量	检验方法
			正线	到发线	车场线及其他站线		
1	轨面高程与设计高程差	在有砟道床上	-30 mm~50 mm	—	—	3 个测点	水准仪测量
2		在建筑物上	±10 mm				
3	尖(心)轨轨底与滑床台		缝隙小于1.0 mm,且大于或等于1.0 mm 缝隙不应连续出现	≤2(每侧允许1 处大于2 mm)		全数检查	尺量观察

续表11.7.31

序号	检验项目	允许偏差(mm)			检验数量	检验方法
		正线	到发线	车场线及其他站线		
4	轨枕扣件不良者	无缝道岔为<6% 有缝道岔为≤8%	≤8%	≤10%	全数检查	尺量观察

检验数量：施工单位、监理单位按表11.7.31检查每组道岔。

11.7.32 道床整理顶面宽度允许偏差应为-20 mm~50 mm，厚度允许偏差应为±50 mm。

检验数量：施工单位每组道岔测3个点位；监理单位抽样检验。

检验方法：观察、尺量。

11.8 钢轨伸缩调节器

主控项目

11.8.1 钢轨伸缩调节器种类、型号应符合设计要求及产品技术条件规定。

检验数量：施工单位、监理单位全数检查。

检验方法：观察。

11.8.2 钢轨外观不应有碰伤、擦伤、掉块、低陷、压溃飞边等缺陷。

检验数量：施工单位、监理单位全数检查。

检验方法：观察。

11.8.3 钢轨伸缩调节器铺设位置应符合设计要求。

检验数量：施工单位、监理单位全数检查。

检验方法：测量、尺量。

11.8.4 钢轨伸缩调节器铺设时应考虑温度变化对梁体、钢轨的伸缩影响,准确预留伸缩量,铺设后应做好伸缩起点标志。

检验数量:施工单位、监理单位全数检查。

检验方法:轨温计测量、尺量、观察。

11.8.5 钢轨伸缩调节器的尖轨刨切范围内应与基本轨密贴;尖轨尖端至其后 400 mm 处,缝隙不应大于 0.5 mm,其余部分不应大于 1.0 mm。

检验数量:施工单位、监理单位全数检查。

检验方法:尺量、观察。

11.8.6 钢轨伸缩调节器铺设调整后,应达到基本轨伸缩无障碍、尖轨锁定不爬行。

检验数量:施工单位、监理单位全数检查。

检验方法:观察。

一般项目

11.8.7 钢轨伸缩调节器铺设应符合下列规定:

1 垫板、轨撑及螺栓安装齐全,螺母达到规定扭矩。

2 伸缩调节器两端、尖轨尖端、尖轨轨头刨切起点处,轨距允许偏差均为±1 mm。

检验数量:施工单位全数检查;监理单位抽样检验。

检验方法:尺量、塞尺及扭矩扳手检测。

11.8.8 轨枕应方正,间距及偏斜允许偏差应为±20 mm。

检验数量:施工单位每组抽检 10 根轨枕;监理单位抽样检验。

检验方法:观察、尺量。

11.8.9 钢轨伸缩调节器轨道中线与设计中线允许偏差应为 30 mm。

检验数量:施工单位每组抽检 3 处;监理单位抽样检验。

检验方法:尺量

11.8.10 钢轨伸缩调节器整道应符合表 11.8.10 的规定。

表 11.8.10 钢轨伸缩调节器整道质量检验

序号	检验项目	允许偏差(mm)	检验方法
1	轨向	尖轨尖端至尖轨顶宽 5 mm 处范围内允许有 4 mm 的空线,其余范围内允许有 2 mm 的空线,不允许抗线	单向调节器用 12.5 m 弦、双向调节器用 25 m 弦测量,每隔 1 m 检查 1 处
2	高低	4	12.5 m 弦,每组抽检 3 处
3	水平	4	每组抽检 3 处
4	扭曲	4	6.25 m 测量基线

检验数量:施工单位每组按表 11.8.10 检查;监理单位抽样检验。

11.9 线路铺轨

Ⅰ 无砟轨道铺轨

主控项目

11.9.1 长钢轨、扣配件的类型、规格应符合设计要求。

检验数量:施工单位、监理单位全数检查。

检验方法:观察,检查质量证明文件。

一般项目

11.9.2 安装扣配件时应符合下列规定:

1 绝缘轨距块的配置应符合设计要求。

2 各种零件应安装齐全、位置正确。

3 螺栓应按规定涂专用长效油脂。

检验数量:施工单位每 2 km 抽检 100 m;监理单位抽样检验。

检验方法:观察、尺量。

Ⅱ 有砟轨道铺枕铺轨

主控项目

11.9.3 钢轨、轨枕及扣配件的类型、规格进场检验应符合本标准第11.4.1条的规定。

检验数量:施工单位、监理单位全数检查。

检验方法:观察,检查质量证明文件。

11.9.4 轨枕及扣配件铺设数量应符合设计要求。

检验数量:施工单位抽检2%;监理单位见证检验。

检验方法:现场计量。

11.9.5 螺旋道钉硫磺锚固抗拔力测试应符合本标准第11.5.5条的规定。

一般项目

11.9.6 螺旋道钉偏离预留孔中心不应大于2 mm,与承轨槽垂直,偏斜不应大于2°。

检验数量:施工单位每2 km抽检10个道钉;监理单位抽样检验。

检验方法:观察、尺量。

11.9.7 道钉圆台底应高出承轨槽面弹条扣件0~2 mm。

检验数量:施工单位每2 km抽检10个道钉;监理单位抽样检验。

检验方法:观察、尺量。

11.9.8 轨枕应方正,间距及偏斜允许偏差应为±20 mm,采用"单枕连续铺设法"还应满足连续6根轨枕的距离允许偏差为±30 mm。

检验数量:施工单位每2 km抽检2处,每处6根轨枕;监理单位抽样检验。

检验方法:尺量。

11.9.9 轨道中心线与线路设计中心线允许偏差应为30 mm。

检验数量:施工单位每2 km抽检100 m,每10 m检查1个测点;监理单位抽样检验。

检验方法:测量。

11.9.10 安装扣配件时应符合下列规定:

1 绝缘轨距块的配置应符合设计要求。
2 各种配件应安装齐全、位置准确。
检验数量：施工单位每2 km抽检100 m；监理单位抽样检验。
检验方法：尺量、观察。

Ⅲ 钢轨连接

主控项目

11.9.11 待焊钢轨的类型、规格、质量应符合设计要求和产品标准的规定。
检验数量：施工单位、监理单位全数检查。
检验方法：观察，检查质量证明文件。

11.9.12 钢轨焊接接头的型式检验和周期性生产检验应符合现行行业标准《钢轨焊接》TB/T 1632的有关规定。
检验数量：施工单位按现行行业标准《钢轨焊接》TB/T 1632规定的数量检验；监理单位见证检验。
检验方法：按上述标准规定的方法进行检验。

11.9.13 钢轨焊缝两侧各100 mm范围内不应有裂纹、明显压痕、划伤、碰伤、电极灼伤、打磨灼伤等伤损。对母材的打磨深度宜小于0.5 mm。
检验数量：施工单位、监理单位全数检查。
检验方法：观察。

11.9.14 轨底上表面焊缝两侧各150 mm范围内及距两侧轨底角边缘各35 mm范围内应打磨平整，不应打亏。
检验数量：施工单位、监理单位全数检查。
检验方法：观察。

11.9.15 钢轨焊接接头应纵向打磨平顺，不应有低接头，钢轨焊接接头平直度检验标准应符合本标准表11.7.21的规定。

11.9.16 工地焊接接头不应设置在不同轨道结构过渡段以及不同线下基础过渡段范围，且距离桥台边墙和桥墩不应小于2 m。

检验数量:施工单位、监理单位全数检查。

检验方法:观察、尺量。

11.9.17 钢轨焊头应进行超声波探伤检查。超声波探伤应符合行业标准《钢轨焊接 第1部分:通用技术条件》TB/T 1632.1—2014第5章的规定。

检验数量:施工单位全数检查;监理单位见证检验。

检验方法:观察、探伤仪检查。

11.9.18 工地钢轨焊接插入短轨,正线插入焊钢轨长度不应小于6 m,站线不应小于4.5 m。

检验数量:施工单位、监理单位全数检查。

检验方法:尺量、观察。

11.9.19 钢轨胶接绝缘接头的类型、规格应符合设计要求,质量应符合现行行业标准《钢轨胶接绝缘接头》TB/T 2975的规定;其他高强度绝缘钢轨接头应满足相关技术条件。

检验数量:施工单位全数检查;监理单位见证检验。

检验方法:查验产品合格证、观察、尺量并检测接头绝缘性能。

11.9.20 钢轨冻结接头的类型、规格、质量应符合设计要求。

检验数量:施工单位、监理单位全数检查。

检验方法:查验产品合格证,观察。

11.9.21 钢轨冻结接头的安装应符合设计要求及产品规格的规定。

检验数量:施工单位、监理单位全数检查。

检验方法:观察,扭力扳手检测。

一般项目

11.9.22 长钢轨及焊接接头编号应标记齐全、字迹清晰、记录完整。

检验数量:施工单位全数检查;监理单位抽样检验。

检验方法:观察。

11.9.23 焊接接头经外形精整后,以焊缝为中心的1 m范围内,轨顶面的表面不平度应满足：在任意 200 mm 区段内不大于 0.2 mm，内侧表面的不平度可按该要求执行。

检验数量：施工单位全数检查；监理单位抽样检验。

检验方法：观察、尺量。

11.9.24 单元轨节锁定焊接头宜相对，相错量不应大于 100 mm。

检验数量：施工单位全数检查；监理单位抽样检验。

检验方法：尺量。

11.9.25 工地钢轨焊接接头不应设置在不同轨道结构过渡段以及不同线下基础过渡段范围内。

检验数量：施工单位全数检查；监理单位抽样检验。

检验方法：尺量。

Ⅳ 无缝线路应力放散及锁定

主控项目

11.9.26 单元轨节锁定前应按设计要求设置好钢轨位移观测桩，位移观测桩应设置齐全、牢固、不易损坏并易于观测。

检验数量：施工单位、监理单位全数检查。

检验方法：观察。

11.9.27 线路锁定时，实际锁定轨温应在设计锁定轨温范围内，相邻单元轨节间的实际锁定轨温之差不应大于 5℃，同一区间内单元轨节的最高与最低实际锁定轨温之差不应大于 10℃；左、右两股钢轨锁定轨温差不应大于 5℃。轨温测量应留存影像资料。

检验数量：施工单位全数检查；监理单位旁站。

检验方法：轨温计测定。

11.9.28 线路锁定后，应立即在钢轨上标记位移观测"零点"位置，并每月观测钢轨位移情况并做好记录。伸缩区最大伸缩位移量不应超过 20 mm，固定区最大伸缩位移量不超过 5 mm。位移观测应留存影像资料。

检验数量：施工单位、监理单位全数检查。

检验方法:尺量。

一般项目

11.9.29 扣件应安装到位,符合设计要求。

检验数量:施工单位检查总数2%;监理单位抽样检验。

检验方法:根据扣件类型采用专用工具检查。

11.9.30 缓冲区钢轨接头螺栓扭矩应达到900 N·m,接头处钢轨面高低差及轨距线错牙偏差不应超过1 mm,接头轨缝应按设计预留。

检验数量:施工单位全数检查;监理单位抽样检验。

检验方法:扭矩扳手检测,尺量。

11.9.31 位移观测桩应编号,每对位移观测桩基准点连线与线路中线应垂直。

检验数量:施工单位全数检查;监理单位抽样检验。

检验方法:观察。

11.9.32 轨道纵向位移"零点"标记应齐全,标记大小应适当、一致,色泽均匀、清晰。

检验数量:施工单位全数检查;监理单位抽样检验。

检验方法:观察。

Ⅴ 无砟轨道精调整理

主控项目

11.9.33 无砟轨道精调前,钢轨外观不应有碰伤、擦伤、掉块、低陷、压溃飞边等缺陷。

检验数量:施工单位、监理单位全数检查。

检验方法:观察。

11.9.34 经精调整理后,无砟轨道静态铺设精度应符合本标准第11.2.20条的规定。

一般项目

11.9.35 钢轨编号及标记应正确齐全、字体端正、字迹清晰。

检验数量:施工单位全数检查;监理单位抽样检验。

检验方法:观察。

11.9.36 扣件的轨距块应顶严靠紧,离缝者不应大于6%,最大离缝不应大于0.5 mm;扣件安装正确,弹条紧固螺栓扭矩符合相关标准规定,小于规定者不应大于8%;胶垫无缺损,偏斜量大于5 mm者不应大于8%。

检验数量:施工单位每1 km抽检50 m;监理单位抽样检验。

检验方法:尺量、观察。

11.9.37 无砟轨道整理作业后,轨道静态铺设精度应符合表11.9.37的规定。

表11.9.37 无砟轨道整理后轨道静态铺设精度质量检验

序号	检验项目		允许偏差(mm)
1	轨面高程	一般情况	±10
		紧靠站台	0~10
2	轨道中线		10
3	线间距		0~10

检验数量:施工单位每1 km抽检2处,每处各抽检10个测点;监理单位抽样检验。

检验方法:测量、尺量。

Ⅵ 有砟轨道铺枕铺轨整理

主控项目

11.9.38 钢轨外观应符合本标准第11.9.33条的要求。

11.9.39 经轨道整理后,有砟轨道静态铺设精度应符合本标准第11.5.11和11.5.12条的规定。

11.9.40 钢轨胶接绝缘接头的类型、规格应符合本标准第11.9.19条的规定。

一般项目

11.9.41 轨面应远视平顺,轨向应直线顺直、曲线圆顺,钢轨编号及标记应正确齐全、字体端正、字迹清晰。

检验数量:施工单位每 1 km 抽检 50 m;监理单位抽样检验。

检验方法:观察、仪器测量。

11.9.42 道床应饱满、清洁无杂物、砟面整齐,边坡整齐美观。

检验数量:施工单位每 1 km 抽检 4 处;监理单位抽样检验。

检验方法:观察、尺量。

11.9.43 铺设新Ⅱ型混凝土轨枕、Ⅲ型混凝土轨枕的道床顶面应与轨枕中部顶面平齐。铺设岔枕、桥枕等地段的道床顶面应低于轨枕承轨面 30 mm。

检验数量:施工单位每 1 km 抽检 4 处。监理单位抽样检验。

检验方法:观察、尺量。

11.9.44 道床厚度、宽度及堆高允许偏差应符合本标准第 11.5.6~11.5.8 条的规定。

11.9.45 扣件的轨距块应符合本标准第 11.9.36 条的规定。

11.9.46 有砟轨道整理作业后,轨道静态几何尺寸、轨枕空吊板率质量检验应符合表 11.9.46 的规定。

表 11.9.46 有砟轨道整道质量检验

序号	检验项目		允许偏差(mm)
1	轨面高程	一般情况	−30~50
		紧靠站台	0~50
2	轨道中线		30
3	线间距	相邻正线和站线,站线和站线钢梁上	±20
			±10
		线间距设计为 4 000 mm 时	不应有负偏差
4	轨枕空吊板(不应连续出现)		8%

检验数量:每 1 km 抽检 1 处,每处各抽检 10 个测点;监理单位抽样检验。

检验方法:仪器测量、尺量。

11.9.47 钢轨胶接绝缘接头铺设位置应符合设计要求,左、右两股钢轨的胶接绝缘接头应相对,胶接绝缘接头距轨枕边缘不应小于 100 mm。

检验数量:施工单位全数检查;监理单位抽样检验。

检验方法:尺量。

11.10 钢轨预打磨

主控项目

11.10.1 钢轨预打磨后,应消除以下缺陷:

1 消除轨头表面在铺设作业时产生的碰伤、机具夹伤、锈蚀等缺陷,优化轨头廓形,改善焊接接头平顺性。

2 消除轨头表面轨顶中心以下预打磨量约 0.3 mm 厚的脱碳层。

检验数量:施工单位、监理单位全数检查。

检验方法:观察。

11.10.2 钢轨预打磨后,轨顶表面粗糙度不应大于 10 μm。

检验数量:施工单位采用打磨列车测量仪器检测时全数检查;采用便携式粗糙度检测仪检测时,每 1 km 检测 1 次。监理单位见证检验。

检验方法:用打磨列车测量仪器或便携式粗糙度检测仪检测。

一般项目

11.10.3 打磨平面最大宽度在轨顶纵向中心线两侧 10 mm 区域为 10 mm,10 mm～25 mm 区域为 7 mm,其余打磨区域为 5 mm。沿钢轨纵向 100 mm 范围内,打磨平面宽度最大变化量不应大于打磨平面最大宽度的 25%。

检验数量:施工单位采用打磨列车测量仪器检测时全数检查;采用便携式粗糙度检测仪检测时,每 1 km 检测 1 次。监理单位见证检验。

检验方法：用打磨列车测量仪器或便携式粗糙度检测仪检测。

11.10.4 打磨后轮轨接触光带直线和曲线下股钢轨应基本居中，宽度为 20 mm～30 mm，曲线上股钢轨应偏向内侧。

检验数量：施工单位每 1 km 检测 5 处；监理单位抽样检验。

检验方法：观察、尺量。

11.10.5 钢轨预打磨后，轨头廓形质量检验应满足表 11.10.5 的规定。

表 11.10.5 钢轨打磨轨头廓形质量检验

序号	检测范围	允许偏差(mm)
1	轨头横向 −25～+25	±0.4
2	轨头横向 25～32	−0.7～0.3

注：廓形验收范围为钢轨轨头横向−25 mm 至 32 mm，表中+、−分别表示所测廓形高于或低于目标廓形的量值。

检验数量：施工单位采用打磨列车测量仪器检测时全数检查；采用便携式粗糙度检测仪检测时，每 1 km 检测 1 次。监理单位见证检验。

检验方法：用打磨列车测量仪器或便携式粗糙度检测仪检测。

11.10.6 轨头打磨区应无连续发蓝带。

检验数量：施工单位全数检查；监理单位抽样检验。

检验方法：观察。

11.11 轨道安全设备及附属设施

Ⅰ 护 轨

主控项目

11.11.1 护轨及梭头的规格、型号应符合设计要求。

检验数量:施工单位、监理单位全数检查。

检验方法:观察。

11.11.2 护轨扣件的规格、型号、质量应符合设计要求。

检验数量:施工单位、监理单位全数检查。

检验方法:查验产品合格证、质量证明文件,观察。

11.11.3 护轨每个接头应不少于4个接头螺栓,护轨接头螺栓的螺帽应安装在线路中心一侧。

检验数量:施工单位、监理单位全数检查。

检验方法:观察。

11.11.4 有轨道电路时,护轨梭头连接处应设置绝缘接头。

检验数量:施工单位、监理单位全数检查。

检验方法:观察。

11.11.5 护轨应伸出桥台挡砟前墙以外,直轨部分长度不应小于5 m(在直线上桥长大于50 m、曲线上桥长大于30 m的桥上为10 m),弯轨部分沿线路中心线的长度不应小于1.9 m,梭头尖端超出台尾的长度不应小于2.0 m,其顶部应切成不陡于1∶1的斜面并联结密贴,梭头尖端悬出轨枕的长度不应大于5 mm。

检验数量:施工单位、监理单位全数检查。

检验方法:观察、尺量。

一般项目

11.11.6 护轨应在轨道基本稳定后铺设,护轨铺设地段应符合设计要求。

检验数量:施工单位全数检查;监理单位抽样检验。

检验方法:观察、尺量。

11.11.7 护轨与基本轨头部间净距应符合下列规定:

1 在有砟桥上,其净距为500 mm,允许偏差为−5 mm~10 mm。

2 在钢梁明桥面上,其净距为220 mm,允许偏差为±10 mm;当桥上设有伸缩调节器时,其净距为320 mm~

350 mm,允许偏差为±10 mm。

3 在混合桥上,当明桥面长度等于或小于 50 m 时,其净距均为 500 mm;当明桥面长度大于 50 m 时,在明桥面和有砟桥面各自采用自身的净距,并在明桥面上采用不大于 1.5‰ 的斜率完成间距变化的过渡。

检验数量:施工单位每处抽检 10 个测点;监理单位抽样抽检。

检验方法:尺量。

11.11.8 护轨面高于基本轨面不应大于 5 mm,低于基本轨面不应大于 25 mm。

检验数量:施工单位每处抽检 10 个测点;监理单位抽样抽检。

检验方法:尺量。

Ⅱ 轨道加强设备

主控项目

11.11.9 防爬支撑和防爬器的类型、规格、质量应符合设计要求。

检验数量:施工单位、监理单位全数检查。
检验方法:查验产品合格证、质量证明文件,观察。

11.11.10 防爬支撑和防爬器的安装位置、数量、制动方向均应符合设计要求。

检验数量:施工单位、监理单位全数检查。
检验方法:观察。

11.11.11 轨距杆、轨撑的类型、规格、质量均应符合设计要求。

检验数量:施工单位、监理单位全数检查。
检验方法:查验产品合格证、质量证明文件,观察。

11.11.12 轨距杆、轨撑的安装位置、数量应符合设计要求,轨道电路区段的轨距杆应绝缘。

检验数量:施工单位、监理单位全数检查。
检验方法:观察。

一般项目

11.11.13 防爬支撑横断面不应小于 120 cm²。

检验数量:施工单位检查总数的 10%;监理单位抽样检验。
检验方法:尺量。

11.11.14 安装防爬设备应作用良好、无失效。防爬器承力板、防爬支撑与混凝土轨枕间,应采用经防腐处理的楔形木顶紧,其厚度不应小于 30 mm。

检验数量:施工单位检查总数的 10%;监理单位抽样检验。
检验方法:观察、尺量。

11.11.15 轨距杆或轨撑应无失效,丝杆应涂油。

检验数量:施工单位全数检查;监理单位抽样检验。
检验方法:观察。

Ⅲ 线路标志

主控项目

11.11.16 线路、信号标志的材质、规格、图案字样应符合设计要求。

检验数量:施工单位、监理单位全数检查。
检验方法:观察、尺量、检查质量证明文件。

11.11.17 标志的数量、位置、高度应符合设计要求。

检验数量:施工单位、监理单位全数检查。
检验方法:观察、尺量。

11.11.18 标志应设置牢固,标示方向正确。

检验数量:施工单位、监理单位全数检查。
检验方法:观察。

一般项目

11.11.19 各种标志应设置端正,涂料均匀、色泽鲜明,图案、字迹清晰完整。

　　检验数量:施工单位全数检查;监理单位抽样检验。
　　检验方法:观察。

Ⅳ 车挡

主控项目

11.11.20 车挡及连接配件的规格、型号、质量应符合设计要求。
　　检验数量:施工单位、监理单位全数检查。
　　检验方法:检查质量证明文件,观察。

一般项目

11.11.21 车挡安装位置、固定螺栓扭矩应符合设计要求。
　　检验数量:施工单位全数检查;监理单位抽样检验。
　　检验方法:钢尺量,扭力扳手检测。

12 装饰装修工程

12.1 一般规定

12.1.1 本章适用于车站、生产生活用房及附属建筑装饰装修工程的施工质量验收。

12.1.2 装饰装修工程分部分项工程及检验批宜按本标准附录 B.0.7 进行划分。

12.1.3 室内环境质量检测及验收应符合现行国家标准《民用建筑工程室内环境污染控制规范》GB 50325 的规定。

12.1.4 无障碍设施部分的验收应符合现行国家标准《无障碍设施施工验收及维护规范》GB 50642 的规定。

12.1.5 材料的防火性能指标应符合设计要求及现行国家标准《建筑设计防火规范》GB 50016、《建筑内部装修设计防火规范》GB 50222 和《地铁设计防火标准》GB 51298 的规定。

12.1.6 消防工程的质量验收应符合现行上海市工程建设规范《建筑工程消防施工质量验收规范》DG/TJ 08—2177 的规定。

12.2 地面工程

12.2.1 本节适用于建筑地面基层铺设、整体面层铺设以及板块面层铺设等分项工程的验收。

12.2.2 地面工程质量验收应符合现行国家标准《建筑地面工程施工质量验收规范》GB 50209 的规定。

12.2.3 盲道地砖质量验收应符合现行国家标准《无障碍设施施工验收及维护规范》GB 50642 的规定。

12.2.4 地面工程的找平层和面层砂浆的质量验收应符合现行上海市工程建设规范《预拌砂浆应用技术标准》DG/TJ 08—502 的规定。

12.2.5 厕浴间和有防滑要求的建筑地面应符合设计要求。厕浴间、厨房和有排水(或其他液体)要求的建筑地面面层与相连接各类面层的标高差应符合设计要求。

主控项目

12.2.6 站台地面应以轨道中线位置及轨面高程为基准,高程的允许偏差应为±3 mm,站台侧面帽石外缘到轨道中线的距离的允许偏差应为0~3 mm。

检验数量:施工单位、监理单位每 2 m 设置 1 个检测点。

检验方法:测量。

一般项目

12.2.7 板块地面竣工后应无空鼓,地面面层质量检验应符合表 12.2.7 的规定。

表 12.2.7 板块地面面层质量检验

序号	检验项目	允许偏差(mm)							检验方法
		天然光镜面石材、大理石面层、花岗石面层、人造石面层	水磨石板块面层	陶瓷地砖	缸砖	水泥混凝土板块面层	碎拼大理石、碎拼花岗石面层	活动地板面层	
1	表面平整度	1	2	2	4	4	3	2	用 2 m 靠尺和楔形塞尺检查
2	缝格平直度	2	3	3	3	3	—	2.5	拉 5 m 线,不足 5 m 拉通线尺量

续表12.2.7

序号	检验项目	允许偏差(mm)						检验方法
		天然光镜面石材、大理石面层、花岗石面层、人造石面层	水磨石板块面层	陶瓷地砖	缸砖	水泥混凝土板块面层	碎拼大理石、碎拼花岗石面层	活动地板面层	
3	接缝高低差	0.5	1	0.5	1.5	1.5	—	0.4	直尺和楔形塞尺检查
4	踢脚板上口平直度	1	2	2	2	4	1	—	拉5m线，不足5m拉通线尺量
5	板缝宽度	1	2	2	2	6	—	0.3	尺量

检验数量：施工单位按表12.2.7全数检查；监理单位抽样检验。

12.3 抹灰工程

12.3.1 本节适用于一般抹灰、保温层薄抹灰、装饰抹灰、清水砌体勾缝等分项工程的验收。

12.3.2 抹灰工程的验收应符合现行国家标准《建筑装饰装修工程质量验收标准》GB 50210 的规定。

12.3.3 检验数量应符合下列规定：

1 室内每个检验批应至少抽查10%，且不应少于3间，不足3间时应全数检查。

2 室外每个检验批每100 m^2 应至少抽查1处，每处不应小于 10 m^2。

12.3.4 抹灰砂浆的质量验收应符合现行上海市工程建设规范《预拌砂浆应用技术规程》DG/TJ 08—502 的规定。

12.3.5 当抹灰砂浆外表面粘贴饰面砖时,尚应符合现行行业标准《外墙饰面砖工程施工及验收规程》JGJ 126、《建筑工程饰面砖粘结强度检验标准》JGJ 110 的规定。

12.4 外墙防水工程

12.4.1 本节适用于外墙砂浆防水、涂膜防水和透气膜防水等分项工程的质量验收。

12.4.2 外墙防水工程的验收应符合现行国家标准《建筑装饰装修工程质量验收标准》GB 50210 的规定。

12.4.3 每个检验批每 100 m² 应至少抽查 1 处,每处检查不应小于 10 m²,节点构造应全数检查。

12.5 饰面工程

Ⅰ 饰面板工程

12.5.1 本节适用于内墙饰面板安装工程和高度不大于 24 m、抗震设防烈度不大于 8 度的外墙饰面板安装工程的石板安装、陶瓷板安装、金属板安装等分项工程的质量验收。

12.5.2 饰面板工程的验收应符合现行国家标准《建筑装饰装修工程质量验收标准》GB 50210 的规定。

12.5.3 检验数量应符合下列规定:

1 室内每个检验批应至少抽查 10%,且不应少于 3 间,不足 3 间时应全数检查。

2 室外每个检验批每 100 m² 应至少抽查 1 处,每处不应小于 10 m²。

Ⅱ 饰面砖工程

12.5.4 本节适用于内墙饰面砖粘贴和高度不大于 100 m、抗震设防烈度不大于 8 度、采用满粘法施工的外墙饰面砖粘贴等分项工程的质量验收。

12.5.5 饰面砖工程的验收应符合现行国家标准《建筑装饰装修工程质量验收标准》GB 50210 的规定。

12.5.6 检验数量应符合下列规定：

 1 室内每个检验批应至少抽查 10%，且不应少于 3 间，不足 3 间时应全数检查。

 2 室外每个检验批每 100 m^2 应至少抽查 1 处，每处不应小于 10 m^2。

12.5.7 外墙饰面砖工程施工前，应在待施工基层上做样板，并对样板的饰面砖粘结强度进行检验，检验方法和结果判定应符合现行行业标准《建筑工程饰面砖粘结强度检验标准》JGJ/T 110 的规定。

Ⅲ 涂饰工程

12.5.8 本节适用于水性涂料涂饰、溶剂型涂料涂饰、美术涂饰等分项工程的质量验收。

12.5.9 涂饰工程的验收应符合现行国家标准《建筑装饰装修工程质量验收标准》GB 50210 的规定。

12.5.10 检验数量应符合下列规定：

 1 室内涂饰工程每个检验批应至少抽查 10%，且不得少于 3 间，不足 3 间时应全数检查。

 2 室外涂饰工程每 100 m^2 应至少检查 1 处，每处不得小于 10 m^2。

12.6 门窗工程

12.6.1 本节适用于木门窗、金属门窗、门窗玻璃安装、特种门安装、防火卷帘、挡烟垂壁等分项工程的质量验收。

12.6.2 门窗的验收应符合现行国家标准《建筑装饰装修工程质量验收标准》GB 50210 的规定。

12.6.3 检验数量应符合下列规定：

  1 木门窗、金属门窗和门窗玻璃每个检验批应至少抽查 5%，且不应少于 3 樘，不足 3 樘时应全数检查；高层建筑的外窗每个检验批应至少抽查 10%，且不应少于 6 樘，不足 6 樘时应全数检查。

  2 特种门每个检验批应至少抽查 50%，且不应少于 10 樘，不足 10 樘时应全数检查。

12.6.4 特种门安装除应符合设计要求外，还应符合《人行自动门用传感器》JG/T 310、《人行自动门安全要求》JG 305、《卷帘门窗》JG/T 302、《彩钢整板卷门》JG/T 306、《平开玻璃门用五金件》JG/T 326、《防火门》GB 12955、《防盗安全门通用技术条件》GB 17565、《城市轨道交通站台屏蔽门》CJ/T 236 等现行标准的有关规定。

12.6.5 门窗安全玻璃的使用应符合现行行业标准《建筑玻璃应用技术规程》JGJ 113 的规定。

12.6.6 市域铁路范围内建筑外门窗和地下车站、区间风井临轨行区侧设备区及风道内门窗的性能检验报告内容应包含气密、水密及抗风压性能，检验方法应符合现行国家标准《建筑外门窗气密、水密、抗风压性能分级及检测方法》GB/T 7106 的规定。

12.6.7 防火卷帘、挡烟垂壁的质量验收应符合现行上海市工程建设规范《建筑工程消防施工质量验收规范》DG/TJ 08—2177 的规定。

12.7 吊顶工程

12.7.1 本节适用于整体面层吊顶、板块面层吊顶和格栅吊顶等分项工程的质量验收。

12.7.2 吊顶工程的验收应符合现行国家标准《建筑装饰装修工程质量验收标准》GB 50210 的规定。

12.7.3 每个检验批应至少抽查 10%，且不应少于 3 间，不足 3 间时应全数检查。

12.8 轻质隔墙工程

12.8.1 本节适用于板材隔墙、骨架隔墙、活动隔墙、玻璃隔墙和砌体结构等分项工程的质量验收。

12.8.2 轻质隔墙的验收应符合现行国家标准《建筑装饰装修工程质量验收标准》GB 50210 的规定。

12.8.3 板材隔墙和骨架隔墙每个检验批应至少抽查 10%，且不应少于 3 间，不足 3 间时应全数检查；活动隔墙和玻璃隔墙每个检验批应至少抽查 20%，且不应少于 6 间，不足 6 间时应全数检查。

12.8.4 轻质隔墙工程的隔声性能应符合现行国家标准《民用建筑隔声设计规范》GB 50118 的规定。

12.8.5 装饰装修中砌体结构分项工程的施工质量验收应符合现行国家标准《砌体结构工程施工质量验收规范》GB 50203 的相关规定。

12.9 幕墙工程

12.9.1 本节适用于玻璃幕墙、金属幕墙、石材幕墙、人造板材幕墙等分项工程的质量验收。

12.9.2 幕墙的验收应符合现行国家标准《建筑装饰装修工程质量验收标准》GB 50210 的规定。

12.9.3 幕墙工程主控项目和一般项目的验收内容、检验方法、检验数量应符合现行行业标准《玻璃幕墙工程技术规范》JGJ 102、《金属与石材幕墙工程技术规范》JGJ 133 和《人造板材幕墙工程技术规范》JGJ 336 的规定。

12.9.4 玻璃幕墙采用中性硅酮结构密封胶时，其性能应符合现行国家标准《建筑用硅酮结构密封胶》GB 16776 的规定；硅酮结构密封胶应在有效期内使用。

12.9.5 幕墙的防火应符合设计要求和现行国家标准《建筑设计防火规范》GB 50016 的规定。

12.10 细部工程

12.10.1 本节适用于固定橱柜制作与安装、窗帘盒和窗台板制作与安装、门窗套制作与安装、护栏和扶手制作与安装、花饰制作与安装等分项工程的质量验收。

12.10.2 细部工程的验收应符合现行国家标准《建筑装饰装修工程质量验收标准》GB 50210 的规定。

12.10.3 橱柜、窗帘盒、窗台板、门窗套和室内花饰每个检验批应至少抽查 3 间（处），不足 3 间（处）时应全数检查；护栏、扶手和室外花饰每个检验批应全数检查。

12.11 导向标识

12.11.1 导向标识的安装验收应符合现行国家标准《城市轨道交通客运服务标志》GB/T 18574 的规定。

主控项目

12.11.2 悬挂标识安装应符合下列规定:

1 埋件与结构骨架的材质、规格、数量、安装做法及防锈处理应符合设计要求。

2 安装应牢固可靠;可调式挂件应有锁止装置。

检验数量:施工单位、监理单位全数检查。

检验方法:观察,钢尺量,手扳,检查拉拔试验记录及施工记录,检查产品合格证、进场验收记录、性能检测报告和复试报告。

12.11.3 附着标识安装应符合下列规定:

1 嵌入墙面或地面的内部照明标识安装,导线应连接正确、可靠,基层应采取防火隔离措施。

2 粘贴方式安装的标识应紧密、平整,应无破损、褶皱、起泡等缺陷。

3 标识安装应牢固。

检验数量:施工单位、监理单位全数检查。

检验方法:观察,钢尺量,检查产品质量证明文件。

12.11.4 落地式标识应符合下列规定:

1 埋件与结构骨架的材质、规格、数量、安装做法及防腐处理应符合设计要求。

2 安装应牢固可靠。

检验数量:施工单位、监理单位全数检查。

检验方法:观察,钢尺量,手扳,检查施工试验记录及施工记录。

一般项目

12.11.5 悬挂标识安装应符合下列规定:

1 标识应平整、方正,表面应洁净,无污渍、划痕、破损现象。

2 穿过吊顶的标识与吊顶的交接线应顺直、清晰、美观。

3 悬挂标识的安装质量检验应符合表12.11.5的规定。

表 12.11.5 悬挂标识安装质量检验

序号	检验项目	允许偏差(mm)	检验方法
1	平整度	±2	水平尺测量
2	垂直度	±2	靠尺测量
3	定位偏差	±5	经纬仪测量
4	高度偏差	0~5	水准仪测量

检验数量：施工单位按表12.11.5全数检查；监理单位抽样检验。

12.11.6 附着标识安装应符合下列规定：

1 标识应平整、方正，表面洁净，应无污渍、划痕、破损现象；接缝应严密、吻合。

2 边口处应整齐、光滑，做法及尺寸应符合设计要求。

3 附着标识的安装质量检验应符合表12.11.6的规定。

表 12.11.6 附着标识安装质量检验

序号	检验项目		允许偏差(mm)	检验方法
1	平整度		2	水平尺测量
2	垂直度		2	靠尺测量
3	定位偏差		±5	钢直尺测量
4	嵌入高低差	墙面	±3	钢直尺和楔形塞尺测量
		地面	±2	钢直尺和楔形塞尺测量

检验数量：施工单位按表12.11.6全数检查；监理单位抽样检验。

12.11.7 落地标识的安装应符合下列规定：

1 标识安装应平整。

2 落地标识的安装质量检验应符合表12.11.7的规定。

表 12.11.7 落地标识安装质量检验

序号	检验项目	允许偏差(mm)	检验方法
1	平整度	±2	水平尺测量

续表12.11.7

序号	检验项目	允许偏差(mm)	检验方法
2	垂直度	±2	靠尺测量
3	定位偏差	±5	钢直尺测量

检验数量：施工单位按表12.11.7全数检查；监理单位抽样检验。

13 站内客运设备

13.1 一般规定

13.1.1 本章适用于自动扶梯与自动人行道、电梯、轮椅升降机及以上站内客运设备与土建工程的交接及井道工程的施工质量验收。

13.1.2 站内客运设备分部分项工程宜按本标准附录 B.0.8 进行划分。

13.1.3 电梯安装验收基本要求应符合下列规定：

1 电梯随机文件应完整，文件包括整机产品出厂合格证、整机型式试验合格证、土建布置图、装箱单、安装与使用维护说明书、动力电路和安全电路的电气原理图及电气接线图、井道和机器设备区间及滑轮间布置图、主要部件现场安装示意图等；应具有门锁装置、限速器、安全钳、缓冲器、含有电子元件的安全电路、曳引机、控制柜、悬挂绳端接装置、上行超速装置、轿厢意外移动、导轨、层门耐冲击试验和玻璃门或玻璃轿壁型式试验证书，以及限速器和渐进安全钳的调试证书。

2 电梯的施工单位及施工人员均应按照国家有关规定取得相应资格后方可从事相关工作。

3 电梯工程施工质量管理和验收除应符合本章规定外，还应符合现行国家标准《电梯制造与安装安全规范 第 1 部分：乘客电梯和载货电梯》GB 7588.1、《电梯制造与安装安全规范 第 2 部分：电梯部件的设计原则、计算和检验》GB 7588.2、《电梯安装验收规范》GB/T 10060、《电梯工程施工质量验收规范》GB 50310 及产品技术文件的规定。

检验数量:施工单位全数检查;监理单位见证检验。

检验方法:查阅随机文件、人员资质证书、施工记录等。

13.1.4 自动扶梯与自动人行道验收基本要求应符合下列规定:

1 自动扶梯与自动人行道随机文件应完整齐全,包括整机产品出厂合格证、整机型式试验合格证、土建布置图、装箱单、安装与使用维护说明书、动力电路和安全电路的电气原理图等;应具有梯级或踏板等承载面板、驱动主机、控制柜、梯级(踏板)链以及重要安全部件的型式试验证书;对于玻璃护壁板,还应提供采用钢化玻璃的证明。

2 自动扶梯与自动人行道的施工单位及施工人员均应按照国家有关规定取得相应资格后方可从事相关工作。

3 自动扶梯与自动人行道工程施工质量管理和验收除应符合本章规定外,还应符合现行国家标准《自动扶梯和自动人行道的制造与安装安全规范》GB 16899、《电梯工程施工质量验收规范》GB 50310 及产品技术文件的规定。

检验数量:施工单位全数检查;监理单位见证检验。

检验方法:查阅随机文件、人员资质证书、施工记录等。

13.1.5 轮椅升降机验收的基本要求应符合下列规定:

1 站内轮椅升降机随机文件应完整齐全,包括产品出厂合格证、装箱单、安装与使用维护说明书、动力电路和安全电路的电气原理图等。

2 安装前应对设备进行开箱验收,其随机文件应完整;随机附带的零部件应与装箱单的说明相符;外观不应存在损坏。

检验数量:施工单位全数检查;监理单位见证检验。

检验方法:查阅随机文件。

13.2 土建交接检及井道

主控项目

13.2.1 电梯井道结构及布置和井道壁、底面、顶板的强度应符合国家现行标准和电梯土建布置图的要求。

检验数量:施工单位全数检查;监理单位见证检验。

检验方法:查阅设计文件与图纸。

13.2.2 施工单位应对土建移交的机房、井道、地坑等建筑的尺寸、预埋件进行复核,合格后方可进行电梯施工。如果井道下方确有人员能够到达的空间,井道底坑的底面应至少按 $5\ 000\ N/m^2$ 载荷设计,且对重(或平衡重)上应设置安全钳。

检验数量:施工单位全数检查;监理单位见证检验。

检验方法:观察。

13.2.3 电梯安装前所有井道间的层门预留孔应设有无孔的高度大于 1.2 m 的固定安全保护围封,并应保证有足够的强度。

检验数量:施工单位全数检查;监理单位见证检验。

检验方法:观察、尺量。

13.2.4 电梯相邻两层门地坎间距离大于 11 m(消防员电梯相邻两层门地坎间的距离大于 7 m)时,其间应设置向外开的安全门(除有相互救援轿厢安全门),且应装有安全门处于关闭才能运行的电气安全装置。

检验数量:施工单位全数检查;监理单位见证检验。

检验方法:观察、尺量。

13.2.5 自动扶梯的梯级或自动人行道的踏板上空,垂直净高度不应小于 2.3 m。

检验数量:施工单位全数检查;监理单位见证检验。

检验方法:观察、尺量。

13.2.6 自动扶梯与自动人行道在安装前,井道周围应设有保证安全的无孔围栏或屏障,其高度应大于1.2 m。

检验数量:施工单位全数检查;监理单位见证检验。

检验方法:观察、尺量。

一般项目

13.2.7 电梯机房、底坑内应有防渗、防漏水保护,底坑内不得有积水。

检验数量:施工单位全数检查;监理单位见证检验。

检验方法:观察。

13.2.8 电梯、自动扶梯与自动人行道电源零线和接地线应始终分开,接地装置的接地电阻值不应大于4 Ω。

检验数量:施工单位全数检查;监理单位见证检验。

检验方法:观察、仪表测量。

13.2.9 电梯机房内应设有固定的电气照明,机房内应设置1个或多个电源插座,在机房内靠近入口的适当高度处应设有1个开关或类似装置控制机房照明电源。

检验数量:施工单位全数检查;监理单位见证检验。

检验方法:观察。

13.2.10 电梯、自动扶梯与自动人行道预埋钢板及预埋吊钩应符合设计要求,吊钩上应标明最大允许载荷。自动扶梯与自动人行道的中间支撑应符合设计要求。

检验数量:施工单位全数检查;监理单位见证检验。

检验方法:观察。

13.2.11 自动扶梯与自动人行道的土建工程及预埋件应按照土建布置图进行施工,自动扶梯与自动人行道提升高度允许偏差应为±15 mm,跨度允许偏差应为0~15 mm。

检验数量:施工单位全数检查;监理单位见证检验。

检验方法:观察、尺量。

13.2.12 自动扶梯与自动人行道在安装之前,土建施工单位应提供明显的用于安装的水平基准线标识。

检验数量：施工单位全数检查；监理单位见证检验。

检验方法：观察。

13.2.13 自动扶梯下部基坑内不应积水，宜采用自流排水或无渗漏水，或在基坑外设集水坑和配备排水设施。

检验数量：施工单位全数检查；监理单位见证检验。

检验方法：观察。

13.3 自动扶梯与自动人行道

主控项目

13.3.1 自动扶梯与自动人行道安装设置应符合下列规定：

1 自动扶梯与自动人行道入口处应设置满足现行国家标准《自动扶梯和自动人行道的制造与安装安全规范》GB 16899 和相关公共标识标准的安全标志；自动扶梯与自动人行道的防攀爬装置、防滑行装置、扶手带在扶手转向端入口处的防夹装置、围裙板防夹装置（毛刷等）、室外梯防排水安装应符合设计要求。

检验数量：施工单位全数检查；监理单位见证检验。

检验方法：观察、尺量。

2 自动扶梯与自动人行道供电方式应为 TN-S 制，供电线相色正确，相序与接线端子一致；所有电气设备、导管和线槽的裸露可导电部分，均应与保护线（PE）可靠联接；不得串接，不可零地混接。自动扶梯与自动人行道桁架接地线的截面积应与相线一致；接地线应采用黄绿相间的绝缘导线。

检验数量：施工单位全数检查；监理单位见证检验。

检验方法：观察。

一般项目

13.3.2 自动扶梯与自动人行道安装精度应符合下列规定：

1 桁架对接连接应平直，桁架与外装饰龙骨宜采用螺栓连接，不宜焊接。

2 梯级、踏板的楞齿、梳齿及梳齿板应完好,不得缺损。

3 内盖板、外盖板、围裙板、护壁板接缝应平滑,板与板之间的接缝为对接缝,护壁板之间的空隙不应大于 4 mm。

4 梳齿板梳齿与踏板面齿槽的啮合深度应大于 4 mm,间隙不超过 4 mm。

5 自动扶梯与自动人行道围裙板应设置在梯级、踏板的两侧,任何一侧的水平间隙应不大于 4 mm,两边的间隙之和不应大于 7 mm。当自动人行道的围裙板设置在踏板之上时,踏板表面与围裙板下端之间的垂直间隙不应大于 4 mm。当踏板有横向摆动时,踏板的侧边与围裙板垂直投影之间不得产生间隙。

6 主电源开关不应切断电源插座或检查和维修所必需的照明电路的电源,各相应开关应有明显的标志。

检验数量:施工单位全数检查;监理单位见证检验 20%。

检验方法:观察、模拟试验。

13.3.3 自动扶梯与自动人行道试运转应符合下列规定:

1 自动扶梯与自动人行道的监控和安全装置的检验,当自动扶梯与自动人行道出现以下情况时应停止运行:

1) 主电源发生断相、错相、过载及电路接地故障时;
2) 设置在自动扶梯与自动人行道出入口的附近明显位置的红色紧急停止装置被按下时;
3) 扶手带在扶手转向端入口保护装置动作时;
4) 梳齿与梯级或者踏板有异物卡入不能正常啮合,且发生碰撞时;
5) 速度限制装置在超速 1.2 倍和运行方向非操纵逆转下动作时;
6) 直接驱动梯级、踏板的部件(如链条或齿条)断裂或过分伸长时;
7) 驱动装置与转向装置之间的距离发生过分伸长或者缩短时;

8）梯级或踏板发生下陷和缺失时；
9）扶手带速度与梯级（踏板）实际速度偏差最大超过15%，并且持续时间达到5 s～15 s时；
10）多台连续无中间出口的自动扶梯与自动人行道中的一台停止运行时；
11）附加制动器动作时。

检验数量：施工单位全数检查；监理单位见证检验。

检验方法：观察、模拟试验。

2 扶手带的运行速度相对梯级、踏板实际速度允许偏差为0～2%。

检验数量：施工单位全数检查；监理单位见证检验。

检验方法：秒表、卷尺测量。

3 自动扶梯与自动人行道运行时梯级、踏板与围裙板之间应无刮碰现象，扶手带外表面应无刮痕。

检验数量：施工单位全数检查；监理单位见证检验。

检验方法：观察。

4 自动扶梯与自动人行道应进行空载和有载向下运行制动试验，制停距离应符合表13.3.3的规定。

表13.3.3 制停距离

额定速度 (m/s)	制停距离范围(m)	
	自动扶梯	自动人行道
0.5	0.20～1.00	0.20～1.00
0.65	0.30～1.30	0.30～1.30
0.75	0.40～1.50	0.40～1.50
0.90	—	0.55～1.70

检验数量：施工单位全数检查；监理单位见证检验。

检验方法：砝码、卷尺测量。

5 自动扶梯与自动人行道区域的视频监视系统应与设计要

求相符,监控装置开关动作灵活,信号显示清晰,控制功能应正确有效。

检验数量:施工单位全数检查;监理单位见证检验。
检验方法:观察。

6 自动扶梯与自动人行道提供的智能运维系统的接口功能应准确可靠。

检验数量:施工单位全数检查;监理单位见证检验。
检验方法:观察。

13.4 电 梯

Ⅰ 驱动主机

主控项目

13.4.1 驱动主机上应设有铭牌,铭牌和型式试验证书内容应相符。

检验数量:施工单位全数检查;监理单位抽样检验。
检验方法:观察。

13.4.2 紧急救援操作说明应置于紧急操作时的易见处;紧急操作装置的动作应正常;应在电梯驱动主机上接近盘车手轮处明显标出轿厢运行方向。

检验数量:施工单位全数检查;监理单位抽样检验。
检验方法:观察。

一般项目

13.4.3 曳引轮轮槽不得有缺损或者不正常磨损;曳引轮、导向轮对铅垂线的偏差,在空载或满载的工况下均不得大于4/1 000。

检验数量:施工单位全数检查;监理单位见证检验。
检验方法:观察、垂线、尺量。

13.4.4 制动器应动作灵活,电梯运行时制动闸瓦应不与制动轮发生摩擦,制动器的动作应符合制造厂家的要求。

检验数量:施工单位全数检查;监理单位见证检验。

检验方法:观察。

Ⅱ 导轨

主控项目

13.4.5 导轨安装位置应符合设计要求,导轨支架应安装在承重墙或支撑圈梁上。每根导轨应至少有2个导轨支架,其间距不宜大于2.50 m。

检验数量:施工单位全数检查;监理单位抽样检验。

检验方法:观察、尺量。

13.4.6 固定导轨支架的预埋件,直接埋入墙的深度不宜小于120 mm。

检验数量:施工单位全数检查;监理单位抽样检验。

检验方法:尺量。

一般项目

13.4.7 两列轿厢导轨顶面间的距离偏差应为0~2 mm;两列对重导轨顶面间的距离偏差应为0~3 mm。

检验数量:施工单位全数检查;监理单位抽样检验。

检验方法:尺量。

13.4.8 每列导轨工作面的垂直度,每5 m的偏差应符合下列规定:

1 轿厢导轨和设有安全钳的对重(平衡重)导轨应小于0.6 mm。

2 不设安全钳的对重(平衡重)导轨应小于1.0 mm。

检验数量:施工单位全数检查;监理单位抽样检验。

检验方法:垂线、尺量。

Ⅲ 层门系统

主控项目

13.4.9 层门地坎至轿厢地坎之间的水平距离严禁超过35 mm。

检验数量:施工单位全数检查;监理单位抽样检验。
尺量。

13.4.10 层门强迫关门装置动作应正常,层门锁紧装置动作应灵活;轿厢在锁紧元件啮合不小于 7 mm 时才能启动。
检验数量:施工单位全数检查;监理单位抽样检验。
检验方法:观察、尺量。

一般项目

13.4.11 层门和玻璃轿门上应设有标识,标明制造单位名称、型号,并且与型式试验证书内容相符;玻璃门应有防止儿童的手被拖曳的措施。
检验数量:施工单位全数检查;监理单位抽样检验。
检验方法:观察、测力检查。

13.4.12 轿门门刀与层门地坎,层门锁滚轮与轿厢地坎的间隙应不小于 5 mm;电梯运行时不得互相碰擦。
检验数量:施工单位全数检查;监理单位抽样检验。
检验方法:尺量。

Ⅳ 轿厢、对重

主控项目

13.4.13 轿顶应装设一个易于接近的检修运行控制装置,并且控制应优先于其他检修控制。
检验数量:施工单位全数检查;监理单位抽样检验。
检验方法:观察、模拟试验。

13.4.14 玻璃轿壁应使用夹层玻璃,且应在距轿底面 0.9 m~1.1 m 的高度安装扶手。扶手应独立固定,不得与玻璃有关。
检验数量:施工单位全数检查;监理单位抽样检验。
检验方法:观察、尺量。

一般规定

13.4.15 当轿厢和对重有反绳轮时,钢丝绳防跳装置安装应牢固可靠。

检验数量：施工单位全数检查；监理单位抽样检验。

检验方法：观察。

13.4.16 轿厢及关联部件与对重（平衡重）之间的距离不应小于50 mm。

检验数量：施工单位全数检查；监理单位抽样检验。

检验方法：尺量。

Ⅴ 安全部件

主控项目

13.4.17 限速器动作速度的封记应完好，且无拆动痕迹；可调节的安全钳，调节后的封记也应完好，不应有拆动痕迹。

检验数量：施工单位全数检查；监理单位抽样检验。

检验方法：观察。

一般项目

13.4.18 限速器上应标明与安全钳动作相应的旋转方向，张紧装置与限位开关相对位置应正确。

检验数量：施工单位全数检查；监理单位抽样检验。

检验方法：观察、尺量。

13.4.19 安全钳与导轨的间隙应符合产品设计的规定。

检验数量：施工单位全数检查；监理单位见证检验20%。

检验方法：观察、塞尺测量。

13.4.20 轿厢在两端站平层位置时，轿厢、对重的缓冲器撞板与缓冲器顶面间的位置尺寸应符合厂家设计图要求。对重缓冲器附近应设置永久性的明显标识，标明当轿厢位于顶层端站平层位置时，对重装置撞板与其缓冲器顶面间的最大允许垂直距离，且该垂直距离不应超过最大允许值。

检验数量：施工单位全数检查；监理单位见证检验20%。

检验方法：观察、尺量。

13.4.21 缓冲器应固定可靠、无明显倾斜；液压缓冲器充液量应正确，有验证柱塞复位的电气安全装置。

  检验数量：施工单位全数检查；监理单位抽样检验。
  检验方法：观察、线垂、尺量。

Ⅵ 悬挂装置、随行电缆、补偿装置

主控项目

13.4.22 钢丝绳严禁有笼状畸变、绳股挤出、扭结、部分压扁、弯折；钢丝绳绳端固定应有防螺母松动和脱落的装置，弹簧、螺母、开口销等连接部件无缺损，且安全可靠。

  检验数量：施工单位全数检查；监理单位抽样检验。
  检验方法：观察。

13.4.23 随行电缆严禁有打结或波浪扭曲现象。
  检验数量：施工单位全数检查；监理单位抽样检验。
  检验方法：观察。

一般项目

13.4.24 每根钢丝绳张力受力应均匀。
  检验数量：施工单位全数检查；监理单位见证检验20%。
  检验方法：测力、尺量。

13.4.25 补偿绳、链、缆等补偿装置的端部固定应可靠，并设有电气安全装置来检测补偿绳的最小张紧位置。

  检验数量：施工单位全数检查；监理单位抽样检验。
  检验方法：观察。

Ⅶ 电气装置

主控项目

13.4.26 电梯供电方式应为TN-S制，供电线相色正确，相序与接线端子一致；所有电气设备、导管和线槽的裸露可导电部分，均应与保护线（PE）可靠联接；保护接地线（PE）应为黄绿色，不可零

地混接，不得串接。

  检验数量：施工单位全数检查；监理单位抽样检验。
  检验方法：观察。

13.4.27 不同回路导线对地的绝缘电阻，导体之间和导体对地之间的绝缘电阻应符合下列规定：

  1 动力电路和电气安全装置应大于 $0.5\ M\Omega$。
  2 其他电路（控制、照明、信号等）应大于 $0.5\ M\Omega$。

  检验数量：施工单位全数检查；监理单位抽样检验。
  检验方法：500 V 兆欧表测试。

一般项目

13.4.28 每台电梯均应单独装设主开关，主开关应易于接近和操作。当不同电梯的部件共用一个机房时，每台电梯的主开关应与驱动主机、控制柜、限速器等采用相同的标志。

  检验数量：施工单位全数检查；监理单位抽样检验。
  检验方法：观察。

13.4.29 总开关不得切断报警装置、通风设备、电源插座、检修和维护照明等供电电路。

  检验数量：施工单位全数检查；监理单位抽样检验。
  检验方法：观察。

13.4.30 主开关应具有稳定的断开和闭合位置，且在断开位置时能用挂锁或者其他等效装置锁住，有效防止误操作。

  检验数量：施工单位全数检查；监理单位抽样检验。
  检验方法：观察、模拟试验。

13.4.31 井道内应设置永久性电气照明，井道最高点和最低点 0.5 m 以内各装 1 盏灯，再设中间灯，灯距不应超过 7 m，并分别在机房和底坑内设置 1 个控制开关。

  检验数量：施工单位全数检查；监理单位抽样检验。
  检验方法：观察、尺量。

Ⅷ 试运转

主控项目

13.4.32 安全保护验收应符合下列规定:

1 电源的短路保护装置、过载保护装置、断错相保护功能应可靠。

2 限速器、安全钳、缓冲器、门锁装置应与型式试验证书相符。

3 井道上、下两端的极限开关在轿厢或对重接触缓冲器之前开关应动作,且缓冲器被压缩时,保持动作状态。

4 轿顶、机房(如果有)、滑轮间(如果有)、底坑的停止装置应为非自动复位的红色停止开关,动作应可靠。

5 轿厢意外移动保护装置动作应正确,试验方法与型式试验证书所标注的方法一致。

6 轿厢上行超速保护装置,当轿厢上行速度失控时,该保护装置应使轿厢制停或者至少使其速度降低至对重缓冲器的设计范围。

检验数量:施工单位全数检查;监理单位见证检验。

检验方法:观察、模拟试验。

13.4.33 限速器绳张紧开关、液压缓冲器复位开关、补偿绳开关(如果有)、轿厢安全窗(如果有)开关安全门、底坑门、检修活板门(如果有)的开关、消防开关等动作应可靠正确。

检验数量:施工单位全数检查;监理单位见证检验。

检验方法:观察、模拟试验。

13.4.34 轿厢限速器、对重(平衡重)限速器与安全钳联动试验时,限速器、安全钳、电气开关动作应可靠。

检验数量:施工单位全数检查;监理单位见证检验。

检验方法:观察、模拟试验。

13.4.35 轿门或层门(在多扇门中任何一扇门)非正常打开时,

电梯严禁启动或继续运行；每层层门在无外力的情况下应能够自动关闭且能够用专用钥匙正常开启。

检验数量：施工单位全数检查；监理单位抽样检验。

检验方法：观察、模拟试验。

13.4.36 曳引式电梯曳引能力的试验应符合下列规定：

1 当对重压在缓冲器上而曳引机按电梯上行方向运转时，空载轿厢不得被向上提升。

2 轿厢空载以正常运行速度上行至行程上部，切断电动机与制动器供电，电梯应完全停止。

3 轿厢载有125％额定载重量以正常运行速度下行至行程下部时，切断电动机与制动器供电，电梯应制动可靠。

检验数量：施工单位全数检查；监理单位见证检验。

检验方法：观察、模拟试验。

一般项目

13.4.37 轿厢分别空载、满载，以正常运行速度上、下运行时，呼梯、楼层显示等信号系统应功能有效、指示正确、动作无误，轿厢应平层正确，无异常噪声，无异常现象发生。

检验数量：施工单位全数检查；监理单位抽样检验。

检验方法：观察。

13.4.38 轿厢超载装置或称重装置应动作准确、可靠。

检验数量：施工单位全数检查；监理单位见证检验。

检验方法：载荷检查。

13.4.39 曳引电梯的平衡系数应为0.4～0.5。

检验数量：施工单位全数检查；监理单位见证检验。

检验方法：查阅随机文件。

13.4.40 电梯平层准确度应为±15 mm。

检验数量：施工单位全数检查；监理单位抽样检验。

检验方法：尺量。

13.4.41 轿门带动层门开、关运行时，门扇与门扇、门扇与门套、门扇与门楣、门扇下端与地坎、轿厢门扇与轿壁应无刮碰现象。

检验数量:施工单位全数检查;监理单位抽样检验。

检验方法:观察、尺量。

13.4.42 电梯轿厢内视频监控装置应与设计要求相符,监控装置开关动作灵活,信号显示清晰,控制功能应正确有效;电梯五方通话的各功能应可靠有效。

检验数量:施工单位全数检查;监理单位抽样检验。

检验方法:观察、操作检查。

13.4.43 消防员电梯返回功能试验应符合下列规定:

1 消防开关应设在基站或者消防服务层,高度在地面以上 1.80 m 到 2.10 m 之间的位置,防护玻璃应完好,且应标有"消防"字样。

2 消防功能启动后,电梯不应响应外呼和内选信号,轿厢应直接返回指定基站或消防服务层,开门待命。

检验数量:施工单位全数检查;监理单位见证检验。

检验方法:操作检查。

13.5 轮椅升降机

Ⅰ 导轨系统

主控项目

13.5.1 导轨支架的安装应固定可靠。锚栓(如膨胀螺栓等)固定应在混凝土构件上使用,其连接强度与承受振动的能力应满足产品设计要求。

检验数量:施工单位全数检查;监理单位抽样检验。

检验方法:查阅设计文件与产品资料。

13.5.2 每列导轨工作面(包括侧面与顶面)与安装基准线每 5 m 的偏差均不应大于 0.6 mm。

检验数量:施工单位全数检查;监理单位见证检验 20%。

检验方法：观察、尺量。

一般项目

13.5.3 导轨应设安全封闭措施，防止异物进入，阻碍导轨内运动部件正常运行。

检验数量：施工单位全数检查；监理单位抽样检验。
检验方法：观察。

13.5.4 导轨固定在楼梯表面时，导轨和支撑件采用钢铁制作，表面应具有良好的防锈蚀性能。

检验数量：施工单位全数检查；监理单位抽样检验。
检验方法：观察。

Ⅱ 升降平台

主控项目

13.5.5 平台安装前应对楼梯进行精确测绘，确保平台能够正常运行。

检验数量：施工单位全数检查；监理单位见证检验20%。
检验方法：尺量。

13.5.6 平台护栏高度应符合设计要求，且应满足防护要求。

检验数量：施工单位全数检查；监理单位抽样检验。
检验方法：查阅设计文件，尺量。

13.5.7 轮椅平台由钢构件制成，其结构应有足够的强度和刚度。

检验数量：施工单位全数检查；监理单位抽样检验。
检验方法：查阅产品资料，观测检查。

13.5.8 随行电缆在运行中应避免与其他部件相互干涉。

检验数量：施工单位全数检查；监理单位抽样检验。
检验方法：观测检查。

一般项目

13.5.9 平台应具备可折叠功能，平时不占用楼道空间。

检验数量:施工单位全数检查;监理单位抽样检验。

检验方法:观测检查。

13.5.10 平台地面应带导纹防滑底板,防止轮椅在运行中滑动。

检验数量:施工单位全数检查;监理单位抽样检验。

检验方法:观测检查。

13.5.11 平台入口边缘打开时的上表面边缘距离地面高度不宜大于 15 mm。

检验数量:施工单位全数检查;监理单位抽样检验。

检验方法:观测检查。

13.5.12 平台的非入口边缘处应设置挡板,其上边缘距平台不应小于 75 mm

检验数量:施工单位全数检查;监理单位抽样检验。

检验方法:观测检查。

Ⅲ 控 制 系 统

主控项目

13.5.13 轮椅平台控制盒应包括电机、蓄电池(直流驱动)、主电源开关、上行继电器、下行继电器、中间继电器、时间继电器等,且均应完好、无损坏。

检验数量:施工单位全数检查;监理单位抽样检验。

检验方法:观测检查。

13.5.14 平台召唤操作装置(对升降平台的动作实现各种自动控制,包括平台的自动收放、护栏的自动收放、平台的召唤和返回)应完好、无损坏。

检验数量:施工单位全数检查;监理单位抽样检验。

检验方法:观测检查。

13.5.15 安全钳动作后平台的倾斜不应大于 10°。

检验数量:施工单位全数检查;监理单位见证检验 20%。

检验方法:观测检查。

一般项目

13.5.16 对于直流驱动的轮椅升降机,应设置充电装置。

检验数量:施工单位全数检查;监理单位抽样检验。

检验方法:观测检查。

13.5.17 驱动电机应设置过载保护。

检验数量:施工单位全数检查;监理单位抽样检验。

检验方法:观测检查。

Ⅳ 系统调试

主控项目

13.5.18 运行前应检查平台所在端站附近的电源盒供电正常,且导轨及楼梯上无障碍物。

检验数量:施工单位全数检查;监理单位抽样检验。

检验方法:观测检查。

13.5.19 急停按钮应在运行状态下可使设备立即刹车。

检验数量:施工单位全数检查;监理单位见证检验。

检验方法:观测检查。

13.5.20 防撞保护护栏应可自动检测位移并暂停设备运行以保护乘客安全。

检验数量:施工单位全数检查;监理单位见证检验。

检验方法:观测检查。

13.5.21 轮椅升降机的安全装置包括限速器开关、侧板开关、底板开关、护栏开关、限位开关、极限开关、抱闸装置、旁通开关等应操作可靠。

检验数量:施工单位全数检查;监理单位见证检验。

检验方法:观测检查。

13.5.22 端站限位开关动作后,平台应只向相反方向运行;端站极限开关动作后,平台应在两个方向均不能运行,直至被人工复位。

检验数量:施工单位全数检查;监理单位见证检验。
　　检验方法:观测检查。

13.5.23 满载时制动器制动距离不应大于 20 mm。
　　检验数量:施工单位全数检查;监理单位见证检验。
　　检验方法:观测检查。

一般项目

13.5.24 平台运行时,平台与护栏、平台与楼梯间应无刮碰现象。
　　检验数量:施工单位全数检查;监理单位抽样检验。
　　检验方法:观察、尺量。

13.5.25 轮椅升降机在运行中出现故障时,乘客可按下召援按钮,此时会响起警报声,请求站务人员帮助。
　　检验数量:施工单位全数检查;监理单位见证检验。
　　检验方法:观测检查。

13.5.26 应在确认楼梯或导轨上无障碍物后方可开动。
　　检验数量:施工单位全数检查;监理单位抽样检验。
　　检验方法:观测检查。

14 站台门

14.1 一般规定

14.1.1 本章适用于站台门所涉及的门体系统、电气系统、监控系统及以上系统调试工程的施工质量验收。

14.1.2 站台门系统分部分项工程宜按本标准附录 B.0.9 进行划分。

14.1.3 站台门安装质量除应符合本章规定外,还应符合现行行业标准《城市轨道交通站台屏蔽门系统技术规范》CJJ 183、《城际铁路站台门系统》TB/T 3559、《城市轨道交通站台屏蔽门》CJ/T 236 和现行上海市工程建设规范《城市轨道交通站台屏蔽门技术规程》DG/TJ 08—901 的有关规定。

14.1.4 所有进场设备材料应符合设计要求,且应提供随机文件资料、零部件装箱清单、相关实验报告、设备验收记录表等内容。

14.1.5 站台门安装后每个单元应进行运行试验和功能测试,一侧完整的站台门应连续进行 5 000 次运行检测,检测期间站台门应运行平稳、无运行故障,应做好维护和运行记录并存档。

14.2 门体系统

Ⅰ 交接检验

主控项目

14.2.1 安装前应进行轨道控制基准点的交接检验,交接应有完整的签字记录。每侧站台门安装应设置轨道中心线、有效站台中心线及不少于 3 个轨道控制基准点。

检验数量：施工单位全数检查；监理单位见证检验。

检验方法：观察、仪器测量、尺量、验证交接记录表。

14.2.2 土建结构应符合施工图限界尺寸、施工图净空尺寸。站台门工程的预埋件、预留孔的规格、位置及基础的强度等，应符合设计要求。

检验数量：施工单位全数检查；监理单位抽样检验。

检验方法：观察、尺量、验证检测报告。

Ⅱ 设备材料进场检查

主控项目

14.2.3 化学锚栓进场检验应符合下列规定：

1 锚栓的强度应满足设计要求，并应按国家规定做有关测试。

2 锚栓的孔径和深度应满足安装要求。

检验数量：施工单位全数检查；监理单位抽样检验。

检验方法：观察、尺量、检查质量合格证明文件、检验报告等。

14.2.4 钢构件进场检验应符合下列规定：

1 钢构件应满足现行国家产品标准和设计要求。

检验数量：施工单位全数检查；监理单位抽样检验。

检验方法：检查质量合格证明文件、检验报告等。

2 钢构件的涂层应符合国家现行有关规定及设计要求。钢构件顶紧后的安装面边缘最大间隙不应大于 0.8 mm。

检验数量：施工单位全数检查；监理单位抽样检验 10%（但不少于 3 个）。

检验方法：用测厚仪、钢尺及塞尺现场实测。

14.2.5 工程样机测试应符合下列规定：

1 站台门应满足负载强度、气密性等要求。站台门门体结构在风载荷、人群载荷、撞击载荷等最不利载荷效应组合情况下，门体弹性变形应满足工程限界要求，且结构应无永久变形。

检验数量：施工单位全数检查；监理单位见证检验。

检验方法：验证产品合格证、检测报告。

2 站台门应根据设计要求进行型式试验，对工程样机进行测试试验。工程样机测试应进行结构、密封、速度曲线、加速寿命、电磁兼容性、动能、噪声、障碍物探测、防夹力、接口、软件、应急门和端门可靠性测试等内容，应符合现行行业标准《城市轨道交通站台屏蔽门》CJ/T 236 的规定。

检验数量：施工单位全数检查；监理单位见证检验。

检验方法：验证工程样机测试过程及测试报告。

14.2.6 站台门材质应符合下列规定：

1 站台门不应作为防火隔离装置，但其材质应具有难燃性。

检验数量：施工单位全数检查；监理单位抽样检验。

检验方法：验证产品合格证和检测报告。

2 地下车站站台门系统的绝缘、密封材料和电线电缆等应采用无卤、低烟的阻燃材料。

检验数量：施工单位全数检查；监理单位抽样检验。

检验方法：验证产品合格证和检测报告。

3 地面和高架车站站台门系统的绝缘、密封材料和电线电缆等应采用低烟低卤的阻燃材料。

检验数量：施工单位全数检查；监理单位抽样检验。

检验方法：验证产品合格证和检测报告。

Ⅲ 上部结构安装

主控项目

14.2.7 上部结构应具有三维调节功能，安装完成后能适应车站土建结构垂直方向 10 mm 内的不均匀沉降量。

检验数量：施工单位全数检查；监理单位见证检验 20％。

检验方法：观察、仪器测量、尺量。

14.2.8 上部结构导轨侧到轨道中心线的水平距离、上部结构下表面到导轨面的垂直距离应符合设计要求。

检验数量：施工单位全数检查；监理单位见证检验20%。

检验方法：检查、测量。

14.2.9 上部结构的连接螺栓扭力应符合设计要求，紧固螺栓应有防松措施。

检验数量：施工单位全数检查；监理单位抽样检验。

检验方法：检查、力矩扳手测量。

一般项目

14.2.10 上部结构（全高站台门）预埋件与土建结构之间的接触表面应平整。

检验数量：施工单位全数检查；监理单位抽样检验。

检验方法：观察、仪器测量、尺量。

Ⅳ 下部结构安装

主控项目

14.2.11 门槛与轨道中心的间距尺寸（限界）、门槛距轨道顶的相对标高尺寸、门槛的水平度及门槛之间的间距应满足设计要求。

检验数量：施工单位全数检查；监理单位见证检验20%。

检验方法：仪器测量、观察。

14.2.12 门槛应安装牢固、无松动，且滑动门、应急门、端门处应有防滑措施。

检验数量：施工单位全数检查；监理单位抽样检验。

检验方法：尺量、观察。

14.2.13 门槛上表面应与纵向轨顶面平行，平行度应小于0.5 mm/m，全长范围内误差应控制在0～5 mm。

检验数量：施工单位全数检查；监理单位见证检验20%。

检验方法：尺量、观察。

14.2.14 门槛下部支撑连接螺栓的扭力应符合设计要求。

检验数量：施工单位全数检查；监理单位抽样检验。

检验方法:观察、仪器测量。

一般项目

14.2.15 门槛间隙应均匀。接缝处应平整,高差小于1 mm。

检验数量:施工单位全数检查;监理单位抽样检验。

检验方法:观察、测量。

14.2.16 对于直线站台的站台门,应测量并记录车站站台门与列车停靠站台时车体最宽处的间隙,间隙宽度应符合下列规定:

  1 当车辆采用塞拉门时,最宽处间隙不应大于130 mm。

  2 当车辆采用内藏门或外挂门时,最宽处间隙不应大于100 mm。

检验数量:施工单位全数检查;监理单位抽样检验。

检验方法:观察、试验检查。

14.2.17 当站台门与车体之间的间隙不符合本标准第14.2.16条要求时,应设置相应的安全防护装置,并应符合下列规定:

  1 直线车站站台边缘(或防踏空胶条边缘)与车厢地板面高度处车辆轮廓线的水平间隙不应大于100 mm。

  2 曲线车站站台边缘(或防踏空胶条边缘)与车厢地板面高度处车辆轮廓线的水平间隙不应大于180 mm。

检验数量:施工单位全数检查;监理单位抽样检验。

检验方法:观察、试验检查。

Ⅴ 门体结构安装

主控项目

14.2.18 门体结构安装应牢固可靠,并应符合限界要求。

检验数量:施工单位全数检查;监理单位抽样检验。

检验方法:尺量、观察、测量。

14.2.19 各门体立柱的中心间距、立柱和门机安装应满足设计要求。立柱的垂直度允许偏差应为±2 mm,立柱间距允许偏差应为±2 mm。

检验数量:施工单位全数检查;监理单位抽样检验。

检验方法:观察、线锤、尺量。

14.2.20 门机梁与门槛平行,门机梁的水平度应小于 1 mm/m。

检验数量:施工单位全数检查;监理单位抽样检验。

检验方法:观察、仪器测量。

14.2.21 门机梁到轨道中心线的水平距离应符合设计要求。

检验数量:施工单位全数检查;监理单位抽样检验。

检验方法:观察、仪器测量。

14.2.22 门体与站台结构的连接螺栓扭力应符合设计要求,紧固螺栓应有防松措施。

检验数量:施工单位全数检查;监理单位抽样检验。

检验方法:检查、力矩扳手测量。

一般项目

14.2.23 安装站台门的地坪应平整,在站台全长上的平整度误差不应大于 15 mm。站台门应垂直于站台,允许偏差为 2‰;对于有坡度的站台层,应采用同坡度垂直于站台面设置;当位于建筑结构的变形缝、伸缩缝等部位时,应采取相应的措施。

检验数量:施工单位全数检查;监理单位见证检验 20%。

检验方法:垂线法或经纬仪检测。

14.2.24 地下车站站台门的门体高度不应小于 2 m,地面和高架车站站台门的门体高度不宜小于 1.5 m,站台门距站台边缘距离应满足设计要求。

检验数量:施工单位全数检查;监理单位抽样检验。

检验方法:尺量、观察。

Ⅵ 滑动门、应急门和端门

主控项目

14.2.25 滑动门、应急门、固定门、端头门等门体与门槛面垂直度的允许偏差应为 0~2 mm,各门体平面度允许偏差应为 2 mm,

其周边缝隙应均匀、一致。

　　检验数量:施工单位全数检查;监理单位抽样检验。

　　检验方法:仪器测量。

14.2.26 全高站台门滑动门两侧与立柱之间间隙,应上、下均匀一致,间隙不应大于 6 mm;半高站台门滑动门与固定侧盒立柱之间的间隙不应大于 8 mm。

　　检验数量:施工单位全数检查;监理单位抽样检验。

　　检验方法:钢尺量。

14.2.27 应急门安装完成后,周边间隙应均匀、平直,且相邻两扇门的玻璃面的平面度允许偏差应为±1 mm。

　　检验数量:施工单位全数检查;监理单位抽样检验。

　　检验方法:仪器测量。

14.2.28 每扇滑动门的两侧应设置有手动解锁机构,并有中英文警示标识,其操作应简单、可靠。手动解锁力应小于 67 N,解锁后手动开启单边滑动门的动作力应小于 133 N。

　　检验数量:施工单位全数检查;监理单位抽样检验。

　　检验方法:观察、试验检查。

14.2.29 每一侧站台门应设置向站台侧旋转的应急门,并配置推杆锁且其开度应大于或等于 90°,且应在 90°定位。

　　检验数量:施工单位全数检查;监理单位抽样检验。

　　检验方法:开门观察。

14.2.30 滑动门、应急门和端门应能可靠关闭且锁紧,在站台侧可用专用钥匙开启,在轨道侧应能手动开启。

　　检验数量:施工单位全数检查;监理单位见证检验。

　　检验方法:检查、测量。

一般项目

14.2.31 站台每一侧应急门的数量应符合设计或远期列车编组数的要求。应急门开启时应能满足人员疏散通行要求。

　　检验数量:施工单位全数检查;监理单位抽样检验。

检验方法：观察。

14.2.32 滑动门导靴、应急门上铰链定位销、端门闭门器、固定门调节支架、电气安全开关、各密封胶条的安装应正确，并应符合设计要求。

检验数量：施工单位全数检查；监理单位抽样检验。

检验方法：观察。

14.2.33 站台门维修、保养和排除故障的操作部位应位于站台侧。

检验数量：施工单位全数检查；监理单位抽样检验。

检验方法：观察。

14.2.34 单一车型工况下，安装后的滑动门应与列车门对应。

检验数量：施工单位全数检查；监理单位抽样检验。

检验方法：尺量、观察。

14.2.35 站台门的端部应设有向站台内侧开启宽度为1.1m的端门。端门应设置闭门器，闭门器可定位在90°，小于90°开启后应能自动关闭。

检验数量：施工单位全数检查；监理单位抽样检验。

检验方法：观察、试验检查。

14.2.36 站台门观感应符合下列规定：

1 站台门开关应平顺、无窜动。

2 外观应整洁、美观、平面处平整，接缝应规则，表面应无碰伤痕迹。

检验数量：施工单位全数检查；监理单位抽样检验30%，且不少于3个。

检验方法：观测检查。

14.2.37 站台门应设置明显的安全标志和使用标志。

检验数量：施工单位全数检查；监理单位抽样检验。

检验方法：观察。

Ⅶ 顶箱或固定侧盒安装

主控项目

14.2.38 站台门顶箱(全高站台门)后封板、固定盖板安装应牢固,并应有防松措施。前盖板安装应平整,其开启角度不应小于70°,并应能在最大开启角度定位。

检验数量:施工单位全数检查;监理单位见证检验20%。

检验方法:观察、试验检查。

14.2.39 固定侧盒(半高站台门)立柱应符合设计要求,不应往轨道侧倾斜,不应侵入结构限界。

检验数量:施工单位全数检查;监理单位见证检验20%。

检验方法:观察、仪器测量。

一般项目

14.2.40 顶箱(全高站台门)盖板平面应平整,相邻盖板的间距允许偏差宜为1 mm。

检验数量:施工单位全数检查;监理单位抽样检验。

检验方法:观察、测量。

14.2.41 固定侧盒(半高站台门)底板安装应可靠、紧固。

检验数量:施工单位全数检查;监理单位抽样检验。

检验方法:观察。

14.3 电气系统

Ⅰ 电源设备安装

主控项目

14.3.1 电气柜(盘)的安装质量应按照现行国家标准《建筑电气工程施工质量验收规范》GB 50303的相关规定进行抽查或全数检查。

检验数量:施工单位全数检查;监理单位抽样检验。

检验方法:观察、测量。

14.3.2 电源柜、控制盘安装应符合下列规定:

1 金属框架应接地。

2 线路间和线对地间绝缘阻值应符合规范的要求。

3 电源柜所附蓄电池组的充、放电应符合产品技术文件要求。

4 控制设备的外壳及电缆屏蔽层和金属管线的安全接地应采用电源系统 PE 线接地。保护接地线(PE)应为黄绿色,电源侧不得零地混接。

检验数量:施工单位全数检查;监理单位抽样检验。

检验方法:观察、测量。

一般项目

14.3.3 电源柜及控制盘安装垂直度不应大于 1.5‰,相互间接缝不应大于 2 mm,成列盘面偏差不应大于 5 mm。

检验数量:施工单位全数检查;监理单位抽样检验。

检验方法:观察、重锤法检查、测量。

14.3.4 控制装置接线端子排的每个接线端子,接线不得超过 2 根。

检验数量:施工单位全数检查;监理单位抽样检验。

检验方法:观察。

Ⅱ 电源设备配线

主控项目

14.3.5 电气配管、电缆线路安装质量应按照现行国家标准《建筑电气工程施工质量验收规范》GB 50303 的相关规定进行抽查或全数检查。

检验数量:施工单位全数检查;监理单位抽样检验。

检验方法:观察、测量。

14.3.6 布线前应对导线的种类、电压等级进行检查;强、弱电回路不应使用同一根电缆,应分别成束分开排列。站台门供电电缆、控制电缆应采用不同线槽或同槽分室(用金属板隔开)敷设。

检验数量:施工单位全数检查;监理单位抽样检验。

检验方法:观察。

14.3.7 站台门系统应满足电磁兼容性要求,可在 10 Hz～1 000 Hz 的振动频率范围内正常工作。

检验数量:施工单位全数检查;监理单位见证检验。

检验方法:验证产品合格证和检测报告。

14.3.8 驱动电源、控制电源与外电源的隔离阻抗应大于 5 MΩ。

检验数量:施工单位全数检查;监理单位见证检验。

检验方法:观察、测量。

一般项目

14.3.9 线路的规格、型号应符合设计要求,线路绑扎牢固、整齐、间隔均匀、排列整齐,支架点间距均匀、美观、排列整齐。

检验数量:施工单位全数检查;监理单位抽样检验。

检验方法:观测检查。

14.3.10 电线在线槽内应有一定余量,不得有接头和绝缘破损等现象。电线、电缆穿管,管口应有护圈保护。

检验数量:施工单位全数检查;监理单位抽样检验。

检验方法:观测检查。

14.3.11 电线、电缆的回路标识应清晰、准确、不易褪色、安装牢固。

检验数量:施工单位全数检查;监理单位抽样检验。

检验方法:观测检查。

14.3.12 安装完毕后,建筑物中的预留孔洞及电缆管口应做好封堵。

检验数量:施工单位全数检查;监理单位抽样检验。

检验方法:观察。

Ⅲ 接地安装

主控项目

14.3.13 电源柜、控制盘的接地应牢固、可靠。装有电器的可开门和框架的接地端子间应采用截面积不小于 4 mm² 黄绿色绝缘铜芯软导线连接,且有标识。

检验数量:施工单位全数检查;监理单位抽样检验。

检验方法:观察。

14.3.14 站台门与列车车厢宜等电位连接。当与钢轨有联接需求时,等电位要求应符合下列规定:

1 站台门门体采用上、下行线各一点分别与上、下行贯通地线连接。

2 每侧站台门各单元间应能可靠连接,等电位总电阻不应大于 0.4 Ω。

3 门体应设置独立接地,每侧站台门应保持等电位连接。

4 其他接地要求应满足本标准第 27 章的相关规定。

检验数量:施工单位全数检查;监理单位见证检验。

检验方法:观察、仪器测量。

14.3.15 当站台门与列车车厢无等电位要求时,站台门应通过专用接地端子与综合接地等电位连接,接地电阻不应大于 1 Ω。

检验数量:施工单位全数检查;监理单位见证检验。

检验方法:观察、仪器测量。

Ⅳ 电源系统指标检测及功能检验

主控项目

14.3.16 站台门系统应按一级负荷供电。驱动电源和控制电源的供电回路宜相互独立设置。应设置备用电源,备用电源宜相互独立。

检验数量:施工单位全数检查;监理单位见证检验。

检验方法:查图纸、观察、测量。

14.3.17 驱动电源的后备电源容量应符合完成 30 min 内本站全部滑动门开关至少 3 次的需要,控制电源的后备电源容量应符合系统满负载持续工作 30 min 的需要。

检验数量:施工单位全数检查;监理单位见证检验。

检验方法:观察、操作、试验检查。

14.4 监控系统

Ⅰ 监控设备安装

主控项目

14.4.1 站台门系统应具备与信号、综合监控(或环境与设备监控)、车辆、低压配电等系统的接口条件,应采用通用、开放和标准的通信协议。

检验数量:施工单位全数检查;监理单位见证检验 20%。

检验方法:观察、检查接口、测试。

Ⅱ 监控设备配线

主控项目

14.4.2 监控设备配线安装质量应按本标准第 14.3.5~14.3.8 条的有关规定进行施工质量验收。

一般项目

14.4.3 监控设备配线安装质量应按本标准第 14.3.9~14.3.12 条的有关规定进行施工质量验收。

Ⅲ 监控系统功能检验

主控项目

14.4.4 站台门控制系统至少具有系统级、站台级、手动操作三级控制方式。手动操作控制优先级最高,系统级最低。站台门系统应具有正常、故障和紧急（含配合火灾的工作模式）三种运行模式。

检验数量：施工单位全数检查；监理单位见证检验。

检验方法：观察、试验检查。

14.4.5 滑动门应有障碍物探测功能，能够探测到最小厚度为 5 mm 且最小宽度为 40 mm 的硬障碍物。当探测到障碍物时，门应立即停止滑动，且应卸力。上述过程超过 3 次后，滑动门应打开并报警。

检验数量：施工单位全数检查；监理单位见证检验。

检验方法：观察、操作检查。

一般项目

14.4.6 站台门系统主要的状态和故障信息应在控制室和现场同时报警和灯光提示。

检验数量：施工单位全数检查；监理单位见证检验30%。

检验方法：观察、测量。

14.5 系统调试

主控项目

14.5.1 站台门的驱动装置应符合全年连续运行的要求。每侧完整的站台门应连续进行 5 000 次运行检测，检测期间站台门应运行平稳、无运行故障。

检验数量：施工单位全数检查；监理单位抽样检验。

检验方法：观察、操作、试验检查。

14.5.2 站台门的控制系统应以一侧站台为控制对象。若站台两侧均设站台门，则当一侧站台门发生故障时将不影响另一侧的正常运行，同时单侧某一个站台门的故障应不影响其他门的正常运行。

检验数量：施工单位全数检查；监理单位见证检验。

检验方法:观察、试验检查。

14.5.3 站台门系统任何部件的失效均不应导致站台门的开启。系统应有维修试验电路,接地应良好。

检验数量:施工单位全数检查;监理单位见证检验。

检验方法:检查、试验、测量。

14.5.4 滑动门打开力、手动解锁力应符合设计要求。手动解锁力应小于 67 N。解锁后手动开启单边滑动门的动作力应小于 133 N。

检验数量:施工单位全数检查;监理单位抽样检验。

检验方法:观察、试验。

14.5.5 站台门的防夹保护测试应符合下列规定:

1 门体的加减速度值应能达到 $1\ m/s^2$。

2 在关门至行程的 1/3 后测量,阻止滑动门关闭的力应小于 150 N,测试至少重复 3 次。

3 每扇滑动门运动的最大动能应小于 10 J。

4 关门时,每扇滑动门最后 100 mm 行程范围内,动能应小于 1 J。

检验数量:全数检查。

检验方法:观察、推拉力测量仪测量、操作、试验。

14.5.6 验收测试包括车站每侧站台门系统操作、模拟信号系统控制及监控系统和所有功能测试。所有功能测试均应符合设计要求。

检验数量:施工单位全数检查;监理单位旁站。

检验方法:观察、操作、试验。

一般项目

14.5.7 站台门候车引导显示屏的接口功能应准确可靠。

检验数量:施工单位全数检查;监理单位见证检验。

检验方法:观察。

14.5.8 站台门开关门时间应符合设计要求。

  检验数量:施工单位全数检查;监理单位见证检验30%。
  检验方法:测试检查。

14.5.9 站台门开关门时间应与列车门的开关过程时间相匹配。站台门应有监视系统,能对整个站台门系统的运行和故障情况进行连续监视和显示。

  检验数量:施工单位全数检查;监理单位见证检验。
  检验方法:观察、操作、试验检查。

14.5.10 在列车正常运行状况下,站台门不宜产生因风压差引起的风哨声。当站台门顶箱或固定侧盒关闭时,在站台侧距离站台门1 m、离地1.5 m处测量站台门运行时的噪声不应大于70 dB(A)。

  检验数量:施工单位全数检查;监理单位见证检验。
  检验方法:噪声测试仪测量。

15 通风与空调

15.1 一般规定

15.1.1 本章适用于风管系统、空调水系统、防排烟系统、空调制冷系统的管路配件、设备安装、防腐绝热及调试工程的施工质量验收。

15.1.2 通风与空调系统分部分项工程划分宜按本标准附录B.0.10采用。

15.1.3 通风与空调工程施工质量的验收除应执行本标准及现行国家标准《通风与空调工程施工质量验收规范》GB 50243的要求外,还应按批准的设计文件执行。

15.1.4 通风与空调工程的施工作业中,采用新工艺、新设备、新材料或新技术均应有专项技术的鉴定验收合格证明文件。对施工单位采购的原材料、成品、半成品和设备材料的相关要求,需要满足设计文件和国家标准的规定,不得采用国家明令禁止使用或淘汰的材料与设备,进场验收应符合现行国家标准《通风与空调工程施工质量验收规范》GB 50243的要求。

15.1.5 通风与空调工程竣工的系统调试,应由施工单位负责、监理单位监督,设计单位与建设单位共同参与下进行。调试方案由负责执行调试的单位编制,由专业监理工程师审核批准;调试结束后,负责执行调试的单位应提供完整的调试资料和报告。

15.1.6 人防工程的通风与排风系统施工,还应满足现行国家标准《人民防空工程施工及验收规范》GB 50134的要求。

15.2 风管、配件及部件制作

主控项目

15.2.1 风管加工质量应通过工艺性的检测或验证,其强度和严密性要求应符合下列规定:

1 风管的强度应满足 1.5 倍工作压力下同时保持 5 min 及以上时接缝处应无开裂,整体结构应无永久性的变形及损伤。

2 矩形金属风管的严密性检验,在工作压力下的风管允许漏风量应符合表 15.2.1 的规定。

表 15.2.1 风管系统试验压力和允许漏风量

风管类别	风管系统工作压力(P)	允许漏风量[$m^3/(h \cdot m^2)$]
低压风管	$\leqslant$500 Pa	$\leqslant$0.1 056$P^{0.65}$
中压风管	500 Pa$<P\leqslant$1 500 Pa	$\leqslant$0.035 2$P^{0.65}$
高压风管	1 500 Pa$<P\leqslant$2 500 Pa	$\leqslant$0.011 7$P^{0.65}$

3 低压、中压圆形风管以及采用非法兰形式的非金属风管的允许漏风量,应为矩形风管规定值的 50%。

4 排烟或低温送风系统的严密性应符合中压系统风管的相关规定。

5 安装后的风管系统应通过严密性检测,合格后交付下道工序。严密性检测应以主管或干管为主,测试装置和测试方法应满足现行国家标准《通风与空调工程施工质量验收规范》GB 50243 的相关规定,漏风量应满足本标准第 15.2.1 条的要求。

检验数量:施工单位第 1~4 款按风管系统的类别和材质分别抽查,且不少于 3 件或 15 m^2;第 5 款按批抽查 20%,不应少于 5 件,当样本小于 5 件时全数检查。监理单位见证检验 20%。

检验方法:按现行国家标准《通风与空调工程施工质量验收

规范》GB 50243 的相关要求执行。

15.2.2 各类风管的制作应符合下列规定：

1 风管及配件的材料品种、规格、性能与厚度等应符合设计要求。当风管厚度设计无规定时，应符合现行国家标准《通风与空调工程施工质量验收规范》GB 50243 的规定，其中钢板材质的风管可按表 15.2.2 执行，表中螺旋风管的钢板厚度可适当减小 10%～15%；排烟系统风管钢板厚度可按高压系统，表 15.2.2 不适用于防火隔墙的预埋管。镀锌钢板的镀锌层厚度当设计无规定时，不应采用低于 80 g/m² 板材，材质应符合现行国家标准《连续热镀锌钢板及钢带》GB/T 2518 的规定。

表 15.2.2 钢板风管板材厚度（mm）

风管直径 D 或长边尺寸 b	低压系统	中压系统		高压系统
		圆形风管	矩形风管	
$D(b) \leqslant 320$	0.5	0.5	0.5	0.75
$320 < D(b) \leqslant 450$	0.5	0.6	0.6	0.75
$450 < D(b) \leqslant 630$	0.6	0.75	0.75	1.0
$630 < D(b) \leqslant 1\,000$	0.75	0.75	0.75	1.0
$1\,000 < D(b) \leqslant 1\,500$	1.0	1.0	1.0	1.2
$1\,500 < D(b) \leqslant 2\,000$	1.0	1.2	1.2	1.5
$2\,000 < D(b) \leqslant 4\,000$	1.2	按设计	1.2	按设计

检验数量：施工单位按材料与风管加工批数量抽查 10%，且不应少于 5 件；监理单位抽样检验。

检验方法：检查材料质量证明书、产品合格证，尺量。

2 防排烟系统中，风管的本体、框架与固定材料、密封垫料等应采用不燃材料，风管的耐火极限时间应符合系统防火设计的规定。

检验数量：施工单位全数检查；监理单位抽样检验。

检验方法:查阅性能检测报告或质量合格证明文件,抽样检验与点燃试验。

3 非金属风管与复合风管的材料应符合现行国家标准《通风与空调工程施工质量验收规范》GB 50243 的相关规定。

检验数量:施工单位按加工批抽查 10%,且不应少于 5 件;监理单位抽样检验。

检验方法:按现行国家标准《通风与空调工程施工质量验收规范》GB 50243 中相应方案执行。

15.2.3 各类风管的连接应符合下列规定:

1 金属风管板材拼接接缝应错开,不应有十字拼接缝。

2 矩形风管法兰的四角部位应设置螺孔。金属风管法兰及螺栓的规格应符合表 15.2.3-1 或表 15.2.3-2 的规定,其螺栓及铆钉孔的孔距不应大于 150 mm;高压系统不应大于 100 mm。

表 15.2.3-1 金属圆形风管法兰及螺栓规格(mm)

风管直径(D)	法兰材料规格		螺栓规格
	扁钢	角钢	
$D \leqslant 140$	20×4	—	M6
$140 < D \leqslant 280$	25×4	—	M6
$280 < D \leqslant 630$	—	25×3	M8
$630 < D \leqslant 1\,250$	—	30×4	M8
$1\,250 < D \leqslant 2\,000$	—	40×4	M8

表 15.2.3-2 金属矩形风管法兰及螺栓规格(mm)

风管长边尺寸 b	法兰材料规格(角钢)	螺栓规格
$b \leqslant 630$	25×3	M6
$630 < b \leqslant 1\,500$	30×3	M8
$1\,500 < b \leqslant 2\,500$	40×4	M8
$2\,500 < b \leqslant 4\,000$	50×5	M10

3 非金属风管和复合风管的连接要求应满足现行国家标准《通风与空调工程施工质量验收规范》GB 50243 的相关规定。

检验数量：施工单位抽查 20%；监理单位抽样检验。

检验方法：观察、尺量。

15.2.4 各类风管的加固应符合下列规定：

1 直咬缝金属圆形风管直径不小于 800 mm，且管段长度大于 1 250 mm 或总表面积大于 4 m² 时，应采取加固措施。

2 矩形金属风管边长大于 630 mm 或保温矩形风管边长大于 800 mm、管段长度大于 1 250 mm，以及低压风管单边平面面积大于 1.2 m²，中、高压风管大于 1.0 m² 时，应采取加固措施。

3 非规则椭圆金属风管的加固，可按矩形风管的规定执行。

4 非金属风管与复合风管的加固应符合现行国家标准《通风与空调工程施工质量验收规范》GB 50243 的相关规定。

检验数量：施工单位按加工批抽查 10%，且不应少于 5 件；监理单位抽样检验且不少于 5 件。

检验方法：尺量。

15.2.5 成品风阀的制作应满足下列要求：

1 风阀设有开度指示装置，并能准确显示阀片的开度。

2 手动风量调节阀应以顺时针方向作为手轮或手柄的关闭方向；其驱动装置在最大工作压力下应正常。

3 大于 1 000 Pa 工作压力的调节风阀，生产厂商应提供 1.5 倍工作压力下能自由开关的强度测试报告和合格证书。

4 防火阀、排烟阀的制作应符合现行国家标准《建筑通风和排烟系统用防火阀门》GB 15930 的规定，并具有相应的合格证明文件。

检验数量：施工单位第 1~3 款按批抽查 10% 且不应少于 5 件，当样本小于 5 件时全数检查；第 4 款全数检查。监理单位第 1~3 款抽样检验且不少于 5 件，当样本小于 5 件时全数检查；

第 4 款见证检验 20%。

检验方法：手动操作、查阅测试报告和质量证明文件。

15.2.6 消声器、消声弯管及消声静压箱的制作应符合下列规定：

1 矩形消声弯管平面长度大于 800 mm 时，弯管中应设置吸声导流片。

2 当使用穿孔板作为内部消声织物覆面层的保护层时，穿孔率应大于 20%。

3 消声器、消声弯管及消声静压箱的其他制作要求应符合现行国家标准《通风与空调工程施工质量验收规范》GB 50243 的相关规定。

检验数量：施工单位按批抽查 10% 且不应少于 5 件，当样本小于 5 件时全数检查。监理单位抽样检验且不少于 5 件，当样本小于 5 件时全数检查。

检验方法：尺量、查阅产品合格证和性能检测报告。

一般项目

15.2.7 风管及法兰制作应符合下列规定：

1 金属法兰连接风管的制作应符合下列规定：

1）金属风管及法兰制作的质量检验应符合表 15.2.7 规定。

表 15.2.7 金属风管及法兰制作的质量检验

风管边长 b 或直径 D		允许偏差(mm)				
		边长或直径偏差	矩形风管表面平面度	矩形风管（或法兰）管口对角线之差	法兰或管口端面平面度	圆形法兰任意正交两直径
金属风管	$b(D) \leqslant 300$	≤2	≤10	≤3	≤2	≤2
	$b(D) > 300$	≤3				

续表15.2.7

风管边长 b 或直径 D		允许偏差(mm)				
		边长或直径偏差	矩形风管表面平面度	矩形风管(或法兰)管口对角线之差	法兰或管口端面平面度	圆形法兰任意正交两直径
非金属、复合材料风管	$b(D) \leqslant 300$	≤2	≤3	≤3	≤2	≤3
	$300 < b(D) \leqslant 2\ 000$	≤3	≤5	≤4	≤4	≤5

  2) 风管与法兰的铆接应牢固,不应脱铆或漏铆。风管的翻边应平整并紧贴法兰,其宽度应一致,且不应小于6 mm;咬缝与四角部位不应有孔洞或开裂。

  3) 镀锌钢板风管表面不得有10%以上的白花、镀锌粉化等严重损坏镀锌层的现象。

  4) 风管法兰外边长或外径平面度偏差不应大于2 mm。同一批加工的同规格法兰中螺孔应一致排列,且具有互换性。

检验数量:施工单位按加工批抽查10%,且不应少于5件;监理单位抽样检验且不少于5件。

检验方法:尺量。

 2 金属无法兰连接风管的制作应符合下列规定:

  1) 薄钢板法兰风管的接口应严密,法兰折边应平直,弯曲度不应大于5‰。

  2) 弹簧夹的厚度不应低于风管本体厚度,且不应小于1 mm;弹簧夹和弹性插条应与法兰边的宽度相匹配。

  3) 角件与折边法兰四角的接口应紧贴、稳固,端面应平整、严密,不应有大于2 mm的连续穿透缝;角件的厚度不应小于1 mm及风管本体厚度。

  4) 薄钢板法兰弹簧夹连接风管,适用的长边或直径不宜大于1 500 mm;当对法兰采取相应的加固措施时,适用的长边或直径不应大于 2 000 mm。

检验数量:施工单位按加工批抽查 10%,且不应少于 5 件;监理单位抽样检验且不少于 5 件。

检验方法:尺量、观察。

15.2.8 金属风管的加固除应满足上述主控要求外,还应符合下列规定:

1 楞筋(线)加固的排列应规则同时间隔均匀。平行排列时,间距不应大于 300 mm。

2 角钢或加固筋的加固,其高度应小于或等于风管的法兰高度,排列均匀整齐;与风管的铆接应牢固,间隔不应大于 220 mm;各条加固筋的相交处或加固筋与法兰相交处宜连接固定。

3 管内支撑与风管固定应牢固,穿风管壁处应有密封措施,各支撑点之间的间距、支撑点至法兰或风管边的间距应均匀且不应大于 950 mm。

4 中压和高压系统风管的管段长度大于 1 250 mm 时,应有加固框补强。

检验数量:施工单位抽查 10%,且不应少于 5 件;监理单位抽样检验且不少于 5 件。

检验方法:检查测试记录、尺量。

15.2.9 圆形弯管的曲率半径和分节数应符合表 15.2.9 的要求。其弯曲角度,圆形三通、四通支管与总管的夹角制作偏差不应大于 3°;矩形风管弯管,当采用内外同心弧形式外的弯管,且平面边长大于 500 mm 时,应设置弯管导流片。

表 15.2.9 圆形弯管的曲率半径和分节数

弯管直径 D(mm)	曲率半径 R	弯管角度和最少节数						
		90°		60°		45°		30°
		中节	端节	中节	端节	中节	端节	中节	端节
80~220	≥1.5D	2	2	1	2	1	2	—	2

续表15.2.9

弯管直径 D(mm)	曲率半径 R	弯管角度和最少节数							
		90°		60°		45°		30°	
		中节	端节	中节	端节	中节	端节	中节	端节
240~450	1.0D~1.5D	3	2	2	2	1	2	—	2
480~800	1.0D~1.5D	4	2	2	2	1	2	1	2
850~1 400	1.0D	5	2	3	2	2	2	1	2
1 500~2 000	1.0D	8	2	5	2	3	2	2	2

检验数量：施工单位抽查10%，且不应少于5件；监理单位抽样检验且不少于5件。

检验方法：观察、尺量。

15.2.10 单面变径的风管其夹角不宜大于30°，双面变径的风管其夹角不宜大于60°；圆形风管支管与总管的夹角不宜大于60°。

检验数量：施工单位抽查10%，且不应少于5件；监理单位抽样检验且不少于5件。

检验方法：观察、尺量。

15.2.11 风阀的制作应符合下列规定：

1 各类阀门的结构应牢固，关闭应严密，启闭应灵活，单叶阀体的间隙应小于2mm。开启多叶风阀时，不应有明显的松动，关闭时叶片应搭接一致。大于1.2 m² 截面积的多叶风阀应实施分组式调节。

2 止回阀阀片的铰链和转轴应采用耐腐蚀材料。在最大负荷压力下阀片不应有明显的弯曲变形，水平安装的止回阀应具有平衡调节机构。

3 三通调节风阀的手柄转轴或拉杆与风管（阀体）的结合处应严密，阀板与风管不得碰擦，调节应方便，手柄与阀片应处于同一转角位置；拉杆可在操控范围内作定位固定。

4 风阀与法兰的质量检验应符合表15.2.11的规定。

表 15.2.11 风阀与法兰质量检验

风阀长边尺寸 b 或直径 D	允许偏差(mm)			
	边长或直径偏差	矩形风阀端口对角线之差	法兰或端口端面平面度	圆形风阀法兰任意正交两直径之差
$b(D)\leqslant 320$	±2	±3	0~2	±2
$320<b(D)\leqslant 2\,000$	±3	±3	0~2	±2

检验数量:施工单位按批抽查 10%且不应少于 5 件,当样本小于 5 件时全数检查;监理单位抽样检验且不少于 5 件,当样本小于 5 件时全数检查。

检验方法:尺量、手动操作。

15.2.12 风口的制作应符合下列规定:

1 风口不应有明显压痕或划伤,各部位颜色均匀。调节机构应转动灵活、定位可靠。

2 风口应以颈部的外径或外边长尺寸为准,颈部尺寸质量检验应符合表 15.2.12 的规定。

表 15.2.12 风口颈部尺寸质量检验(mm)

圆 形 风 口		
直径	≤250	>250
允许偏差	-2~0	-3~0
矩 形 风 口		
大边长	<300	300~800	>800
允许偏差	-1~0	-2~0	-3~0
对角线长度	<300	300~500	>500
对角线长度之差	0~1	0~2	0~3

检验数量:施工单位按批抽查 10%,且不应少于 5 件;监理单位抽样检验且不少于 5 件。

检验方法：尺量、手动操作。

15.2.13 柔性短管制作应符合下列规定：

1 柔性短管的长度宜为 150 mm～250 mm，接缝处不应有开裂；成型短管应平整，无扭曲等现象。

2 矩形柔性短管与风管连接不得采用抱箍固定的形式，柔性短管不应为异径连接管。

3 柔性短管与法兰组装宜采用压板铆接连接，铆钉间距宜为 60 mm～80 mm。

检验数量：施工单位按批抽查 10% 且不应少于 5 件，当样本小于 5 件时全数检查；监理单位抽样检验且不少于 5 件，当样本小于 5 件时全数检查。

检验方法：尺量。

15.2.14 厨房排气管和排气罩的制作方法应符合现行国家建筑标准设计图集《公共厨房建筑设计与构造》13J913-1 的要求。

15.2.15 不锈钢风管的板材厚度和安装要求应符合现行国家标准《通风与空调工程施工质量验收规范》GB 50243 的要求。当不锈钢板的法兰采用碳素钢材时，材料规格应符合上述规范规定，并应根据设计要求进行防腐处理；铆钉材料应与风管材质相同，不应产生电化学腐蚀。

检验数量：施工单位按批抽查 10% 且不应少于 5 件，当样本小于 5 件时全数检查；监理单位抽样检验且不少于 5 件，当样本小于 5 件时全数检查。

检验方法：按现行国家标准《通风与空调工程施工质量验收规范》GB 50243 中相应方案执行。

15.2.16 砖、混凝土风道的允许漏风量不应大于矩形金属低压风管规定值的 1.5 倍；风道的伸缩缝应符合设计要求，不应有渗水和漏风；内径或内边长的允许偏差不应大于 20 mm，两对角线之差不应大于 30 mm；内表面的水泥砂浆涂抹应平整，且不应有贯穿性的裂缝及孔洞。

检验数量:施工单位按批抽查30%且不应少于5件,当样本小于5件时全数检查;监理单位抽样检验且不少于5件,当样本小于5件时全数检查。

检验方法:尺量。

15.3 风管系统

主控项目

15.3.1 当风管穿过需要封闭的防火、防爆的墙体或楼板时,应设置厚度不小于1.6 mm的钢制防护套管;风管与防护套管之间应采用不燃柔性材料封堵严密。

检验数量:施工单位全数检查;监理单位抽样检验。

检验方法:尺量。

15.3.2 风管安装应符合下列规定:

1 风管内严禁其他管线穿越。

2 室外风管系统的拉索等金属固定件严禁与避雷针或避雷网连接。

检验数量:施工单位全数检查;监理单位抽样检验。

检验方法:尺量。

一般项目

15.3.3 风管安装应符合下列规定:

1 法兰垫料的材质应符合系统功能的要求,厚度不小于3 mm,安装时不应凸入管内,且不宜突出法兰外,垫片接口的交叉长度不小于30 mm,同一部位的螺母宜在同一侧。

2 空调通风系统应保持清洁,风道内应无施工遗弃物、积尘和致病微生物污染。

3 金属风管安装的其他规定应符合现行国家标准《通风与空调工程施工质量验收规范》GB 50243的相关规定。

检验数量:施工单位按数量抽查10%,且不应少于1个系统;

监理单位抽样检验且不少于1个系统。

检验方法:查阅产品合格证和测试报告,实测。

15.3.4 无法兰连接的金属风管安装应符合下列规定:

1 承插式风管不应有折叠状褶皱,四周缝隙应一致。风管外粘的密封胶带应牢固,内涂的密封胶应完整。

2 矩形薄钢板法兰风管可采用弹簧夹、U形紧固螺栓或弹性插条连接,其固定间隔不大于150 mm。

3 室外或屋顶的风管应具备与支架相固定的措施。

4 矩形薄钢板法兰风管的接口及附件,尺寸应准确,形状应规则,接口应严密;风管薄钢板法兰的折边应平直,弯曲度不应大于5‰。

检验数量:施工单位按数量抽查10%,且不应少于1个系统;监理单位抽样检验且不少于1个系统。

检验方法:尺量。

15.3.5 非金属风管与复合风管的安装要求应符合现行国家标准《通风与空调工程施工质量验收规范》GB 50243的相关规定。

检验数量:施工单位按数量抽查10%,且不应少于1个系统;监理单位抽样检验且不少于1个系统。

检验方法:尺量。

15.3.6 风口的安装应符合下列规定:

1 风口水平安装的水平度允许偏差应为3‰。

2 风口垂直安装的垂直度允许偏差应为2‰。

3 排风口及明装无吊顶的风口,其安装标高和位置的允许偏差应为±10 mm。

检验数量:施工单位按数量抽查10%,且不应少于3个;监理单位抽样检验且少于3个。

检验方法:尺量。

15.3.7 柔性短管的安装应符合下列规定:

1 目测不应有强制性的扭曲,松紧适度。

2 可伸缩的金属或非金属柔性短管长度不宜大于 2 m。

3 相邻两支架间风道的最大允许下垂应为 100 mm,且不应有死弯和塌凹。

检验数量:施工单位按数量抽查 10%,且不应少于 1 个系统;监理单位抽样检验且不少于 1 个系统。

检验方法:尺量。

15.3.8 组合式风量调节阀安装应符合下列规定:

1 风阀安装目测应无明显的歪斜,水平及垂直度的允许偏差为 2‰。

2 组装后的外形尺寸允许偏差为 5 mm,两对角线之差不应大于 8 mm。

3 电动执行机构工作应正常。

4 电动调节阀的启闭时间应符合设计要求。

检验数量:施工单位按类别、批抽查 20%,且不应少于 3 个;监理单位抽样检验且不少于 3 个。

检验方法:尺量、手动操作试验、核对产品的合格证明文件。

15.3.9 风阀的安装应符合下列规定:

1 风阀应安装在便于检修的位置,其手动操作装置应灵活,阀板关闭应严密。

2 三通调节阀安装后,拉杆或手柄开关应可操作,阀板与风管应无碰擦现象;拉杆或转轴与风管的结合处应有密封措施。

3 电动、气动调节阀的安装高度应符合设计要求,动作灵活。

检验数量:施工单位按类别、批抽查 20%,且不应少于 3 个;监理单位抽样检验且不少于 3 个。

检验方法:尺量、手动操作试验、核对产品的合格证明文件。

15.4 设备安装

主控项目

15.4.1 风机及风机箱的安装或单机调试应符合下列要求。

1 风机及风机箱的单机调试应符合下列规定：

1) 叶轮旋转应平稳，每次停转后不应停留在同一位置上。

2) 固定设备的地脚螺栓应紧固，并应采取防松动措施。

3) 通风机、空气处理机组中的风机，叶轮旋转方向应正确，运转应平稳，应无异常振动与声响，电机运行功率应符合设备技术文件要求。在额定转速下连续运转 2 h 后，滑动轴承外壳最高温度不得超过 70℃，滚动轴承最高温度不得超过 80℃。

检验数量：施工单位按总数抽检 20%，且不应少于 1 台；监理单位抽样检验且不少于 1 台。

检验方法：依据设计图纸核对、盘动、观察、尺量或查阅施工记录。

2 通风机传动装置的外露部位以及直通大气的进、出风口，应装设防护罩、防护网或采取其他安全防护措施。

检验数量：施工单位全数检查；监理单位抽样检验。

检验方法：依据设计图纸核对。

15.4.2 现场组装的组合式空调机组应按现行国家标准《组合式空调机组》GB/T 14294 的有关规定进行漏风量的检测，漏风量应符合设计规定。通用机组在 700 Pa 静压下，漏风率不应大于 2%。

检验数量：施工单位按总数抽检 10%，且不应少于 1 台；监理单位抽样检验且不少于 1 台。

检验方法：依据设计图纸核对、查阅测试记录。

15.4.3 电加热器的安装应符合下列规定：

1 电加热器与钢构架间的绝热层应为不燃材料;外露的接线柱应加设安全防护罩。

2 电加热器的外露可导电部分应与 PE 线可靠连接。

3 连接电加热器的风管法兰垫片应采用耐热不燃材料。

检验数量:施工单位全数检查;监理单位抽样检验且不少于 1 台。

检验方法:核对材料、查阅测试记录。

15.4.4 制冷(热)机组及附属设备的安装应符合下列规定:

1 设备的混凝土基础应进行质量交接验收,且应验收合格。

2 采用地脚螺栓固定的制冷设备或附属设备,垫铁的放置位置应正确,接触应紧密,每组垫铁不应超过 3 块;螺栓应紧固,并应采取防松动措施。

检验数量:施工单位全数检查;监理单位抽样检验且不少于 1 台。

检验方法:观察,核对设备型号、规格,查阅产品质量合格证书、性能检验报告和施工记录。

15.4.5 制冷机组的试运转除应符合设备技术文件和现行国家标准《制冷设备、空气分离设备安装工程施工及验收规范》GB 50274 的有关规定外,还应满足机组运转平稳、无异常振动与声响、正常运转时间不少于 8 h 的要求。

检验数量:施工单位全数检查;监理单位见证检验 20%。

检验方法:现场测试,查阅安装记录。

15.4.6 现场充注制冷剂的制冷机组应进行系统管路吹污、气密性、真空试验和充注制冷剂检漏试验,技术数据应符合产品技术文件和国家现行相关标准的规定。

检验数量:施工单位全数检查;监理单位旁站。

检验方法:旁站观察,查阅试验及试运行记录。

15.4.7 多联机空调机组的安装应符合下列规定:

1 室内机、室外机的安装位置和高度应符合设计及产品技术的要求,固定应可靠,室外机的通风条件应良好。

  2 安装在户外的室外机组应可靠接地,并应采取防雷保护措施。

  3 多联式空调(热泵)机组系统应在充灌定量制冷剂后,进行系统的试运转,并应符合现行国家标准《通风与空调工程施工质量验收规范》GB 50243 的相关规定。

  检验数量:施工单位按总数抽检 20%,且不应少于 1 台;监理单位旁站。

  检验方法:旁站、查阅试验记录、尺量。

15.4.8 水泵、冷却塔的技术参数和产品性能应符合设计要求,管道与水泵的连接应采用柔性接管,且应为无应力状态,不得有强行扭曲、强制拉伸等现象。

  检验数量:施工单位全数检查;监理单位抽样检验。

  检验方法:按图核对,观察、实测或查阅水泵试运行记录。

15.4.9 水泵的单机调试应符合下列规定:

  1 水泵叶轮旋转方向应正确,应无异常振动和声响,紧固连接部位应无松动,电机运行功率应符合设备技术文件要求。水泵连续运转 2 h,滑动轴承外壳最高温度不得超过 70℃,滚动轴承外壳最高温度不得超过 75℃。

  2 水泵运行时,壳体密封处不得渗漏,紧固连接部位不应松动,轴封的温升应符合相关技术文件或说明书要求,普通填料密封的泄漏水量不应大于 60 ml/h,机械密封的泄漏水量不应大于 5 ml/h。

  检验数量:施工单位第 1 款按总数抽检 20%,第 2 款全数检查,且不应少于 1 台;监理单位见证检验 20%。

  检验方法:查阅设备安装记录。

15.4.10 冷却塔风机与冷却水系统循环试运行不应小于 2 h,运行应无异常。冷却塔本体应稳固、无异常振动。冷却塔应采取防雷保护措施,且其户外散热条件良好。

检验数量:施工单位全数检查;监理单位见证检验20%。

检验方法:现场测试,查阅试验记录。

15.4.11 空调末端设备的安装应符合下列规定:

1 风机盘管机组、变风量与定风量空调末端装置的安装,位置应正确,固定应牢固、平整,便于检修。

2 风机盘管的性能复验应按现行国家标准《建筑节能工程施工质量验收规范》GB 50411 的规定执行。

检验数量:施工单位按总数抽检20%,且不应少于1台;监理单位抽样检验且不少于1台。

检验方法:依据设计图纸核对,抽样检验和查阅施工记录。

15.4.12 风机落地安装时,应按设计要求设置减振装置,并应采取防止设备水平位移的措施。

检验数量:施工单位全数检查;监理单位抽样检验。

检验方法:依据设计图纸核对,抽样检验和查阅施工记录。

15.4.13 射流风机安装的方向应正确,固定牢固、可靠并满足设计抗风压要求,纵向垂直度与横向水平度的偏差均不应大于1‰。

检验数量:施工单位全数检查;监理单位抽样检验。

检验方法:尺量、观察,采用轨道限界装置检查。

15.4.14 可逆转隧道通风机正反转时间以及配套天圆地方与管道的连接质量应符合设计要求。

检验数量:施工单位全数检查;监理单位抽样检验。

检验方法:尺量、观察。

15.4.15 地下人防工程中,防爆波活门、防爆超压排气活门安装时,穿墙管的法兰和在轴线视线上的杠杆应铅垂,活门开启应朝向排气方向,在设计的超压下能自动启闭;关闭后,阀盘与密封圈贴合应严密;其位置的允许偏差应符合现行国家标准《通风与空调工程施工质量验收规范》GB 50243 的相关规定。

检验数量:施工单位全数检查;监理单位抽样检验。

检验方法:尺量、观察。

一般项目

15.4.16 通风机的安装应符合下列规定：

1 通风机安装质量检验应符合表 15.4.16 的规定，叶轮转子与机壳的组装位置应正确，叶轮进风口插入风机机壳进风口或密封圈的深度应符合设备技术文件要求或应为叶轮直径的 1/100。

表 15.4.16 通风机安装质量检验

序号	检验项目		允许偏差	检验方法
1	中心线的平面位移		10 mm	经纬仪或拉线和尺量
2	标高		±10 mm	水准仪或水平仪、直尺、拉线和尺量
3	皮带轮轮宽中心平面偏移		1 mm	在主、从动皮带轮端面拉线和尺量
4	传动轴水平度		纵向 0.2‰ 横向 0.3‰	在轴或皮带轮 0°和 180°的两个位置上，用水平仪检查
5	联轴器	两轴芯径向位移	0.05 mm	采用百分表圆周法或塞尺四点法检查验证
		两轴线倾斜	0.2‰	

2 轴流风机的叶轮与筒体之间的间隙应均匀，安装水平偏差和垂直度偏差均不应大于 1‰。

检验数量：施工单位按总数抽检 20%，且不应少于 1 台；监理单位抽样检验且不少于 1 台。

检验方法：依据设计图纸核对、盘动、观察、尺量或查阅施工记录。

15.4.17 分体式空调机组安装应符合下列规定：

1 分体式空调机组的室外机和风冷整体式空调机组的安装固定应牢固可靠，并应满足冷却风自然进入的空间环境要求。

2 分体式空调机组室内机的安装位置应正确，并应保持水平，冷凝水排放应顺畅。管道穿墙处密封应良好，不应有雨水渗入。

检验数量:施工单位按总数抽检10%,且不应少于1台;监理单位抽样检验且不少于1台。

检验方法:依据设计图纸核对,查阅测试记录。

15.4.18 组合式空调机组、新风机组的安装应符合下列规定:

1 组合式空调机组各功能段的组装应符合设计的顺序和要求,各功能段之间的连接应严密,整体外观应平整。

2 机组内空气过滤器(网)和空气热交换器翅片应清洁、完好,安装位置应便于维护和清理。

检验数量:施工单位按总数抽检10%,且不应少于1台;监理单位抽样检验且不少于1台。

检验方法:按现行国家标准《通风与空调工程施工质量验收规范》GB 50243中相应方案执行。

15.4.19 风机盘管机组的安装应符合下列规定:

1 机组安装前宜进行风机三速试运转及盘管水压试验。试验压力应为系统工作压力的1.5倍,试验观察时间应为2 min,不渗漏为合格。

2 机组与风管、回风箱或风口的连接应严密可靠。

检验数量:施工单位按总数抽检10%,且不应少于1台;监理单位抽样检验且不少于1台。

检验方法:查阅试验记录。

15.4.20 空气风幕机的安装应符合下列规定:

1 机组的纵向垂直度和横向水平度的允许偏差均应为2‰。

2 成排安装的机组应整齐,出风口平面允许偏差应为5 mm。

检验数量:施工单位按总数抽检10%,且不应少于1台;监理单位抽样检验且不少于1台。

检验方法:尺量。

15.4.21 空气过滤器的安装应符合下列规定:

1 过滤器框架安装应平整牢固,方向应正确,框架与围护结构之间应严密。

2 粗效、中效袋式空气过滤器的四周与框架应均匀压紧,不应有可见缝隙,并应便于拆卸和更换滤料。

3 卷绕式空气过滤器的框架应平整,上、下筒体应平行,展开的滤料应松紧适度。

检验数量:施工单位按总数抽检10%,且不应少于1台;监理单位抽样检验且不少于1台。

检验方法:按现行国家标准《通风与空调工程施工质量验收规范》GB 50243中相应方案执行。

15.4.22 变风量、定风量末端装置安装时,应设独立的支、吊架,与风管连接前宜做动作试验,且应符合产品的性能要求。

检验数量:施工单位按总数抽检10%,且不应少于1台;监理单位抽样检验。

检验方法:查阅试验记录。

15.4.23 制冷(热)机组与附属设备的安装和单机调试应符合下列规定:

1 设备与附属设备安装质量检验应符合表15.4.23的规定。

表15.4.23 设备与附属设备安装质量检验

序号	检验项目	允许偏差	检验方法
1	平面位置	10 mm	经纬仪或拉线或尺量
2	标高	±10 mm	水准仪或经纬仪、拉线和尺量

2 整体组合式制冷机组机身纵、横向水平度的允许偏差应为1‰。当采用垫铁调整机组水平度时,应接触紧密并相对固定。

3 附属设备的安装应符合设备技术文件的要求,水平度或垂直度允许偏差应为1‰。

4 冷热源与辅助设备的安装位置应满足设备操作及维修的

空间要求,四周应有排水设施。

检验数量:施工单位按总数抽检10%,且不应少于1台;监理单位抽样检验且不少于1台。

检验方法:水准仪、经纬仪、拉线和尺量。

15.4.24 多联机空调机组的安装应符合下列规定:

1 室外机的通风应通畅,不应有短路现象,运行时不应有异常噪声。当多台机组集中安装时,不应影响相邻机组的正常运行。

2 室外机组应安装在专用平台上,并应采取减振与防止紧固螺栓松动的措施。

3 风管式室内机的送、回风口之间不应形成气流短路。风口安装应平整,且应与装饰线条相一致。

检验数量:施工单位第1款按总数抽检20%,第2~3款按总数抽检10%,且不应少于1台;监理单位抽样检验且第2~3款不少于1台。

检验方法:旁站、查阅试验记录、尺量。

15.4.25 水泵的安装和单机调试应符合下列规定:

1 水泵的平面位置和标高允许偏差应为±10 mm,安装的地脚螺栓应垂直,且应与设备底座紧密固定。

2 垫铁组放置位置应正确、平稳,接触应紧密,每组不应大于3块。

3 整体式安装泵的纵向水平偏差不应大于0.1‰,横向水平偏差不应大于0.2‰。组合式安装泵的纵、横向安装水平偏差不应大于0.05‰。水泵与电机采用联轴器连接时,联轴器两轴芯的轴向倾斜不应大于0.2‰,径向位移不应大于0.05 mm。整体安装的小型管道水泵目测应水平,不应有偏斜。

检验数量:施工单位按总数抽检10%,且不应少于1台;监理单位抽样检验且不少于1台。

检验方法:扳手试拧,用水平仪和塞尺测量或查阅设备安装记录。

15.4.26 冷却塔的安装和单机调试应符合下列规定：

1 基础的位置、标高应符合设计要求，允许误差应为±20 mm，进风侧距建筑物应大于 1 m。冷却塔部件与基座的连接应采用镀锌或不锈钢螺栓，固定应牢固。

2 冷却塔安装应水平，单台冷却塔的水平度和垂直度允许偏差应为2‰。多台冷却塔安装时，排列应整齐，各台开式冷却塔的水面高度应一致，高度偏差值不应大于 30 mm。当采用共用集管并联运行时，冷却塔集水盘(槽)之间的连通管应符合设计要求。

3 冷却塔的集水盘应严密、无渗漏，进、出水口的方向和位置应正确。静止分水器的布水应均匀；转动布水器喷水出口方向应一致，转动应灵活，水量应符合设计或产品技术文件的要求。

4 冷却塔风机叶片端部与塔身周边的径向间隙应均匀。可调整角度的叶片，其角度应一致，并应符合产品技术文件要求。

5 有水冻结危险的地区，冬季使用的冷却塔及管道应采取防冻与保温措施。

检验数量：施工单位按总数抽检10%，且不应少于 1 台；监理单位抽样检验且不少于 1 台。

检验方法：尺量、积水盘充水试验或查阅试验记录。

15.4.27 水箱、集水器、分水器、膨胀水箱等设备安装时，支架或底座的尺寸、位置应符合设计要求。设备与支架或底座接触应紧密，安装应平整牢固。平面位置允许偏差应为 15 mm，标高允许偏差应为±5 mm，垂直度允许偏差应为1‰。

检验数量：施工单位按总数抽检10%，且不应少于 1 台；监理单位抽样检验且不少于 1 台。

检验方法：尺量、观察或查阅试验记录。

15.4.28 空调系统中，各类设备的减振设置应符合下列规定：

1 水泵减振器与水泵及水泵基础的连接应牢固平稳、接触紧密。

检验数量：施工单位按总数抽检10%，且不应少于1台；监理单位抽样检验且不少于1台。

检验方法：扳手试拧。

2 风机减振器的安装位置应正确，各组或各个减振器承受荷载的压缩量应均匀一致，偏差应小于2 mm。

检验数量：施工单位按总数抽检20%，且不应少于1台；监理单位抽样检验且不少于1台。

检验方法：按现行国家标准《通风与空调工程施工质量验收规范》GB 50243中相应方案执行。

3 制冷(热)机组与附属设备的减振安装应符合下列规定：

  1) 制冷设备或制冷附属设备基(机)座下减振器的安装位置应与设备重心相匹配，各个减振器的压缩量应均匀一致，且偏差不应大于2 mm。

  2) 采用弹性减振器的制冷机组，应设置防止机组运行时水平位移的定位装置。

检验数量：施工单位按总数抽检10%，且不应少于1台；监理单位抽样检验且不少于1台。

检验方法：水准仪、经纬仪、拉线和尺量，查阅安装记录。

15.4.29 制冷剂系统安全阀应垂直安装在便于检修的位置，排气管的出口应朝向安全地带，排液管应装在泄水管上。冷水机组制冷剂安全阀泄压管应接至室外安全处。

检验数量：施工单位全数检查；监理单位抽样检验。

检验方法：尺量、观察，采用轨道限界装置检查。

15.4.30 消声器内消声材料的织物覆面层应平整，不应有破损，并应顺气流方向进行搭接。消声器内的织物覆面层应有保护层，保护层应采用不易锈蚀的材料，不得使用普通铁丝网。当使用穿孔板保护层时，穿孔率应大于20%。

检验数量：施工单位按总数抽检30%，且不应少于1台；监理单位抽样检验且不少于1台。

检验方法:查阅试验记录。

15.5 空调水系统

主控项目

15.5.1 空调水系统管道中,各种连接形式的工艺要求应符合下列规定:

1 管道的安装应符合下列规定:
  1) 并联水泵的出口管道与总管三通部位应采用顺水流斜向插接的连接形式,夹角不应大于60°。
  2) 系统管道与设备的连接应在设备安装完毕后进行。管道与水泵、制冷机组的接口应为柔性连接,且不得强行对口连接。柔性短管两端连接管道应设置独立支架。
  3) 管道穿越墙体或楼板处应设钢制套管,管道接口不得置于套管内,钢制套管应与墙体饰面或楼板底部平齐,上部应高出楼层地面20 mm～50 mm,且不得将套管作为管道支撑。当穿越防火分区时,应采用不燃材料进行防火封堵;保温管道与套管四周的缝隙应使用不燃绝热材料填塞紧密。

检验数量:施工单位按系统全数检查,每个系统管道、部件数量抽查10%,且不得少于5件;监理单位抽样检验且不少于5件。

检验方法:尺量、抽样检验,或查阅试验记录。

2 钢制管道的安装应符合下列规定:
  1) 冷(热)水管道与支、吊架之间,应设置绝热衬垫。衬垫的承压强度应满足管道全重,且应采用不燃与难燃硬质绝热材料或经防腐处理的木衬垫。衬垫的厚度不应小于绝热层厚度,宽度应大于或等于支、吊架支承面的宽度。衬垫的表面应平整,上、下两衬垫接合面的空隙应填实。
  2) 管道安装质量检验应符合表15.5.1-1的规定。安装在吊顶内等隐蔽区域的管道应位置正确,并应做好标识。

表 15.5.1-1 管道安装质量检验

序号	检验项目		允许偏差(mm)	检验方法
1	坐标	架空及地沟 室外	25	按系统检查管道的起点、终点、分支点和变向点及各点之间的直管。经纬仪、水准仪、液体连通器、水平仪、拉线和尺量度
2		架空及地沟 室内	15	
3		埋地	60	
4	标高	架空及地沟 室外	±20	
5		架空及地沟 室内	±15	
6		埋地	±25	
7	水平管道平直度	$DN \leq 100$ mm	$2L‰$,最大 40	直尺、拉线和尺量
8		$DN > 100$ mm	$3L‰$,最大 60	
9	立管垂直度		$5L‰$,最大 25	直尺、线锤、拉线和尺量
10	成排管段间距		15	直尺尺量
11	成排管段或成排阀门在同一平面上		3	直尺、拉线和尺量
12	交叉管的外壁或绝热层的最小间距		20	直尺、拉线和尺量

注:L—管道的有效长度(mm)。

检验数量:施工单位按总数抽查 10%,且不得少于 5 处;监理单位抽样检验且不少于 5 处。

检验方法:尺量。

3 沟槽式连接管道应采用与沟槽配套的橡胶密封圈和卡箍套,沟槽深度及支、吊架的间距应符合表 15.5.1-2 的规定。

表 15.5.1-2 沟槽式连接管道的沟槽深度及支、吊架的间距

公称直径(mm)	沟槽		端面垂直度允许偏差(mm)	支、吊架的间距(m)
	深度(mm)	允许偏差(mm)		
65～100	2.20	0～0.3	1.0	3.5

续表15.5.1-2

公称直径(mm)	沟槽 深度(mm)	沟槽 允许偏差(mm)	端面垂直度允许偏差(mm)	支、吊架的间距(m)
125～150	2.20	0～0.3	1.5	4.2
200	2.50	0～0.3		4.2
225～250	2.50	0～0.3		5.0
300	3.0	0～0.5		5.0

注：1. 连接管端面应平整光滑、无毛刺；沟槽深度在规定范围内。
2. 支、吊架不得支承在连接头上。
3. 水平管的任两个连接头之间应设置支、吊架。

检验数量：施工单位按总数抽查10%，且不得少于5处；监理单位抽样检验且不少于5处。

检验方法：尺量、查阅产品合格证明文件。

15.5.2 空调水系统阀门安装应符合下列规定：

1 阀门的铭牌应符合现行国家标准《通用阀门标志》GB 12220的有关规定。工作压力大于1.0MPa及在主干管上起到切断作用和系统冷、热水运行转换调节功能的阀门和止回阀，应进行壳体强度和阀瓣密封性能的试验，且应试验合格。其他阀门可不单独进行试验。壳体强度试验压力应为常温条件下公称压力的1.5倍，持续时间不应少于5 min，阀门的壳体、填料应无渗漏。严密性试验压力应为公称压力的1.1倍，在试验持续的时间内应保持压力不变，阀门压力试验持续时间与允许泄漏量应符合表15.5.2的规定。

表15.5.2 阀门压力试验持续时间与允许泄漏量

公称直径 DN(mm)	最短试验持续时间(s) 严密性试验(水)	
	止回阀	其他阀门
≤50	60	15

续表15.5.2

公称直径 DN(mm)	最短试验持续时间(s)	
	严密性试验(水)	
	止回阀	其他阀门
65～150	60	60
200～300	60	120
≥350	120	120
允许泄漏量	3滴×(DN/25)/min	小于DN65为0滴,其他为2滴×(DN/25)/min

注:压力试验的介质为洁净水。用于不锈钢阀门的试验水,氯离子含量不得高于25 mg/L。

2 安装在保温管道上的手动阀门,其手柄不得朝下,安装位置应考虑足够的检修空间。

3 电动阀门的执行机构应能全程控制阀门的开启与关闭。

检验数量:施工单位上述各款中,安装在主干管上起切断作用的闭路阀门全数检查;其他按规格、型号抽查10%,且不得少于2个。监理单位对主干管上起切断作用的闭路阀门全数检查;其他按规格、型号抽样检验且不少于2个。

检验方法:按设计图核对,查阅试验记录。

15.5.3 补偿器的安装应符合下列规定:

1 补偿器的补偿量和安装位置应符合设计要求,并应根据设计计算的补偿量进行预拉伸或预压缩。

2 波纹管膨胀节或补偿器内套有焊缝的一端,水平管路上应安装在水流的流入端,垂直管路上应安装在上端。

3 填料式补偿器应与管道保持同心,不得歪斜。

4 设置补偿器的管段,其两端的管道均应设置固定支架,结构形式和固定位置应符合设计要求。

检验数量:施工单位全数检查;监理单位见证检验。

检验方法:旁站或查阅补偿器的预拉伸或预压缩记录。

15.5.4 空调水管道系统安装完毕,外观检查合格后,应按设计要求进行水压试验。当设计无要求时,应符合下列规定:

1 冷(热)水、冷却水系统的试验压力,当工作压力小于或等于 1.0 MPa 时,应为 1.5 倍工作压力,最低不应小于 0.6 MPa;当工作压力大于 1.0 MPa 时,应为工作压力加 0.5 MPa。

2 系统最低点压力升至试验压力后,应稳压 10 min,压力下降不应大于 0.02 MPa,然后应将系统压力降至工作压力,外观检查无渗漏为合格。对于大型冷(热)水、冷却水管道系统,当采用分区、分层试压时,根据层高和区域计算该部位的工作压力及试验压力,当达到试验压力后应稳压 10 min,压力不得下降,再将系统压力降至该部位的工作压力,在 60 min 内压力不得下降,外观检查无渗漏为合格。

3 各类耐压塑料管的强度试验压力(冷水)应为 1.5 倍工作压力,且不应小于 0.9 MPa;严密性试验压力应为 1.15 倍的设计工作压力。

4 冷凝水系统采用通水试验,管道应不渗漏、排水畅通。

检验数量:施工单位全数检查;监理单位旁站。

检验方法:旁站观察或查阅试验记录。

一般项目

15.5.5 采用建筑塑料管道的空调水系统,管道安装应符合下列规定:

1 采用法兰连接时,两法兰面应平行,误差不得大于 2 mm。密封垫为与法兰密封面相配套的平垫圈,不得凸入管内或凸出法兰之外。法兰连接螺栓应采用两次紧固,法兰连接螺栓紧固后的螺母应与螺栓齐平或略低于螺栓。

2 采用密封圈承插连接的胶圈应位于密封槽内,不应有皱褶、扭曲。插入深度应符合产品要求,插管与承口周边的偏差不得大于 2 mm。

检验数量:施工单位按总数抽查 20%,且不得少于 2 处;监理单位抽样检验且不少于 2 处。

检验方法:尺量,验证产品合格证书和试验记录。

15.5.6 金属管道现场焊接的焊缝允许偏差、余高和根部凸出允许偏差应符合现行国家标准《通风与空调工程施工质量验收规范》GB 50243 的相关规定。

检验数量:施工单位按总数抽查 20%,且不得少于 1 处;监理单位见证检验 20%。

检验方法:尺量、观察。

15.5.7 螺纹连接管道的螺纹应清洁规整,断丝或缺丝不应大于螺纹全扣数的 10%。管道的连接应牢固,接口处的外露螺纹应为 2 扣~3 扣,不应有外露填料。镀锌管道的镀锌层应保护完好,局部破损处应进行防腐处理。

检验数量:施工单位按总数抽查 10%,且不得少于 5 处;监理单位抽样检验且不少于 5 处。

检验方法:尺量。

15.5.8 法兰连接管道的法兰面应与管道同心,且与中心线垂直。法兰对接应平行,偏差不应大于管道外径的 1.5‰,且不得大于 2 mm。连接螺栓长度应一致,螺母应在同一侧,并应均匀拧紧。紧固后的螺母应与螺栓端部平齐或略低于螺栓。法兰衬垫的材料、规格与厚度应符合设计要求。

检验数量:施工单位按总数抽查 10%,且不得少于 5 处;监理单位抽样检验且不少于 5 处。

检验方法:尺量。

15.5.9 冷凝水排水管的坡度应符合设计要求。当设计无要求时,管道坡度宜大于或等于 8‰,且应坡向出水口。设备与排水管的连接应采用软接,并应保持畅通。

检验数量:施工单位按总数抽查 10%,且不得少于 5 处;监理单位见证排水试验。

检验方法:观察、查阅产品合格证明文件。

15.5.10 采用聚丙烯（PP-R）管道时,管道与金属支、吊架之间不宜直接接触,应采取隔绝措施,支、吊架的间距应符合设计要求。当设计无要求时,聚丙烯（PP-R）冷水管支、吊架的间距应符合现行国家标准《通风与空调工程施工质量验收规范》GB 50243 的相关规定;使用温度大于或等于 60℃ 热水管道应加宽支承面积。

检验数量:施工单位按系统支架数量抽查 5%,且不得少于 5 个;监理单位抽样检验且不少于 5 个。

检验方法:按现行国家标准《通风与空调工程施工质量验收规范》GB 50243 中相应方案执行。

15.5.11 波纹补偿器、膨胀节应与管道保持同心,不得发生偏斜和轴向扭转现象。填料式补偿器应按设计文件的长度及温度变化要求,留有 5 mm 剩余的收缩量。两侧的导向支座应保证运行时补偿器自由伸缩,不得偏离中心,允许偏差应为管道公称直径的 5‰。

检验数量:施工单位全数检查;监理单位见证检验。

检验方法:尺量、查阅试验记录。

15.6 防排烟系统

主控项目

15.6.1 防排烟风管的辅材材质、连接形式、安装工艺等应符合下列要求。

1 金属风管板材应采用铆接或咬口连接,除镀锌钢板或含有复合保护层的钢板外,大于 1.5 mm 板厚的风管可采用焊接连接。

2 排烟风管隔热层应采用厚度不小于 40 mm 的不燃绝热材料。

3 排烟风管的法兰垫片应为不燃材料,薄钢板法兰风管应采用螺栓连接。

4 风管穿越隔墙或楼板时,风管与隔墙之间的空腔和空隙应采用不燃材料严密封堵。

5 采用法兰连接时,矩形风管法兰及螺栓规格应符合表 15.2.3-2 的要求,矩形风管的法兰四角应有螺栓孔,法兰边上的螺栓孔距不应大于 150 mm。

6 排烟风管绝热材料、导流片设置、风管加固应按照现行国家标准《通风与空调施工质量验收规范》GB 50243 的有关规定执行。

7 非金属风管的材料性能、规格、品种、配件等应符合设计及现行国家产品标准的规定。

8 风管的安装位置、标高和走向等符合设计要求,现场安装的风管不得缩小接口的有效截面。

9 风管与风机连接宜采用法兰连接,或采用不燃的柔性短管连接。当风机仅用于防烟、排烟时,不宜采用柔性连接。

10 风管外包裹的防火板的敷设应整体严密。

11 防排烟风管的制作应符合现行国家标准《通风与空调施工质量验收规范》GB 50243 的相关规定,其耐火极限要求应符合现行国家标准《建筑防烟排烟系统技术标准》GB 51251 的相关规定。

检验数量:施工单位第 1 款按风管、材料加工批的数量抽检 10%,且不应小于 5 件;第 2~10 款各系统抽查数量不少于 30%。监理单位抽样检验且第 1 款不小于 5 件。

检验方法:尺量、观察、点燃试验,查验材料质量合格文件及报告。

15.6.2 防排烟风机的安装工艺应符合下列要求。

1 风机应符合消防产品标准规定,其规格、数量、型号应符合设计要求,出口的方向应正确,风机外壳至墙壁或其他设备的距离应大于或等于 600 mm。

2 风机应设置在钢架或混凝土基础上,且不应设置减振装置；当通风空调系统与排烟系统共用风机且需设置减振装置时，不应采用橡胶减振装置。

3 排烟风机的出口与加压风机进口间的距离和安装方式应符合现行国家标准《建筑防烟排烟系统技术标准》GB 51251 的相关规定。

4 风机驱动装置的外露部位应加设防护罩；直通大气的风口应装防护网或其他安全措施，并加设防雨措施。

检验数量：施工单位全数检查；监理单位抽样检验。

检查方式：核对，查看产品质量合格证明或符合国家市场准入要求的文件。

15.6.3 防排烟系统中，排烟口、排烟窗、防火阀等部件的设置安装要求应符合下列规定：

1 排烟口距可燃物或可燃构件的距离不应小于 1.5 m。

检验数量：施工单位各系统抽查不小于 30%；监理单位抽样检验。

检验方法：尺量。

2 排烟窗的安装应符合相关门窗施工验收规范要求，开闭灵活可靠。

检验数量：施工单位全数检查；监理单位见证检验 20%。

检验方法：尺量、动作检查、与图纸核对检查。

3 阀门（口）的安装应符合下列要求：

1) 送风口、排烟阀、排烟防火阀或排烟口等应符合消防产品的标准和规定，规格、型号、数量和安装位置均匀满足设计要求。

2) 送风口、排烟阀、排烟防火阀或排烟口等手动或电动开启灵活，关闭严密。

3) 送风口、防火阀、排烟口和排烟阀等的驱动装置动作可靠，且应能在最大压力下正常工作。

检验数量：施工单位按批次或种类抽查 10%，且第 1、2 款不少于2个,第3款不少于1个;监理单位抽样检验且第1、2款不少于2个,第3款不少于1个。

检验方法:测试、查看产品质量合格证明或符合国家市场准入要求的文件。

4 防火分区隔墙两侧的排烟防火阀距墙端应小于200 mm,阀门应顺气流方向关闭。

检验数量:施工单位全数检查;监理单位抽样检验。

检验方法:尺量。

5 防烟、排烟系统内的柔性短管,其制作材料应为不燃材料。

检验数量:施工单位全数检查;监理单位见证点燃试验。

检验方法:点燃试验、查看产品质量合格证明或符合国家市场准入要求的文件。

15.6.4 地面及高架车站公共区和设备与管理用房排烟风机的耐高温等级应符合设计要求;当设计未规定时,应保证在280℃时能连续有效工作0.5 h,烟气流经的风阀及消声器等辅助设备应与风机耐高温等级相同。

检验数量:施工单位全数检查;监理单位复核检测报告。

检验方法:查阅性能检测报告。

15.6.5 区间隧道事故风机、排烟风机、地下车站公共区和车站设备与管理用房排烟风机的耐高温等级应符合设计要求;当设计未规定时,应保证在280℃时能连续有效工作1 h;烟气流经的风阀及消声器等辅助设备应与风机耐高温等级相同。

检验数量:施工单位全数检查;监理单位复核检测报告。

检验方法:查阅性能检测报告。

15.6.6 地面和高架车站公共区和设备与管理用房采用自然排烟时,排烟口应设置在上部,其可开启的有效排烟面积不应小于该场所建筑面积的2%,排烟口的位置与最远排烟点的水平距离不应超过30 m。

检验数量:施工单位抽查30%;监理单位抽样检验。

检验方法:观察、尺量。

15.6.7 区间隧道和全封闭车道采用自然排烟时,排烟口应设置在上部,其有效排烟面积不应小于顶部投影面积的5%,排烟口的位置与最远排烟点的水平距离不应超过30 m。

检验数量:施工单位抽查30%;监理单位抽样检验。

检验方法:观察、尺量。

15.6.8 机械加压送风系统应采用管道送风,且不应采用土建风道,送风管道风速应符合现行国家标准《建筑防烟排烟系统技术标准》GB 51251的要求。

检验数量:按系统全数检查。

检验方法:风速仪测试,与设计核对检查。

一般项目

15.6.9 金属风管应以板材连接的密封为主,以密封胶嵌缝或其他密封方式密封为辅,密封宜设置在正压侧。

检验数量:施工单位各系统抽查不少于30%;监理单位抽样检验。

检验方法:按现行国家标准《通风与空调工程施工质量验收规范》GB 50243中相应方案执行。

15.6.10 排烟窗的手动操作机构或按钮应固定在距离地面1.3 m~1.5 m的地方,且应明显可见、便于操作。

检验数量:施工单位全数检查;监理单位抽样检验。

检验方法:尺量。

15.6.11 常闭排烟阀、送风口、排烟口的手动驱动装置应安装在距离楼地面1.3 m~1.5 m且处于明显可见和便于操作的位置,预埋套管不得有瘪陷或死弯。

检验数量:施工单位各系统抽查不小于30%;监理单位抽样检验。

检验方法:尺量。

15.6.12 挡烟垂壁的连接形式、安装间距及手动操作机构的安装位置应符合下列要求：

1 建筑墙或柱与活动挡烟垂壁的间隙不应大于 60 mm。

2 2块或2块以上挡烟垂帘组成的连续性挡烟垂壁，各块之间搭接宽度不应小于 100 mm，且不应存在缝隙。

3 活动挡烟垂壁的手工操作机构或按钮应固定在距离楼地面 1.3 m～1.5 m 的地方，且应明显可见、便于操作。

检验数量：施工单位全数检查；监理单位见证检验 20%。

检验方法：尺量、动作检查、与图纸核对检查。

15.6.13 排烟风口及补风口的安装位置应符合现行国家标准《建筑防烟排烟系统技术标准》GB 51251 的要求。

检验数量：各系统抽查不小于 30%。

检验方法：尺量、与图纸核对检查。

15.7 空调制冷系统

主控项目

15.7.1 制冷剂管道系统应按设计要求或产品要求进行强度、气密性及真空试验，且应试验合格。

检验数量：施工单位全数检查；监理单位旁站。

检验方法：观察、旁站、查阅试验记录。

15.7.2 蒸汽压缩式制冷系统管道、管件的安装应符合下列规定：

1 制冷循环系统的液管不得向上装成"Ω"形；除特殊回油管外，气管不得向下装成"U"形；液体支管引出时，应从干管底部或侧面接出；气体支管应从干管顶部或侧面接出；有2根以上的支管从干管引出时，连接部位应错开不小于2倍支管直径的间距，且不应小于 200 mm。

2 管道与机组连接应在管道吹扫、清洁合格后进行。与机组连接的管路上应按设计要求及产品技术文件的要求安装过滤器、阀门、部件、仪表等,位置应正确,排列应规整;管道应设独立的支、吊架;压力表距阀门位置不宜小于 200 mm。

3 制冷设备与附属设备之间制冷剂管道的连接,制冷剂管道坡度、坡向应符合设计及设备技术文件的要求。当设计无要求时,应符合表 15.7.2 的规定。

表 15.7.2 制冷剂管道坡度、坡向

管道名称	坡向	坡度
压缩机吸气水平管(氟)	压缩机	≥10‰
压缩机吸气水平管(氨)	蒸发器	≥3‰
压缩机排气水平管	油分离器	≥10‰
冷凝器水平供液管	贮液器	1‰~3‰
油分离器至冷凝器水平管	油分离器	3‰~5‰

检验数量:施工单位按系统抽查 20%,且不得少于 5 件;监理单位抽样检验且不少于 5 件。

检验方法:核查合格证明文件,观察、尺量,查阅测量、调试校核记录。

一般项目

15.7.3 空调制冷系统中,阀门的试验、设置及安装工艺要求应符合下列规定:

1 制冷剂阀门安装前应进行强度和严密性试验。强度试验压力应为阀门公称压力的 1.5 倍,时间不得少于 5 min;严密性试验压力应为阀门公称压力的 1.1 倍,持续时间 30 s 不漏为合格。

2 水平管道上阀门的手柄不应向下,管道上阀门的手柄应便于操作。

3 自控阀门安装的位置应符合设计要求。电磁阀、调节阀、热力膨胀阀、升降式止回阀等的阀头均应向上;热力膨胀阀的安装位置应高于感温包,感温包应装在蒸发器出口处的回气管上,与管道应接触良好、绑扎紧密。

4 安全阀应垂直安装在便于检修的位置。

检验数量：施工单位上述各款按系统抽查20%，且不少于5件；监理单位见证检验20%。

检验方法：尺量、抽样检验、旁站或查阅试验记录。

15.7.4 制冷系统管道安装后应采用压力为0.5 MPa～0.6 MPa（表压）的干燥压缩空气或氮气进行吹扫排污，应以白色（布）标识靶检查5 min，目测无污物为合格。系统吹扫干净后，系统中阀门的阀芯应拆下清洗干净，擦干后复原。

检验数量：施工单位全数检查；监理单位旁站。

检验方法：观察、旁站或查阅试验记录。

15.8 防腐与绝热

主控项目

15.8.1 暖通空调系统中，各类管路的防腐和绝热要求应符合下列规定：

1 风管和管道防腐涂料的品种及涂层层数应符合设计要求，涂料的底漆和面漆应配套。

检验数量：施工单位按系统抽查10%，且不得少于5件；监理单位抽样检验且不少于5件。

检验方法：按面积抽查，查验施工图纸和抽样检验。

2 风管和管道的绝热层、绝热防潮层和保护层应采用不燃或难燃材料，材质、密度、规格与厚度应符合设计要求。

检验数量：施工单位按系统抽查30%，且不得少于5件；监理单位抽样检验且不少于5件。

检验方法：查验施工图纸、合格证和做燃烧试验。

3 穿越防火隔墙两侧2 m范围内的风管、管道和绝热层应为不燃材料。

检验数量：施工单位全数检查；监理单位见证检验。
检验方法：观察、检查材料合格证与做点燃试验。

一般项目

15.8.2 风管绝热材料采用保温钉固定时，应符合下列规定：

1 保温钉与风管、部件及设备表面的连接，应采用粘结或焊接，结合应牢固，不应脱落；不得采用抽芯铆钉或自攻螺丝等破坏风管严密性的固定方法。

2 矩形风管及设备表面的保温钉应均布，风管保温钉数量应符合表15.8.2的规定。首行保温钉距绝热材料边沿的距离应小于120 mm，保温钉的固定压片应松紧适度、均匀压紧。

表15.8.2 风管保温钉数量

隔热层材料	风管底面	侧面	顶面
铝箔岩棉保温板（个/m²）	≥20	≥16	≥10
铝箔玻璃棉保温板（毡）（个/m²）	≥16	≥10	≥8

3 绝热材料纵向接缝不宜设在风管底面。

检验数量：施工单位按数量抽查10%，且不应少于5处或10 m²；监理单位抽样检验且不少于5处或10 m²。
检验方法：观察、尺量。

15.8.3 管道采用玻璃棉或岩棉管壳保温时，管壳规格与管道外径应相匹配，管壳的纵向接缝应错开，管壳应采用金属丝、粘结带等捆扎，间距应为300 mm～350 mm，且每节至少应捆扎2道。

检验数量：施工单位按数量抽查10%，且不应少于5节或10 m²；监理单位抽样检验且不少于5节或10 m²。
检验方法：观察、尺量。

15.8.4 风管及管道的绝热防潮层（包括绝热层的端部）应完整，并应封闭良好。立管的防潮层环向搭接缝口应顺水流方向设置；水平管的纵向缝应位于管道的侧面，并应顺水流方向设置；带有防潮层绝热材料的拼接缝应采用粘胶带封严，缝两侧胶带粘结的宽度不应小于20 mm。胶带应牢固地粘贴在防潮层面上,不得有胀裂和脱落。

检验数量:施工单位按数量抽查10%,且不应少于5处或10 m²;监理单位抽样检验且不少于5处或10 m²。

检验方法:观察、尺量。

15.8.5 管道或管道绝热层的外表面应按设计要求进行色标。

检验数量:施工单位按数量抽查10%,且不应少于5处或10 m²;监理单位抽样检验且不少于2个。

检验方法:按现行国家标准《通风与空调工程施工质量验收规范》GB 50243中相应方案执行。

15.8.6 暖通空调系统中,各类部件的防腐与绝热要求应符合下列规定:

1 部件、阀门的绝热和防腐涂层不得遮盖铭牌标志和影响部件、阀门的操作功能;经常操作的部位应采用能单独拆卸的绝热结构。

检验数量:施工单位按数量抽查10%,且不应少于5个;监理单位抽样检验且不少于5处。

检验方法:按现行国家标准《通风与空调工程施工质量验收规范》GB 50243中相应方案执行。

2 绝热层应满铺,表面应平整,不应有裂缝、空隙等缺陷。当采用卷材或板材时,允许偏差应为5 mm;当采用涂抹或其他方式时,允许偏差应为10 mm。

检验数量:施工单位按数量抽查10%,且不应少于5处;监理单位抽样检验且不少于5处。

检验方法:按现行国家标准《通风与空调工程施工质量验收规范》GB 50243中相应方案执行。

3 绝热涂抹材料作绝热层时,应分层涂抹,厚度应均匀,不得有气泡和漏涂等缺陷,表面固化层应光滑牢固,不应有缝隙。

检验数量:施工单位按数量抽查10%,且不应少于5处;监理单位抽样检验且不少于5处。

检验方法:按现行国家标准《通风与空调工程施工质量验收规范》GB 50243中相应方案执行。

15.8.7 金属保护壳的设置应符合下列规定:

1 圆形保护壳应贴紧绝热层,不得有脱壳、褶皱、强行接口等现象。接口搭接应顺水流方向设置,并应有凸筋加强,搭接尺寸应为20 mm~25 mm。采用自攻螺钉紧固时,螺钉间距应匀称,且不得刺破防潮层。

2 矩形保护壳表面应平整,楞角应规则,圆弧应均匀,底部与顶部不得有明显的凸肚及凹陷。

3 户外金属保护壳的纵、横向接缝应顺水流方向设置,纵向接缝应设在侧面。保护壳与外墙面或屋顶的交接处应设泛水,且不应渗漏。

检验数量:施工单位上述各款按数量抽查10%,且不应少于5处;监理单位抽样检验且不少于5处。

检验方法:观察、尺量。

15.9 系统调试

主控项目

15.9.1 暖通空调系统中,各类设备的联动调试应符合下列规定。

1 系统非设计满负荷条件下的联合试运转及调试,系统总风量调试结果与设计风量的允许偏差应为−5%~10%,建筑内各区域的压差应符合设计要求。

2 变风量空调系统联合调试应符合设计文件或现行国家标准《通风与空调工程施工质量验收规范》GB 50243的相关规定。

3 空调冷(热)水系统、冷却水系统的总流量与设计流量的偏差不应大于10%。

4 制冷机组进出口处的水温应符合设计要求。

5 空调室内的空气温度、相对湿度及波动范围应符合或优于设计要求。

检验数量：施工单位第1、2、4款按各自总数抽检20%，且应各不少于1个系统或1台；第3、5款全数检查。监理单位旁站。

检验方法：调整控制模式，观察、查阅调试记录。

6 空调制冷系统、空调水系统与空调风系统的非设计满负荷条件下的联合试运转及调试，正常运转不应少于8 h。

检验数量：施工单位、监理单位全数检查。

检验方法：观察、旁站、查阅调试记录。

15.9.2 防排烟系统中，防火阀、常闭送风口、排烟阀、挡烟垂壁等部件的调试方法和要求应符合现行国家标准《建筑防烟排烟系统技术标准》GB 51251的规定。

检验数量：施工单位全数检查；监理单位旁站。

检验方法：观察、查阅调试记录。

一般项目

15.9.3 暖通系统调试前应符合下列规定：

1 系统调试前应编制调试方案，并应报送专业监理工程师审核批准。系统调试应由专业施工和技术人员实施，调试结束后应提供完整的调试资料和报告。

检验数量：施工单位全数检查；监理单位见证检验20%。

检验方法：核对材料、查阅施工记录。

2 系统调试所使用的测试仪器应在使用合格检定或校准合格有效期内，精度等级及最小分度值应能满足工程性能测定的要求。

检验数量：施工单位按数量抽查20%，且应各不少于2台；监理单位抽样检验且各不少于2台。

检验方法：核对材料、查阅检定或校准记录。

15.9.4 通风系统非设计满负荷条件下的联合试运行及调试应

符合下列规定：

1 系统经过风量平衡调整，各风口及吸风罩的风量与设计风量的允许偏差不应大于15%。

2 设备及系统主要部件的联动应符合设计要求，动作应协调正确，不应有异常现象。

检验数量：施工单位按总数抽检10%，且不应少于1个系统；监理单位见证检验20%且不少于1个系统。

检验方法：测试、校核检查、查验调试记录。

15.9.5 空调系统非设计满负荷条件下的联合试运转及调试应符合下列规定：

1 空调水系统应排除管道系统中的空气；系统连续运行应正常平稳；水泵的流量、压差和水泵电机的电流不应出现10%以上的波动。

2 水系统平衡调整后，定流量系统的各空气处理机组的水流量应符合设计要求，允许偏差应为15%；变流量系统的各空气处理机组的水流量应符合设计要求，允许偏差应为10%。

3 冷水机组的供回水温度和冷却塔的出水温度应符合设计要求；多台制冷机或冷却塔并联运行时，各台制冷机及冷却塔的水流量与设计流量的偏差不应大于10%。

4 空调室内温度应优于或等于设计要求。

5 室内噪声应符合设计要求，测定结果可采用NC或dB(A)的表达方式。

6 压差有要求的房间、厅堂与其他相邻房间之间的气流流向应正确。

检验数量：施工单位第1、3款全数检查；第2款及第4~6款，按各自总数抽检20%，且应各不少于1个系统或场所。监理单位全部见证检验第1、3款；第2款及第4~6款见证检验20%，且各不少于1个系统或场所。

检验方法：观察、仪器测定、查阅调试记录。

16 给水排水及消防水系统

16.1 一般规定

16.1.1 本章适用于室内给水系统(含室内消火栓系统、消防喷淋系统)、室内排水系统、室内热水系统、卫生器具、室外给水管网(含室外消火栓系统)、室外排水管网、气体灭火系统及以上系统相关管网工程的施工质量验收。

16.1.2 给水排水及消防灭火系统分部分项工程宜按本标准附录 B.0.11 进行划分。

16.1.3 地下室或地下构筑物外墙有管道穿过的,应采取防水措施。对有严格防水要求的建筑物,应采用柔性防水套管。

16.1.4 给水排水管道穿越隧道及结构外墙,防水套管设置及采取的防腐及绝缘措施应符合现行国家标准《给水排水管道工程施工及验收规范》GB 50268 和设计要求。

16.1.5 室外给水排水管沟及井池的土方工程、沟底的处理、管道穿井壁处的处理、管沟及井池周围的回填要求等,应符合现行国家标准《给水排水管道工程施工及验收规范》GB 50268 的相关规定。

16.1.6 消防给水设备和喷水灭火设备等应符合国家和行业相关管理规定。

16.1.7 给水排水及消防灭火系统施工质量的验收要求不在本标准要求内的,还应符合现行国家标准《建筑给水排水及采暖工程施工质量验收规范》GB 50242、《消防给水及消火栓系统技术规范》GB 50974、《自动喷水灭火系统施工及验收规范》GB 50261、《气体灭火系统施工及验收规范》GB 50263 等相关要求。

16.1.8 人防工程的给水排水系统验收，应符合现行国家标准《人民防空工程施工及验收规范》GB 50134 和《建筑给水排水及采暖工程施工质量验收规范》GB 50242 的相关要求。

16.2 室内给水系统

Ⅰ 给水管道及配件安装

主控项目

16.2.1 给水管道应采用与管材相适应的管件。生活给水系统所涉及的材料应达到饮用水标准。

检验数量：施工单位按批（同品牌、同型号、同规格）抽查20%，且不少1组；监理见证取样。

检验方法：观察、尺量、查性能检测报告。

16.2.2 阀门安装前，应做强度和严密性试验。试验应在每批（同牌号、同型号、同规格）数量中抽查10%，且不少于1个。对于安装在主干管上起切断作用的闭路阀门，应逐个做强度和严密性试验。

检验数量：施工单位对主干管上起切断作业的闭路阀门全数检查，其他应每批（同品牌、同型号、同规格）抽查10%，且不少于1个；监理单位见证检验。

检验方法：检查材料质量证明书、产品合格证。

16.2.3 阀门的强度和严密性试验，应符合以下规定：阀门的强度试验压力为公称压力的1.5倍；严密性试验压力为公称压力的1.1倍；试验压力在试验持续时间内应保持不变，且壳体填料及阀瓣密封面无渗漏。阀门试压的试验持续时间应不少于表16.2.3的规定。

表 16.2.3 阀门试验持续时间

公称直径 DN (mm)	最短试验持续时间(s)		
	严密性试验		强度试验
	金属密封	非金属密封	
≤50	15	15	15
65～200	30	15	60
250～450	60	30	180

检验数量：施工单位全数检查；监理单位见证检验。

检验方法：强度、严密性试验。

16.2.4 室内给水倒流防止器的安装应符合下列规定：

1 不应在倒流防止器的进口前安装过滤器或者使用带过滤器的倒流防止器。

2 宜安装在水平位置，当竖直安装时，排水口应配备专用弯头。倒流防止器宜安装在便于调试和维护的位置。

3 倒流防止器两端应分别安装闸阀，而且至少有一端应安装挠性接头。

4 倒流防止器上的泄水阀不宜反向安装，泄水阀应采取间接排水方式，其排水管不应直接与排水管(沟)连接。

检验数量：施工单位全数检查；监理单位抽样检验。

检验方法：观察，管道试压和冲洗记录检查。

16.2.5 水表应安装在便于检修且不受曝晒、污染和冻结的地方。安装螺翼式水表，表前与阀门应有不小于 8 倍水表接口直径的直线管段。表外壳距墙表面净距为 10 mm～30 mm；水表进水口中心标高按设计要求，允许偏差为 ±10 mm。

检验数量：施工单位全数检查；监理单位见证检验。

检验方法：观察、尺量。

16.2.6 减压阀的安装应符合下列规定：

1 减压阀水流方向应与供水管网水流方向一致。

2 减压阀进水侧应安装过滤器,并在其前后安装控制阀。

3 可调式减压阀宜水平安装,阀盖应向上。

4 比例式减压阀宜垂直安装;当水平安装时,单呼吸孔减压阀其孔口应向下,双呼吸孔减压阀其孔口应呈水平位置。

5 自身不带压力表的减压阀,应在其前后相邻部位安装压力表。

6 减压阀的安装应在供水管网试压、冲洗合格后进行。

7 减压阀处应有压力试验用排水设施。

检验数量:施工单位全数检查;监理单位抽样检验。

检验方法:核实设计图(文件),核对产品的型号及性能检验报告。

16.2.7 多功能水泵控制阀的安装应符合下列规定:

1 安装应在供水管网试压、冲洗合格后进行。

2 水流方向应与供水管网水流方向一致。

3 宜水平安装,且阀盖向上;进口端不宜安装柔性接头。

4 安装自身不带压力表的多功能水泵控制阀时,应在其前后相邻部位安装压力表。

检验数量:施工单位全数检查;监理单位抽样检验。

检验方法:观察,检查管(网)道试压记录。

一般项目

16.2.8 塑料管和复合管与金属管件、阀门等的连接应使用专用管件连接,不得直接在塑料管上套丝。

检验数量:施工单位全数检查;监理单位抽样检验。

检验方法:观察。

16.2.9 塑料管、复合管或给水铸铁管的管材、配件,应是同一个厂家的配套产品。

检验数量:施工单位全数检查;监理单位抽样检验。

检验方法:观察。

16.2.10 给水水平管道应有2‰~5‰的坡度坡向泄水装置。

检验数量:施工单位全数检查;监理单位抽样检验。

检验方法:水平尺和尺量。

16.2.11 给水管道和阀门安装质量检验应符合表16.2.11的规定。

表16.2.11 管道和阀门安装质量检验

序号	检验项目			允许偏差(mm)	检验方法
1	水平管道纵横方向弯曲	钢管	每米	1	水平尺、直尺、拉线和尺量
			全长25 m以上	≤25	
		塑料管复合管	每米	1.5	
			全长25 m以上	≤25	
		铸铁管	每米	2	
			全长25 m以上	≤25	
2	立管垂直度	钢管	每米	3	吊线和尺量
			5 m以上	≤8	
		塑料管复合管	每米	2	
			5 m以上	≤8	
		铸铁管	每米	3	
			5 m以上	≤10	
3	成排管段和成排阀门	在同一平面上间距		3	尺量

检验数量:施工单位全数检查;监理单位抽样检验。

16.2.12 给水立管和装有3个或3个以上配水点的支管始端,均应安装可拆卸的连接件。

检验数量:施工单位全数检查;监理单位抽样检验。

检验方法:观察。

Ⅱ 给水设备安装

主控项目

16.2.13 给水泵就位前的基础混凝土强度、坐标、标高、尺寸和螺栓孔位置应符合设计要求。

检验数量：施工单位全数检查；监理单位见证检验。

检验方法：对照图纸用仪器和尺量，双方按工序交接单执行。

16.2.14 消防供水管直接与市政供水管、生活供水管连接时，连接处应安装倒流防止器；消防水泵从市政管网直接抽水时，应在消防水泵出水管上设置减压型倒流防止器。消防给水应有两路进水管路。

检验数量：施工单位全数检查；监理单位见证检验。

检验方法：按设计图（文件）核对产品的型号和性能检验报告，观察。

16.2.15 消防水泵和稳压泵的检验应符合下列规定：

1 消防水泵和稳压泵的流量、压力和电机功率应满足设计要求，电机功率应满足水泵全性能曲线运行的要求，泵及电机的外观表面不应有碰损，轴心不应有偏心。

2 消防水泵产品质量应符合现行国家标准《消防泵》GB 6245、《离心泵技术条件（Ⅰ）类》GB/T 16907 或《离心泵技术条件（Ⅱ类）》GB/T 5656 的有关规定。

3 稳压泵产品质量应符合现行国家标准《离心泵技术条件（Ⅱ类）》GB/T 5656 的有关规定。

检验数量：施工单位全数检查；监理单位见证检验。

检验方法：观察和查验认证文件。

16.2.16 消防水泵接合器的安装应符合下列规定：

1 消防水泵接合器的安装，应按接口、本体、连接管、止回阀、安全阀、放空管、控制阀的顺序进行，止回阀的安装方向应使消防用水能从消防水泵接合器进入系统，整体式消防水泵接合器的安装应按其使用安装说明书进行。

2 消防水泵接合器永久性规定标志应能识别其所对应的消防给水系统或水灭火系统,当有分区时应有分区标识。

3 墙壁式消防水泵接合器的安装应符合设计要求,设计无要求时,其安装高度距地面完成面高度应为0.7m;与墙面上的门、窗、孔、洞的净距离不应小于2.0m,且不应安装在玻璃幕墙下方。

4 地下消防水泵接合器应采用铸有"消防水泵接合器"标志的铸铁井盖,并应在其附近设置指示其位置的永久性规定标志。

5 地下消防水泵接合器的安装,应使进水口与井盖底面的距离不大于0.4m,且不应小于井盖的半径。

6 地下消防水泵接合器井应有防水和排水措施。

检验数量:施工单位全数检查;监理单位见证检验。

检验方法:核对产品的型号和性能检验报告,观察。

16.2.17 钢筋混凝土消防水池或消防水箱的进、出水管应加设防水套管,对有振动的管道应加设柔性接头。

检验数量:施工单位全数检查;监理单位见证检验。

检验方法:观察。

16.2.18 消防水池、消防水箱的溢流管、泄水管不应与生产或生活用水的排水系统直接相连,应采用间接排水方式。

检验数量:施工单位全数检查;监理单位见证检验。

检验方法:核实设计图、观察。

16.2.19 消防水池、高位消防水箱的施工和安装,应符合现行国家标准《给水排水构筑物工程施工及验收规范》GB 50141和《建筑给水排水及采暖工程施工质量验收规范》GB 50242的有关规定。消防水池、高位消防水箱的水位显示装置设置方式及设置位置应符合设计要求。

检验数量:施工单位全数检查;监理单位抽样检验。

检验方法:尺量、观察。

16.2.20 消防气压给水设备安装位置,进、出水管的方向应符合设计要求;出水管上应设止回阀。

检验数量:施工单位全数检查;监理单位见证检验。

检验方法:尺量、观察。

一般项目

16.2.21 给水箱溢流管和泄放管应设置在排水地点附近,但不应与排水管直接连接。

检验数量:施工单位全数检查;监理单位见证检验。

检验方法:观察。

16.2.22 立式给水泵的减振装置不应采用弹簧减振器。

检验数量:施工单位全数检查;监理单位抽样检验。

检验方法:观察。

16.2.23 室内给水设备安装质量检验应符合表16.2.23的规定。

表16.2.23 室内给水设备安装质量检验

序号	检验项目			允许偏差(mm)	检验方法
1	静置设备	坐标		15	经纬仪或拉线、尺量
		标高		5	经纬仪、拉线和尺量
		垂直度(每米)		5	吊线和尺量
2	离心式水泵	立式泵体垂直度(每米)		0.1	水平尺和塞尺检查
		卧式泵体垂直度(每米)		0.1	水平尺和塞尺检查
		联轴器同心度	轴向倾斜(每米)	0.8	在联轴器互相垂直的四个位置上用水准仪、百分表或测位螺钉和塞尺检查
			径向位移	0.1	

检验数量:施工单位全数检查;监理单位抽样检验。

16.2.24 水泵不带电金属外壳应与接地干线可靠连接。

检验数量:施工单位全数检查;监理单位抽样检验。

检验方法:观察。

16.2.25 消防水泵、稳压泵的规格、型号应符合设计要求,并应有产品合格证和安装使用说明书。

检验数量:施工单位全数检查;监理单位见证检验。

检验方法:尺量、观察。

16.2.26 消防水泵、稳压泵的安装应符合现行国家标准《机械设备安装工程施工及验收通用规范》GB 50231、《压缩机、风机、泵安装工程施工及验收规范》GB 50275 的有关规定。

检验数量:施工单位全数检查;监理单位见证检验。

检验方法:尺量、观察。

16.2.27 消防水泵吸水管及其附件的安装应符合下列规定:

1 吸水管上宜设过滤器,并应安装在控制阀后。

2 吸水管上的控制阀应在消防水泵固定于基础上之后再进行安装,其直径不应小于消防水泵吸水口直径,且不应采用没有可靠锁定装置的蝶阀,蝶阀应采用沟槽式或法兰式蝶阀。

3 当消防水泵和消防水池位于独立的两个基础上且相互为刚性连接时,吸水管上应加设柔性连接管。

4 吸水管水平管段上不应有气囊和漏气现象。变径连接时,应采用偏心异径管件并应采用管顶平接。

检验数量:施工单位、监理单位全数检查。

检验方法:观察。

16.2.28 消防水泵的出水管上应安装止回阀、控制阀和压力表,或安装控制阀、多功能水泵控制阀和压力表;系统的总出水管上还应安装压力表;安装压力表时应加设缓冲装置。缓冲装置的前面应安装旋塞;压力表量程应为工作压力的2.0倍~2.5倍。止回阀或多功能水泵控制阀的安装方向应与水流方向一致。

检验数量:施工单位全数检查;监理单位见证检验。

检验方法:尺量、观察。

16.2.29 在消防水泵出水管上,应安装由控制阀、检测供水压力、流量用的仪表及排水管道组成的系统流量压力检测装置或预留可供连接流量压力检测装置的接口,其通水能力应与系统供水能力一致。

检验数量:施工单位全数检查;监理单位见证检验。

检验方法:尺量、观察。

16.2.30 消防水池、消防水箱、消防水泵、稳压泵的施工质量,应符合现行国家标准《给水排水构筑物施工及验收规范》GB 50141 和《建筑给水排水及采暖工程施工质量验收规范》GB 50242 的有关规定。

检验数量:施工单位全数检查;监理单位见证检验。

检验方法:尺量、观察。

16.2.31 消防泵组转动应灵活,无阻滞,无异常声音。

检验数量:施工单位全数检查;监理单位抽样检验。

检验方法:观察。

16.2.32 消防水池、消防水箱的通气管和呼吸管等应符合下列规定:

1 消防水池、消防水箱应设置通气管。

2 通气管、呼吸管和溢流水管等应采取防止虫鼠等进入消防水池的技术措施。

检验数量:施工单位全数检查;监理单位抽样检验。

检验方法:观察。

16.2.33 消防气压给水设备上的安全阀、压力表、泄水管、水位指示器、压力控制仪表等的安装应符合产品使用说明书的要求。

检验数量:施工单位全数检查;监理单位抽样检验。

检验方法:对照图纸、产品技术文件核查,观察。

16.2.34 气压水罐安装应符合下列规定:

1 气压水罐有效容积、气压、水位计设计压力应符合设计要求。

2 气压水罐安装位置和间距、进水管和出水管方向应符合设计要求;出水管上应设止回阀。

3 气压水罐宜有有效水容积指示器。

检验数量：施工单位全数检查；监理单位抽样检验。

检验方法：对照图纸、产品技术文件核查，观察。

Ⅲ 室内消火栓系统安装

主控项目

16.2.35 消火栓的现场检验应符合下列规定：

1 消火栓箱应满足现行国家标准《消火栓箱》GB/T 14561 的性能和质量要求。

2 室内消火栓应符合现行国家标准《室内消火栓》GB 3445 的性能和质量要求。

3 消防水带应符合现行国家标准《消防水带》GB 6246 的性能和质量要求。

4 消防水枪应符合现行国家标准《消防水枪》GB 8181 的性能和质量要求，消防水枪的进出口口径应满足设计要求。

5 消火栓、消防水带、消防水枪的商标、制造厂等标志应齐全，消火栓、消防水带、消防水枪的型号、规格等技术参数应符合设计要求。

6 消防软管卷盘和轻便水龙应符合现行国家标准《消防软管卷盘》GB 15090 和现行行业标准《轻便消防水龙》GA 180 的性能和质量要求。

7 消火栓外观应无加工缺陷和机械损伤；铸件表面应无结疤、毛刺、裂纹和缩孔等缺陷；铸铁阀体外部应涂红色油漆，内表面应涂防锈漆，手轮应涂黑色油漆；外部漆膜应光滑、平整、色泽一致，应无气泡、流痕、皱纹等缺陷，并应无明显碰、划等现象。

8 消火栓螺纹密封面应无伤痕、毛刺、缺丝或断丝现象。

9 消火栓的螺纹出水口和快速连接卡扣应无缺陷和机械损伤，并应能满足使用功能的要求。

10 消火栓阀杆升降或开启应平稳、灵活，不应有卡涩和松动现象。

11 旋转型消火栓其内部构造应合理,转动部件应为铜或不锈钢,并应保证旋转可靠、无卡涩和漏水现象。

12 减压稳压消火栓应保证可靠、无堵塞现象。

13 活动部件应灵活转动,材料应耐腐蚀,不应卡涩或脱扣。

14 消火栓固定接口应进行密封性能试验,无渗漏、无损伤为合格。试验数量宜从每批中抽查1‰,但不应少于5个,应缓慢而均匀地升压1.6MPa并保压2min。当2个及2个以上不合格时,不应使用该批消火栓。当仅有1个不合格时,应再抽查2%,但不应少于10个,并应重新进行密封性能试验;当仍有不合格时,亦不应使用该批消火栓。

15 消防水带的织物层应编织均匀,表面应整洁;应无跳双经、断双经、跳纬及划伤,衬里(或覆盖层)的厚度应均匀,表面应光滑平整、无褶皱或其他缺陷。

16 消防水枪的外观质量应符合本条第4款的有关规定,消防水枪的进出口口径应满足设计要求。

外观和一般检验数量:施工单位全数检查;监理单位抽样检验。

外观和一般检验方法:观察、尺量。

性能检验数量:抽查符合本条第14款的规定。施工单位全数检查;监理单位抽样检验。

性能检验方法:观察及在专用试验装置上测试,主要测试设备有试压泵、压力表、秒表。

16.2.36 阀门及其附件的现场检验应符合下列规定:

1 阀门的商标、型号、规格等标志应齐全,阀门的型号、规格应符合设计要求。

2 阀门及其附件应配备齐全,不应有加工缺陷和机械损伤。

3 报警阀和水力警铃的现场检验应符合现行国家标准《自动喷水灭火系统施工及验收规范》GB 50261的有关规定。

4 闸阀、截止阀、球阀、蝶阀和信号阀等通用阀门,应符合现行国家标准《通用阀门 压力试验》GB/T 13927 和《自动喷水灭火系统 第 6 部分:通用阀门》GB 5135.6 等的有关规定。

5 消防水泵接合器应符合现行国家标准《消防水泵接合器》GB 3446 的性能和质量要求。

6 自动排气阀、减压阀、泄压阀、止回阀等阀门性能,应符合现行国家标准《通用阀门 压力试验》GB/T 13927、《自动喷水灭火系统 第 6 部分:通用阀门》GB 5135.6、《压力释放装置 性能试验规范》GB/T 12242、《减压阀 性能试验方法》GB/T 12245、《安全阀 一般要求》GB/T 12241、《阀门的检验与试验》JB/T 9092 等的有关规定。

7 阀门应有清晰的铭牌、安全操作指示标志、产品说明书和水流方向的永久性标识。

检验数量:施工单位、监理单位全数检查。

检验方法:观察及在专用试验装置上测试,主要测试设备有试压泵、压力表、秒表。

16.2.37 当管道采用螺纹方式连接时,应符合下列规定:

1 热浸镀锌钢管的管件宜符合现行国家标准《可锻铸铁管路连接件》GB 3287、《可锻铸铁管路连接件验收规则》GB 3288、《可锻铸铁管路连接件型式尺寸》GB 3289 的有关规定,热浸镀锌无缝钢管的管件宜符合现行国家标准《锻钢制螺纹管件》GB/T 14626 的有关规定。

2 螺纹应符合现行国家标准《55°密封管螺纹 第 2 部分:圆锥内螺纹与圆锥外螺纹》GB 7306.2 的有关规定,宜采用密封胶带作为螺纹接口的密封,密封带应在阳螺纹上施加。

检验数量:施工单位全数检查;监理单位抽样检验,且不少于 10 个。

检验方法:尺量、观察。

16.2.38 沟槽连接件(卡箍)连接应符合下列规定:

1 沟槽式连接件(管接头)、钢管沟槽深度和钢管壁厚等,应符合现行国家标准《自动喷水灭火系统 第11部分:沟槽式管接件》GB 5135.11 的有关规定。

2 有振动的场所和埋地管道应采用柔性接头,其他场所宜采用刚性接头。当采用刚性接头时,每隔4个~5个刚性接头应设置1个挠性接头,埋地连接时螺栓和螺母应采用不锈钢件。埋地的沟槽式管件的螺栓、螺帽应做防腐处理。水泵房内的埋地管道连接应采用挠性接头。

3 沟槽式管件连接时,其管道连接沟槽和开孔应用专用滚槽机和开孔机加工,并应做防腐处理;连接前应检查沟槽和孔洞尺寸,加工质量应符合技术要求;沟槽、孔洞处不应有毛刺、破损性裂纹和脏物。

4 沟槽式管件的凸边应卡进沟槽后再紧固螺栓,两边应同时紧固,紧固时发现橡胶圈起皱应更换新橡胶圈。

5 机械三通连接时,应检查机械三通与孔洞的间隙,各部位应均匀,然后再紧固到位;机械三通开孔间距不应小于1 m,机械四通开孔间距不应小于2 m;机械三通、机械四通连接时支管的直径应满足表16.2.38的规定。当主管与支管连接不符合表16.2.38时,应采用沟槽式三通、四通管件连接。

表16.2.38 机械三通、机械四通连接时支管直径

主管直径 DN(mm)		65	80	100	125	150	200	250	300
支管直径 DN (mm)	机械三通	40	40	65	80	100	100	100	100
	机械四通	32	32	50	65	80	100	100	100

6 配水干管(立管)与配水管(水平管)连接,应采用沟槽式管件,不应采用机械三通。

7 采用沟槽连接件连接管道变径和转弯时,宜采用沟槽式异径管件和弯头。

8 沟槽连接件应采用三元乙丙橡胶(EDPM)C型密封胶圈,

弹性应良好,应无破损和变形,安装压紧后 C 型密封胶圈中间应有空隙。

检验数量:施工单位全数检查;监理单位抽样检验,且不少于 10 个。

检验方法:尺量、观察。

16.2.39 消火栓安装位置应正确,启闭灵活,转动灵活到位,关闭严密,密封填料完好。

检验数量:施工单位全数检查;监理单位抽样检验。

检验方法:观察。

16.2.40 箱式消火栓的安装应符合下列规定:

1 消火栓箱门安装位置应正确、合理,有利于箱门的开启,并且开启到位满足要求,但不应妨碍通道的通行;消火栓箱体安装的垂直度允许偏差为±3 mm。消火栓箱门安装应正确灵活,门开启角度应大于 120°。消火栓箱门上应用红色字体注明"消火栓"字样。

2 消火栓栓口出水方向宜向下或与设置消火栓的墙面成 90°角,栓口不应安装在门轴侧;栓口中心距地面高度应为 1.1 m,允许偏差为±20 mm。

3 消火栓的启闭阀门设置位置应便于操作使用,阀门中心距箱侧面为 140 mm,距箱后内表面为 100 mm,允许偏差为±5 mm。

4 双向开门消火栓箱应有耐火等级,符合设计要求。当设计没有要求时,应至少满足 1 h 耐火极限的要求。

检验数量:施工单位全数检查;监理单位抽样检验,且不少于 10 个。

检验方法:尺量、观察。

16.2.41 设置于盾构区间内的消防管道、设备及附件应按设计要求设置加固及防振措施并避免侵入限界、影响疏散。

检验数量:施工单位全数检查;监理单位抽样检验。

检验方法:观察、尺量。

16.2.42 消防炮的安装应符合下列规定:

1 消防炮安装应符合设计要求,且应在供水管线系统试压、冲洗合格后进行。

2 消防炮回转范围应与防护区相对应。

检验数量:施工单位全数检查;监理单位见证检验。

检验方法:观察。

3 消防炮安装后,应检查在其设计规定的水平和俯仰回转范围内不与周围的构件碰撞。

检验数量:施工单位全数检查;监理单位见证检验。

检验方法:尺量、观察。

4 与消防炮连接的电、液管线应安装牢固,且不得干涉回转机构。

检验数量:施工单位全数检查;监理单位抽样检验。

检验方法:观察。

16.2.43 消防炮系统管道与阀门安装应符合下列规定:

1 管道的安装应符合下列规定:

　　1) 水平管道安装时,其坡度、坡向应符合设计要求,且坡度不应小于设计值,当出现 U 型管时应有放空措施。

　　2) 立管应用管卡固定在支架上,其间距不应大于设计值。

检验数量:施工单位全数检查;监理单位抽样检验且干管不少于 1 条、支管不少于 2 条、分支管不少于 1 条。

检验方法:尺量、观察。

2 阀门的安装应符合下列规定:

　　1) 阀门应按相关标准进行安装,并应有明显的启闭标志。

　　2) 自动排气阀应在系统试压、冲洗合格后立式安装。

　　3) 管道上设置的控制阀,其安装高度宜为 1.1 m～1.5 m;当控制阀的安装高度大于 1.8 m 时,应设置操作平台。

　　4) 管道上的放空阀应安装在最低处。

检验数量：施工单位全数检查；监理单位抽样检验。

检验方法：尺量、观察。

16.2.44 消防炮系统控制装置安装应符合下列规定：

1 控制装置与基座之间的螺栓连接应牢固。

2 控制装置中的电控盘、柜、屏、箱、台安装垂直度允许偏差为1.5‰，相互间接缝不应大于2 mm，成列盘面偏差不应大于5 mm。

3 控制装置的端子箱安装应牢固，并应防潮、防尘。安装的位置应便于检查；成列安装时，应排列整齐。

4 控制装置的接地应牢固、可靠。对装有电器的可开门，门和框架的接地端子间应用裸编织铜线连接，且有标识。

5 装置的漆层应完整，损伤面应及时修补。固定支架等应做防腐处理。

6 安装完毕后，建筑物中的预留孔洞及电缆管口应做好封堵。

检验数量：施工单位全数检查；监理单位抽样检验。

检验方法：观察、重锤法检查。

一般项目

16.2.45 室内消火栓及消防软管卷盘或轻便水龙的安装应符合下列规定：

1 室内消火栓及消防软管和轻便龙头的选型、规格应符合设计要求。

2 同一建筑物内设置的消火栓、消防软管卷盘和轻便水龙应采用统一规格的栓口、消防水枪和水带及配件。

3 试验用消火栓栓口处应设置压力表。

4 当消火栓设置减压装置时，应检查减压装置是否符合设计要求，且安装时应有防止砂石等杂物进入栓口的措施。

5 室内消火栓及消防软管卷盘和轻便水龙应设置明显的永久性固定标志。当室内消火栓因美观要求需要隐蔽安装时，应有明显的标志,并应便于开启使用。

检验数量:施工单位全数检查;监理单位抽样检验,且不少于10个。

检验方法:核对产品的性能检验报告,观察。

16.2.46 水带与水枪、水带与快速接头的绑扎应良好,并按箱内构造挂放在挂钉、托盘或支架上。

检验数量:施工单位全数检查;监理单位抽样检验,且不少于5处。

检验方法:观察。

16.2.47 消防炮的转动机构和操作装置应灵活、可靠。

检验数量:施工单位全数检查;监理单位抽样检验。

检验方法:观察。

16.2.48 消防炮系统布线安装应符合下列规定:

1 布线前,应对导线的种类、电压等级进行检查;强、弱电回路不应使用同一根电缆,应分别成束分开排列;不同电压等级的线路,不应穿在同一管内或线槽的同一槽孔内。

检验数量:施工单位全数检查;监理单位抽样检验。

检验方法:观察。

2 引入控制装置内的电缆及其芯线应符合下列规定:

1) 引入控制装置内的电缆管道应采用支架固定,并按横平竖直配置;备用芯线长度应留有适当余量。

2) 引入控制装置的电缆应排列整齐、编号清晰,避免交叉,并应牢固固定,不得使端子排承受机械应力。

3) 引入控制装置内的铠装电缆,应将钢带切断,切断处的端部应扎紧,并应将钢带接地。

4) 引入控制装置内的使用于传感器等信号采集回路的控制电缆,应采用屏蔽电缆。其屏蔽层应按设计要求的接地方式接地。

5) 电缆芯线和所配导线的端部,均应标明与设计图样一致的编号,标记应字迹清晰。

　　6) 控制装置接线端子排的每个接线端子,接线不得超过2根。

　　检验数量:施工单位全数检查;监理单位抽样检验。

　　检验方法:观察。

　　3 布线施工完毕在测试绝缘时,应有防止弱电设备损坏的安全技术措施。

　　检验数量:施工单位全数检查;监理单位抽样检验。

　　检验方法:观察。

Ⅳ　消防喷淋系统安装

主控项目

16.2.49 阀门及其附件的现场检验应符合下列规定:

　　1 阀门的商标、型号、规格等标志应齐全,阀门的型号、规格应符合设计要求。

　　2 阀门及其附件应配备齐全,不得有加工缺陷和机械损伤。

　　3 报警阀除应有商标、型号、规格等标志外,尚应有水流方向的永久性标识。

　　4 报警阀和控制阀的阀瓣及操作机构应动作灵活、无卡涩现象,阀体内应清洁、无异物堵塞。

　　5 水力警铃的铃锤应转动灵活、无阻滞现象;传动轴密封性能好,不得有渗漏水现象。

　　6 报警阀应进行渗漏试验。试验压力应为额定工作压力的2倍,保压时间不应小于 5 min,阀瓣处应无渗漏。

　　检验数量:施工单位、监理单位全数检查。

　　检验方法:观察及在专用试验装置上测试,主要测试设备有试压泵、压力表、秒表。

16.2.50 压力开关、水流指示器、自动排气阀、减压阀、泄压阀、多功能水泵控制阀、止回阀、信号阀、水泵接合器及水位、气压、阀门限位等自动监测装置应有清晰的铭牌、安全操作指示标志和产品说明书;水流指示器、水泵接合器、减压阀、止回阀、过滤器、泄压阀、多功能水泵控制阀应有水流方向的永久性标识;安装前应进行主要功能检查。

　　检验数量:施工单位、监理单位全数检查。

　　检验方法:观察及在专用试验装置上测试,主要测试设备有试压泵、压力表、秒表。

16.2.51　喷头的现场检验应符合下列规定:

　　1　喷头的商标、型号、公称动作温度、响应时间指数(RTI)、制造厂及生产日期等标志应齐全。

　　2　喷头的型号、规格等应符合设计要求。

　　3　喷头外观应无加工缺陷和机械损伤。

　　4　喷头螺纹密封面应无伤痕、毛刺、缺丝或断丝现象。

　　5　闭式喷头应进行密封性能试验,以无渗漏、无损伤为合格。

　　试验数量应从每批中抽查1%,并不得少于5个,试验压力应为3.0MPa,保压时间不得少于3min。当2个及2个以上不合格时,不得使用该批喷头。当仅有1个不合格时,应再抽查2%,且不得少于10个,并重新进行密封性能试验;当仍有不合格时,亦不得使用该批喷头。

　　检验数量:施工单位抽查20%,且不少于10个;监理单位与施工单位抽查同样数量。

　　检验方法:观察,在专用试验装置上测试。

16.2.52　热镀锌钢管、涂覆钢管应采用螺纹、沟槽式管件或法兰连接。当采用焊接法兰连接时,应进行热镀锌等防腐处理。管道连接不应减小水横断面面积。

　　检验数量:施工单位全数检查;监理单位抽样检验,且不少于5处。

检验方法：观察。

16.2.53 消防喷淋管道安装应符合下列规定：

1 横向安装宜设 2‰～5‰的坡度，且应坡向排水管；当局部区域难以利用排水管将水排净时，应采取相应的排水措施。

2 当喷头数量小于或等于 5 个时，可在管道低凹处加设堵头；当喷头数量大于 5 个时，宜装设带阀门的排水管。

检验数量：施工单位全数检查；监理单位抽样检验，且不少于 5 处。

检验方法：观察、测量。

16.2.54 水流指示器应使电器元件部位竖直安装在水平管道上侧，其动作方向应和水流方向一致；安装后的水流指示器桨片、膜片应动作灵活，不应与管壁发生碰擦。

检验数量：施工单位全数检查；监理单位见证检验 20%。

检验方法：观察和开启阀门放水检查。

16.2.55 末端试水装置和试水阀应有标识，安装位置应便于检查、试验，距地面的高度宜为 1.5 m，并应有相应排水能力的排水设施和不被他用的保护措施。

检验数量：施工单位全数检查；监理单位见证检验 20%，且不少 1 处。

检验方法：尺量、观察。

16.2.56 喷头安装应在系统试压、冲洗合格后进行。

检验数量：施工单位抽查 20%，且不少于 10 个；监理单位见证检验 20%。

检验方法：检查系统试压、冲洗记录表。

16.2.57 喷头安装时，不应对喷头进行拆装、改动，并严禁给喷头、隐蔽式喷头的装饰盖板附加任何装饰性涂层。

检验数量：施工单位全数检查；监理单位抽样检验。

检验方法：观察。

16.2.58 喷头安装应使用专用扳手，严禁利用喷头的框架施拧；

喷头的框架、溅水盘产生变形或释放原件损伤时,应采用规格、型号相同的喷头更换。

检验数量:施工单位全数检查;监理单位抽样检验。

检验方法:观察。

16.2.59 当梁、通风管道、成排布置的管道、桥架等障碍物的宽度大于 1.2m 时,其下方应增设喷头,且增设的喷头上方有空洞、缝隙时,可在喷头的上方设置挡水板,挡水板应为正方形或圆形金属板,其平面面积不宜小于 0.12 m^2。

检验数量:施工单位全数检查;监理单位抽样检验。

检验方法:观察。

16.2.60 安装在易受机械损伤处的喷头,应加设喷头防护罩。

检验数量:施工单位全数检查;监理单位抽样检验。

检验方法:观察。

16.2.61 喷头安装时,溅水盘与吊顶、门、窗、洞口或障碍物的距离应符合设计要求。

检验数量:施工单位全数检查;监理单位抽样检验,且不少于 5 处。

检验方法:尺量、观察。

16.2.62 安装前应检查喷头的型号、规格、使用场所符合设计要求。系统采用隐蔽式喷头时,配水支管的标高和吊顶的开口尺寸应准确控制。

检验数量:施工单位全数检查;监理单位抽样检验。

检验方法:尺量、观察。

16.2.63 报警阀组的安装应在供水管网试压、冲洗合格后进行。安装时,应先安装水源控制阀、报警阀,然后进行报警阀辅助管道的连接。水源控制阀、报警阀与配水干管的连接,应使水流方向一致。报警阀组安装的位置应符合设计要求;当设计无要求时,报警阀组应安装在便于操作的明显位置,距室内地面高度宜为 1.2m;两侧与墙的距离不应小于 0.5m;正面与墙的距离不应小于 1.2 m;报警阀组凸出部位之间的距离不应小于 0.5 m。安装报警阀组的室内地面应有排水设施,排水能力应满足报警阀调试、验收和利用试水阀门泄空系统管道的要求。

检验数量:施工单位全数检查;监理单位见证检验。

检验方法:尺量、观察。

16.2.64 报警阀组附件的安装应符合下列规定:

1 连接报警阀进出口的控制阀应采用信号阀,当不采用信号阀门时,控制阀应设锁定阀位的锁具;水源控制阀应有水流方向标识和明显开闭标志,且应安装在便于操作的位置。

2 在报警阀与管网之间的供水干管上,应安装由信号阀或具有锁定阀位的控制阀、检测供水压力、流量用的仪表及排水管道组成的系统流量压力检测装置,其过水能力应与系统过水能力一致;干式报警阀组、雨淋报警阀组应安装检测时水流不进入系统管网的信号控制阀门。

检验数量:施工单位全数检查;监理单位抽样检验。

检验方法:观察。

16.2.65 湿式报警阀组的安装应符合下列规定:

1 应能使报警阀前后的管道顺利充满水;压力波动时,水力警铃不应发生误报警。

2 报警水流通路上的过滤器应安装在延迟器前,且便于排渣操作。

检验数量:施工单位全数检查;监理单位抽样检验。

检验方法:观察,以小于 1 个喷头的流量放水检查。

16.2.66 压力开关应竖直安装在通往水力警铃的管道上,且不应在安装中拆装改动。管网上的压力控制装置的安装应符合设计要求。

检验数量:施工单位全数检查;监理单位抽样检验。

检验方法:观察。

16.2.67 水力警铃应安装在公共通道或值班室附近的外墙上,

且应安装检修、测试用的阀门。水力警铃和报警阀的连接应采用热镀锌钢管,其公称直径为 20 mm 时,长度不应大于 20 m。安装后的水力警铃启动时,警铃声强度不应小于 70 dB。

检验数量:施工单位全数检查;监理单位见证检验。

检验方法:观察、尺量和放水检测。

16.2.68 控制阀的规格、型号和安装位置均应符合设计要求;安装方向应正确,控制阀内应清洁、无堵塞、无渗漏;主要控制阀应加设启闭标志;隐蔽处的控制阀应在明显处设有指示其位置的标志。

检验数量:施工单位全数检查;监理单位抽样检验。

检验方法:检查产品质量证明文件,观察。

一般项目

16.2.69 压力开关、流量开关、水位显示与控制开关等仪表的进场检验,应符合下列规定:

1 性能规格应符合设计要求。

2 压力开关应符合现行国家标准《自动喷水灭火系统 第 10 部分:压力开关》GB 5135.10 的性能和质量要求。

3 水位显示与控制开关应符合现行国家标准《水位测量仪器》GB/T 11828 等的有关规定。

4 流量开关应能在管道流速为 0.1 m/s～10 m/s 时可靠启动,其他性能宜符合现行国家标准《自动喷水灭火系统 第 7 部分:水流指示器》GB 5135.7 的有关规定。

5 外观应完整、无损伤。

检验数量:施工单位全数检查;监理单位抽样检验。

检验方法:观察和查验认证文件。

16.2.70 配水干管、配水管应做红色或红色环圈标志并应用箭头表示水流方向。红色环圈的宽度不应小于 20 mm,间隔不宜大于 4 m,在一个独立的单元内环圈不宜少于 2 处。

检验数量:施工单位全数检查;监理单位抽样检验,且不少于

5处。

检验方法：尺量、观察。

16.2.71 管道穿过建筑物的变形缝时，应采取抗变形措施。穿过墙体或楼板时，应加设套管，套管长度不应小于墙体厚度；穿过楼板的套管，其顶部应高出装饰地面 20 mm，且套管底部应与楼板底面相平；套管与管道的间隙应采用不燃材料填塞密实。

检验数量：施工单位全数检查；监理单位抽样检验，且不少于5处。

检验方法：尺量、观察。

16.2.72 信号阀应安装在水流指示器前的管道上，与水流指示器之间的距离不宜小于 300 mm。

检验数量：施工单位全数检查；监理单位抽样检验。

检验方法：尺量、观察。

16.2.73 压力开关、信号阀、水流指示器的引出线应用防水套管锁定。

检验数量：施工单位全数检查；监理单位抽样检验。

检验方法：观察。

16.2.74 当喷头的公称直径小于 10 mm 时，应在配水干管或配水管上安装过滤器。

检验数量：施工单位全数检查；监理单位抽样检验。

检验方法：观察。

16.2.75 排气阀应无渗漏，且位于配水干管顶部、配水管的末端且应确保无渗漏。

检验数量：施工单位全数检查；监理单位抽样检验。

检验方法：观察和检查管道试压记录。

16.2.76 高压细水雾系统的质量验收应参符合现行国家标准《细水雾灭火系统技术规范》GB 50898 和《细水雾灭火系统选用与安装》12SS209 等的相关规定。

V 防 腐

主控项目

16.2.77 管道防腐材料的品种、型号、性能应符合设计要求和国家现行产品质量标准的规定,且应是在有效保质期限内的合格产品。

检验数量:施工单位全数检查;监理单位抽样检验。

检验方法:观察,检查产品质量合格证和检测报告。

16.2.78 喷、涂油漆的漆膜,应均匀且无堆积、皱纹、气泡、掺杂、混色与漏涂等缺陷;喷、涂油漆的遍数应符合设计和规范的规定。

检验数量:施工单位全数检查;监理单位抽样检验。

检验方法:观察。

VI 绝 热

主控项目

16.2.79 绝热施工验收应符合现行国家标准《工业设备及管道绝热工程施工质量验收规范》GB 50185 的相关规定。

VII 管道冲洗、消毒

主控项目

16.2.80 生活给水系统管道在交付使用前应冲洗和消毒,并经有关部门取样检验,符合现行国家标准《生活饮用水卫生标准》GB 5749 后方可使用。

检验数量:施工单位按系统在取水末端进行全数检查;监理单位抽样检验。

检验方法:观察冲洗水的浊度,查看有关部门提供的检测报告。

一般项目

16.2.81 生活给水系统管网冲洗应符合下列规定:

1 管网冲洗宜分区、分段进行;水平管网冲洗时,其排水管位置应低于配水支管。

2 水流流速、流量不应小于系统设计的水流流速、流量。

3 管网冲洗的水流方向应与灭火时管网的水流方向一致。

4 管网冲洗应连续进行,直至出口处水的颜色、透明度与入口处水的颜色、透明度基本一致。

5 管网冲洗宜设临时专用排水管道,其排放应畅通和安全。排水管道的截面面积不应小于被冲洗管道截面面积的60%。

6 管网的地上管道与地下管道连接前,应在配水干管底部加设堵头后,对地下管道进行冲洗。

7 管网冲洗结束后,应将管网内的水排除干净,必要时可采用压缩空气吹干。

检验数量:施工单位全数检查;监理单位抽样检验。

检验方法:现场观察、计量检查。

Ⅷ 试验与调试

主控项目

16.2.82 室内给水管道的水压试验应符合设计要求。当设计未注明时,各种材质的给水管道系统试验压力应为工作压力的1.5倍,但不应小于0.6MPa。

检验数量:施工单位全数检查;监理单位旁站。

检验方法:金属及复合管给水管道系统在试验压力下观测10min,压力降不应大于0.02MPa,然后降到工作压力进行检查,应不渗不漏;塑料管给水系统应在试验压力下稳压1h,压力降不应超过0.05MPa,然后在工作压力的1.15倍状态下稳压2h,压力降不应超过0.03MPa,同时检查各连接处不应渗漏。

16.2.83 给水系统调试应包括下列内容:

1 设备单机试运转及调试。

2 各配水点的水流量的调试。

检验数量:施工单位全数检查;监理单位旁站。

检验方法:观察、查阅调试记录。

16.2.84 给水水泵调试应符合下列规定:

1 水泵运行时,应无异常振动和声响,壳体密封处无渗漏,紧固连接部位无松动,轴封的温升正常。

2 在无特殊要求的情况下,普通填料的泄漏量不应大于 30 mL/h,机械密封的不应大于 5 mL/h。

检验数量:施工单位全数检查;监理单位旁站。

检验方法:观察、查阅调试记录。

16.2.85 水泵试运转的轴承温升应符合设备说明书的规定。

检验数量:施工单位全数检查;监理单位见证检验。

检验方法:温度计实测。

16.2.86 给水系统监控和监测设备应符合下列规定:

1 各种自动检测元件和执行机构工作应正常,系统的运行状态应能正确显示。

2 系统自动调节、设备连锁、自动保护应能正确动作。

3 应满足火灾自动报警系统 FAS、楼宇自动化系统 BAS 监控要求。

检验数量:施工单位全数检查;监理单位见证检验。

检验方法:观察。

16.2.87 室内给水系统交付使用前应进行通水试验并做好记录。

检验数量:施工单位按每个泄水口全数检查;监理单位旁站。

检验方法:观察和开启阀门、水嘴等放水。

16.2.88 当自动喷水灭火系统设计工作压力等于或小于 1.0 MPa 时,水压强度试验压力应为设计工作压力的 1.5 倍,并不应低于 1.4 MPa;当系统设计工作压力大于 1.0 MPa 时,水压强度试验压力应为该工作压力加 0.4 MPa。

检验数量:施工单位全数检查;监理单位旁站。

检验方法:观察。

16.2.89 自动喷水灭火系统水压强度试验的测试点应设在系统管网的最低点。对管网注水时,应将管网内的空气排净,并应缓慢升压,达到试验压力稳压 30 min 后,管网应无泄漏、无变形,且压力降不应大于 0.05 MPa。

检验数量:施工单位全数检查;监理单位旁站。

检验方法:观察。

16.2.90 自动喷水灭火系统水压严密性试验应在水压强度试验和管网冲洗合格后进行。试验压力应为设计工作压力,稳压 24 h,应无泄漏。

检验数量:施工单位全数检查;监理单位抽样检验。

检验方法:观察、查看记录。

16.2.91 自动喷水灭火系统气压严密性试验压力应为 0.28 MPa,且稳压 24 h,压力降不应大于 0.01 MPa。气压试验的介质宜采用空气或氮气。

检验数量:施工单位全数检查;监理单位见证检验。

检验方法:观察。

16.2.92 消防给水及消火栓系统水压强度试验的试验压力应符合表 16.2.92 的规定。水压强度试验的测试点应设在系统管网的最低点。对管网注水时,应将管网内的空气排净,并应缓慢升压,达到试验压力稳压 30 min 后,管网应无泄漏、无变形,且压力降不应大于 0.05 MPa。

表 16.2.92 水压强度试验压力

管材类型	系统工作压力 P(MPa)	试验压力(MPa)
钢管	≤1.0	$1.5P$,且不应小于 1.4
	>1.0	$P+0.4$

检验数量:施工单位全数检查;监理单位旁站。

检验方法:观察,检查试验记录。

16.2.93 消火栓系统水压严密性试验应在水压强度试验和管网冲洗合格后进行。试验压力应为设计工作压力,稳压24 h应无泄漏。

　　检验数量:施工单位全数检查;监理单位旁站。

　　检验方法:观察,检查试验记录。

16.2.94 消防水系统管网冲洗的水流流速、流量不应小于系统设计的水流流速、流量;管网冲洗宜分区、分段进行;水平管网冲洗时,其排水管位置应低于配水支管。

　　检验数量:施工单位全数检查;监理单位抽样检验。

　　检验方法:使用流量计和观察。

16.2.95 消防水系统冲洗的水流方向应与灭火时管网的水流方向一致。

　　检验数量:施工单位全数检查;监理单位抽样检验。

　　检验方法:观察。

16.2.96 消防水系统冲洗应连续进行。当出口处水的颜色、透明度与入口处水的颜色、透明度基本一致时,冲洗方可结束。

　　检验数量:施工单位全数检查;监理单位抽样检验。

　　检验方法:观察。

16.2.97 自动喷水灭火系统调试应包括下列内容:

　　1 消防水泵调试。

　　2 稳压泵调试。

　　3 报警阀调试。

　　4 排水设施调试。

　　5 联动试验。

　　检验数量:施工单位全数检查;监理单位旁站。

　　检验方法:观察、查阅调试记录。

16.2.98 消火栓系统调试应包括下列内容:

　　1 水源调试和测试。

　　2 消防水泵调试。

3 稳压泵或稳压设施调试。

4 减压阀调试。

5 消火栓调试。

6 自动控制探测器调试。

7 干式消火栓系统的报警阀等快速启闭装置调试,并应包含报警阀的附件电动或电磁阀等阀门的调试。

8 排水设施调试。

9 联锁控制试验。

检验数量:施工单位全数检查;监理单位旁站。

检验方法:观察、查阅调试记录。

16.2.99 湿式报警阀调试应符合下列规定:

1 在末端装置处放水,当湿式报警阀进口水压大于 0.14 MPa、放水流量大于 1 L/s 时,报警阀应及时启动。

2 带延迟器的水力警铃应在 5 s~90 s 内发出报警铃声,不带延迟器的水力警铃应在 15 s 内发出报警铃声。

3 压力开关应及时动作,并反馈信号。

检验数量:施工单位全数检查;监理单位旁站。

检验方法:观察、动作试验。

16.2.100 消防水泵调试应符合下列规定:

1 以自动直接启动或手动直接启动消防水泵时,消防水泵应在 55 s 内投入正常运行,且应无不良噪声和振动。

2 以备用电源切换方式或备用泵切换启动消防水泵时,消防水泵应分别在 1 min 或 2 min 内投入正常运行。

3 消防水泵安装后应进行现场性能测试,其性能应与生产厂商提供的数据相符,并应满足消防给水设计流量和压力的要求。

4 消防水泵零流量时的压力不应超过设计工作压力的 140%;当出流量为设计工作流量的 150%时,其出口压力不应低于设计工作压力的 65%。

检验数量:施工单位全数检查;监理单位旁站。

检验方法:观察。

16.2.101 当工频启动消防水泵时,从接通电路到水泵达到额定转速的时间不宜大于表16.2.101的规定值。

表16.2.101 工频泵启动时间

配用电机功率(kW)	≤132	>132
消防水泵直接启动时间(s)	<30	<55

检验数量:施工单位全数检查;监理单位见证检验。

检验方法:计时。

16.2.102 稳压泵应按设计要求进行调试,并应符合下列规定:

1 当达到设计启动压力时,稳压泵应立即启动;当达到系统停泵压力时,稳压泵应自动停止运行;稳压泵启停应达到设计压力要求。

2 应能满足系统自动启动要求,且当消防主泵启动时,稳压泵应停止运行。

3 稳压泵在正常工作时每小时的启停次数应符合设计要求,且不应大于15次/h。

4 稳压泵启停时系统压力应平稳,且稳压泵不应频繁启停。

检验数量:施工单位全数检查;监理单位旁站。

检验方法:观察。

16.2.103 室内消火栓系统安装完成后,应取最高处(或水箱间内)试验消火栓和最底层取2处消火栓做射水试验,达到设计要求为合格。

检验数量:施工单位全数检查;监理单位旁站。

检验方法:实地试射。

16.2.104 湿式系统的联动试验,启动1个喷头或以0.94 L/s~1.5 L/s的流量从末端试水装置处放水时,水流指示器、报警阀、压力开关、水力警铃和消防水泵等应及时动作,并发出相应的信号。

检验数量:施工单位全数检查;监理单位旁站。

检验方法:观察,放水试验检查。

16.2.105 消防水炮灭火系统的喷射功能调试应符合下列规定:

1 当为自动灭火系统时,应以手动和自动控制的方式对该门水炮保护范围分别进行喷水试验。

2 系统自接到启动信号至水炮炮口开始喷水的时间不应大于 5 min,其各项性能指标均应达到设计要求。

检验数量:施工单位全数检查;监理单位旁站。

检验方法:自接到启动信号至开始喷水的时间,用秒表测量;其他性能用压力表、流量计等观测检查。

16.2.106 消防水炮系统应在启动功能与喷射功能验收全数检查内容验收合格后,方可判定为系统功能验收合格。

检验数量:施工单位全数检查;监理单位见证检验。

检验方法:按现行国家标准《固定消防炮灭火系统施工与验收规范》GB 50498 的相关规定执行。

一般项目

16.2.107 消防水管网水压试验时,环境温度不宜低于5℃;当低于5℃时,水压试验应采取防冻措施。

检验数量:施工单位全数检查;监理单位抽样检验。

检验方法:温度计检查。

16.2.108 消防给水系统的水源干管、进户管和室内埋地管道,应在回填前单独或与系统一起进行水压强度试验和水压严密性试验。

检验数量:施工单位全数检查;监理单位见证检验。

检验方法:观察,检查水压强度试验和水压严密性试验记录。

16.2.109 消防水管网冲洗宜设临时专用排水管道,其排放应通畅和安全。排水管道的截面面积不得小于被冲洗管道截面面积的 60%。

检验数量：施工单位全数检查；监理单位抽样检验。

检验方法：观察、尺量、试水检查。

16.2.110 消防水管网的地上管道与地下管道连接前，应在配水干管底部加设堵头后对地下管道进行冲洗。

检验数量：施工单位全数检查；监理单位抽样检验。

检验方法：观察。

16.2.111 消防水管网冲洗结束后，应将管网内的水排除干净，必要时可采用压缩空气吹干。

检验数量：施工单位全数检查；监理单位抽样检验。

检验方法：观察。

16.2.112 消防水管网气压试验的介质宜采用空气或氮气。

检验数量：施工单位全数检查；监理单位抽样检验。

检验方法：观察。

16.3 室内排水系统

Ⅰ 排水管道及配件安装

主控项目

16.3.1 生活污水铸铁管道的坡度应符合设计要求及表16.3.1的规定。

表16.3.1 生活污水铸铁管道的坡度

序号	管径(mm)	标准坡度(‰)	最小坡度(‰)
1	50	35	25
2	75	25	15
3	100	20	12
4	125	15	10
5	150	10	7
6	200	8	5

检验数量:施工单位全数检查;监理单位抽样检验。

检验方法:水平尺、拉线和尺量。

16.3.2 生活污水塑料管道的坡度应符合设计要求及表 16.3.2 的规定。

表 16.3.2 生活污水塑料管道的坡度

序号	管径(mm)	标准坡度(‰)	最小坡度(‰)
1	50	25	12
2	75	15	8
3	110	12	6
4	125	10	5
5	160	7	4

检验数量:施工单位全数检查;监理单位抽样检验。

检验方法:水平尺、拉线和尺量。

16.3.3 潜水排污泵排出管管材符合设计要求,管材及管件承压能力应不低于 0.60 MPa。污水提升装置的压力排水管不得与建筑物内的重力排水管合并排出。建筑排水系统排水管管径不得大于污水提升装置进水管。污水提升装置、附件、管道支架应可靠固定,并符合现行国家标准《建筑机电工程抗震设计规范》GB 50981 的有关规定。

检验数量:施工单位全数检查;监理单位抽样检验。

检验方法:观察。

16.3.4 排水塑料管应按设计要求及位置装设伸缩节。如设计无要求,伸缩节间距不应大于 4 m。

检验数量:施工单位全数检查;监理单位抽样检验。

检验方法:观察、测量。

16.3.5 检查污水提升装置的安装验收应按现行国家标准《建筑给水排水及采暖工程施工质量验收规范》GB 50242 的有关规定执行。

检验数量:施工单位全数检查;监理单位见证检验。

检验方法:观察。

16.3.6 污水提升装置的供配电应符合现行国家标准《建筑物电气装置 第 5-51 部分:电气设备的选择和安装通用规则》GB/T 16895.18 的有关规定。供电系统的防雷与接地应符合现行国家标准《建筑物电子信息系统防雷技术规范》GB 50343 的有关规定;电动机应有等电位连接措施,并应有可靠接地。控制系统的电气安全应符合现行国家标准《建筑电气工程施工质量验收规范》GB 50303 的有关规定。

检验数量:施工单位全数检查;监理单位见证检验。

检验方法:观察,接地电阻和绝缘电阻测试。

16.3.7 单台潜水泵排污泵重量大于 80 kg 的集水井检修孔上方楼板或梁上宜埋设吊钩。

检验数量:施工单位全数检查;监理单位见证检验。

检验方法:观察。

16.3.8 污水提升装置进水管的灌水试验和出水管的试压应按现行国家标准《建筑给水排水及采暖工程施工质量验收规范》GB 50242 的有关规定进行。

检验数量:施工单位全数检查;监理单位抽样检验。

检验方法:观察,检查灌水和出水管的试压记录。

16.3.9 污水提升装置,验收时应检查下列项目:

1 污水提升装置材质与设置方式符合设计要求。

2 电源可靠。

3 装置随水位变化污水泵启停与衔接的可靠性。

4 污水提升装置接地保护功能。

5 基座地脚螺栓埋设应位置正确、牢固。

6 水泵底座与基础应接触严密。

7 水泵的管口与管道连接应严密、无渗漏水现象。

8 污水提升装置设置场所的通风换气应满足设计要求。

检验数量:施工单位全数检查;监理单位见证检验。

检验方法:检查资料、观察。

一般项目

16.3.10 地下车站通气管宜接至排风井出口处。排水通气管不得与风道或烟道连接,且应符合下列规定:

1 通气管应高出屋面 300 mm,且应大于最大积雪厚度。

2 在通气管出口 4 m 以内有门、窗时,通气管应高出门、窗顶 600 mm 或引向无门、窗一侧。

3 在经常有人停留的平屋顶上,通气管应高出屋面 2 m,并应根据防雷要求设置防雷装置。

4 屋顶有隔热层,应从隔热层板面算起。

检验数量:施工单位全数检查;监理单位见证检验。

检验方法:观察、尺量。

16.3.11 通向室外的排水管,穿过墙壁或基础下返时,应采用 45°三通和 45°弯头连接,并应在垂直管段顶部设置清扫口。

检验数量:施工单位全数检查;监理单位抽样检验。

检验方法:观察、尺量。

16.3.12 由室内通向室外排水检查井的排水管,井内引入管应高于排出管或两管顶相平,并有不小于 90°的水流转角;如跌落差大于 300 mm,可不受角度限制。

检验数量:施工单位全数检查;监理单位见证检验。

检验方法:观察、尺量。

16.3.13 用于室内排水的水平管道与水平管道、水平管道与立管的连接,应采用 45°三通或 45°四通和 90°斜三通或 90°斜四通。立管与排出管端部的连接,应采用 2 个 45°弯头或曲率半径不小于 4 倍管径的 90°弯头。

检验数量:施工单位全数检查;监理单位抽样检验。

检验方法:观察、尺量。

16.3.14 设置于盾构区间内的金属排水管道上的吊钩或卡箍,

应固定在承重结构上。固定件间距:横管不大于 2 m;立管不大于 3 m。楼层高度小于或等于 4 m,立管可安装 1 个固定件。立管底部的弯管处应设支墩或采取固定措施。

检验数量:施工单位全数检查;监理单位抽样检验。

检验方法:观察、尺量。

16.3.15 在生活污水管道上设置的检查口或清扫口应符合设计要求。当设计无要求时,应符合下列规定:

1 在立管上应每隔一层设置 1 个检查口,但在最底层和有卫生器具的最高层应设置。如为两层建筑,可仅在底层设置立管检查口;如有乙字弯管,则应在该层乙字弯管的上部设置检查口。检查口中心高度距操作地面一般为 1 m,允许偏差为 ±20 mm;检查口的朝向应便于检修。暗装立管,在检查口处应安装检修门。

2 在连接 2 个及 2 个以上大便器或 3 个及 3 个以上卫生器具的污水横管上应设置清扫口。当污水管在楼板下悬吊敷设时,可将清扫口设在上一层楼地面上,污水管起点的清扫口与管道相垂直的墙面距离不应小于 200 mm;若污水管起点设置堵头代替清扫口,与墙面距离不应小于 400 mm。

3 在转角小于 135°的污水横管上,应设置检查口或清扫口。

4 污水横管的直线管段,应按设计要求的距离设置检查口或清扫口。

检验数量:施工单位全数检查;监理单位抽样检验。

检验方法:观察、尺量。

16.3.16 埋在地下或地板下的排水管道的检查口,应设在检查井内。井底表面标高与检查口的法兰相平,井底表面应有 5% 坡度,坡向检查口。

检验数量:施工单位全数检查;监理单位抽样检验。

检验方法:观察、尺量。

16.3.17 排水栓和地漏的安装应平正、牢固,低于排水表面,周边无渗漏。地漏水封高度不得小于 50 mm。

检验数量:施工单位全数检查;监理单位抽样检验。

检验方法:试水观察。

16.3.18 排水设备仪表安装应符合下列规定:

1 压力表位置、高程、表盘朝向应便于观察及维修。

2 液压指示计或液位控制装置应指示正确、动作可靠、显示清晰。

检验数量:施工单位全数检查;监理单位抽样检验。

检验方法:观察。

16.3.19 隔油提升一体化设备安装验收应符合设计要求。如设计无明确要求,则应符合现行行业标准《餐饮废水隔油器》CJ/T 295、《隔油提升一体化设备》CJ/T 410 和《餐饮废水隔油设备选用与安装》16S708 的有关规定。

检验数量:施工单位全数检查;监理单位抽样检验。

检验方法:观察。

Ⅱ 雨水管道及配件安装

主控项目

16.3.20 管道宜使用塑料管、镀锌和非镀锌钢管或混凝土管等;悬吊式雨水管道应选用钢管或塑料管。易受振动的雨水管道应使用钢管。

检验数量:施工单位全数检查;监理单位抽样检验。

检验方法:观察。

16.3.21 悬吊式雨水管道的敷设坡度不得小于 5‰;埋地雨水管道的最小坡度应符合表 16.3.21 的规定。

表 16.3.21 埋地雨水管的最小坡度

序号	管径(mm)	最小坡度(‰)
1	50	20
2	75	15

续表16.3.21

序号	管径(mm)	最小坡度(‰)
3	100	8
4	125	6
5	150	5
6	200~400	4

检验数量：施工单位全数检查；监理单位抽样检验。

检验方法：水平尺、拉线和尺量。

16.3.22 线路排水沟的断面位置、尺寸、标高及坡度应满足设计要求，保证全线线路排水沟排水畅通；雨水管道如采用塑料管，其伸缩节安装应符合设计要求。

检验数量：施工单位全数检查；监理单位见证检验。

检验方法：观察。

16.3.23 雨水回用系统设备及附属管路、附件的验收应符合设计具体要求；若设计无明确相关要求，则应符合现行国家标准《建筑与小区雨水控制及利用工程技术规范》GB 50400 的有关规定。

检验数量：施工单位全数检查；监理单位见证检验。

检验方法：观察。

一般项目

16.3.24 雨水斗管的连接应固定在屋面承重结构上。雨水斗边缘与屋面相接处应严密不漏。连接管管径当设计无要求时，不得小于 100 mm。

检验数量：施工单位全数检查；监理单位抽样检验。

检验方法：观察、尺量。

16.3.25 悬吊式雨水管道的检查口或带法兰堵口的三通的间距不得大于表 16.3.25 的规定。

表 16.3.25 悬吊管检查口间距

序号	悬吊管直径(mm)	检查口间距(m)
1	≤150	≤15
2	≥200	≤20

检验数量：施工单位全数检查；监理单位抽样检验。
检验方法：观察、尺量。

Ⅲ 防　　腐

16.3.26 污水提升装置附属管路防腐，安装在集水坑内的金属管材及金属构件表面应采用加强级防腐或根据设计文件的防腐要求，池外金属管材及金属构件先刷防锈漆 2 遍，再刷面漆 2 遍。

检验数量：施工单位全数检查；监理单位抽样检验。
检验方法：观察。

Ⅳ 试验与调试

主控项目

16.3.27 隐蔽或埋地的排水管道在隐蔽前应做灌水试验，其灌水高度应不低于底层卫生器具的上边缘或底层地面高度。

检验数量：施工单位全数检查；监理单位旁站。
检验方法：满水 15 min 水面下降后，再灌满观察 5 min，液面不降，管道及接口无渗漏为合格。

16.3.28 排水主立管及水平干管管道均应做通球试验，通球球径不小于排水管道管径的 2/3，通球率应达到 100%。

检验数量：施工单位全数检查；监理单位抽样检验。
检验方法：通球检查。

16.3.29 安装在室内的雨水管道安装后应做灌水试验，灌水高度应到每根立管上部的雨水斗。

检验数量：施工单位全数检查；监理单位抽样检验。

检验方法:灌水试验持续1h,不渗不漏。

16.3.30 污水提升装置调试应包含下列内容:

1 调试前,进、出水管路上的阀门应完全开启,其他装置附件均应处于正确位置和正常工作状态。

2 按设计要求进行装置的通电、通水,并做下列检查:
　　1)电机旋转方向应正确,污水泵功能应正常;
　　2)闸阀的操作、开启和关闭功能应正常;
　　3)止回阀的功能应正常;
　　4)按设计要求自动和手动启动每台污水泵,污水泵应随液位的变化自动启停;
　　5)故障时备用泵的自动投入功能。

3 当装置设置2台及以上污水泵时,应进行多泵联合运行试验,多台污水泵自动切换和轮换运行应正常。

4 按照设计要求,控制污水泵的启动时间和多泵之间的启停泵衔接。

5 检查控制器应具有下列功能:
　　1)就地正确显示电动机的运行工况参数;
　　2)完成就地控制、应急停车和远距离遥控功能;
　　3)具有远传电源、电机和污水泵的运行状态显示和报警功能;
　　4)自动启停污水泵和污水泵互投、轮换功能;
　　5)故障时备用泵的自动投入功能。

检验数量:施工单位全数检查;监理单位旁站。

检验方法:观察、动作试验。

16.3.31 污水提升装置调试时,污水泵至少连续运行2个周期,且累计运行时间不应少于30 min。调试过程相应的资料和文字记录应立卷归档。

检验数量:施工单位全数检查;监理单位抽样检验。

检验方法:查验文件。

16.4 室内热水系统

Ⅰ 管道及配件安装

16.4.1 热水供应管道宜利用自然弯补偿热伸缩,直线段过长则应设置补偿器。补偿器形式、规格、位置应符合设计要求,并按有关规定进行预拉伸。

检验数量:施工单位全数检查;监理单位抽样检验。

检验方法:核对产品质量证明文件及性能检验报告。

Ⅱ 辅助设备安装

主控项目

16.4.2 在安装太阳能集热器前,应对集热排管和上、下集管做水压试验,试验压力为工作压力的1.5倍。

检验数量:施工单位全数检查;监理单位见证检验。

检验方法:试验压力下10 min内压力不降,不渗不漏。

16.4.3 热交换器应以工作压力的1.5倍做水压试验。蒸汽部分应不低于蒸汽供汽压力加0.3 MPa;热水部分应不低于0.4 MPa。

检验数量:施工单位全数检查;监理单位见证检验。

检验方法:试验压力下10 min内压力不降,不渗不漏。

16.4.4 敞口水箱的满水试验和密闭水箱(罐)的水压试验应符合设计与本标准的规定。

检验数量:施工单位全数检查;监理单位旁站。

检验方法:满水试验静置24 h,不渗不漏;水压试验在试验压力下10 min压力不降,不渗不漏。

一般项目

16.4.5 安装固定式太阳能热水器,朝向应正南。如受条件限制,其偏移角不得大于15°。集热器的倾角,对于春、夏、秋三个季节使用的,应采用上海所处纬度为倾角;若以夏季为主,可比上海所处纬度减少10°。

检验数量:施工单位全数检查;监理单位抽样检验。

检验方法:观察和分度仪检查。

16.4.6 由集热器上、下集管接往热水箱的循环管道,应有不少于5‰的坡度。

检验数量:施工单位全数检查;监理单位抽样检验。

检验方法:观察、尺量。

16.4.7 自然循环的热水箱底部与集热器上集管之间的距离应为0~1.0 m。

检验数量:施工单位全数检查;监理单位抽样检验。

检验方法:尺量。

16.4.8 制作吸热钢板凹槽时,其圆度应准确,间距应一致。安装集热排管时,应用卡箍和钢丝紧固在钢板凹槽内。

检验数量:施工单位全数检查;监理单位抽样检验。

检验方法:手扳和尺量。

16.4.9 太阳能热水器的最低处应安装泄水装置。

检验数量:施工单位全数检查;监理单位抽样检验。

检验方法:观察。

16.4.10 热水箱及上、下集管等循环管道均应保温。

检验数量:施工单位全数检查;监理单位抽样检验。

检验方法:观察和切开保温层检查。

16.4.11 凡以水做介质的太阳能热水器,如存在0℃及以下情况,应采取防冻措施。

检验数量:施工单位全数检查;监理单位抽样检验。

检验方法:观察。

16.4.12 热水供应辅助设备安装质量检验应符合本标准表16.2.23的规定。

检验数量:施工单位全数检查;监理单位抽样检验。

检验方法:观察、尺量。

16.4.13 太阳能热水器安装质量检验应符合表 16.4.13 的规定。

表 16.4.13 太阳能热水器安装质量检验

检验项目			允许偏差	检验方法
板式直管太阳能热水器	标高	中心线距地面(mm)	±20	尺量
	固定安装朝向	最大偏移角(°)	不大于 15	分度仪检查

检验数量：施工单位全数检查；监理单位抽样检验。

Ⅲ 防 腐

主控项目

16.4.14 管道外表面的铁锈、污垢应清除干净，表面应干燥。
检验数量：施工单位全数检查；监理单位见证检验。
检验方法：观察。

Ⅳ 绝 热

主控项目

16.4.15 管道及配件的绝热材料应采用不燃材料，当局部部位采用不燃材料有困难时，可以采用 B1 级难燃材料，其材质、规格、密度与厚度应符合设计要求。如采用难燃性材料，应对其难燃性进行检查，合格后方可使用。
检验数量：施工单位全数检查；监理单位抽样检验。
检验方法：观察、检查材料合格证并做点燃试验。

16.4.16 管道及设备保温层的厚度和平整度质量检验应符合表 16.4.16 的规定。

表 16.4.16 管道及设备保温层的厚度和平整度质量检验

序号	检验项目	允许偏差(mm)	检验方法
1	厚度	$-0.05\delta \sim 0.1\delta$	钢针刺入

续表16.4.16

序号	检验项目		允许偏差(mm)	检验方法
2	表面平整度	卷材	5	2m靠尺和楔型塞尺检查
		涂抹	10	

注：δ为保温层厚度。

检验数量：施工单位全数检查；监理单位抽样检验。

一般项目

16.4.17 管道配件的绝热，不应影响其操作功能；管道阀门、过滤器及法兰部位的绝热结构应能单独拆卸。

检验数量：施工单位全数检查；监理单位抽样检验。

检验方法：观察。

16.4.18 管道绝热层（保护层）的外表面应按规定做色标。

检验数量：施工单位全数检查；监理单位抽样检验。

检验方法：观察。

16.4.19 管道与设备绝热层的施工应符合下列规定：

1 绝热产品的材质和规格应符合设计要求，管壳的粘结应牢固，铺设应平整；绑扎应紧密，无滑动、松弛与断裂现象。

2 硬质或半硬质绝热管壳的拼接缝隙，保温时不应大于5mm、保冷时不应大于2mm，并用粘结材料勾缝填满；纵缝应错开，外层的水平接缝应设在侧下方。当绝热层的厚度大于100mm时，应分层铺设，层间应压缝；硬质或半硬质绝热管壳应用金属丝成难腐织带捆扎，其间距为300mm～350mm，且每节至少捆扎2道。

3 松散或软质绝热材料应按规定的密度压缩其体积，疏散应均匀。毡类材料在管道上包扎时，搭接处不应有空隙。

检验数量：施工单位全数检查；监理单位抽样检验。

检验方法：尺量、观察及查阅施工记录。

16.4.20 金属保护壳的施工应符合下列规定：

1 应紧贴绝热层，不应有脱落、褶皱、强行接口等现象。接口的搭接应顺水,并有凸筋加强,搭接尺寸为 20 mm～25 mm。采用自攻螺丝固定时,螺钉间距应均称,且不应刺破防潮层。

2 户外金属保护壳的纵、横向接缝,应顺水;其纵向接缝应位于管道的侧面。金属保护壳与外墙而或屋顶的交接处应加设泛水。

检验数量:施工单位全数检查;监理单位抽样检验。

检验方法:观察。

Ⅴ 试验与调试

主控项目

16.4.21 室内热水系统的试验与调试应符合本标准第16.2节"Ⅷ 试验与调试"的规定。

检验数量:施工单位全数检查;监理单位抽样检验。

检验方法观察、尺量。

16.5 卫生器具

Ⅰ 卫生器具安装

主控项目

16.5.1 卫生器具安装高度应符合设计要求。当设计无要求时,应符合表16.5.1的规定。

表16.5.1 卫生器具的安装高度

序号	卫生器具名称		卫生器具的安装高度（mm）	备注
1	污水盆（池）	架空式 落地式	800 500	—
2	洗涤盆(池)		800	自地面至器具上边缘
3	洗脸盆、洗手盆(有塞、无塞)		800	

续表16.5.1

序号	卫生器具名称		卫生器具的安装高度（mm）	备注
4	蹲式大便器	高水箱 低水箱	1800 900	自台阶面至高水箱底 自台阶面至低水箱底
5	坐式大便器	高水箱	1800	自台阶面至高水箱底 自台阶面至低水箱底
		低水箱 外露虹吸管式 虹吸喷射式	510 470	
6	小便器	挂式	600	自地面至下边缘

检验数量：施工单位全数检查；监理单位抽样检验，且不少于10个。

检验方法：观察、尺量。

16.5.2 卫生器具安装质量检验应符合表16.5.2的规定。

表16.5.2 卫生器具安装质量检验

序号	检验项目		允许偏差(mm)	检验方法
1	坐标	单排器具	10	拉线、吊线和尺量
		成排器具	5	
2	标高	单排器具	±15	
		成排器具	±10	
3	器具水平度		2	水平尺和尺量
4	器具垂直度		3	吊线和尺量

检验数量：施工单位全数检查；监理单位抽样检验，且不少于10个。

Ⅱ 卫生器具给水配件安装

主控项目

16.5.3 卫生器具给水配件的安装高度应符合设计要求。当设计无要求时,应符合表 16.5.3 的规定。

表 16.5.3 卫生器具给水配件的安装高度

序号	给水配件名称		配件中心距地面高度(mm)	冷热水龙头距离(mm)
1	架空式污水盆(池)水龙头		1 000	—
2	落地式污水盆(池)水龙头		800	—
3	洗涤盆(池)水龙头		1 000	150
4	洗手盆水龙头		1 000	—
5	洗脸盆	水龙头(上配水)	1 000	150
		水龙头(下配水)	800	150
		角阀(下配水)	450	—
6	蹲式大便器(台阶面算起)	高水箱角阀和截止阀	2 040	—
		低水箱角阀	250	—
		手动式自闭冲洗阀	600	—
		脚踏式自闭冲洗阀	150	—
		拉管式冲洗阀(从地面算起)	1 600	—
		带防污助冲器阀门(从地面算起)	900	—
7	坐式大便器	高水箱角阀和截止阀	2 040	—
		低水箱角阀	150	—
8	淋浴器	截止阀	1 150	—
		混合阀	1 150	—
		淋浴喷头下沿	2 100	—
9	立式小便器角阀		1 130	—
10	挂式小便器角阀及截止阀		1 050	—

检验数量:施工单位抽查 30%,且不少于 10 个;监理单位抽样检验,且不少于 10 个。

检验方法：观察、尺量。

一般项目

16.5.4 卫生器具给水配件安装标高质量检验应符合表 16.5.4 的规定。

表 16.5.4 卫生器具给水配件安装标高质量检验

序号	检验项目	允许偏差(mm)	检验方法
1	大便器高、低水箱角阀及截止阀	±10	尺量
2	水嘴	±10	
3	喷淋器喷头下沿	±15	

检验数量：施工单位抽查 30%，且不少于 10 个；监理单位抽样检验，且不少于 10 个。

检验方法：观察、尺量。

Ⅲ 卫生器具排水管道安装

主控项目

16.5.5 室内排水管道安装质量检验应符合表 16.5.5 的规定。

表 16.5.5 室内排水管道安装质量检验

序号	检验项目			允许偏差(mm)	检验方法
1	坐标			15	水准仪(水平尺)、直尺、拉线和尺量
2	标高			±15	
3	横管纵横方向弯曲	钢管	每 1 m 管径小于或等于 100 mm	1	
			每 1 m 管径大于 100 mm	1.5	
			全长(25 m 以上) 管径小于或等于 100 mm	≤25	
			全长(25 m 以上) 管径大于 100 mm	≤38	

续表16.5.5

序号	检验项目		允许偏差(mm)	检验方法
3	横管纵横方向弯曲	塑料管 每1m	1.5	水准仪(水平尺)、直尺、拉线和尺量
		塑料管 全长(25 m以上)	≤38	
		钢筋混凝土管、混凝土管 每1m	3	
		钢筋混凝土管、混凝土管 全长(25 m以上)	≤75	
4	立管垂直度	钢管 每1m	3	吊线和尺量
		钢管 全长(5 m以上)	≤10	
		塑料管 每1m	3	
		塑料管 全长(5 m以上)	≤15	

检验数量:施工单位全数检查;监理单位抽样检验。
检验方法:观察、尺量。

一般项目

16.5.6 卫生器具排水管道安装质量检验应符合表16.5.6的规定。

表16.5.6 卫生器具排水管道安装质量检验

序号	检验项目		允许偏差(mm)	检验方法
1	横管弯曲度	每1 m长	2	水平尺量
		横管长度小于或等于10 m,全长	<8	
		横管长度大于10 m,全长	10	
2	卫生器具的排水管口及横支管的纵横坐标	单独器具	10	尺量
		成排器具	5	
3	卫生器具的接口标高	单独器具	±10	水平尺和尺量
		成排器具	±5	

检验数量:施工单位全数检查;监理单位抽样检验。

16.5.7 连接卫生器具的排水管管径和最小坡度应符合设计要求。当设计无要求时,应符合表 16.5.7 的规定。

表 16.5.7 连接卫生器具的排水管管径和最小坡度

序号	卫生器具名称		排水管管径(mm)	管道的最小坡度(‰)
1	污水盆(池)		50	25
2	洗手盆、洗脸盆		32～50	20
3	淋浴器		50	20
4	大便器	高低水箱	100	12
		自闭式冲洗阀	100	12
5	小便器	手动、自闭式冲洗阀	40～50	20
		自动冲洗水箱	40～50	20
6	饮水器		20～50	10～20

检验数量:施工单位全数检查;监理单位抽样检验。
检验方法:观察、尺量。

Ⅵ 试验与调试

主控项目

16.5.8 卫生器具交工前应做满水和通水试验。
检验数量:施工单位全数检查;监理单位抽样检验。
检验方法:满水后各连接件不渗不漏;通水试验给排水畅通。

16.6 室外给水管网

Ⅰ 给水管道安装

主控项目

16.6.1 室外给水管道在埋地敷设时,管顶的覆土厚度不应小于

500 mm,穿越道路部位的埋深不应小于 700 mm。给水管道穿越轨道部位的套管外顶部距离轨底距离不应小于 1.2 m,距路基面的距离不应小于 0.7 m。

　　检验数量:施工单位全数检查;监理单位抽样检验。
　　检验方法:观察、尺量。

16.6.2　室外给水管道不得直接穿越污水井、化粪池、公共厕所等污染源。
　　检验数量:施工单位全数检查;监理单位见证检验。
　　检验方法:观察。

16.6.3　室外给水管道接口法兰、卡扣、卡箍等应安装在检查井或地沟内,不应埋在土壤中。
　　检验数量:施工单位全数检查;监理单位抽样检验。
　　检验方法:观察。

16.6.4　给水引入管与排水排出管的水平净距不应小于 1 m。室内给水与排水管道平行敷设时,两管间的最小水平净距不应小于 0.5 m;交叉铺设时,垂直净距不应小于 0.15 m。给水管应铺在排水管上面。若给水管铺在排水管的下面,给水管应加套管,其长度不应小于排水管管径的 3 倍。
　　检验数量:施工单位全数检查;监理单位抽样检验。
　　检验方法:观察、尺量。

16.6.5　室外给水管道和污水管道在不同标高平行敷设,其垂直间距在 500 mm 以内时,给水管管径小于或等于 200 mm 的,管壁水平间距不应小于 1.5 m;管径大于 200 mm 的,不应小于 3 m。
　　检验数量:施工单位全数检查;监理单位见证检验。
　　检验方法:尺量、观察。

16.6.6　室外给水系统各种井室内的管道安装,如设计无要求,井壁距法兰或承口的距离:管径小于或等于 450 mm 时,不得小于 250 mm;管径大于 450 mm 时,不得小于 350 mm。
　　检验数量:施工单位全数检查;监理单位见证检验。

检验方法:观察、尺量。

16.6.7 直埋承插圆形管道,在下列部位应设柔性连接接头:

1 穿越重要的交通干线两端。

2 承插式管道的三通、四通、大于45°的弯头等附件与直线管段连接处,且附件支墩按柔性连接的受力条件进行设计。

检验数量:施工单位全数检查;监理单位见证检验。

检验方法:观察、尺量。

16.6.8 管道穿过建(构)筑物的墙体或基础时,应符合下列规定:

1 在穿管的墙体或基础上应设置套管,穿管与套管之间的间隙应用柔性防腐、防水材料密封。

2 当穿越的管道与墙体或基础嵌固时,应在穿越的管道上就近设置柔性连接装置。

检验数量:施工单位全数检查;监理单位见证检验。

检验方法:观察、尺量。

一般项目

16.6.9 室外给水管道的坐标、标高、坡度应符合设计要求,管道安装质量检验应符合表16.6.9的规定。

表16.6.9 室外给水管道安装质量检验

序号	检验项目			允许偏差(mm)	检验方法
1	坐标	铸铁管	埋地	100	拉线和尺量
			敷设在沟槽内	50	
		钢管、塑料管、复合管	埋地	100	
			敷设在沟槽内或架空	40	
2	标高	铸铁管	埋地	±50	拉线和尺量
			敷设在沟槽内	±30	
		钢管、塑料管、复合管	埋地	±50	
			敷设在沟槽内或架空	±30	

续表16.6.9

序号	检验项目			允许偏差（mm）	检验方法
3	水平管纵横向弯曲	铸铁管	直段(25 m 以上)起点~终点	40	拉线和尺量
		钢管、塑料管、复合管	直段(25 m 以上)起点~终点	30	

检验数量：施工单位全数检查；监理单位抽样检验。

16.6.10 室外管道连接应符合工艺要求，阀门、水表等安装位置应正确。塑料给水管道上的水表、阀门等设施其重量或启闭装置的扭矩不得作用于管道上；当管径≥50 mm 时，应设独立的支撑装置。

检验数量：施工单位全数检查；监理单位抽样检验。

检验方法：观察。

16.6.11 采用橡胶圈接口的埋地给水管道，在土壤或地下水对橡胶圈有腐蚀的地段，在回填土前应用沥青胶泥、沥青麻丝或沥青锯末等材料封闭橡胶圈接口。橡胶圈接口的管道，每个接口的最大偏转角不应超过表 16.6.11 的规定。

表 16.6.11 橡胶圈接口的最大允许偏角

公称直径(mm)	100	125	150	200	250	300	350	400
允许偏转角度(°)	5	5	5	5	4	4	4	3

检验数量：施工单位检查 20%，且不少于 5 处；监理单位抽样检验。

检验方法：观察、尺量。

16.6.12 镀锌钢管、钢管的埋地防腐应符合设计要求；当设计无要求时，可按表 16.6.12 的规定执行。卷材与管材间应粘贴牢固，无空鼓、滑移、接口不严等。

表 16.6.12 管道防腐种类

防腐层层次 (从金属表面)	正常防腐层	加强防腐层	特加强防腐层
1	冷底子油	冷底子油	冷底子油
2	沥青涂层	沥青涂层	沥青涂层
3	外包保护层	加强包扎层	加强包扎层
—		(封闭层)	(封闭层)
4		沥青涂层	沥青涂层
5	—	外包保护层	加强包扎层
6			(封闭层)
—			沥青涂层
7	—	—	外包保护层
防腐层厚度 不小于(mm)	3	6	9

检验数量:施工单位全数检查;监理单位抽样检查。

检验方法:观察、切开防腐层检查。

16.6.13 成品埋地防腐管道的内外防腐层宜在工厂内完成,现场连接的补口按设计要求处理,其外防腐层的施工应符合设计要求,其质量标准应符合表 16.6.13 的规定。

表 16.6.13 管道外防腐层的质量标准

序号	材料种类	防腐等级	构造	厚度(mm)	外观	电火花试验	粘附性
1	石油沥青涂料	普通级	三油二布	≥4.0	涂层均匀无折皱、空泡、凝块	18 kV	以夹角为45°~60°、边长40 mm~50 mm的切口,从角尖端撕开防腐层;首层沥青层应100%地粘附在管道的外表面
		加强级	四油三布	≥5.5		22 kV	
		特加强级	五油四布	≥7.0		26 kV	

电火花检测仪检查无打火现象

续表16.6.13

序号	材料种类	防腐等级	构造	厚度(mm)	外观	电火花试验	粘附性
2	环氧煤沥青涂料	普通级	二油	≥0.2	涂层均匀无折皱、空泡、凝块	2 kV	用电火花检测仪检查无打火现象
		加强级	三油一布	≥0.4		3 kV	以小刀割开一舌形切口，撕开切口处的防腐层，管道表面仍为漆皮所覆盖，不应露出金属表面
		特加强级	四油二布	≥0.6		5 kV	

检验数量：施工单位全数检查；监理单位抽样检验，且不少于每20 m 1处。

检验方法：钢针刺入与尺量、观察。

Ⅱ 室外消火栓系统安装

一般项目

16.6.14 市政和室外消火栓的安装应符合下列规定：

1 管道和阀门的施工和安装应符合现行国家标准《给水排水管道工程施工及验收规范》GB 50268、《建筑给水排水及采暖工程施工质量验收规范》GB 50242、《消防设施通用规范》GB 55036和《消防给水及消火栓系统技术规范》GB 50974的有关规定。

2 地下式消火栓顶部进水口或顶部出水口应正对井口。顶部进水口或顶部出水口与消防井盖底部的距离不应大于0.4 m，井内应有足够的操作空间，并应做好防水措施。

3 地下式室外消火栓应设置永久性固定标志。

4 市政和室外消火栓安装位置应符合设计要求，且不应妨碍交通，在易碰撞的地点应设置防撞设施。

检验数量：施工单位全数检查；监理单位抽样检验，且不少于10个。

检验方法：核对产品的性能检验报告，观察。

16.6.15 消防给水系统的水源干管、进户管和室内埋地管道应在回填前单独或与系统同时进行水压强度试验和水压严密性试验。

检验数量：施工单位全数检查；监理单位见证检验。

检验方法：观察，检查水压强度试验和水压严密性试验记录。

Ⅲ 试验与调试

主控项目

16.6.16 室外给水管网应进行水压试验，应符合下列规定：

1 试验管段注满水后，宜在不大于工作压力条件下充分浸泡后再进行水压试验，浸泡时间应符合表16.6.16-1的规定。

表16.6.16-1 压力管道水压试验前浸泡时间

序号	管材种类	管道内径 D_i(mm)	浸泡时间(h)
1	钢管（有水泥砂浆衬里）	D_i	≥24
2	球墨铸铁管（有水泥砂浆衬里）	D_i	≥24
3	化学建材管	D_i	≥24

2 试验压力应按表16.6.16-2选择确定。

表16.6.16-2 压力管道水压试验的试验压力

序号	管材种类	工作压力 P(MPa)	试验压力(MPa)
1	钢管	P	$P+0.5$，且不小于0.9
2	球墨铸铁管	≤0.5	$2P$
		≥0.5	$P+0.5$
3	化学建材管	≥0.1	$1.5P$，且不小于0.8

3 预试验阶段：将管道内水压缓缓地升至试验压力并稳压30 min，期间如有压力下降可注水补压，但不得高于试验压力；检查管道接口、配件等处有无漏水、损坏现象；有漏水、损坏现象时，应及时停止试压，查明原因并采取相应措施后重新试压。

4 主试验阶段:停止注水补压,稳压 15 min;当 15 min 后压力下降不超过表 16.6.16-3 中所列允许压力降数值时,将试验压力降至工作压力并保持恒压 30 min,进行外观检查,若无漏水现象,则水压试验合格。

表 16.6.16-3 压力管道水压试验的允许压力降

序号	管材种类	试验压力 P(MPa)	允许压力降(MPa)
1	钢管	$P+0.5$,且不小于 0.9	0
2	球墨铸铁管	$2P$	0.03
		$P+0.5$	
3	化学建材管	$1.5P$,且不小于 0.8	0.02

5 管道升压时,管道的气体应排除;升压过程中,发现弹簧压力计表针摆动、不稳,且升压较慢时,应重新排气后再升压。

6 应分级升压,每升一级应检查后背、支墩、管身及接口,无异常现象时再继续升压。

7 水压试验过程中,后背顶撑、管道两端严禁站人。

8 水压试验时,严禁修补缺陷;遇有缺陷时,应做出标记,泄压后修补。

9 聚乙烯管、聚丙烯管及其复合管、大口径球墨铸铁管、玻璃钢管等的水压试验应符合国家标准《给水排水管道工程施工及验收规范》GB 50268 的相关规定。

检验数量:施工单位全数检查;监理单位旁站。

检验方法:管材为钢管、球墨铸铁管、复合管时,试验压力 10 min 内压力降不大于 0.05 MPa,然后降至工作压力进行检查,压力保持不变,不渗不漏;管材为塑料管时,试验压力 1 h 内压力降不大于 0.05 MPa,然后降至工作压力进行检查,压力保持不变,不渗不漏。

16.6.17 埋地管道在隐蔽前应进行强度试验和严密性试验。

检验数量:施工单位全数检查;监理单位见证检验。

检验方法:观察、试验。

16.6.18 消防给水及消火栓系统水压强度试验的试验压力应符合表 16.6.18 的规定。水压强度试验的测试点应设在系统管网的最低点。对管网注水时,应将管网内的空气排净,并应缓慢升压,达到试验压力稳压 30 min 后,管网应无泄漏、无变形,且压力降不应大于 0.05 MPa。

表 16.6.18 水压强度试验压力

序号	管材类型	系统工作压力 P(MPa)	试验压力(MPa)
1	钢管	≤1.0	1.5P,且不应小于 1.4
		>1.0	P+0.4
2	球墨铸铁管	≤0.5	2P
		>0.5	P+0.5
3	钢丝网骨架塑料管	P	1.5P,且不应小于 0.8

检验数量:施工单位全数检查;监理单位旁站。
检验方法:观察,检查试验记录。

16.6.19 消防水压严密性试验应在水压强度试验和管网冲洗合格后进行。试验压力应为设计工作压力,稳压 24 h 应无泄漏。

检验数量:施工单位全数检查;监理单位旁站。
检验方法:观察,检查试验记录。

16.7 室外排水管网

Ⅰ 排水管道安装

主控项目

16.7.1 室外排水管道的坡度应符合设计要求,严禁无坡或倒坡。
检验数量:施工单位全数检查;监理单位见证检验。
检验方法:水准仪测量、拉线和尺量。

一般项目

16.7.2 室外排水管道的坐标和标高应符合设计要求,安装质量检验应符合表 16.7.2 的规定。

表 16.7.2 室外排水管道安装质量检验

序号	检验项目		允许偏差（mm）	检验方法
1	坐标	埋地	100	拉线、尺量
		敷设在沟槽内	50	
2	标高	埋地	±20	水平仪、拉线和尺量
		敷设在沟槽内	±20	
3	水平管道纵横向弯曲	每 5 m 长	10	拉线、尺量
		全长(两井间)	30	

检验数量:施工单位全数检查;监理单位抽样检验。

16.7.3 室外排水系统检查井、地下水排水建构筑物的室外人孔等应安装防坠落装置。

检验数量:施工单位全数检查;监理单位抽样检验。

检验方法:观察。

Ⅱ 排水管沟与井池

主控项目

16.7.4 设在通车路面下的各种井室,应使用重型井圈和井盖,井盖上表面应与路面相平,允许偏差为±5 mm;绿化带上和不通车的地方可采用轻型井圈和井盖,井盖的上表面应高出地坪 50 mm,并在井口周围以 2%的坡度向外做水泥砂浆护坡。

检验数量:施工单位全数检查;监理单位抽样检验。

检验方法:观察、尺量。

16.7.5 重型铸铁或混凝土井圈,不得直接放在井室的砖墙上,砖墙上应做不小于 80 mm 厚的细石混凝土垫层。

检验数量:施工单位全数检查;监理单位抽样检验。
检验方法:观察、尺量。

Ⅲ 试验与调试

主控项目

16.7.6 室外管道埋设前应做灌水试验和通水试验,排水应畅通、无堵塞,管接口无渗漏。

检验数量:施工单位全数检查;监理单位抽样检验。
检验方法:按排水检查井分段试验,试验水头应以试验段上游管顶加 1 m,时间不少于 30 min,逐段观察。

16.8 气体灭火系统

Ⅰ 材料进场检验

16.8.1 材料进场检验应按国家标准《气体灭火系统施工及验收规范》GB 50263 的相关规定执行。

检验数量:施工单位全数检查;监理单位见证检验。
检验方法:观察、测量。

Ⅱ 系统组件进场检验

16.8.2 系统组件进场检验应按国家标准《气体灭火系统施工及验收规范》GB 50263 的相关规定执行。

检验数量:施工单位全数检查;监理单位见证检验。
检验方法:观察、测量。

Ⅲ 灭火剂储存装置的安装

主控项目

16.8.3 灭火剂储存装置的安装应符合下列规定:
  1 储存装置上的压力计、液位计、称重显示装置的安装位置应便于人员观察和操作。

  2 集流管应固定在支框架上,支框架应固定牢靠,并做防腐处理。

  3 集流管、储存容器宜涂红色油漆,容器正面应标明灭火剂名称和编号。

  4 安装集流管前应确保内腔清洁,容器阀与集流管之间应采用挠性接头。

  5 连接储存容器和集流管的单向阀流向指示箭头应指向介质流动方向。

  6 储存装置应设检漏装置。

  检验数量:施工单位全数检查;监理单位抽样检验。

  检验方法:尺量、观察。

Ⅳ 选择阀及信号反馈装置的安装

主控项目

16.8.4 选择阀及信号反馈装置的安装应符合下列规定:

  1 选择阀操作手柄应安装在操作面一侧,安装高度超过1.7 m时,应采取便于操作的措施。

  2 选择阀采用螺纹连接时,与管网连接处宜采用活接。

  3 选择阀的流向指示箭头应指向介质流动方向。

  4 选择阀上应设置标明防护区或保护对象名称或编号的永久性标识牌,并应便于观察。

  5 应采用通气方式检查选择阀与其对应气体保护区的一致性。

  检验数量:施工单位全数检查;监理单位抽样检验。

  检验方法:尺量、观察。

Ⅴ 阀驱动装置的安装

主控项目

16.8.5 气动驱动装置的安装应符合下列规定:

1 驱动气瓶的支、框架或箱体应固定牢靠,并做防腐处理。

2 驱动气瓶上应有便于观察的永久性标识,标明驱动介质名称、对应防护区或保护对象名称或编号。

3 竖直管道应在其始端和终端设防晃支架或采用管卡固定。

4 水平管道应采用管卡固定,管卡间距不应大于0.6m,转弯处应增设1个管卡。

5 气动管道应采用护口式或卡套式连接,连接应紧密。

6 管道安装后应做气压严密性试验,并合格。

检验数量:施工单位全数检查;监理单位抽样检验。

检验方法:尺量、观察,检查严密性试验记录。

Ⅵ 灭火剂输送管道的安装

主控项目

16.8.6 灭火剂输送管道穿过墙壁、楼板处应安装套管。套管公称直径比管道公称直径至少应大2级,穿墙套管长度应与墙厚相等,穿楼板套管长度应高出地板50mm。管道与套管间的空隙应用防火封堵材料填塞密实。当管道穿越建筑物的变形缝时,应设置柔性管段。

检验数量:施工单位全数检查;监理单位抽样检验。

检验方法:尺量、观察。

一般项目

16.8.7 灭火剂输送管道的连接应符合下列规定:

1 采用螺纹连接时,管材宜采用机械切割;螺纹不应有缺纹、断纹等现象;螺纹连接的密封材料应均匀附着在管道的螺纹部分,拧紧螺纹时,不应将填料挤入管道内;安装后的螺纹根部应有2条~3条外露螺纹;连接后,应将连接处外部清理干净并做防腐处理。

2 采用法兰连接时,衬垫不应凸入管内,其外边缘宜接近螺栓,不应放双垫或偏垫。连接法兰的螺栓,其直径和长度应符合标准,拧紧后凸出螺母的长度不应大于螺杆直径的1/2且保证有不少于2条外露螺纹。

3 已做防腐处理的无缝钢管不宜采用焊接连接;与选择阀等个别连接部位需采用法兰焊接连接时,应对被焊接损坏的防腐层进行二次防腐处理。

检验数量:施工单位全数检查;监理单位抽样检验。

检验方法:尺量、观察。

16.8.8 灭火剂输送管道的安装还应符合下列规定:

1 在通向每个防护区的灭火系统主管道上,应设压力讯号器或流量讯号器。

2 在吊顶内、活动地板下等隐蔽场所内的管道,可涂红色油漆色环,色环宽度不应小于50 mm。每个防护区或保护对象的色环宽度应一致,间距应均匀。

3 灭火剂输送管道安装完毕后,应进行强度试验和气压严密性试验,按现行国家标准《气体灭火系统施工及验收规范》GB 50263的相关规定执行,并合格。

4 经过有爆炸危险和变电、配电场所的管网,以及设在以上场所的金属箱体等,应设防静电接地。

检验数量:施工单位全数检查;监理单位见证检验。

检验方法:观察,检查强度试验和气压严密性试验记录。

Ⅶ 喷嘴的安装

主控项目

16.8.9 喷嘴的安装应符合下列规定:

1 应按设计要求逐个核对其型号、规格及喷孔方向。

2 喷头的布置应满足喷放后气体灭火剂在防护区内均匀分布的要求。当保护对象属可燃液体时,喷头射流方向不应朝向液体表面。

3 喷头应贴近防护区顶面安装,距顶面的最大距离不应大于 0.5 m。

4 安装在吊顶下的喷嘴,不带装饰罩时,连接管管端螺纹不应露出吊顶;带装饰罩时,装饰罩应紧贴吊顶。

5 安装在格栅吊顶上部时应采用直立型喷嘴,喷嘴宜安装在网格中心处,系统的喷气强度应增加 1.3 倍。

检验数量:施工单位全数检查;监理单位抽样检验。

检验方法:尺量、观察。

Ⅷ 预制灭火系统的安装

主控项目

16.8.10 柜式气体灭火装置、热气溶胶灭火装置等预制灭火系统及其控制器、声光报警器的安装位置应符合设计要求,并固定牢靠。

检验数量:施工单位全数检查;监理单位抽样检验。

检验方法:核对产品质量证明文件,观察。

16.8.11 柜式气体灭火装置、热气溶胶灭火装置等预制灭火系统装置周围空间环境应符合设计要求。

检验数量:施工单位全数检查;监理单位抽样检验。

检验方法:核对产品质量证明文件,观察。

Ⅸ 控制组件的安装

主控项目

16.8.12 控制组件的安装应符合下列规定:

1 手动、自动转换开关,手动启动、停止按钮应安装在防护区入口处便于操作的部位,安装高度为中心距楼(地)面 1.5 m;安装在公共区域的手动、自动转换开关,手动启动、停止按钮可在其组件上加装不上锁开启式保护罩。

2 防护区的声光报警装置安装应符合设计要求,安装牢固,无倾斜。

 3 气体喷放指示灯宜安装在防护区入口的正上方。

 检验数量：施工单位全数检查；监理单位抽样检验。

 检验方法：尺量、观察。

Ⅹ 模拟启动试验

主控项目

16.8.13 调试时，应对所有防护区或保护对象按现行国家标准《气体灭火系统施工及验收规范》GB 50263 的相关规定进行系统手动、自动模拟启动试验，并应合格。

 检验数量：施工单位全数检查；监理单位旁站。

 检验方法：观察、旁站、查阅调试记录。

Ⅺ 模拟喷气试验

主控项目

16.8.14 调试时，应对所有防护区或保护对象按现行国家标准《气体灭火系统施工及验收规范》GB 50263 的相关规定进行模拟喷气试验，并应合格。柜式气体灭火装置、热气溶胶灭火装置等预制灭火系统的模拟喷气试验，宜各取 1 套分别按产品标准中有关联动试验的规定进行试验。

 检验数量：施工单位全数检查；监理单位旁站。

 检验方法：观察、旁站、查阅调试记录。

Ⅻ 模拟切换操作试验

主控项目

16.8.15 设有灭火剂备用量且储存容器连接在同一集流管上的系统应按现行国家标准《气体灭火系统施工及验收规范》GB 50263 的相关规定进行模拟切换操作试验，并应合格。

 检验数量：施工单位全数检查；监理单位旁站。

检验方法:观察、旁站、查阅调试记录。

XIII 防护区或保护对象与储存间验收

16.8.16 防护区下列设置应符合设计要求:

1 防护区或保护对象的位置、用途、划分、几何尺寸、开口、通风、环境温度、可燃物的种类、防护区围护结构的耐压、耐火极限及门、窗可自行关闭装置。

2 防护区内和入口处的声光报警装置、气体喷放指示灯、入口处的安全标志。

3 无窗或固定窗扇的地上防护区和地下防护区的排气装置。

4 门窗设有密封条的防护区的泄压装置。

5 专用的空气呼吸器或氧气呼吸器。

6 储存装置间的位置、通道、耐火等级、应急照明装置、火灾报警控制装置及地下储存装置间机械排风装置。

7 火灾报警控制装置及联动设备。

检验数量:施工单位全数检查;监理单位旁站。

检验方法:观察、旁站、查阅调试记录。

XIV 设备和灭火剂输送管道验收

16.8.17 设备和灭火剂输送管道验收按现行国家标准《气体灭火系统施工及验收规范》GB 50263 的相关规定执行。

检验数量:施工单位全数检查;监理单位见证检验。

检验方法:观察、测量。

XV 系统功能验收

16.8.18 气体灭火系统功能验收应符合下列规定:

1 系统功能验收时,应进行模拟启动试验,并应合格。

检验数量:施工单位全数检查;监理单位见证检验20%,且按防护区或保护对象总数不少于5个。

检验方法:按现行国家标准《气体灭火系统施工及验收规范》GB 50263的相关规定执行。

2 系统功能验收时,应进行模拟喷气试验,并应合格。

检验数量:施工单位全数检查;监理单位见证检验20％,且组合分配系统不少于1个防护区或保护对象,柜式气体灭火装置等预制灭火系统应各取1套。

检验方法:按现行国家标准《气体灭火系统施工及验收规范》GB 50263的相关规定或按产品标准中有关联动试验的规定执行。

3 系统功能验收时,应对设有灭火剂备用量的系统进行模拟切换操作试验,并应合格。

检验数量:施工单位全数检查;监理单位见证检验。

检验方法:按现行国家标准《气体灭火系统施工及验收规范》GB 50263的相关规定执行。

4 系统功能验收时,应对主用、备用电源进行切换试验,并应合格。

检验数量:施工单位全数检查;监理单位见证检验。

检验方法:将系统切换到备用电源,按现行国家标准《气体灭火系统施工及验收规范》GB 50263的相关规定执行。

17 牵引供电

17.1 一般规定

17.1.1 本章适用于各牵引变电所、接触网、供电调度及远动系统的施工质量验收。

17.1.2 电力牵引供电工程分部分项工程划分宜按本标准附录B.0.12采用。

17.1.3 电力牵引供电工程施工现场应具有健全的质量管理体系、相应的施工技术标准和施工质量检验制度。

17.1.4 电力牵引供电工程施工质量控制应符合下列规定：

    1 工程采用的材料、构配件和设备应按本标准规定进行进场检验。

    2 各工序应按有关技术标准规定进行质量控制。

    3 各工序施工完成后应按本标准规定进行检查验收。

    4 接地端子、沟、槽、管、孔、设备房屋、场坪、防雷及接地、电力及通信通道等与相关专业之间的接口应按规定进行核验交接，并形成记录。

17.1.5 电力牵引供电工程施工质量验收应对隐蔽工程和关键工序进行重点检验，隐蔽工程应按规定留存影像资料。隐蔽工程影像资料应包括验收时间、部位、内容、施工单位、检验人员等信息，影像资料应清晰。

17.2 牵引变电所

Ⅰ 变电所设备、材料及构配件进场检验

主控项目

17.2.1 水泥、砂石料、钢筋等原材料和商品混凝土进场检验应符合下列规定：

1 应符合行业标准《铁路电力牵引供电工程施工质量验收标准》TB 10421—2018 第 3.3.1 条第 2 款的有关规定。

2 品种、规格、型号应与所配制混凝土的等级相适应。

3 商品混凝土应有合格试验报告。检查数量和检验方法应符合现行国家标准《混凝土结构工程施工质量验收规范》GB 50204 的规定。

检验数量：施工单位每批次全数检查；监理单位见证取样。

检验方法：观察、试验，检查试验报告。

17.2.2 混凝土基础用钢筋进场检验应符合下列规定：

1 加工质量应符合设计要求。

2 钢材应符合现行国家标准《钢筋混凝土用钢》GB 1499 的规定，表面应无污物和锈蚀。

检验数量：施工单位全数检查；监理单位见证检验。

检验方法：依据设计文件，观察。

17.2.3 金属结构件及其附件进场检验应表面光洁，防腐涂层应均匀牢固，无裂纹、毛刺、砂眼、气泡等缺陷。

检验数量：施工单位全数检查；监理单位见证检验 20%。

检验方法：依据设计文件检查实物和质量证明文件。

17.2.4 避雷带、网进场检验应符合设计及相关技术标准的规定。

检验数量：施工单位全数检查；监理单位见证检验。

检验方法：依据设计文件检查实物和质量证明文件。

17.2.5 变压器进场检验应符合下列规定：

1 油箱箱盖或钟罩法兰及封板的连接螺栓应齐全、紧固良好、无渗漏。

2 高压套管油位正常，相色标志正确。

3 干式变压器的环氧浇铸体应无裂缝及破损，引线绝缘包扎应完好、固定牢固。

4 冲撞记录仪监测数据、充气运输的变压器气压应符合产品技术文件要求。

5 高低压绕组接线端子预留孔应满足接续要求，镀锌均匀、牢固、无油渍。

6 温控仪、瓦斯继电器、呼吸器等附件应密封完好，无受潮、破损现象，接线端子、接口法兰完好，保护帽无缺失。

检验数量：施工单位全数检查；监理单位见证检验。

检验方法：依据设计文件检查实物和质量证明文件。

17.2.6 SF_6 全封闭组合电器进场验收应符合下列规定：

1 冲撞记录仪监测数据、气体压力应符合产品技术文件要求。

2 SF_6 全封闭组合电器各气压表应有明显编号、标识。

3 充气法兰、带电监测插座、电压互感器及电缆插口应防护完整、无破损。

检验数量：施工单位全数检查；监理单位见证检验。

检验方法：依据设计文件检查实物外观和质量证明文件。

17.2.7 高压开关柜进场检验应符合设计及相关技术标准的规定。

检验数量：施工单位全数检查；监理单位见证检验。

检验方法：依据设计文件和相关标准观察，绝缘测试检验。

17.2.8 箱式所各室之间隔离布置、设备平面布置、IP防护等级、防腐措施、保温通风散热、接户条件预留等应符合设计要求。

检验数量：施工单位全数检查；监理单位见证检验。

检验方法:依据设计文件检查实物外观和质量证明文件。

17.2.9 高压电缆进场检验应符合下列规定：

1 电缆外表应无绞拧、铠装压扁、护层断裂和表面严重划伤等缺陷。

2 电缆的绝缘试验应符合现行国家标准《电气装置安装工程 电气设备交接试验标准》GB 50150 的有关规定。

检验数量:施工单位全数检查;监理单位见证检验。

检验方法:依据设计文件检查实物和质量证明文件,绝缘测试。

17.2.10 高压电缆进场检验应进行抽样检验,并符合下列规定：

1 电缆应进行 20℃ 导体直流电阻试验、主绝缘耐压试验、绝缘层平均厚度试验。

2 无卤低烟类电缆应抽样进行绝缘燃烧腐蚀性及透光率试验。

3 阻燃类电缆应抽样进行成束燃烧试验。

4 耐火类电缆应抽样进行火焰条件下线缆完整性（供火温度为 750℃,矿物绝缘类电缆供火温度为 950℃）试验。

检验数量:施工单位按电缆长度 20 km 以内抽取 1 个样品,20 km～40 km 抽取 2 个样品,40 km～60 km 抽 3 个样品,依此类推;监理单位见证取样。

检验方法:委托有资质的检验检测机构进行检验。

17.2.11 电缆支架桥架及电缆附件进场检验应符合下列规定：

1 采用的电缆附件规格应与相应电缆电压、芯数、截面、护层结构和环境要求一致。

2 电缆支架桥架采用钢材时,应镀层完好。

3 电缆支架桥架应表面光洁,无裂纹、毛刺、砂眼、气泡等缺陷。

检验数量:施工单位全数检查;监理单位见证检验 20%。

检验方法:依据设计文件检查实物和质量证明文件。

17.2.12 光缆及低压电缆进场检验应符合下列规定:

1 光缆及电缆外表应无绞拧、铠装压扁、护层断裂和表面严重划伤等缺陷。

2 电缆绝缘测试应合格。

检验数量:施工单位全数检查;监理单位见证检验。

检验方法:依据设计文件检查实物和质量证明文件,绝缘测试。

17.2.13 低压电缆进场检验应进行抽样检验。

检验数量:施工单位按同一供货单位、同一批次线缆20%的规格型号进行抽样且不少于1个样品进行试验。连续2个批次均检验合格时,样品数量减半执行。出现不合格样品时,应对本批次所有规格型号电缆进行取样送检。监理单位见证检验。

检验方法:委托有资质的检验检测机构进行检验。

17.2.14 屏(柜)、端子箱、集中接地箱进场检验应符合设计及相关技术标准的规定。

检验数量:施工单位全数检查;监理单位见证检验。

检验方法:依据设计文件检查实物外观和质量证明文件。

17.2.15 交直流电源装置进场检验时,蓄电池外壳应密封完好。

检验数量:施工单位全数检查;监理单位见证检验。

检验方法:依据设计文件检查实物外观和质量证明文件。

17.2.16 综合自动化系统设备进场检验应符合设计及相关技术标准的规定。

检验数量:施工单位全数检查;监理单位见证检验。

检验方法:依据设计文件检查实物外观和质量证明文件。

Ⅱ 基 础

主控项目

17.2.17 在混凝土施工前,应根据设计要求的强度等级进行混凝土配合比试验,并取得配合比试验报告。

检验数量:施工单位对同批次材料、同强度等级、同性能的混凝土进行一次配合比试验;监理单位见证检验。

检验方法:试验检验,查阅混凝土配合比试验报告。

17.2.18 箱式所基础浇筑前钢筋配设、地基承载力应符合设计要求并拍摄影像资料。

检验数量:施工单位全数检查;监理单位见证检验20%。

检验方法:依据设计文件,测量、检测检查,查阅影像资料。

17.2.19 基础混凝土强度等级应符合现行国家标准《混凝土结构工程施工质量验收规范》GB 50204的有关规定及设计要求。

检验数量:施工单位每座箱式所基础取2组试块,其他基础每个工作班次不应少于2组试块;监理单位全部见证取样。

检验方法:试验检验,查阅混凝土强度试验报告。

17.2.20 基础位置、尺寸及其顶面高程应符合设计要求,独立电气设备基础纵横轴线中心偏差不应超过10 mm,顶面高程偏差范围为—20 mm~0 mm。

检验数量:施工单位全数检查并留存箱式所基础及基坑全貌照片;监理单位抽样检验。

检验方法:对照设计文件,观察、测量。

17.2.21 SF_6全封闭组合电器(GIS)基础质量除应符合本标准第17.2.20条要求外,尚应符合下列规定:

1 断路器各单元本体基础的水平允许偏差为0~2 mm;相间水平允许偏差为0~5 mm。

2 断路器单元各组与各相关单元基础在纵横轴线上的允许偏差为0~5 mm或符合产品技术文件要求。

3 基础预埋件及预留沟槽管道的位置应符合设计要求,并与产品技术文件要求保持一致。

4 GIS基础的整体水平允许偏差为0~5 mm,特殊情况下,以产品技术文件要求为准。

检验数量:施工单位全数检查;监理单位抽样检验。

检验方法:对照设计文件,观察、测量。

17.2.22 屏(柜)、箱式所等基础预埋型钢的安装质量检验应符合表17.2.22的规定,其顶部宜高出抹平的地面10mm。

表17.2.22 基础预埋型钢的安装质量检验

序号	检验项目		不直度	水平度	位置偏差及不平行度
1	允许偏差	mm/m	1	1	—
2		mm/全长	5	5	5

检验数量:施工单位全数检查;监理单位抽样检验。
检验方法:测量。

一般项目

17.2.23 基础表面应平整光洁、棱角完整,无跑浆、露筋等缺陷,地面以上裸露的基础不应进行外装修。
检验数量:施工单位全数检查;监理单位抽样检验。
检验方法:观察。

Ⅲ 防雷及接地装置

主控项目

17.2.24 接地极的规格及长度应符合设计要求。当接地体采用防腐设计时,材料的防腐类型及防腐层厚度应符合设计要求。
检验数量:施工单位全数检查;监理单位见证检验20%。
检验方法:观察、测量。

17.2.25 接地装置的接地电阻值应符合设计要求。
检验数量:施工单位全数检查;监理单位见证检验。
检验方法:测量。

17.2.26 接地体的埋设深度及敷设方式应符合设计要求。
检验数量:施工单位全数检查;监理单位见证检验20%。
检验方法:测量。

17.2.27 接地体电焊搭接长度应符合本标准第18.8.13条的有

关规定。

17.2.28 接地极(线)的连接工艺采用放热焊接时,其焊接接头应符合本标准第 18.8.14 条的有关规定。

17.2.29 接地干线至少应在不同的两点与接地网相连接,每一设备的工作接地和保护接地应单独与接地干线或接地网可靠连接。所有设备接地线其露出地面部分均应有防腐措施。

　　检验数量:施工单位全数检查;监理单位见证检验。
　　检验方法:观察。

17.2.30 电缆沟内接地母线的敷设方式与接地网的连接应符合设计要求,电缆沟内的接地母线不得用于 25 kV 及以上电压等级电气设备或装置的接地线。

　　检验数量:施工单位全数检查;监理单位见证检验。
　　检验方法:观察。

17.2.31 集中接地箱规格型号应符合设计要求,箱体外壳接地应连接可靠。

　　检验数量:施工单位全数检查;监理单位见证检验。
　　检验方法:对照设计文件测量。

17.2.32 变电所内回流电缆型号规格应符合设计要求。
　　检验数量:施工单位全数检查;监理单位见证检验。
　　检验方法:对照设计文件检查。

17.2.33 回流线或回流电缆与变压器接地相及接地保护放电装置与中性线(N 线)的连接应符合设计要求,且连接牢固可靠。

　　检验数量:施工单位全数检查;监理单位见证检验。
　　检验方法:观察。

17.2.34 明敷接地线的安装应符合本标准第 18.8.20 条的有关规定。

17.2.35 避雷器的电气性能试验项目及要求应符合现行国家标准《电气装置安装工程　电气设备交接试验标准》GB 50150 的规定。

检验数量:施工单位全数检查;监理单位旁站。

检验方法:由具备资质的检验检测机构进行试验。

一般项目

17.2.36 回流电缆应采用非导磁性保护管及非导磁性夹具固定。

检验数量:施工单位全数检查;监理单位抽样检验。

检验方法:观察。

17.2.37 接地引线设备端连接处不同材质应采取过渡连接措施。

检验数量:施工单位全数检查;监理单位抽样检验。

检验方法:观察。

17.2.38 接地线引向建筑物的出入口处应设置明显的接地标志或接地符号;所有需要悬挂临时接地线的地点均应设置接地螺栓或接线板。

检验数量:施工单位全数检查;监理单位抽样检验。

检验方法:观察。

17.2.39 所内金属栏杆、爬梯、门窗的接地连接应符合设计要求。

检验数量:施工单位全数检查;监理单位见证检验20%。

检验方法:观察、测量。

Ⅳ 变压器

主控项目

17.2.40 变压器的安装位置、方向应符合设计要求,接地正确、可靠,安全净距应符合行业标准《铁路电力牵引供电工程施工质量验收标准》TB 10421—2018附录E的有关规定。

检验数量:施工单位全数检查;监理单位见证检验。

检验方法:观察、测量。

17.2.41 变压器器身检查应符合下列规定:

1 箱壁上的阀门应开闭灵活、指示正确。

2 油路应畅通、无杂物,压钉、备母应紧固。

检验数量:施工单位全数检查;监理单位见证检验。

检验方法:观察、测试检查。

17.2.42 调压切换装置应动作正确、接触良好,分接头与动作指示器指示位置一致。

检验数量:施工单位全数检查;监理单位见证检验。

检验方法:操作、试验检测及观察。

17.2.43 变压器整体密封良好,器身本体、附件、阀门及所有法兰连接处应无渗油现象。

检验数量:施工单位全数检查;监理单位见证检验。

检验方法:观察。

17.2.44 冷却风扇应安装牢固、转动灵活可靠,运转时无振动或过热现象。

检验数量:施工单位全数检查;监理单位见证检验。

检验方法:观察或传动检查。

17.2.45 干式变压器高压线圈表面的对地最小安全距离应符合表17.2.45的规定。

表17.2.45 干式变压器高压线圈表面的对地最小安全距离

电压等级	6 kV	10 kV	15 kV	20 kV	35 kV
净距(mm)	60	90	120	160	250

检验数量:施工单位全数检查;监理单位见证检验。

检验方法:钢卷尺测量。

17.2.46 气体继电器安装质量应符合下列规定:

1 气体继电器安装前应检验合格,动作整定值符合定值要求。

2 集气盒内应充满绝缘油且密封严密。

3 气体继电器安装位置及方向应正确,密封良好,符合技标准的规定。

4 气体继电器应具备防潮和防水的功能并加装防雨罩。

5 电缆引线在接入气体继电器处应有滴水弯,进线孔封堵应严密。

检验数量:施工单位全数检查;监理单位见证检验。

检验方法:试验、观察。

17.2.47 变压器的电气性能检验项目及要求应符合现行国家标准《电气装置安装工程 电气设备交接试验标准》GB 50150 的规定。

检验数量:施工单位全数检查;监理单位旁站。

检验方法:由具备资质的检验检测机构进行试验。

一般项目

17.2.48 变压器安装后器身应完整,无锈蚀现象,铭牌齐全,油位正常,相色标志正确。

检验数量:施工单位全数检查;监理单位抽样检验。

检验方法:观察。

17.2.49 所有法兰连接处应平整清洁、密封良好;密封橡胶垫的压缩量不应超过其厚度的 1/3。

检验数量:施工单位全数检查;监理单位抽样检验。

检验方法:观察、测量。

17.2.50 储油柜中油位指示应与储油柜的真实油位相符;油位指示器动作应灵活,其信号接点应位置正确、绝缘良好。

检验数量:施工单位全数检查;监理单位抽样检验。

检验方法:观察。

17.2.51 高压套管顶部密封结构应正确;连接母线后,顶部结构应无松动现象。

检验数量:施工单位全数检查;监理单位抽样检验。

检验方法:观察。

17.2.52 干式变压器温度测控装置安装应符合产品技术文件

要求。

检验数量：施工单位全数检查；监理单位抽样检验。

检验方法：观察。

17.2.53 吸湿器、净油器内的吸附剂应干燥，管道应畅通。

检验数量：施工单位全数检查；监理单位抽样检验。

检验方法：观察。

17.2.54 安全气道的内壁应清洁，隔膜应完整。

检验数量：施工单位全数检查；监理单位抽样检验。

检验方法：观察。

Ⅴ SF_6 全封闭组合电器

主控项目

17.2.55 SF_6 全封闭组合电器在基础上的固定方式、排列组合顺序应符合产品技术文件要求。

检验数量：施工单位全数检查；监理单位见证检验。

检验方法：观察。

17.2.56 SF_6 全封闭组合电器各功能单元（断路器、隔离开关、接地开关、互感器、避雷器、母线管等）的相关支架应安装水平，各自的本体水平偏差应小于 2 mm。

检验数量：施工单位全数检查；监理单位见证检验 20%。

检验方法：观察、测量。

17.2.57 SF_6 全封闭组合电器各功能单元元件主体在纵、横轴安装方向上与设定的安装中心线的允许偏差应为±3 mm。

检验数量：施工单位全数检查；监理单位见证检验 20%。

检验方法：观察、测量。

17.2.58 并列安装的断路器单元，各相间在纵、横轴方向和绝对标高方面的允许偏差应为±2 mm。

检验数量：施工单位全数检查；监理单位见证检验 20%。

检验方法：观察、测量。

17.2.59 隔离开关单元的连杆距分合闸止钉的间隙应符合产品技术文件要求。

检验数量：施工单位全数检查；监理单位见证检验20%。

检验方法：测量、操作检查。

17.2.60 在母线管单元之间及母线管与各功能单元之间连接的母线膨胀补偿器或伸缩节长度允许偏差应符合产品技术文件要求。

检验数量：施工单位全数检查；监理单位见证检验20%。

检验方法：观察、测量。

17.2.61 单相及三相共筒式母线管单元之间，以及各功能单元及其本体之间，接地连接跨接线的连接位置及规格应符合产品技术文件要求。

检验数量：施工单位全数检查；监理单位见证检验20%。

检验方法：观察。

17.2.62 各功能单元的密封圈表面应清洁、无变形及破损；密封槽表面应光洁、无划痕。

检验数量：施工单位全数检查；监理单位见证检验20%。

检验方法：观察。

17.2.63 SF_6 全封闭组合电器的抽真空处理及补充 SF_6 气体的操作应符合下列规定：

1 真空度应达到1毛(1 mmHg 或 133 Pa)，真空度的保持时间及真空泄漏率应符合产品技术文件要求。

2 SF_6 气体压力应符合产品技术文件要求。

3 SF_6 气体泄漏率、含水量测定：断路器单元应小于150 ppm（体积比），其他安装单元应小于250 ppm（体积比）。

检验数量：施工单位全数检查；监理单位见证检验。

检验方法：观察、测试检查。

17.2.64 各安装单元应固定牢靠，螺栓紧固力矩值应符合产品技术文件要求。

检验数量:施工单位全数检查;监理单位见证检验。

检验方法:观察、测量。

17.2.65 SF_6 全封闭组合电器传动试验检查应符合下列规定:

1 断路器与隔离开关和接地开关之间的联锁关系应符合产品技术文件要求,且分合闸指示装置与各开关的实际位置应一致。

2 "当地"与"远方"控制方式应能可靠地进行闭锁。

检验数量:施工单位全数检查;监理单位见证检验。

检验方法:试验检查。

17.2.66 SF_6 全封闭组合电器的电气性能检验项目及要求应符合现行国家标准《电气装置安装工程 电气设备交接试验标准》GB 50150 的规定。

检验数量:施工单位全数检查;监理单位旁站。

检验方法:由具备资质的检验检测机构进行试验。

Ⅵ 高压开关柜

主控项目

17.2.67 柜体及二次回路接地线的安装位置应符合设计要求,接地连接应牢固可靠。

检验数量:施工单位全数检查;监理单位见证检验。

检验方法:对照设计文件观察。

17.2.68 高压开关柜内各种闭锁装置动作应准确可靠。

检验数量:施工单位全数检查;监理单位见证检验。

检验方法:试验检查。

17.2.69 高压开关柜安装质量检验应符合表 17.2.69 的规定。

表 17.2.69 屏、柜安装质量检验

序号	检验项目	允许偏差
1	垂直度(mm/m)	<1.5

续表17.2.69

序号	检验项目		允许偏差
2	水平面偏差(mm)	相邻两柜、柜顶部	<2
		成列屏、柜顶部	<5
3	屏、柜侧面偏差(mm)	相邻两柜、柜边	<1
		成列屏、柜面	<5
4	屏、柜间接缝(mm)		<2

检验数量：施工单位全数检查；监理单位抽样检验。
检验方法：测量。

17.2.70 高压开关柜高压电缆连接应符合下列规定：

1 电缆终端头的制作形式应符合开关柜的产品技术要求。对采用电缆插接装置进行电气连接的电缆，电缆芯线与插接头的连接方式应符合设计要求和产品技术文件要求。

2 电缆插头插入电缆插口后应固定牢靠，电缆在开关柜底板处应按产品技术文件要求进行固定及接地。

3 开关柜底板处的电缆孔应按设计要求进行封堵。

检验数量：施工单位全数检查；监理单位见证检验20%。
检验方法：观察。

17.2.71 高压开关柜SF_6气体压力应符合产品技术文件要求。

检验数量：施工单位全数检查；监理单位见证检验。
检验方法：观察。

17.2.72 高压开关柜的电气性能检验项目及要求应符合现行国家标准《电气装置安装工程 电气设备交接试验标准》GB 50150的规定。

检验数量：施工单位全数检查；监理单位旁站。
检验方法：由具备资质的检验检测机构进行试验。

一般项目

17.2.73 开关柜表面涂层应完整，盘面应清洁。

检验数量:施工单位全数检查;监理单位抽样检验。

检验方法:观察。

Ⅶ 箱式所

主控项目

17.2.74 箱式所在基础上的安装、固定方式、排列顺序应符合设计文件及产品技术文件要求。

检验数量:施工单位全数检查;监理单位见证检验。

检验方法:观察。

17.2.75 箱式所的电气性能检验项目及要求应符合现行国家标准《电气装置安装工程 电气设备交接试验标准》GB 50150 的规定。

检验数量:施工单位全数检查;监理单位旁站。

检验方法:由具备资质的检验检测机构进行试验。

一般项目

17.2.76 箱式所基础平台应符合设备本体承重的要求,设置上应便于操作和检修。

检验数量:施工单位全数检查;监理单位见证检验。

检验方法:观察。

Ⅷ 高压电缆

主控项目

17.2.77 电缆的敷设径路、敷设方式、终端位置应符合设计要求。

检验数量:施工单位全数检查;监理单位见证检验20%。

检验方法:观察、测量。

17.2.78 电缆弯曲半径不应小于表 17.2.78 的规定。

表 17.2.78 电缆最小弯曲半径

序号	电缆种类	允许倍值	
		多芯	单芯
1	聚氯乙烯绝缘电缆	10D	10D
2	交联聚乙烯电缆	15D	20D

注:D 为电缆外径。

检验数量:施工单位全数检查;监理单位见证检验20%。
检验方法:观察、测量。

17.2.79 电缆在支架或桥架上的敷设应符合下列规定:

1 高压电缆应排列在支架最上层,高压电缆和控制电缆不得排列在同一层。

2 高压电缆在支架、桥架上的排列不宜超过1层。

3 电缆在支架、桥架上应排列整齐、绑扎牢固。

4 不同回路27.5kV及以上单芯电缆应分层敷设在电缆支架、桥架上。

检验数量:施工单位全数检查;监理单位见证检验20%。
检验方法:观察。

17.2.80 单相交流电力电缆的保护管及固定金具不得构成闭合磁路。

检验数量:施工单位全数检查;监理单位见证检验20%。
检验方法:观察。

17.2.81 电缆出入电缆沟、槽、建筑物及保护管时,应将出入口封堵。对易受外部影响着火的电缆密集场所或可能着火蔓延酿成严重事故的电缆回路,应符合设计要求。

检验数量:施工单位全数检查;监理单位见证检验20%。
检验方法:观察。

17.2.82 直埋电缆电缆标桩应齐全,埋设深度应符合下列规定:

1 电缆表面距地面的距离不小于0.7m。

2 通过道路及构筑物时应穿管保护,埋深不应小于1m。

3 在引入建筑物、与地下建筑物交叉及绕过地下建筑物处可浅埋,但应采取保护措施。

检验数量:施工单位全数检查;监理单位抽样检验。

检验方法:观察、测量。

17.2.83 电缆的电气性能试验检验项目及要求应符合现行国家标准《电气装置安装工程 电气设备交接试验标准》GB 50150 的规定。

检验数量:施工单位全数检查;监理单位旁站。

检验方法:由具备资质的检验检测机构进行试验。

一般项目

17.2.84 电缆的固定应符合下列规定:

1 电缆应固定牢固,且便于运营维护。

2 垂直敷设或超过 45°倾斜敷设的电缆,在每个支架、桥架上每隔 2 m 处应加以固定。

3 水平敷设的电缆,在电缆首末两端、转弯和电缆接头的两端应加以固定。当对电缆间距有要求时,每隔 5 m~10 m 应加以固定。

检验数量:施工单位全数检查;监理单位抽样检验。

检验方法:观察、测量。

17.2.85 电缆标志牌的装设应符合下列规定:

1 在电缆终端头、电缆中间接头处、拐弯处、夹层、电缆穿墙板处和竖井进出口处等地方,电缆上应装设标志牌。

2 标志牌上应注明线路编号、电缆型号、规格及起讫点,并联使用的电缆应有顺序号,标志牌的字迹应清晰、不易脱落。

3 标志牌规格宜统一。标志牌应能防腐,挂装应牢固。

检验数量:施工单位按总数检查 20%;监理单位抽样检验。

检验方法:观察。

Ⅸ 光缆及低压电缆

主控项目

17.2.86 光(电)缆的敷设径路、敷设方式、终端位置应符合设计要求;直埋电缆、光缆埋设深度符合本标准第17.2.81条的规定。

检验数量:施工单位全数检查;监理单位见证检验20%。

检验方法:观察、测量。

17.2.87 电力电缆及控制电缆与设备的连接应方法正确、固定牢靠、绝缘良好、终端头接地可靠。

检验数量:施工单位全数检查;监理单位见证检验20%。

检验方法:观察。

17.2.88 电力电缆终端头的相色标志应与设计相位一致,各带电部位满足相应电压等级的电气绝缘距离的规定。

检验数量:施工单位全数检查;监理单位见证检验20%。

检验方法:观察、测量,必要时进行核相。

17.2.89 金属电缆支架和电缆保护管应接地可靠,电缆保护管的管口应封堵严密。电缆保护管垂直引出地面时的高度不宜小于2 m,且固定牢靠。

检验数量:施工单位全数检查;监理单位见证检验20%。

检验方法:观察、尺量。

17.2.90 单芯交流电力电缆的保护管及固定金具不得构成闭合磁路。

检验数量:施工单位全数检查;监理单位见证检验20%。

检验方法:观察。

17.2.91 电力电缆终端头和中间接头的电缆护层剥切长度、绝缘包扎长度及芯线连接强度应符合电缆头制作工艺要求;单芯电力电缆的铠装或屏蔽层应有一端接地。

检验数量:施工单位全数检查;监理单位见证检验。

检验方法:观察、测量。

17.2.92 电缆的电气性能检验项目及要求应符合现行国家标准《电气装置安装工程 电气设备交接试验标准》GB 50150的规定。

检验数量:施工单位全数检查;监理单位旁站。

检验方法：由具备资质的检验检测机构进行试验。

一般项目

17.2.93 电缆在支架或桥架上的敷设应符合下列规定：

1 高低压电力电缆，强电、弱电控制电缆应按顺序分层配置，宜由上而下配置；但在含有 35 kV 以上高压电缆引入盘柜时，可由下而上配置。

2 电力电缆和控制电缆不得排列在同一层支架上。

3 控制电缆在每层支架上的排列不宜超过 1 层，在桥架上的排列不宜超过 2 层。

4 电缆在支架或桥架上应排列整齐，绑扎牢固；每条电缆的终端处及位于电缆穿墙板处、夹层处或电缆竖井进出口处的显著部位均应挂有标志牌，标志牌应规格统一、字迹清晰、挂装牢靠。

检验数量：施工单位全数检查；监理单位见证检验 20%。

检验方法：观察。

17.2.94 电力电缆终端头的接地线的截面应符合下列规定：

1 当电缆截面为 16 mm^2 及以下时，接地线截面可与芯线截面相同。

2 当电缆截面为 120 mm^2 及以下时，接地线的截面不应小于 16 mm^2。

3 当电缆截面为 150 mm^2 及以上时，接地线的截面不应小于 25 mm^2。

检验数量：施工单位全数检查；监理单位见证检验 20%。

检验方法：观察、测量。

17.2.95 控制电缆可采用市售各类成品终端头或采用以干包或热塑形式制作终端头，其性能应保证终端头绝缘可靠、密封良好。

检验数量：施工单位全数检查；监理单位抽样检验。

检验方法：观察、测量。

17.2.96 电缆标志牌的装设应符合本标准第 17.2.85 条的规定。

检验数量：施工单位按总数检查 20%；监理单位抽样检验。

检验方法：观察。

Ⅹ 电缆支架桥架及电缆附件

主控项目

17.2.97 电缆支架的施工质量应符合下列规定：

1 电缆支架的固定方式应符合设计要求，安装位置正确，连接可靠，固定牢固；水平安装的电缆支架，各支架的同层横撑应在同一水平面上，偏差不应大于 5 mm。托架、支吊架沿桥架走向偏差不应大于 10 mm。

2 电缆转弯处安装的电缆支架，应能托住电缆平滑均匀地过渡；在有坡度的电缆沟内或建筑物上安装的电缆支架，应有与电缆沟或建筑物相同的坡度。

3 钢支架应焊接牢固，各横撑间的垂直净距偏差不应大于 5 mm。

4 组装后的钢结构竖井，其垂直偏差不应大于其长度的 2‰，支架横撑的水平偏差不应大于其宽度的 2‰，竖井对角线的偏差不应大于其对角线的 5‰。

检验数量：施工单位全数检查；监理单位见证检验 20%。

检验方法：观察、测量。

17.2.98 电缆桥架的施工质量应符合下列规定：

1 当直线段钢制电缆桥架超过 30 m，铝合金、玻璃钢制电缆桥架超过 15 m 时，应有伸缩装置，其连接宜采用伸缩连接板；电缆桥架跨越建筑物伸缩缝处应设置伸缩装置。

2 电缆桥架转弯处的转弯半径不应小于该桥架上的电缆最小允许弯曲半径的最大者。

检验数量：施工单位全数检查；监理单位见证检验 20%。

检验方法：观察、测量。

17.2.99 金属电缆支架、桥架和电缆保护管应接地可靠，电缆保护管管口应封堵严密。

检验数量:施工单位全数检查;监理单位见证检验20%。

检验方法:观察、测量。

17.2.100 高压电缆头的制作应符合下列规定:

1 高压电缆头的电缆护层剥切长度、绝缘包扎长度及线芯连接强度应符合产品技术文件要求。

2 剥切电缆时,不应损伤线芯、绝缘层、半导体层。

3 电缆终端应采取加强绝缘、密封防潮、机械保护措施。

4 终端头外壳应具有良好密闭性和足够机械强度。

5 牵引变电所内的电缆敷设不得有中间接头。

检验数量:施工单位全数检查;监理单位见证检验。

检验方法:依据设计文件数量,现场进行检测;高压电缆头拍摄影像资料。

17.2.101 电缆终端头的固定方式、接地方式,以及与相关设备的带电距离应符合设计要求。

检验数量:施工单位全数检查。监理单位见证检验。

检验方法:依据设计文件,观察、测量及测试检查。

17.2.102 电缆终端头与设备连接的金具应符合设计要求,连接正确,固定牢固。

检验数量:施工单位全数检查;监理单位见证检验20%。

检验方法:观察。

17.2.103 电缆头处金属护套及铠装层应接地良好,所采用的接地铜绞线或镀锡铜编织线的截面应符合表17.2.103的规定。

表17.2.103 电缆头接地线截面

序号	电缆类型		接地线截面(mm^2)
1	电力电缆	截面150 mm^2及以上	≥25
		截面120 mm^2及以上	≥16
		截面10 mm^2及以上	≥4
2	控制电缆		≥2.5

检验数量：施工单位全数检查；监理单位见证检验20%。
检验方法：观察、测量。

17.2.104 电缆终端头制作时，铠装层和屏蔽层的接地应符合下列规定：

1 27.5 kV及以上单芯供电电缆的终端头的屏蔽层接地线与铠装层的接地线应相互绝缘，终端头的屏蔽层、铠装层的接地线应分别引出。如不需接地的，应做绝缘处理。

2 电缆经护层保护器接地时，接地方式应符合设计要求。

检验数量：施工单位全数检查；监理单位见证检验20%。
检验方法：观察。

17.2.105 电力电缆终端头的相色标志应与系统相位一致，各带电部位应符合相应电压等级的电气距离规定。

检验数量：施工单位全数检查；监理单位见证检验20%。
检验方法：观察、测量。

一般项目

17.2.106 电缆支架、桥架间距，最上层和最下层支架与沟顶、楼板或沟底、地面的最小净距应符合设计要求。

检验数量：施工单位全数检查；监理单位抽样检验。
检验方法：测量。

17.2.107 电缆支架、桥架安装应牢固、横平竖直，固定方式应符合设计要求，各支架的同层横挡应在同一水平面上，在有坡度的电缆沟或建筑物上安装应有与电缆沟或建筑物相同的坡度。

检验数量：施工单位全数检查；监理单位抽样检验。
检验方法：观察。

Ⅺ 屏(柜)及二次回路

主控项目

17.2.108 各类屏(柜)、端子箱、集中接地箱等设备的安装应符合下列规定：

1 安装位置应符合设计要求。

2 屏(柜)本体应可靠接地。成列安装的屏(柜)其地线应贯通连接,与接地干线连接不应少于2点。

3 端子箱、集中接地箱本体应可靠接地,不得连接至电缆支架的接地干线上。

4 电压互感器的二次回路应只在控制室内一点接地,电流互感器二次绕组及其回路应在相关保护屏(柜)内一点接地。

5 互感器的所有二次绕组均应接入二次端子;未使用的,应予以遮断。端子应接线规范,无裸露导体、无并接现象。端子、继电器、熔丝、二次回路线缆等标识应齐全,不得手写标识。

检验数量:施工单位全数检查;监理单位见证检验。

检验方法:观察、测量。

17.2.109 屏(柜)单独或成列安装时,其垂直度、水平偏差以及盘(柜)面的偏差和屏(柜)间接缝的允许偏差应符合本标准表17.2.69的规定。

检验数量:施工单位全数检查;监理单位见证检验。

检验方法:观察、测量。

17.2.110 屏(柜)、端子箱、集中接地箱等设备上安装的元、器件应完好无损、固定牢靠;所有电器的功能标签应齐全、规格一致。二次回路应接线正确、连接可靠。

检验数量:施工单位全数检查;监理单位见证检验。

检验方法:对照设计文件及观察、操作检查。

17.2.111 计量表计应在计量合格有效期内。

检验数量:施工单位全数检查;监理单位见证检验。

检验方法:查阅计量检定报告。

17.2.112 屏(柜)及二次回路的电气性能检验项目及要求应符合现行国家标准《电气装置安装工程 电气设备交接试验标准》GB 50150的规定。

检验数量:施工单位全数检查;监理单位旁站。

检验方法:由具备资质的检验检测机构进行试验。

一般项目

17.2.113 各类屏(柜)与基础槽钢连接应固定牢靠。

检验数量:施工单位全数检查;监理单位抽样检验。

检验方法:观察。

17.2.114 引入屏(柜)、端子箱和集中接地箱的二次配线应符合下列规定:

1 排列整齐、固定牢固、编号清晰。

2 屏(柜)、端子箱、集中接地箱和电缆沟内的电缆不应有接头,每个接线端子的一侧接线不得超过2根。

3 回路编号正确、字迹清晰、不易脱色。

4 电力、控制电缆应分别成束和排列。

5 铠装电缆钢带切断处的端部应扎紧后直接接地。

6 电缆屏蔽层应按设计要求的接地方式接地。

检验数量:施工单位全数检查;监理单位抽样检验。

检验方法:观察。

17.2.115 光缆应接续正确、牢固可靠、排列整齐,回路编号应正确、清晰。

检验数量:施工单位全数检查;监理单位抽样检验。

检验方法:测量、观察。

Ⅻ 交直流电源装置

主控项目

17.2.116 交直流电源装置的安装应符合下列规定:

1 交直流电源装置的安装位置应符合设计要求。

2 电源模块应插接、固定良好,配件及防松动装置齐全,电气触点应接触可靠、连接紧密。

检验数量:施工单位全数检查;监理单位见证检验。

检验方法:对照设计及相关技术文件观察、测量。

17.2.117 蓄电池的安装应符合下列规定：
　　1 蓄电池柜的形式、规格、尺寸和平面布置应符合设计要求。
　　2 蓄电池柜水平及垂直度应符合蓄电池安装要求。
　　3 蓄电池安装应排列整齐、距离均匀一致，连接线端子应经过防腐处理，电缆接线端子处应有绝缘防护罩。
　　4 蓄电池极性连接应正确，并牢固可靠。
　　5 蓄电池柜应漆面完整，螺栓、螺母应经过防腐处理。
　　检验数量：施工单位全数检查；监理单位见证检验。
　　检验方法：对照设计及相关技术文件观察、测量。

17.2.118 交直流电源装置配线应符合下列规定：
　　1 电源极性应正确，接触可靠，严禁错接与短路。
　　2 电源线不得有中间接头。
　　3 电源线布置应平直整齐、稳固，无扭绞和交叉。
　　4 输入电源的相线和零线不得接错，其零线不得虚接或断开。
　　检验数量：施工单位全数检查；监理单位见证检验。
　　检验方法：观察。

17.2.119 交直流电源装置在规定的输入范围内，各供电模块正常工作，直流输出极性正确，输出电压范围、负载能力、温升范围等应符合相关技术标准的规定。
　　检验数量：施工单位全数检查；监理单位见证检验。
　　检验方法：按产品说明书或相关技术标准检验。

17.2.120 交流电源装置的两路电源自动投切功能应符合设计要求。
　　检验数量：施工单位全数检查；监理单位见证检验。
　　检验方法：操作试验及观察。

17.2.121 交直流电源装置纳入远动的开关及监控模块功能应符合设计要求。
　　检验数量：施工单位全数检查；监理单位见证检验。

检验方法:操作试验及观察。

17.2.122 交直流电源装置的充电功能应符合下列规定:

  1 蓄电池在正常充电情况下,应由恒流限压状态自动向恒压充电、浮充电、正常运行状态转换,且转换过程和持续时间符合相关技术标准的规定。

  2 自动控制功能应自动定期对蓄电池组进行均衡充电,确保电池组随时具备额定容量。

  3 应符合远动系统运行要求,支持远程电压、电流测控功能。

  4 在故障状态下,装置应自动或经手动能切换到"当地"运行方式。

  检验数量:施工单位全数检查;监理单位见证检验。

  检验方法:测试、试验检查。

17.2.123 充电后蓄电池的外壳应清洁、干燥,电池编号的位置和颜色醒目,电池组对地(盘柜)的绝缘电阻值不应小于 $0.5 M\Omega$。交直流电源装置的电线、电缆的屏蔽护套接地应连接可靠,与接地干线就近连接。

  检验数量:施工单位全数检查;监理单位见证检验。

  检验方法:实测检查。

17.2.124 除蓄电池外,交直流电源装置应进行交接试验,其检验项目及要求应符合现行国家标准《电气装置安装工程 电气设备交接试验标准》GB 50150 的规定。

  检验数量:施工单位全数检查;监理单位旁站。

  检验方法:由具备资质的检验检测机构进行试验。

一般项目

17.2.125 交直流电源装置的电压、电流指示应正确。

  检验数量:施工单位全数检查;监理单位抽样检验。

  检验方法:操作及观察。

17.2.126 蓄电池连接条及抽头的连接部分应涂敷电力复合脂。

检验数量:施工单位全数检查;监理单位抽样检验。
检验方法:观察。

17.2.127 交直流电源装置的电线、电缆的屏蔽护套接地应连接可靠,与接地干线就近连接;设备接地(PE)或接中性线(PEN)应标识清晰。
检验数量:施工单位全数检查;监理单位抽样检验。
检验方法:观察、测量。

XIII 综合自动化系统

主控项目

17.2.128 综合自动化系统功能应检验以下功能:

1 综合自动化系统应满足设计要求,能够自动接受并正确执行牵引供电调度所下达的全部指令。

2 线路变(调)压器组的保护、测控单元功能:
　　1) 具备自动检测一号或二号进线是否有电压的功能,同时具备可靠的设计保护功能;
　　2) 各线路变压器组互为备用的自投功能及互相闭锁功能符合设计要求;
　　3) 各种保护、测控功能及动作参数符合设计要求。

3 高压馈出线的保护、测控功能:
　　1) 馈出线的保护功能符合设计要求;
　　2) 当馈出线出现故障时,其故障区段判断应准确,短路、断线、接地故障判定应符合设计要求。

4 交直流电源的保护、测控功能应符合设计要求。

5 各种信号装置功能应符合下列规定:
　　1) 配电装置各种保护的投入与撤除,能够按规定在控制装置的状态显示窗口准确显示;
　　2) 可传动的开关设备的位置信号能够在该设备的控制装置及变、配电所的中央信号控制盘或监控主机上准确

显示;

3) 预告及事故音响信号能够在变、配电所内按规定的方式正确表示,具有自动复归功能的音响信号能够按规定时限自动返回或停止;

4) 各种信号装置反映的信息能够完整准确地向上级管理中心传输,并正确再现。

6 当地监控主机功能应符合下列规定:

1) 当地监控主机的控制、测量、信号显示功能符合设计要求;

2) 所有回路的保护装置能够自动记录定值修改及保护装置的动作状况,并在当地监控主机中形成事件报告,供随时查询;

3) 馈线保护装置在馈线出现故障时能够自动形成故障波形、故障报告等一系列事件报告,并在当地监控主机中自动保存,供随时查询;

4) 在当地监控主机上可以任意查询和打印本变(配)电所的所有按规定保存的操作记录、越限记录、事件记录及其他历史记录;

5) 线路保护装置功能符合设计要求。

检验数量:施工单位全数检查;监理单位见证检验。

检验方法:观察、试验检查。

XIV 辅助监控系统

主控项目

17.2.129 辅助监控系统的安装应符合下列规定:

1 辅助监控系统主机柜及二次接线的安装应符合本标准第17.2.108～17.2.115条的相关要求。

2 监测点摄像头、红外对射、门禁、烟感探头的布设应符合设计要求,在杆塔、墙体和建筑物等处安装应牢固。

3 功能元件摄像头的变焦距离、分辨率、颜色、像素质量,电子眼、探头等的灵敏度、探测距离和设备连接缆线等应符合产品的技术规定和设计要求。

检验数量:施工单位全数检查;监理单位见证检验。

检验方法:观察、试验检查。

17.2.130 辅助监控系统视频监控及巡检子系统验收应符合下列规定:

1 室外摄像机防护等级应符合设计要求。

2 视频监控界面应保证多分屏切换正常,摄像机画面清晰,云台操作流畅。

3 视频巡检应保证巡检任务执行正常,巡检报表可查。

4 视频联动应准确无误。

5 轨道巡检设备应保证其轨道能防锈、防腐蚀。

检验数量:施工单位全数检查;监理单位见证检验。

检验方法:观察、试验检查。

17.2.131 辅助监控系统环境监测子系统验收应符合下列规定:

1 温湿度、雨量、风速、SF_6 等监测传感器数据信息显示应正常,告警无误。

2 联动操作应正常。

检验数量:施工单位全数检查;监理单位见证检验。

检验方法:观察、试验检查。

17.2.132 辅助监控系统安全防范及门禁子系统验收应符合下列规定:

1 传感器应能有效报警,视频联动正确。

2 门禁应闭门牢固,功能校验应正确,校验后应能正常开闭门。

检验数量:施工单位全数检查;监理单位见证检验。

检验方法:观察、试验检查。

17.2.133 辅助监控系统火灾报警子系统验收应符合下列规定:

1 火灾探测器应能有效报警。
　　2 视频联动应正确。
　　检验数量：施工单位全数检查；监理单位见证检验。
　　检验方法：观察、试验检查。

17.2.134 辅助监控系统动力照明控制子系统验收应符合下列规定：
　　1 动力及照明应开关正常。
　　2 视频联动应正确。
　　检验数量：施工单位全数检查；监理单位见证检验。
　　检验方法：观察、试验检查。

Ⅹ Ⅴ　变电所起动试运行及送电开通

主控项目

17.2.135 牵引变电所在起动或带电状态下应进行下列项目的检查试验，应保证变电所的运行满足设计要求：
　　1 确认每台电气设备均能够进行可靠的操作，按设计说明书规定的运行条件及设备操作对象表的顺序，逐一对本所的所有电气设备进行传动检查；模拟事故状态的产生，在本所对自动装置的动作情况及返回信号的正确性进行确认，应达到设计要求。
　　2 在配备综合自动化功能的变电所，除进行上述检查试验项目外，尚应根据计算机操作菜单显示的功能，进行相应电气设备的顺序操作及程序操作功能的检查。
　　3 对于配备远动操作系统的变电所，除进行上述两项试验检查外，尚应根据设计要求，对操作对象的位置信号、故障信号、预告信号等在调度中心进行检查确认，同时检查事故记录和事故打印功能的完整性。在具备条件的情况下，应由调度中心进行必要的遥控操作检查。
　　检验数量：施工单位全数检查；监理单位见证检验。
　　检验方法：在变电所起动试运行或带电时进行检查。

17.2.136 变电所受电后,其高压侧母线电压、相位及相序,低压侧母线电压及相位以及所用电电压、相位、相序均应符合设计要求。

检验数量:施工单位全数检查;监理单位见证检验。

检验方法:施工单位随变电所起动试运行期间进行检测,监理单位见证检测。

17.2.137 牵引变压器应进行 5 次空载全电压冲击合闸试验,应无异常情况;第一次受电后持续时间不应少于 10 min;励磁涌流不应引起保护装置动作。送电后带负荷运行 24 h,应全所无异常。

检验数量:施工单位全数检查;监理单位见证检验。

检验方法:施工单位随变电所起动试运行期间进行观察,监理单位见证观察。

17.2.138 变电所开关动作应准确无误,闭锁功能应符合设计要求。各种声光信号应显示正确,测量仪表指示准确。

检验数量:施工单位全数检查;监理单位见证检验。

检验方法:随变电所起动试运行进行观察。

17.2.139 各种保护装置应动作准确可靠,保护范围符合设计要求。

检验数量:施工单位全数检查;监理单位见证检验。

检验方法:随变电所起动试运行期间进行观察。

17.2.140 对于具有远动操作功能的变电所,其"四遥"或"五遥"及程序控制功能应符合设计要求。

检验数量:施工单位全数检查;监理单位见证检验。

检验方法:随变电所起动试运行期间进行观察。

17.2.141 变电所向接触网送电前各馈电线路的绝缘测试应符合送电条件。

检验数量:施工单位全数检查;监理单位见证检验。

检验方法:测量。

17.2.142 向接触网送电时,变电所内各馈电线路的一、二次设备应动作可靠正确。

检验数量:施工单位全数检查;监理单位见证检验。
检验方法:观察。

17.3 柔性接触网

Ⅰ 设备、材料及构配件进场检验

主控项目

17.3.1 设备、材料和构配件进场检验应符合下列规定:
 1 应按进场的批次进行检验。
 2 规格、型号、数量应符合设计要求。
 3 合格证、质量检验报告等质量证明文件,以及说明书等产品技术文件应齐全,并符合设计要求。
 4 属于铁路专用产品认证管理的产品应通过认证,其认证证明文件应在有效期内。
 5 应部件齐全、连接可靠。
 6 应无损伤、变形、锈蚀、氧化,门、盖开关应无卡阻。
 7 铭牌、标识应完整清晰。

检验数量:施工单位、监理单位每批次全数检查。
检验方法:依据设计文件检查实物和质量证明文件。

17.3.2 水泥、砂石料、钢筋等原材料和商品混凝土进场检验应符合本标准第17.2.1条的要求。

17.3.3 预埋杆件进场检验应符合本标准第17.3.1条的有关规定。

检验数量:施工单位全数检查;监理单位见证检验20%。
检验方法:依据设计文件检查实物和质量证明文件。

17.3.4 力矩控制式胶粘型锚栓螺杆及锚固胶进场检验应符合下列规定:

1 应符合本标准第17.3.1条的有关规定。
2 应符合设计要求。
3 胶粘剂外观质量应无结块、分层或沉淀。

检验数量:施工单位同种规格每5 000根为一个批次,不足5 000根按一个批次计算,每批抽取3根。当试验结果中有1件不合格时,应加倍取样并重新试验;若仍有1件不合格,则该批产品应判定为不合格。监理单位见证检验。

检验方法:依据设计文件检查实物和产品检测报告,委托有资质的检验检测机构进行检验。

17.3.5 力矩控制式胶粘型锚栓的螺杆及锚固胶进场后,锚固胶应进行C30混凝土的约束拉拔条件下带肋钢筋与混凝土的粘结强度试验。

检验数量:施工单位每种规格的产品应抽样1套,并按现行行业标准《混凝土结构工程用锚固胶》JG/T 340的有关要求进行试验。监理单位见证检验。

检验方法:委托试验,查验试验报告。

17.3.6 H型钢柱进场检验应符合下列规定:
1 应符合本标准第17.8.1条的有关规定。
2 应符合现行国家标准《电气化铁路接触网钢支柱 第4部分:H形支柱》GB/T 25020.4的规定。
3 H型钢柱应配备标志牌。

检验数量:施工单位全数检查;监理单位抽样检验。

检验方法:依据设计文件检查实物和质量证明文件。

17.3.7 环形等径预应力混凝土支柱进场检验应符合行业标准《铁路电力牵引供电工程施工质量验收标准》TB 10421—2018第5.2.6条的规定。

检验数量:施工单位全数检查;监理单位抽样检验。

检验方法:依据设计文件检查实物和质量证明文件。

17.3.8 钢柱进场检验应符合下列规定:

1 应符合本标准第17.3.1条的有关规定。

2 应符合现行国家标准《电气化铁路接触网钢支柱 第1部分:格构式支柱》GB/T 25020.1、《电气化铁路接触网钢支柱 第2部分:方形钢管支柱》GB/T 25020.2、《电气化铁路接触网钢支柱 第3部分:环形钢管支柱》GB/T 25020.3的规定。

检验数量:施工单位全数检查;监理单位抽样检验。

检验方法:依据设计文件检查实物和质量证明文件。

17.3.9 接地极、各类接地连接导体进场检验应符合本标准第17.3.1条的有关规定。

检验数量:施工单位全数检查;监理单位见证检验20%。

检验方法:依据设计文件检查实物和质量证明文件。

17.3.10 电力金具、拉线进场检验应符合本标准第17.3.1条的有关规定。

检验数量:施工单位全数检查;监理单位见证检验20%。

检验方法:依据设计文件检查实物和质量证明文件。

17.3.11 绝缘子进场检验应符合下列规定:

1 应符合本标准第17.3.1条的有关规定。

2 应符合现行行业标准《电气化铁路接触网用绝缘子》TB/T 3199的规定。

检验数量:施工单位全数检查;监理单位见证检验20%。

检验方法:依据设计文件检查实物、质量证明文件和相关试验报告,抽样检验。

17.3.12 硬横跨进场检验应符合下列规定:

1 应符合本标准第17.3.1条的有关规定。

2 应符合现行行业标准《电气化铁路接触网硬横跨》TB/T 2920的规定。

检验数量:施工单位全数检查;监理单位抽样检验。

检验方法:依据设计文件检查实物和质量证明文件。

17.3.13 吊柱进场检验应符合行业标准《铁路电力牵引供电工

程施工质量验收标准》TB 10421—2018 第 5.2.13 条的规定。

检验数量：施工单位全数检查；监理单位抽样检验。

检验方法：依据设计文件检查实物和质量证明文件。

17.3.14 接触网零部件进场检验应符合下列规定：

1 应符合本标准第 17.3.1 条的有关规定。

2 应符合现行行业标准《电气化铁路接触网零部件》TB/T 2075 的规定。

检验数量：施工单位全数检查；监理单位见证检验 20%。

检验方法：依据设计文件检查实物、质量证明文件和相关试验报告，抽样检验。

17.3.15 承力索及接触线进场检验应符合下列规定：

1 应符合本标准第 17.3.1 条的有关规定。

2 应符合现行行业标准《电气化铁路用铜及铜合金绞线》TB/T 3111、《电气化铁路用铜及铜合金接触线》TB/T 2809 的规定。

检验数量：施工单位全数检查；监理单位见证检验 20%。

检验方法：依据设计文件检查实物、质量证明文件和相关试验报告，抽样检验。

17.3.16 隔离开关进场检验应符合下列规定：

1 应符合本标准第 17.3.1 条的有关规定。

2 电气性能应符合现行国家标准《电气装置安装工程 电气设备交接试验标准》GB 50150 的规定。

检验数量：施工单位全数检查；监理单位旁站。

检验方法：由具备资质的检验检测机构进行试验。

17.3.17 避雷器进场检验应符合下列规定：

1 应符合本标准第 17.3.1 条的有关规定。

2 电气性能应符合现行国家标准《电气装置安装工程 电气设备交接试验标准》GB 50150 的规定。

检验数量：施工单位全数检查；监理单位旁站。

检验方法：由具备资质的检验检测机构进行试验。

17.3.18 分段绝缘器进场检验应符合下列规定：

1 应符合本标准第17.3.1条的有关规定。

2 应符合现行行业标准《25 kV电气化铁道接触网用分段绝缘器》TB/T 3036的规定。

检验数量：施工单位全数检查；监理单位见证检验。

检验方法：依据设计文件检查实物、质量证明文件和相关试验报告。

17.3.19 分相绝缘器进场检验应符合下列规定：

1 应符合本标准第17.3.1条的有关规定。

2 应符合现行行业标准《25 kV电气化铁道接触网用分相绝缘器》TB/T 3037的规定。

检验数量：施工单位全数检查；监理单位见证检验。

检验方法：依据设计文件检查实物、质量证明文件和相关试验报告。

17.3.20 附加导线进场检验应符合下列规定：

1 应符合本标准第17.3.1条的有关规定。

2 不得有断股、交叉、折叠、硬弯、松散等缺陷。

检验数量：施工单位全数检查；监理单位见证检验20%。

检验方法：依据设计文件检查实物、质量证明文件和相关试验报告。

17.3.21 高压电缆进场检验应符合本标准第17.2.9条的规定。

17.3.22 标志牌、号码牌进场检验应符合本标准第17.3.1条的有关规定。

检验数量：施工单位全数检查；监理单位见证检验20%。

检验方法：依据设计文件检查实物和质量证明文件。

Ⅱ 基础（含基础帽）

主控项目

17.3.23 基础外形尺寸、地脚螺栓外露长度及间距应符合设计要求，施工质量检验应符合表 17.3.23 的规定。

表 17.3.23 基础外形尺寸、地脚螺栓外露长度及间距等施工质量检验

序号	检验项目	允许偏差
1	螺栓外露长度及螺纹长度(mm)	0～5
2	螺栓相邻间距(mm)	±1
3	螺栓对角线间距(mm)	±1.5
4	螺栓应垂直于水平面，每根螺栓顶部的中心位置(mm)	0～1
5	预埋钢板与基础面齐平(mm)	0～5
6	预埋钢板应水平，高低偏差(mm)	<5
7	靠近线路侧螺栓连线的法线应垂直线路中心线，一组螺栓的整体扭转	±1.5°
8	混凝土保护层(mm)	±10
9	基础横断面尺寸(mm)	±20
10	基础顺线路方向偏移(mm)	±50
11	基础顶面高程(mm)	±5
12	基础中心至线路中心距离(mm)	0～50

检验数量：施工单位全数检查；监理单位见证检验 20%。
检验方法：测量。

17.3.24 硬横跨基础质量应符合下列规定：

1 同一组硬横跨两基础中心连线应垂直于车站正线，施工允许偏差不应大于 2°。

2 同一组基础顶面高程应相等，相对偏差不应超过 50 mm。当位于不同地形、地貌时，应符合设计要求。

3 同一组硬横跨两基础中心间距施工允许偏差应为 ±20 mm，且每个基础的位置应符合侧面限界要求。

检验数量：施工单位全数检查；监理单位见证检验 20%。

检验方法：测量。

17.3.25 拉线基础质量应符合下列规定：

1 基础螺栓的规格型号、螺栓布置应符合设计要求。

2 基础中心至线路中心的距离符合设计要求，施工允许偏差应为 0～50 mm。

3 基础横线路方向的中心线应与线路中心线垂直，偏差不大于 2°。

4 拉线基础排水面的尺寸以及排水面顶点距锚杆环内沿的距离应符合设计要求。

检验数量：施工单位全数检查；监理单位抽样检验。

检验方法：测量。

17.3.26 独立架设附加线基础质量应符合下列规定：

1 基础螺栓的规格型号、螺栓布置应符合设计要求。

2 道口两侧、经常有机动车辆运行的场所应采取基础防撞防护，防护措施应符合设计要求。

3 基础面散水应符合设计要求。

检验数量：施工单位全数检查；监理单位见证检验 20%。

检验方法：测量。

17.3.27 隧道内预埋滑槽质量应符合下列规定：

1 隧道预埋滑槽型号、位置、埋入深度、垂直度及间距应符合设计要求，与隧道施工缝的距离应符合设计要求。

2 同组滑槽横线路方向偏转施工允许偏差应不大于 5‰，两槽间距允许偏差应不大于 5 mm。

3 同组滑槽顺线路方向位置允许偏差应为 ±500 mm。

4 滑槽不得出现扭转、变形情况，滑槽的倾斜度允许偏差应小于 3 mm。

5 滑槽内泡沫填充物完好，不得被混凝土覆盖，滑槽埋入深度施工允许偏差应为 0～5 mm。

6 接触悬挂下锚滑槽（隧道侧壁）垂直槽道应垂直，水平状槽道应水平,两个方向偏转施工允许偏差应不大于5‰。

检验数量:施工单位全数检查;监理单位见证检验20%。

检验方法:依据设计文件检查实物,测量。

17.3.28 桥梁上预留上网电缆孔位置及孔径大小应符合设计要求,上网电缆孔顺线路方向位置允许偏差应为±500 mm。

检验数量:施工单位全数检查;监理单位见证检验20%。

检验方法:依据设计文件检查现场,测量。

17.3.29 接地端子与贯通地线应可靠连接,预留位置、外露及接地电阻应符合设计要求。

检验数量:施工单位全数检查;监理单位见证检验20%。

检验方法:依据设计文件检查现场预留,查阅施工记录。

一般项目

17.3.30 站场内线路两侧和线路中间的基础顶面高程应符合设计要求,允许偏差应为±20 mm。

检验数量:施工单位全数检查;监理单位抽样检验。

检验方法:测量。

17.3.31 基础表面应平整、无缺损、无漏浆、露筋等现象。

检验数量:施工单位全数检查;监理单位抽样检验。

检验方法:观察。

17.3.32 基础螺栓应螺纹完好、拉线无锈蚀。基础表面应平整、无脱落现象。

检验数量:施工单位全数检查;监理单位抽样检验。

检验方法:观察。

17.3.33 基础帽混凝土的抗压极限强度应不小于设计值,基础帽应将基础地脚螺栓和钢柱底座及混凝土柱法兰盘部分全部遮盖,基础帽不应产生积水现象。

检验数量:施工单位按总数检查30%;监理单位抽样检验。

检验方法:观察、试验检查,查阅试验记录。

Ⅲ 力矩控制式胶粘型锚栓

主控项目

17.3.34 力矩控制式胶粘型锚栓布置应符合设计要求,施工质量检验应符合表17.3.34的规定。

表17.3.34 力矩控制式胶粘型锚栓施工质量检验

序号	检验项目	允许偏差
1	锚孔深度(mm)	0~10
2	锚孔垂直度	±2%
3	相邻螺栓间距(mm)	±1

检验数量:施工单位全数检查;监理单位见证检验20%。
检验方法:测量。

17.3.35 力矩控制式胶粘型锚栓螺杆横向中心线应与线路中心线垂直,纵向中心线应与线路中心线平行,顺线路方向的施工允许偏差应为±500 mm,垂直线路方向的施工允许偏差应为±30 mm。

检验数量:施工单位全数检查;监理单位见证检验20%。
检验方法:测量。

17.3.36 桥梁区段的力矩控制式胶粘型锚栓锚固抗拔力不应小于设计工作荷载。

检验数量:施工单位全数检查;监理单位见证检验。
检验方法:依据设计文件,采用专用拉拔工具进行锚栓工作荷载的抗拔力检验。

Ⅳ 钢柱、拉线锚栓

主控项目

17.3.37 钢柱、拉线锚栓灌注应牢固可靠,灌注后强度符合设计要求;在标准养护条件下,任一组试块的抗压极限强度不得小于设计值。

检验数量:施工单位每 300 组锚栓、埋入杆做 1 组试块,数量不足 300 组做 1 组;监理单位见证取样。
　　检验方法:试验,检查试块的抗压极限强度试验报告。

17.3.38 各型锚栓及埋入杆的锚固抗拔力应不小于设计值。
　　检验数量:施工单位全数检查;监理单位见证检验 20%。
　　检验方法:试验。

17.3.39 钢柱锚栓与线路中心线的距离应符合设计要求,允许偏差应为 0～50 mm。
　　检验数量:施工单位全数检查;监理单位见证检验 20%。
　　检验方法:丁字尺、钢卷尺测量。

17.3.40 埋入杆件的施工质量检验应符合表 17.3.40 的规定。

表 17.3.40　埋入杆件的施工质量检验

序号	检验项目	允许偏差
1	拉线锚栓埋深(mm)	0～20
2	拉线锚栓间距(mm)	≥500
3	桥锚栓埋深(mm)	±20
4	桥锚栓间距(mm)	±2
5	桥锚栓组纵向轴线顺线路偏离桥台(墩)设计中心线(mm)	0～30
6	桥支架锚栓至轨面高度(mm)	±100

　　检验数量:施工单位全数检查;监理单位抽样检验。
　　检验方法:观察、测量。

17.3.41 桥钢柱预留基础顶面高程应符合设计要求,允许偏差应为 ±50 mm。
　　检验数量:施工单位全数检查;监理单位抽样检验。
　　检验方法:丁字尺、钢卷尺测量。

17.3.42 桥钢柱预埋螺栓顺线路方向中心线应与线路中心线平行,垂直线路方向中心线应与线路中心线垂直,两个方向的允许偏差均不应大于 3°。螺栓呈竖直状态,螺栓外露长度、螺栓间距应符合表17.3.23的规定。基础螺栓埋顶部向下300mm应采用一级热镀锌。

检验数量：施工单位全数检查；监理单位抽样检验。

检验方法：观察、测量。

一般项目

17.3.43 桥钢柱锚栓应螺纹完好，拉线锚栓埋入杆应无锈蚀。灌浆表面应平整、无脱落现象。

检验数量：施工单位全数检查；监理单位抽样检验。

检验方法：观察。

Ⅴ 支 柱

主控项目

17.3.44 环形等径预应力混凝土支柱安装的规格、型号、位置应符合设计要求。

检验数量：施工单位全数检查；监理单位见证检验20%。

检验方法：依据设计文件现场检查。

17.3.45 环形等径预应力混凝土支柱承载后外观质量应符合下列规定：

1 支柱表面应光洁平整，无混凝土脱落和露筋现象。

2 不得有裂纹。

检验数量：施工单位全数检查；监理单位抽样检验。

检验方法：观察、测量。

17.3.46 钢柱型号、规格及安装位置应符合设计要求。

检验数量：施工单位全数检查；监理单位见证检验20%。

检验方法：依据设计文件现场检查。

17.3.47 H型钢柱端面应与线路平行，支柱扭面允许偏差不应大于2°。

检验数量：施工单位全数检查；监理单位见证检验20%。

检验方法：测量。

17.3.48 支柱侧面限界应符合设计要求,施工质量检验应符合表 17.3.48 的规定,在任何情况下,严禁侵入铁路建筑限界。

表 17.3.48 支柱侧面限界质量检验

序号	检验项目	允许偏差(mm)
1	H 型钢柱、钢管柱、等径混凝土支柱	0~50
2	硬横跨支柱	0~20

检验数量:施工单位全数检查;监理单位见证检验 20%。
检验方法:测量。

17.3.49 硬横跨两支柱中心连线均应垂直于正线,施工允许偏差不应大于 2°。同一组硬横跨支柱中心间距,施工允许偏差应为 ±20 mm。

检验数量:施工单位全数检查;监理单位见证检验 20%。
检验方法:测量。

17.3.50 接触网支柱承载后横顺线路方向应直立,施工质量检验应符合表 17.3.50 的规定。

表 17.3.50 支柱承载后倾斜质量检验(从基础顶面起)

序号	检验项目	标准	允许偏差
1	支柱横线路方向	直立	0~0.5%
2	交往顺线路方向	直立	0~0.5%
3	锚柱	向拉线侧倾斜	0~1%
4	曲线外侧和直线腕臂柱横线路方向	向受力反倒倾斜	0~0.5%
5	独立锚柱	向受力反倒倾斜	0~0.5%
6	锚段关节中心柱、曲线内侧支柱及转换柱	向受力反倒倾斜	0~0.5%
7	硬横跨钢柱顺、横线路方向	直立	0~0.5%
8	两侧式悬挂支柱、安装隔离开关的支柱横、顺线路方向	直立	0~0.5%

检验数量：施工单位全数检查；监理单位见证检验20%。

检验方法：测量。

17.3.51 硬横梁的安装质量应符合下列规定：

1 硬横梁的安装高度应符合设计要求,施工允许偏差应为0~100 mm。

2 硬横梁与支柱、硬横梁各梁段间应结合密贴、连接牢固可靠,螺栓紧固力矩应符合设计要求。

3 硬横梁承载前的预拱度应符合设计要求,硬横梁承受全部荷载后,横梁不得有向下拱度。

检验数量：施工单位全数检查；监理单位抽样检验。

检验方法：测量。

17.3.52 硬横跨吊柱受力后横、顺线路方向应垂直,倾斜度不得大于1°。

检验数量：施工单位全数检查；监理单位见证检验20%。

检验方法：测量。

17.3.53 桥钢柱应垂直于线路中心线,允许偏差不得大于3°。软横跨两根钢柱中心连线均应垂直于车站正线,偏差不应大于3°。同一组硬横梁两钢柱间距应符合横梁跨长,施工允许偏差应为±20 mm。

检验数量：施工单位全数检查；监理单位见证检验20%。

检验方法：测量。

17.3.54 钢柱表面应光洁,无弯曲、扭转现象,焊接处符合设计要求,无裂缝,防腐镀层均匀,无脱落、锈蚀,镀层厚度符合设计要求。

检验数量：施工单位全数检查；监理单位见证检验20%。

检验方法：观察、用刻度放大镜观测。

一般项目

17.3.55 钢柱底部主角钢下钢垫片面积不应小于50 mm×100 mm,片数不应超过3片,单片厚度不应大于10 mm。分节组装的钢柱连接应紧固密贴,中间无垫片,中心线与中间法兰连接平面不垂直度不应大于 $H/1000$。连接螺栓紧固力矩应符合设计要求。

检验数量：施工单位全数检查；监理单位抽样检验。

检验方法：观察、尺量、力矩扳手测量。

Ⅵ 地线及接地极

主控项目

17.3.56 接触网支柱接地应符合下列规定：

1 接地位置及要求应符合设计要求。

2 距接触网带电体 5 m 以内的金属结构（如桥栏杆、天桥防护栅等）及隔离开关、避雷器、附加导线远离铁路的支柱及行人多的地方和站台上的支柱、架空地线两端下锚处等均应按设计要求设接地极。

3 接地线地面部分应涂防锈漆，地下部分应涂防腐油，连接牢固可靠，连接处应除锈并涂电力复合脂。

检验数量：施工单位全数检查；监理单位抽样检验。

检验方法：施工单位实测，监理单位查阅接地极埋设隐蔽工程记录。

17.3.57 各种接地极应符合设计要求，接地棒应离开地下电缆，避雷器的接地极距通信电缆不应小于 3 m，在地形受限时，应加绝缘保护，但最小距离不应小于 1 m，接地引线与通信电缆无法避免交叉时，交叉垂直距离不得小于 0.5 m，交叉角度为 90°。

检验数量：施工单位全数检查；监理单位见证检验 20%。

检验方法：观察、测量。

17.3.58 采用综合接地时应符合设计要求。

检验数量：施工单位全数检查；监理单位抽样检验。

检验方法：观察、测量。

一般项目

17.3.59 接触网支柱接地线应平直，无明显弯曲，防锈漆无脱落和漏涂现象,埋入地下部分不小于 100 mm。镀锌地线的镀层应完好。

  检验数量:施工单位全数检查;监理单位抽样检验。

  检验方法:观察。

17.3.60 接地极埋入地下深度不应小于 0.8 m,地面部分应涂防锈漆,连接处应除锈并涂电力复合脂,连接应牢固可靠。

  检验数量:施工单位全数检查;监理单位抽样检验。

  检验方法:观察。

Ⅷ 拉线

主控项目

17.3.61 拉线安装应符合设计要求,在任何情况下严禁侵入铁路建筑限界。

  检验数量:施工单位全数检查;监理单位见证检验 20%。

  检验方法:观察。

17.3.62 钢筋混凝土柱式拉线基础下锚拉线环环中心距锚柱的距离应符合设计要求,允许偏差应为±200 mm。拉线基础中心距线路中心的允许偏差应为 0~100 mm,且应符合侧面限界的要求。

  检验数量:施工单位全数检查;监理单位见证检验 20%。

  检验方法:观察、测量。

17.3.63 拉线型号应符合设计要求,不得有断股、松股和接头,两条拉线受力应均衡,螺栓紧固力矩应符合设计要求。

  检验数量:施工单位全数检查;监理单位见证检验 20%。

  检验方法:观察、测量。

17.3.64 锚柱拉线施工质量检验应符合表 17.3.64 的规定。

表 17.3.64 锚柱拉线质量检验

序号	检验项目	允许偏差(mm)
1	钢绞线在楔形线夹的回头长度 500 mm	±50
2	锚板埋设深度	0~200

续表17.3.64

序号	检验项目	允许偏差(mm)
3	回头和本线的绑扎长度为 100 mm	±10
4	UT 型楔形线夹受力后螺栓外露	≥20,≤螺栓全长的 1/2

检验数量:施工单位全数检查;监理单位抽样检验。

检验方法:观察、尺量。

一般项目

17.3.65 拉线角钢应水平,与支柱密贴,连接件镀锌层无脱落和漏镀现象,钢绞线拉线无锈蚀现象并涂防腐油防腐。回头绑扎应平整牢固。

检验数量:施工单位全数检查;监理单位抽样检验。

检验方法:观察、尺量。

17.3.66 下锚拉线环应采用防腐处理,其相对支柱的朝向应符合设计要求。

检验数量:施工单位全数检查;监理单位抽样检验。

检验方法:观察。

Ⅷ 软横跨

主控项目

17.3.67 弹簧补偿器运达现场应进行检查,其型号、额定张力应符合设计要求,且有限位保护装置。

检验数量:施工单位全数检查;监理单位见证检验 20%。

检验方法:观察,查阅质量证明文件。

17.3.68 软横跨安装应符合下列规定:

1 固定角钢高度应符合设计要求。

2 横向承力索至上部固定索最短吊线处距离应为 500 mm~600 mm,简单悬挂的软横跨承力索与定位索的最小距离应符合设计要求,施工允许偏差应为 ±100 mm。

3 软横跨受力后,固定索及定位索应水平,允许有轻微负弛度,其数值 5 股道及以下不超过 100 mm,5 股道以上不超过 200 mm。

4 双横承力索的软横跨,两根承力索应平行,受力均匀,V 形联板无偏斜。

5 横向承力索及上、下部固定索不得有接头,连接螺栓紧固力矩应符合设计要求。

6 软横跨安装质量检验应符合表 17.3.68 的规定。

表 17.3.68 软横跨安装质量检验

序号	检验项目	允许偏差(mm)
1	固定角钢安装高度	±20
2	站台上方的绝缘子裙边与站台边缘齐	±100
3	杵头杆、耳环杆螺栓外露	20～80

检验数量:施工单位全数检查;监理单位抽样检验。
检验方法:观察、测量。

17.3.69 弹簧补偿器安装应放置在松边或张力较小的一侧。
检验数量:施工单位全数检查;监理单位抽样检验。
检验方法:观察。

一般项目

17.3.70 半斜链型悬挂软横跨的直吊弦在直线区段应在线路中心,曲线区段与接触线(拉出值)应在同一垂面内。直链型悬挂承力索与接触线应在同一垂面内,调整螺栓螺纹外露长度应为 20 mm 至螺纹全长的 1/2。软横跨固定索应受力均匀。钢绞线和螺纹外露部分应涂油防腐,电分段的绝缘子应在同一垂面内。
检验数量:施工单位全数检查;监理单位抽样检验。
检验方法:观察、尺量。

Ⅸ 硬横梁

主控项目

17.3.71 硬横梁的安装质量应符合下列规定:

1 硬横梁的安装高度应符合设计要求,施工允许偏差应符合表 17.3.71 的规定。

2 硬横梁与支柱、硬横梁各梁段间应结合密贴、连接牢固可靠,螺栓紧固力矩应符合设计要求。

3 硬横梁承载前的预拱度应符合设计要求,硬横梁承受全部荷载后,横梁不得有向下拱度,施工质量检验应符合表 17.3.71 的规定。

表 17.3.71 硬横梁安装质量检验

序号	检验项目	允许偏差(mm)
1	硬横梁安装高度	0～100 mm
2	铰接硬横跨的硬横梁拱度	≤梁跨长的 1/200
3	刚接硬横跨的硬横梁拱度	≤梁跨长的 1/360

检验数量:施工单位全数检查;监理单位见证检验 20%。

检验方法:观察、尺量、力矩扳手测量。

Ⅹ 吊柱

主控项目

17.3.72 吊柱的固定螺栓应配双螺母,紧固后螺栓外露长度不应少于 30 mm。

检验数量:施工单位全数检查;监理单位见证检验,20%。

检验方法:观察、尺量、力矩扳手测量。

17.3.73 吊柱的调整应采用厚度不等的镀锌钢材质闭合型或 U 形垫片,每个支撑数量不超过 3 片。

检验数量:施工单位全数检查;监理单位见证检验 20%。

检验方法:观察。

17.3.74 吊柱受力后在横、顺线路方向上应垂直,倾斜度不得大于 1°。

检验数量:施工单位全数检查;监理单位见证检验 20%。

检验方法：测量。

17.3.75 吊柱的侧面限界应符合设计要求，允许误差应为 0～20 mm，严禁侵入邻近线路的铁路建筑限界。

检验数量：施工单位全数检查；监理单位见证检验 20%。

检验方法：测量。

17.3.76 当硬横梁吊柱位于道岔区上方，两临近线路中心线距离较小时，其底部到受电弓动态包络线的距离应符合设计要求。

检验数量：施工单位全数检查；监理单位见证检验 20%。

检验方法：测量。

17.3.77 吊柱斜撑两端的安装位置、连接螺栓的紧固力矩应符合设计要求，在任何情况下应保证与带电体之间的绝缘距离。

检验数量：施工单位全数检查；监理单位见证检验 20%。

检验方法：测量。

Ⅺ 腕臂结构

主控项目

17.3.78 腕臂结构计算应采用软件进行，原始数据测量应在附加悬挂架设后进行，腕臂预配应在预配车间的专用预配台具上进行，且应符合下列规定：

1 预配完毕后各零部件尺寸允许偏差应为±5 mm。

2 零部件的连接螺栓应使用力矩扳手进行紧固，力矩值应符合产品技术要求。螺栓应紧固到位，应用油漆笔画上标示线。

3 防松止动垫片的长片弯折与零部件本体应侧面贴紧，短片应弯折在螺母六方侧平面并贴紧。

4 零部件连接销钉与开口销应穿向正确，开口销双向夹角应扳成不小于 120°。

检验数量：施工单位全数检查；监理单位见证检验 20%。

检验方法：测量、尺量、力矩扳手检查。

17.3.79 腕臂安装应符合腕臂安装曲线，允许偏差应为±20 mm。

检验数量:施工单位全数检查;监理单位见证检验20%。
检验方法:测杆、力矩扳手测量。

17.3.80 简单悬挂的单腕臂安装位置及连接螺栓紧固力矩应符合设计要求,腕臂宜水平安装,允许偏差应为±20 mm。在平均温度时,应垂直于线路中心,温度变化时的偏移不应大于计算值。

检验数量:施工单位全数检查;监理单位见证检验20%。
检验方法:测杆、力矩扳手测量。

17.3.81 双线路腕臂安装高度及连接螺栓紧固力矩应符合设计要求,腕臂应无下俯,允许偏差应为0～100 mm。

检验数量:施工单位全数检查;监理单位见证检验20%。
检验方法:观察、力矩扳手测量。

17.3.82 定位管的状态应符合设计要求,允许偏差应为±2‰。

检验数量:施工单位全数检查;监理单位见证检验20%。
检验方法:测杆、坡度尺测量。

一般项目

17.3.83 底座与支柱应密贴,底座槽钢(或角钢)呈水平,腕臂各部件处在同一垂面内(不包括定位装置)。顶端管帽应封堵良好。

检验数量:施工单位全数检查;监理单位抽样检验。
检验方法:观察。

Ⅻ 定位装置

主控项目

17.3.84 定位器安装应符合设计要求。平均温度时,应垂直于线路中心线;温度变化时,偏移量与接触线在该点的伸缩量应一致,其偏角最大不得大于18°。限位定位器倾斜度与定位管的坡度应符合设计要求,限位间隙允许偏差应为±2 mm。非限位定位器的根部与接触线高度之差允许偏差应为20 mm。应保证定位线夹处接触线工作面与轨面连线平行。

检验数量:施工单位全数检查;监理单位见证检验20%。

检验方法:观察,钢尺、塞尺测量。

17.3.85 设计无要求时,定位管应呈水平状态,定位管应与腕臂在同一垂面内。定位管在支持器外露应在 50 mm~80 mm 范围内,定位线夹处的导线应与轨面平行。转换支柱处两定位器应能分别随温度变化而自由移动、不卡滞,接触线非工作支和工作支定位器、管之间的间隙应不小于 50 mm,螺栓紧固力矩值应符合设计要求。

检验数量:施工单位全数检查;监理单位见证检验 20%。

检验方法:观察、尺量、力矩扳手测量。

17.3.86 定位管及定位管吊线的安装质量应符合下列规定:

1 定位管端头与定位管上安装的任何零部件的距离应符合设计要求,任何情况下不得小于 50 mm。

2 定位管吊线应顺直,任何情况下定位管吊线与另一支接触悬挂线索的空间距离不得小于 100 mm。

3 定位管吊线采用压接方式固定时,其心形环、钳压管的安装应符合设计要求,压接应采用专用工具。

检验数量:施工单位全数检查;监理单位见证检验 20%。

检验方法:观察、测量。

一般项目

17.3.87 定位器各部螺栓应紧固牢靠,软定位器回头应统一顺直。

检验数量:施工单位全数检查;监理单位抽样检验。

检验方法:观察、力矩扳手测量。

17.3.88 定位管的斜拉线应顺直。定位管外露部分应大于 100 mm。

检验数量:施工单位全数检查;监理单位抽样检验。

检验方法:观察、尺量。

17.3.89 定位管伸出支持器的长度应为 30 mm~80 mm。定位管在平均温度时应垂直于线路中心线;当温度变化时,偏移量与接触线在该点的伸缩量应一致。定位管的倾斜度应保证支持器处导线工作面与轨面连线平行。

检验数量：施工单位全数检查；监理单位抽样检验。

检验方法：观察，钢尺、塞尺测量。

17.3.90 防风拉线、定位器线夹和锚支卡子安装应符合设计要求。

检验数量：施工单位全数检查；监理单位抽样检验。

检验方法：观察。

XIII 承力索及接触线

主控项目

17.3.91 承力索宜采用张力架设，架线张力应根据线材材质、额定张力等因素选取，且不应小于绕线张力，架线张力偏差不得大于8%。

检验数量：施工单位全数检查；监理单位见证检验20%。

检验方法：观察、尺量。

17.3.92 承力索锚段内不得有接头。

检验数量：施工单位全数检查；监理单位见证检验20%。

检验方法：观察、尺量。

17.3.93 钢绞线和铜绞线在楔形线夹内的回头长度应符合本标准第17.3.64条的规定。半补偿链型悬挂承力索的弛度应符合设计安装曲线。

检验数量：施工单位全数检查；监理单位见证检验20%。

检验方法：观察、测量。

17.3.94 接触线宜采用张力架设，架线张力应根据线材材质、额定张力等因素选取，且不应小于绕线张力，架线张力偏差不得大于8%。

检验数量：施工单位全数检查；监理单位见证检验20%。

检验方法：观察测量。

17.3.95 交叉线岔处，正线及重要线的接触线应在下方，侧线及次要线的接触线应在上方。

检验数量:施工单位全数检查;监理单位见证检验20%。

检验方法:观察。

17.3.96 接触线平直度检测,最大空气间隙不应大于0.1 mm/1 000 mm。

检验数量:施工单位每300 m检测1处;监理单位见证检验20%。

检验方法:接触线专用检测尺和塞尺测量。

17.3.97 承力索及接触线终端锚固安装应符合设计要求。

检验数量:施工单位全数检查;监理单位见证检验20%。

检验方法:观察。

XIV 中心锚结

主控项目

17.3.98 中心锚结应安装在设计指定位置上,接触线中心锚结所在跨距内不得有接触线接头,直线区段的中心锚结线夹应端正,曲线区段的中心锚线应与接触线倾斜度相一致,中心锚结线夹应牢固可靠,螺栓紧固力矩应符合设计要求。

检验数量:施工单位全数检查;监理单位见证检验20%。

检验方法:观察、力矩扳手测量。

一般项目

17.3.99 中心锚结辅助绳的长度及弛度应符合设计要求。辅助绳在承力索中心锚结线夹应外露20 mm～30 mm。

检验数量:施工单位全数检查;监理单位抽样检验。

检验方法:测量。

17.3.100 全补偿链型悬挂承力索中心锚结辅助绳的弛度应不大于所在跨距承力索的弛度,全补偿、半补偿链型悬挂"V"字形(三跨式)接触线中心锚结线夹两边锚结绳张力应相等,接触线中心锚结线夹处接触线应比相邻吊弦点高出20 mm～30 mm。

"八"字形(两跨式)接触线中心锚结线夹处接触线应比相邻吊弦点高出0~5 mm。安装型式应符合设计要求。采用镀锌钢绞线的承力索中心锚结辅助绳和接触线中心锚结均应涂防腐油。

检验数量：施工单位全数检查；监理单位抽样检验。

检验方法：观察、测量仪检查。

17.3.101 弹性简单悬挂中心锚结安装应符合下列规定：

1 弹性简单悬挂中心锚结安装应符合设计要求。

2 最高温度时，中心锚结线夹处接触线应高于两边悬挂点50 mm。

3 采用镀锌钢绞线的中心锚结绳应涂防腐油。

检验数量：施工单位全数检查；监理单位抽样检验。

检验方法：观察、尺量。

XV 吊弦及吊索

主控项目

17.3.102 整体吊弦的长度计算应采用计算软件进行。吊弦加工应符合下列规定：

1 吊弦的下料、测量、制作应采用专用平台。

2 吊弦预制前应检查各种零配件，且应符合下列规定：

　　1）吊弦线不得有断股、交叉、折叠、硬弯、散股等缺陷，不得有腐蚀现象，截面尺寸应符合设计要求；

　　2）心形环、压接管、连接线夹、吊弦线及吊弦固定螺栓外观应无裂痕等质量缺陷。

3 压接应保证压接模具合拢，无间隙，一次压接到位。

4 压接后的滑动荷载应符合设计要求。

5 吊弦制作长度允许偏差应为±2 mm。

检验数量：施工单位全数检查；监理单位见证检验20%。

检验方法：观察、尺量、拉力设备检查。

17.3.103 全补偿链型悬挂的环节吊弦在顺线方向承力索和接

触线采用同材质时,应垂直安装;不同材质时,应按设计要求计算的偏移值安装。

  检验数量:施工单位全数检查;监理单位见证检验20%。
  检验方法:观察、测量。

17.3.104 吊弦布置应符合设计要求,位置偏差应为±50 mm。直线区段吊弦线夹应端正,曲线区段接触线吊弦线夹连接螺栓应由外穿向曲内,线夹连接螺栓紧固力矩应符合设计要求。

  检验数量:施工单位全数检查;监理单位见证检验20%。
  检验方法:尺量、观察。

17.3.105 采用载流环的整体吊弦,吊弦载流环分别位于吊弦主线两侧,应固定在吊弦线夹螺栓的六角头侧,承力索吊弦线夹与接触线吊弦线夹的螺栓安装方向应相反;承力索吊弦线夹载流环的朝向应与行车方向相反,接触线吊弦线夹载流环的朝向应与行车方向一致,与接触线夹角应为45°。

  检验数量:施工单位全数检查;监理单位见证检验20%。
  检验方法:观察。

17.3.106 平均温度时,整体吊弦应顺线路方向垂直安装,承力索吊弦线夹与接触线吊弦线夹在垂直方向的相对误差应为±20 mm。温度变化时,顺线路的偏移量应符合下列规定:

  1 承力索、接触线材质不同时,偏移量应符合设计要求。
  2 承力索、接触线采用同一材质时,在任何温度下均应垂直安装。

  检验数量:施工单位全数检查;监理单位见证检验20%。
  检验方法:观察、测量。

17.3.107 简单悬挂吊索安装应符合设计要求,吊索以吊索座为中心,两侧平分,允许偏差为±100 mm,两端受力均匀。悬挂点接触线高度应符合设计要求,允许偏差为±30 mm。吊索座、高吊索座受力方向应正确,直线区段吊索线夹应端正、牢固,曲线区段吊索线夹应垂直于接触线工作面。螺栓紧固力矩应符合设计要求。采用镀锌钢绞线的吊索及螺栓螺纹部分应涂油防腐。

检验数量：施工单位全数检查；监理单位见证检验20%。

检验方法：观察，测杆、力矩扳手测量。

一般项目

17.3.108 整体可调吊弦应回头统一。复线区段上、下行平行时，吊弦宜在同一断面内。

检验数量：施工单位按总数检查30%；监理单位抽样检验。

检验方法：观察。

XVI 接触悬挂

主控项目

17.3.109 接触悬挂空气绝缘间隙不得小于表17.3.109的规定。特殊情况下，应符合设计要求。

表17.3.109 空气绝缘间隙值(mm)

序号	有关情况		正常值	困难值
1	25 kV带电体距固定接地体间隙		300	240
2	25 kV带电体距机车车辆或装载货物间隙		350	—
3	受电弓振动至极限位置和导线被抬起的最高位置距接地体的瞬时间隙		200	160
4	25 kV带电体距跨线建筑物底部的静态间隙		500	300
5	同回路供电线带电体距接触悬挂或供电线带电体间隙		540	—
6	绝缘锚段关节两接触悬挂间的间隙(同相位，适用于任何高程)		450	—
7	分相锚段关节两接触悬挂的间隙(适用于任何高程)	120°相位，相间电压43.3 kV	400	—
		180°相位，相间电压50 kV	540	—
8	25 kV带电绝缘于接地侧裙边距接地体间隙(适用于任何高程)	瓷及钢化玻璃绝缘子	100	75
		合成材料绝缘元件	50	—

检验数量:施工单位全数检查;监理单位见证检验。

检验方法:观察、尺量。

17.3.110 接触线距轨面的高度应符合下列规定:

1 接触线悬挂点距轨面的高度应符合设计要求。

2 定位点两侧第一吊弦处接触线高度应等高,相对该定位点的接触线高度允许偏差应为±10 mm,但不得出现"V"字形。

3 一个跨距内任意两相邻吊弦处接触线的高度差不应大于20 mm。

4 接触线工作支悬挂点的高度变化时,其最大坡度应符合表17.3.110的规定。在变坡区段的始末跨,接触线坡度变化不宜大于变坡区段最大坡度的1/2。

表17.3.110 接触线的最大坡度及坡度变化

设计速度(km/h)	接触线最大坡度(‰)	接触线最大坡度变化(‰)
120	4	5
160	3.3	1.7

检验数量:施工单位全数检查;监理单位见证检验20%。

检验方法:激光测量仪器检查,查阅车检报告。

17.3.111 受电弓动态包络线应符合设计要求。

检验数量:施工单位全数检查;监理单位旁站。

检验方法:采用受电弓动态包络线检查设备测试及观察。

17.3.112 简单悬挂同一吊索两吊索线夹处接触线距轨面连线的高度应符合设计要求且等高,相互偏差不应大于±20 mm。

检验数量:施工单位全数检查;监理单位见证检验20%。

检验方法:测杆量。

17.3.113 接触线拉出值的布置应符合设计要求,允许偏差应为±30 mm。在任何情况下,工作支接触线偏移值(相对于受电弓中心)不宜大于400 mm。

检验数量:施工单位全数检查;监理单位见证检验20%。

检验方法：测杆量或模拟受电弓检测。

17.3.114 绝缘锚段关节内两接触线间接触悬挂其他各带电部分的绝缘距离应符合设计要求。四跨关节中心柱、五跨关节两中心转换柱跨中间两接触线应等高，并应符合设计要求。

检验数量：施工单位全数检查；监理单位见证检验 20%。

检验方法：测杆量。

17.3.115 非绝缘锚段关节转换支柱处，两接触线间的垂直、水平距离应符合设计要求，允许偏差应为±20 mm。三跨关节两转换柱跨中间、四跨关节中心柱两接触线应等高，并应符合设计要求。

检验数量：施工单位全数检查；监理单位见证检验 20%。

检验方法：测杆量。

17.3.116 全补偿简单链型悬挂接触线跨中预留弛度应符合设计要求。

检验数量：施工单位全数检查；监理单位见证检验 20%。

检验方法：测杆量。

17.3.117 双线电气化区段，上、下行接网带电体间距离，正常情况下不应小于 2 000 mm，困难时不应小于 1 600 mm。

检验数量：施工单位全数检查；监理单位见证检验 20%。

检验方法：尺量。

XVII 补偿装置

主控项目

17.3.118 承力索、接触线在补偿器处的额定张力应符合设计要求，补偿器重量的偏差应为额定重量的±2%（坠砣串重量包括坠砣杆、坠砣抱箍及连接的楔形线夹重量），且同一锚段两坠砣串质量的相对偏差不大于 1%。限制架安装应符合设计要求，补偿传动灵活，坠砣串无卡滞现象。

检验数量：施工单位全数检查；监理单位见证检验 20%。

检验方法：称重、手推坠砣串观察。

17.3.119 棘轮补偿装置安装质量除应符合本标准第17.3.118条外,尚应符合下列规定:

1 棘轮安装应垂直,无偏斜、扭曲现象。

2 制动卡块与大轮中心应对齐,制动卡块与大轮轮齿间的距离符合产品技术要求,且间隙均匀。

3 隧道内棘轮补偿装置安装应符合设计要求,补偿绳应不磨制动块及导向轮边缘,补偿传动灵活。

检验数量:施工单位全数检查;监理单位见证检验20%。

检验方法:对照设计文件现场检查,观察,测量。

17.3.120 滑轮补偿装置安装质量除应符合本标准第17.3.118条外,尚应符合下列规定:

1 滑轮组应处于铅锤状态,滑轮装置两端连接牢固可靠。

2 定滑轮与动滑轮间距应符合设计要求。

3 补偿传动应灵活,补偿绳应顺畅且处于轮槽中。

检验数量:施工单位全数检查;监理单位见证检验20%。

检验方法:对照设计文件现场检查,观察,测量。

一般项目

17.3.121 张力补偿器的调整应符合设计安装曲线,坠砣距地面偏差应为±100 mm,在任何情况下距地面不得小于200 mm。

检验数量:施工单位全数检查;监理单位抽样检验。

检验方法:尺量、观察。

17.3.122 补偿绳应排布正确,无偏磨及卡滞现象。坠砣串应灵活,坠砣完整、码放整齐、表面光洁,连接螺栓紧固牢靠。

检验数量:施工单位全数检查;监理单位抽样检验。

检验方法:观察。

XVIII 电连接

主控项目

17.3.123 电连接线安装形式应符合设计要求,并预留因温度变化而产生的位移长度。

　　检验数量:施工单位全数检查;监理单位见证检验20%。
　　检验方法:测量、观察。

17.3.124　电连接的安装位置应符合设计要求,施工允许偏差应为±500 mm,在任何情况下均应满足带电距离要求。

　　检验数量:施工单位全数检查;监理单位见证检验20%。
　　检验方法:尺量。

17.3.125　电连接线与线夹及线夹与承力索、接触线接触面应涂电力复合脂,电连接线夹应端正、牢固,螺栓紧固力矩应符合设计要求。

　　检验数量:施工单位全数检查;监理单位见证检验20%。
　　检验方法:观察、力矩扳手检查。

17.3.126　压接型电连接线夹应按产品说明书进行压接。

　　检验数量:施工单位全数检查;监理单位见证检验20%。
　　检验方法:观察、测量。

17.3.127　铜、铝不同材质之间连接时,应按设计要求采取铜铝过渡措施,不得直接连接。

　　检验数量:施工单位全数检查;监理单位见证检验20%。
　　检验方法:观察、测量。

一般项目

17.3.128　多股道的电连接线在平均温度时应垂直于正线或重要线。平均温度时,全补偿承力索、接触线采用同材质时应垂直安装;不同材质时,应按吊弦计算偏移值安装或按设计提供的吊弦安装曲线安装;半补偿链型悬挂应同吊弦安装;电连线不应有断股和松股现象。

　　检验数量:施工单位全数检查;监理单位抽样检验。
　　检验方法:尺量、观察。

XIX 线 岔

主控项目

17.3.129 单开道岔采用交叉布置方式时,交叉线岔的道岔定位柱位置及拉出值应保证两接触线交叉点位于设计规定的范围内。当采用无交叉布置方式时,定位点的拉出值应符合设计要求,侧线接触线应高出正线接触线 80 mm～120 mm。

检验数量:施工单位全数检查;监理单位见证检验。

检验方法:尺量、测量。

17.3.130 复式交分道岔采用交叉布置方式时,两接触线应相交于道岔对称中心轴正上方,交叉渡线、两接触线应相交于两渡线中心线交点正上方处,且侧线接触线应高出正线(重要线)的接触线 10 mm～20 mm,非支抬高量应符合设计要求。复式交分和交叉渡线的交叉点允许横、纵向偏差均应为 50 mm。

检验数量:施工单位全数检查;监理单位见证检验。

检验方法:尺量、测量。

17.3.131 交叉线岔的道岔定位柱位置及拉出值应保证两接触线交叉点位于设计规定的范围内,在平均温度时,交叉点应位于线岔管的中间位置。非支抬高量应符合设计要求。

检验数量:施工单位全数检查;监理单位见证检验 20%。

检验方法:测量。

17.3.132 交叉线岔在始触区至接触线的交叉点处两接触线应位于受电弓的同一侧,在始触区内不得安装除吊弦线夹外的其他任何线夹或设备零件。

检验数量:施工单位全数检查;监理单位见证检验。

检验方法:测杆量、观察。

一般项目

17.3.133 线岔型号应符合设计要求,平均温度时接触线交叉点应位于线岔中间位置,线夹应安装牢固、端正。

检验数量:施工单位全数检查;监理单位见证检验。

检验方法:观察、测量。

XX 隔离开关

主控项目

17.3.134 隔离开关安装前,应经绝缘试验检测合格,且与出厂试验报告没有明显变化。

检验数量:施工单位全数检查;监理单位见证检验20%。

检验方法:测量。

17.3.135 隔离开关安装位置、型号及各部尺寸应符合设计要求。应连接牢固可靠,各转动部分灵活,双极开关同步,合闸不同期性不大于10 mm。

检验数量:施工单位全数检查;监理单位见证检验。

检验方法:观察、操作检查。

17.3.136 隔离开关操作机构应符合下列规定:

1 操作机构安装形式应符合设计要求,操作机构应完好。

2 操作时应平稳正确、无卡阻和冲击,联锁、限位器作用良好,传动操作轻便灵活,机构的分、合闸指示与开关的实际分合位置一致。

3 操作机构箱应密封良好,箱体及托架等无锈蚀并可靠接地。

检验数量:施工单位全数检查;监理单位见证检验。

检验方法:观察、操作检查。

17.3.137 具有引弧触头的隔离开关,主触头和引弧触头应开、合顺序正确,带接地刀闸的隔离开关接地刀闸与主触头间的机械闭锁应准确、可靠。

检验数量:施工单位全数检查;监理单位见证检验。

检验方法:观察、操作检查。

17.3.138 隔离开关头应接触紧密。用0.05 mm×10 mm塞尺

检查,对于线接触应塞不进去。对于面接触宽度为50 mm及以下者,塞入深度不大于4 mm;接触宽度为60 mm及以上者,塞入深度不大于6 mm。合闸后触头相对位置、备用行程、分闸状态时触头间净距或拉开角度应符合产品技术规定。质量检验应符合表17.3.138的规定。

表17.3.138 隔离开关质量检验

序号	检验项目	允许偏差值
1	开关瓷柱垂直度	2°
2	开关刀闸开闸时,开闸角度90°	1°
3	开关刀闸合闸时,刀闸水平,两刀闸中心线吻合	5 mm

检验数量:施工单位全数检查;监理单位见证检验。
检验方法:观察、塞尺测量。

17.3.139 开关引线连接应正确、牢固,在任何情况下均应满足带电距离要求,并预留因温度变化引起的位移长度。

检验数量:施工单位全数检查;监理单位见证检验。
检验方法:尺量或实测检查。

17.3.140 开关的接地方式及接地电阻值应符合设计要求。

检验数量:施工单位全数检查;监理单位见证检验。
检验方法:观察或实测检查。

一般项目

17.3.141 开关托架应呈水平状态,瓷柱应垂直,操作机构安装位置应便于操作,并符合设计要求。传动杆应垂直,且与操作机构轴线一致。连接应牢固、无松动现象。导电部分触头表面应平整清洁,并涂有中性凡士林油。设备接线端子连接接触面应涂有电力复合脂。

检验数量:施工单位全数检查;监理单位抽样检验。
检验方法:观察。

17.3.142 操作机构距地面的高度应符合设计要求,施工允许偏差应为±100 mm。

检验数量：施工单位全数检查；监理单位抽样检验。
检验方法：观察。

XXI 避雷器

17.3.143 避雷器安装前，应经绝缘试验检测合格，且与出厂试验报告没有明显变化。

检验数量：施工单位全数检查；监理单位见证检验20%。
检验方法：测量。

17.3.144 避雷器安装位置、规格、型号、引线方式应符合设计要求，引线连接正确牢固，并预留因温度变化引起的位移长度。

检验数量：施工单位全数检查；监理单位见证检验。
检验方法：尺量或实测检查。

17.3.145 避雷器的接地方式及接地电阻值应符合设计要求。

检验数量：施工单位全数检查；监理单位见证检验。
检验方法：观察或实测检查。

一般项目

17.3.146 金属氧化物避雷器应竖直，支架水平，连接牢固可靠。

检验数量：施工单位全数检查；监理单位见证检验。
检验方法：观察。

17.3.147 避雷器放电计数器安装位置应符合设计要求，工作接地和保护接地均按设计要求连接。

检验数量：施工单位全数检查；监理单位抽样检验。
检验方法：观察。

XXII 分段绝缘器

主控项目

17.3.148 分段绝缘器安装前，应经绝缘试验检测合格，且与出厂试验报告没有明显变化。

检验数量:施工单位全数检查;监理单位见证检验 20%。

检验方法:测量。

17.3.149 分段绝缘器安装位置应符合设计要求,连接应牢固可靠,连接螺栓紧固力矩应符合设计要求,与接触线接头处应平滑,分段绝缘器与受电弓接触部分与轨面连线平行、受电弓通过时应平滑、无打弓现象。

检验数量:施工单位全数检查;监理单位见证检验。

检验方法:查阅施工设计图,力矩扳手测量,模拟受电弓检测。

17.3.150 分段绝缘器两端接触线高度应符合产品说明书和设计要求;平均温度时承力索的绝缘子应在绝缘器件的正上方,放电间隙应符合设计和产品说明书的要求。

检验数量:施工单位全数检查;监理单位见证检验。

检验方法:观察、测杆量、尺量。

17.3.151 分段绝缘器安装后承力索、接触线的张力及补偿装置距地面的高度应符合设计要求。

检验数量:施工单位全数检查;监理单位见证检验。

检验方法:测量。

ⅩⅩⅢ 分相装置

主控项目

17.3.152 分相绝缘器安装前,应经绝缘试验检测合格,且与出厂试验报告没有明显变化。

检验数量:施工单位全数检查;监理单位见证检验 20%。

检验方法:测量。

17.3.153 分相绝缘器安装位置应符合设计要求,连接应牢固可靠,连接螺栓紧固力矩应符合设计要求,与接触线接头处应平滑,分段绝缘器与受电弓接触部分与轨面连线平行、受电弓通过时应平滑、无打弓现象。

检验数量：施工单位全数检查；监理单位见证检验。

检验方法：查阅施工设计图，力矩扳手测量，模拟受电弓检测。

17.3.154 分相绝缘器两端接触线高度应符合产品说明书和设计要求；平均温度时承力索的绝缘子应在绝缘器件的正上方，放电间隙应符合设计和产品说明书的要求。

检验数量：施工单位全数检查；监理单位见证检验。

检验方法：观察、测杆量、尺量。

17.3.155 关节式电分相的安装应符合下列规定：

1 带电部分的空气绝缘间隙应符合设计要求，允许偏差应为 0～50 mm。

2 转换跨内两接触线等高处接触线高度应符合设计要求，允许偏差应为±10 mm。

3 电分相无电区、中性段的长度应符合设计要求，允许偏差应为±500 mm。

检验数量：施工单位全数检查；监理单位见证检验。

检验方法：观察、测量。

17.3.156 自动过分相地面磁感应器设置应符合设计要求，允许偏差应为±2 m。地面磁感应器应安装牢固、完整无损、表面清洁。

检验数量：施工单位全数检查；监理单位见证检验。

检验方法：观察、测量。

一般项目

17.3.157 绝缘锚段关节电分段处的绝缘子串的安装位置应符合设计要求，允许偏差应为±50 mm；承力索、接触线两绝缘子串中心应对齐，允许偏差应为±30 mm。

检验数量：施工单位全数检查；监理单位抽样检验。

检验方法：观察、测量。

XXIV 附加导线

主控项目

17.3.158 附加导线弛度应符合设计要求,其允许偏差应为0~5%。悬式绝缘子串悬挂角度过大时应倒装,悬吊导线的绝缘子安装完成后应垂直于悬挂导线。

检验数量:施工单位全数检查;监理单位见证检验20%。

检验方法:观察、测量。

17.3.159 附加导线接头、补强应符合下列规定:

1 跨越铁路,一、二级公路,重要的通航河流及不同金属、不同规格、不同绞制方向的导线不得有接头。

2 一个耐张段内断股补强处数:500 m时应不超过1个,1 000 m及以下时应不超过2个,1 000 m以上时应不超过3个。

3 一个耐张段内接头不得超过1个。

4 接头、补强位置距悬挂点应不小于500 mm。

5 采用接续管接头时,所选用的接续管型号、接续管压坑布置及压坑深度应符合行业标准《铁路电力工程施工质量验收标准》TB 10420—2018中附录H的相关规定。

检验数量:施工单位全数检查;监理单位见证检验20%。

检验方法:观察。

17.3.160 并沟线夹、电连接线夹等作为电连接线线夹时,连接处导线不得包缠铝包带。并沟线夹、电连接线夹与导线连接面应平整光洁并涂有一层电力复合脂,连接应密贴牢固,螺栓紧固力矩应符合设计要求。

检验数量:施工单位全数检查;监理单位见证检验20%。

检验方法:观察、力矩扳手检查。

17.3.161 采用预绞式金具时,应按照产品技术规格书进行进场检验,产品现场安装应符合产品安装要求。

检验数量:施工单位全数检查;监理单位见证检验20%。

检验方法:检查质量证明书和进行外观检查。

17.3.162 附加导线对地面及相互间距离不应小于表17.3.162的规定。

表17.3.162 附加导线对地面及相互间最小距离(mm)

序号	检验项目		供电线	保护线 回流线 架空地线
1	导线在最大弛度时距地面高度	居民区及车站站台	7 000	6 000
		非居民区	6 000	5 000
		车辆、农业机械不能到达的挡土墙和岩石	5 000	4 000
2	导线距峭壁、挡土墙和岩石	无风时	1 000	500
		计算最大风偏时	300	75
3	导线跨越铁路时	跨越非电化股道(对轨面)	7 500	7 500
		跨越不同回路电气化股道(对承力索或无承力索时对接触线)	3 000	2 000
4	不同相或不同分段两导线悬挂点间距离	水平排列	2400	—
		垂直排列	2400	—
5	与建筑物间的最小距离	导线与建筑物间最小垂直距离(计算最大弛度时)	4 000	3 000
		边导线对建筑物最小水平距离(计算最大风偏时)	3 000	1 000
6	与信号机的最小距离	导线与信号机的净空距离(不设防护时)	2 000	2 000

注:1. 附加导线不应跨越屋顶为燃烧材料做成的建筑。
　　2. 单独架设的附加导线的技术标准应符合电力部门架空输电线路的有关规定。

检验数量:施工单位全数检查;监理单位见证检验20%。

检验方法:实测检查。

17.3.163 附加导线肩架与支柱应密贴、紧固牢靠,肩架应呈水平状态,施工允许偏差应不大于 50 mm。导线在针式绝缘子上的固定应正确、牢固可靠。

检验数量:施工单位全数检查;监理单位见证检验 20%。

检验方法:观察。

17.3.164 架空导线的接续质量应符合下列规定:

1 在接续点处,机械、电气性能应不小于被接续导线。

2 预绞式接续条缠绕方向与被接续的导线外层应绞向一致,接续缠绕长度应符合设计要求。

检验数量:施工单位全数检查;监理单位见证检验 20%。

检验方法:观察、测量。

17.3.165 架空导线悬挂处预绞式保护条的缠绕方向与导线外层应绞向一致,保护条型号、长度及安装位置应符合设计要求。

检验数量:施工单位全数检查;监理单位见证检验 20%。

检验方法:观察、测量。

XXV 27.5 kV 电缆

主控项目

17.3.166 电缆敷设应符合下列规定:

1 电缆的型号、敷设径路、终端位置应符合设计要求。

2 电缆转弯处、电缆中间接头处、穿过建筑墙体处、过轨过道两旁等均应埋设电缆标桩或永久性标识,直线段每 35 m～50 m 应设置 1 根电缆标桩。

3 27.5 kV 单芯不同相供电电缆宜分沟敷设,困难条件下同沟敷设应采取隔离措施。

4 电缆应作波浪形敷设,在敷设过程中不应出现铠装压扁、电缆绞拧、护套折裂破损等现象,电缆弯曲半径不应小于电缆外径的 15 倍。

5 当电缆直埋敷设时,电缆表面距地面不应小于0.7 m,穿越农田时不应小于1 m;其径路应避开使电缆受到机械损伤、化学或地下电流腐蚀、振动、热影响、虫鼠等危害地段。电缆过轨时应加装防护套管,埋深低于轨面不应小于1 m。

6 电缆上、下桥墩处自地面以下不小于0.5 m至地面以上2 m范围内,应采取砖砌围桩防护。

检验数量:施工单位全数检查;监理单位旁站。

检验方法:观察。

17.3.167 电缆的保护管及固定金具不得构成闭合磁路,电缆固定金具材质、间距应符合设计要求。

检验数量:施工单位全数检查;监理单位见证检验20%。

检验方法:观察。

17.3.168 电缆附件的制作安装应符合下列规定:

1 电缆头制作的环境温度、湿度应符合设计和相关标准要求,并采取防尘措施。

2 电缆终端头的规格、型号及电压等级应与电缆的规格、型号相吻合。

3 电缆护层保护器型号、规格应与被保护电缆外护层绝缘相匹配。

4 电缆在终端处应预留3 m~5 m的备用长度,埋设固定方式应符合设计要求。

5 电缆终端头应固定牢固,确保应力锥不受力变形,各带电部位应符合相应电压等级电气距离规定。

6 电缆头的接地方式应符合设计要求。

检验数量:施工单位全数检查;监理单位见证检验。

检验方法:对照设计文件数量,现场进行检测;高压电缆头拍摄影像,影像资料包含工程的实施时间、地点,电缆开剥尺寸、接地引线等信息。

17.3.169 电缆的电气性能试验项目及要求应符合现行国家标

准《电器装置安装工程 电气设备交接试验标准》GB 50150 的规定。

XXVI 回流及吸上线

主控项目

17.3.170 回流电缆敷设应符合现行行业标准《铁路电力工程施工质量验收标准》TB 10420 的规定。

17.3.171 吸上线安装应符合设计要求,吸上线与回流线、吸上线与扼流线圈中点连接及无轨道电路区段吸上线与钢轨连接应牢固可靠。

检验数量:施工单位全数检查;监理单位见证检验 20%。

检验方法:观察、力矩扳手测量。

17.3.172 独立接地极接地方式及接地电阻应符合设计要求,且独立接地极的接地电阻最大允许值应符合表 17.3.172 的规定。

表 17.3.172 接触网及其邻近物接地装置的接地电阻值

序号	类别	接地电阻值(Ω)
1	开关、避雷器	10
2	架空地线	10
3	零散接触网支柱	30
4	距接触网带电体 5 m 范围内的金属结构	30
5	避雷线,兼起防雷功能的回流线	10

检验数量:施工单位全数检查;监理单位见证检验 20%。

检验方法:依据设计文件测量。

17.3.173 回流引线采用扁钢连接时,应搭接封闭电焊,回流引线扁钢与设备线夹连接处应挂锡处理。埋入地下的扁钢应涂沥青或防腐油,地上部分应除锈并涂防锈漆。

检验数量:施工单位全数检查;监理单位见证检验 20%。

检验方法:观察。

17.3.174 回流引线采用电缆连接时,电缆的规格、型号和固定方式应符合设计要求。

检验数量:施工单位全数检查;监理单位见证检验20%。

检验方法:观察。

17.3.175 接地极埋入地下深度不应小于0.8 m,地面部分应涂防锈漆,连接处应除锈并涂电力复合脂,连接应牢固可靠。

检验数量:施工单位全数检查;监理单位见证检验20%。

检验方法:观察。

XXVII 标志牌及支柱号码牌

主控项目

17.3.176 "高压危险"标志牌安装位置应符合设计要求,一般安装在电气设备及行人较多的支柱上,设置高度距地面1.6 m～2.0 m,标志牌面采用反光膜,为白底黑字、黑框、红闪电。

检验数量:施工单位全数检查;监理单位见证检验20%。

检验方法:观察、尺量。

17.3.177 "安全作业区""断""合""T断""禁止双弓""接触网终点"等预告标面应采用反光膜,为白底、黑框、黑字,设置位置符合设计要求,埋设牢固可靠,在任何情况下便于瞭望,并不得侵入基本建筑限界。

检验数量:施工单位全数检查;监理单位见证检验。

检验方法:观察、尺量。

一般项目

17.3.178 标志牌应字迹清楚、醒目,其逆反射系数应在Ⅳ级及以上。

检验数量:施工单位全数检查;监理单位抽样检验。

检验方法:观察。

17.3.179 支柱号码应采用反光号码牌,白底、黑字,且质量和安装位置应符合设计要求。

检验数量:施工单位按总数检验30%;监理单位抽样检验。

检验方法:观察。

XXVIII 支柱防护、限界门

主控项目

17.3.180 机动车辆活动场所的支柱防护应符合设计要求,在任何情况下不得侵入基本建筑限界。

检验数量:施工单位全数检查;监理单位见证检验20%。

检验方法:尺量。

17.3.181 限界门安装应符合设计要求,限制高度不得大于5 m,支柱受力后应外倾0~100 mm,严禁内倾。

检验数量:施工单位全数检查;监理单位见证检验20%。

检验方法:测杆、线坠测量。

一般项目

17.3.182 支柱防护尺寸应符合设计要求,整体成型、坚固可靠。

检验数量:施工单位全数检查;监理单位抽样检验。

检验方法:观察、尺量。

17.3.183 限界门下拉索(杆)应呈水平状态,限高标志面应采用反光膜,字迹清晰醒目,其逆反射系数应在Ⅳ级及以上。支柱及防护桩应涂黑白相间油漆,且均匀、无脱落现象。

检验数量:施工单位全数检查;监理单位抽样检验。

检验方法:观察。

17.4 供电调度及远动系统

17.4.1 供电调度系统工程施工质量验收应包括设备安装、远动系统检验。

Ⅰ 进场检验

主控项目

17.4.2 进场材料设备应符合设计及相关技术标准的规定。

检验数量:施工单位全数检查;监理单位见证检验。

检验方法:依据设计文件检查实物外观和质量证明文件。

Ⅱ 设备安装

主控项目

17.4.3 供电调度工作台、复示终端设备、远动终端设备的安装位置、方式、排列顺序应符合设计要求。

检验数量:施工单位全数检查;监理单位见证检验。

检验方法:对照设计文件,观察。

17.4.4 设备安装质量应符合下列规定:

1 屏柜与底座连接应牢固,底座应着地、不悬空。
2 屏柜与底座、柜与柜之间的连接螺栓应连接牢固。
3 同排屏柜的正面应在同一直线上。
4 屏柜应竖直,相邻屏柜应紧密靠拢。
5 二次回路接线应连接可靠,排列整齐。
6 屏柜、电缆回路编号应标识清晰,字迹正确。
7 插接件应接触紧密,无松动现象。

检验数量:施工单位全数检查;监理单位见证检验。

检验方法:观察、测量。

17.4.5 接地电阻应符合设计要求。

检验数量:施工单位全数检查;监理单位见证检验。

检验方法:核对设计文件,测量。

17.4.6 设备接地及防静电措施、数据传输电缆屏蔽措施应符合设计要求。

检验数量:施工单位全数检查;监理单位见证检验。

检验方法:观察。

一般项目

17.4.7 屏柜等设备门、盖应严密、开启灵活、不变形。
检验数量:施工单位全数检查;监理单位抽样检验。
检验方法:观察。

Ⅲ 远动系统检验

主控项目

17.4.8 远动系统应包括下列主要功能:

1 实现对被控对象的遥控,遥控种类分单个对象的控制和多个对象组成的程序控制。

2 实现对供电系统设备运行状态的实时监视和非正常状态报警。

3 实现对供电系统中主要运行参数的遥测及图形显示。

4 实现分级管理权限设置。

5 实现屏幕画面显示及运行和故障记录信息的打印。

6 实现电度量统计等的日报月报制表打印。

7 实现系统自检。

8 实现系统维护。

9 实现远动主/备通道的切换。

10 实现与其他系统的接口和数据转发。

11 实现对供电设备运行状态的查询及运行参数的统计。

12 实现自动校时。

13 实现对故障录波数据的传输显示。

检验数量:施工单位全数检查;监理单位见证检验。
检验方法:试验检查。

17.4.9 远动系统主要性能指标应符合设计要求。
检验数量:施工单位全数检查;监理单位见证检验。
检验方法:测试检查。

18 电　力

18.1　一般规定

18.1.1　本章适用于工程中各变(配)电所、各区间、各车站、各车辆基地电力工程及各光伏发电系统的施工质量验收。

18.1.2　电力系统分部分项工程划分宜按本标准附录 B.0.13 采用。

18.2　基　础

主控项目

18.2.1　现浇基础的基坑开挖尺寸、钢筋连接方式、钢筋搭接长度、箍筋及横向钢筋间距应符合设计要求,隐蔽前应拍摄影像资料。

　　检验数量:施工单位全数检查;监理单位见证检验。

　　检验方法:观察、测量。

18.2.2　混凝土浇筑应符合现行国家标准《混凝土结构工程施工质量验收规范》GB 50204 的规定。

　　检验数量:施工单位全数检查;监理单位旁站。

　　检验方法:观察、测量。

18.2.3　混凝土强度等级应符合设计要求。

　　检验数量:施工单位每个工作班次制作不少于 2 组试块(1 组用于标准养护,1 组用于同条件养护);监理单位按施工单位检查数量的 20% 平行检验。

　　检验方法:检查施工记录及混凝土强度试验报告。

18.2.4 基础位置、尺寸及其顶面高程应符合设计要求,独立电气设备基础纵横轴线中心偏差不超过 10 mm,顶面高程偏差范围为 -20 mm$\sim$0。

检验数量:施工单位全数检查;监理单位见证检验 20%。

检验方法:依照设计文件,观察、测量。

18.2.5 箱式变电站及箱式电抗器基础型式及基础通风口高程应符合设计要求。

检验数量:施工单位全数检查;监理单位见证检验 20%。

检验方法:依照设计文件,测量、观察。

18.2.6 屏、柜等基础预埋型钢的安装质量检验应符合本标准第 17.2.22 条的相关规定。

一般项目

18.2.7 基础表面质量应符合本标准第 17.2.23 条的相关规定。

18.3 电气装置

18.3.1 设备、材料及构配件进场检验应符合行业标准《铁路电力工程施工质量验收标准》TB 10420—2018 第 5.2 节的相关规定。

18.3.2 设备基础验收应符合本标准第 18.2.1~18.2.7 条的相关规定。

Ⅰ 电力变压器

主控项目

18.3.3 电力变压器的安装位置、方向应符合设计要求,安全净距应符合行业标准《铁路电力工程施工质量验收标准》TB 10420—2018 附录 F 的相关规定。

检验数量:施工单位全数检查;监理单位见证检验。

检验方法:观察、测量。

18.3.4 调压切换装置应动作正确、接触良好,分接头与动作指示器指示位置一致。

检验数量:施工单位全数检查;监理单位见证检验。
检验方法:观察、操作检查。

18.3.5 电力变压器整体密封良好,器身本体、附件、阀门及所有法兰连接处应无渗油现象。

检验数量:施工单位全数检查;监理单位见证检验。
检验方法:观察。

18.3.6 电力变压器安装后油位指示、温度自动监测、保护报警装置等功能应符合设计要求。

检验数量:施工单位全数检查;监理单位见证检验。
检验方法:观察及试验检查。

18.3.7 干式变压器温度自动监测和保护报警装置的功能应符合设计要求。

检验数量:施工单位全数检查;监理单位见证检验。
检验方法:观察及试验检查。

18.3.8 电力变压器应进行交接试验,其主要电气性能检验项目及要求应符合现行国家标准《电气装置安装工程 电气设备交接试验标准》GB 50150 的规定。

检验数量:施工单位全数检查;监理单位旁站。
检验方法:由具备资质的检验检测机构进行试验。

一般项目

18.3.9 干式变压器风扇安装应牢固可靠、转向正确、转动灵活,运转时无振动现象。

检验数量:施工单位全数检查;监理单位抽样检验。
检验方法:操作检查、观察。

Ⅱ 互感器

18.3.10 互感器验收标准应符合行业标准《铁路电力工程施工

质量验收标准》TB 10420—2018 第 5.4 节的有关规定。

Ⅲ 高压断路器

18.3.11 高压断路器验收标准应符合行业标准《铁路电力工程施工质量验收标准》TB 10420—2018 第 5.5 节的有关规定。

Ⅳ 隔离开关、负荷开关及高压熔断器

18.3.12 隔离开关、负荷开关及高压熔断器验收标准应符合行业标准《铁路电力工程施工质量验收标准》TB 10420—2018 第 5.6 节的相关规定。

Ⅴ 高压开关柜

主控项目

18.3.13 高压开关柜安装的允许偏差应符合本标准第 17.2.68 条的相关规定。

18.3.14 户内全封闭 SF_6 气体或环保气体绝缘开关柜安装应符合下列规定：

1 开关柜基础型钢的安装误差应符合本标准第 17.2.22 条的要求。

2 柜体表面应无损伤。

检验数量：施工单位全数检查；监理单位见证检验 20%。

检验方法：观察、测量。

18.3.15 户内全封闭 SF_6 气体或环保气体绝缘开关柜气体压力应符合产品技术文件要求。

检验数量：施工单位全数检查；监理单位见证检验。

检验方法：观察。

18.3.16 高压开关内设备与操动机构联动应正常、无卡阻；分、合闸指示应正确；辅助开关动作应准确、可靠。手车式高压开关柜在推入或拉出时应灵活，机械闭锁应可靠。

检验数量:施工单位全数检查;监理单位见证检验20%。
检验方法:观察。

18.3.17 高压开关柜所安装的带电显示装置应显示正确。
检验数量:施工单位全数检查;监理单位见证检验20%。
检验方法:观察。

18.3.18 高压开关柜内各种闭锁装置动作应准确、可靠。
检验数量:施工单位全数检查;监理单位见证检验20%。
检验方法:试验。

18.3.19 高压开关柜应进行交接试验,其主要电气性能检验项目及要求应符合现行国家标准《电气装置安装工程 电气设备交接试验标准》GB 50150的规定。
检验数量:施工单位全数检查;监理单位旁站。
检验方法:由具备资质的检验检测机构进行试验。

Ⅵ 低压开关柜

主控项目

18.3.20 低压开关柜的安装位置、安全净距应符合设计要求。
检验数量:施工单位全数检查;监理单位见证检验。
检验方法:观察、测量。

18.3.21 低压开关柜安装的允许偏差应符合本标准第17.2.68条的规定,低压开关柜的接地方式应符合设计要求。
检验数量:施工单位全数检查;监理单位见证检验。
检验方法:观察、测量。

18.3.22 低压开关柜上安装的元、器件应符合设计要求,动作可靠,固定牢固;所有电器的功能标签应齐全、规格一致。二次回路应接线正确、连接可靠。
检验数量:施工单位全数检查;监理单位见证检验20%。
检验方法:核对设计图纸,观察、操作检查。

18.3.23 低压开关柜应进行交接试验,其主要电气性能检验项目及要求应符合现行国家标准《电气装置安装工程 电气设备交接试验标准》GB 50150的规定。

检验数量：施工单位全数检查；监理单位旁站。

检验方法：由具备资质的检验检测机构进行试验。

一般项目

18.3.24 抽屉式配电柜其抽屉推拉应轻便灵活，无卡阻、碰撞现象；同类型不同规格的抽屉应能互换；抽屉的机械、电气联锁装置应动作正确、可靠。

检验数量：施工单位全数检查；监理单位抽样检验。

检验方法：操作检查、观察。

Ⅶ 电能质量补偿装置

主控项目

18.3.25 电能质量补偿装置的安装位置应符合设计要求，安全净距应符合行业标准《铁路电力工程施工质量验收标准》TB 10420—2018附录F的相关规定。

检验数量：施工单位全数检查；监理单位见证检验。

检验方法：观察、测量。

18.3.26 电能质量补偿装置的安装位置应准确，防潮防污及封堵功能应符合设计要求。

检验数量：施工单位全数检查；监理单位见证检验。

检验方法：观察。

18.3.27 电能质量补偿装置应投切可靠，符合设计要求。

检验数量：施工单位全数检查；监理单位见证检验。

检验方法：操作及试验检查。

18.3.28 电能质量补偿装置应进行交接试验，其主要电气性能检验项目及要求应符合现行国家标准《电气装置安装工程 电气设备交接试验标准》GB 50150的规定。

检验数量：施工单位全数检查；监理单位旁站。

检验方法:由具备资质的检验检测机构进行试验。

18.3.29 电能质量补偿装置设备外观检查应符合下列规定:

1 外壳应平整、无损伤变形,表面漆层完整。

2 绝缘子、支柱等瓷件不应有破损及裂纹,瓷、铁粘合应牢固、可靠。

检验数量:施工单位全数检查;监理单位抽样检验。

检验方法:观察,检查质量证明文件。

18.3.30 不与地绝缘的电能质量补偿装置设备外壳及其支架均应与保护线(PE)或保护中心线(PEN)可靠连接;与地绝缘的,均应接到固定电位上。

检验数量:施工单位全数检查;监理单位抽样检验。

检验方法:观察。

Ⅷ 箱式变电所、地埋式变压器及箱式电抗器

主控项目

18.3.31 箱式变电所、地埋式变压器及箱式电抗器安装应符合下列规定:

1 型号与安装位置应符合设计要求。

2 高、低压侧安装位置应正确,周围排水畅通。

3 吊装及二次运输应符合产品说明书的规定。

4 与基础预埋型钢结合部的防水措施应符合设计要求。

检验数量:施工单位全数检查;监理单位见证检验。

检验方法:观察。

18.3.32 箱式变电所、地埋式变压器及箱式电抗器的接地应可靠且有标识,其接地方式及接地电阻值应符合设计要求。

检验数量:施工单位全数检查;监理单位见证检验。

检验方法:观察、测量。

18.3.33 箱式变电所、地埋式变压器及箱式电抗器应进行交接试验,其主要电气性能检验项目及要求应符合现行国家标准《电

气装置安装工程　电气设备交接试验标准》GB 50150 的规定。

检验数量：施工单位全数检查；监理单位旁站。

检验方法：由具备资质的检验检测机构进行试验。

一般项目

18.3.34 箱式变电所、地埋式变压器及箱式电抗器应内外涂层完整、无损伤，闭锁动作可靠，门锁良好，防小动物设施齐全，通风口的防护网完好，各种电缆进出线口封闭完善。

检验数量：施工单位全数检查；监理单位抽样检验。

检验方法：观察。

18.3.35 箱式变电所、地埋变压器及箱式电抗器内高低压接线应完整，线缆截面应符合设计要求，每个输出回路应标记清晰、回路名称准确。

检验数量：施工单位全数检查；监理单位抽样检验。

检验方法：观察。

Ⅸ 屏柜及二次配线

主控项目

18.3.36 屏（柜）及二次配线验收标准应符合本标准第 17.2.108～17.2.115 条的有关规定。

Ⅹ 综合自动化

主控项目

18.3.37 综合自动化验收标准应符合本标准第 17.2.128 条的有关规定。

Ⅺ 高压母线装置

主控项目

18.3.38 高压母线的进场验收应符合下列规定：

1 矩形母线应平直，表面应无明显划痕，厚度和宽度应符合设计要求。

2 封闭母线的密封应良好,各段编号标志应清晰,附件应齐全,外壳应无变形。

3 母线螺栓搭接面应平整,镀层覆盖应完整、无起皮和麻面。

检验数量:施工单位全数检查;监理单位抽样检验。

检验方法:观察,检查质量证明文件。

18.3.39 矩形母线的安装应符合下列规定:

1 交流母线相序及相色的标志应正确,L_1、L_2、L_3 应分别是黄色、绿色、红色,中性导体应为淡蓝色。

2 直流母线正极应为赭色,负极应为蓝色。

3 盘(柜)上模拟母线的标志颜色应与牵引直流母线的颜色相一致。

4 母线金属支架、托架和绝缘子底座应与保护接地导体(PE)可靠连接;相间及相对地的安全净距应符合设计要求。

检验数量:施工单位全数检查;监理单位抽样检验,且不少于5处。

检验方法:观察、测量。

18.3.40 封闭式母线的连接方法应符合产品技术文件要求,单节母线的绝缘电阻值应大于 20 MΩ;金属外壳等外露可导电部分应与保护导体可靠连接,连接导体的材质、截面积应符合设计要求,每段母线槽的金属外壳间应连接可靠,且母线槽全长与保护导体连接不应少于2处。

检验数量:施工单位全数检查;监理单位抽样检验,且不少于5节。

检验方法:观察、测量。

一般项目

18.3.41 母线搭接面的连接螺栓应用力矩扳手紧固,其紧固力矩值应符合表 18.3.41 的规定。

表 18.3.41 钢制螺栓的紧固力矩值

螺栓规格	力矩值(N·m)
M8	8.8～10.8
M10	17.7～22.6
M12	31.4～39.6
M14	51.0～60.8
M16	78.5～98.1
M18	98.0～127.4
M20	156.9～196.2
M24	274.6～343.2

检验数量:施工单位全数检查;监理单位抽样检验,且不少于5处。

检验方法:观察、测量。

18.3.42 矩形母线的安装应符合下列规定:

1 母线与支柱绝缘子均应处于同一水平或垂直安装中心线上,且固定应牢靠。

2 母线伸缩节的安装位置及材质应符合设计要求。

3 母线表面油漆涂层应完整、无脱落。

检验数量:施工单位全数检查;监理单位抽样检验,且不少于5处。

检验方法:观察。

18.3.43 母线搭接时接触面的处理应符合下列规定:

1 母线的接触面应平整、无氧化膜;加工后铜截面的减小值不应大于原截面的3%,铝母线不应大于原截面的5%。

2 铜与铜:高温且潮湿的室内应搪锡。

3 钢与钢:不得直接连接,应搪锡或镀锌。

4 铜与铝:在干燥的室内铜导体应搪锡;潮湿场所应采用铜铝过渡板,铜端应搪锡。

5 钢与铜或铝:钢搭接面应搪锡。

检验数量:施工单位全数检查;监理单位抽样检验,且不少于5处。

检验方法:观察。

18.3.44 封闭式母线的安装应符合下列规定:

1 封闭式母线与外壳应同心,允许偏差为±5 mm。

2 封闭式母线段与段连接时,两相邻段母线及外壳应对准,连接后不应使母线及外壳受额外应力。

检验数量:施工单位全数检查;监理单位抽样检验,且不少于5节。

检验方法:观察、测量。

XII 交直流电源装置

主控项目

18.3.45 交直流电源装置验收标准应符合本标准第17.2.116～17.2.127条的相关规定。

XIII UPS不间断电源装置及EPS应急电源装置

主控项目

18.3.46 UPS不间断电源装置及EPS应急电源装置的内部接线应连接正确,紧固件应齐全、可靠、不松动,焊接连接应无脱落现象。

检验数量:施工单位全数检查;监理单位见证检验20%。

检验方法:依照设计文件检查,观察。

18.3.47 UPS不间断电源装置及EPS应急电源装置指标应符合下列规定:

1 输入、输出各级保护系统和输出的电压稳定性、波形畸变系数、频率、相位、静态开关的动作等各项技术性能指标应符合产品技术文件要求和设计要求。

2 蓄电池容量及切换时间应符合产品技术文件和设计要求。

3 UPS冗余或并机运转功能应符合设计要求。

检验数量:施工单位全数检查;监理单位见证检验。

检验方法:查阅设计文件和产品技术文件。

18.3.48 UPS不间断电源装置及EPS应急电源装置输出端的系统接地方式应符合设计要求。

检验数量:施工单位全数检查;监理单位抽样检验。

检验方法:观察。

18.3.49 UPS不间断电源装置及EPS应急电源装置蓄电池安装应符合下列规定:

1 柜体的形式、规格、尺寸和平面布置应符合设计要求。屏(柜)单独或成列安装时,其垂直度、水平偏差以及屏(柜)面的偏差和屏(柜)间接缝的允许偏差应符合本标准表17.2.69的相关规定。

2 柜体水平及垂直度应符合蓄电池安装要求。

3 蓄电池安装应排列整齐,距离均匀一致,连接条应经过防腐处理。

4 蓄电池极性连接应正确,并牢固可靠。

检验数量:施工单位全数检查;监理单位见证检验。

检验方法:对照设计及相关技术文件,观察、测量。

一般项目

18.3.50 安放UPS不间断电源装置及EPS应急电源装置的机架组装应横平竖直,水平度、垂直度允许偏差不应大于1.5‰,紧固件应齐全。

检验数量:施工单位全数检查;监理单位抽样检验。

检验方法:观察。

18.3.51 引入或引出UPS不间断电源装置及EPS应急电源装置的电线、电缆的屏蔽护套接地应连接可靠,与接地干线就近连接;接地标识应清晰。

检验数量:施工单位全数检查;监理单位抽样检验。

检验方法:观察、测量。

XIV 柴油发电机组

主控项目

18.3.52 柴油发电机组安装应符合下列规定:

1 发电机机组的安装位置应准确,应有减振措施,发电机组基础应与机房整体地面分割。

2 发电机机组安放应垫平放正,地脚螺栓的螺帽应齐全、紧固。

3 防潮防污功能应符合产品技术文件要求。

4 机组的箱体及发电机的外壳应接地(PE)可靠、标识明确。

检验数量:施工单位全数检查;监理单位见证检验。

检验方法:观察。

18.3.53 燃油系统安装应符合下列规定:

1 暴露的输油管道应适当支撑,防护措施应符合设计要求,应避免接近热管路、电气设备、导线或排烟管。

2 隔热措施、管路弯转应符合设计要求,管路接口处应有适当的密封材料。

3 柴油机应装配设计要求型号的燃油滤清器。

检验数量:施工单位全数检查;监理单位见证检验。

检验方法:观察。

18.3.54 排烟系统安装应符合下列规定:

1 排烟管应有良好的支撑和固定,排烟管距离地面不应小于2.3m。

2 机房内排烟管的隔热处理应符合设计要求。

检验数量:施工单位全数检查;监理单位见证检验。

检验方法:观察。

18.3.55 散热水箱与风道或排风消声器之间的导风管长度不应

小于 300 mm。

检验数量：施工单位全数检查；监理单位见证检验。

检验方法：观察、测量。

18.3.56 进、排风百叶窗有效通风面积应符合设计或产品要求，内侧应装有防护网，并通过耐热防油的软性管线与机组散热水箱相连。

检验数量：施工单位全数检查；监理单位见证检验。

检验方法：观察、测量。

18.3.57 柴油发电机馈线的相序应与系统电源的相序一致。

检验数量：施工单位全数检查；监理单位见证检验。

检验方法：测量。

18.3.58 发电机中性线应与接地干线直接连接，防松螺栓应紧固良好，且有标识。

检验数量：施工单位全数检查；监理单位见证检验。

检验方法：观察。

18.3.59 柴油发电机组并列运行或并网运行时，应保证其电压、频率、相位一致，联锁功能可靠并满足设计要求。

检验数量：施工单位全数检查；监理单位见证检验。

检验方法：测量试验。

18.3.60 柴油发电机组噪声声级平均值应符合设计要求，且不应大于 110 dB(A)。

检验数量：施工单位全数检查；监理单位见证检验。

检验方法：按现行国家标准《往复式内燃机驱动的交流发电机组 第 10 部分：噪声的测量（包面法）》GB/T 2820.10 的相关规定执行。

18.3.61 柴油发电机组的排气烟度和排出的有害物质允许浓度应符合产品技术条件的要求。相关污染物的排放限值宜符合行业标准《铁路电力工程施工质量验收标准》TB 10420—2018 表 11.3.10 的相关规定。

检验数量:施工单位全数检查;监理单位见证检验。

检验方法:测量。

一般项目

18.3.62 机组的排烟出口应符合下列规定:

1 应通过软连接安装后再通过刚性管路与排烟消音器连接。

2 终端排烟口不得直接对准易燃物质或建筑物。

检验数量:施工单位全数检查;监理单位抽样检验。

检验方法:观察。

XV 中性点接地装置

主控项目

18.3.63 接地变压器与接地体或接地干线的连接应采用单独的接地线,其材质、型号应符合设计要求。

检验数量:施工单位全数检查;监理单位见证检验。

检验方法:观察。

18.3.64 消弧线圈接地装置的分接头位置应符合设计要求。

检验数量:施工单位全数检查;监理单位见证检验。

检验方法:依照设计文件检查。

18.3.65 电力低电阻接地系统成套装置的安装质量应符合下列规定:

1 电阻柜周围检修空间应符合设计要求。

2 电阻柜接线电缆的型号、规格应符合设计要求。

3 电阻柜内的隔离开关与调压器柜断路器的闭锁关系应符合设计要求。

检验数量:施工单位全数检查;监理单位见证检验。

检验方法:依照设计文件观察。

18.3.66 中性点接地装置应进行交接试验,其主要电气性能检验项目及要求应符合现行国家标准《电气装置安装工程 电气设备交接试验标准》GB 50150 的规定。

检验数量：施工单位全数检查；监理单位旁站。

检验方法：由具备资质的检验检测机构进行试验。

18.4 电缆敷设

18.4.1 电缆的进场检验应符合下列规定：

1 电缆外表应无绞拧、铠装压扁、护层断裂和表面严重划伤等缺陷。

2 线缆的绝缘测试应合格。

检验数量：施工单位全数检查；监理单位见证检验。

检验方法：依照设计文件，检查实物和质量证明文件，绝缘测试。

18.4.2 电缆进场后应抽样检验，并应符合下列规定：

1 电缆应进行 20℃ 导体直流电阻试验、主绝缘耐压试验、绝缘层平均厚度试验。

2 无卤低烟类电缆应抽样进行绝缘燃烧腐蚀性及透光率试验。

3 阻燃类电缆应抽样进行成束燃烧试验。

4 耐火类电缆应抽样进行火焰条件下线缆完整性（供火温度为 750℃，矿物绝缘类电缆供火温度为 950℃）试验。

检验数量：施工单位高压电缆按同一供货单位、同一时间到货、同一规格、同一型号抽取 1 个样品进行试验；低压电缆按同一供货单位、同一时间到货的线缆，按照规格、型号、种类，抽取 20% 的样品且不少于 1 个进行试验，连续 2 个批次均检验合格时，样品数量减半。出现不合格样品时，应对本批次所有规格、型号电缆进行取样送检。监理单位见证取样。

检验方法：试验检验，检查检验报告。

18.4.3 电缆附件的进场检验应符合下列规定：

1 电缆附件规格、型号应符合设计要求,零部件应完整、齐全。

2 主要性能应符合相应产品技术标准的规定。

检验数量:施工单位全数检查;监理单位见证检验。

检验方法:依照设计文件检查实物和质量证明文件。

18.4.4 电缆敷设路径、方式应符合设计要求。

检验数量:施工单位全数检查;监理单位见证检验20%。

检验方法:观察。

18.4.5 电缆敷设的最小弯曲半径应符合行业标准《铁路电力工程施工质量验收标准》TB 10420—2018 表6.3.3-1 及表6.3.3-2 的相关规定。

检验数量:施工单位全数检查;监理单位见证检验20%。

检验方法:观察、测量。

18.4.6 不同电源性质的电缆、不同专业的光电缆敷设应符合下列规定并在隐蔽前拍摄影像资料:

1 不同电源性质的电缆没有条件分径路、需要同沟槽敷设时,防护措施应符合设计文件和有关标准的要求。

2 电力电缆与通信、信号电缆不宜同槽敷设;同槽敷设时,应采取相应防护措施,并应符合设计要求。

检验数量:施工单位全数检查;监理单位见证检验。

检验方法:观察。

18.4.7 电缆与电缆、管道、道路、构筑物等之间的容许最小距离、埋设深度及防护措施,应符合设计要求,且容许最小距离应符合行业标准《铁路电力工程施工质量验收标准》TB 10420—2018 表6.3.5 的相关规定。

检验数量:施工单位全数检查;监理单位见证检验20%。

检验方法:观察、测量。

18.4.8 高压电缆线路应进行交接试验,其主要电气性能检验项目及要求应符合现行国家标准《电气装置安装工程 电气设备交接试验标准》GB 50150 的规定。

　　检验数量：施工单位全数检查；监理单位旁站。

　　检验方法：由具备资质的检验检测机构进行试验。

Ⅰ　槽道内电缆敷设

主控项目

18.4.9　电缆槽内敷设应排列整齐。

18.4.10　对于布置在排水沟内侧的电缆槽，应按设计要求对电缆沟防水和排水采取加强措施。

18.4.11　桥梁上的电缆应在桥墩两端和伸缩缝处充分松弛。

18.4.12　电缆敷设完毕后，电缆槽盖板应完整、平顺。

　　检验数量：施工单位全数检查；监理单位见证检验 20%。

　　检验方法：观察。

Ⅱ　直埋电缆敷设

18.4.13　直埋电缆的敷设验收标准应符合行业标准《铁路电力工程施工质量验收标准》TB 10420—2018 第 6.3 节的有关规定。

Ⅲ　支架、桥架上电缆敷设

主控项目

18.4.14　电缆沿支架、桥架、保护管敷设及固定方式设应符合设计文件和有关标准的要求；交流单芯电缆以单根穿管时，不得使用未分割磁路的钢管。

　　检验数量：施工单位全数检查；监理单位见证检验 20%。

　　检验方法：观察。

Ⅳ　管道内电缆敷设

主控项目

18.4.15　电缆管道的施工质量应符合下列规定：

1 管道内径不应小于电缆外径的 1.5 倍,且混凝土管、陶土管、石棉水泥管内径不应小于 100 mm。

2 管道的弯曲半径应符合穿入电缆的弯曲半径的要求,且弯曲后应无裂缝或显著凹下。其弯扁处最小直径不宜小于管外径的 90%。每根保护管的弯头不应超过 3 个,直角弯不应超过 2 个。

3 管道的埋深从地面到管上部距离不应小于 0.7 m;在人行道下敷设不应小于 0.5 m。

4 利用电缆保护钢管作接地线时,接地线应焊接良好。有丝扣的管,接头处应用跳线焊接。接地线和跳线的规格应符合设计要求。

检验数量:施工单位全数检查;监理单位见证检验 20%。

检验方法:观察、测量。

V 悬挂式电缆敷设

主控项目

18.4.16 电缆悬挂钢索、电缆悬挂点设置应符合设计要求;托架安装应牢固可靠。

18.4.17 沿钢索悬挂的电缆,电缆中间接头的安装位置、固定方式以及电缆的预留方式应符合设计要求。

18.4.18 市域铁路隧道壁上的电缆不应紧贴隧道壁敷设,其支撑件应具有抗振、抗活塞风、耐腐蚀性能。

18.4.19 预分支电缆过程中不得提前放开支线,应防止分支体在通过孔洞时刮伤,并应避免受到过大的机械外力。

18.4.20 固定单芯型预制分支电缆时,不得使用未分割磁路的金属夹具。

18.4.21 主干线和分支线与受电侧电器和用电侧电器连接时,应使用金属线夹,并应正确地选用线夹的金属类型。

18.4.22 电缆头、预分支电缆头、电缆挂架的固定风洞效应测试应符合设计要求。

检验数量：施工单位全数检查；监理单位见证检验20%。

检验方法：依照设计文件检查实物和质量证明文件，观察。

Ⅵ 电缆附件制作与安装

主控项目

18.4.23 高压电缆终端及接头的制作应符合下列规定：

1 高压电缆头的电缆护层切剥长度、绝缘包扎长度及线芯连接强度应符合产品技术文件要求。

2 电缆终端和接头应采取加强绝缘、密封防潮、机械保护措施。6kV以上电缆接头处应有改善电缆屏蔽端部电场集中的有效措施，并应确保外绝缘相间和对地距离。

3 单芯电缆中间接头应前后错开，其距离不应小于0.5m。

4 可触摸电缆头静电屏蔽线接地应可靠。

检验数量：施工单位全数检查；监理单位旁站。

检验方法：观察、测量。

18.4.24 电缆对接箱、电缆终端及接头的安装位置、固定方式、接地方式、防振措施以及与相关设备的带电距离应符合设计要求。

检验数量：施工单位全数检查；监理单位见证检验。

检验方法：核对设计文件，观察、测量及测试检查。

18.4.25 电缆线芯连接金具应采用符合标准的连接管和接线端子，其内径应与电缆线芯匹配；采用压接时，压接钳和模具应符合规格要求，应连接正确、固定牢固。

检验数量：施工单位全数检查；监理单位见证检验20%。

检验方法：观察、测量。

18.4.26 电力电缆金属铠装层、铜屏蔽层应分别用接地铜绞线或镀锡铜编织线引出，护层保护器的设置应符合设计要求，接地铜绞线或镀锡铜编织线应作绝缘处理，截面应符合行业标准《铁路电力工程施工质量验收标准》TB 10420—2018 表 6.3.14 的相关规定。

检验数量:施工单位全数检查;监理单位见证检验 20%。
检验方法:观察。

18.4.27 矿物绝缘电缆中间连接应采用压装型、压接型、螺丝连接型中间连接端子连接;截面 35 mm^2 以上电缆终端应采用压装型终端连接端子。

检验数量:施工单位全数检查;监理单位见证检验。
检验方法:观察。

18.4.28 矿物绝缘电缆进出分支箱、盒的电缆铜护套均应可靠连接。

检验数量:施工单位全数检查;监理单位见证检验。
检验方法:观察。

18.4.29 电缆通过零序电流互感器时,电缆金属护层及接地线应对地绝缘;电缆接地点在互感器以下时,接地线应直接接地;电缆接地点在互感器以上时,接地线应穿过互感器接地。

检验数量:施工单位全数检查;监理单位见证检验。
检验方法:观察。

一般项目

18.4.30 电缆线路两端终端头应有明显的相色标志,且与系统的相位一致。电缆沟槽内电缆中间接头应采取防护措施,防止长期浸水受潮。电缆线芯压接后端子或连接管上的凸痕应修理光滑。

检验数量:施工单位全数检查;监理单位抽样检验。
检验方法:观察。

18.4.31 矿物绝缘电缆终端连接端子应采用专业配件,并应与电缆线芯可靠连接。

检验数量:施工单位全数检查;监理单位抽样检验。
检验方法:观察。

18.4.32 矿物绝缘电缆封端宜采用专用附件,当采用热缩件作为封端时,应添加专用密封胶。

检验数量:施工单位全数检查;监理单位抽样检验。

检验方法:观察。

18.5 35 kV 及以下架空线路

18.5.1 设备、材料及构配件进场检验应符合行业标准《铁路电力工程施工质量验收标准》TB 10420—2018 第 7.2 节的有关规定。

Ⅰ 基坑开挖、回填及基础浇筑

主控项目

18.5.2 基坑开挖、回填及基础浇筑应符合行业标准《铁路电力工程施工质量验收标准》TB 10420—2018 第 7.3 节的有关规定。

Ⅱ 杆塔组立、横担组装及绝缘子安装

主控项目

18.5.3 杆塔组立、横担组装及绝缘子安装应符合行业标准《铁路电力工程施工质量验收标准》TB 10420—2018 第 7.4 节的有关规定。

Ⅲ 拉线安装

主控项目

18.5.4 拉线安装应符合行业标准《铁路电力工程施工质量验收标准》TB 10420—2018 第 7.5 节的有关规定。

Ⅳ 导线、地线架设

主控项目

18.5.5 导线、地线架设应符合行业标准《铁路电力工程施工质

量验收标准》TB 10420—2018 第7.6节的有关规定。

Ⅴ 线路设备安装

主控项目

18.5.6 线路设备安装应符合行业标准《铁路电力工程施工质量验收标准》TB 10420—2018 第7.7节的有关规定。

18.6 低压配电

18.6.1 设备、材料及构配件进场检验应符合行业标准《铁路电力工程施工质量验收标准》TB 10420—2018 第8.2节的有关规定。

Ⅰ 配管配线

主控项目

18.6.2 管路和附件的安装方式、路径应符合设计要求。
检验数量：施工单位全数检查；监理单位见证检验。
检验方法：观察。

18.6.3 电线管路的弯曲半径和弯曲程度应符合表18.6.3的要求。

表18.6.3 电线管路弯曲要求

序号	弯曲条件	弯曲要求
1	电线管路弯曲半径（明配）	不小于管子外径的6倍（只有1个弯时可不小于4倍）
2	电线管路弯曲半径（暗配）	不小于管子外径的6倍（埋设于地下或混凝土内时不小于10倍）
3	弯曲程度	弯扁处的最小外径不小于管子外径的90%

检验数量：施工单位全数检查；监理单位见证检验20%。

检验方法:观察、测量。

18.6.4 接地形式采用 TN-S、TN-C-S 的供电系统中,金属管与塑料管、金属箱盒与塑料箱盒混合使用时,金属管、金属箱盒与保护地线(PE线)应有可靠的电气连接。

检验数量:施工单位全数检查;监理单位见证检验。

检验方法:观察。

18.6.5 导线的布置方式、路径应符合设计要求。

检验数量:施工单位全数检查;监理单位见证检验20%。

检验方法:观察。

18.6.6 配线与其他各种管道之间的最小距离应符合表18.6.6的规定。

表18.6.6 配线与管道之间的最小距离

序号	导管敷设位置	最小距离(mm)	
		热水	蒸汽
1	在热水、蒸汽管道上面平行敷设	300	1 000
2	在热水、蒸汽管道下面或水平平行敷设	200	500
3	与热水、蒸汽管道交叉敷设	100	300

注:1. 导管与不含易燃易爆气体的其他管道的距离,平行敷设不应小于100 mm,交叉敷设处不应小于50 mm。
  2. 导管与易燃易爆气体管道不宜平行敷设,交叉敷设处不应小于100 mm。
  3. 达不到规定距离时,应采取可靠有效的隔离保护措施。

检验数量:施工单位全数检查;监理单位见证检验。

检验方法:观察、测量。

18.6.7 导线间或导线与端子间,当采用套管焊接时,焊缝焊料应饱满,表面应光滑,无凹陷、无漏焊裂缝等缺陷;当采用套管压接时,连接管、压接帽、压模等与导线线芯应相匹配。

检验数量:施工单位全数检查;监理单位见证检验20%。

检验方法:观察。

18.6.8 配线的分支线连接处,不应使干线受支线的横向拉力。

检验数量:施工单位全数检查;监理单位见证检验20%。

检验方法:观察。

18.6.9 室内外绝缘导线敷设的最小线间距离、室内外绝缘导线至地面最小距离、室外绝缘导线至建筑物最小距离应符合设计要求。

检验数量:施工单位全数检查;监理单位见证检验20%。

检验方法:观察、测量。

18.6.10 在爆炸、火灾危险环境的配线防护应符合设计要求及相关标准的规定。

检验数量:施工单位全数检查;监理单位见证检验20%。

检验方法:观察、测量。

一般项目

18.6.11 钢管与设备不能直接连接时,宜采取加装软管等保护措施。

检验数量:施工单位、监理单位全数检查。

检验方法:观察。

18.6.12 当导管敷设遇到下列情况时,中间宜增设接线盒或拉线盒,且盒子的位置应便于穿线:

1 导管长度每大于40 m,无弯曲。

2 导管长度每大于30 m,有1个弯曲。

3 导管长度每大于20 m,有2个弯曲。

4 导管长度每大于10 m,有3个弯曲。

检验数量:施工单位检查总数的20%;监理单位抽样检验。

检验方法:观察、测量。

18.6.13 钢保护管的连接应符合下列规定:

1 采用螺纹连接时,管端螺纹长度不应小于管接头长度的1/2,其螺纹宜外露2扣～3扣。

2 采用套管连接时,套管长度为连接管外径的1.5倍～3倍,连接管的对口处应在套管的中心,焊口应焊接牢固、严密。

检验数量:施工单位检查总数的20%;监理单位抽样检验。

检验方法:观察、测量。

18.6.14 暗配线路的安装应符合下列规定:

1 钢管与接线盒、开关盒、灯头盒的可用焊接固定,管口露出盒内壁的长度应小于5 mm,焊后应补刷防腐漆。

2 暗配线路的电线保护管路应沿最近的路线敷设。埋入建筑物或构筑物内的电线管与建筑物表面的距离不应小于15 mm。

检验数量:施工单位检查总数的20%;监理单位抽样检验。

检验方法:观察、测量。

18.6.15 明配线路的安装应符合下列规定:

1 明配线路的电线管,其垂直及水平敷设直线段的垂直或水平偏差,每2 m内应小于3 mm,全长连续偏差不应大于管材外径的1/2。

2 明配保护管路应排列整齐,固定点间的距离应均匀,管卡与终端、弯头中点、电气设备或箱盒边缘的距离应为150 mm~500 mm。

检验数量:施工单位检查总数的20%;监理单位抽样检验。

检验方法:观察、测量。

18.6.16 金属保护管接地跨接线直径应符合表18.6.16的规定,焊接长度不应小于直径的6倍。

表18.6.16 金属管跨接线直径

金属保护管公称直径(mm)		跨接线直径(mm)	
电线管	钢管	圆钢	扁钢
≤32	≤25	6	—
40	32	8	—
50	40~50	10	—
70~80	70~80		25×4

检验数量:施工单位按表18.6.16检查总数的20%;监理单

位抽样检验。

检验方法:观察、测量。

18.6.17 金属软保护管的安装应符合下列规定:

1 弯曲半径不应小于管子外径的 6 倍。

2 固定点间距不得大于 1.3 m,管卡与终端、弯头中点距离宜为 300 mm。

3 与嵌入式灯具或类似器具连接时,其末端固定管卡可安装于灯具、器具边缘为起点的管长 1 m 处。

4 金属软管不应有退绞、松散现象,中间应无接头,与设备、器具连接处应用专用接头,且密封良好、接地可靠。

检验数量:施工单位检查总数的 20%;监理单位抽样检验。

检验方法:观察、测量。

18.6.18 塑料保护管的安装应符合下列规定:

1 在砖砌体上剔槽敷设时,应采用强度不低于 M10 等级的水泥砂浆抹面保护,其厚度不应小于 15 mm。

2 在混凝土层内敷设时,应采用强度不低于 M10 等级的水泥砂浆抹面保护,其厚度不应小于 20 mm。

3 塑料波纹保护管应避开抽烟道和供热管,与供热管道的距离不应小于 200 mm。

4 用塑料波纹管作电线管时,不应有破裂或砂眼,弯曲后不应产生裂纹或显著凹瘪,弯曲角度不应小于 90°,波纹管应采用专用接头及管帽、卡环配套使用。

5 塑料电线管管口应平整、光滑,连接处应涂专用胶合剂密封。采用插入法连接时,插入深度应为管子外径的 1.1 倍～1.8 倍;采用套管连接时,套管长度应为管子外径的 1.5 倍～3 倍,对接口应在套管的中心。

6 塑料电线管穿过易受机械损伤的楼板时,应加套钢管保护;埋入地面或楼板的塑料电线管,其保护高度距楼板表面的距离不应小于 500 mm。在引向设备而露出地面易受机械损伤的一段,亦应有保护措施。

检验数量:施工单位检查总数的20%;监理单位抽样检验。

检验方法:观察、测量。

18.6.19 电线保护管路的安装,在直线和弯曲处均不应有折皱、凹陷和裂缝,弯扁程度不应大于管外径的10%,金属管连接处应焊接或采用与导管型号规格相适配的专用接头,连接应牢固可靠,并用配套的专用接地线卡跨接。

检验数量:施工单位检查总数的20%;监理单位抽样检验。

检验方法:观察、测量。

18.6.20 保护管内绝缘导线总面积不应大于管内截面的40%,不同回路、不同电压、交流与直流的导线不得穿于同一根管内,同一交流回路的导线应穿于同一管内,导线及中性线应有区分标志。

检验数量:施工单位检查总数的20%;监理单位抽样检验。

检验方法:观察。

18.6.21 配线用线槽固定点应符合设计要求,连接应连续、无间断,槽盖应齐全,其水平和垂直偏差不应大于其宽度的20%,金属线槽应防腐良好,并应可靠接地或接零。

检验数量:施工单位检查总数的20%;监理单位抽样检验。

检验方法:观察。

18.6.22 绝缘导线沿室内墙体、顶棚敷设时,其支持点间的最大距离应符合表18.6.22的规定,室外墙面上直接固定点间距不应大于2m。

表18.6.22 室内沿墙体、顶棚敷设支持点的最大距离

芯线截面(mm^2)	1～4	6～10	14～25	35～120
支持点最大距离(m)	2.0	2.5	3.0	6.0

检验数量:施工单位按表18.6.22检查总数的20%;监理单位抽样检验。

检验方法:观察。

Ⅱ 配电柜(箱)、控制柜安装

主控项目

18.6.23 配电柜(箱)、控制柜安装位置、安装方式应符合设计要求,本体接地可靠。线路内安装的柜(箱)可开启门板应满足抗风压要求,且开启后与线路间距最小处不得侵入车辆限界。

检验数量:施工单位全数检查;监理单位见证检验20%。

检验方法:观察。

18.6.24 双电源切换装置应动作可靠,切换时间应符合设计要求。

检验数量:施工单位全数检查;监理单位见证检验20%。

检验方法:观察,检查质量证明文件,试验检查。

一般项目

18.6.25 配电柜(箱)上应标明回路编号、回路名称和额定电流,有备用电源时应有标志。

检验数量:施工单位全数检查;监理单位抽样检验。

检验方法:观察。

18.6.26 导线连接应无松动,保护、控制、测量、信号等回路应正常。

检验数量:施工单位全数检查;监理单位抽样检验。

检验方法:观察、操作检查。

Ⅲ 防爆电气设备安装

一般项目

18.6.27 隔爆型电机轴与轴孔、风扇与端罩正常工作状态下应无碰擦现象。

检验数量:施工单位全数检查;监理单位抽样检验。

检验方法:观察。

18.6.28 防爆电气设备电气联锁装置应可靠。

检验数量:施工单位全数检查;监理单位见证检验。

检验方法:观察、试验。

18.6.29 增安型和无火花型电机定、转子间单边气隙值应符合产品规定。

检验数量:施工单位全数检查;监理单位抽样检验。

检验方法:测量。

18.6.30 防爆电器多余的进线口应密封良好,设备的固定螺栓及防松装置齐全。

检验数量:施工单位全数检查;监理单位抽样检验。

检验方法:观察。

18.6.31 防爆电器在额定工作状态下,外壳的温度不应超过产品的规定值。

检验数量:施工单位全数检查;监理单位抽样检验。

检验方法:测量。

Ⅳ 封闭式母线

主控项目

18.6.32 母线与母线及母线与电器接线端子间采用螺栓搭接、连接时,应符合下列规定:

1 母线的各类搭接连接的钻孔直径和搭接长度应符合行业标准《铁路电力工程施工质量验收标准》TB 10420—2018 附录 G 的规定,用力矩扳手拧紧钢制连接螺栓的力矩值应符合本标准表 18.3.41 的相关规定。

2 母线接触面应清洁、涂电力复合脂,螺栓孔周边应无毛刺。

3 连接螺栓两侧应有平垫圈,相邻垫圈间应有大于 3 mm 的间隙,螺母侧应装有弹簧垫圈或锁紧螺母。

4 螺栓应受力均匀,不使电器的接线端子受额外应力。

检验数量:施工单位全数检查;监理单位见证检验。

检验方法:观察、测量。

18.6.33 封闭、插接式母线安装应符合下列规定:

1 母线的连接方法应符合产品技术文件要求。

2 当段与段连接时,两相邻段母线及外壳应对准,连接后不使母线及外壳受额外应力。

3 母线与外壳应同心,允许偏差为±5 mm。

检验数量:施工单位全数检查;监理单位见证检验20%。

检验方法:观察、测量。

18.6.34 插接母线槽的安装质量应符合下列规定:

1 插接母线槽的安装位置应符合设计要求,与之配套的插接开关箱或插接头箱应符合产品技术文件要求。

2 母线槽的安装应牢固,其水平或垂直设备的支架及托架均应设置调整螺栓,并确保母线槽处于水平或垂直状态。

3 插接母线槽的对插连接应符合产品技术文件要求。

4 安装后的母线槽其终端应有终端盖封闭,各段母线槽的外壳应可靠接地。

检验数量:施工单位全数检查;监理单位见证检验20%。

检验方法:观察、测量。

一般项目

18.6.35 封闭、插接式母线组装和固定位置应正确,外壳与底座间、外壳各连接部位和母线的连接螺栓应按产品技术文件要求正确选择,且连接紧固。

检验数量:施工单位全数检查;监理单位抽样检验。

检验方法:观察、测量。

18.6.36 当母线与母线、母线与电器接线端子搭接时,其搭接面的处理应符合本标准第18.3.41条的规定。

检验数量:施工单位全数检查;监理单位抽样检验。

检验方法:观察、测量。

Ⅴ 地面电源装置

主控项目

18.6.37 电源柜、现场插座箱应安装牢固,螺栓连接可靠,柜与墙、柜底面与地面的距离符合设计要求,盘柜无变形,表面油漆涂层完整、清洁,元、器件完好无损。

检验数量:施工单位全数检查;监理单位见证检验。

检验方法:观察。

18.6.38 地面电源装置应进行接地检测,接地电阻应符合设计要求。

检验数量:施工单位全数检查;监理单位见证检验。

检验方法:观察。

18.7 电气照明

18.7.1 室内照明灯具及附件进场验收应符合下列规定:

1 灯具规格、型号、技术参数应符合设计要求。

2 灯具涂层应完整、无损伤,附件应齐全,且应有安全认证标志。

3 成套灯具的绝缘电阻、内部接线等性能,应进行现场抽样检测。灯具的绝缘电阻值应不小于 $2 M\Omega$;内部接线为铜芯绝缘电线时,芯线截面积应不小于 $0.5 mm^2$。

检验数量:施工单位全数检查;监理单位见证检验20%。

检验方法:检查质量证明文件及观察、测量。

18.7.2 开关、插座及其附件外观检查及抽样检测应符合下列规定:

1 开关、插座的面板及接线盒盒体应完整、无碎裂、零件齐全。

2 开关、插座的电气和机械性能应进行现场抽样检测,并应符合下列规定：

    1）不同极性带电部件间的电气间隙和爬电距离不应小于 3 mm；

    2）绝缘电阻值不应小于 5 MΩ；

    3）用自攻锁紧螺钉或自切螺钉安装的，螺钉与软塑固定件旋合长度不小于 8 mm，软塑固定件在经受 10 次拧紧退出试验后，应无松动或掉渣，螺钉及螺纹应无损坏现象；

    4）金属间相旋合的螺钉螺母，拧紧后完全退出，反复 5 次后应仍能正常使用。

  3 对开关、插座及其面板等塑料绝缘材料的阻燃性能有异议时，应按批抽样送检。

    检验数量：施工单位全数检查；监理单位见证检验 20%。

    检验方法：检查质量证明文件及观察、测量。

18.7.3 室外照明灯具进场检验应符合下列规定：

  1 灯具规格、型号、技术参数应符合设计要求。

  2 灯具接线盒盖防水密封垫应齐全、完整，防护等级符合设计要求。

  3 灯具外壳、开关手柄绝缘应完好。

    检验数量：施工单位全数检查；监理单位见证检验。

    检验方法：依照设计文件检查实物和质量证明文件。

18.7.4 隧道照明灯具应采用高效率、防腐蚀、防潮、防震、抗风压的灯具，其防护等级不宜低于现行国家标准《外壳防护等级（IP 代码）》GB 4208 的 IP65 级。

    检验数量：施工单位全数检查；监理单位见证检验。

    检验方法：检查实物和质量证明文件。

18.7.5 隧道照明灯具风洞效应测试应符合设计要求。

    检验数量：施工单位全数检查；监理单位见证检验。

    检验方法：检查实物和质量证明文件。

Ⅰ 室内照明

主控项目

18.7.6 灯具的安装应符合下列规定：

1 当灯具重量大于 3 kg 时，应固定在螺栓或预埋吊钩上，螺栓或预埋吊钩的直径不应小于灯具挂销直径，且不应小于 6 mm。

2 当灯具重量大于 10 kg 时，固定装置及悬吊装置应按灯具重量的 5 倍恒定均布载荷做强度试验，且持续时间不应小于 15 min。

3 灯具固定应牢固、可靠，不得使用木楔、塑料塞、尼龙塞。每套灯具的固定螺钉或螺栓不应少于 2 个。

4 Ⅰ类灯具外露可导电部分应用铜芯软导线与保护导体可靠连接，连接处应设置接地标识，铜芯软导线的截面积应与进入灯具的电源线截面积相同。

检验数量：施工单位全数检查；监理单位对本条第 2 款全数检查，其余项目见证检验 20%。

检验方法：观察，工具拧紧，查阅施工记录。

18.7.7 应急照明控制器、集中电源、应急照明配电箱及消防应急灯具安装除应符合现行国家标准《消防应急照明和疏散指示系统技术标准》GB 51309 的有关规定外，还应符合下列规定：

1 消防应急标志灯具的设置，不应影响正常的通行，且不应在其周围设置容易混同消防应急标志灯具的其他标志。

2 消防应急方向指示标志灯具的疏散方向指示箭头指向应正确。

3 消防应急照明灯具不应直接安装在可燃装修材料或可燃物件上。

4 消防应急照明线路在每个防火分区应有独立的应急照明回路，穿越不同防火分区的线路应有防火隔堵措施。

5 采用应急电源（EPS）供电的应急灯具，应检验 EPS 供电运行的最少持续供电时间,应符合设计要求。

　　检验数量:施工单位全数检查;监理单位抽样检验。

　　检验方法:观察、测量。

18.7.8 LED灯具安装位置应有较好的散热条件,且不宜安装在潮湿场所。灯具安装应牢固可靠,饰面不应使用胶类粘贴。灯具用的金属防水接头密封圈应齐全、完好。

　　检验数量:施工单位全数检查;监理单位按灯具型号5%抽样检验,且各不得少于1套。

　　检验方法:观察,查阅产品进场验收记录及产品质量合格证明文件。

18.7.9 埋地灯的防护等级应符合设计要求,接线盒应采用防护等级为IPX7的防水接线盒,盒内绝缘导线接头应做防水绝缘处理。

　　检验数量:施工单位全数检查;监理单位按灯具总数5%抽样检验,且不得少于1套。

　　检验方法:观察,检查产品进场验收记录及产品质量合格证明文件。

18.7.10 照明开关安装应符合下列规定:

　　1 同一建筑(构)物的开关宜采用同一系列的产品。开关的通断位置应一致,操作应灵活,接触应可靠。

　　2 控制灯具的开关应连接在相线上。

　　检验数量:施工单位全数检查;监理单位抽样检验。

　　检验方法:观察、操作检查。

18.7.11 插座接线应符合下列规定:

　　1 单相两孔插座,面对插座的右孔或上孔应为相线,左孔或下孔应为中性导体(N);单相三孔插座,面对插座的右孔应为相线,左孔应为中性导体(N)。

　　2 单相三孔、三相四孔及三相五孔插座的保护接地导体(PE)应接在上孔。插座的保护接地导体(PE)端子不得与中性导体(N)端子连接。同一场所的三相插座,接线的相序应一致。

3 保护接地导体(PE)在插座间不得采用串联连接。

4 相线与中性导体(N)不得利用插座本体的接线端子转接供电。

检验数量:施工单位全数检查;监理单位抽样检验。

检验方法:观察、测量。

18.7.12 照明通电试运行应符合下列规定:

1 照明系统通电,灯具回路控制应与照明配电箱及回路的标识一致;开关与灯具控制顺序应相对应。

2 照明系统通电连续试运行时间应为24 h,所有照明灯具均应开启,且每2 h记录运行状态1次,连续运行时间内应无故障。

检验数量:施工单位全数检查;监理单位抽样检验。

检验方法:观察、操作检查及检查试运行记录。

一般项目

18.7.13 安全出口标志灯和疏散标志灯应装有玻璃或非燃材料的保护罩,保护罩应完整、无裂纹。

检验数量:施工单位全数检查;监理单位抽样检验。

检验方法:观察、测量。

18.7.14 照明开关安装的位置应便于操作,开关边缘距门框边缘的距离为0.15 m~0.2 m,开关距地面高度宜为1.3 m。

检验数量:施工单位全数检查;监理单位抽样检验。

检验方法:观察、测量。

18.7.15 相同型号并列安装及同一室内开关安装的高度应一致,其控制顺序应符合设计要求。

检验数量:施工单位全数检查;监理单位抽样检验。

检验方法:观察、测量。

18.7.16 暗装开关、插座的面板安装应牢固、紧贴墙面、四周无缝隙,表面应清洁、无碎裂和划伤,装饰帽应齐全。

检验数量：施工单位全数检查；监理单位抽样检验。
检验方法：观察。

18.7.17 插座距地面高度应符合设计要求；当设计无要求时，插座高度距地面应大于 0.3 m。

检验数量：施工单位全数检查；监理单位抽样检验。
检验方法：观察、测量。

18.7.18 地插座的面板应与地面齐平或紧贴地面，盖板固定应牢固、密封良好。

检验数量：施工单位全数检查；监理单位抽样检验。
检验方法：观察。

Ⅱ 室外照明

主控项目

18.7.19 室外照明的灯具、设备的安装应符合下列规定：

1 灯具、设备的安装方式、高度应符合设计要求。

2 灯塔、灯柱、灯桥的外缘距轨道中心应符合设计要求，且不应小于 2.45 m；其布置不应影响信号瞭望；灯具与市域铁路建筑限界应满足设计要求，灯具应满足与接触网的安全距离及与市域铁路线上作业机械的安全距离等要求。

3 灯具高度设计无规定时灯柱离地面应不低于 3 m，在墙上安装时不应低于 2.5 m，金属卤化物灯具安装高度不应小于 5 m。

4 灯塔、灯桥的基础应符合设计要求，表面应平整，无跑浆、露筋、沉降、开裂、倾斜等缺陷，灯具与基础固定应可靠，地脚螺栓备帽应齐全，防腐蚀措施应完好。

5 灯具的电器保护装置应齐全，规格应与灯具适配。

6 灯杆的检修门应采取防水措施，且闭锁防盗装置完好。

7 室外灯具的防坠落装置安装方式应符合设计要求，安装牢固。

检验数量：施工单位全数检查；监理单位见证检验 20%。

检验方法:观察、测量。

18.7.20 灯柱、灯塔、灯桥及其附件的外缘与带电裸导体的最小水平距离应符合表 18.7.20 的规定。

表 18.7.20　灯柱、灯塔、灯桥外缘与带电裸导体间最小水平距离(m)

序号	带电体类别		无固定点	有固定点
1	架空电线路 (最大风偏时)	35 kV	3.0	—
		10 kV	1.5	—
2	接触网 (最大风偏时)	接触线等 27.5 kV 带电体	2.0	2.0
		回流线	1.2	0.6
		架空地线	0.6	0.6

检验数量:施工单位全数检查;监理单位见证检验 20%。
检验方法:观察、测量。

18.7.21 钢结构灯塔、灯桥焊接应良好,螺栓紧固力矩应符合产品技术文件要求。升降型投光灯塔的钢丝绳不应有断股、扭结及损伤,升降应通畅。

检验数量:施工单位全数检查;监理单位见证检验 20%。
检验方法:观察、测试。

18.7.22 灯塔、灯桥的避雷针,灯具及外壳、配电箱体、配线保护钢管、平台、爬梯等均应按设计要求可靠接地。

检验数量:施工单位全数检查;监理单位见证检验 20%。
检验方法:观察、测量。

一般项目

18.7.23 灯柱沿直线均匀布置时,偏离直线不应大于 50 mm,地面上部高差不应超过 20 mm。

检验数量:施工单位全数检查;监理单位抽样检验。
检验方法:观察、测量。

18.7.24 灯具导线采用绝缘导线沿柱体内敷设时,导线穿入、穿出柱体应做绝缘及防磨损处理,引入灯具的导线在入口处应做防水弯。

检验数量：施工单位全数检查；监理单位抽样检验。

检验方法：观察。

18.7.25 灯塔、灯桥、灯具及附件配电箱安装应牢固可靠，导线及配线、保护管敷设平整，系统接线正确，负荷分配合理。

检验数量：施工单位全数检查；监理单位抽样检验。

检验方法：观察。

18.7.26 灯具底座应固定可靠，灯具相线上的熔断器规格应符合设计要求。

检验数量：施工单位全数检查；监理单位见证检验20%。

检验方法：观察、测量。

Ⅲ 隧道及特殊场所照明

主控项目

18.7.27 隧道照明灯具、电源箱、配线支架及各种附件安装应符合下列规定：

1 布置、安装方式应符合设计要求。

2 灯具安装应牢固、整齐、照明正常，照度、眩光要求应符合设计要求。

3 不得侵入市域铁路建筑限界。

4 不得影响司机对信号瞭望。

5 与接触网的带电部分距离应符合本标准表18.7.20的规定。

检验数量：施工单位全数检查；监理单位见证检验。

检验方法：观察、测量。

Ⅳ 智能照明系统

主控项目

18.7.28 智能照明系统应符合设计要求。

检验数量：施工单位全数检查；监理单位见证检验20%。

检验方法:调试检查。

18.8 防雷、接地

18.8.1 设备、材料及构配件进场检验应符合行业标准《铁路电力工程施工质量验收标准》TB 10420—2018 第 14.2 节的有关规定。

Ⅰ 防雷装置

主控项目

18.8.2 建筑物上的防雷设施应采用多根引下线,各引下线断接卡设置距离应符合设计要求,断接卡应装设标识,并设保护措施。

　　检验数量:施工单位全数检查;监理单位见证检验 20%。

　　检验方法:观察、测量。

18.8.3 架空电力线路避雷线的接地、接地电阻值应符合设计要求。

　　检验数量:施工单位全数检查;监理单位见证检验。

　　检验方法:观察、测量。

18.8.4 母线引下线与避雷器的连接应牢固可靠,对设备无外加应力。

　　检验数量:施工单位全数检查;监理单位见证检验 20%。

　　检验方法:观察。

18.8.5 避雷器的安装位置应符合设计要求,安全净距应符合行业标准《铁路电力工程施工质量验收标准》TB 10420—2018 附录 F 的相关规定。

　　检验数量:施工单位全数检查;监理单位见证检验。

　　检验方法:观察、测量。

18.8.6 避雷器的安装质量应符合下列规定:

　　1 避雷器的安装应垂直、牢固、可靠,避雷器各节间连接应接触紧密、密封,并列安装的避雷器三相中心应在同一直线上。

  2 避雷器的接地方式应符合设计要求,避雷器的接地应与主接地装置可靠连接。

  检验数量:施工单位全数检查;监理单位见证检验。

  检验方法:依照设计文件观察及测量检查。

18.8.7 放电计数器应密封良好、动作可靠、工作回路完整,安装位置应符合设计要求。

  检验数量:施工单位全数检查;监理单位见证检验20%。

  检验方法:依照设计文件测试及观察。

18.8.8 各级电涌保护器应符合现行国家标准《建筑物防雷设计规范》GB 50057的规定,各级电涌保护器的残压不应大于所在保护范围内的设备的耐冲电压,连接导线最小横截面积应符合设计要求。

  检验数量:施工单位全数检查;监理单位见证检验20%。

  检验方法:依照设计文件观察。

18.8.9 电涌保护器的接地线应设置短接,直接与接地网或等电位接地体连接。

  检验数量:施工单位全数检查;监理单位见证检验20%。

  检验方法:依照设计文件测试及观察。

18.8.10 避雷器应进行交接试验,其主要电气性能检验项目及要求应符合现行国家标准《电气装置安装工程 电气设备交接试验标准》GB 50150的规定。

  检验数量:施工单位全数检查;监理单位旁站。

  检验方法:由具备资质的检验检测机构进行试验。

Ⅱ 接地网

主控项目

18.8.11 接地装置水平及垂直接地体敷设的位置和埋设深度应符合设计要求。

检验数量：施工单位全数检查；监理单位见证检验。

检验方法：观察、测量。

18.8.12 接地网的埋设应符合设计要求，隐蔽前应拍摄影像资料。

检验数量：施工单位全数检查；监理单位见证检验。

检验方法：观察、测量。

18.8.13 钢接地体（线）搭接焊接时，应牢固、无虚焊，搭接长度应符合下列规定：

1 扁钢应为其宽度的 2 倍，且至少 3 个棱边焊接。

2 圆钢应为其直径的 6 倍，且双侧焊接。

3 圆钢与扁钢连接应为圆钢直径的 6 倍。

4 扁钢与钢管、扁钢与角钢焊接时，应紧贴角钢外侧两面或 3/4 钢管表面，上、下两侧施焊。

5 焊接接头应有防锈蚀措施。

检验数量：施工单位全数检查；监理单位见证检验。

检验方法：观察、测量。

18.8.14 热剂焊接的熔接头应符合下列规定：

1 连接部位的金属应完全熔化，连接牢固。

2 接头的表面应平滑。

3 接头应无贯穿性的气孔。

检验数量：施工单位全数检查；监理单位见证检验。

检验方法：观察。

18.8.15 利用各种金属构件、金属管道作为接地线时，应在其搭接部位焊有金属跨接线。不得采用裸铝导体、利用金属软管、管道保温层的金属外皮或金属网以及电缆金属护层作接地线。

检验数量：施工单位全数检查；监理单位见证检验。

检验方法：观察。

18.8.16 人工接地装置或利用建筑物基础钢筋的接地装置应在地面以上按设计要求的位置设置测试点。

检验数量:施工单位全数检查;监理单位见证检验。
检验方法:观察。

18.8.17 供检修接地用的接地柱的数量和位置应符合设计要求。

检验数量:施工单位全数检查;监理单位见证检验。
检验方法:观察。

18.8.18 接地装置的接地电阻值应符合设计要求。
检验数量:施工单位全数检查;监理单位旁站。
检验方法:测试。

18.8.19 接地网应进行交接试验,其主要电气性能检验项目及要求应符合现行国家标准《电气装置安装工程 电气设备交接试验标准》GB 50150 的规定。

检验数量:施工单位全数检查;监理单位旁站。
检验方法:由具备资质的检验检测机构进行试验。

一般项目

18.8.20 明敷接地线应符合下列规定:

1 室内接地干线的支持件间的距离应均匀,水平直线部分应为 0.5 m～1.5 m,垂直部分应为 1.5 m～3 m,转弯部分距转角应为 0.3 m～0.5 m。

2 跨越建筑物伸缩缝、沉降缝、抗震缝处应有补偿装置。

3 明敷的引下线应平直、无急弯,与支架焊接处应做防腐处理。

4 变配电所内明敷的接地干线应符合下列规定:

1) 敷设位置应不妨碍设备的拆卸、检查、检修;
2) 当沿建筑物墙壁水平敷设时,应距地面高度 250 mm～300 mm;
3) 变压器室、高低压开关室内的接地干线上应设置不少于 2 个供临时接地用的接线柱。

检验数量:施工单位全数检查;监理单位抽样检验。

检验方法:观察、测量。

Ⅲ 电气设备接地

主控项目

18.8.21 低压电气设备地面上外露的接地线的截面应符合设计要求。

检验数量:施工单位全数检查;监理单位见证检验。

检验方法:观察、测量。

18.8.22 电气设备与接地网之间电气连接应可靠。

检验数量:施工单位全数检查;监理单位见证检验。

检验方法:观察、测量、电气导通测试及接触电阻测试检验。

一般项目

18.8.23 设备及构支架的接地线,其埋入地下部分及露出地面部分均应涂刷防腐漆。

检验数量:施工单位全数检查;监理单位抽样检验。

检验方法:观察。

Ⅳ 防爆及火灾危险场所设备接地

主控项目

18.8.24 在爆炸和火灾危险场所内,除照明设备以外的其他电气设备应采用专用的接地线;爆炸危险环境内与接地干线相连的接地线应采用多股软铜绞线,其最小截面应符合设计要求。易受机械损伤的部位应装设保护管。

检验数量:施工单位全数检查;监理单位见证检验20%。

检验方法:观察。

18.8.25 爆炸危险环境内接地或接中性线用的螺栓应设防松螺帽或防松垫片。接地线紧固前,其接地端子及上述紧固件均应涂电力复合脂。

检验数量:施工单位全数检查;监理单位见证检验20%。

检验方法:观察。

18.8.26 在爆炸危险环境中,接地干线宜在不同方向与接地体相连,且连接处不少于2处。

检验数量:施工单位全数检查;监理单位见证检验。

检验方法:观察。

18.8.27 当爆炸危险区内的非金属构架上平行安装的金属管道相互之间的净距离小于 100 mm 时,应每隔 20 m 用金属线跨接;金属管道相互交叉的净距离小于 100 mm 时,应用金属线跨接。

检验数量:施工单位全数检查;监理单位见证检验。

检验方法:观察、测量。

V 等电位连接

主控项目

18.8.28 等电位端联结范围、方式、导线的规格应符合设计要求。

检验数量:施工单位全数检查;监理单位见证检验。

检验方法:核对设计文件检查。

18.8.29 等电位联结的可接近裸露导体或其他金属部件、构件与支线连接应可靠,熔焊、钎焊或机械紧固应导通正常。

检验数量:施工单位全数检查;监理单位见证检验。

检验方法:观察。

18.8.30 需等电位联结的金属部件或零件,应有专用接线螺栓与等电位联结支线连接,且有标识;连接处应螺帽紧固、防松零件齐全。

检验数量:施工单位全数检查;监理单位见证检验。

检验方法:观察。

18.8.31 等电位联结的线路最小允许截面应符合设计要求。

检验数量:施工单位全数检查;监理单位见证检验。

检验方法:观察、测量。

Ⅵ 与综合接地系统的连接

主控项目

18.8.32 电力系统的设备与综合接地系统的连接应符合下列规定，并在隐蔽前拍摄影像资料：

1 电力系统设备联结范围、连接方式应符合设计要求。
2 引接线材质、规格应符合设计要求。
3 引接线与贯通地线接地端子应联结可靠。
4 电力系统设备与综合接地端子连接处应设置标识。

检验数量：施工单位、监理单位全数检查。
检验方法：观察、测量。

18.9 光伏发电系统

18.9.1 光伏发电系统设备进场检验应符合下列规定：

1 应按进场的批次进行检验。
2 规格、型号、数量、技术参数应符合设计和订货合同的要求，质量应符合相关技术标准的规定。
3 合格证、质量检验报告等质量证明文件以及说明书等产品技术文件应齐全，并符合设计和订货合同要求。
4 部件及附件应齐全。
5 应无损伤、变形、锈蚀（氧化），门（盖）开关应无卡阻。
6 铭牌、标识应完整清晰。

检验数量：施工单位全数检查；监理单位见证检验。
检验方法：依照设计文件检查实物和质量证明文件。

主控项目

18.9.2 光伏发电系统屏柜的安装质量应符合下列规定：

1 屏柜与底座连接应牢固，底座应着地、不悬空。
2 屏柜与底座、屏柜与屏柜之间的连接螺栓应连接牢固。

 3 同排屏柜的正面应在同一直线上。
 4 屏柜应竖直，相邻屏柜应紧密靠拢。
 5 采用线槽或线把布线的二次回路接线应连接可靠、排列整齐。
 6 屏柜、电缆回路编号应标识清晰、字迹正确且不易褪色。
 7 插接件应接触紧密，防松动措施应可靠。
 检验数量：施工单位全数检查；监理单位见证检验。
 检验方法：观察、测量。

18.9.3 蓄电池方阵平台安装应符合下列规定：
 1 光伏电池方阵平台和设备平台的方位和尺寸、承重量及二者的间距应符合设计要求，平台的水平偏差不应大于 3 mm/m。
 2 长大钢结构杆及其金属配件的弯曲度不应大于 1‰。
 检验数量：施工单位全数检查；监理单位见证检验。
 检验方法：依照设计文件检查实物及质量证明文件。

18.9.4 光伏方阵支架安装应符合下列规定：
 1 光伏电池方阵支架的方位和倾角应符合设计要求，偏差不应大于±1°。
 2 支架底座的水平度偏差不应大于 3 mm/m，基座不平时应用铁垫片垫平。
 3 固定组件的支架表面应平整。
 4 支架上所有连接螺栓应加防松垫片并拧紧。
 检验数量：施工单位全数检查；监理单位见证检验 20%。
 检验方法：观察、测量。

18.9.5 光伏方阵组件安装应符合下列规定：
 1 光伏组件的安装应按设计要求进行，连接数量和路径应符合设计要求，并符合现行国家标准《光伏发电站施工规范》GB 50794 的相关规定。
 2 组件与支架的连接螺钉应全部拧紧，应按设计要求做好防松措施。
 3 组件在支架上的安装应平直，支架上组件间的风道间隙不应小于 8 mm。

4 方阵的绝缘电阻应符合设计要求。

检验数量:施工单位全数检查;监理单位见证检验 20%。

检验方法:观察、测量。

18.9.6 光伏方阵布线应符合下列规定:

1 组件方阵的布线应有支撑、固紧、防护等措施,导线应留有适当余量,布线方式应符合设计要求。

2 导线规格应符合设计要求,并用不同颜色导线作为正极(红)、负极(蓝)连接线。

3 组件连线和方阵引出电缆应用固定卡固定或绑扎在支架上。

4 方阵的输出端应有明显的极性标志和子方阵的编号标志。

5 方阵的输出端与支撑结构间的绝缘电阻不应低于 50 MΩ。

检验数量:施工单位全数检查;监理单位见证检验。

检验方法:测量。

18.9.7 光伏发电系统的抗风加固措施应符合设计要求。

检验数量:施工单位全数检查;监理单位见证检验。

检验方法:观察、测量。

18.9.8 光伏发电系统监控功能应符合设计要求。

检验数量:施工单位全数检查;监理单位见证检验。

检验方法:依照设计文件观察、试验检查。

18.9.9 光伏应急电源与常用电源之间,应按设计要求或产品性能要求采取防止并列运行的措施。

检验数量:施工单位全数检查;监理单位见证检验。

检验方法:依照设计文件观察。

一般项目

18.9.10 光伏发电系统方阵应排列整齐,各模块之间应保持不小于 30 mm 的间隙,方阵间检修通道应符合设计要求。

检验数量:施工单位全数检查;监理单位抽样检验。

检验方法:观察、测量。

19 通　信

19.1　一般规定

19.1.1　本章适用于各类专用通信系统及公安通信系统的施工质量验收。

19.1.2　通信系统分部分项工程划分宜按本标准附录 B.0.14 采用。

19.1.3　光缆、电缆和漏缆的线路验收前,应对径路复测情况进行确认,并复核隐蔽工程记录。

19.1.4　通信线路、设备安装前应根据设计文件核对预埋管线、预留孔洞、基础的条件符合安装和配线条件。

19.1.5　通信专业各系统质量检验前,应检查确认下列条件:
　　1　承载网络的传输质量、网络带宽应符合设计要求。
　　2　数据配置应符合设计要求。
　　3　各系统接口配置应准确,连接状态正常。

19.1.6　专用移动通信系统质量验收前,应确认外部电磁环境满足系统验收要求。

19.1.7　市域铁路与国铁的互通预留条件应符合设计要求和有关技术标准的规定。

19.1.8　民用通信引入系统的验收应按本标准执行。

19.2　通信管线

Ⅰ　进场检验

主控项目

19.2.1　线槽、保护管及配件的进场检验应符合下列规定:

1 规格、型号、数量应符合设计要求。

2 金属线槽材料厚度、表面防腐处理要求应符合设计要求。

3 线槽表面应光洁、无毛刺,端头处不应有卷边。

4 保护管应无变形及裂缝,管口应光滑、无锐边,内外壁应光洁、无毛刺。

检验数量:施工单位全数检查;监理单位见证检验。

检验方法:对照设计文件和有关标准,检查出厂合格证及其他质量证明文件,并观察外观及形状。

19.2.2 电源线、信号线缆线外皮应无破损、挤压变形,缆线应无受潮、扭曲,不应断线和错线。

检验数量:施工单位全数检查;监理单位见证检验不少于20%。

检验方法:观察外观及形状,万用表检查断线和错线。

Ⅱ 桥架、线槽安装

主控项目

19.2.3 线槽、走线架的安装应符合下列规定:

1 安装位置和安装方式应符合设计要求。多层水平线槽垂直排列时,布放宜按强电、弱电的顺序从上至下排列。

2 线槽、走线架形成环状时,不应电气闭合。

3 线槽、走线架及各部位连接应牢固可靠。

4 金属线槽焊接时应牢固,内层应平整,不应有明显的变形,埋设时焊接处应进行防腐处理。

5 预埋线槽时,线槽的连接处、出线口和分线盒均应进行防水处理。

6 线槽、走线架安装在经过建筑沉降缝或伸缩缝时,应预留变形间距。

7 线槽终端应进行防火、防鼠封堵。

检验数量:施工单位全数检查;监理单位平行检验20%。

检验方法:观察。

19.2.4 金属线槽、走线架应可靠接地,线槽接缝处应电气连通。

检验数量:施工单位全数检查;监理单位平行检验。

检验方法:观察,用万用表检查。

一般项目

19.2.5 线槽的安装应横平竖直、排列整齐,槽与槽之间、槽与设备盘(箱)之间、槽与盖之间、盖与盖之间的连接处应对合严密。

检验数量:施工单位全数检查;监理单位平行检验20%。

检验方法:观察、尺量。

19.2.6 当线槽的直线长度超过30 m时,应采取热膨胀补偿措施。

检验数量:施工单位全数检查;监理单位平行检验20%。

检验方法:观察。

Ⅲ 保护管安装

主控项目

19.2.7 保护管揻管应符合下列规定:

1 弯成角度不应小于90°,弯曲半径不应小于管外径的6倍,弯扁度不应大于该管外径的1/10。

2 弯曲处应无凹陷、裂缝,单根保护管的直角弯不应超过2个。

3 保护管管口应做防火密封处理。

4 金属保护管应可靠接地,金属保护管连接后应保证整个系统的电气连通性。

5 保护管安装在经过建筑沉降缝或伸缩缝时,应预留变形余量。

检验数量:施工单位全数检查;监理单位平行检验20%。

检验方法:观察,万用表检查金属管电气连通性。

19.2.8 预埋保护管应符合下列规定:

1 伸入箱、盒内的长度不应小于 5 mm，并应固定牢固，多根管伸入时应排列整齐。

2 预埋的保护管引出表面时，管口宜伸出表面 200 mm；当从地下引入落地式盘(箱)时，宜高出盘(箱)底内面 50 mm。

3 预埋的金属保护管管外不应涂漆。

4 当预埋保护管埋入墙或混凝土内时，离表面的净距离不应小于 15 mm。

5 预埋保护管连接时，连接处应防水密封。

6 预埋保护管管口应进行防护封堵。

检验数量：施工单位全数检查；监理单位平行检验。

检验方法：观察、尺量，留存影像记录。

19.2.9 保护管增设接线盒或拉线盒的位置应符合设计要求。预埋箱、盒位置应正确，并应固定牢固。与预埋保护管连接的接线盒(底盒)的表面应与墙面平齐，误差应小于 2 mm。

检验数量：施工单位全数检查；监理单位平行检验。

检验方法：观察。

一般项目

19.2.10 保护管应排列整齐、固定牢固，用管卡固定或水平吊挂安装时管卡间距或吊杆间距应符合设计要求。

检验数量：施工单位全数检查；监理单位平行检验 20%。

检验方法：观察检、尺量。

Ⅳ 缆线布放

主控项目

19.2.11 缆线布放应符合下列规定：

1 缆线的走向及径路应符合设计要求。

2 缆线布放应牢固、排列整齐，不应溢出线槽。

3 缆线布放不应有接头，不应扭绞、交叉。

4 当供电电缆与信号电缆在同一径路用线槽敷设时，宜分槽敷设。当需敷设在同一线槽内时，应采用带阻燃材料的隔板分开敷设。

5 缆线布放的弯曲半径应符合下列规定：

1）光缆弯曲半径不应小于光缆外径的 15 倍；

2）大对数对绞电缆的弯曲半径不应小于电缆外径的 10 倍；

3）同轴电缆、馈线的弯曲半径不应小于电缆外径的 15 倍；

4）4 对对绞电缆的弯曲半径不应小于电缆外径的 4 倍；

5）光纤跳线的弯曲半径不应小于 50 mm。

6 缆线在垂直的线槽或爬架上敷设时，应绑扎固定，固定间距不宜大于 1 m。

检验数量：施工单位全数检查；监理单位平行检验。

检验方法：观察。

19.2.12 当采用屏蔽电缆或穿金属保护管以及在线槽内敷设时，应与具有强磁场和强电场的电气设备之间的净距离应不小于 0.8 m，屏蔽线应单端接地。

检验数量：施工单位全数检查；监理单位平行检验 20%。

检验方法：观察、尺量。

一般项目

19.2.13 电源线、信号线布放经过伸缩缝、转接盒及缆线终端处时，应进行余留。

检验数量：施工单位全数检查；监理单位平行检验。

检验方法：观察。

19.3 通信线路

Ⅰ 进场检验

主控项目

19.3.1 光（电）缆及配套器材进场验收应符合下列规定：

1 规格、型号、数量应符合设计要求。

2 合格证、质量检验报告等质量证明文件，以及说明书等产品技术文件应齐全。

3 光(电)缆的低烟、无卤、阻燃等特性，应由具有资质的检测单位出具检测报告。

4 光(电)缆应无压扁、护套损伤和表面严重划伤等缺陷。

5 光(电)缆固定与绑扎等辅材应符合设计要求。

检验数量：施工单位全数检查；监理单位见证检验。

检验方法：对照设计文件和有关标准检查实物，核查质量证明文件。

19.3.2 区间内托臂托架及配件的进场检验应符合下列规定：

1 规格、型号、数量应符合设计要求。

2 合格证、质量检验报告等质量证明文件，以及说明书等产品技术文件应齐全。

3 材料材质、厚度、表面防腐要求应符合设计要求。

4 表面应光洁、无毛刺、无锈蚀、无破损，边缘处不应有卷边。

检验数量：施工单位全数检查；监理单位见证检验。

检验方法：对照设计文件检查出厂合格证及其他质量证明文件，并观察外观及形状。

19.3.3 单盘光缆的长度、衰减系数应符合设计要求。

检验数量：施工单位全数检查；监理单位见证检验不少于20%。

检验方法：光时域反射仪(OTDR)检测。

19.3.4 单盘通信电缆的绝缘电阻、电气绝缘强度应符合设计文件和产品技术标准的规定。

检验数量：施工单位全数检查；监理单位见证检验不少于20%。

检验方法：直流电桥、兆欧表、耐压测试仪、万用表等检测。

19.3.5 单盘同轴漏泄电缆的直流电阻、绝缘电阻等直流电气特性应符合设计要求和产品技术标准的规定。

检验数量：施工单位全数检查；监理单位见证检验不少于20%。

检验方法：直流电桥、兆欧表、耐压测试仪、万用表等检测。

Ⅱ 光(电)缆敷设、防护

主控项目

19.3.6 区间托架安装应符合下列规定：

1 安装位置、方式、间距应符合设计要求。

2 当采用钻孔安装时，锚栓应牢固、无松动，胀管应全部在面下；当隧道壁采用预埋槽时，T型螺栓应连接牢固、无滑动。

3 安装应横平竖直、整齐美观，在同一直线段上的间距应均匀，同层托臂应在同一水平面上。

4 在带有坡度的隧道内安装时，应与隧道坡度相平行；在带有弧度的隧道壁上安装时，应与隧道壁弧度吻合密贴。

检验数量：施工单位全数检查；监理单位见证检验。

检验方法：观察。

19.3.7 区间托臂托架间应电气连通，并按设计要求与区间内贯通地线可靠连接，接地连接处应进行防腐处理。

检验数量：施工单位全数检查；监理单位见证检验。

检验方法：观察。

19.3.8 光(电)缆在区间托架上安装应符合下列规定：

1 光(电)缆应按设计和配盘要求的盘长敷设，不得任意切断增加接头。

2 光(电)缆应分层敷设，敷设位置、排布方式应符合设计要求。

3 光(电)缆在托架上应排列整齐，绑扎(固定)牢固。

4 光(电)缆不应扭绞、背扣，外护层(套)应无明显压扁、破损。

5 光(电)缆敷设弯曲半径不应小于光(电)缆外径的 15 倍。

检验数量：施工单位全数检查；监理单位见证检验。

检验方法：观察。

19.3.9 槽道内光(电)缆敷设应符合下列规定：

1 光(电)缆在槽道内摆放整齐，同槽敷设多条光(电)缆时不应重叠交叉和扭绞，外护层(套)应无明显压扁、破损。

2 槽道间隙、落差处应有防护措施，避免光(电)缆磨损、悬空受力。

3 槽内光(电)缆始末端及中间适当位置应加标识区分。

4 槽道盖板应齐全、平整、稳固。

检验数量：施工单位全数检查；监理单位见证检验。

检验方法：观察。

19.3.10 光(电)缆直埋敷设应符合下列规定：

1 光(电)缆直埋敷设路径应符合设计要求，不应在道岔尖端、辙岔心及钢轨接头处穿越轨道。

2 光(电)缆埋设深度土质地带不应小于 700 mm，石质地带不应小于 500 mm，穿越沟、渠不应小于 1 200 mm。

3 电缆沟沟底应平坦、无石块和杂质。

4 沟内光(电)缆在沟底应自然松弛、排列整齐，不应重叠交叉和扭绞。

5 光(电)缆在坡度大于 20°、坡长大于 30 m 的斜坡地段宜采用"S"形敷设。

检验数量：施工单位全数检查；监理单位平行检验。

检验方法：观察，留存影像资料。

19.3.11 光(电)缆防护应符合下列规定：

1 直埋光(电)缆应在沟底和光(电)缆上方各铺 100 mm 厚的碎土或沙土防护。

2 无砟轨道路基地段防护应符合下列规定：

1）防护管、槽顶面低于路基保护层平面不应小于 80 mm；

　　2）保护层按原方式(混凝土、沥青)恢复。

　3　桥梁地段防护应符合下列规定：

　　1）当桥梁接缝处未设伸缩装置时,应设置电缆槽防护,防护槽应单边固定防窜动；

　　2）外露光(电)缆应采用套管防护,电缆引入处槽盖板应封堵；

　　3）光(电)缆沿桥墩引下时,应设置电缆槽防护,引入地面的电缆槽应采用砌砖防护,高度不应小于 2 m。

　4　隧道地段连接设备的外露电缆应采用防护套管防护,电缆槽引入孔应封堵。

　5　穿越轨道防护应符合下列规定：

　　1）防护管、防护槽上沿距路基顶面不应小于 200 mm；

　　2）防护管、防护槽两端超出轨枕外沿不应小于 500 mm；

　　3）防护管口两端应封堵。

　6　穿越公路、道口、水沟防护应符合下列规定：

　　1）防护管埋设深度应与两侧电缆沟底相平；

　　2）防护管、防护槽两端露出公路、道口、水沟边缘不应小于 500 mm；

　　3）防护管口两端应封堵。

　7　直埋光(电)缆接头盒的埋深应与直埋光(电)缆要求相同；接头盒埋于地下时,可采电缆槽防护,防护长度不应小于 1 000 mm。

　8　光(电)缆采用防护槽防护时,盖顶面距地面距离宜为 200 mm～300 mm；埋设在路肩上时,应填平夯实,保证路肩完整。

　9　光(电)缆采用钢管及槽等防护时,防护管口两端应封堵,严寒地区防护钢管应采取防进水措施。

　　检验数量：施工单位全数检查；监理单位见证检验。

　　检验方法：观察、检测。

19.3.12　光(电)缆线路余留位置和长度应符合下列规定：

1 引至室内的光(电)缆余留量不应小于 5 m。

2 室外设备端光(电)缆余留量不应小于 2 m;当光(电)缆敷设长度小于 20 m 时,余留量不应小于 1 m。

3 当光(电)缆过桥时,在桥两端的余留量不应小于 2 m。

4 当光(电)缆接续时,接续点两端的余留量不应小于 2 m。

5 当光(电)缆经过人防门、防淹门时,应按设计要求进行余留。

6 光(电)缆经过建筑伸缩缝的余量长度不应小于其最大伸缩量。

检验数量:施工单位全数检查;监理单位见证检验不少于 20%。

检验方法:观察、尺量。

19.3.13 电缆接地应符合下列规定:

1 电缆接地方式和间距应符合设计要求。

2 距离贯通地线 20 m 范围以内的通信电缆接地装置,应与贯通地线接地端子进行等电位连接。

3 电缆金属护套、铠装应接地。

4 当电缆与强电线路交叉跨越时,宜垂直通过;在困难情况下,其交叉跨越夹角不应小于 45°。

5 无贯通地线区段电缆的接地电阻值不应大于 4 Ω,困难地点宜不大于 10 Ω。

检验数量:施工单位全数检查;监理单位见证检验。

检验方法:观察、测量。

一般项目

19.3.14 主干光(电)缆径路的下列地点应设置径路标识:

1 光电缆的转向处或分支处。

2 大于 500 m 的直线中间点。

3 通过人防门等障碍物处需标明径路的部位。

4 光电缆地下接续处。

检验数量：施工单位全数检查；监理单位见证检验不少于20%。

检验方法：观察。

Ⅲ 光（电）缆接续及引入

主控项目

19.3.15 光缆接续应符合下列规定：

1 光缆接头盒位置，不应在穿越钢轨、道路时距边缘2m范围内，同径路的两根光缆接续位置间距不应小于1m。

2 接续芯线应按光纤色谱排列顺序准确对应接续。

3 光缆金属外护套和加强芯应紧固在接头盒内，同侧的外护套与加强芯在电气上应连通，接头盒两侧的光缆金属外护套、金属加强芯应绝缘。

4 接头盒应安装平稳牢固、密封良好、无漏气（水）。

5 光缆接头处的弯曲半径不应小于护套外径的20倍。

6 光缆接续后宜余留2m～3m。

检验数量：施工单位全数检查；监理单位旁站不少于20%。

检验方法：随工检查。

19.3.16 电缆接续应符合下列规定：

1 电缆接续位置不应在穿越钢轨、道路时距边缘2m范围内，同径路的两根电缆接续位置间距不应小于1m。

2 接头盒安装应平稳牢固、密封良好、无漏气（水）。

3 电缆接续芯线应线位正确、线序对应、无交叉、焊接牢固、扭绞均匀。

4 接续后芯线应导通，芯线对地、芯线间绝缘良好。

5 电缆两侧的金属护层间、屏蔽钢带间应分别电气连通。

6 长度不大于300m的电缆不得接续，长度不大于1km的电缆不得多于2次接续，接续位置距离所接入的箱盒不得小于30m。

7 分歧电缆接入干线的端别应与干线端别相对应。

检验数量：施工单位全数检查；监理单位旁站不少于20%。

检验方法：万用表检查错线和断线，兆欧表测试绝缘电阻。

19.3.17 光缆引入应符合下列规定：

1 引入孔应采用阻燃材料封堵严密。

2 在引入井或室内上机架前应接光缆绝缘节，室内、室外金属护层及金属加强芯应断开，并彼此绝缘。

3 绝缘节室外侧光缆的金属护套及金属加强件应使用截面积不小于 16 mm^2 的多股铜线，就近与等电位接地端子板连接。

4 光缆引入室内应在光纤配线架或光纤终端盒上成端，光纤配线架和光纤终端盒的安装位置及光纤配线架板面排列应符合设计要求。

检验数量：施工单位全数检查；监理单位平行检验。

检验方法：观察、测量。

19.3.18 电缆引入应符合下列规定：

1 引入孔应采用阻燃材料封堵严密。

2 电缆引入室内时，其室内、室外两侧的屏蔽钢带及金属护层应电气绝缘，外线侧的屏蔽钢带及金属护层应使用截面不小于 16 mm^2 的多股铜线接至室外接地汇集线上，设备侧的屏蔽钢带及金属护层应悬浮。

3 电缆引入室内应在电缆引入架、配线架或分线盒上成端。

检验数量：施工单位全数检查；监理单位平行检验。

检验方法：观察、万用表检查。

19.3.19 光纤配线架的安装应符合下列规定：

1 光纤配线架的型号、规格和安装位置应符合设计要求，架体安装应牢固可靠，紧固件应齐全并安装牢固。

2 光纤配线架上的标志应齐全、清晰、耐久可靠，光缆终端区光缆进、出应有标识。

3 光纤收容盘内，光纤的盘留弯曲半径应大于 40 mm。

4 裸光纤与尾纤的接续其接头应加热熔保护管保护,并应按顺序排列固定。

5 尾纤应按单元进行盘留,盘留弯曲半径应大于 50 mm。

检验数量:施工单位全数检查;监理单位平行检验。

检验方法:本条第 1、2 款观察,第 3、4、5 款随工检查。

Ⅳ 光(电)缆线路检测

主控项目

19.3.20 光纤接头衰减值应不大于表 19.3.20 的规定。

表 19.3.20 光纤接头衰减限值

光纤类别	接头衰耗(dB)	
	平均值	最大值
单模 G.652	0.06	0.12
单模 G.655	0.08	0.14
多模光纤	0.15	0.3

注:1. 单纤平均值的统计域为中继段光纤链路的全部光纤正反向接头损耗。
  2. 最大值为统计域内光纤接头损耗的平均值$+2\delta$值,即统计域内有95%的接头损耗包含在最大值以内。

检验数量:施工单位全数检查;监理单位见证检验不少于 20%。

检验方法:光时域反射测试仪检测。

19.3.21 光缆中继段光纤线路衰减 α_1,应符合式(19.3.21)的要求。

$$\alpha_1 \leqslant \alpha_0 L + \bar{\alpha} n + \bar{\alpha}_c m \qquad (19.3.21)$$

式中:α_1——光缆中继段光纤线路衰减测试值(dB)。

  α_0——光纤衰减标称值(dB/km)。

  $\bar{\alpha}$——光缆中继段每根光纤双向接头平均损耗(dB):

    G.652 单模光纤 $\bar{\alpha} \leqslant 0.06$ dB(1 310 nm、1 550 nm);

G.655 单模光纤 $\bar{\alpha}$≤0.08 dB(1 310 nm、1 550 nm)。

$\bar{\alpha}_c$——光纤活动连接器平均损耗(dB),单模光纤 $\bar{\alpha}_c$≤ 0.7 dB。

L——光缆中继段长度(km)。

n——光缆中继段内每根光纤接头数。

m——光缆中继段内每根光纤活动连接器数。

检验数量:施工单位全数检查;监理单位见证检验不少于20%。

检验方法:光源、光功率计检测。

19.3.22 音频段低频四线组电性能应符合表19.3.22的规定。

表19.3.22 音频段低频四线组电性能

序号	检验项目	测量频率	标准	备注
1	0.9 mm 线径单位长度环阻最大值(20℃)	直流	57 Ω/km	实测值/L
	0.7 mm 线径单位长度环阻最大值(20℃)	直流	96 Ω/km	
	0.6 mm 线径单位长度环阻最大值(20℃)	直流	131.6 Ω/km	
2	环阻不平衡最大值	直流	1%	环阻×1%
3	0.9 mm 线径单位长度绝缘电阻最小值	直流	10 000 MΩ·km	实测值×($L+L'$)
	0.7 mm 线径单位长度绝缘电阻最小值	直流	5 000 MΩ·km	
	0.6 mm 线径单位长度绝缘电阻最小值	直流	5 000 MΩ·km	
4	芯线与金属外护套间电气绝缘强度最小值	直流	1 800 V(2 min)	—
	芯线间电气绝缘强度最小值	直流	1 000 V(2 min)	—

注:表中 L 为音频段电缆实际长度,L' 为电缆线路各种附属设备的等效绝缘电阻的总长度,$L'=L_头+L_盒$。

式中:$L_头$——每个接头绝缘电阻为 10^5 MΩ,等效电缆 100 m;

$L_盒$——电缆分线盒等效电缆 2 km。

检验数量：施工单位全数检查；监理单位见证检验不少于20%。

检验方法：直流电桥、500 V兆欧表、耐压测试仪检测。

19.3.23 用户线路电缆音频段电性能应符合表19.3.23的规定。

表19.3.23 用户线路电缆音频段电性能

序号	内容		标准						换算
1	导线直径(mm)		0.4	0.5	0.6	0.7	0.8	0.9	实测值 /L
	单线电阻最大值(Ω/km,20℃)		148.0	95.0	65.8	48.0	36.6	29.5	
2	环阻不平衡最大值(Ω)		2						—
3	绝缘电阻最小值(MΩ·km)	填充型(聚乙烯绝缘)	1 800						实测值 ×L
		非填充型(聚乙烯绝缘)	6 000						
		非填充型(聚氯乙烯绝缘)	120						
4	近端串音最小值(800 Hz,dB)		69.5						—
5	断线、混线		不断线、不混线						—

注：L 为被测电缆长度。

检验数量：施工单位全数检查；监理单位见证检验不少于20%。

检验方法：直流电桥、兆欧表、振荡器、电平表、万用表等检测。

Ⅴ 漏泄同轴电缆安装

主控项目

19.3.24 隧道内漏泄同轴电缆(LCX)敷设应符合下列规定：

1 LCX宜采用专用夹具方式,夹具间隔宜为1 m～1.3 m,其中每隔10 m～15 m设置1个防火夹具。

2 LCX与隧道壁的间距应不小于80 mm。

3 LCX架设与轨面高度应符合设计要求,信号辐射方向应朝向线路侧。

4 隧道变径地段宜采用热镀锌角钢支架固定牢固,在变径两端固定点不少于2点,漏缆夹具在支架上应加密,两端安装防火型夹具。

5 夹具、防火夹、支架、LCX安装应牢固可靠。

6 LCX弯曲半径应不小于外径的20倍。

7 LCX敷设严禁侵入设备限界。

检验数量:施工单位全数检查;监理单位平行检验。

检验方法:观察、检测。

19.3.25 隧道外、高架、空旷地域的LCX敷设应符合下列规定:

1 LCX的挂设方式、挂设高度应符合设计要求。

2 当采用支柱和钢丝承力索加吊具方式架设LCX时,应符合下列规定:

　　1) 杆路间距不宜大于30 m,支柱高度应符合设计要求;

　　2) LCX通过支柱时,与支柱的间距不应小于150 mm。

3 吊具间隔宜为1 m～1.3 m,每隔10 m～15 m至少设置1个防火吊具。

4 LCX的信号辐射方向应朝向线路侧。

5 LCX吊挂后最大下垂幅度应在0.15～0.2 m范围内。

6 支柱、钢丝承力索、吊具、漏缆安装应牢固可靠。

7 LCX弯曲半径不应小于外径的20倍。

8 LCX敷设严禁侵入设备限界。

检验数量:施工单位全数检查;监理单位平行检验。

检验方法:观察、检测。

19.3.26 LCX敷设安全保护距离应符合下列规定:

1 当接触网回流线或保护地线无绝缘保护时，LCX 与接触网回流线、保护地线和照明线等非高压带电体间距不应小于 0.6 m。

2 当接触网回流线或保护地线加绝缘保护时，LCX 与回流线、保护地线之间的距离不应小于 0.25 m，与带电部分的距离不应小于 2 m。

3 与牵引供电吸上线、补偿绳交越时，LCX 应采用非金属套管进行防护。

检验数量：施工单位全数检查；监理单位平行检验。

检验方法：观察、检测。

19.3.27 LCX 引入室内机房应符合下列规定：

1 LCX 接续应可靠、牢固，连接处应进行防水处理。

2 LCX 接地用浪涌保护器安装位置应符合设计要求，并就近与贯通地线或综合接地体连接。

3 馈线应采用防护管进行防护，管口应防水封堵。

4 馈线在引入室内时应绑扎固定牢固，不应与其他线缆共用管孔。

5 引下保护管和引入机房的孔洞应做好防火封堵。

检验数量：施工单位全数检查；监理单位全数检查。

检验方法：观察、检查。

Ⅵ 漏泄同轴电缆线路检验

主控项目

19.3.28 漏泄同轴电缆线路的传输衰减、双向电压驻波比应符合设计要求。

检验数量：施工单位全数检查；监理单位见证检验。

检验方法：信号分析仪、驻波比测试仪等检测。

19.4 机房设备

Ⅰ 进场检验

主控项目

19.4.1 机房设备、配线光电缆及其配套器材的进场验收应符合下列规定：

1 规格、型号、数量应符合设计要求。

2 合格证、质量检验报告等质量证明文件，以及说明书等产品技术文件应齐全。

3 机柜(架)、设备及其附件应无变形、表面无损伤，镀层、漆饰应完整、无脱落，铭牌、标识应完整清晰。

4 机柜(架)、设备内部的部件应完好，连接无松动，无受潮、发霉和锈蚀。

5 配线电缆外皮应无破损、挤压变形、无扭曲和背扣等。

检验数量：施工单位全数检查；监理单位见证检验20%。

检验方法：对照设计文件观察。

Ⅱ 设备安装

主控项目

19.4.2 机柜底座安装应符合下列规定：

1 底座固定方式应符合设计要求。

2 当地面铺设防静电地板时，底座宜采用膨胀螺栓直接固定在房屋地面上，底座安装高度应确保机柜底部与防静电地板标高一致。

3 底座位置应确保通道及设备间距符合设计要求和现行国家标准《数据中心设计规范》GB 50174等的有关规定。

检验数量：施工单位全数检查；监理单位见证检验。

检验方法：观察。

19.4.3 落地式机柜(架)安装应符合下列规定：

1 安装位置和安装方式应符合设计要求,牢固、可靠。

2 机柜(架)正面应垂直、平齐,垂直偏差应不大于高度的1‰,相邻机柜(架)相互靠拢时其间隙应不大于3 mm。

3 机柜(架)上零件应无脱落或损坏,漆面不应有脱落,各种标识应完整、清晰。

检验数量：施工单位全数检查；监理单位平行检验不少于20%。

检验方法：观察、尺量。

19.4.4 模块化数据中心安装应符合设计要求和国家现行有关标准的规定。

检验数量：施工单位全数检查；监理单位平行检验不少于20%。

检验方法：观察、尺量、试验检验。

19.4.5 机柜(架)内设备安装应符合下列规定：

1 安装位置和方式应符合设计要求。

2 设备安装应牢固,接触应良好。

3 部件、元器件、接插件等连接应正确。

4 电源端子对机柜(架)金属外壳绝缘应良好。

5 子架插入机柜(架)或机盘插入子架时应用力适度、顺滑导入,整齐一致,接触良好。

检验数量：施工单位全数检查；监理单位平行检验不少于20%。

检验方法：观察、尺量。

19.4.6 壁挂式设备安装应符合下列规定：

1 安装位置和方式应符合设计要求。

2 设备安装应牢固可靠。

3 多台设备相邻安装时,底部宜齐平。

4 相邻设备柜门开启时应互不干扰。

检验数量：施工单位全数检查；监理单位平行检验不少于20%。

检验方法:观察、尺量。

19.4.7 嵌入式设备安装应符合下列规定:

    1 安装位置和方式应符合设计要求。

    2 安装方式不得影响设备门正常开启。

    3 设备和墙体之间应密封良好。

    4 设备安装应牢固可靠。

    5 多台设备相邻安装时,底部宜齐平。

检验数量:施工单位全数检查;监理单位平行检验不少于20%。

检验方法:观察、尺量。

19.4.8 台式设备安装应符合下列规定:

    1 安装位置和方式应符合设计要求。

    2 安装应平稳。

    3 连接应正确、可靠。

    4 应便于操作、观察及维护。

检验数量:施工单位全数检查;监理单位平行检验不少于20%。

检验方法:观察、尺量。

一般项目

19.4.9 控显设备加电检验应符合下列规定:

    1 显示设备应显示清晰、发光均匀,无失真、老化现象。

    2 触摸屏、触摸板、鼠标、键盘等操作应反应灵敏。

检验数量:施工单位全数检查;监理单位见证检验。

检验方法:观察、试验检验。

Ⅲ 布线及配线

主控项目

19.4.10 布线应符合下列规定:

    1 布线走线方式、防火与防护措施应符合设计要求。

2 用于信息传输的线缆和电源线应分开布放；当共用槽道敷设，无法达到有效间距时，宜采用隔离挡板分开。

3 交、直流电源线应分开绑扎。

4 走线槽内的线缆不得溢出。

5 布线不得出现环状。

6 线缆中间不得有接头。

7 线缆的布放和绑扎应平顺、稳固，绑扎间隔均匀，松紧适度，转弯圆滑。

8 布线弯曲半径应符合下列规定：

　　1）大对数对绞电缆的弯曲半径不小于电缆外径的 10 倍；

　　2）4 对对绞电缆的弯曲半径不小于电缆外径的 4 倍；

　　3）同轴电缆的弯曲半径不小于电缆外径的 15 倍；

　　4）光缆的弯曲半径不小于光缆外径的 15 倍；

　　5）光纤跳线的弯曲半径不小于 50 mm。

9 线缆两端均应有去向标识。

10 线缆接入设备或柜（架）时，应留有一定的余量，余留长度宜统一。

11 防静电地板下布放线缆时，应留有净空。

12 光纤尾纤单独布放，软光纤在走线架或线槽内加套管或线槽保护，不应挤压、扭曲，编扎光纤的扎带应松紧适度。

检验数量：施工单位全数检查；监理单位平行检验不少于 20%。

检验方法：观察、尺量。

19.4.11 电缆配线应符合下列规定：

1 分线应符合线序要求，余留芯线的长度应符合更换编线最长芯线的要求。

2 编扎芯线时，应保持扭绞方向、线位正确。

3 不得有绝缘破损、背扣。

4 屏蔽护套应可靠接地。

5 线缆两端标识应齐全。

6 应根据配线架的型号、规格,选用焊接、卡接、压接等终接方式。

7 组装专用插头和以太网电接口插头时,应配件齐全、线位正确、连接可靠,压接插头时应选用专门工具。

8 采用焊接方式时,芯线焊接应端正、牢固,焊点光滑、饱满,无毛刺、无烫伤、假焊、虚焊现象,绝缘层离开端子边缘裸露金属不宜大于1 mm。

9 柱形端子接线方式应符合下列规定:

　　1)采用铜线绕制线环时,应绕制紧密,线环内径与端子直径相匹配;

　　2)采用压接方式时,应选用与线缆芯线相配套的压接端子,且压接牢固,绝缘层离开端子边缘裸露金属不宜大于1 mm。

10 采用弹簧接线端子(卡接)时,端子配线应一孔一线,并插接牢固。

11 接插件、连接器的安装位置及方式应符合设计要求,装配可靠、连接牢固。

12 压接线环及焊接端子片均应套有塑料软管保护,套管与线环或端子间松紧适度,套管长度均匀一致。

检验数量:施工单位全数检查;监理单位平行检验不少于20%。

检验方法:观察。

19.4.12 光纤配线应符合下列规定:

1 线位应正确,标识应齐全。

2 接插件、连接器的安装位置及方式应符合设计要求,装配应可靠、连接牢固。

3 跳纤布放应加保护管防护,管口应封堵。

4 跳线弯曲半径不应小于50 mm。

5 跳纤机柜内布放应固定。

检验数量：施工单位全数检查；监理单位平行检验不少于20%。

检验方法：观察、尺量。

Ⅳ 防雷及接地

主控项目

19.4.13 防雷及接地安装前，应确认接地端子已施工完成并符合要求。

检验数量：施工单位全数检查；监理单位平行检验。

检验方法：观察、检测。

19.4.14 浪涌保护器安装应符合下列规定：

1 浪涌保护器接地线应与防雷接地汇集线就近连接。

2 并联型浪涌保护器与被保护设备端子的连接线截面积不得小于1.5 mm²，长度不得大于0.5 m，受条件限制时不得超过1.5 m，或采用凯文接法。

3 浪涌保护器至接地汇集线的接地连接线长度应不大于1 m。

4 各种浪涌保护器均应设置用途及去向标牌。

检验数量：施工单位全数检查；监理单位平行检验。

检验方法：观察、尺量。

19.4.15 等电位接地端子板（排）的安装和布线应符合下列规定：

1 等电位接地端子板（排）及连接线的设置数量、位置、材质、规格应符合设计要求，防雷接地用等电位接地端子板（排）宜就近设置在电源防雷箱处。

2 机房内等电位连接导体材质及最小截面积应符合表19.4.15的要求。

3 等电位连接线弯曲半径应不小于线缆外径的10倍，敷设应短捷、整齐,配线不留余长。

4 等电位接地端子板(排)与房屋内房建专业预留接地端子连接,房屋内无预留接地端子时应单独设置接地连接线直接与接地网连接。

5 无防静电地板时,等电位接地端子板(排)应安装在墙面上,底沿距地面 200 mm。

6 有防静电地板时,等电位接地端子板(排)应安装在防静电地板下方的地面上。

7 等电位端子板连接不得构成闭合回路。

表 19.4.15 机房内等电位连接导体材质及最小截面积

序号	连接导体名称	材质	最小截面积 (mm²)
1	机房局部等电位连接带(排)	铜带	50
2	机房局部等电位连接带之间的连接导体	多股铜芯导线	16
3	设备与机房局部等电位连接带之间的连接导体	多股铜芯导线	6
4	机房屏蔽网格之间的连接导体	多股铜芯导线或铜带	25

检验数量:施工单位全数检查;监理单位平行检验。

检验方法:观察、检测。

19.4.16 设备等电位连接及接地应符合下列规定:

1 机柜(架)设备、金属管道、电缆金属外皮等均应通过等电位接地端子板(排)进行等电位连接。

2 －48 V 直流电源设备的正极、设备金属机柜外壳、室内电缆屏蔽层、防静电地板金属支架(或支架下的铜箔带)、室内电缆桥架等应连接至工作保护接地汇集线。当工作接地汇集线和保护接地汇集线分设时,工作接地汇集线应仅用于连接－48 V 直流电源设备的正极。

3 机柜柜门与柜体、柜(架)内设备与柜(架)体应等电位连接。

4 接地线上严禁设置开关、熔断器或断路器。

5 接地线与等电位接地端子板(排)采用栓接连接时,应采用双螺母。

6 接地线与压接端子应连接紧密,端子无松动,接地线无破损。

检验数量:施工单位全数检查;监理单位平行检验。

检验方法:观察、检测。

19.5 电源及接地系统

Ⅰ 设备安装配线

主控项目

19.5.1 电源及接地系统设备及其配件的进场验收应符合本标准第19.4.1条的有关规定。

19.5.2 不间断电源(UPS)、−48V直流电源等设备安装应符合下列规定:

1 电源设备安装前供电方式、电压等级和负荷容量等应符合设计要求。

2 电源设备的安装位置、安装方式应符合设计文件和产品技术文件要求,布置位置偏差不应大于10mm。

3 交、直流电源柜各单元应插接良好,电气触点应接触可靠、连接紧密。

4 电源设备带电部分与金属外壳间的绝缘电阻应大于5MΩ。

检验数量:施工单位全数检查;监理单位见证检验。

检验方法:观察,绝缘电阻测试仪测试。

19.5.3 蓄电池架(柜)安装应符合下列规定:

1 蓄电池架材质、规格、尺寸、承重和平面布置应符合设计要求。

2 蓄电池架安装位置和排列方式应符合设计要求。

3 蓄电池架排列平整、稳固,水平偏差不应大于 3 mm/m。

4 蓄电池铁架漆面应完整、一致,铁架与地面加固处的膨胀螺栓应防腐处理。

检验数量:施工单位全数检查;监理单位见证检验。

检验方法:观察、检查。

19.5.4 蓄电池安装应符合下列规定:

1 蓄电池应排放整齐,前后位置、间距适当,每列外侧应在一条直线上,电池单体应保持垂直和水平,电池间隔偏差不大于 5 mm。

2 蓄电池连接条应防腐处理,电池连接应牢靠,连接电缆应尽可能短。

3 蓄电池应保证极性正确连接,应无端电压偏低的电池。

检验数量:施工单位全数检查;监理单位见证检验。

检验方法:观察、尺量及电压表检查。

19.5.5 电源设备配线应符合下列规定:

1 电源线外皮颜色应符合下列要求:

　　1) 直流电源线:正极应为红色,负极应为蓝色;

　　2) 交流电源线:L1 相应为黄色,L2 相应为绿色,L3 相应为红色,中性线应为浅蓝色;

　　3) 保护接地线应为黄绿色。

2 电源线成端连接时,端头处应套绝缘套管。

3 截面积 6 mm² 的单股电源线可与设备直接连接,多股电源线及截面积 6 mm² 以上单股电源线端头应加装与导线吻合的镀锡连接器,并压(焊)接牢固,连接器与设备接触部分应平整。

4 电源线连接应可靠,严禁错接,零线不得虚接或断开。

5 电源线与设备端子连接时,不应使端子受到外界机械拉力。

检验数量:施工单位全数检查;监理单位平行检验不少于20%。

检验方法:观察、尺量。

19.5.6 电源防雷箱(柜)安装和接地应符合下列规定:

1 电源防雷箱(柜)的安装位置、方式及接线方式应符合设计要求。

2 电源防雷箱(柜)外壳与防雷箱内接地端子连接,连接线应采用多股铜芯软线,截面积不小于 6 mm^2。

3 电源防雷箱(柜)接地端子应就近与设备房屋内等电位接地端子板(排)连接,连接线应采用多股铜芯软线,截面积不小于 25 mm^2。

检验数量:施工单位全数检查;监理单位平行检验。

检验方法:观察、检测。

Ⅱ 设备功能性能检测

主控项目

19.5.7 —48 V 直流电源设备下列功能、性能应符合设计要求:

1 输入电压、输出电压、电流值。

2 限流性能。

3 浮充电、均充电电流值和转换性能。

4 输出过流保护值。

5 自动稳压。

6 输出杂音电平。

7 过压、欠压、缺相、蓄电池欠压、充电过流、短路、模块熔丝等告警电路。

检验数量:施工单位全数检查;监理单位见证检验不少于20%。

检验方法:功能检验,数字万用表、杂音计、绝缘电阻表检测。

19.5.8 UPS设备下列功能、性能应符合设计要求：

1 输入电压、输出电压、电流值。

2 输出波形和谐波含量。

3 稳压和频率精度。

4 设备过载能力。

5 过压、欠压、缺相、蓄电池缺压、充电过流、熔断器等告警电路。

6 市电与不间断电源(UPS)的转换时间。

检验数量：第1～5款，施工单位每型号每批次抽检不少于1套设备，第6款施工单位全部检测；监理单位见证检验。

检验方法：数字万用表、秒表、示波器、绝缘电阻测试仪检测。

19.5.9 蓄电池的下列功能、性能应符合设计要求和有关产品技术标准的规定：

1 电池单体电压。

2 电池组总电压。

3 电池容量。

检验数量：施工单位全数检查；监理单位见证检验不少于20%。

检验方法：电压表、内阻测试仪、容量测试仪检测。

19.5.10 电源设备集中监控和蓄电池监测功能应符合设计要求。

检验数量：施工单位全数检查；监理单位见证检验。

检验方法：对照设计文件和产品技术文件，试验检验。

19.5.11 电源及接地系统宜提供北向接口。

检验数量：施工单位全数检查；监理单位见证检验。

检验方法：对照设计文件，试验检验。

19.6 传输系统

Ⅰ 设备安装及配线

主控项目

19.6.1 传输系统设备的进场验收应符合本标准第 19.4.1 条的规定。

19.6.2 传输设备机柜安装应符合下列规定：
 1 机柜内安装位置、方向应符合设计要求。
 2 机柜内设备应安装牢固、位置正确、导轨运行平滑。
 3 机架电路插板的规格、数量和安装位置应符合设计要求。
  检验数量：施工单位全数检查；监理单位见证检验 20%。
  检验方法：观察。

19.6.3 传输设备机架（柜）之间、架内配线应正确，连接部位应接触可靠。
  检验数量：施工单位全数检查；监理单位见证检验 20%。
  检验方法：对照设计文件观察。

19.6.4 光纤分配架、数字配线架、网络配线架内附件的位置、安装排列及各种标志应符合设计要求。
  检验数量：施工单位全数检查；监理单位平行检验不少于 20%。
  检验方法：观察、尺量。

19.6.5 数字电缆应无错线或断线、混线，配线电缆中间不得有接头。
  检验数量：施工单位全数检查；监理单位平行检验不少于 20%。
  检验方法：万用表检查。

一般项目

19.6.6 光缆尾纤应按标定的纤序连接设备，尾纤应与其他线缆分开布放,宜套保护管(槽),并不得挤压、扭曲。

检验数量:施工单位全数检查;监理单位平行检验不少于20%。

检验方法:观察。

Ⅱ 系统性能检验

主控项目

19.6.7 传输系统光通道的接收光功率 P_l 不应大于系统的过载光功率,并应符合式(19.6.7)的要求。

$$P_g \geqslant P_l \geqslant P_R + M_c + M_e + M_t \qquad (19.6.7)$$

式中:P_g——系统的过载光功率(dBm);

P_l——接收端在 R 点实测系统接收光功率(dBm);

P_R——在 R 点测得的接收器的接收灵敏度(dBm);

M_c——光缆富裕度(dB);

M_e——设备富裕度(dB);

M_t——光通道代价(dB)。

检验数量:施工单位全数检查;监理单位见证检验不少于20%。

检验方法:光功率计测试接收光功率,传输系统测试仪、光功率计、可调光衰减器检测接收灵敏度。

19.6.8 设备单机和系统性能应符合设计要求和国家现行有关标准的规定。

检验数量:施工单位全数检查;监理单位见证检验20%。

检验方法:传输系统测试仪检测。

19.6.9 传输系统的保护倒换方式应符合设计要求,保护倒换时间应小于50 ms。

检验数量:施工单位全数检查;监理单位见证检验不少于20%。

检验方法:传输系统测试仪检测。

Ⅲ 系统功能检验

主控项目

19.6.10 传输系统的冗余保护功能应符合设计要求。
1 主控、交叉、时钟、电源等的关键板卡冗余切换。
2 支路板的热备份。
3 接口板块的热拔插。
检验数量：施工单位全数检查；监理单位见证检验。
检验方法：对照设计文件检查配置，试验检验。

19.6.11 传输系统以太网业务服务质量 QoS 策略应符合设计要求。
检验数量：施工单位全数检查；监理单位见证检验。
检验方法：网络测试仪进行功能检验。

19.6.12 传输系统时钟同步定时信号接入、主从同步方式应符合设计要求。
检验数量：施工单位全数检查；监理单位见证检验。
检验方法：试验检查。

19.6.13 传输系统网管功能应符合设计要求和国家现行有关标准的规定。
检验数量：施工单位全数检查；监理单位见证检验。
检验方法：试验检验。

19.6.14 传输系统网管宜提供北向接口。
检验数量：施工单位全数检查；监理单位见证检验。
检验方法：对照设计文件，试验检验。

19.7 专用移动通信系统

Ⅰ 天线和馈线安装

主控项目

19.7.1 天线杆（塔）的验收应符合现行国家标准《城市轨道交通

通信工程质量验收规范》GB 50382 的规定。

　　检验数量：施工单位全数检查；监理单位见证检验。

　　检验方法：对照设计文件，观察、测量检验。

19.7.2 天线、射频同轴电缆及附件材料进场验收应符合下列规定：

　　1 规格、型号、数量应符合设计要求。

　　2 合格证、质量检验报告等质量证明文件，以及说明书等产品技术文件应齐全。

　　3 天线外观应无变形、破损、断裂等现象。

　　4 天线驻波比应符合设计要求。

　　5 馈线包装应无破损，外表应无压扁损坏。

　　检验数量：施工单位全数检查；监理单位见证检验。

　　检验方法：核查产品技术文件，观察外观，驻波比测试仪检测。

19.7.3 单盘射频同轴电缆的直流电阻、绝缘介电强度、最小绝缘电阻等直流电气性能应符合现行行业标准《通信电缆无线通信用 50 Ω 泡沫聚烯烃绝缘皱纹铜管外导体射频同轴电缆》YD/T 1092 等有关标准的规定。

　　检验数量：施工单位全数检查；监理单位见证检验。

　　检验方法：直流电桥、兆欧表、耐压测试仪、万用表等检测。

19.7.4 天线安装应符合下列规定：

　　1 天线安装方式、高度、角度应符合设计要求。

　　2 天线安装应牢固可靠，无晃动。

　　3 天线与跳线接头处应制作滴水弯，并防水密封。

　　4 室外天线并应安装在避雷针下 45°角的 $LPZ0_B$ 保护区域范围内。

　　检验数量：施工单位全数检查；监理单位见证检验。

　　检验方法：观察，罗盘仪、天线倾角仪测试检验。

19.7.5 射频同轴电缆（馈线）安装应符合下列规定：

1 馈线安装位置、固定方式应符合设计要求。

2 馈线安装应牢固、平顺，不得有交叉、扭曲、裂损，中间应无接头。

3 馈线引入室内前应制作避水弯，引入处应采取防水防火措施。

4 馈线在室外部分的外防护层应有不少于3点的外防护层接地连接；长度大于60 m时，应在中部增加1个接地点。

5 馈线在引入机房时应串接浪涌保护器，并就近接入室外接地汇集线。

6 射频同轴电缆敷设最小弯曲半径应符合表19.7.5的规定。

表19.7.5　射频同轴电缆敷设最小弯曲半径

型号	单次弯曲(mm)	重复弯曲(mm)
HHTAY-50-42(俗称$1\frac{5}{8}''$馈线)	280	500
HCTAY-50-32(俗称$1\frac{1}{4}''$馈线)	200	380
HCTAY-50-23(俗称$\frac{7}{8}''$低损耗馈线)	150	275
HCTAY-50-22(俗称$\frac{7}{8}''$馈线)	140	250
HCTAY-50-21(俗称$\frac{7}{8}''$软馈线)	90	130
HCAAY-50-12(俗称$\frac{1}{2}''$馈线)	80	125
HCAHY-50-9(俗称$\frac{1}{2}''$超柔)	17	55

检验数量：施工单位全数检查；监理单位平行检验不少于20%。

检验方法：观察、检测。

19.7.6 射频连接器(含合路器、分路器、耦合器等)安装应符合下列规定：

1 连接器内、外导体绝缘应良好，各零部件装配应齐全、紧固，分路器空余端应适配终端负载。

2 连接器应可靠固定在承力点上。

3 隧道、桥梁、路基等室外区域安装的连接器应防水密封。

检验数量：施工单位、监理单位全数检查。

检验方法：观察、检查。

19.7.7 天线、射频同轴电缆(馈线)安装后的电压驻波比应符合设计要求。

检验数量：施工单位全数检查；监理单位见证检验。

检验方法：通过式功率计、驻波比测试仪测试。

Ⅱ 设备安装及配线

主控项目

19.7.8 室内设备的进场验收应符合本标准第19.4.1条的有关规定。

19.7.9 室内设备的安装及配线应符合本标准第19.4节的有关规定。

19.7.10 专用移动通信设备在室外安装时应符合下列规定：

1 设备安装位置、安装方式应符合设计要求。

2 采用抱杆安装方式时，宜采用专用卡具固定。

3 设备安装应符合抗风、防雨、防震、防结露及散热的要求。

检验数量：施工单位、监理单位全数检查。

检验方法：观察、检查。

19.7.11 室外设备布线应符合下列规定：

1 布线应走向合理、绑扎牢固，电源线、信号线应分开布放，不应断线和错线，绝缘应符合设计要求。

2 电源线、信号线中间应无接头，经过伸缩缝、转接盒及缆线终端时应有余留。

 3 从室外设备引出的缆线应固定,设备接插头不应承受线缆自重。

 4 室外露天设备的电源线、信号线应可靠接地,连接处应有防水密封措施。

 5 线缆两端应悬挂标识,辨识清晰、信息完整。

 检验数量:施工单位、监理单位全数检查。

 检验方法:观察。

19.7.12 线路侧基站、直放站、多系统合路平台(POI)等设备安装与配线应符合下列规定:

 1 设备安装位置、方式、防水防尘等级应符合设计要求。

 2 设备安装应牢固可靠,设备柜门应可靠锁闭。

 3 设备配线应走向合理并绑扎牢固,与设备连接应可靠,并适当余留。

 4 设备安装之后整体不得侵入设备限界。

 5 设备串接的浪涌保护器应就近与贯通地线或接地装置可靠连接,引接线应采取防机械损伤措施。

 检验数量:施工单位、监理单位全数检查。

 检验方法:观察、检查。

Ⅲ 系统性能检验

主控项目

19.7.13 核心网的设备容灾和备份性能应符合设计要求。

 检验数量:施工单位全数检查;监理单位见证检验。

 检验方法:试验检验。

19.7.14 基站性能应符合设计要求和国家现行有关标准的规定。

 检验数量:施工单位每型号每批次至少抽检 1 套设备;监理单位见证检验。

检验方法:试验检验,无线综合分析仪测试。

19.7.15 直放站射频输出功率、输入输出光功率应符合设计要求。

检验数量:施工单位全数检查;监理单位见证检验不少于20%。

检验方法:功率计、光功率计测试检验。

19.7.16 终端设备设备发射功率、频率误差等指标应符合设计要求。

检验数量:施工单位全数检查;监理单位见证检验不少于20%。

检验方法:功率计测试检验。

19.7.17 专用移动通信系统空间波覆盖应符合设计要求。

检验数量:施工单位全数检查;监理单位见证检验不少于20%。

检验方法:无线频谱仪测试。

19.7.18 专用移动通信系统的系统服务质量应符合设计要求和有关技术标准的规定。

检验数量:施工单位全数检查;监理单位见证检验。

检验方法:网络服务质量测试仪测试。

19.7.19 定时和同步应符合设计要求。

检验数量:施工单位全数检查;监理单位见证检验。

检验方法:功能检验。

Ⅳ 系统功能检验

主控项目

19.7.20 核心网设备系统功能应符合设计要求和有关技术标准的规定。

检验数量:施工单位全数检查;监理单位见证检验。

检验方法:功能检验。

19.7.21 基站设备的电源模块、主控单位、基带处理板的冗余应符合设计要求。

检验数量:施工单位全数检查;监理单位见证检验。

检验方法:功能试验。

19.7.22 调度台、手持台等终端功能应符合设计要求和有关技术标准的规定。

检验数量:施工单位全数检查;监理单位见证检验20%。

检验方法:功能试验。

19.7.23 系统业务功能应符合设计要求和有关技术标准的规定。

检验数量:施工单位全数检查;监理单位见证检验。

检验方法:功能试验。

19.7.24 系统网管功能应符合设计要求和有关技术标准的规定。

检验数量:施工单位全数检查;监理单位见证检验。

检验方法:功能试验。

19.7.25 二次开发系统功能和性能应符合设计要求。

检验数量:施工单位全数检查;监理单位见证检验。

检验方法:试验检验。

19.7.26 专用移动通信系统宜提供北向接口。

检验数量:施工单位全数检查;监理单位见证检验。

检验方法:功能试验。

19.8 电话交换系统

Ⅰ 设备安装及配线

主控项目

19.8.1 电话交换系统设备、材料的进场验收应符合本标准第19.4.1条的有关规定。

19.8.2 电话交换系统的机框、板卡、模块、配件安装和电缆连接应符合产品技术规格书要求,设备外壳与机架内接地汇集排应连接良好。

　　检验数量:施工单位全数检查;监理单位见证检验不少于20%。

　　检验方法:对照设计文件观察。

19.8.3 设备配线应正确,标识应清晰,芯线应无断线、混线。

　　检验数量:施工单位全数检查;监理单位见证检验不少于20%。

　　检验方法:对照设计文件观察。

一般项目

19.8.4 用户终端安装应符合下列规定:
　　1 电话机安装位置、数量应符合设计要求。
　　2 电话机连线应可靠。

　　检验数量:施工单位全数检查;监理单位平行检验不少于20%。

　　检验方法:观察。

19.8.5 维护终端、测量终端、计费设备、网管终端安装应符合下列规定:
　　1 网管终端、维护终端设备、打印机等输入输出设备应完整、标志齐全,安装位置应符合设计要求。
　　2 计费设备和测量台的安装位置应符合设计要求。
　　3 设备连接应正确、可靠。

　　检验数量:施工单位全数检查;监理单位平行检验不少于20%。

　　检验方法:观察。

Ⅱ　系统功能性能检验

主控项目

19.8.6 电话交换系统的下列功能应符合设计要求:

1 话音业务。
2 非语音业务。
3 119、110、120等特种业务。
4 话务台、测量台功能。
5 话务统计、计费。
6 录音。
7 长时间通话。
8 时钟同步、系统及其附属设备的时间同步。
9 主要部件冗余备份。
检验数量：施工单位全数检查；监理单位见证检验。
检验方法：对照设计文件试验检验。

19.8.7 电话交换系统性能测试应符合下列规定：
1 本局呼叫接续故障率不应大于 4×10^{-4}。
2 忙时呼叫尝试次数（BHCA）应符合设计要求。
检验数量：施工单位全数检查；监理单位见证检验。
检验方法：呼叫接续故障率用模拟呼叫器测试检验，BHCA用延伸法测试或核查产品检验报告。

19.8.8 电话交换系统的网管功能应符合设计要求。
检验数量：施工单位全数检查；监理单位见证检验。
检验方法：通过网管进行试验检验。

19.8.9 电话交换系统与电信运营商互联互通应符合设计要求。
检验数量：施工单位全数检查；监理单位见证检验。
检验方法：试验检验。

19.8.10 电话交换系统宜提供北向接口。
检验数量：施工单位全数检查；监理单位见证检验。
检验方法：对照设计文件，功能试验。

19.9 有线调度通信系统

Ⅰ 设备安装及配线

主控项目

19.9.1 有线调度通信系统设备的进场验收应符合本标准第19.4.1条的有关规定。

19.9.2 调度交换机的机框、板卡、模块、配件安装和电缆连接应符合产品技术规格书要求,设备外壳与机架内接地汇集排应连接良好。

检验数量:施工单位全数检查;监理单位见证检验。

检验方法:对照设计文件观察。

19.9.3 设备配线应正确,标识应清晰,芯线应无断线、混线。

检验数量:施工单位全数检查;监理单位见证检验不少于20%。

检验方法:对照设计文件观察。

19.9.4 调度电话、站间行车电话、车站电话和车辆段基地电话等终端设备、录音装置、网管设备的安装位置、数量、规格应符合设计要求,终端连线应可靠。

检验数量:施工单位全数检查;监理单位见证检验不少于20%。

检验方法:观察。

Ⅱ 系统功能性能检验

主控项目

19.9.5 有线调度通信系统应具备选呼、组呼、全呼、紧急呼叫等功能,且在任何情况下系统应无阻塞。

检验数量:施工单位全数检查;监理单位平行检验不少于20%。

检验方法：试验检验。

19.9.6 有线调度通信系统的会议电话、录音等功能应符合设计要求。

检验数量：施工单位全数检查；监理单位平行检验不少于20%。

检验方法：试验检验。

19.9.7 站间行车电话应为相邻车站值班员之间提供直通通话功能。

检验数量：施工单位全数检查；监理单位平行检验不少于20%。

检验方法：试验检验。

19.9.8 车站电话应具备为车站行车值班室、站长、站内运营业务等相关人员提供站内直通通话功能。

检验数量：施工单位全数检查；监理单位平行检验不少于20%。

检验方法：试验检验。

19.9.9 有线调度通信系统的下列可靠性功能应符合设计要求：
    1 迂回保护链路功能。
    2 调度交换机的主控、交换、电源模块冗余配置及倒换功能。
    3 站间备用模拟通道倒换功能。

检验数量：施工单位全数检查；监理单位见证检验。

检验方法：试验检验。

19.9.10 有线调度通信系统的性能测试应符合下列规定：
    1 本局呼叫接续故障率不应大于 1×10^{-4}。
    2 忙时呼叫尝试次数（BHCA）应符合设计要求。

检验数量：施工单位全数检查；监理单位见证检验。

检验方法：呼叫接续故障率用模拟呼叫器测试检验，BHCA用延伸法测试或核查产品检验报告。

19.9.11 有线调度通信系统时钟同步和时间同步应符合设计要求。

检验数量：施工单位全数检查；监理单位见证检验。

检验方法：通过网管进行试验检验。

19.9.12 有线调度通信系统与专用移动通信系统间互联功能应符合设计要求。

检验数量：施工单位全数检查；监理单位见证检验。

检验方法：试验检验。

19.9.13 有线调度通信系统的配置管理、性能管理、故障管理、安全管理等网管功能应符合设计要求和有关技术标准的规定。

检验数量：施工单位全数检查；监理单位见证检验。

检验方法：通过网管进行试验检验。

19.9.14 有线调度通信系统宜提供北向接口。

检验数量：施工单位全数检查；监理单位见证检验。

检验方法：对照设计文件，试验检验。

19.10 综合视频监控系统

Ⅰ 设备安装及配线

主控项目

19.10.1 设备的进场验收应符合本标准第19.4.1条的有关规定。

19.10.2 视频采集设备、防护箱/控制箱安装应符合下列规定：

1 摄像机安装位置、安装方式和监视范围应符合设计要求。

2 摄像机支架应稳固，摄像机及前端设备安装应牢固，云镜转动应正常。

3 云台水平、垂直转动角度应符合设计要求。

4 防护罩安装应牢固，防护性能应符合设计要求。

5 防护箱/控制箱安装高度、防护功能应符合设计要求，并应安装牢固。

  6　安装在接触网等高压带电设备附近时,安全防护距离应符合设计要求。

  7　设备箱体应就近与接地体可靠接地。

  8　区间设备安装不得侵入设备界限。

  检验数量:施工单位全数检查;监理单位见证检验不少于20%。

  检验方法:观察、检测。

19.10.3　视频采集设备支柱(杆)的安装应符合设计要求:

  1　高度、埋深。

  2　基础的浇筑方式和强度。

  3　杆体接地方式及接地电阻。

  检验数量:施工单位全数检查;监理单位见证检验。

  检验方法:观察、检测。

19.10.4　视频采集设备、防护箱/控制箱的布线及配线应符合下列规定:

  1　从摄像机引出的线缆宜留有余量,不得影响摄像机或云台的转动。

  2　各种线缆应固定,不得用插头承受电缆的自重。

  3　线缆穿线方式应符合设计要求,外部出线时应采取机械、电气防护措施。

  4　防护箱/控制箱内布线应绑扎整齐、配件正确、连接可靠。

  检验数量:施工单位全数检查;监理单位平行检验不少于20%。

  检验方法:观察。

一般项目

19.10.5　视频监视器的安装位置应使屏幕不受外来光直射;当有不可避免的光时,宜加遮光罩遮挡。

  检验数量:施工单位全数检查;监理单位见证检验。

检验方法:观察。

19.10.6 室外露天机箱表面应喷涂明显的警示标志。

检验数量:施工单位全数检查;监理单位见证检验。

检验方法:观察。

Ⅱ 系统功能性能检验

主控项目

19.10.7 综合视频监控系统的 IP 网络承载性能的时延、抖动和丢包率等性能应符合设计要求。

检验数量:施工单位全数检查;监理单位见证检验。

检验方法:网络性能测试仪检测。

19.10.8 摄像机系统图像质量应符合下列规定:

1 标准照度下,采用五级损伤制主观评定,图像质量评价不应低于4分。

2 视频图像水平清晰度不应低于800线。

3 图像画面的灰度不应低于8级。

4 摄像机日间模式和夜间模式的最低可用照度值之比应不小于5。

检验数量:施工单位第1款和第2款按型号、批次抽选3台检查,第3款按摄像机监控区域抽选1台检查;监理单位见证检验。

检验方法:检测。

19.10.9 中心级与车站级操作响应时延应符合设计要求:

1 视频实时调用时延。

2 云台操控(PTZ)控制时延。

3 历史图像检索时延。

4 图像间切换时延。

检验数量:施工单位全数检查;监理单位见证检验。

检验方法:检测。

19.10.10 中心与车站级综合视频监控系统的下列功能应符合

设计要求：
　　1　PTZ控制功能。
　　2　自动光圈调节、调焦、变倍等图像参数调整功能。
　　3　图像间自由切换与多画面功能。
　　4　字符叠加功能。
　　5　时间同步功能。
　　6　镜头预置位及恢复功能。
　　7　图像轮巡功能。
　　8　报警功能。
　　9　调度中心画面选择的优先级功能。
　　检验数量：施工单位全数检查；监理单位见证检验。
　　检验方法：试验检验。

19.10.11　综合视频监控系统的录像功能应符合下列规定：
　　1　实时图像连续存储功能，或根据设定的事件、时间、地点有条件存储功能应正常。
　　2　按不同的安全等级采用不同图像分辨率存储功能应正常。
　　3　存储图像内容应完整。
　　4　存储容量或时间应符合设计要求。
　　5　对不同视频流，可分别设置存储空间，并能支持循环存储。
　　检验数量：施工单位全数检查；监理单位见证检验。
　　检验方法：试验检验。

19.10.12　综合视频监控系统的录像回放功能应符合下列规定：
　　1　用户根据时间、地点、事件等多种条件进行检索和回放。
　　2　多用户同时调用和检索历史图像。
　　3　本地回放历史图像和远程直接回放历史图像。
　　检验数量：施工单位全数检查；监理单位见证检验。
　　检验方法：试验检验。

19.10.13　综合视频监控系统与其他系统间联动功能、智能分析功能应符合设计要求。

检验数量:施工单位全数检查;监理单位见证检验。

检验方法:试验检验。

19.10.14 综合视频监控系统的用户管理、配置管理、性能管理、故障管理、安全管理、日志管理等网管功能应符合设计要求。

检验数量:施工单位全数检查;监理单位见证检验。

检验方法:通过网管试验检验。

19.10.15 综合视频监控系统宜提供北向接口。

检验数量:施工单位全数检查;监理单位见证检验。

检验方法:对照设计文件,试验检验。

19.11 时钟同步及时间同步系统

Ⅰ 设备安装及配线

主控项目

19.11.1 时钟同步及时间同步系统设备的进场验收应符合本标准第19.4.1条的有关规定。

19.11.2 卫星天线、射频同轴电缆的安装应符合下列规定:

1 安装位置、方式、天线视角应符合设计要求,固定牢靠。

2 天线与其他设备天线距离宜大于3 m。

3 射频同轴电缆安装在室外建筑物顶部时,应用保护管防护固定。

4 射频同轴电缆敷设最小弯曲半径应符合表19.7.5的规定。

5 射频同轴电缆引入室内前应制作滴水弯,并防水密封处理。

6 射频同轴电缆引入室内前应安装浪涌保护器。

7 天线支撑架接地应就近与建筑物顶部的避雷带可靠焊接。

检验数量:施工单位全数检查;监理单位见证检验。

检验方法:观察、检测。

19.11.3 时间系统子钟的安装应符合下列规定：

1 安装位置和方式应符合设计要求，固定牢靠。
2 石英钟的零部件不得缺损，机芯固定应可靠。
3 数字式子钟 LED 像素管应无松动及管壳破裂等现象。
4 电源及信号线引线应隐蔽安装。

检验数量：施工单位全数检查；监理单位见证检验。
检验方法：观察。

Ⅱ 时钟同步系统功能性能检验

主控项目

19.11.4 时钟同步设备的时钟输入、卫星信号接收、振荡器、电源和时钟输出等关键板卡的冗余配置应符合设计要求。

检验数量：施工单位全数检查；监理单位见证检验。
检验方法：对照设计文件检查配置，功能检验。

19.11.5 时钟同步系统功能应符合设计要求和现行国家标准《数字同步网工程技术规范》GB/T 51117 的有关规定。

检验数量：施工单位全数检查；监理单位见证检验。
检验方法：功能检验。

19.11.6 时钟同步系统网管功能应符合设计要求和现行国家标准《数字同步网工程技术规范》GB/T 51117 的有关规定。

检验数量：施工单位全数检查；监理单位见证检验。
检验方法：功能检验。

19.11.7 同步节点时钟的主要性能应符合设计要求和现行国家标准《数字同步网工程技术规范》GB/T 51117 的有关规定。

检验数量：施工单位全数检查；监理单位见证检验。
检验方法：核查质量证明文件，时钟分析仪检测。

19.11.8 时钟同步系统应采用主从同步方式，同步信息应用传输系统链路逐级传送。

检验数量：施工单位全数检查；监理单位见证检验。

检验方法:试验验证。

Ⅲ 时间同步系统功能性能检验

主控项目

19.11.9 时间同步设备的内置钟、电源板、输出接口板等重要板卡应冗余配置,设备板卡支持带电插拔。

检验数量:施工单位全数检查;监理单位见证检验。

检验方法:功能检验。

19.11.10 时间同步系统的功能应符合现行行业标准《铁路时间同步网技术条件》TB/T 3283 的有关规定。

检验数量:施工单位全数检查;监理单位见证检验。

检验方法:时间综合测试仪检验。

19.11.11 时间同步网的网管功能应符合现行行业标准《铁路时间同步网技术条件》TB/T 3283 的有关规定。

检验数量:施工单位全数检查;监理单位见证检验。

检验方法:功能检验。

19.11.12 母钟设备的下列功能、性能应符合设计要求和现行行业标准《铁路时间同步网技术条件》TB/T 3283 的有关规定:

1 主备用切换功能。

2 输入、输出、守时功能。

3 时间准确度、时间稳定度和守时精度等性能。

检验数量:施工单位全数检查;监理单位见证检验。

检验方法:观察、功能检验,时间综合测试仪检测性能。

19.11.13 时间同步系统提供的标准时间信号格式和接口应符合设计要求。

检验数量:施工单位全数检查;监理单位见证检验。

检验方法:试验检查。

19.11.14 时钟调试应符合下列规定:

1 自动或人工转换时,工作状态不得中断。

2 主、备母钟应同步,母钟(二级母钟)与子钟指示时间应一致。

3 母钟(二级母钟)、同步装置、子钟故障时,应及时准确地报警。

检验数量:施工单位全数检查;监理单位见证检验。

检验方法:试验检查。

19.12 综合网管系统

Ⅰ 设备安装及配线

主控项目

19.12.1 综合网管系统设备的进场验收应符合本标准第19.4.1条的有关规定。

19.12.2 综合网管系统服务器、管理计算机及其附属设备的安装位置及方式、布线及配线、防雷及接地应符合设计要求。

检验数量:施工单位全数检查;监理单位平行检验。

检验方法:观察、检测。

Ⅱ 系统功能性能检验

主控项目

19.12.3 综合网管系统下列功能应符合设计要求:

1 接入各子系统的数据采集和范围准确。

2 告警信息显示、存储、检索、提示等数据管理功能。

3 告警信息的报表采集、生成等功能。

检验数量:施工单位全数检查;监理单位平行检验。

检验方法:对照设计文件和产品技术文件,通过网管终端操作检验。

19.12.4 综合网管系统下列性能应符合设计要求:

1 告警响应时间。

2 操作响应时间：
　　　　1）简单操作及普通数据查询操作界面响应时间；
　　　　2）大数据量报表数据查询操作界面响应时间。
　　3 数据采集处理的准确性。
　　4 系统存储能力和存储时间。
　　检验数量：施工单位全数检查；监理单位平行检验。
　　检验方法：对照设计文件和产品技术文件，通过网管终端操作检验。

19.12.5 综合网管系统应与时间同步系统同步，并与接入的通信各系统网管时间同步。
　　检验数量：施工单位全数检查；监理单位见证检验。
　　检验方法：对照设计文件和产品技术文件，通过网管终端操作检验。

19.12.6 综合网管系统的设备冗余、设备掉电重启恢复、网络通道冗余、软件备份恢复等可靠性能力应符合设计要求。
　　检验数量：施工单位全数检查；监理单位见证检验。
　　检验方法：试验检验。

19.13　应急通信系统

Ⅰ　设备安装及配线

主控项目

19.13.1 应急通信系统设备及材料的进场验收应符合本标准第19.4.1条的有关规定。

19.13.2 应急通信系统机房设备安装、布线及配线、防雷及接地应符合本标准第19.4节的有关规定。

19.13.3 有线应急电话总机、车站有线应急电话主机的安装位置和方式应符合设计要求。

19.13.4 隧道有线应急电话分机的安装应符合下列规定：

1 安装位置和方式应符合设计要求。
2 安装应牢固并符合建筑限界要求。
3 话机与通信电缆的接线方式应符合设计要求。
4 话机引出线应用保护管防护并固定,电话进线孔和管孔处应防水处理。
5 话机设置处应喷涂明显标志。

检验数量:施工单位全数检查;监理单位平行检验。
检验方法:观察、检测。

Ⅱ 系统功能检验

主控项目

19.13.5 有线应急电话总机、车站有线应急电话主机的功能应符合设计要求。

检验数量:施工单位全数检查;监理单位见证检验。
检验方法:对照设计文件,试验检验。

19.13.6 隧道有线应急电话分机功能应符合设计要求。

检验数量:施工单位全数检查;监理单位平行检验不少于20%。

检验方法:试验检验。

19.13.7 应急通信系统的网管功能应符合设计要求。

检验数量:施工单位全数检查;监理单位见证检验。
检验方法:对照设计文件,试验检验。

19.14 公安通信系统

Ⅰ 公安视频监视系统

主控项目

19.14.1 公安视频监视系统的设备安装和配线应符合本标准

第19.4节的有关规定。公安视频监视设备安装不得侵入设备限界。

19.14.2 公安视频监视系统的功能性能检验应符合本标准第19.10节的有关规定。

Ⅱ 公安(消防)无线通信引入系统

主控项目

19.14.3 公安无线通信引入天馈安装应符合本标准第19.7节的有关规定，设备安装和配线应符合本标准第19.4节的相关规定。

19.14.4 公安无线通信引入的下列性能应符合设计要求：

1 基站设备的射频输出功率、发射频偏、调制矢量误差等。

2 直放站设备的射频输出功率、输入光功率、输出光功率、光接收动态范围、增益等。

3 POI设备的插入损耗、带内波动、隔离度、驻波比等。

4 系统场强覆盖。

检验数量：施工单位全数检查；监理单位见证检验。

检验方法：无线综合测试仪、矢量网络分析仪、场强仪测试检验。

19.14.5 公安无线通信引入的下列功能应符合设计要求：

1 系统的呼叫功能、数据功能、多优先级功能、故障弱化功能、漫游切换功能。

2 网管设备的故障管理、性能管理、配置管理、用户管理、安全管理等。

3 与既有系统互联互通功能等。

检验数量：施工单位全数检查；监理单位见证检验。

检验方法：对照设计文件，试验检验。

Ⅲ 公安数据网

主控项目

19.14.6 公安数据网设备安装和配线应符合本标准第19.4节

的有关规定。

19.14.7 公安数据网的布线应符合本标准第19.2节和现行国家标准《综合布线系统工程验收规范》GB 50312的规定。

19.14.8 公安数据网的系统检验应符合本标准第19.6节的有关规定。

Ⅳ 公安电源

主控项目

19.14.9 公安电源系统验收应符合本标准第19.5节的有关规定。

20 信 号

20.1 一般规定

20.1.1 本章适用于计算机联锁系统、列车运行控制系统、调度集中系统、信号监测系统、车辆段调车防护系统、车辆段控制集中系统及辅助系统的施工质量验收。

20.1.2 信号系统分部分项工程划分宜按本标准附录 B.0.15 采用。

20.1.3 市域铁路与国铁的互通预留条件应符合设计要求和有关技术标准的规定。

20.1.4 施工前，施工单位应对批准的设计文件进行现场核对，核对无误后方可使用。对图纸核对中发现的问题应及时与建设、设计、监理单位联系解决。

20.1.5 施工单位应依据施工设计文件及有关资料进行施工调查，沟、槽、管、孔，设备房屋，防雷接地，供电等相关专业之间的工程接口应按规定进行核验交接，形成记录，并编制施工调查报告。

20.1.6 施工单位应在施工前进行定测，并根据定测资料进行复测。施工定测和复测完毕后应做书面记录并在现场明显处做相应标记。

20.2 光(电)缆线路

Ⅰ 进场检验

主控项目

20.2.1 光(电)缆及箱盒等配套器材进场检验应符合下列规定：

    1 混凝土基础螺栓应竖立垂直、位置正确，外露部分应有防锈措施。

2 金属支架应采用热渗锌金属或其他防腐措施。

3 应按进场的批次进行检验。

4 规格、型号、数量应符合设计要求。

5 合格证、质量检验报告等质量证明文件,以及说明书等产品技术文件应齐全,并符合设计要求。

6 按规定属于认证管理的设备应通过认证,其认证证明文件应在有效期内。

7 应部件齐全。

8 应无损伤、变形、锈蚀、氧化,门、盖开关应无卡阻。

9 铭牌、标识应完整清晰。

检验数量:施工单位全数检查;监理单位见证检验。

检验方法:对照设计文件和有关标准观察实物,核查质量证明文件。

20.2.2 单盘光缆长度及衰减系数应符合设计要求。

检验数量:施工单位全数检查;监理单位抽样检验不少于20%,其余见证。

检验方法:光时域放射仪检测。

20.2.3 单盘电缆进场检验项目及性能要求应符合表20.2.3的规定。

表 20.2.3 单盘电缆进场检验项目及性能要求

序号	电缆类别	检验项目	指标
1	铁路信号电缆:综合护套、铝护套信号电缆	导体直流电阻	符合现行行业标准《铁路信号电缆》TB/T 2476系列标准的有关规定
		绝缘电阻	
2	铁路数字信号电缆:综合护套、铝护套、内屏蔽、应答器数据传输电缆	导体直流电阻	符合现行行业标准《铁路数字信号电缆》TB/T 3100系列标准的有关规定
		工作线对导体电阻不平衡	
		绝缘电阻	
		工作电容	

检验数量:施工单位全数检查;监理单位抽样检验不少于20%,其余见证检验。

检验方法:电缆性能指标检验方法符合现行行业标准《铁路信号电缆》TB/T 2476、《铁路数字信号电缆》TB/T 3100 系列标准的有关规定。

Ⅱ 光(电)缆敷设、防护、接续及引入

主控项目

20.2.4 光(电)缆规格、型号、敷设方式、物理路径应符合设计要求及有关标准的规定。

检验数量:施工单位全数检查;监理单位全数检验。

检验方法:观察、检测,直埋光(电)缆按有关规定留存影像资料。

20.2.5 光(电)缆应按 A、B 端依次顺序敷设。

检验数量:施工单位全数检查;监理单位全数检验。

检验方法:观察,直埋光(电)缆按有关规定留存影像资料。

20.2.6 光(电)缆与其他线缆、设施的间距应符合下列规定:

1 路肩直埋光(电)缆应符合下列规定:

 1) 在线路外侧时距最近钢轨轨底边缘水平距离不得小于 2 m,路肩宽度不够时不得小于 1.7 m。

 2) 在线路中间时,水平距离不得小于 1.6 m;当线间距为 4.5 m 时,不得小于 1.5 m。

2 平行于公路的直埋光(电)缆距公路面、排水沟边沿水平距离不得小于 1 m。

3 直埋光(电)缆与其他建筑设施间距应符合设计要求,以及现行国家标准《通信线路工程设计规范》GB 51158 等有关标准的规定。

4 间距和防护措施应符合设计文件及有关标准的规定。

检验数量:正常情况下直线段每 100 m 检验 1 次,转弯、穿

(跨)越处全部检验。施工单位全数检查,监理单位全数检验。

检验方法:观察、检测,隐蔽部位检验按规定留存影像资料。

20.2.7 直埋光(电)缆埋深应符合下列规定:

1 信号电缆的最小直埋深度应符合表 20.2.7 的规定。

表 20.2.7 信号电缆的最小直埋深度

敷设地段	埋设深度(m)	说明
区间	1.2	普通土质、硬土质及软石地质条件
站内	0.7	普通土质、硬土质及软石地质条件
石质	0.5	次坚石、坚石地质条件
穿越公路(距路面基底)	1.2	—
穿越沟、渠	1.2	—
市区人行道	1.0	—

2 单独敷设的光缆埋深应符合本标准第 19.3.10 条的规定。

3 当光(电)缆同沟敷设时,应符合最大深度要求。

检验数量:正常情况下直线段每 100 m 检验 1 次,转弯、穿(跨)越处全部检验。施工单位全数检查,监理单位全数检验。

检验方法:观察,直埋光电缆按有关规定留存影像资料。

20.2.8 光(电)缆防护应符合下列规定:

1 直埋光(电)缆应采用软土防护,厚度不小于 100 mm。

2 无砟轨道路基地段防护应符合下列规定:

  1) 防护管、槽顶面低于路基保护层平面不小于 80 mm。
  2) 保护层按原方式(混凝土、沥青)恢复。

3 桥梁地段防护应符合下列规定

  1) 当桥梁接缝处未设伸缩装置时,应增加阻燃电缆槽防护;防护槽应采取与原电缆槽道单边固定等防窜动措施。
  2) 外露光(电)缆应采用套管防护,电缆引入处槽盖板应封堵。

  3）光（电）缆沿桥墩采用热镀锌防护钢槽引下时，钢槽厚度不应小于2 mm；桥梁与桥墩钢槽的连接处间隙为5 mm～10 mm；两梁间过渡钢槽连接处活动搭接长度不小于50 mm；钢槽弯曲半径应符合电缆弯曲半径的要求；钢槽及电缆应分段固定，固定间距不应大于1 500 mm；钢槽下端应埋设在地面以下并固定，深度不应小于500 mm；地面以上的钢槽外部应采用砌砖防护，砌砖高度不应少于2 000 mm。

 4 隧道区段连接设备的外露电缆应采用防护套管进行防护，电缆槽引入孔应封堵。

 5 穿越轨道防护应符合下列规定：

  1）防护管、防护槽上沿距路基顶面不小于200 mm。

  2）防护管、防护槽两端超出轨枕外沿不小于500 mm。

  3）防护管口两端应封堵。

 6 穿越公路、道口、水沟防护应符合下列规定：

  1）防护管埋设深度应与两侧电缆沟底相平。

  2）防护管、防护槽两端露出公路、道口、水沟边缘不小于500 mm。

  3）防护管口两端应封堵。

 7 直埋光（电）缆接头盒的埋深应与直埋光（电）缆要求相同，接头盒埋于地下时可采用防护槽或水泥盖板防护，防护长度不小于1 000 mm。

 8 光（电）缆采用防护槽防护时，盖顶面距地面距离宜为200 mm～300 mm；埋设在路肩上时，应填平夯实，保证路肩完整。

 9 光（电）缆采用钢管及槽等防护时，防护管口两端应封堵。

 10 光（电）缆在管道中穿放时，管道内径不得小于光电缆外径的1.5倍。

  检验数量：正常情况下直线段每100 m检验1次，转弯、穿

(跨)越处全部检验。施工单位全数检查,监理单位全数检验。

检验方法:观察检验,直埋光(电)缆接头盒埋深、防护隐蔽部分按规定留存影像资料。

20.2.9 同槽敷设多条光(电)缆时,应互不交叉;槽道盖板应齐全、完整、稳固。

检验数量:施工单位全数检查;监理单位全数检验。

检验方法:观察。

20.2.10 光(电)缆外护层(套)不得压扁、破损。

检验数量:施工单位全数检查;监理单位抽样检验不少于20%。

检验方法:观察。

20.2.11 光缆接续应符合本标准第19.3.15条的规定。

20.2.12 电缆接续应符合下列规定:

1 电缆接续时芯线应线位正确、线序对应、无交叉、连接牢固、扭绞均匀。

2 穿越铁路、公路及道口时,在距铁路钢轨、公路和道口的边缘2m范围内不得接续。

3 距地下热力、煤气及燃料管道2m范围内不得接续。

4 接头应水平,接头两端各300mm内不应弯曲。

5 A端与B端相接,相同的芯组内颜色相同的芯线相接。

6 接续后应进行芯线导通和芯线对地、芯线间绝缘电阻检测。

7 备用芯线应全部连通,电缆金属护套、内屏蔽层应进行屏蔽连接。

8 同径路的两根电缆接续位置间距不应小于1m。

9 电缆接续应采用箱盒接续,不应采用地下接续方式。

10 长度不大于300m的电缆不得接续,长度不大于1km的电缆不得多于2次接续,接续位置距离所接入的箱盒不得小于30m。

检验数量:施工单位全数检查;监理单位旁站不少于20%。
检验方法:观察、万用表检测。

20.2.13 光(电)缆引入应符合下列规定:

1 光(电)缆引入室内时应固定牢固整齐。

2 室内光(电)缆引入孔应采用阻燃材料封堵严密。

3 轨道电路用数字电缆和应答器电缆严禁盘成闭合圈。

4 光(电)缆转弯及余留量的布放应均匀圆滑、整齐美观,不得有硬弯或背扣现象,并符合光(电)缆弯曲半径的要求。

5 电缆井内的光(电)缆可采用电缆托架分层固定,两端电缆宜分开。

6 电缆间可采用电缆盘架分层固定。

7 楼层间电缆应分段固定在爬架上,电缆应不下坠,固定间距不宜大于1.5m。

检验数量:施工单位全数检查;监理单位全部见证。
检验方法:观察、检测。

20.2.14 光(电)缆弯曲半径应符合下列规定:

1 光缆最小弯曲半径应符合本标准第19.2.11条第5款的规定。

2 信号电缆最小弯曲半径应符合表20.2.14的规定。

表20.2.14 信号电缆最小弯曲半径

电缆类型	电缆型号	允许弯曲半径
非数字:综合护套、铝护套信号电缆	PTYA PTYL	$15D$
数字电缆:塑料护套电缆、综合护套电缆、铝护套信号电缆	SPTYW03、SPTY23、SPTYWA23 SPTYWL23	$15D$
数字电缆:内屏蔽数字电缆、应答器数据传输电缆	SPTYWP03、SPTYWP23、SPTYWPA23、SPTYWPL23、LEU.BSYL23、LEU.BSYA23	$20D$

续表20.2.14

电缆类型	电缆型号	允许弯曲半径
铜线编织屏蔽应答器数据传输电缆(尾缆)	LEU.BSYYP	10D

注:D 为电缆外径。

3 多根光(电)缆同沟(槽)敷设时,应按最大弯曲半径敷设。

检验数量:施工单位全数检查;监理单位抽样检验不少于20%。

检验方法:观察、检测。

20.2.15 光(电)缆线路余留位置和长度应符合设计要求。

检验数量:施工单位全数检查;监理单位抽样检验不少于20%。

检验方法:观察、检测。

20.2.16 直埋光(电)缆标石和警示牌埋设应符合下列规定:

1 光(电)缆标识的埋设位置和光(电)缆警示牌设置地点应符合设计文件及相关标准要求。

2 标识及警示牌的材质及信息标志内容等应符合现行行业标准《铁路线路及信号标志牌》TB/T 2493 等有关标准的规定。

检验数量:施工单位全数检查;监理单位抽样检验不少于20%。

检验方法:观察、检测。

Ⅲ 箱盒安装及配线

主控项目

20.2.17 箱盒安装位置及安装方式应符合设计要求以及现行行业标准《铁路信号工程施工质量验收标准》TB 10419 等有关标准的规定。

检验数量:施工单位全数检查;监理单位对限界全数检验,其他抽样检验不少于20%。

检验方法：观察、检测。

20.2.18 室外电缆接地应符合下列规定：

1 室外电缆钢带、铝护套以及内屏蔽护套应分段单端接地，并符合设计要求。

2 箱盒内接地端子应采用多股铜芯软线就近与综合接地端子连接，连接线截面积不小于 25 mm² 并符合设计要求。

检验数量：施工单位全数检查；监理单位旁站不少于 20%。

检验方法：观察、检测。

20.2.19 箱盒内电缆成端应符合下列规定：

1 电缆引入箱盒成端处电缆外护套和引入孔应进行密封处理。

2 电缆芯线不得损伤。

3 胶室底部的电缆芯线应分开，并灌注冷封胶保护。

4 箱盒冷封胶灌注应饱满、密实，胶体无溢出。

检验数量：施工单位全数检查；监理单位旁站不少于 20%。

检验方法：观察。

20.2.20 箱盒内电缆配线应符合下列规定：

1 芯线端头应预留 2 次～3 次做头余留量，并不应盘圈。

2 箱盒内数字电缆不应闭合。

3 备用芯线的长度应能够满足与最远程端子配线连接，并有 2 次～3 次做头余量。

4 采用柱形端子时，顺时针绕制的芯线端部线环应用托片或线爪防护；多根配线间、配线与螺母间应垫垫圈。

5 采用弹簧接线端子时，端子配线应一孔一线，并插接牢固。

6 线把绑扎应均匀顺畅，配线不应与箱盒边缘接触。

7 电缆两端应有电缆去向标牌。

检验数量：施工单位全数检查；监理单位见证不少于 20%。

检验方法：观察、检测。

20.2.21 电缆配线贯通后设备未连接前的每根芯线对地、线间绝缘电阻率不应小于 20 MΩ·km。

检验数量:施工单位全数检查;监理单位旁站不少于20%。

检验方法:高阻兆欧表、电缆测试仪等仪表检测。

20.2.22 室外设备与接地体连接应符合下列规定:

1 设置综合接地系统时,室外信号设备应就近与综合接地系统连接。

2 设置信号贯通地线时,室外信号设备应就近与贯通地线连接。

3 未设置综合接地系统或信号贯通地线的区段,室外设备需要接地时应设置独立接地体;集中设置的室外设备应共用接地体。

4 连接应牢固可靠、端子无松动。

检验数量:施工单位全数检查;监理单位旁站不少于20%。

检验方法:观察、检测。

一般项目

20.2.23 箱盒硬化工作台面应符合设计要求。

检验数量:施工单位全数检查;监理单位抽样检验不少于20%。

检验方法:观察、检测。

20.2.24 箱盒名称标识应正确、清晰。

检验数量:施工单位全数检查;监理单位抽样检验不少于20%。

检验方法:观察。

20.3 地面固定信号

Ⅰ 进场检验

主控项目

20.3.1 信号机及信号表示器应进行进场检验,并符合下列规定:

1 信号机构应符合下列规定：
  1）透镜颜色配置应正确；
  2）托臂配置应正确；
  3）机构密封应良好。
  4）当采用 LED 信号机构时，应符合现行行业标准《LED 铁路信号机构通用技术条件》TB/T 3242 的相关技术条件要求。
2 信号机柱应符合下列规定：
  1）机柱横向不应有裂纹；
  2）纵向裂缝不得超过 1 条，宽度应小于 0.2 mm，长度应小于 1 000 mm；
  3）混凝土面应无剥落现象，钢筋不得外露；
  4）机柱的弯曲度应不大于 $L/200$（L 为机柱长度）；
  5）机柱应按设计要求预留安装孔，不应现场打孔。
3 信号机梯子应符合下列规定：
  1）梯子热镀锌应均匀；
  2）梯子横向连接点焊/铆接应牢固；
  3）梯子应顺直、无变形。
4 其他进场检验项目应符合下列规定：
  1）应按进场的批次进行检验；
  2）规格、型号、数量应符合设计要求；
  3）合格证、质量检验报告等质量证明文件，以及说明书等产品技术文件应齐全，并符合设计要求；
  4）按规定属于认证管理的设备应通过认证，其认证证明文件应在有效期内；
  5）部件应齐全；
  6）应无损伤、变形、锈蚀、氧化，门、盖开关应无卡阻；
  7）铭牌、标识应完整清晰。

检验数量：施工单位全数检查；监理单位见证检验。

检验方法：对照设计文件和有关标准观察实物，核查质量证明文件。

20.3.2 信号变压器及点灯单元性能测试应符合现行行业标准《铁路信号点灯单元》TB/T 3202 的有关规定。

检验数量：施工单位全数检查；监理单位见证检验。

检验方法：对照设计文件和有关标准观察实物，核查质量证明文件。

20.3.3 信号标志牌应进行进场检验，并应符合下列规定：

1 标志牌图案、颜色应正确。

2 标志牌反光材料表面应光滑。

3 粘贴方式的标志牌应采用反光软塑料膜制作，反光膜应符合现行行业标准《公路交通标志板技术条件》JT/T 279 中第三级反光膜的要求。

4 其他进场检验项目和要求应符合下列规定：

1) 应按进场的批次进行检验。

2) 规格、型号、数量应符合设计要求。

3) 合格证、质量检验报告等质量证明文件，以及说明书等产品技术文件应齐全，并符合设计要求。

4) 部件应齐全。

5) 应无损伤、变形、锈蚀、氧化。

6) 铭牌、标识应完整清晰。

检验数量：施工单位全数检查；监理单位见证检验不少于20%。

检验方法：对照设计文件和有关标准观察实物，核查质量证明文件。

Ⅱ 高柱信号机安装

主控项目

20.3.4 高柱信号机的安装应符合下列规定：

1 信号机设置位置、机构型式应符合设计要求,便于瞭望、无遮挡。

2 信号机外缘距接触网带电部分的距离不得小于 2 m。

3 安装位置应符合铁路建筑限界规定。考虑工务大机捣固作业,直线段高柱信号机机柱中心至所属线路中心距离不应小于 3 100 mm。

4 机柱安装应符合下列规定:

1) 当采用 8 500 mm、10 000 mm 机柱时,机柱埋深分别不应少于 1 700 mm、2 000 mm;
2) 机柱应与地面垂直,倾斜角度不应大于 8‰;
3) 土质不良时,机柱坑底应增设混凝土底盘;
4) 路基面较窄、坡度较陡处应采用片石、水泥砂浆砌围,或用方形混凝土柱作围桩,方形混凝土柱埋深不应小于全长的 1/2;
5) 机柱顶端及电线引入管口应用水泥砂浆封严。

5 梯子安装应符合下列规定:

1) 梯子应安装在信号机机构背面;
2) 梯子与机柱、基础均应采用螺栓连接牢固;
3) 梯子与机柱连接支筋应与地面平行;
4) 梯子抱箍与机柱应连接牢固。

6 机构安装应符合下列规定:

1) 型号、规格、灯光配置及机构间距应符合设计要求;
2) 透镜应清洁、明亮,无斑点和裂纹;
3) 电力牵引区段的机构应安装在靠近所属线路侧;
4) 同一机柱同方向安装的各个机构,各灯位中心应在一垂直线上,引导信号机构、柱下附调车信号机构及表示器等除外;
5) 部件应齐全,无破损、裂纹;
6) 紧固件应平衡紧固;开口销劈开角度应为 60°~90°。

检验数量：施工单位全数检查；监理单位对限界全数检验，对机柱埋设全部旁站，其余抽样检验不小于 20%。

检验方法：观察、检测。

20.3.5 信号机配线应符合下列规定：

1 箱盒内部应采用 $7\times\phi0.52\ mm$ 多股铜芯绝缘软线。

2 信号机与箱盒间配线应采用屏蔽电缆。

3 线缆不得有中间接头及损伤。

4 箱盒、点灯单元或变压器、信号机灯座等采用柱形端子时，绝缘软线配线应采用铜线绕制线环或冷压接线端子压接等方式。

5 箱盒、点灯单元或变压器、信号机灯座等采用弹簧接线端子时，端子配线应一孔一线，并插接牢固。

6 机柱至机构、机柱至变压器箱或终端盒等出口处的绝缘软线应采用软管防护；采用配线电缆时，可不加防护。

7 配线应平顺、绑扎均匀。

检验数量：施工单位全数检查；监理单位见证检验不少于 20%。

检验方法：观察、检测。

20.3.6 高柱信号机接地应符合下列规定：

1 各机构应分别与梯子电气连接。

2 梯子各接头处应分别电气连接。

3 梯子底端螺栓应与接地装置就近连接。

4 电气连接线应采用多股铜芯软线，截面积不小于 $25\ mm^2$ 并符合设计要求。

5 接地电阻应符合设计要求。

检验数量：施工单位全数检查；监理单位全部见证。

检验方法：观察、检测。

一般项目

20.3.7 高柱信号机机构内外部、遮檐、背板、托臂应颜色一致，无脱皮、反锈、鼓泡现象。

检验数量：施工单位全数检查；监理单位抽样检验不少于20%。

检验方法：观察。

20.3.8 高柱信号机名称标识应正确、清晰。

检验数量：施工单位全数检查；监理单位抽样检验不少于20%。

检验方法：观察。

Ⅲ 矮型信号机安装

主控项目

20.3.9 矮型信号机的安装应符合下列规定：

1 设置位置、机构型式应符合设计要求，便于瞭望、无遮挡。

2 安装位置应符合铁路建筑限界要求。

3 路基地段应符合下列规定：

 1）混凝土基础埋深双机构信号机不应少于400 mm，单机构信号机不应少于500 mm；

 2）金属支架埋设深度不应少于500 mm。

4 桥梁地段安装应符合下列规定：

 1）应采用热渗锌金属支架安装；

 2）有防护墙时，金属支架应安装在防护墙外侧，因限界不足金属支架向外延长时应增加固定支撑架；

 3）T型桥梁无防护墙时，金属支架应安装在护栏上；

 4）在无防护墙或护栏的混凝土地段，金属支架应采用化学锚栓固定在桥面上，支架顶面距砖砌混凝土围台面应为150 mm±50 mm；

 5）金属支架不应跨桥梁伸缩缝，金属支架孔边缘距建（构）筑物边缘不得小于50 mm。

5 隧道地段应符合下列规定：

 1）金属支架和信号机固定框应安装在隧道壁上，金属支架应采用化学锚栓固定；

 2）隧道壁钻孔深度应为 180 mm±20 mm，并不得破坏隧道壁防水层；

 3）金属支架顶面应高于电缆槽道面 250 mm±50 mm；

 4）金属支架不应跨越隧道接缝，金属支架孔边缘距建（构）筑物边缘不得小于 50 mm。

 6 地下站混凝土地段安装应符合下列规定：

 1）金属支架安装在混凝土地面上，金属支架顶面应高于混凝土围顶面 150 mm±50 mm；

 2）金属支架孔边缘距建（构）筑物边缘不得小于 50 mm。

 7 信号机构安装应符合下列规定：

 1）型号、规格、灯光配置及机构间距应符合设计要求；

 2）透镜应清洁、明亮，无斑点和裂纹；

 3）部件应齐全，无破损、裂纹；

 4）紧固件应平衡紧固；开口销劈开角度应为 60°～90°。

 8 各连接部件应有防松措施；连接螺栓露出螺母外的螺扣不宜小于 5 mm。

检验数量：施工单位全数检查；监理单位对限界全数检验，其他抽样检验不少于 20%。

检验方法：观察、测量。

20.3.10 信号机配线应符合下列规定：

 1 箱盒内部应采用 $7\times\phi0.52$ mm 多股铜芯绝缘软线，信号机与箱盒间应采用配线电缆。

 2 线缆不得有中间接头及损伤。

 3 箱盒、点灯单元或变压器、信号机灯座等采用柱形端子时，绝缘软线应采用铜线绕制线环或冷压接线端子压接等方式配线。

 4 箱盒、点灯单元或变压器、信号机灯座等采用弹簧接线端子时，端子配线应一孔一线，并插接牢固。

5 信号机基础至变压器箱或终端盒等处的绝缘软线应采用软管防护;采用塑料绝缘等配线电缆时,可不加防护。

6 配线应平顺、绑扎均匀。

检验数量:施工单位全数检查;监理单位见证检验不少于20%。

检验方法:观察、测量。

20.3.11 矮型信号机金属支架或基础应采用多股铜芯软线就近与接地装置连接,截面积不小于25 mm² 并符合设计要求,接地电阻应符合设计要求。

检验数量:施工单位全数检查;监理单位抽样检验不少于20%。

检验方法:观察、测量。

一般项目

20.3.12 矮型信号机硬化工作台面应符合设计要求。

检验数量:施工单位全数检查;监理单位抽样检验不少于20%。

检验方法:观察、检测。

20.3.13 矮型信号机机构内外部、遮檐应颜色一致,无脱皮、反锈、鼓泡现象。

检验数量:施工单位全数检查;监理单位抽样检验不少于20%。

检验方法:观察。

20.3.14 矮型信号机名称标识应正确、清晰。

检验数量:施工单位全数检查;监理单位抽样检验不少于20%。

检验方法:观察。

Ⅳ 信号表示器

主控项目

20.3.15 信号表示器的安装位置应符合设计要求。

检验数量：施工单位全数检查；监理单位全数检验。

检验方法：观察、检测。

20.3.16 发车线路表示器安装位置应符合铁路建筑限界要求；安装在地面时，基础顶面距所属线路轨面宜为 200 mm～300 mm，基础埋深不应小于 500 mm。

检验数量：施工单位全数检查；监理单位对限界全数检验，其他抽样检验不少于 20%。

检验方法：观察、检测。

20.3.17 进路表示器安装应符合下列规定：

1 应安装在主体机构下方，仅用于反向运行的单灯进路表示器应设于连接器中间位置，多灯位组合排列方式应符合设计要求。

2 显示方式及排列应符合设计要求。

检验数量：施工单位全数检查；监理单位抽样检验不少于 20%。

检验方法：观察、检测。

Ⅴ 信号机及信号表示器单项检验

主控项目

20.3.18 信号机及信号表示器加电检验应符合下列规定：

1 信号机灯光颜色、主灯位及进路表示器位置应符合设计要求。

2 显示距离应符合现行行业标准《铁路信号设计规范》TB 10007 等有关标准的规定。

3 主、副灯丝电压应符合现行行业标准《铁路信号点灯单元》TB/T 3202 等有关标准的规定。

4 主、副丝转换及报警应良好。

5 当采用 LED 信号机构时，其电气特性应满足设计要求及现行行业标准《LED 铁路信号机构通用技术条件》TB/T 3242 等有关标准的规定。

检验数量：施工单位全数检查；监理单位见证检验不少于20%。

检验方法：观察、检验。

Ⅵ 信号标志牌

主控项目

20.3.19 接触网支柱上标志牌安装应符合下列规定：

1 标志牌设置位置应符合设计要求，便于瞭望、无遮挡。

2 标志牌安装位置应符合铁路建筑限界规定。

3 标志牌安装与接触网号码牌等相冲突时，可适当调整标志牌安装高度。

4 标志牌与接触网支柱连接的卡箍折弯处应加装橡胶垫。

5 标志牌与接触网支柱连接应牢固，并有防松措施；连接螺栓露出螺母外的螺扣不宜小于5 mm。

检验数量：施工单位全数检查；监理单位对限界全数检验，其他抽样检验不少于20%。

检验方法：观察、检测。

20.3.20 立柱式标志牌安装应符合下列规定：

1 标志牌设置位置应符合设计要求，便于瞭望、无遮挡。

2 标志牌安装位置应符合铁路建筑限界规定。

3 带金属支架应符合下列规定：

　　1）金属支架埋设深度不应小于500 mm；

　　2）标志牌与卡箍连接应牢固，并有防松措施；连接螺栓露出螺母外的螺扣不宜小于5 mm。

4 无金属支架应符合下列规定：

　　1）立柱埋设深度不应少于其高度的20%；

　　2）金属支柱埋入地下部分应穿入ϕ12防转钢筋固定；

　　3）标志牌与卡箍连接应牢固，并有防松措施；连接螺栓露出螺母外的螺扣不宜小于 5 mm。

    5 防护墙外侧应符合下列规定：

      1）金属支架应采用通透式螺栓与防护墙连接；

      2）金属支架不应跨建筑物伸缩缝；

      3）金属支架与防护墙和立杆、标志牌与立杆卡箍连接应牢固，并有防松措施；连接螺栓露出螺母外的螺扣不宜小于 5 mm。

    检验数量：施工单位全数检查；监理单位对限界全数检验，其他抽样检验不少于 20%。

    检验方法：观察、检测。

20.3.21 标志牌在 T 型梁上安装应符合下列规定：

    1 标志牌设置位置应符合设计要求，便于瞭望、无遮挡。

    2 标志牌安装位置应符合铁路建筑限界规定。

    3 金属立杆应采用卡箍固定在护栏内侧。

    4 标志牌底部应高出护栏 150 mm±15 mm。

    5 标志牌与金属立杆、金属立杆与护栏连接应牢固，并有防松措施；连接螺栓露出螺母外的螺扣不宜小于 5 mm。

    检验数量：施工单位全数检查；监理单位对限界全数检验，其他抽样检验不少于 20%。

    检验方法：观察、检测。

20.3.22 壁挂式标志牌在防护墙、隧道壁、电缆槽壁上安装应符合下列规定：

    1 标志牌设置位置应符合设计要求，便于瞭望、无遮挡。

    2 标志牌安装位置应符合铁路建筑限界规定。

    3 防护墙、隧道壁、电缆槽壁的标志牌应采用化学锚栓方式固定。

    4 标志牌不应跨建筑物伸缩缝和隧道管片接缝。

    5 标志牌与建（构）筑物连接应牢固，并有防松措施；连接螺栓露出螺母外的螺扣不宜小于 5 mm。

检验数量:施工单位全数检查;监理单位对限界全数检验,其他抽样检验不少于 20%。

检验方法:观察、检测。

20.3.23 标志牌采用粘贴方式安装应符合下列规定:

1 标志牌设置位置应符合设计要求,便于瞭望、无遮挡。

2 粘贴方式的标志牌粘贴应端正牢固,不得遮挡供电、工务专业标志。

3 轨道电路调谐区标志应就近粘贴在轨旁信号箱盒迎向列车方向侧立面处。

4 区间信号标志牌应就近粘贴在区间闭塞分区分界处的接触网支柱、隧道边墙上。

5 预告标应就近粘贴在进站信号机外方 900 m、1 000 m 及 1 100 m 处的接触网支柱、隧道边墙上。

检验数量:施工单位全数检查;监理单位对限界全数检验,其他抽样检验不少于 20%。

检验方法:观察、检测。

一般项目

20.3.24 信号标志牌应完整、无缺损、显示清晰。

检验数量:施工单位全数检查;监理单位抽样检验不少于 20%。

检验方法:观察。

20.3.25 信号标志牌硬化工作台面应符合设计要求。

检验数量:施工单位全数检查;监理单位抽样检验不少于 20%。

检验方法:观察、检测。

Ⅶ 按钮装置安装

主控项目

20.3.26 按钮装置及配线线缆进场时应进行检查,其型号、规格、质量应符合设计要求。

　　检验数量:施工单位全数检查;监理单位见证检验。

　　检验方法:对照设计文件检查产品质量证明文件,并观察外观。

20.3.27　紧急停车按钮箱的安装位置、安装高度应符合设计要求;安装在站台上的按钮箱,不得妨碍乘客通行。

　　检验数量:施工单位全数检查;监理单位抽样检验。

　　检验方法:观察、尺量。

20.3.28　同意按钮柱在车场的安装位置、安装高度应符合设计要求。按钮柱应垂直于地面安装。按钮操作应灵活、无卡阻,灯光显示应明亮。

　　检验数量:施工单位全数检查;监理单位抽样检验。

　　检验方法:观察、尺量。

20.3.29　自动折返按钮的安装位置、安装高度应符合设计要求。安装在站台上的按钮箱,不得妨碍行人通行。按钮应操作灵活、无卡阻,灯光显示应明亮。

　　检验数量:施工单位全数检查;监理单位抽样检验。

　　检验方法:观察、尺量。

20.3.30　按钮装置配线引入管口处应加防护,防护管槽应固定牢固。

　　检验数量:施工单位全数检查;监理单位抽样检验。

　　检验方法:观察。

一般项目

20.3.31　按钮装置应安装平顺、牢固,各部件组装应完整,箱盘体应无破损、裂纹、脱焊、锈蚀现象。

　　检验数量:施工单位全数检查;监理单位抽样检验不少于20%。

　　检验方法:观察。

20.4 轨道占用检查装置

Ⅰ 进场检验

主控项目

20.4.1 轨道占用检查装置进场检验应符合下列规定：

1 浪涌保护器、防雷元件应无劣化指示，外观应无损伤。

2 多股钢绞线铰合应密实、无断股锈蚀。塞钉与连接线焊接应无松动，塞钉应无锈蚀。

3 其他进场检验项目和要求应符合下列规定：

1）应按进场的批次进行检验；
2）规格、型号、数量应符合设计要求；
3）合格证、质量检验报告等质量证明文件，以及说明书等产品技术文件应齐全，并符合设计要求；
4）按规定属于认证管理的设备应通过认证，其认证证明文件应在有效期内；
5）部件应齐全；
6）应无损伤、变形、锈蚀、氧化，门、盖开关应无卡阻；
7）铭牌、标识应完整清晰。

检验数量：施工单位全数检查；监理单位见证检验。

检验方法：对照设计文件和有关标准观察实物，核查质量证明文件。

Ⅱ 轨道电路设备安装及配线

主控项目

20.4.2 ZPW-2000轨道电路室外调谐匹配单元、空心线圈、补偿调谐单元、站内匹配变压器的双体防护罩、扼流变压器等设备规格型号、载频、安装位置及安装方式应符合设计要求。

检验数量：施工单位全数检查；监理单位抽样检验不少

于20%。

检验方法：观察、检测。

20.4.3 ZPW-2000无绝缘轨道调谐区设置应符合下列规定：

1 调谐区应设在相同类型的道床上。

2 调谐区不得设置在钢轨伸缩调节器范围内，调谐匹配单元距离最近钢轨伸缩调节器的伸缩轨缝不得小于10 m。

3 调谐区不宜设置在桥梁护轨、辅助轨的区域、接触网电分相区范围内。

4 在无砟轨道地段，调谐区设备不应安装在无砟轨道两块轨道板的接缝处。

检验数量：施工单位全数检查；监理单位抽样检验不少于20%。

检验方法：观察、检测。

20.4.4 ZPW-2000无绝缘轨道电路设备金属支架应采用热渗锌金属或其他防腐措施。

检验数量：施工单位全数检查；监理单位抽样检验。

检验方法：观察、检测。

20.4.5 ZPW-2000无绝缘轨道电路设备在混凝土地段安装时，金属支架应采用化学锚栓固定。

检验数量：施工单位全数检查；监理单位抽样检验不少于20%。

检验方法：观察、检测。

20.4.6 ZPW-2000无绝缘轨道电路设备在路基地段的安装应符合下列规定：

1 设备最突出边缘距钢轨内侧不应小于1 500 mm，困难地段不应小于1 200 mm。

2 金属支架的埋设深度不应小于路基顶面以下500 mm。

3 站内路基面较低且石砟较多的有砟轨道地段设备底面应与钢轨底面相平，允许偏差±50 mm。

检验数量：施工单位全数检查；监理单位对限界全数检验，其他抽样检验不少于 20%。

检验方法：观察、检测。

20.4.7 ZPW-2000 无绝缘轨道电路设备在桥梁地段的安装应符合下列规定：

1 同一设备的金属支架严禁跨越桥梁伸缩缝，距梁体边缘不得小于 50 mm。

2 有防护（挡砟）墙的桥梁地段，金属支架应在防护墙外侧，设备顶面高度不得侵入铁路建筑限界。

3 无防护（挡砟）墙的 T 型桥梁地段，金属支架应安装在护栏上，同一地点的多个设备金属支架顶面应相平。

4 无防护（挡砟）墙和护栏的桥梁地段，金属支架应采用化学锚栓固定在混凝土桥面上，设备最突出边缘距钢轨内侧不应小于 1 500 mm。

检验数量：施工单位全数检查；监理单位对限界全数检验，其他抽样检验不少于 20%。

检验方法：观察、检测。

20.4.8 ZPW-2000 无绝缘轨道电路设备在隧道地段的安装应符合下列规定：

1 无砟轨道地段设备金属支架应安装在电缆槽外壁上，金属支架孔边缘距建（构）筑物边缘不应小于 50 mm，设备高度不应超过电缆槽顶面并不得侵入铁路建筑限界。

2 有砟轨道地段设备金属支架可安装在电缆槽内，设备高度和距离均不得侵入铁路建筑限界；设备、金属支架连接应牢固，并有防松措施；连接螺栓露出螺母外的螺扣不宜小于 5 mm。

3 轨道电路设备安装在混凝土地面上时，设备金属支架应采用化学锚栓固定；箱盒最突出边缘距钢轨内侧不应小于 1 500 mm；站内应答器、轨道电路用箱盒金属支架顶面应与钢轨底面相平。

检验数量:施工单位全数检查;监理单位对限界全数检验,其他抽样检验不少于20%。

检验方法:观察、检测。

20.4.9 机械绝缘节处的扼流变压器中心与相邻设备防护罩中心的距离应为 650 mm±50 mm,机械绝缘节两端扼流变压器中心距离应为 1 100 mm。

检验数量:施工单位全数检查;监理单位抽样检验不少于20%。

检验方法:观察、检测。

20.4.10 调谐匹配单元与机械绝缘节空芯线圈之间应采用绝缘铜导线连接,截面积不小于 10 mm²。

检验数量:施工单位全数检查;监理单位抽样检验不少于20%。

检验方法:观察、检测。

20.4.11 补偿电容的布设及安装应符合下列规定:
  1 补偿电容布设应符合下列规定:
    1) 补偿电容间隔及数量应符合载频布设和设计要求;
    2) 补偿电容与应答器之间的距离不应小于 1 m;
    3) 站内 ZPW-2000 无绝缘轨道电路区段长度大于 300 m 时,应配置补偿电容;
    4) 补偿电容应采用全密封式电容,容值应符合设计要求。
  2 无砟轨道地段补偿电容安装应符合下列规定:
    1) 补偿电容应安装在轨道板(道床板)外侧的立面上或底座板(支承层)平面上;
    2) 补偿电容应采用专用卡具及化学锚栓固定牢固。
  3 有砟轨道地段补偿电容的安装应符合下列规定:
    1) 有电容枕安装时,应安装在电容枕槽内;
    2) 无电容枕安装时,应采用专用支架将补偿电容安装在背向列车运行方向的轨枕侧面;

3）宽型轨枕板补偿电容应安装在轨枕板端部立面上。

4 补偿电容引接线的安装应符合下列规定：

1）有砟轨道地段有电容枕时，在轨枕线槽内连接线的堵板应固定，螺栓应齐全并紧固；

2）有砟轨道地段无电容枕时，应采用化学锚栓将轨枕背面的连接线、钢丝编织防护管及卡具固定牢固；

3）无砟轨道板上有V型槽时，在两钢轨间应采用化学锚栓和3个卡具，将V型槽内的连接线及钢丝编织防护管固定牢固；

4）无砟轨道板上无V型槽时，在两根钢轨间应采用化学锚栓和4个卡具将轨道板平面连接线及钢丝编织防护管固定牢固；

5）钢轨底部连接线塞钉及销钉应从钢轨的外侧向内侧穿入，塞钉与钢轨应接触紧密；

6）当采用塞钉安装时，塞钉头应露出钢轨 1 mm～4 mm；

7）当采用电容销钉安装时，应采用双螺母（其中外部是防松螺母）紧固，销钉螺纹露出防松螺母外的螺扣应为 1 mm～4 mm；

8）补偿电容固定卡具、垫圈、防松帽等部件应齐全、牢固。

检验数量：施工单位全数检查；监理单位抽样检验不少于20%。

检验方法：观察、检测。

20.4.12 ZPW-2000无绝缘轨道电路室外设备防雷及接地应符合下列规定：

1 调谐匹配单元（ZPW.PT）的V1、V2端子应并接浪涌保护器，且不应接地。

2 简单横向连接或不设横向连接应符合下列规定：

1）在空芯线圈中点与接地线间应串接浪涌保护器；

2）浪涌保护器与接地装置连接应采用多股铜芯软线，截面积不小于 25 mm² 并符合设计要求。

3 完全横向连接空扼流变压器或空芯线圈中点与接地装置连接应采用多股铜芯软线,截面积不小于 25 mm² 并符合设计要求。

4 浪涌保护器与空芯线圈中点、调谐匹配单元之间应采用多股铜芯软线连接,截面积不小于 10 mm²。

检验数量:施工单位全数检查;监理单位抽样检验不少于 20%。

检验方法:观察、检测。

20.4.13 25 Hz 相敏轨道电路、高压脉冲轨道电路室外设备的安装应符合下列规定:

1 设备规格型号、安装位置及安装方式应符合设计要求。

2 变压器箱中心与扼流变压器中心的距离应为 650 mm±50 mm,机械绝缘节两端扼流变压器中心距离应为 1 100 mm。

3 变压器及元器件应固定在垫板上,应齐全、无破损,电气特性应符合设计要求。

4 轨道电路的限流装置应调整适当,不得拆除变阻器的止挡。

检验数量:施工单位全数检查;监理单位抽样检验不少于 20%。

检验方法:观察、检测。

20.4.14 扼流变压器的安装应符合下列规定:

1 安装位置、型号应符合设计要求。

2 完全横向连接空扼流安装位置应靠近接触网支柱,吸上线或保护线(PW 线)应接至扼流变压器中点。

3 路基地段安装应符合下列规定:

　　1) 扼流变压器最凸出边缘距离钢轨内侧不应小于 1 500 mm;

　　2) 基础顶面与钢轨底面应平齐,埋深应不小于 500 mm。

4 桥梁地段安装应符合下列规定：

　　1）应符合铁路建筑限界要求；

　　2）应采用热渗锌金属支架安装在箱型桥梁防护墙外侧或T型桥梁挡砟墙上，当T型桥梁未设置挡砟墙时可安装在桥面上；

　　3）金属支架不应跨建筑物伸缩缝；

　　4）支架安装孔距建（构）筑物边缘不得小于 50 mm。

5 隧道地段安装应符合下列规定：

　　1）应符合铁路建筑限界要求；

　　2）应采用热渗锌金属支架通过化学锚栓安装在隧道壁上或通过通透螺栓安装在电缆槽道外壁；

　　3）隧道壁钻孔深度应符合安装牢固要求，并不得破坏隧道壁防水层；

　　4）长度超过 500 m 的隧道，扼流变压器安装应采用加固措施。

6 两扼流变压器中心距离应为 1 100 mm。

7 固定卡具、垫圈、弹簧垫、螺母、防松螺母应齐全、牢固。

检验数量：施工单位全数检查；监理单位对限界全数检验，其他抽样检验不少于 20%。

检验方法：观察、检测。

20.4.15 钢轨绝缘的安装应符合下列规定：

1 规格型号、安装位置及安装方式应符合设计要求。

2 信号机处的钢轨绝缘应与相应信号机并列设置；当不能与信号机并列时，应按现行行业标准《铁路信号设计规范》TB 10007 进行调整。

3 警冲标内方的钢轨绝缘安装位置距警冲标距离应符合现行行业标准《铁路信号设计规范》TB 10007 的规定。

4 桥梁护轮轨范围内为 ZPW-2000 轨道电路时应符合下列规定：

    1) 调谐区确需设于桥梁护轨区域时，调谐区内的每根桥梁护轨均应装设 2 组钢轨绝缘，两绝缘之间的间距不得大于 25 m；

    2) 在桥梁护轨长度不大于 200 m 时，桥梁护轨区域内对角接缝处应各加装 1 组钢轨绝缘；

    3) 桥梁护轨超过 200 m 时，桥梁护轨两端应各设置 1 对钢轨绝缘，两端钢轨之间应成对增加钢轨绝缘，绝缘间距不大于 200 m。

  5 钢轨绝缘相邻两螺栓应对向安装。

  6 钢轨绝缘的顶部应与轨面平齐。

  7 各种紧固件、垫圈、绝缘件等部件应齐全、无遗漏。

  8 胶接钢轨绝缘的绝缘体与钢轨连接应牢固、无松动、绝缘良好。

  9 钢轨扣件与钢轨绝缘夹板应无触碰。

  10 钢轨胶接绝缘接头施工后，应对绝缘接头两端的钢轨间、钢轨与接头夹板（鱼尾板）间的电气绝缘性能进行测试，应符合现行行业标准《钢轨胶接绝缘接头》TB/T 2975 等有关标准的规定。

    检验数量：施工单位全数检查；监理单位抽样检验不少于 20%。

    检验方法：观察、检测。

20.4.16 轨道电路室外设备配线应符合下列规定：

  1 配线应采用 $7\times\phi0.52$ mm 多股铜芯绝缘软线，或按设计要求。

  2 绝缘软线不得有中间接头。

  3 绝缘软线不得有损伤。

  4 箱盒、轨道变压器、电阻器等采用弹簧接线端子时，端子配线应一孔一线，并插接牢固。

  5 变压器及元器件应安装牢固、配线平顺、绑扎均匀。

检验数量：施工单位全数检查；监理单位见证检验不少于20%。

检验方法：观察、检测。

20.4.17 钢轨钻孔应符合下列规定：

1 钻孔中心位置应在轨腰中心。

2 钻孔中心距钢轨焊缝不应小于400 mm。

3 钢轨引接线、钢轨接续线塞钉孔中心应距钢轨连接夹板端部100 mm±10 mm。

4 相邻两孔间的净距离应为60 mm～80 mm，且不应小于大孔直径的2倍。

5 钻孔后应进行45°倒角，倒角深度应为0.8 mm～1.5 mm。

检验数量：施工单位全数检查；监理单位抽样检验不少于20%。

检验方法：观察、检测。

20.4.18 钢轨引接线的安装应符合下列规定：

1 钢轨引接线的规格型号应符合设计要求。

2 悬空部分的钢轨引接线应采用UPVC防护管或防护罩防护。

3 钢轨引接线安装应符合下列规定：

   1）有电气枕时，应安装在专用电气枕槽内；

   2）无电气枕时，应安装在背向列车运行方向的轨枕侧面，与轨底距离不小于30 mm。

检验数量：施工单位全数检查；监理单位抽样检验不少于20%。

检验方法：观察、检测。

20.4.19 钢轨接续线的安装应符合下列规定：

1 应采用塞钉式钢轨接续线与塞钉式多股镀锌钢绞线并联方式。

2 塞钉式钢轨接续线直径不应小于5 mm，塞钉式多股镀锌钢绞线截面积不应小于50 mm²。

3 塞钉式钢轨接续线应横向敷设在钢轨夹板上部凹槽内，接续线应平顺、不上翘。镀锌钢绞线应敷设在钢轨夹板下部凹槽内，与钢轨平行。

检验数量：施工单位全数检查；监理单位抽样检验不少于20%。

检验方法：观察、检测。

20.4.20 道岔跳线和并联线的安装应符合下列规定：

1 安装位置及间隔应符合设计要求。

2 ZPW-2000轨道区段的道岔跳线及分支并联线采用带绝缘护套的钢包铜线，截面积不应小于95 mm²，双根冗余设置。

3 25 Hz轨道电路道岔跳线截面积不应小于42 mm²，双根冗余设置。

4 穿越钢轨时，无砟轨道地段布设在道床板上，有砟轨道地段固定在轨枕侧面上，距轨底的距离不应小于30 mm。

检验数量：施工单位全数检查；监理单位抽样检验不少于20%。

检验方法：观察、检测。

20.4.21 横向连接线的安装应符合下列规定：

1 安装位置应符合设计要求。

2 采用带绝缘防护外套铜线，其截面积不应小于70 mm²，回牵引变电所处的横向连接线截面积应符合设计要求。

3 连通轨道区段尽头牵引回流的横向连接线可采用截面积不小于70 mm²钢绞线，双根冗余设置。

4 横向连接线长度不应大于105 m。

检验数量：施工单位全数检查；监理单位抽样检验不少于20%。

检验方法：观察、检测。

20.4.22 轨道连接线的固定应符合下列规定：

1 有砟轨道地段普通枕上,轨道连接线应采用轨枕卡具固定。

2 有砟轨道地段宽型枕及无砟轨道板上,轨道连接线应采用化学锚栓和卡具固定。

3 两线路之间,有砟轨道地段应采用混凝土枕(小枕木)固定或电缆槽防护,无砟轨道地段应在混凝土面采用化学锚栓固定。

4 道岔跳线、并联线及极性不同的连接线并拢布设时,应采用绝缘卡具固定,或在金属卡具上增设绝缘套管。

5 塞钉不得打弯,塞钉头露出钢轨内侧 1 mm～4 mm,塞钉与钢轨接触紧密。

6 固定连接线螺栓、化学锚栓、螺栓式塞钉应采用双螺母紧固,且外部采用防松螺母,螺栓式塞钉露出螺母外的螺扣为 1 mm～4 mm,其他露出螺母外的螺扣不应少于 5 mm;固定螺栓、垫圈、弹簧垫、螺母、防松螺母应齐全、牢固。

检验数量:施工单位全数检查;监理单位抽样检验不少于 20%。

检验方法:观察、检测。

20.4.23 钢轨引接线在设备至轨枕板支承台间,应采用混凝土斜面处理;混凝土斜面与支承台、路基面间应植入连接钢筋。混凝土斜面与轨道板间应使用泡沫填充进行隔离。

检验数量:施工单位全数检查;监理单位旁站不少于 20%。

检验方法:观察。

一般项目

20.4.24 轨道电路室外设备硬化工作台面应符合设计要求。

检验数量:施工单位全数检查;监理单位抽样检验不少于 20%。

检验方法:观察、检测。

20.4.25 轨道电路室外设备应密封良好、内部清洁,设备配线应整齐美观。

检验数量：施工单位全数检查；监理单位抽样检验不少于20%。

检验方法：观察。

20.4.26 轨道电路设备标识应清晰、正确。

检验数量：施工单位全数检查；监理单位抽样检验不少于20%。

检验方法：观察。

20.4.27 轨道连接线应安装平顺，塞钉与钢轨接触紧密，塞钉头与钢轨的接缝处涂漆封闭。

检验数量：施工单位全数检查；监理单位抽样检验不少于20%。

检验方法：观察。

20.4.28 轨道连接线采用钢绞线时，安装完成后应涂机械油。

检验数量：施工单位全数检查；监理单位抽样检验不少于20%。

检验方法：观察。

20.4.29 混凝土枕（小枕木）不得有裂纹，应埋设牢固、方正并与道砟面平。

检验数量：施工单位全数检查；监理单位抽样检验不少于20%。

检验方法：观察。

Ⅲ 设备调试及检验

主控项目

20.4.30 ZPW-2000无绝缘轨道电路单项检验应符合下列规定：

1 在调整状态（轨道空闲）下，轨道电路的发送、接收设备工作正常，轨道继电器可靠吸起；电气绝缘节区域除外，在轨道电路任一处轨面用标准分路线（标准分路电阻应符合现行行业标准

《铁路信号设计规范》TB 10007 的有关规定)分路时,轨道继电器应可靠落下。

2 ZPW-2000 无绝缘轨道电路单项试验项目、技术参数应符合现行行业标准《铁路车站电码化技术条件》TB/T 2465、《ZPW-2000 轨道电路技术条件》TB/T 3206 等有关标准的规定。

3 轨道电路正、反方向检验均应符合上述要求。

检验数量:施工单位全数检查;监理单位见证检验不少于 20%。

检验方法:观察、检验,标准分路线短路检查。

20.4.31 25 Hz 相敏轨道电路单项检验应符合下列规定:

1 在调整状态(轨道空闲)下,轨道电路的二元二位轨道继电器轨道线圈、微电子接收器轨道接收端上的有效电压不应小于 15 V 且相位正确,继电器应可靠吸起。

2 在分路状态(轨道占用)下(用 0.06 Ω 标准分路电阻线在轨道电路送、受端轨面上分路),轨道继电器(含一送多受的其中一个分支的轨道继电器)线圈电压不大于 7.4 V 时,继电器应可靠落下;微电子接收器(含一送多受的其中一个分支的微电子接收器)的轨道接收端电压应不大于 10 V,输出端为 0 V,执行继电器应可靠落下。

3 极性交叉测试检查结果应符合设计要求。

检验数量:施工单位全数检查;监理单位见证检验不少于 20%。

检验方法:观察、检验,标准分路线短路检查。

20.4.32 不对称高压脉冲轨道电路室外设备检验应符合下列规定:

1 在调整状态(轨道空闲)下,轨道继电器头部电压应不小于 27 V,轨道继电器尾部电压应不小于 19 V。

2 在分路状态(轨道占用)下,轨道继电器头部电压应不小于 13.5 V,轨道继电器尾部电压应不大于 10 V。

检验数量：施工单位全数检查；监理单位见证检验不少于20%。

检验方法：观察、检验，标准分路线短路检查。

20.5 应答器及室外地面电子单元

Ⅰ 进场检验

主控项目

20.5.1 应答器及室外地面电子单元进场检验项目和技术要求应符合下列规定：

1 应按进场的批次进行检验。

2 规格、型号、数量应符合设计要求。

3 合格证、质量检验报告等质量证明文件，以及说明书等产品技术文件应齐全，并符合设计要求。

4 按规定属于认证管理的设备应通过认证，其认证证明文件应在有效期内。

5 部件应齐全。

6 应无损伤、变形、锈蚀、氧化，门、盖开关应无卡阻。

7 铭牌、标识应完整清晰。

检验数量：施工单位全数检查；监理单位见证检验。

检验方法：对照设计文件和相关标准观察实物，核查质量证明文件。

Ⅱ 应答器

主控项目

20.5.2 应答器的安装位置应符合下列规定：

1 应答器安装位置应符合设计要求，实际设置位置与设计位置允许偏差±0.5 m；CTCS列车控制系统用应答器组内相邻应答器间的距离应为 $5_{-0}^{+0.5}$ m；专用于调车的应答器组内间距不应小于 3 m。

  2 应答器周围与金属体距离要求应符合下列规定：

    1）应答器平行于长边的中心线两侧与金属体距离不应小于 315 mm；

    2）应答器平行于短边的中心线两侧与金属体距离不应小于 410 mm；

    3）应答器 X 轴基准标记点下部与金属体距离一般为 210 mm，特殊情况下不应小于 140 mm。

  3 当应答器安装位置有护轨时，护轨应切开。切开后的护轨端头与应答器的距离应符合本条第 2 款的规定。

  检验数量：施工单位全数检查；监理单位抽样检验不少于 20%。

  检验方法：按设备说明书，观察、检测。

20.5.3 应答器的安装方位应符合下列规定：

  1 应答器顶面应低于钢轨顶面，距离应符合应答器技术要求。

  2 应答器应安装在两钢轨间的中心位置，横向偏移允许偏差±15 mm。

  3 应答器上平面应与两钢轨面平行，左、右面应与钢轨平行。

  4 应答器安装旋转角度允许误差范围应符合表 20.5.3 的要求，如图 20.5.3 所示。

表 20.5.3 应答器安装旋转角度允许误差范围

序号	旋转方向	允许误差范围
1	X 轴旋转	±2°
2	Y 轴旋转	±5°
3	Z 轴旋转	±10°

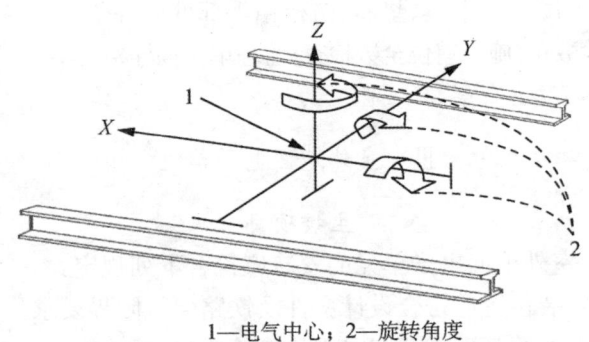

1—电气中心；2—旋转角度

图 20.5.3　应答器安装旋转角度示意

检验数量：施工单位全数检查；监理单位抽样检验不少于20%。
检验方法：按设备说明书观察、检测。

20.5.4　应答器的安装方式应符合下列规定：

1　有砟轨道地段应采用抱箍方式安装在轨枕上。

2　有砟轨道地段预应力混凝土宽枕及无砟轨道板上，应采用化学锚栓方式安装。

3　在框架式轨道板中空地段，应采用连接支架方式安装。

4　应答器安装应牢固，固定螺栓应齐全。

检验数量：施工单位全数检查；监理单位抽样检验不少于20%。
检验方法：观察。

20.5.5　应答器尾缆的施工及固定应符合下列规定：

1　在轨道板、宽枕板上安装时，应采用卡具及采用化学锚栓固定。

2　在有砟轨道地段安装时，应采用混凝土枕（小枕木）固定。

3　应答器尾缆与电缆连接时，应在终端盒内将尾缆和电缆的屏蔽层（泄流线）连接。

4　弯曲半径应不小于电缆外径的10倍，余留量不得盘圈。

5　应答器尾缆与应答器连接口连接应牢固、无松动。

6 尾缆固定卡具、垫圈、防松帽等部件应齐全。

检验数量:施工单位全数检查;监理单位抽样检验不少于20%。

检验方法:观察。

Ⅲ 室外地面电子单元

主控项目

20.5.6 室外地面电子单元的安装应符合下列规定:

1 安装位置应符合设计文件及铁路建筑限界要求。

2 设备箱基础支架应采用热渗锌金属材料。

3 路基地段、桥梁设备箱安装检验项目和技术要求应符合本标准第20.2.17条的有关规定。

4 隧道地段应符合下列规定:

 1) 设备箱应安装在避车洞或设备洞室内,设备箱正门(柜门)背向来车方向、背面紧靠背向来车方向的洞室墙壁,箱体门开启朝向线路外侧;

 2) 设备箱金属支架应采用化学锚栓固定在混凝土地面上。

5 设备箱金属支架螺栓应采用多股铜芯软线就近与综合接地端子或贯通地线连接,截面积应不小于50 mm^2。

6 设备箱与基础连接螺栓应有防松措施,垫圈、螺母等应齐全,安装应牢固、平稳。

检验数量:施工单位全数检查;监理单位全数检验。

检验方法:观察、检测。

20.5.7 室外LEU光(电)缆引入及配线应符合下列规定:

1 引入设备箱内的光(电)缆应排列整齐、固定牢固。

2 电缆的接地检验项目和技术要求应符合本标准第20.2.18条的规定。

3 数字电缆线把严禁形成闭合圈,线把绑扎间距应均匀,电缆配线不应与设备边缘接触。

4 光纤收容时的弯曲半径应不小于40 mm,并在收容盒内盘放整齐。

5 电缆芯线应留有 2 次～3 次做头余量,并不得盘圈;备用芯线长度应不小于至最远程端子的距离。

6 采用柱形端子时,顺时针绕制的芯线端部线环应用托片或线爪防护;多根配线间、配线与螺母间应垫垫圈。

7 采用弹簧接线端子时,端子配线应一孔一线,并插接牢固。

8 LEU 与应答器的连接应正确。

9 光(电)缆标识应齐全,引线孔应密封良好。

10 防雷元件应齐全,接地应良好。

检验数量:施工单位全数检查;监理单位抽样检验不少于 20%。

检验方法:观察、检测。

Ⅳ 应答器单项检验

主控项目

20.5.8 应答器单项检验应符合下列规定:

1 设备编号与安装位置(含组内顺序)应相符。

2 报文应符合设计要求。

检验数量:施工单位全数检查;监理单位全部见证。

检验方法:按铁路行业列车运行控制系统工程检测相关标准,观察、检验。

20.6 车载信号的地面检测设备

Ⅰ 进场检验

主控项目

20.6.1 车载信号的地面检测设备进场检验项目和技术要求应符合下列规定。

1 应按进场的批次进行检验。

2 规格、型号、数量应符合设计要求。

3 合格证、质量检验报告等质量证明文件，以及说明书等产品技术文件应齐全，并符合设计要求。

4 按规定属于认证管理的设备应通过认证，其认证证明文件应在有效期内。

5 部件应齐全。

6 应无损伤、变形、锈蚀、氧化，门、盖开关应无卡阻。

7 铭牌、标识应完整清晰。

检验数量：施工单位全数检查；监理单位见证检验。

检验方法：对照设计文件和有关标准观察实物，核查质量证明文件。

Ⅱ 车载信号的地面测试设备箱及测试环线

主控项目

20.6.2 地面检测设备箱的安装应符合下列规定：

1 安装位置应符合设计要求。

2 设备箱与基础金属支架连接应牢固，箱体应平整。

3 设备箱内部件安装应牢固、接触良好、外观完好。

4 防雷器件应齐全、牢固。

检验数量：施工单位全数检查；监理单位抽样检验不少于20%。

检验方法：观察。

20.6.3 地面测试环线的安装应符合下列规定：

1 安装位置、环线距离应符合设计要求。

2 环线股道内及两旁应无影响环线电气性能的大型金属板或多处构成闭合环路的金属网线。

3 环线应采用非金属管防护；防护管应采用卡具固定在钢轨外侧腰部，并固定牢固、平整。

4 交叉环线铺设时,环线交叉地点应根据机车停放位置合理设置;交叉点的两根环线跨越检修通道时,应采用金属管防护。

5 电缆盒应安装牢固、盒内洁净、密封良好;接线端子应螺栓紧固,螺母、垫圈齐全,配线连接可靠。

检验数量:施工单位全数检查;监理单位见证检验不少于20%。

检验方法:观察。

    一般项目

20.6.4 地面测试设备箱内面板指示灯应显示正确,开关、按键操作应灵活,显示屏应清洁、无破损、显示清晰。

检验数量:施工单位全数检查;监理单位抽样检验不少于20%。

检验方法:观察。

20.7 道岔转辙装置

Ⅰ 进场检验

    主控项目

20.7.1 道岔转辙装置及道岔缺口监测设备进场检验应符合下列规定:

1 转辙机及密贴检查器整机密封应良好。

2 其他进场检验项目和要求应符合下列规定:

  1) 应按进场的批次进行检验;

  2) 规格、型号、数量应符合设计要求;

  3) 合格证、质量检验报告等质量证明文件,以及说明书等产品技术文件应齐全,并符合设计要求;

  4) 按规定属于认证管理的设备应通过认证,其认证证明文件应在有效期内;

  5) 部件应齐全;

6) 应无损伤、变形、锈蚀、氧化,门、盖开关应无卡阻;

7) 铭牌、标识应完整清晰。

检验数量:施工单位全数检查;监理单位见证检验。

检验方法:对照设计文件和有关标准观察实物,核查质量证明文件。

20.7.2 转辙机整机电气性能应符合设计文件及产品相关标准的规定。

检验数量:施工单位全数检查;监理单位见证检验。

检验方法:对照设计文件和有关标准观察实物,核查质量证明文件。

Ⅱ 道岔转辙装置安装及配线

主控项目

20.7.3 安装装置、外锁闭装置的安装应符合下列规定:

1 安装装置、外锁闭装置的安装位置、规格、型号及安装方式应符合设计要求。

2 长角钢或弯板应与单开道岔直股基本轨垂直,其偏移量不得大于 20 mm。

3 角钢型固定长角钢的 L 型角型铁应与钢轨密贴(轨腰除外)。

4 弯托板与轨枕应密贴,前后两弯托板的高低偏差不应大于 5 mm;调整托板外侧翘起不应大于 5 mm;调整螺栓下部应有减震橡胶垫。

5 锁闭框安装应方正、平顺,与基本轨(翼轨)连接紧密。

6 各部位绝缘、紧固件、垫圈、弹簧垫圈、开口销等部件应齐全、完好、紧固,开口销劈开角度应为 60°～90°。

检验数量:施工单位全数检查;监理单位见证检验20%,且不少于1组道岔。

检验方法:按道岔转换设备安装图册观察、检测。

20.7.4 转辙机及密贴检查器安装应符合下列规定：

1 转辙机及密贴检查器安装位置、规格、型号及安装方式应符合设计要求。

2 转辙机及密贴检查器与基本轨的距离应符合转辙机安装图册相关要求。

3 转辙机及密贴检查器外壳边缘两端点至直股基本轨的距离应相等，其偏差量不大于 5 mm。

检验数量：施工单位全数检查；监理单位抽样检验不少于20%，且不少于1组道岔。

检验方法：观察、检测。

20.7.5 转辙机及密贴检查器配线应符合下列规定：

1 转辙机至终端电缆盒间的配线应采用多股铜芯绝缘软线，截面积不应小于 1.5 mm^2。

2 配线不得有损伤，不得有中间接头。

3 采用柱形端子时，绝缘软线两端芯线应用铜线绕制线环或冷压接线端子压接等方式配线。

4 采用弹簧接线端子时，端子配线应一孔一线，并压接牢固。

5 配线端子焊接时，焊点应饱满、无虚焊和毛刺。

6 配线应绑扎整齐、美观，并有明确标识。

检验数量：施工单位全数检查；监理单位抽样检验不少于20%。且不少于1组道岔。

检验方法：观察。

20.7.6 交流转辙机外壳应采用多股铜芯软线就近与接地装置连接，截面积不小于 25 mm^2 并符合设计要求。

检验数量：施工单位全数检查；监理单位见证检验不少于20%，且不少于1组道岔。

检验方法：观察。

20.7.7 道岔杆件安装及连接应符合下列规定：

1 道岔杆件均应与单开道岔直股基本轨或直股延长线、双开对称道岔股道中心线相垂直偏差不大于 20 mm。

2 内锁闭道岔的密贴调整杆、表示杆、尖端杆的两端与基本轨或中心线的垂直偏差不应大于 20 mm。

3 分动外锁闭道岔各牵引点的锁闭杆、表示杆的两端与基本轨或中心线的垂直偏差不应大于 10 mm。

4 固定接头铁的螺栓与基本轨不得接触。

5 各种连接杆螺纹部分的内、外调整余量不应小于 10 mm,表示杆的销孔旷量不应大于 0.5 mm,其余部分的销孔旷量不应大于 1 mm。

6 密贴调整杆动作时空动距离不得小于 5 mm。

7 各部位绝缘、紧固件、垫圈、弹簧垫圈、开口销等部件应齐全、完好、紧固,开口销劈开角度应为 60°~90°。

检验数量:施工单位全数检查;监理单位抽样检验不少于 20%,且不少于 1 组道岔。

检验方法:观察、检测。

一般项目

20.7.8 安装装置零部件表面应无脱皮、反锈、鼓泡现象。

检验数量:施工单位全数检查;监理单位抽样检验不少于 20%。

检验方法:观察。

20.7.9 转辙机及密贴检查器应密封良好,零部件无锈蚀。

检验数量:施工单位全数检查;监理单位抽样检验不少于 20%。

检验方法:观察。

Ⅲ 道岔转辙装置单项检验

主控项目

20.7.10 转辙装置手动转换检验应符合下列规定:

1 人工操作转辙机,道岔能转换到底,尖轨与基本轨、心轨与翼轨(定位和反位)应密贴良好。

2 尖轨与基本轨密贴后,自动开闭器接点接触深度不应小于 4 mm。

3 在尖轨与基本轨间夹入 4 mm 试验板,转辙机不得锁闭,自动开闭器动接点不能打入静接点组内。

4 正常转换道岔时,挤切销应保证不发生挤切或挤脱。

5 齿轮装置的各齿轮应啮合良好。

6 道岔转换应顺畅,滚珠丝杠动作平稳、无噪声,摩擦连接器作用良好。

7 在道岔转换过程中,可动部分动作应平稳、灵活,无别劲、卡阻现象。

8 安全接点应接触良好;在插入手摇把或钥匙时,安全接点应可靠打开,非经人工恢复,不得接通电路。

9 电液转辙机的油路不得出现渗漏和堵塞现象。

检验数量:施工单位全数检查;监理单位旁站。

检验方法:观察、检验。

20.7.11 转辙装置加电检验应符合下列规定:

1 正常转换道岔时,挤切销应保证不发生挤切或挤脱,表示正确。

2 道岔尖轨与基本轨、心轨与翼轨应密贴良好。

3 单点牵引道岔牵引点及多点牵引道岔第一牵引点中心线处密贴尖轨(心轨)与基本轨(翼轨)间有 4 mm 及以上水平间隙时,其余密贴段牵引点中心线处有 6 mm 及以上水平间隙时,不应锁闭或接通表示。

4 直向通过速度大于 120 km/h 且不大于 160 km/h 的道岔,尖轨牵引点间有 10 mm 及以上水平间隙时,不应接通道岔表示。

5 直向通过速度大于 160 km/h 的道岔,在两牵引点间有

5 mm及以上水平间隙时,不应接通道岔表示。

6 用于道岔表示系统的密贴检查装置,第一牵引点处尖轨与基本轨、心轨与翼轨密贴有4 mm及以上间隙时,不得接通道岔表示。

7 道岔实际开向应与操纵意图、继电器动作、定反位表示一致。

8 断开任意一组表示接点时,表示电路应切断。

9 在道岔转换过程中,可动部分动作应平稳、灵活,无别劲、卡阻现象。

10 电动转辙机正常转动时,摩擦连接器应不空转、作用良好;道岔因故不能转换到底时,摩擦连接器应空转。

11 电液转辙机在正常转换时,液压系统有足够的压力,道岔因故不能转换到位时,溢流阀应溢流;溢流阀调整灵活,溢流压力应调整为额定转换力时压力的1.1倍~1.3倍。

12 多机牵引道岔各牵引点应确保道岔正常转换、动作一致。

检验数量:施工单位全数检查;监理单位见证检验。

检验方法:观察、检验。

Ⅳ 道岔缺口监测设备

主控项目

20.7.12 道岔缺口监测设备安装应符合下列规定:

1 安装位置应符合设计要求。

2 采集分机、传感器安装位置及安装方式应符合产品技术文件要求。

3 传感器或视频摄像头应与转辙机缺口相对位置正确。

4 道岔编号显示应室内外一致。

5 设备安装应牢固。

6 采集分机、传感器及附属设备的安装,不得改变转辙机的基本结构,不得遮挡转辙机缺口视线和影响转辙机的正常使用。

  7 监测设备与转辙机外壳间的绝缘电阻,用 500 V 兆欧表测量不得小于 1.5 MΩ。

  检验数量:施工单位全数检查;监理单位抽样检验不少于20%,且不少于 1 组道岔。

  检验方法:观察、检测。

20.7.13 道岔缺口监测设备配线应符合下列规定:

  1 转辙机内监测设备至终端电缆盒或变压器箱的配线应采用多股铜芯绝缘软线,截面积不小于 0.4 mm²。

  2 配线不得有损伤,不得有中间接头。

  3 采用柱形端子时,绝缘软线两端芯线应采用铜线绕制线环或冷压接线端子压接等方式配线。

  4 采用弹簧接线端子时,端子配线应一孔一线,并插接牢固。

  5 螺栓应涂防松胶固定。

  检验数量:施工单位全数检查;监理单位见证检验不少于20%,且不少于 1 组道岔。

  检验方法:观察、检测。

一般项目

20.7.14 设备金属镀层表面应无锈蚀。

  检验数量:施工单位全数检查;监理单位抽样检验。

  检验方法:观察。

20.8 室内设备

Ⅰ 进场检验

主控项目

20.8.1 室内设备及材料进场检验项目和要求应符合下列规定:

  1 应按进场的批次进行检验。

2 规格、型号、数量应符合设计要求。

3 合格证、质量检验报告等质量证明文件,以及说明书等产品技术文件应齐全,并符合设计要求。

4 按规定属于认证管理的设备应通过认证,其认证证明文件应在有效期内。

5 部件应齐全。

6 应无损伤、变形、锈蚀、氧化,门、盖开关应无卡阻。

7 铭牌、标识应完整清晰。

检验数量:施工单位全数检查;监理单位见证检验。

检验方法:对照设计文件和有关标准观察实物,核查质量证明文件。

20.8.2 SPD性能进场检验应符合现行行业标准《铁路通信、信号、电力电子系统防雷设备》TB/T 2311等有关标准的规定:

检验数量:施工单位对标识和标志、外观质量、插拔式SPD的鉴别销、保护接地全数检查,对铁路信号设备SPD接线端子连接导线的能力、电气间隙和爬电距离($U_c \geqslant 110$ V时)以及最大持续运行电压等电气性能指标检查不少于20%;监理单位见证检验不少于20%。

检验方法:按现行行业标准《铁路通信、信号、电力电子系统防雷设备》TB/T 2311等有关标准的检验方法进行检验。

20.8.3 变压器输出电压、电流、绝缘电阻等性能应符合现行行业标准《铁路信号用变压器》TB/T 1869等有关标准的规定。

检验数量:施工单位全数检查;监理单位见证检验。

检验方法:按现行行业标准《铁路信号用变压器》TB/T 1869等有关标准的检验方法进行检验。

20.8.4 继电器进场检验项目应符合现行行业标准《铁路信号有极继电器通用技术条件》TB/T 2309、《铁路信号交流继电器通用技术条件》TB/T 2120、《铁路信号插入式交流二元继电器》TB/T 2024等相关标准的规定。

检验数量：施工单位全数检查；监理单位见证检验。

检验方法：按现行行业标准《铁路信号有极继电器通用技术条件》TB/T 2309、《铁路信号交流继电器通用技术条件》TB/T 2120、《铁路信号插入式交流二元继电器》TB/T 2024 等相关标准的检验方法进行检验。

Ⅱ 设备安装

主控项目

20.8.5 落地式机柜(架)安装应符合下列规定：

1 安装位置、排列顺序、方式等应符合设计要求。

2 通道及设备间距应符合设计要求。

3 设备安装应平稳、与底座连接牢固，抗震性能应符合设计要求。

4 设备安装应垂直，相邻设备应正面平齐、紧密靠拢。

检验数量：施工单位全数检查；监理单位抽样检验不少于20%。

检验方法：观察、检测。

20.8.6 柜(架)内设备安装应符合下列规定：

1 安装位置和方式应符合设计文件及设备技术文件要求。

2 设备安装应牢固、接触良好。

3 继电器、整流器、变压器等部件、元器件、接插件等连接应正确。

4 电源端子对机柜(架)金属外壳应绝缘良好。

5 柜门与柜体、柜(架)内设备与柜(架)体应等电位连接。

6 鉴别销、卡扣、锁扣的类型应正确、齐全，部件应完整。

检验数量：施工单位全数检查；监理单位抽样检验不少于20%。

检验方法：观察、检查。

20.8.7 壁挂式设备安装应符合下列规定：

1 安装位置和方式应符合设计要求。

2 相邻的壁挂式设备底部或上部应平齐。

3 设备安装应牢固可靠。

检验数量：施工单位全数检查；监理单位抽样检验不少于20%。

检验方法：观察、检测。

20.8.8 嵌入式设备安装应符合下列规定：

1 安装位置和方式应符合设计要求。

2 安装方式不得影响设备门正常开启。

3 设备和墙体之间应密封良好。

4 设备安装应牢固可靠。

检验数量：施工单位全数检查；监理单位抽样检验不少于20%。

检验方法：观察、检测。

20.8.9 台式设备安装应符合下列规定：

1 显示屏、键盘等设备安装位置和方式应符合设计要求。

2 设备连接应正确、可靠。

3 设备安装应平稳。

检验数量：施工单位全数检查；监理单位抽样检验不少于20%。

检验方法：观察、检测。

20.8.10 落地式大屏安装应符合下列规定：

1 安装位置、场地空间、方式应符合设计要求。

2 相邻屏幕之间的间隙一般不应大于1.0mm。

3 多屏拼接的整墙屏幕正立面应无凹凸不平现象，纵、横向边缘均应在一条直线。

4 设备安装应稳固、牢靠。

检验数量：施工单位全数检查；监理单位抽样检验不少于20%。

检验方法:观察、检测。

20.8.11 走线槽(架)安装应符合下列规定:

1 安装位置应符合设计文件以及设备位置、线缆走向及路径要求。

2 走线槽(架)形成环状时,不应电气闭合。

3 走线槽(架)及各部位连接应牢固可靠。

4 走线槽盖板、侧板和底板应完整,槽与槽之间、槽与盖之间、盖与盖之间的连接处应严密,盖板开启方便。

5 金属走线槽拐角处及引出开口处应采用橡胶垫(圈)防护机械磨损线缆。

检验数量:施工单位全数检查;监理单位抽样检验不少于20%。

检验方法:观察、检测。

20.8.12 控显设备加电检验应符合下列规定:

1 显示设备应显示清晰、发光均匀、无失真。

2 触摸屏、触摸板、鼠标、键盘等操作应反应灵敏。

检验数量:施工单位全数检查;监理单位见证检验。

检验方法:观察、试验。

20.8.13 蓄电池的安装应符合下列规定:

1 蓄电池柜、蓄电池架的形式、规格和平面布置应符合设计要求。

2 蓄电池安装应排列整齐、距离均匀一致,水平及垂直度应符合蓄电池安装要求。

3 蓄电池极性连接应正确,并牢固可靠。

4 连接条、螺栓、螺母应经过防腐处理。

5 电源屏输入、输出端子对地绝缘电阻不应小于 25 MΩ。

检验数量:施工单位全数检查;监理单位抽样检验不少于20%。

检验方法:观察、检验。

一般项目

20.8.14 室内设备应漆饰完好、标识清楚准确,并符合设计要求。

检验数量:施工单位全数检查;监理单位抽样检验不少于20%。

检验方法:观察。

20.8.15 台式设备安装应便于操作、观察及维护。

检验数量:施工单位全数检查;监理单位抽样检验不少于20%。

检验方法:观察。

Ⅲ 布线及配线

主控项目

20.8.16 室内布线应符合下列规定:

1 室内布线应采用走线槽(架)方式,并符合设计要求。

2 室内布线防火措施应符合设计要求,以及现行行业标准《铁路工程设计防火规范》TB 10063等的规定。

3 信号电缆、电源线的布设应符合设计要求。

4 线槽内敷设时,不得溢出。

5 布线不得出现环状。

6 中间不得有接头。

7 线缆两端均应有去向标识。

8 线缆布放的弯曲半径应符合有关技术条件的规定。

检验数量:施工单位全数检查;监理单位见证检验不少于20%。

检验方法:观察、检测。

20.8.17 室内配线应符合下列规定:

1 线位应正确,线缆两端标识应齐全。

2 不得有绝缘破损。

3 屏蔽护套应可靠接地。

4 采用焊接方式时,芯线焊接应端正、牢固,焊点应光滑、饱满,无毛刺、假焊、虚焊现象,绝缘层离开端子边缘裸露金属不宜大于1 mm。

5 柱形端子接线方式应符合下列规定:
　　1)配线应采用铜线绕制线环或冷压接线端子压接方式;
　　2)采用铜线绕制线环时,应绕制紧密,线环内径与端子直径匹配;
　　3)采用压接方式时,应选用与线缆芯线相配套的压接端子,且压接牢固,绝缘层离开端子边缘裸露金属不宜大于1 mm。

6 采用弹簧接线端子时,端子配线应一孔一线,并插接牢固。

7 接插件、连接器的安装位置及方式应符合设计要求,装配应可靠、连接牢固。

检验数量:施工单位全数检查;监理单位见证检验不少于20%。

检验方法:观察、检测。

20.8.18 室内光缆配线应符合下列规定:

1 线位应正确,线缆两端标识应齐全。

2 接插件、连接器的安装位置及方式应符合设计要求,装配应可靠、连接牢固。

3 光跳线应单独布放并加套管或线槽进行防护,不得挤压、扭绞。

检验数量:施工单位全数检查;监理单位抽样检验不少于20%。

检验方法:观察、检测。

一般项目

20.8.19 线缆的布放和绑扎应平直整齐、稳固,绑扎间隔均匀,松紧适度。

检验数量:施工单位全数检查;监理单位抽样检验不少于20%。

检验方法:观察。

20.8.20 电缆芯线编扎时,应保持芯线的扭绞,转弯圆滑;分线应按色谱顺序;余留芯线的长度应符合最远端子配线的长度要求。

检验数量:施工单位全数检查;监理单位抽样检验不少于20%。

检验方法:观察。

20.8.21 压接线环及焊接端子片均应套有塑料软管保护,套管与线环或端子间松紧适度,套管长度均匀一致。

检验数量:施工单位全数检查;监理单位抽样检验不少于20%。

检验方法:观察。

20.8.22 当线缆接入设备时,应留有一定的余量,余留长度应统一。

检验数量:施工单位全数检查;监理单位抽样检验不少于20%。

检验方法:观察。

Ⅳ 防雷及接地

主控项目

20.8.23 电源防雷箱的安装位置及方式、接线方式应符合设计要求。

检验数量:施工单位全数检查;监理单位抽样检验不少于20%。

检验方法:观察、检测。

20.8.24 浪涌保护器安装位置和方式应符合设计要求,以及现行行业标准《铁路防雷及接地工程技术规范》TB 10180 等有关标准的规定。

　　检验数量:施工单位全数检查;监理单位全数检验。

　　检验方法:观察、检测。

20.8.25 等电位接地端子板(排)的安装应符合下列规定:

　　1 电缆金属护套接地、电源防雷接地、传输通道防雷接地、安全保护接地的等电位接地端子板(排)应独立设置,并与房屋内房建专业预留接地端子连接。房屋内无预留接地端子时,应单独设置接地连接线直接与接地网连接。

　　2 等电位接地端子板(排)应采用 30 mm×3 mm 的铜排,或采用 2 根截面积不小于 25 mm² 多股铜芯软线并作为一根接地线使用。

　　3 无防静电地板时,等电位接地端子板(排)应安装在墙面上,底沿距地面 200 mm。

　　4 有防静电地板时,等电位接地端子板(排)应安装在防静电地板下方的地面上。

　　5 相同用途的等电位接地端子板(排)应采用分支并联方式与室内设备连接;不同用途的设备接地端子与等电位接地端子板(排)不得交叉连接。

　　6 等电位端子板连接不得构成闭合回路。

　　检验数量:施工单位全数检查;监理单位全数检验。

　　检验方法:观察、检测。

20.8.26 电缆引入接地应符合下列规定:

　　1 设备房屋引入口电缆金属护套接地(一次接地)应符合下列规定:

　　　1) 设备房屋引入口与分线柜间距离大于 5 m 时,应在电缆间或电缆引入口处进行电缆金属护套接地;

　　　2) 电缆金属护套接地应采用成端接地盒;

　　　3) 电缆钢带(断开)、铝护套(不断),应通过成端盒接地端子与 30 mm×3 mm 分支接地铜排连接；

　　4）分支接地铜排与引入口处电缆金属护套接地应采用等电位接地端子板(排)连接。

　2　室内设备柜处的电缆金属护套接地(二次接地)应符合下列规定：

　　1）电缆金属护套接地应采用成端接地盒；

　　2）钢带、铝护套及泄流线应通过成端盒接地端子与 30 mm×3 mm 分支接地铜排连接；

　　3）分支接地铜排与室内电缆金属护套接地应采用等电位接地端子板(排)连接；

　　4）电缆四芯组绝缘保护层应保留至移频综合柜引入口处。

　3　电缆钢带、铝护套直接(不采用成端接地盒和分支接地铜排)接地时，应分别采用绝缘铜导线连接，截面积不小于 1.5 mm²，并与电缆金属护套接地等电位接地端子排连接；电缆剥开处应采用热缩管或冷封胶等方式进行处理。

　4　分支接地铜排与电缆金属护套接地等电位接地端子板(排)间连接，连接线应采用铜导线，截面积不小于 50 mm²。

　　检验数量：施工单位全数检查；监理单位旁站。

　　检验方法：观察、检测。

20.8.27　电源防雷接地应符合下列规定：

　1　电源防雷箱外壳与防雷箱内接地端子连接，连接线应采用多股铜芯软线，截面积不小于 6 mm²。

　2　电源防雷箱内接地端子、首个电源屏引入侧浪涌保护器接地端子板(排)应与电源防雷接地等电位接地端子板(排)连接，连接线应采用多股铜芯软线，截面积不小于 50 mm²。

　　检验数量：施工单位全数检查；监理单位全数检验。

　　检验方法：观察、检测。

20.8.28　传输通道防雷接地应符合下列规定：

　1　防雷分线柜浪涌保护器与柜内的接地汇集板(排)间应连

接,连接线应采用多股铜芯软线,截面积不小于 6 mm^2。

2 电缆四芯组内屏蔽层在移频综合柜引入口处应采用双根扁平铜网与柜内防雷接地汇流排连接,截面积不小于 1.5 mm^2;汇流排与传输通道防雷分支接地铜排连接,连接线应采用多股铜芯软线,截面积不小于 50 mm^2。

3 防雷分线柜浪涌保护器接地汇集板应与传输通道防雷接地等电位接地端子板(排)连接,连接线应采用多股铜芯软线,截面积不小于 50 mm^2。

检验数量:施工单位全数检查;监理单位全数检验。

检验方法:观察、检测。

20.8.29 安全保护接地应符合下列规定:

1 机柜(架)下应设置尺寸不小于 30 mm×3 mm 的安全保护分支接地铜排,与安全保护接地等电位接地端子板(排)连接,连接线应采用不小于 50 mm^2 多股铜芯软线或 30 mm×3 mm 铜排。

2 机柜(架)下部的金属槽或桥架、机柜(架)主体、移频综合柜内屏蔽接地汇集板与安全保护分支接地铜排栓接,连接线应采用多股铜芯软线,截面积不小于 16 mm^2。

3 设备门与柜体、机柜(架)顶部金属线缆槽间或桥架接缝处应连接,连接线应采用多股铜芯软线,截面积不小于 6 mm^2。

4 机内电子设备金属外壳、屏蔽线缆金属外层等应作等电位连接。

检验数量:施工单位全数检查;监理单位全数检验。

检验方法:观察、检测。

20.8.30 光缆引入接地应符合本标准第 19.3.17 条的规定。

20.8.31 室内设备房屋屏蔽网设置应符合设计要求,施工质量验收应符合现行行业标准《铁路防雷及接地工程技术规范》TB 10180 的有关规定。

检验数量:施工单位全数检查;监理单位全数检验。

检验方法:观察、检测。

20.8.32 接地线上严禁设置开关、断路器。

　　检验数量:施工单位全数检查;监理单位全数检验。

　　检验方法:观察。

20.8.33 接地线与压接端子的连接应牢固可靠,端子无松动,接地线无破损。

　　检验数量:施工单位全数检查;监理单位全数检验。

　　检验方法:观察。

20.9 信号电源

Ⅰ 电源屏设备检验

主控项目

20.9.1 电源屏功能应符合设计要求,以及现行行业标准《铁路信号电源系统设备》TB/T 1528 等的规定。

　　检验数量:施工单位全数检查;监理单位见证检验。

　　检验方法:按照现行行业标准《铁路信号电源系统设备 第2部分:铁路信号电源屏试验方法》TB/T 1528.2 检测。

20.9.2 电源屏额定容量及输出额定电压、允许波动范围等主要性能应符合设计要求,以及现行行业标准《铁路信号电源系统设备》TB/T 1528 等的规定。

　　检验数量:施工单位全数检查;监理单位见证检验。

　　检验方法:用万用表、相位表等按电源屏产品说明书检测。

Ⅱ 不间断电源设备检验

主控项目

20.9.3 UPS 功能应符合设计要求,以及现行行业标准《铁路信号电源系统设备》TB/T 1528 等的规定。

　　检验数量:施工单位全数检查;监理单位见证检验。

检验方法：观察，按UPS产品说明书或现行行业标准《铁路信号电源系统设备》TB/T 1528.6试验方法检验。

20.9.4 UPS性能应符合设计要求，以及现行行业标准《铁路信号电源系统设备》TB/T 1528等的规定。

检验数量：施工单位全数检查；监理单位见证检验。

检验方法：观察，用万用表等按UPS产品说明书或现行行业标准《铁路信号电源系统设备》TB/T 1528.6测量检验。

Ⅲ 蓄电池

主控项目

20.9.5 蓄电池性能应符合设计要求，以及现行行业标准《铁路信号电源系统设备》TB/T 1528等有关标准的规定。

检验数量：施工单位对蓄电池容量验收按每批次抽检不少于1组，其余项目全数检查；监理单位见证检验20%。

检验方法：电压表、内阻测试仪、容量测试仪检测。

20.10 计算机联锁

Ⅰ 进场检验

主控项目

20.10.1 计算机联锁系统设备检验前应检查确认下列条件：
1 设备安装和配线应完成并合格。
2 电源屏输出电源应稳定可靠。
3 设备接地应良好。
4 温度、湿度、防尘等机房环境应符合设备正常运行的要求和有关标准的规定。
5 通信通道应稳定可靠。
6 模拟盘（轨道电路、信号机、道岔、站间或场间和区间结合条件）应制作完成。

7 系统软件应经设备供应商测试合格。

8 IP地址应符合设计要求。

检验数量:施工单位全数检查;监理单位见证检验。

检验方法:按照铁路计算机联锁系统工程检测规程检验。

Ⅱ 计算机联锁系统功能检验

主控项目

20.10.2 计算机联锁系统设备启动及切换功能应符合设计要求,以及现行行业标准《铁路车站计算机联锁技术条件》TB/T 3027等的规定。

检验数量:施工单位全数检查;监理单位见证检验。

检验方法:观察、检验。

20.10.3 计算机联锁系统功能应符合设计要求,以及现行行业标准《铁路车站计算机联锁技术条件》TB/T 3027等的规定。

检验数量:施工单位全数检查;监理单位见证检验。

检验方法:按照铁路计算机联锁系统工程检测规程检验。

20.10.4 计算机联锁系统结合功能应符合设计要求,以及现行行业标准《铁路车站计算机联锁技术条件》TB/T 3027等的规定。

检验数量:施工单位全数检查;监理单位见证检验。

检验方法:按照铁路计算机联锁系统工程检测规程检验。

Ⅲ 计算机联锁系统接口检验

主控项目

20.10.5 计算机联锁系统相邻站之间的通信联系功能应符合设计要求,以及现行行业标准《铁路车站计算机联锁技术条件》TB/T 3027等的规定。

检验数量:施工单位全数检查;监理单位见证检验。

检验方法:按照铁路计算机联锁系统工程检测规程检验。

20.10.6 计算机联锁系统接口功能应符合设计要求,以及现行行业标准《铁路车站计算机联锁技术条件》TB/T 3027、《铁路信号系统内部接口》TB 3546 等的规定。

检验数量:施工单位全数检查;监理单位见证检验。

检验方法:按照铁路计算机联锁系统工程检测规程检验。

20.10.7 CBI 系统与站台门、防淹门等结合应符合设计要求以及有关标准的规定。

检验数量:施工单位全数检查;监理单位见证检验。

检验方法:按照铁路计算机联锁系统工程检测规程检验。

20.10.8 集中联锁结合电路应符合现行行业标准《集中联锁结合电路一般原则》TB 2307 等的规定。

检验数量:施工单位全数检查;监理单位见证检验。

检验方法:按照铁路计算机联锁系统工程检测规程检验。

20.11 列车运行控制系统

Ⅰ 进场检验

主控项目

20.11.1 列车运行控制系统设备检验前应检查确认下列条件:

1 设备安装和配线应完成并合格。

2 电源屏供电电源(动态电源、信号机点灯电源、ZPW-2000 无绝缘轨道电路电源、继电器电源、灯丝报警电源、列控中心电源、稳压备用电源、不稳压备用电源)应稳定可靠。

3 设备接地应良好。

4 温度、湿度、防尘等机房环境应符合设备正常运行的要求和有关标准的规定。

5 通信通道应稳定可靠。

6 模拟盘(轨道电路、信号机、道岔、站间或场间和区间结合条件)应制作完成。

7 系统软件应经设备供应商测试合格。

8 IP地址应符合设计要求。

检验数量:施工单位全数检查;监理单位见证检验。

检验方法:按照铁路列车运行控制系统工程检测规程检验。

Ⅱ 列控系统调试与检验

主控项目

20.11.2 列控中心功能应符合设计要求,以及现行行业标准《列控中心技术条件》TB/T 3439等的规定。

检验数量:施工单位全数检查;监理单位见证检验。

检验方法:按照铁路列车运行控制系统工程检测规程检验。

20.11.3 临时限速服务器设备功能应符合设计要求,以及临时限速服务器技术规范等有关标准的规定。

检验数量:施工单位全数检查;监理单位见证检验。

检验方法:按照铁路列车运行控制系统工程检测规程检验。

20.11.4 车门/站台门的联动防护控制功能应符合设计要求。

检验数量:施工单位全数检查;监理单位见证检验。

检验方法:地面操控配合随车观察、试验检查。

Ⅲ 列控系统接口检验

主控项目

20.11.5 列控系统接口功能应符合设计要求,以及现行行业标准《列控中心技术条件》TB/T 3439等的规定。

检验数量:施工单位全数检查;监理单位见证检验。

检验方法:按照铁路列车运行控制系统工程检测规程检验。

20.11.6 临时限速服务器与CTC、TCC接口检验应符合设计要求,以及临时限速服务器技术规范等有关标准的规定。

检验数量:施工单位全数检查;监理单位见证检验。

检验方法:按照铁路列车运行控制系统工程检测规程检验。

20.11.7 列控系统与车门/站台屏蔽门接口检验应符合设计要求。

检验数量：施工单位全数检查；监理单位见证检验。

检验方法：地面操控配合随车观察、试验检查。

20.11.8 TCC与紧急停车按钮接口检验应符合设计要求。

检验数量：施工单位全数检查；监理单位见证检验。

检验方法：试验检查。

20.11.9 当列控系统与防淹门接口时接口检验应符合设计要求。

检验数量：施工单位全数检查；监理单位见证检验。

检验方法：试验检查。

Ⅳ ATO系统调试与检验

主控项目

20.11.10 ATO系统功能应符合设计要求和有关技术标准的规定。

检验数量：施工单位全数检查；监理单位见证检验。

检验方法：试验检查。

20.11.11 ATO系统接口应符合设计要求和有关技术标准的规定。

检验数量：施工单位全数检查；监理单位见证检验。

检验方法：试验检查。

20.12 调度集中系统

Ⅰ 进场检验

主控项目

20.12.1 调度集中系统设备检验前应检查确认下列条件：

1 设备安装和配线应完成并合格。

2 电源屏供电电源应稳定可靠。

3 设备接地应良好。

4 温度、湿度、防尘等机房环境应符合设备正常运行的要求和有关标准的规定。

5 通信通道应稳定可靠。

6 模拟盘(轨道电路、信号机、道岔、站间或场间和区间结合条件)应制作完成。
　　7 系统软件应经设备供应商测试合格。
　　8 IP地址应符合设计要求。
　　检验数量：施工单位全数检查；监理单位见证检验。
　　检验方法：按照列车调度指挥系统及调度集中系统工程检测规程检验。

Ⅱ　调度集中系统功能检验

主控项目

20.12.2　调度集中系统功能应符合设计要求，以及现行行业标准《调度集中系统技术条件》TB/T 3471等的规定。
　　检验数量：施工单位全数检查；监理单位见证检验。
　　检验方法：按照列车调度指挥系统及调度集中系统工程检测规程检验。

Ⅲ　调度集中系统接口检验

主控项目

20.12.3　调度集中系统接口功能应符合设计要求，以及现行行业标准《铁路信号系统内部接口》TB 3546等的规定。
　　检验数量：施工单位全数检查；监理单位见证检验。
　　检验方法：按照列车调度指挥系统及调度集中系统工程检测规程检验。

20.13　信号监测系统

Ⅰ　系统功能性能检验

主控项目

20.13.1　信号监测系统车站层功能应符合设计要求，以及有关技术标准的规定。

检验数量：施工单位全数检查；监理单位见证检验20％。

检验方法：按产品说明书及铁路信号集中监测系统技术条件检验。

20.13.2 中心层系统功能应符合设计要求，以及铁路信号监测系统有关标准的规定。

检验数量：施工单位全数检查；监理单位见证检验20％。

检验方法：按产品说明书及铁路信号集中监测系统技术条件检验。

Ⅱ 系统接口检验

主控项目

20.13.3 信号监测系统接口功能应符合设计要求，以及有关技术标准的规定。

检验数量：施工单位全数检查；监理单位见证检验。

检验方法：按产品说明书及铁路信号集中监测系统技术条件检验。

20.13.4 信号监测系统与防淹门、人防门、站台门、紧急关闭按钮设备接口功能应符合设计要求。

检验数量：施工单位全数检查；监理单位见证检验。

检验方法：按产品说明书及铁路信号集中监测系统技术条件检验。

Ⅲ 道岔缺口监测系统检验

主控项目

20.13.5 道岔缺口监测系统功能应符合设计要求。

检验数量：施工单位全数检查；监理单位见证检验。

检验方法：按产品说明书及道岔缺口监测系统技术规范检验。

20.13.6 缺口监测系统与信号监测系统接口及功能应符合设计要求。

检验数量:施工单位全数检查;监理单位见证检验。

检验方法:按产品说明书及道岔缺口监测系统技术规范检验。

Ⅳ ZPW-2000 轨道电路室外监测及诊断系统检验

主控项目

20.13.7 ZPW-2000 轨道电路室外监测及诊断系统功能应符合设计要求。

检验数量:施工单位全数检查;监理单位见证检验。

检验方法:按产品说明书及系统技术规范检验。

20.13.8 ZPW-2000 轨道电路室外监测及诊断系统与信号监测系统接口及功能应符合设计要求。

检验数量:施工单位全数检查;监理单位见证检验。

检验方法:按产品说明书及系统技术规范检验。

20.14 车辆段调车防护系统

Ⅰ 设备安装

主控项目

20.14.1 设备检验前应检查确认下列条件:

1 设备安装和配线应完成并合格。

2 外部正式电源应稳定可靠。

3 设备接地应良好。

4 温度、湿度、防尘等机房环境应符合设备正常运行的要求和有关标准的规定。

检验数量:施工单位全数检查;监理单位见证检验。

检验方法:观察、检验。

20.14.2 系统设备安装应符合下列规定：

1 室内设备安装应符合本标准第 20.8.5～20.8.11 条的规定。

2 室外应答器安装应符合设计要求。

检验数量：施工单位全数检查；监理单位见证检验。

检验方法：观察、检验。

Ⅱ 系统功能检验

主控项目

20.14.3 调车防护系统防护功能应符合设计要求。

检验数量：施工单位全数检查；监理单位见证检验。

检验方法：观察、检验。

20.14.4 调车防护系统监测功能应符合设计要求。

检验数量：施工单位全数检查；监理单位见证检验。

检验方法：观察、检验。

20.15 车辆段控制集中系统

Ⅰ 系统功能检验

主控项目

20.15.1 车辆段控制集中系统设备检验前应检查确认下列条件：

1 设备安装和配线应完成并合格。

2 电源屏供电电源应稳定可靠。

3 设备接地应良好。

4 温度、湿度、防尘等机房环境应符合设备正常运行的要求和有关标准的规定。

5 通信通道应稳定可靠。

6 模拟盘(轨道电路、信号机、道岔、结合条件)应制作完成

7 系统软件应经设备供应商测试合格。

8 IP 地址应符合设计要求。

检验数量：施工单位全数检查；监理单位见证检验。

检验方法：观察、检验。

20.15.2 车辆段控制集中系统功能应符合设计要求。

检验数量：施工单位全数检查；监理单位见证检验。

检验方法：按列车调度指挥系统及调度集中系统工程检测规程检验。

Ⅱ 系统接口检验

主控项目

20.15.3 控制集中系统与 CTC 系统接口检验应符合设计要求。

检验数量：施工单位全数检查；监理单位见证检验。

检验方法：按列车调度指挥系统及调度集中系统工程检测相关标准检验。

20.15.4 车辆段控制集中系统与动车组管理信息系统接口检验应符合设计要求。

检验数量：施工单位全数检查；监理单位见证检验。

检验方法：观察、检验。

20.15.5 车辆段控制集中系统与 CSM 系统接口检验应符合设计要求。

检验数量：施工单位全数检查；监理单位见证检验。

检验方法：观察、检验。

20.16 辅助系统

Ⅰ 车载设备管理信息系统

主控项目

20.16.1 系统设备安装应符合设计要求，以及本标准第 20.8.5～20.8.11 条的相关规定。

检验数量：施工单位全数检查；监理单位见证检验。

检验方法：观察、检验。

20.16.2 系统设备功能应符合设计要求。

检验数量：施工单位全数检查；监理单位见证检验。

检验方法：按照产品说明书及车载设备信息管理系统技术规范检验。

Ⅱ 列控设备动态监测系统

主控项目

20.16.3 系统设备安装应符合设计要求，以及本标准第 20.8.5～20.8.11 条的有关规定。

检验数量：施工单位全数检查；监理单位见证检验。

检验方法：观察、检验。

20.16.4 列控设备动态监测检验系统接口及系统功能应符合设计要求。

检验数量：施工单位全数检查；监理单位见证检验。

检验方法：按照产品说明书及列控设备动态监测系统技术条件检验。

Ⅲ 动车组司机操控信息分析系统

主控项目

20.16.5 系统设备安装应符合设计要求，以及本标准第 20.8.5～20.8.11 条的有关规定。

检验数量：施工单位全数检查；监理单位见证检验。

检验方法：观察、检验。

20.16.6 动车组司机操控信息分析系统接口及系统功能应符合设计要求。

检验数量：施工单位全数检查；监理单位见证检验。

检验方法:按照产品说明书及动车组司机操控信息分析系统暂行技术条件检验。

Ⅳ 列控数据管理系统

主控项目

20.16.7 系统设备安装应符合设计要求,以及本标准第20.8.5条的有关规定。

检验数量:施工单位全数检查;监理单位见证检验。

检验方法:观察、检验。

20.16.8 列控数据管理系统接口及系统功能应符合设计要求。

检验数量:施工单位全数检查;监理单位见证检验。

检验方法:按照产品说明书及相关技术标准检验。

Ⅴ 其他辅助系统

主控项目

20.16.9 如采用其他辅助系统时,系统设备安装应符合设计要求,以及本标准第20.8.5条的有关规定。

检验数量:施工单位全数检查;监理单位见证检验。

检验方法:观察、检验。

20.16.10 系统接口及系统功能应符合设计要求和有关技术标准的规定。

检验数量:施工单位全数检查;监理单位见证检验。

检验方法:按照产品说明书及相关技术标准检验。

21 信 息

21.1 一般规定

21.1.1 本章适用于客票系统、旅客服务信息系统、动车组管理信息系统、办公信息系统、系统布线、安防系统及门禁系统的施工质量验收。

21.1.2 信息系统分部分项工程划分宜按本标准附录 B.0.16 采用。

21.1.3 信息专业各系统质量检验前,应检查确认下列条件:
    1 承载网络的传输质量、网络带宽应符合设计要求。
    2 数据配置应符合设计要求。
    3 各系统接口应配置准确,连接状态正常。

21.1.4 客票系统各项验收合格后,宜进行客票系统 144 h 连续无故障运行测试。

21.1.5 市域铁路与国铁的互通预留条件应符合设计要求和有关技术标准的规定。

21.2 客票系统

Ⅰ 管槽敷设

21.2.1 线槽、保护管及配件的进场检验应符合本标准第 19.2.1 条的有关规定。

21.2.2 客票系统线缆管槽敷设应符合设计要求和现行国家标准《城市轨道交通自动售检票系统工程质量验收标准》GB/T 50381 的有关规定。

检验数量：施工单位全数检查；监理单位平行检验不少于20％。

检验方法：观察、测量。

Ⅱ 缆线布放及检测

主控项目

21.2.3 缆线及配套器材的进场检验应符合本标准第19.2.2、第19.3.1条的有关规定。

21.2.4 数据缆线、电源电线、控制电缆、引入缆线的敷设方式、排布间距应符合设计要求。

检验数量：施工单位全数检查；监理单位平行检验不少于20％。

检验方法：对照设计文件观察。

21.2.5 数据缆线、控制电缆与电源电缆应分管分槽敷设。缆线出入口处应密封、防护、防火、防鼠处理，并应符合现行国家标准《综合布线系统工程验收规范》GB 50312的规定。

检验数量：施工单位全数检查；监理单位平行检验不少于20％。

检验方法：对照设计文件观察。

21.2.6 数据缆线、控制电缆和电源电缆的布放应符合现行国家标准《城市轨道交通自动售检票系统工程质量验收标准》GB/T 50381的规定。

检验数量：施工单位全数检查；监理单位平行检验不少于20％。

检验方法：对照设计文件观察。

21.2.7 缆线引入应符合现行国家标准《城市轨道交通自动售检票系统工程质量验收标准》GB/T 50381的规定。

检验数量：施工单位全数检查；监理单位平行检验不少于20％。

检验方法：观察、测量。

21.2.8 电源线的接续成端应符合现行国家标准《城市轨道交通自动售检票系统工程质量验收标准》GB/T 50381 的规定。

检验数量：施工单位全数检查；监理单位平行检验不少于 20%。

检验方法：对照设计文件观察。

21.2.9 光缆接续应本标准第 19.3.15 条的规定。

21.2.10 数据缆线中间不应有接头，缆线终接处应连接牢固，在电气上应连通，并应符合有关技术标准的规定。

检验数量：施工单位全数检查；监理单位见证检验不少于 20%。

检验方法：观察，光纤熔接接续用熔接机监视，光纤机械连接和光纤连接器件用光源、光功率计检测。

21.2.11 光线路特性指标应符合现行国家标准《城市轨道交通自动售检票系统工程质量验收标准》GB/T 50381 的规定。

检验数量：施工单位全数检查；监理单位见证检验不少于 20%。

检验方法：网络分析仪测量。

21.2.12 数据缆线的特性指标应符合现行国家标准《综合布线系统工程验收规范》GB 50312 的规定。

检验数量：施工单位全数检查；监理单位见证检验不少于 20%。

检验方法：以太网电缆测试仪测量。

21.2.13 控制电缆线间以及对地间的绝缘电阻值应大于 0.5 MΩ。配线用柜、屏、台、箱或盘间线路的线间和线对地间绝缘电阻值，馈电线路应大于 0.5 MΩ，二次回路应大于 1 MΩ。

检验数量：施工单位全数检查；监理单位见证检验不少于 20%。

检验方法：绝缘电阻测试仪测量。

一般项目

21.2.14 缆线两端及经过分线盒应有标识和标签,并应标明缆线的起始和终端位置,标识和标签应齐全、清晰、准确、牢固,标签应选用防水、防刮和防撕的材料。

检验数量:施工单位全数检查;监理单位见证检验不少于20%。

检验方法:观察。

Ⅲ 设备安装及配线

主控项目

21.2.15 设备及配套器材进场检验应符合本标准第19.4.1条的有关规定。

21.2.16 室内设备安装应符合本标准第19.4节第Ⅱ部分的有关规定。

21.2.17 车站终端设备、紧急按钮以及安装于各类票亭及客服中心的终端设备等的安装位置应符合设计要求。终端设备安装完成后,应有设备标识牌。

检验数量:施工单位全数检查;监理单位平行检验不少于20%。

检验方法:对照设计文件观察。

21.2.18 车站终端设备接地方式应符合设计要求,连接可靠牢固。

检验数量:施工单位全数检查;监理单位全部平行检验。

检验方法:观察、测量。

21.2.19 车站终端设备安装的应符合下列规定:

1 自动检票机设备安装的通道宽度应符合设计要求。

2 车站终端设备周围应按设计要求留出操作和维护空间。

3 设备和底座安装应牢固,底座与地面间应进行防水处理,设备安装垂直偏差和水平偏差不应大于3‰,自动检票机水平间隔偏差不应大于 5‰。

　　检验数量：施工单位全数检查；监理单位平行检验不少于 20%。

　　检验方法：观察、测量。

21.2.20 设备配线应符合现行国家标准《城市轨道交通自动售检票系统工程质量验收标准》GB/T 50381 的规定。

　　检验数量：施工单位全数检查；监理单位平行检验不少于 20%。

　　检验方法：对照设计文件观察、测量。

21.2.21 室内设备防雷及接地应符合本标准第 19.4 节第Ⅳ部分的有关规定。

Ⅳ　电源设备

主控项目

21.2.22 电源设备应符合本标准第 19.5 节的有关规定。

Ⅴ　车票与读写器

主控项目

21.2.23 车票与读写器应符合设计要求和有关技术标准的规定。

　　检验数量：施工单位全数检查；监理单位见证检验。

　　检验方法：根据设计文件和有关技术标准进行检查。

Ⅵ　车站终端设备功能性能检验

主控项目

21.2.24 自动售票机的功能应符合设计要求和有关技术标准的规定。

　　检验数量：施工单位全数检查；监理单位见证检验。

　　检验方法：按设计文件和有关技术标准规定进行功能试验。

21.2.25 窗口售票机的功能应符合设计要求和有关技术标准的规定。

检验数量:施工单位全数检查;监理单位见证检验。

检验方法:按设计文件和有关技术标准规定进行功能试验。

21.2.26 自动检票机的功能、性能应符合设计要求和有关技术标准的规定。

检验数量:施工单位全数检查;监理单位见证检验。

检验方法:按设计文件和有关技术标准规定进行功能试验、性能检测。

21.2.27 便携式验票机的功能应符合设计要求和有关技术标准的规定。

检验数量:施工单位全数检查;监理单位见证检验。

检验方法:用便携式验票机进行查询、验票测试检查。

Ⅶ 车站级客票系统

主控项目

21.2.28 车站级客票系统局域网的性能应符合设计要求。

检验数量:施工单位全数检查;监理单位见证检验。

检验方法:网络分析仪测量。

21.2.29 车站级客票系统功能、性能应符合设计要求。

检验数量:施工单位全数检查;监理单位见证检验。

检验方法:对照设计文件进行功能检验、性能检测。

21.2.30 车站级客票系统局域网网络冗余功能应符合设计要求。

检验数量:施工单位全数检查;监理单位见证检验。

检验方法:模拟网络故障来测试检查网络冗余性。

21.2.31 紧急按钮应符合设计要求和有关技术标准的规定。

检验数量:施工单位全数检查;监理单位见证检验。

检验方法:观察、测试检查。

Ⅷ 中心级客票系统

主控项目

21.2.32 中心级客票系统局域网的性能应符合设计要求。
　　检验数量：施工单位全数检查；监理单位见证检验。
　　检验方法：网络分析仪测量。

21.2.33 中心级客票系统的功能、性能应符合设计要求。
　　检验数量：施工单位全数检查；监理单位见证检验。
　　检验方法：对照设计文件进行功能检查、性能检测。

21.2.34 中心级客票系统局域网网络冗余功能应符合设计要求。
　　检验数量：施工单位全数检查；监理单位见证检验。
　　检验方法：模拟网络故障来测试检查网络冗余性。

Ⅸ 清分系统

主控项目

21.2.35 清分系统局域网的性能、与外网隔离应符合设计要求和有关技术标准的规定。
　　检验数量：施工单位全数检查；监理单位全部见证检验。
　　检验方法：网络分析仪测量，检查外网连接点和网络配置方法。

21.2.36 清分系统的功能、性能应符合设计要求和有关技术标准的规定。
　　检验数量：施工单位全数检查；监理单位全部见证检验。
　　检验方法：对照设计文件进行功能、性能检验。

21.2.37 清分系统局域网网络冗余功能应符合设计要求和有关技术标准的规定。
　　检验数量：施工单位全数检查；监理单位全部见证检验。
　　检验方法：模拟网络故障来测试检查网络冗余性。

21.2.38 容灾备份功能应符合设计要求和有关技术标准的规定。

检验数量:施工单位全数检查;监理单位全部见证检验。

检验方法:对照设计文件进行检验。

21.2.39 清分系统互联互通应符合设计要求和有关技术标准的规定。

检验数量:施工单位全数检查;监理单位全部见证检验。

检验方法:对照设计文件进行检验。

Ⅹ 系统联调联试

主控项目

21.2.40 客票系统联调联试功能、性能应符合设计要求和有关技术标准的规定。

检验数量:施工单位全数检查;监理单位全部见证检验。

检验方法:对照设计文件进行试验检查。

21.2.41 客票系统与其他系统的接口应符合设计要求。

检验数量:施工单位全数检查;监理单位全部见证检验。

检验方法:对照设计文件逐项检验。

21.3 旅客服务信息系统

Ⅰ 管槽敷设

21.3.1 线槽、保护管及配件的进场检验应符合本标准第19.2.1条的有关规定。

21.3.2 旅客服务信息系统管槽敷设应符合本标准第19.2节第Ⅱ、Ⅲ部分的规定。

Ⅱ 缆线布放及检测

主控项目

21.3.3 缆线及配套器材的进场检验应符合本标准第19.2.2、第19.3.1条的有关规定。

21.3.4 旅客服务信息系统缆线布放应符合本标准第19.2节第Ⅳ部分的规定。

21.3.5 缆线终接应符合下列规定：

1 线缆插接位置应正确,终接处应牢固、接触良好,插接端子应完好无损。

2 网线芯线终接时,应保持原有的扭绞状态,在同一布线工程中T568A和T568B两种连接方式不应混合使用。

3 光缆芯线终接应采用收容盘连接保护,在收容盘中光纤的弯曲半径应不小于50 mm。

4 光纤接续及连接器件损耗值应符合表21.3.5的规定。

表21.3.5 光纤接续及连接器件损耗值(db)

类别	多模		单模	
	平均值	最大值	平均值	最大值
光纤熔接	不大于0.15	0.3	不大于0.15	0.3
光纤机械连接	—	0.3	—	0.3
光纤连接器件	不大于0.65		—	
	最大值0.75(含转接器件)			

5 电源线、广播电缆、控制电缆芯线剥线长度应与所选接线端子的规格相匹配,芯线不得裸露。

检验数量：施工单位全数检查；监理单位平行检验不少于20%。

检验方法：网络测试仪检测网络,OTDR检测光缆。

21.3.6 缆线检测应符合下列规定：

1 网线终接线位应正确,无反向线对、交叉线对和串对。

2 网线布线系统的衰减、串音应符合现行国家标准《综合布线系统工程验收规范》GB/T 50312的有关规定。

3 光纤信道衰减应符合现行国家标准《综合布线系统工程验收规范》GB/T 50312的有关规定。

4 电源线芯线间、芯线对地的绝缘电阻不应小于 1 MΩ。

检验数量：施工单位全数检查；监理单位见证检验不少于 20%。

检验方法：测试检查。

Ⅲ 设备安装及配线

主控项目

21.3.7 设备及配套器材进场检验应符合本标准第 19.4.1 条的有关规定。

21.3.8 机房内设备安装及配线应符合本标准第 19.4 节第Ⅱ部分的有关规定。

21.3.9 乘客信息系统的设备安装及配线应符合下列规定：

1 终端设备的安装位置与安装方式应符合设计要求。

2 显示终端的支架安装应牢固、稳定。

3 显示终端安装在地面、高架站台时，其防水、防尘要求应符合设计要求。

4 显示器终端设备配线走向应合理，并应绑扎牢固，与设备连接应可靠；显示器出线部分应采取机械防护措施。

检验数量：施工单位全数检查；监理单位平行检验不少于 20%。

检验方法：观察。

21.3.10 广播系统的设备安装及配线应符合下列规定：

1 广播设备的安装位置、数量及方式应符合设计要求；所用吊挂件、壁挂件应与现场安装环境相协调，声场前方不应有遮挡物。

2 扬声器安装应牢固。

检验数量：施工单位全数检查；监理单位平行检验不少于 20%。

检验方法：观察。

21.3.11 时钟系统的设备安装及配线应符合本标准第 19.11 节

第Ⅰ部分的有关规定。

21.3.12 集成管理平台的设备安装及配线应符合现行行业标准《铁路客运服务信息系统工程施工质量验收标准》TB 10427 的有关规定。

　　检验数量：施工单位全数检查；监理单位平行检验不少于 20%。
　　检验方法：观察、测量。

21.3.13 设备防雷及接地应符合设计要求和有关技术标准的规定。
　　检验数量：施工单位全数检查；监理单位全部平行检验。
　　检验方法：观察、测量。

Ⅳ　电源设备

主控项目

21.3.14 电源设备应符合本标准第 19.5 节的有关规定。

Ⅴ　乘客信息系统功能性能检验

主控项目

21.3.15 乘客信息系统功能、性能应符合设计要求和有关技术标准的规定。
　　检验数量：施工单位全数检查；监理单位见证检验。
　　检验方法：对照设计文件进行功能检验、性能检测。

21.3.16 乘客信息系统网管功能应符合设计要求和有关技术标准的规定。
　　检验数量：施工单位全数检查；监理单位见证检验。
　　检验方法：试验检验。

Ⅵ　广播系统功能性能检验

主控项目

21.3.17 广播系统功能应符合设计要求和有关技术标准的规定。
　　检验数量：施工单位全数检查；监理单位见证检验。

检验方法：对照设计文件进行功能检验。

21.3.18 广播系统播放声音应清晰，应备声压级和声场不均匀度应符合设计要求和有关技术标准的规定。

检验数量：施工单位全数检查；监理单位见证检验。

检验方法：声强计测试检验。

21.3.19 广播系统网管功能应符合设计要求和有关技术标准的规定。

检验数量：施工单位全数检查；监理单位见证检验。

检验方法：试验检验。

Ⅶ 时钟系统功能性能检验

主控项目

21.3.20 时钟系统功能、性能应符合本标准第 19.11 节第Ⅲ部分的有关规定。

Ⅷ 集成管理平台功能检验

主控项目

21.3.21 集成管理平台功能应符合设计要求。

检验数量：施工单位全数检查；监理单位见证检验。

检验方法：对照设计文件检查。

21.3.22 集成管理平台与其他系统接口应符合设计要求。

检验数量：施工单位全数检查；监理单位见证检验。

检验方法：对照设计文件检查。

21.4　动车组管理信息系统

Ⅰ 设备安装及配线

主控项目

21.4.1 设备及配套器材进场检验应符合本标准第 19.4.1 条的

有关规定。

21.4.2 服务器、存储设备、网络设备、操作终端、维护管理等设备的数量、规格和安装位置应符合设计要求。

检验数量：施工单位全数检查；监理单位平行检验不少于20%。

检验方法：对照设计文件观察。

21.4.3 设备安装、配线及防雷接地应符合本标准第19.4节的有关规定。

检验数量：施工单位全数检查；监理单位平行检验不少于20%。

检验方法：对照设计文件观察。

Ⅱ 动车组管理信息系统功能性能检验

主控项目

21.4.4 动车组管理信息系统的功能应符合设计要求和有关技术标准的规定。

检验数量：施工单位全数检查；监理单位见证检验。

检验方法：对照设计文件进行功能检验。

21.4.5 动车组管理信息系统的性能应符合设计要求和有关技术标准的规定。

检验数量：施工单位全数检查；监理单位见证检验。

检验方法：对照设计文件进行性能检测。

21.5 办公信息系统

Ⅰ 设备安装及配线

主控项目

21.5.1 设备及配套器材进场检验应符合本标准第19.4.1条的有关规定。

21.5.2 操作终端、网络设备、维护管理设备的数量、规格和安装位置应符合设计要求。

检验数量:施工单位全数检查;监理单位平行检验不少于20%。

检验方法:对照设计文件观察。

21.5.3 办公信息系统设备线缆连接应符合设计要求。

检验数量:施工单位全数检查;监理单位平行检验不少于20%。

检验方法:对照设计文件观察。

Ⅱ 数据网功能性能检验

主控项目

21.5.4 数据网的功能应符合设计要求和有关技术标准的规定。

验收数量:施工单位全数检查;监理单位见证检验。

检验方法:对照设计文件进行功能检验。

21.5.5 数据网的性能应符合设计要求和有关技术标准的规定。

验收数量:施工单位全数检查;监理单位见证检验。

检验方法:对照设计文件进行性能检测。

21.5.6 数据网网管功能应符合设计要求和有关技术标准的规定。

检验数量:施工单位全数检查;监理单位见证检验。

检验方法:试验检验。

21.6 系统布线

Ⅰ 系统布线安装

主控项目

21.6.1 缆线、设备及材料等进场检验应符合本标准第19.2.1、19.3.1、19.4.1条的有关规定。

21.6.2 机柜及配线箱等设备的安装应符合本标准第19.4.2~

第19.4.5条的有关规定。

21.6.3 配线模块、信息插座等连接器件的进场检验应符合下列规定：

1 规格、型号、数量应符合设计要求。

2 合格证、质量检验报告等质量证明文件，以及说明书等产品技术文件应齐全。

3 电气和机械性能等指标应符合相应产品的质量标准。塑料材质应具有阻燃性能，并应满足设计要求。

4 光纤连接器件应外观平滑、洁净，并不应有油污、毛刺、伤痕及裂纹等缺陷，各零部件组合应严密、平整。

检验数量：施工单位全数检查；监理单位见证检验。

检验方法：对照设计文件和有关标准检查实物，核查质量证明文件。

21.6.4 信息插座模块、多用户信息插座、集合点配线箱、用户单元信息配线箱的安装位置及方式应符合设计要求。

检验数量：施工单位全数检查；监理单位平行检验不少于20%。

检验方法：对照设计文件核查。

21.6.5 信息插座模块安装应符合现行国家标准《综合布线系统工程验收规范》GB/T 50312的有关规定。

检验数量：施工单位全数检查；监理单位平行检验不少于20%。

检验方法：观察。

21.6.6 设备、配线箱、配线设备屏蔽层的接地应符合设计要求，电气连接良好。

检验数量：施工单位全数检查；监理单位全部平行检验。

检验方法：观察、万用表检测。

21.6.7 线缆的敷设和保护方式应符合现行国家标准《综合布线系统工程验收规范》GBT 50312的有关规定。

检验数量：施工单位全数检查；监理单位平行检验不少于20%。

检验方法：观察、检测。

21.6.8 对绞电缆及光缆芯线终接应符合现行国家标准《综合布线系统工程验收规范》GB/T 50312 的有关规定。

检验数量：施工单位全数检查；监理单位见证检验不少于20%。

检验方法：观察，光纤熔接接续用熔接机监视，光纤机械连接和光纤连接器件用光源、光功率计检测。

21.6.9 各类跳线和连接器间接触应良好，标志应齐全、清晰，跳线选用类型及长度应符合设计要求。

检验数量：施工单位全数检查；监理单位平行检验不少于20%。

检验方法：观察、检测。

21.6.10 金属管、线槽、缆线桥架的接地应符合设计要求，电气连接良好。

检验数量：施工单位全数检查；监理单位全部平行检验。

检验方法：观察、万用表检测。

Ⅱ 系统性能检验

主控项目

21.6.11 电缆布线链路和信道缆线长度应符合现行行业标准《铁路通信工程施工质量验收标准》TB 10418 的有关规定。

检验数量：施工单位全数检查；监理单位见证检验不少于20%。

检验方法：数字电缆测试仪检测。

21.6.12 对绞电缆布线系统永久链路和信道性能应符合现行国家标准《综合布线系统工程验收规范》GB/T 50312 的有关规定。

检验数量：施工单位全数检查；监理单位见证检验不少

于20%。

检验方法:数字电缆测试仪检测。

21.6.13 综合布线工程所采用光纤性能指标及光纤信道指标应符合现行国家标准《综合布线系统工程验收规范》GB/T 50312 的有关规定。

检验数量:施工单位全数检查;监理单位见证检验不少于20%。

检验方法:光源、光功率计检测。

21.7 安防系统

Ⅰ 管槽敷设

21.7.1 线槽、保护管及配件的进场检验应符合本标准第19.2.1条的有关规定。

21.7.2 安防系统管槽敷设应符合本标准第19.2节第Ⅱ、Ⅲ部分的规定。

Ⅱ 缆线布放及检测

主控项目

21.7.3 线及配套器材的进场检验应符合本标准第19.2.2、第19.3.1条的有关规定。

21.7.4 安防系统缆线布放应符合本标准第19.2节第Ⅳ部分的有关规定。

21.7.5 安防系统缆线检测应符合设计要求和相关技术标准的规定。

检验数量:施工单位全数检查;监理单位见证检验不少于20%。

检验方法:测量。

Ⅲ 设备安装及配线

主控项目

21.7.6 设备及配套器材进场检验应符合本标准第19.4.1条的有关规定。

21.7.7 机房内设备安装应符合本标准第19.4节第Ⅱ部分的有关规定。

21.7.8 安防集成平台设备安装及配线应符合本标准第19.4节的有关规定。

21.7.9 车站安检设备安装及配线应符合设计要求和有关技术标准的规定。

检验数量:施工单位全数检查;监理单位平行检验不少于20%。

检验方法:观察、测量。

21.7.10 入侵报警系统设备安装及配线应符合设计要求和有关技术标准的规定。

检验数量:施工单位全数检查;监理单位平行检验不少于20%。

检验方法:观察、测量。

21.7.11 电子巡查系统设备安装及配线应符合设计要求。

检验数量:施工单位全数检查;监理单位平行检验不少于20%。

检验方法:观察、测量。

21.7.12 设备防雷及接地应符合设计要求和有关技术标准的规定。

检验数量:施工单位全数检查;监理单位全部平行检验。

检验方法:观察、测量。

Ⅳ 电源设备

主控项目

21.7.13 电源设备应符合本标准第 19.5 节的有关规定。

Ⅴ 安防集成平台功能性能检验

主控项目

21.7.14 车站安防集成平台功能应符合设计要求和有关技术标准的规定。

检验数量:施工单位全数检查;监理单位全部见证检验。

检验方法:对照设计文件进行功能检验。

21.7.15 中心安防集成平台功能、性能应符合设计要求和有关技术标准的规定。

检验数量:施工单位全数检查;监理单位全部见证检验。

检验方法:对照设计文件进行功能检验。

21.7.16 安防集成平台的操作响应时间应符合设计要求和有关技术标准的规定。

检验数量:施工单位全数检查;监理单位见证检验不少于 20%。

检验方法:检测。

21.7.17 安防集成平台图形上设备及设施定位误差应符合设计要求和有关技术标准的规定。

检验数量:施工单位全数检查;监理单位见证检验不少于 20%。

检验方法:观察、检测。

21.7.18 安防集成平台与其他系统的接口应符合设计要求。

检验数量:施工单位全数检查;监理单位全部见证检验。

检验方法:对照设计文件逐项检验。

Ⅵ 车站安检系统功能性能检验

主控项目

21.7.19 车站安检系统功能应符合设计要求和有关技术标准的规定。

检验数量:施工单位全数检查;监理单位全部见证检验。

检验方法:对照设计文件进行功能检验。

21.7.20 车站安检系统性能应符合设计要求和有关技术标准的规定。

检验数量:施工单位全数检查;监理单位全部见证检验。

检验方法:对照设计文件进行功能检验、性能检测。

Ⅶ 入侵报警系统功能性能检验

主控项目

21.7.21 入侵报警系统的功能应符合设计要求和有关技术标准的规定。

检验数量:施工单位全数检查;监理单位见证检验。

检验方法:对照设计文件进行功能检验。

21.7.22 入侵报警系统的性能应符合设计要求和有关技术标准的规定。

检验数量:施工单位全数检查;监理单位见证检验。

检验方法:对照设计文件进行性能检测。

Ⅷ 电子巡查系统功能性能检验

主控项目

21.7.23 电子巡查系统功能、性能应符合设计要求和有关技术标准的规定。

检验数量:施工单位全数检查;监理单位见证检验。

检验方法:对照设计文件进行功能检验、性能检测。

21.7.24 电子巡查系统管理软件功能应符合设计要求和有关技术标准的规定。

　　检验数量:施工单位全数检查;监理单位见证检验。
　　检验方法:对照设计文件进行功能检验。

21.8　门禁系统

Ⅰ　管槽敷设

21.8.1　线槽、保护管及配件的进场检验应符合本标准第19.2.1条的有关规定。

21.8.2　管槽敷设应符合本标准第19.2节第Ⅱ、Ⅲ部分的有关规定。

Ⅱ　缆线布放及检测

主控项目

21.8.3　缆线及配套器材的进场检验应符合本标准第19.2.2、第19.3.1条的有关规定。

21.8.4　门禁系统缆线布放应符合本标准第19.2节第Ⅳ部分的有关规定。

21.8.5　门禁系统缆线检测应符合设计要求和有关技术标准的规定。

　　检验数量:施工单位全数检查;监理单位见证检验不少于20%。
　　检验方法:测量检查。

Ⅲ　设备安装及配线

主控项目

21.8.6　设备及配套器材进场检验应符合本标准第19.4.1条的有关规定。

21.8.7 机房内设备安装应符合本标准第 19.4 节第Ⅱ部分的有关规定。

21.8.8 门禁系统设备安装及配线应符合设计要求和有关技术标准的规定。

检验数量:施工单位全数检查;监理单位平行检验不少于 20%。

检验方法:观察、测量。

21.8.9 设备防雷及接地应符合设计要求和有关技术标准的规定。

检验数量:施工单位全数检查;监理单位全部平行检验。

检验方法:观察、测量。

Ⅳ 电源设备

主控项目

21.8.10 电源设备应符合本标准第 19.5 节的有关规定。

Ⅴ 系统功能性能检验

主控项目

21.8.11 门禁系统功能应符合设计要求和有关技术标准的规定。

检验数量:施工单位全数检查;监理单位见证检验。

检验方法:对照设计文件进行功能检验。

21.8.12 门禁系统应能与火灾自动报警系统联动控制;车站控制室综合后备控制盘(IBP)上应设置门禁紧急开门控制按钮,并应具备手动、自动切换功能。

检验数量:施工单位全数检查;监理单位见证检验。

检验方法:试验检验。

21.8.13 门禁系统管理软件功能应符合设计要求和有关技术标准的规定。

检验数量:施工单位全数检查;监理单位见证检验。

检验方法:对照设计文件进行功能检验。

22 火灾自动报警系统

22.1 一般规定

22.1.1 本章适用于火灾自动报警系统的管线铺设、设备安装及系统调试工程的质量验收。

22.1.2 火灾自动报警系统分部分项工程宜按本标准附录B.0.17进行划分。

22.1.3 火灾自动报警系统宜由中央级监控管理系统、车站级监控管理系统、现场级设备及通信网络等构成。

22.1.4 火灾自动报警系统中央级与车站级网络应独立配置。

22.1.5 消防联动控制系统应实现气体灭火系统、防火卷帘系统、防火门监控系统、自动喷水灭火系统、消火栓系统、防烟与排烟系统、消防应急照明及疏散指示系统、电梯与非消防电源、消防广播、售检票机、站台门、门禁等系统在火灾情况下的消防控制。系统的联动控制必须符合现行国家标准《火灾自动报警系统设计规范》GB 50116 及《火灾自动报警系统施工及验收标准》GB 50166 的有关规定。

22.1.6 车站内的火灾自动报警系统管线敷设要求除应符合本章节规定之外，尚应符合本标准第19.1～19.3节的有关规定。

22.2 管线敷设

主控项目

22.2.1 敷设在多尘或潮湿场所管路的管口和管子连接处，均应做密封处理。敷设在竖井内和穿越不同防火分区的桥架及相关的孔洞,应采用不燃或难燃材料进行封堵。

检验数量:施工单位全数检查;监理单位抽样检验。

检验方法:观察。

22.2.2 导线敷设时应符合下列规定:

1 线缆应使用防火桥架或镀锌钢管单独敷设,系统内不同电压等级、不同电流类别的线路,不应布在同一管内或桥架的同一槽孔内。

2 导线在管内或桥架内,不应有接头或扭结。导线连接应在端子箱或接线盒内进行。导线连接应采用可靠的压接;对于软线电缆,宜采用搪锡连接。

3 管线敷设应采取金属屏蔽、滤波或接地等抗电磁干扰措施。

4 线缆的绝缘试验应符合现行国家标准《电气装置安装工程 电气设备交接试验标准》GB 50150 的有关规定。

检验数量:施工单位全数检查;监理单位抽样检验。

检验方法:观察、绝缘测试。

22.2.3 接线盒、终端盒可安装在电缆区间隧道或室内,并应将其固定于现场附近的墙壁上。安装于户外时,应加外罩防雨箱。

检验数量:施工单位全数检查;监理单位抽样检验。

检验方法:观察。

22.2.4 在车站、调度中心、地下区间、地上区间及动车段(所、存车场)等区域敷设电缆时,应采用低烟、无卤、阻燃铜芯电线电缆。火灾时需要保证供电的消防设备供电干线及分支干线,宜采用矿物绝缘类不燃性电缆,支线应采用低烟、无卤、阻燃、耐火铜芯电线电缆。

检验数量:施工单位全数检查;监理单位抽样检验。

检验方法:观察。

一般项目

22.2.5 管线经过建筑物的变形缝(包括沉降缝、伸缩缝、抗震缝等)处,应采取补偿措施,导线跨越变形缝的两侧应固定,并留有适当余量。

检验数量:施工单位全数检查;监理单位抽样检验。

检验方法:观察。

22.3 设备安装

主控项目

22.3.1 火灾报警控制器、消防联动控制器安装在墙上时,其主显示屏高度宜为1.5 m～1.8 m;可燃气体报警控制器、区域显示器等控制器类设备(以下称控制器)在墙上安装时,其底边距地(楼)面高度宜为1.3 m～1.5 m,其靠近门轴的侧面距墙不应小于0.5 m,正面操作距离不应小于1.2 m;落地安装时,其底边宜高出地(楼)面0.1 m～0.2 m。控制器应安装牢固,不应倾斜;安装在轻质墙上时,应采取加固措施。

检验数量:施工单位全数检查;监理单位抽样检验。

检验方法:观察、手扳检查。

22.3.2 引入控制器的电缆或导线应符合国家标准《火灾自动报警系统施工及验收标准》GB 50166—2019 第3.3.2 条的规定。

检验数量:施工单位全数检查;监理单位抽样检验。

检验方法:尺量、观察。

22.3.3 控制器的主电源必须直接从消防双电源自切箱内的空气开关下桩头引入,严禁使用电源插头。主电源应有明显的永久性标志,控制器与其外接备用电源之间应直接连接。主电源和备用电源的容量应符合国家现行有关标准的规定,并应能自动切换。消防控制器(柜)内不同电压等级、不同电流等级的类别端子应分开,并应有明显标志。

检验数量:施工单位全数检查;监理单位抽样检验。

检验方法:观察。

22.3.4 控制器的接地应牢固,并应有明显的永久性标志。

检验数量:施工单位全数检查;监理单位抽样检验。

检验方法:观察。

22.3.5 消防控制室内设备的布置应符合下列规定:

1 设备面盘前的操作距离,单列布置时不应小于1.5 m,双列布置时不应小于2 m,值班人员经常操作的一面不应小于3 m。

2 设备面盘后的维修距离不宜小于1 m。设备面盘的排列长度大于4 m时,其两端应设置宽度不小于1 m的通道。

检验数量:施工单位全数检查;监理单位抽样检验。

检验方法:观察。

22.3.6 点型感烟、感温火灾探测器的安装应符合国家标准《火灾自动报警系统施工及验收标准》GB 50166—2019第3.3.6条的规定。

检验数量:施工单位全数检查;监理单位抽样检验。

检验方法:尺量、观察。

22.3.7 线型红外光束感烟火灾探测器的安装应符合国家标准《火灾自动报警系统施工及验收标准》GB 50166—2019第3.3.7条的规定。

检验数量:施工单位全数检查;监理单位抽样检验。

检验方法:观察。

22.3.8 线型感温火灾探测器的安装应符合国家标准《火灾自动报警系统施工及验收标准》GB 50166—2019第3.3.8条的规定。

检验数量:施工单位全数检查;监理单位抽样检验。

检验方法:尺量、观察。

22.3.9 分布式线型光纤感温火灾探测器的安装应符合下列规定:

1 感温光纤应采用专用固定装置固定。

2 感温光纤严禁打结,光纤弯曲时,弯曲半径应大于0.05 m。

3 感温光纤穿越相邻的报警区域应设置光缆余量段,隔断两侧应各留不小于 8 m 的余量段;每个光通道始端及末端光纤应各留不小于 8 m 的余量段。

4 光纤出现断点需要熔接时,在两根光纤接续的位置处应至少搭接 2 m。

5 光纤在穿过类似墙体等障碍物时应做钢制套管,光模块在适当区域宜装光隔离模块。

检验数量:施工单位全数检查;监理单位抽样检验。

检验方法:尺量、观察。

22.3.10 光栅光纤线型感温火灾探测器的安装应符合下列规定:

1 信号处理器安装位置不应受强光直射。

2 光纤光栅感温段的弯曲半径应大于 0.3 m。

检验数量:施工单位全数检查;监理单位抽样检验。

检验方法:尺量、观察。

22.3.11 管路采样式吸气感烟火灾探测器的安装应符合下列规定:

1 探测器采样孔的设置应符合设计文件和产品使用说明书的要求。

2 采样管应固定牢固,有过梁、空间支架的建筑中,采样管路应固定在过梁、空间支架上。

3 空气采样管内气流应通畅,不应有异物堵塞。

4 采样管和采样孔应设置明显的火灾探测器标识。

5 空气采样管在潮湿环境内的敷设,应保持一定的倾斜角度,使冷凝水能排到管外;进气管从下方进入吸气式感烟火灾探测器,在进入探测器前,应通过 U 型管路底部的排水孔排除冷凝水。

检验数量:施工单位全数检查;监理单位抽样检验。

检验方法:尺量、观察。

22.3.12 点型火焰探测器和图像型火灾探测器的安装应符合下列规定：

1 探测器的视场角应覆盖探测区域。

2 探测器与保护目标之间不应有遮挡物。

3 应避免光源直接照射探测器的探测窗口。

4 探测器在室外或隧道安装时，应有防尘、防水措施。

检验数量：施工单位全数检查；监理单位抽样检验。

检验方法：观察。

22.3.13 可燃气体探测器的安装应符合下列规定：

1 在探测器周围应适当留出更换和标定的空间。

2 线型可燃气体探测器的发射器和接收器的窗口应避免日光直射，发射器与接收器之间不应有遮挡物。

检验数量：施工单位全数检查；监理单位抽样检验。

检验方法：观察。

22.3.14 手动火灾报警按钮的安装应符合国家标准《火灾自动报警系统施工及验收标准》GB 50166—2019 第 3.3.16 条的规定，且每个防火分区应至少设置 1 个手动报警按钮，从防火分区内的任意位置到最邻近的一个手动报警按钮的步行距离不应大于 30 m。

检验数量：施工单位全数检查；监理单位抽样检验。

检验方法：尺量、观察。

22.3.15 火灾应急广播扬声器和火灾警报装置的安装应符合下列规定：

1 安装应牢固可靠，表面不应有破损。

2 火灾光警报装置应安装在安全出口附近明显处，距地面 1.8 m 以上。光警报器与消防应急疏散指示标志不宜在同一面墙上；安装在同一面墙上时，距离应大于 1 m。

3 火灾应急广播扬声器应安装在建筑物的顶棚；安装在墙上时，应距地面 2.2 m 以上。

检验数量：施工单位全数检查；监理单位抽样检验。

检验方法：尺量、观察。

22.3.16 消防专用电话的安装应符合下列规定：

1 消防电话、电话插孔、带电话插孔的手动报警按钮宜安装在明显、便于操作的位置；当在墙面上安装时，其底边距地（楼）面高度宜为1.3 m～1.5 m。

2 消防电话和电话插孔应有明显的永久性标志。

3 带箱消防电话安装应牢固，并不得倾斜，其外接导线应留有不小于150 mm的余量，端部应有明显标志。

检验数量：施工单位全数检查；监理单位抽样检验。

检验方法：尺量、观察。

22.3.17 消防设备应急电源的安装应符合下列规定：

1 消防设备应急电源的电池应安装在通风良好地方；当安装在密封环境中时，应有通风装置。酸性电池不得安装在带有碱性介质的场所，碱性电池不得安装在带酸性介质的场所。

2 消防设备应急电源不应安装在靠近带有可燃气体的管道、仓库、操作间等场所。

检验数量：施工单位全数检查；监理单位抽样检验。

检验方法：观察。

22.3.18 电气火灾监控探测器的安装应符合国家标准《火灾自动报警系统施工及验收标准》GB 50166—2019第3.3.12条的规定。

检验数量：施工单位全数检查；监理单位抽样检验。

检验方法：观察。

一般项目

22.3.19 消防控制器（柜）内不同电压等级、不同电流等级的类别端子应分开，并应有明显标志。

检验数量：施工单位全数检查；监理单位抽样检验。

检验方法：观察。

22.3.20 探测器底座的安装应符合国家标准《火灾自动报警系

统施工及验收标准》GB 50166—2019 第 3.3.13 条的规定。

　　检验数量:施工单位全数检查;监理单位抽样检验。

　　检验方法:尺量、观察。

22.3.21　探测器安装位置在满足与风口、墙壁、梁边距离的要求情况下宜水平安装在被保护空间的中央部位,安装后指示灯应朝向便于人员观察的主要入口方向。

　　检验数量:施工单位全数检查;监理单位抽样检验。

　　检验方法:观察。

22.3.22　模块的安装应符合下列规定:

　　1　同一报警区域内的模块宜集中安装在金属箱内,分散安装时必须用模块盒作为保护。明装时应将模块底盒安装在预埋盒上,暗装时应将模块底盒预埋在墙内或安装在专用装饰盒上。

　　2　模块(或金属箱)应独立支撑或固定,安装牢固,并应采取防潮、防腐蚀等措施。

　　3　模块的连接导线应留有不小于 150 mm 的余量,其端部应有明显标志。

　　4　隐蔽安装时在安装处附近应设置检修孔和尺寸不小于 100 mm×100 mm 的永久性标识。

　　5　系统总线上应设置总线短路隔离器,每只总线短路隔离器保护的火灾探测器、手动火灾报警按钮和模块等消防设备的总数不应超过 32 点。总线穿越防火分区时,应在穿越处设置总线短路隔离器。

　　检验数量:施工单位全数检查;监理单位抽样检验。

　　检验方法:尺量、观察。

22.4　系统调试

主控项目

22.4.1　火灾报警控制器、消防联动控制器及可燃气体探测报警控制器的调试应按照现行国家标准《火灾自动报警系统施工及验收标准》GB 50166、《火灾报警控制器》GB 4717、《消防联动控制系统》GB 16806 和《可燃气体报警控制器》GB 16808 的有关规定进行检查并记录。

检验数量：施工单位全数检查；监理单位见证检验。

检验方法：观察，检查调试记录，实际操作检查。

22.4.2 火灾自动报警系统探测器类设备的调试应符合国家标准《火灾自动报警系统施工及验收标准》GB 50166—2019 第 4.3.4～4.3.12 条、第 4.7.4 和 4.7.5 条的有关规定。

检验数量：施工单位全数检查；监理单位抽样检验。

检验方法：观察，检查调试记录，实际操作检查。

22.4.3 手动火灾报警按钮、消防电话总机、分机及插孔、消防设备应急电源、火灾警报和消防应急广播系统的调试应符合国家标准《火灾自动报警系统施工及验收标准》GB 50166—2019 第 4.3.14 条、第 4.6.1～4.6.3 条、第 4.10.1、4.10.2 和 4.12.6 条的有关规定。

检验数量：施工单位全数检查；监理单位抽样检验。

检验方法：观察，检查调试记录，实际操作检查。

22.4.4 火灾显示盘调试时，应按现行国家标准《火灾显示盘》GB 17429 的有关要求检查其功能并记录。

检验数量：施工单位全数检查；监理单位见证检验。

检验方法：观察，检查调试记录，实际操作检查。

22.4.5 电气火灾监控系统的调试应按国家标准《火灾自动报警系统施工及验收标准》GB 50166—2019 第 4.8 节的有关规定进行检查并记录。

检验数量：施工单位全数检查；监理单位见证检验。

检验方法：观察，检查调试记录，实际操作检查。

22.4.6 消防设备电源监控系统的调试应按现行国家标准《消防设备电源监控系统》GB 28184 的有关规定进行检查并记录。

检验数量：施工单位全数检查；监理单位见证检验。

检验方法：观察，检查调试记录，实际操作检查。

22.4.7 气体灭火系统应在符合现行国家标准《气体灭火系统设计规范》GB 50370 的条件下，检验下列控制功能：

1 自动/手动启动、手自动转换、气灭控制盘功能试验和紧急切断试验。

2 与固定灭火设备联动控制的其他设备动作（包括关闭防火门窗、停止空调风机、关闭防火阀等）试验。

检验数量：施工单位按不少于实际安装数量的 20% 抽验；监理单位见证检验。

检验方法：观察，检查调试记录，实际操作检查。

22.4.8 火灾报警信息传输设备调试时，应按现行国家标准《消防联动控制系统》GB 16806 的有关要求检查其功能并记录。

检验数量：施工单位全数检查；监理单位见证检验 20%。

检验方法：观察，检查调试记录，实际操作检查。

22.4.9 火灾自动报警系统模块调试应符合下列规定：

1 给输入模块提供模拟的输入信号，应检查并记录输入模块动作、点亮动作指示灯情况，以及消防联动控制器接收及显示模块动作信息。

2 操作消防联动控制器控制输出模块，动作应正确。

3 使模块处于离线状态，消防联动控制器故障信息显示应正常。

4 使模块与连接部件之间的连接线断路，消防联动控制器接收及显示模块故障信息应及时反应。

检验数量：施工单位全数检查；监理单位见证检验 20%。

检验方法：观察，检查调试记录，实际操作检查。

22.4.10 在正常环境光线下，操作火灾报警控制器或消防联动控制器使火灾警报器启动时，火灾光警报器的光信号应清晰可见，A 计权声压级应符合现行国家标准《火灾自动报警系统施工及验收标准》GB 50166 的规定。

检验数量：施工单位全数检查；监理单位见证检验 20%。

检验方法：观察及仪表测量。

22.4.11 检查消防设备电源监控器的工作状态，测试在主电丢失的情况下备用电源应能自动转换。

检验数量：施工单位全数检查；监理单位见证检验。

检验方法：观察。

22.4.12 车控室图形显示装置的调试应符合下列规定：

1 操作显示装置使其显示完整系统区域覆盖模拟图和各层平面图，图中应明确指示出报警区域、主要部位和各消防设备的名称和物理位置，显示界面应为中文界面。

2 使火灾报警控制器和消防联动控制器分别发出火灾报警信号和联动控制信号，显示装置应在 3 s 内接收，准确显示相应信号的物理位置，并能优先显示火灾报警信号相对应的界面。

3 使具有多个报警平面图的显示装置处于多报警平面显示状态，各报警平面应能自动和手动查询，并应有总数显示，且能手动插入使其立即显示首火警的报警平面图。

4 使显示装置显示故障或联动平面，输入火灾报警信号时，显示装置应能立即转入火灾报警平面的显示。

检验数量：施工单位全数检查；监理单位见证检验。

检验方法：仪表测量、观察。

22.4.13 火灾自动报警系统整体性能调试应符合下列规定：

1 系统整体性能的调试，应按设计的联动逻辑关系，检查各系统和设备中相关的火灾报警信号、联动信号、模块动作情况、受控设备的动作情况、接收反馈信号及各种显示情况并记录。

2 室内消火栓系统的消防泵、自动喷水灭火系统的喷淋泵、防排烟系统的排烟风机等被控设备，其控制设备除应采用联动控制方式外，还应在消防控制室设置手动直接控制装置。测试手动直接控制，测试结果应符合设计要求。

3 火灾自动报警系统联动设备动作响应时间不应超过120 s;系统应在连续运行120 h以上无故障。

4 消防控制室内报城市"119"的通信设备及城市消防远程监控系统的设置应符合设计要求。

5 系统调试完成后,应在火灾报警控制器、消防联动控制器面板上制作铭牌和标识,标明控制器或按钮所控制区域或设备的名称和编号。

检验数量:施工单位全数检查;监理单位见证检验。

检验方法:观察,将所有经调试合格的各项设备、系统按设计连接组成完整的火灾自动报警系统,按设计的联动逻辑关系,报警联动启动及手动启动、停止,进行操作检查、测试(对于启动后不能恢复的受控现场设备,可模拟现场设备启动反馈信号)。

一般项目

22.4.14 其他受控部件的调试应按相应的产品标准进行;在无相应国家标准或行业标准时,宜按产品生产企业提供的调试方法进行。

检验数量:施工单位全数检查;监理单位见证检验20%。

检验方法:观察。

22.4.15 火灾自动报警系统与综合监控(ISCS)系统的接口应符合设计要求,二者之间应设置可靠的通信接口并满足系统之间各种信息输入输出的需要。

检验数量:施工单位全数检查;监理单位见证检验。

检验方法:观察。

22.4.16 通信专业为火灾自动报警系统提供站间及调度中心之间专用光纤,接口界面应在调度中心、车站、车辆基地信号楼的通信机械室光纤配线架上。

检验数量:施工单位全数检查;监理单位见证检验。

检验方法:观察、测试。

22.4.17 火灾时火灾自动报警系统通过模块向降压变电所提供

火灾信号,用于火灾时切断非消防负荷,并接收反馈信号,接口位置应在降压变电所 400 V 控制柜上。

检验数量:施工单位全数检查;监理单位见证检验。

检验方法:观察。

22.4.18 火灾自动报警系统向客票系统输出火警信号,用于火灾时释放自动检票机,且应接收客票系统提供的自动检票机全落杆的反馈信息,接口位置应在紧急按钮控制盒的接线端子上。

检验数量:施工单位全数检查;监理单位见证检验。

检验方法:观察、测试。

22.4.19 火灾报警控制器(中央级)应具有单独的网络通信端口,以独立的 IP 地址连接到调度中心的上层网交换机,用于接收二级时间服务器接口输出的时间信号,通过以太网实现时间同步。

检验数量:施工单位全数检查;监理单位抽样检验。

检验方法:观察。

22.4.20 火灾自动报警系统向门禁系统输出火警信号,用于火灾时释放相关门禁,且应接收门禁系统提供的门禁反馈信息,接口位置应在门禁控制器的接线端子上。

检验数量:施工单位全数检查;监理单位见证检验 20%。

检验方法:观察、测试。

22.4.21 火灾自动报警系统向广播系统输出火警信号,应自动或手动将广播转换为火灾应急广播状态。

检验数量:施工单位全数检查;监理单位见证检验 20%。

检验方法:观察、测试。

22.4.22 火灾自动报警系统向环境与设备监控系统发布火灾模式指令,环境与设备监控系统优先执行相应的火灾控制程序,二者之间应设置可靠的通信接口。

检验数量:施工单位全数检查;监理单位见证检验 20%。

检验方法:观察、测试。

23 环境与设备监控系统

23.1 一般规定

23.1.1 本章适用于环境与设备监控系统的管线铺设、设备安装及系统调试工程的质量验收。

23.1.2 环境与设备监控系统分部分项工程宜按本标准附录B.0.17进行划分。

23.1.3 环境与设备监控系统应具有对车站空调通风设备、隧道通风设备、照明系统、给排水设备、自动扶梯及电梯、车站环境参数等进行监控的功能，并宜具备能源管理功能。相关操作分站/中央管理工作站设备安装、软件安装及系统联调和试运行必须符合现行国家标准《智能建筑工程质量验收规范》GB 50339的有关规定。

23.1.4 环境与设备监控系统的设备应遵循分散控制、集中管理、资源共享的原则，应采用分层、分布式计算机控制系统，宜由中央管理级、车站监控级、现场控制级及相关通信网络组成。

23.1.5 车站内的环境与设备监控系统管线敷设要求除应符合本章节规定之外，尚应符合本标准第19.1～19.3节的有关规定。

23.2 管线敷设

主控项目

23.2.1 环境与设备监控系统所需区间光缆应与干线光缆统筹设计，并宜分缆敷设；电（光）缆应采用无卤、低烟、阻燃、耐火材料，并应具有抗电磁干扰的防护层，线缆的绝缘试验应符合现行国家标准《电气装置安装工程　电气设备交接试验标准》GB 50150 的有关规定。

　　检验数量:施工单位全数检查;监理单位抽样检验。
　　检验方法:观察、绝缘测试。

23.2.2　在区间宜敷设在电缆槽道内或托板托架上,在车站宜采用隐蔽敷设方式;地面电(光)缆的敷设宜采用金属管或金属槽道敷设方式;地上区间的电(光)缆还应具有抗阳光辐射能力。

　　检验数量:施工单位全数检查;监理单位抽样检验。
　　检验方法:观察。

23.2.3　区间光(电)缆的敷设不得侵入设备限界。
　　检验数量:施工单位全数检查;监理单位抽样检验。
　　检验方法:观察。

23.2.4　区间、车站综合接地网安装完成后,应进行接地电阻测试,接地电阻值应小于 1 Ω。

　　检验数量:施工单位全数检查;监理单位见证检验。
　　检验方法:仪表测量。

23.3　设备安装

主控项目

23.3.1　中央控制及网络通信设备及设备各构件间应联系紧密、牢固,安装用的紧固件应有防锈层。

　　检验数量:施工单位全数检查;监理单位抽样检验。
　　检验方法:观察。

23.3.2　控制箱(柜)安装在墙上时,其主显示屏高度宜为 1.5 m~1.8 m,其靠近门轴的侧面距墙不应小于 0.5 m,正面操作距离不应小于 1.2 m;落地安装时,其底边宜高出地(楼)面 0.1 m~0.2 m。控制器应安装牢固,不应倾斜;安装在轻质墙上时,应采取加固措施。

检验数量：施工单位全数检查；监理单位见证检验20%。

检验方法：观察、手掰、仪器测量。

23.3.3 传感器的类型和采样方式必须符合设计要求，产品技术资料齐全，接地可靠。传感器的底座应固定牢固，其连接导线必须可靠压接或焊接；当采用焊接时，不得使用带有腐蚀性的助焊剂。

检验数量：施工单位全数检查；监理单位抽样检验且不少于5只。

检验方法：观察。

23.3.4 风管型温、湿度传感器应在风管保温层完成后安装在风速平稳的位置，应避免安装在风管死角和蒸汽放空口的位置。

检验数量：施工单位全数检查；监理单位抽样检验且不少于5只。

检验方法：观察。

23.3.5 水管型温、湿度传感器不宜安装在阀门等阻力件附近和水流死角及振动较大的位置；水管型温度传感器的感温端大于管道口径的1/2时，可安装在管道的顶部；感温端小于管道口径的1/2时，应安装在管道的侧面或底部。水管型温度传感器不宜在焊缝及边缘上开孔和焊接。

检验数量：施工单位全数检查；监理单位抽样检验且不少于5只。

检验方法：观察。

23.3.6 压力、压差传感器应安装在温、湿度传感器的上游侧。风管型压力、压差传感器应在风管保温层完成之前安装在风管的直管段；当不能安装在直管段时，应避开风管内通风死角位置。水管型、蒸汽型压力与压差传感器的直管段大于管道口径2/3时，宜安装在管道顶部；小于管道口径2/3时，宜安装在侧面或底部等水流流速稳定的位置，不宜安装在阀门等阻力部件附近和水流流速死角及振动较大的位置。

检验数量：施工单位全数检查；监理单位抽样检验且不少于5只。

检验方法：观察。

23.3.7 水流开关应安装在水平管段上，不应安装在垂直管段上。

检验数量：施工单位全数检查；监理单位抽样检验且不少于5只。

检验方法：观察。

23.3.8 电动阀阀体上箭头的指向应与水流方向一致；风机盘管电动阀应安装于风机盘管的回水管上；四管制风机盘管的冷热水管电动阀共用线应为零线；节能系统中风机盘管温控系统应与节能系统连接。

检验数量：施工单位全数检查；监理单位抽样检验且不少于5只。

检验方法：观察。

一般项目

23.3.9 箱（柜）的金属框架及基础型钢必须接地或接零可靠，设备基础型钢应与结构钢筋进行电气隔离。

检验数量：施工单位全数检查；监理单位见证检验。

检验方法：观察。

23.3.10 现场安装的环控箱（柜）必须有可靠的防过电流、防过电压保护措施。柜（屏、台）内保护导体应有裸露的连接外部保护导体的端子。

检验数量：施工单位全数检查；监理单位见证检验。

检验方法：观察。

23.3.11 气体传感器应布置在气体容易积聚、能反映被测区域气体浓度的位置。

检验数量：施工单位全数检查；监理单位见证检验。

检验方法：观察。

23.3.12 中央管理工作站与操作分站的检测应符合下列规定：

1 中央管理工作站的功能检测应包括下列内容：

  1）运行状态和测量数据的显示功能；

  2）故障报警信息的报告应及时准确，有提示信号；

  3）系统运行参数的设定及修改功能；

  4）控制命令应无冲突执行；

  5）系统运行数据的记录、存储和处理功能；

  6）操作权限；

  7）人机界面应为中文。

2 操作分站的功能应检测监控管理权限及数据显示与中央管理工作站的一致性。

3 中央管理工作站功能应全部检测。操作分站应抽检20%，且不得少于5个；不足5个时，应全部检测。

4 检测结果符合设计要求的应判定为合格。

检验数量：施工单位全数检查；监理单位见证检验。

检验方法：观察。

23.4 系统调试

主控项目

23.4.1 空调与通风系统应进行温度及新风量自动控制、预定时间表自动启停、节能优化控制等控制功能进行检测，并检测设备联锁控制和故障报警的正确性。

检验数量：施工单位全数检查；监理单位见证检验20%且不少于5台。

检验方法：观察。

23.4.2 变配电系统的电气参数和电气设备工作状态应进行检测，检测时应对电压、电流、有功（无功）功率、功率因数、用电量等各项参数的测量和记录进行真实性检查，显示的电力负荷及上述各参数的动态图形能比较准确地反映参数变化情况,并对报警信号进行验证。

检验数量:施工单位全数检查;监理单位见证检验20%且不少于20点。

检验方法:观察。

23.4.3 公共照明设备应进行监控,应以光照度、时间表等为控制依据,设置程序控制灯组的开关。检测时,应检查控制动作的正确性,并检查其手动开关功能。

检验数量:施工单位全数检查;监理单位见证检验20%且不少于10回路。

检验方法:观察。

23.4.4 给水系统、排水系统和中水系统应进行液位、压力等参数检测,并对水泵运行状态的监控和报警进行验证。

检验数量:施工单位全数检查;监理单位见证检验。

检验方法:观察。

23.4.5 冷热源系统应进行系统负荷调节、预定时间表自动启停和节能优化控制。应对冷热源系统设备控制和运行状态、故障等进行监视,检查记录与报警功能,并检查设备运行的联动情况。

检验数量:施工单位全数检查;监理单位见证检验。

检验方法:观察。

23.4.6 电梯、自动扶梯系统应进行启停、上下行、位置和故障等状态显示功能的检查。

检验数量:施工单位全数检查;监理单位见证检验。

检验方法:观察。

23.4.7 区间防护门、防淹门应进行开闭、故障等状态显示功能的检查。

检验数量:施工单位全数检查;监理单位见证检验。

检验方法:观察。

23.4.8 室内环境监控系统涉及的空气质量PM10、PM2.5、

CO_2 等仪表的功能应进行检查。

　　检验数量：施工单位全数检查；监理单位见证检验。

　　检验方法：观察。

23.4.9 室内温湿度仪表的功能应进行检查。

　　检验数量：施工单位全数检查；监理单位抽样检验且不少于5套。

　　检验方法：观察。

23.4.10 子系统（设备）间的数据通信接口功能应进行检测，确保准确性和响应时间符合设计要求。

　　检验数量：施工单位全数检查；监理单位见证检验20%。

　　检验方法：观察。

23.4.11 中央管理工作站和操作分站功能应进行检测，操作分站监控和管理权限及数据应与中央管理工作站一致。

　　检验数量：施工单位全数检查；监理单位见证检验。

　　检验方法：观察。

23.4.12 系统采样速度、控制命令响应时间及报警信号响应时间应满足技术文件与设备工艺性能指标的要求。

　　检验数量：施工单位全数检查；监理单位见证检验20%且不少于10台。

　　检验方法：观察。

一般项目

23.4.13 环境与设备监控系统接收火灾自动报警系统发布的火灾模式指令，应优先执行相应的火灾控制程序，二者之间应设置可靠的通信接口。

　　检验数量：施工单位全数检查；监理单位见证检验20%。

　　检验方法：观察、测试。

24 机电系统支吊架

24.1 一般规定

24.1.1 本章适用于风管系统、管道系统、电气系统的支吊架工程,以及综合支吊架与抗震支吊架工程的质量验收。供电、电力、车辆段等对支架具有特殊要求的工程,其支吊架施工质量验收应符合本标准第17、18、25章的有关规定。

24.1.2 通风与空调系统的管道支吊架验收应符合国家标准《通风与空调工程施工质量验收规范》GB 50243 的有关规定。

24.1.3 给水排水及消防灭火系统的支架验收应符合现行国家标准《建筑给水排水及采暖工程施工质量验收规范》GB 50242、《消防给水及消火栓系统技术规范》GB 50974、《自动喷水灭火系统施工及验收规范》GB 50261、《气体灭火系统施工及验收规范》GB 50263 等的有关规定。

24.1.4 电气系统的支架验收应符合现行国家标准《1 kV 及以下配线工程施工及验收规范》GB 50575、《建筑电气工程施工质量验收规范》GB 50303 等的有关规定。

24.1.5 管道和设备与建筑结构的连接应具有足够的变形能力,以满足相对位移的需求。

24.1.6 固定于钢柱及钢梁上的抗震支吊架应采用专门的夹具进行连接;固定于钢柱及钢梁上的综合支吊架应符合设计要求。

24.1.7 建筑附属机电设备的基座或支架以及相关连接件和锚固件应具有足够的刚度和强度,应能将设备承受的地震作用全部传递到建筑结构上。建筑结构中,用以固定建筑附属机电设备预埋件、锚固件的部位应采取加强措施,以承受附属机电设备传给主体结构的地震作用。

24.1.8 机电系统中支吊架的检验应以施工方或监理方为主。

24.2 风管系统支吊架

主控项目

24.2.1 风管系统的支吊架安装应符合下列规定:

1 预埋件应牢固可靠、位置正确,埋入部分不得刷漆,不得有油污。

2 边长大于2 500 mm矩形风管或直径大于2 000 mm圆形风管的支吊架安装应符合设计要求。

检验数量:施工单位全数检查;监理单位抽样检验且不少于1个系统。

检验方法:尺量,观察,查看设计图。

一般项目

24.2.2 风管支吊架的安装应符合下列规定:

1 金属风管水平安装时,金属风管吊架的最大间距应符合表24.2.2-1的要求。

表24.2.2-1 金属风管吊架的最大间距(mm)

管边长或直径	矩形风管	圆形风管		薄钢板法兰风管
		纵向咬口风管	螺旋咬口风管	
≤400	4 000	4 000	5 000	3 000
>400	3 000	3 000	3 750	

注:C插条法兰、S插条法兰风管的支吊架间距不应大于3 000 mm。

2 金属风管垂直安装时,支架间距不得大于4 m,并应设置至少2个固定点。

3 风管支吊架的设置应不影响各类阀门及自控机构的正常动作,不应设置在检查门处,离分支管或风口处应留有至少

200 mm 的距离;风管末端的支吊架与端部的距离应为 100 mm~1 000 mm。

4 金属风管水平安装时,为了满足强度要求,吊架的最小规格应符合表 24.2.2-2 和表 24.2.2-3 的要求。

表 24.2.2-2 金属矩形水平风管吊架的最小规格(mm)

风管长边 b	吊杆直径	横担规格	
		角钢	槽形钢
$b \leqslant 400$	$\phi 8$	L25×3	[40×20×1.5
$400 < b \leqslant 1\ 250$	$\phi 8$	L30×3	[40×40×2.0
$1\ 250 < b \leqslant 2\ 000$	$\phi 10$	L40×4	[40×40×2.5 [60×40×2.0
$2\ 000 < b \leqslant 2\ 500$	$\phi 10$	L50×5	按设计确定
$b > 2\ 500$			按设计确定

表 24.2.2-3 金属圆形水平风管吊架的最小规格(mm)

风管直径 D	吊杆直径	抱箍规格		横担
		钢丝	扁钢	角钢
$D \leqslant 250$	$\phi 8$	$\phi 2.8$	—25×0.75	—
$250 < D \leqslant 450$	$\phi 8$	$\phi 2.8$ 或 $\phi 5.0$	—25×0.75	—
$450 < D \leqslant 630$	$\phi 8$	*$\phi 3.6$		
$630 < D \leqslant 900$	$\phi 8$	$\phi 3.6$	—25×1.0	
$900 < D \leqslant 1\ 250$	$\phi 10$	—		
$1\ 250 < D \leqslant 1\ 600$	*$\phi 10$		*—25×1.5	L40×4
$1\ 600 < D \leqslant 2\ 000$	*$\phi 10$		*—25×2.0	
$D > 2\ 000$		按设计确定		

注:1. 吊杆直径中的"*"表示 2 根圆钢。
  2. 钢丝抱箍中的"*"表示 2 根钢丝合用。
  3. 扁钢中的"*"表示上、下 2 个半圆弧。

5 不锈钢、铝板风管与碳素钢支架接触处应有防腐绝缘或隔绝措施,铆钉的材质应与风管材质相同。

  6 距离水平弯管 500 mm 范围内应设 1 个支吊架;长边(直径)大于 1 250 mm 的三通、弯头等部件应设独立的支吊架。

  7 当使用可调节的减振支吊架时,拉伸或压缩量应符合设计要求。

  8 悬吊的水平主、干风管直线长度大于 20 m 时,应设置防止摆动的固定点或防晃支架。

  9 风管支吊架上的孔、螺纹应采用机械加工,外观应规整、光洁。支吊架受力均匀,无明显变形。

  10 矩形风管的抱箍支架折角应平直,抱箍应紧贴风管;圆形风管支架应设置抱箍或托座,圆弧应均匀,应与风管外径一致。

  11 风管、管道的支吊架应进行防腐处理,明装部分应刷面漆。

  检验数量:施工单位全数检查;监理单位抽样检验且不少于 1 个系统。

  检验方法:观察、尺量。

24.2.3 风机的进、出口不得承受外加的重量,相连接的风管、阀件应设置独立的支吊架。

  检验数量:施工单位全数检查;监理单位抽样检验且不少于 1 个系统。

  检验方法:观察。

24.2.4 柔性短管支吊架间距不应大于 1 500 mm,承托的抱箍或底座宽度不应小于 25 mm。

  检验数量:施工单位全数检查;监理单位抽样检验。

  检验方法:观察、尺量。

24.2.5 风机盘管机组应设独立支吊架,固定应牢固,高度与坡度应正确。

  检验数量:施工单位全数检查;监理单位抽样检验。

  检验方法:观察、尺量。

24.2.6 防排烟风机系统中,吊装风机的支吊架应安全可靠、焊接牢固,其外形尺寸和结构形式应符合设计要求。

检验数量:施工单位全数检查;监理单位见证检验20%。

检验方法:观察。

24.2.7 长边(直径)尺寸不小于630 mm的防火阀应设置独立的支吊架。当采用不燃材料作为风管防火隔热时,阀门的安装处应有明显标识。

检验数量:施工单位全数检查;监理单位见证检验20%。

检验方法:观察。

24.2.8 静压箱和消声器安装时,应设置独立的支吊架,并应固定牢固。

检验数量:施工单位全数检查;监理单位见证检验20%。

检验方法:观察。

24.3 管道系统支吊架

主控项目

24.3.1 给水管道的支吊架安装应平整、牢固,其间距应符合表24.3.1-1、表24.3.1-2、表24.3.1-3的规定。

表24.3.1-1 钢管管道支架的最大间距

公称直径(mm)		15	20	25	32	40	50	70	80	100	125	150	200	250	300
支架的最大间距(m)	保温管	2	2.5	2.5	2.5	3	3	4	4	4.5	6	7	7	8	8.5
	不保温管	2.5	3	3.5	4	4.5	5	6	6	6.5	7	8	9.5	11	12

表24.3.1-2 塑料管及复合管管道支架的最大间距

管径(mm)			12	14	16	18	20	25	32	40	50	63	75	90	110
最大间距(m)	立管		0.5	0.6	0.7	0.8	0.9	1.0	1.1	1.3	1.6	1.8	2.0	2.2	2.4
	水平管	冷水管	0.4	0.4	0.5	0.5	0.6	0.7	0.8	0.9	1.0	1.1	1.2	1.35	1.55
		热水管	0.2	0.2	0.25	0.3	0.3	0.35	0.4	0.5	0.6	0.7	0.8	—	—

表 24.3.1-3　铜管管道支架的最大间距

公称直径(mm)		15	20	25	32	40	50	70	80	100	125	150	200
支架的最大间距(m)	垂直管	1.8	2.4	2.4	3.0	3.0	3.0	3.5	3.5	3.5	3.5	4.0	4.0
	水平管	1.2	1.8	1.8	2.4	2.4	2.4	3.0	3.0	3.0	3.0	3.5	3.5

检验数量：施工单位全数检查；监理单位见证检验20％且不少于5处。

检验方法：观察、尺量和手扳检查。

24.3.2 金属排水管道上的吊钩或卡箍应固定在承重结构上。固定件间距：横管不应大于2m；立管不应大于3m。楼层高度应小于或等于4m，立管可安装1个固定件。立管底部的弯管处应设支墩或采取固定措施。

检验数量：施工单位全数检查；监理单位抽样检验。

检验方法：观察、尺量。

24.3.3 排水塑料管道支吊架间距应符合表24.3.3的规定。

表 24.3.3　排水塑料管道支吊架最大间距(m)

管径(mm)	50	75	110	125	160
立管	1.2	1.5	2.0	2.0	2.0
横管	0.5	0.75	1.10	1.30	1.60

检验数量：施工单位全数检查；监理单位抽样检验。

检验方法：尺量。

24.3.4 消防水管道支架吊架的安装应符合下列规定：

1 支吊架之间的距离不应大于表24.3.4的规定。

表 24.3.4　管道支架或吊架之间的最大距离

公称直径(mm)	25	32	40	50	70	80	100	125	150	200	250	300
距离(m)	3.5	4.0	4.5	5.0	6.0	6.0	6.5	7.0	8.0	9.5	11.0	12.0

2 安装的支吊架不应妨碍喷头的喷水效果；管道支架、吊架

与喷头之间的距离不宜小于 300 mm；与末端喷头之间的距离且不宜大于 750 mm。

3 配水支管上直管段、相邻两喷头之间的管段，设置的吊架不宜少于 1 个，吊架的间距不宜大于 3.6 m。

4 当管道的公称直径大于或等于 50 mm 时，每段配水干管或配水管设置的防晃支架不应少于 1 个，且防晃支架的间距不宜大于 15 m；当管道改变方向时，应增设防晃支架。

5 竖直安装的配水干管除中间用管卡固定外，还应在其始端和终端设防晃支架或采用管卡固定，其安装位置距地面或楼面的距离宜为 1.5 m～1.8 m。

6 管道支吊架明装部分应涂抹底漆、面漆，面漆宜在安装完毕后进行；油漆施工时，应采取防火、防冻、防雨等措施，且不应在低温或潮湿的环境下进行。

检验数量：施工单位全数检查；监理单位第 1～5 款见证检验 20% 且不少于 5 处，第 6 款抽样检验。

检验方法：观察、尺量。

24.3.5 灭火剂输送管道的加固应符合下列规定：

1 管道应固定牢靠，管道支吊架的最大间距应符合表 24.3.5 的规定。

表 24.3.5 支吊架之间的最大间距

DN(mm)	15	20	25	32	40	50	65	80	100	150
最大间距(m)	1.5	1.8	2.1	2.4	2.7	3.0	3.4	3.7	4.3	5.2

2 管道末端应采用防晃支架固定，支架与末端喷嘴间的距离不应大于 500 mm。

3 公称直径大于或等于 50 mm 的主干管道，垂直方向和水平方向至少应各安装 1 个防晃支架；当穿过建筑物楼层时，每层应设 1 个防晃支架。当水平管道改变方向时，应增设防晃支架。

检验数量：施工单位全数检查；监理单位抽样检验。

检验方法：尺量、观察。

24.3.6 沟槽式连接空调水管道应采用与沟槽配套的橡胶密封圈和卡箍套,沟槽及支吊架的间距应符合本标准表 15.5.1-2 的规定。

检验数量:施工单位全数检查;监理单位见证检验。

检验方法:尺量、观察。

24.3.7 金属管道的支吊架的形式、位置、间距、标高应符合设计要求;当设计无要求时,应符合下列规定:

1 支吊架的安装应平整、牢固,与管道接触应紧密,管道与设备连接处应设置独立支吊架。当设备安装在减振基座上时,独立支架的固定点应为减振基座。

2 冷(热)媒水、冷却水系统管道机房内总、干管的支吊架,应采用承重防晃管架,与设备连接的管道管架宜采用减振措施。当水平支管的管架采用单杆吊架时,应在系统管道的起始点、阀门、三通、弯头处及长度每隔 15 m 处设置承重防晃支吊架。

3 无热位移的管道吊架的吊杆应垂直安装,有热位移的管道吊架的吊杆应向热膨胀(或冷收缩)的反方向偏移安装,偏移量应按计算位移量确定。

4 滑动支架的滑动应清洁平整,安装位置应满足管道要求,支撑面中心应向反方向偏移 1/2 位移量或符合设计要求。

5 竖井内的立管应每 2 层或 3 层设置滑动支架。建筑结构负重允许时,水平安装管道支吊架的最大间距应符合表 24.3.7 的规定,弯管或近处应设置支吊架。

表 24.3.7 支吊架之间的最大间距

公称直径(mm)		15	20	25	32	40	50	70	80	100	125	150	200	250	300
支架的最大间距(m)	L_1	1.5	2.0	2.5	2.5	3.0	3.5	4.0	5.0	5.0	5.5	6.5	7.5	8.5	9.5
	L_2	2.5	3.0	3.5	4.0	4.5	5.0	6.0	6.5	6.5	7.5	7.5	9.0	9.5	10.5

注:1. 适用于工作压力不大于 2.0 MPa、不保温或保温材料密度不大于 200 kg/m³ 的管道系统。

2. L_1 用于保温管道,L_2 用于不保温管道。

3. 公称直径大于 300 mm 的管道,可按公称直径为 300 mm 的管道执行。

6 固定支架与管道焊接时,管道侧的咬边量应小于10%的管壁厚度,且小于1 mm。

检验数量:施工单位全数检查;监理单位抽样检验。

检验方法:尺量、观察。

24.4 电气系统支吊架

主控项目

24.4.1 支吊架应进场验收合格,并应做好验收记录和验收资料归档。当设计有技术参数要求时,应核对其技术参数,并应符合设计要求。

检验数量:施工单位全数检查;监理单位见证检验20%。

检验方法:检查产品合格证、性能检测报告。

24.4.2 支吊架设置应符合设计或产品技术文件要求,支吊架安装应牢固、无明显扭曲;与预埋件焊接固定时,焊缝应饱满;膨胀螺栓固定时,螺栓应选用适配、防松零件齐全、连接紧固。

检验数量:施工单位全数检查;监理单位抽样检验且覆盖各类支架的安装形式。

检验方法:观察。

24.4.3 当设计无要求时,支吊架安装应符合下列规定:

1 水平安装的支架间距宜为1.5 m~3.0 m,垂直安装的支架间距不应大于2 m。

2 采用金属吊架固定时,圆钢直径满足设计要求,并有防晃支架,在分支处或端部0.3 m~0.5 m处应有固定支架。

3 承力建筑钢结构构件上不得熔焊支架,且不得热加工开孔。

检验数量:施工单位全数检查;监理单位抽样检验且覆盖各类支架的安装形式。

检验方法:观察、尺量和卡尺检查。

一般项目

24.4.4 金属支架应进行防腐,位于室外及潮湿场所的应按设计要求处理。

检验数量:施工单位全数检查;监理单位抽样检验。

检验方法:观察。

24.4.5 支吊架安装需按照设计要求进行接地,可采用热镀锌扁钢,搭接处焊接,焊接处焊缝应饱满并有足够的机械强度。

检验数量:施工单位全数检查;监理单位见证检验20%。

检验方法:观察。

24.5 综合支吊架与抗震支吊架

主控项目

24.5.1 采用综合支吊架安装时,机电工程各专业管线应按照风上、电中、水下的布置原则,且应按设计要求留出足够的检修空间。

检验数量:施工单位全数检查;监理单位抽样检验。

检验方法:尺量、观察。

24.5.2 抗震支吊架设置应符合设计要求,如设计无相关具体要求,应符合下列规定:

1 防排烟风道、事故通风风道及相关设备应采用抗震支吊架。

2 直径不小于0.7 m的风道或矩形截面面积不小于0.38 m^2 和圆形风道可采用抗震支吊架。

3 大于1.8 kN的风机或空调机组等设备,当采用吊装时,应设置抗震支吊架。

4 管径不小于DN60 mm的电气配管及重力不小于15 N/m的电缆梯架、电缆槽盒、母线槽均应进行抗震设防。

5 管径大于或等于DN65的生活给水、热水及消防管道,当采用吊架、支架或托架固定时,应设置抗震支吊架。

6 抗震支吊架的安装间距应符合表 24.5.2-1 的规定,其中改建工程最大抗震加固间距为表中数值的 1/2。

表 24.5.2-1 抗震支吊架的安装间距

序号	水平管道类别(新建工程)		抗震支吊架最大间距(m)	
			侧向	纵向
1	给水管、消防管、喷淋管、空调水管	刚性连接金属管	12.0	24.0
		柔性连接金属管、非金属管及复合管	6.0	12.0
2	通风及排烟管道	刚性材质	9.0	18.0
		非金属材质	4.5	9.0
3	电线套管、电缆桥架、电缆托盘、电缆槽盒	刚性材质	12.0	24.0
		非金属材质	6.0	12.0

7 抗震支吊架整体安装间距应符合设计要求,其偏差不应大于 0.2m;抗震支吊架斜撑与吊架安装距离应符合设计要求,且不得大于 0.1m;抗震支吊架斜撑竖向安装角度应符合设计要求,且不得小于 30°。

8 抗震支吊架与结构的连接、吊杆与槽钢的连接应符合设计要求,安装应牢固。

9 抗震支吊架构件表面应平整、洁净且无起泡、分层现象;抗震支吊架整体表面、侧面应平整,无明显压扁或局部变形等缺陷。

10 当抗震支吊架安装质量不符合要求时,经返工后能满足使用要求后方可进行验收,返工后的抗震支吊架应全数检查。

11 固定于混凝土结构的抗震支吊架,应依据设计要求采用对应锚栓,锚固区基材表面应坚实、平整,不应有起砂、起壳、蜂窝、麻面、油污等影响锚固承载力的缺陷;在锚固深度的范围内,混凝土强度应达到C30或以上;钻孔前应用钢筋探测器检查,避免孔位遇到钢筋、管线等隐藏物;锚栓钻孔应符合表24.5.2-2、表24.5.2-3的规定。

表24.5.2-2 锚栓钻孔质量

锚栓名称	锚孔深度(mm)	锚控垂直度	锚控位置(mm)
后扩底锚栓	+5　0	±2%	±5

表24.5.2-3 锚栓钻孔直径允许偏差(mm)

钻孔直径	6～14	16～22	24～28	30～32	34～37	≥40
允许偏差	+0.3　0	+0.4　0	+0.5　0	+0.6　0	+0.7　0	+0.8　0

12 抗震支吊架斜撑的安装中,斜撑垂直安装角度应符合设计要求,且不得小于30°;单管抗震支吊架斜撑与吊架的距离不得超过10cm;抗震支吊架斜撑安装不应偏离其中心线2.5°。

13 抗震支吊架安装工程在划分检验批划时,设计、材料和施工条件相同的抗震支吊架工程,同层每100套为一个检验批,不足100套也应划分为一个独立的检验批;重要机房中的抗震支吊架应划为一个独立检验批。

检验数量:施工单位全数检查;监理单位抽样检验。

检验方法:尺量、观察。

25 综合监控系统

25.1 一般规定

25.1.1 本章适用于综合监控系统的线路敷设、设备安装、电源接地及系统调试工程的质量验收。

25.1.2 综合监控系统分部分项工程划分宜按本标准附录 B.0.18 采用。

25.1.3 综合监控系统功能检验应在综合监控系统调试完成且对应集成互联系统接口功能调整完成后进行,功能检验应采用查看调试报告和现场验证的方式进行。

25.1.4 综合监控系统完成综合联调、通过功能测试验收后,宜进行 3 个月的试运行。

25.1.5 综合监控系统通过功能验收、性能验收后,应进行不少于 144 h 的不间断运行测试。

25.1.6 综合监控系统应设置冗余局域网。

25.1.7 车站控制室综合后备盘盘面的设置应根据设备故障或火灾等情况下功能的重要性及车站控制室工作人员位置由近及远设置。

25.1.8 综合监控系统的验收应符合现行国家标准《城市轨道交通综合监控系统工程技术标准》GB/T 50636 的有关规定。

25.2 光(电)缆线路敷设

25.2.1 综合监控系统安装及配线应符合本标准第 19.2 及 19.3 节的有关规定。

25.3 设备安装及配线

主控项目

25.3.1 设备机架及底座的型钢材质及规格、型号、加固方式、施工工艺、安装位置及安装要求应符合设计要求。

检验数量:施工单位全数检查;监理单位抽样检验。

检验方法:观察。

25.3.2 设备的安装位置与方式应符合设计要求,发热元件应安装在散热良好的位置,各种机柜插接件应插接准确、牢固,机箱应漆饰良好、无脱漆和锈蚀。

检验数量:施工单位全数检查;监理单位抽样检验。

检验方法:观察。

25.3.3 设备配线应符合下列规定:

1 设备配线线缆的规格、型号应符合设计要求。

2 布线不宜交叉,线束应绑扎整齐,线槽出线应顺直。配线绝缘层不应破损、受潮、扭曲、折皱,段内不应有接头,连接方式应符合设计要求。

3 插接式接线端子的每侧接线宜为1根,不应超过2根,并应留有不小于200 mm的余量。

4 在进、出设备的部位和转弯处应转弯圆滑,弯曲半径应符合现行国家标准《电气装置安装工程电缆线路施工及验收标准》GB 50168的规定。

5 设备间的线缆布放应平直整齐,绑扎应牢固。

检验数量:施工单位全数检查;监理单位抽样检验。

检验方法:观察。

25.3.4 导线敷设完成后,每回路的导线对地绝缘电阻值不应小于20 MΩ。

检验数量:施工单位全数检查;监理单位抽样检验。

检验方法:仪表测量。

一般项目

25.3.5 设备安装应牢固,配件应齐全,不应有损伤变形和破损。
检验数量:施工单位全数检查;监理单位抽样检验。
检验方法:观察。

25.3.6 地脚螺栓应垂直、牢固,其安装深度和露出地面高度应符合设备安装要求,螺栓应完好无损。
检验数量:施工单位全数检查;监理单位抽样检验。
检验方法:观察、钢尺量。

25.4 电源与接地

主控项目

25.4.1 电源配线应符合下列规定:
  1 直流电源线应以线色区别正、负极性,正极应为红色,负极应为蓝色或黑色。
  2 直流电源正负极不得错接与短路,接触应牢固。
  3 交直流电源线应分开布放,并应单独绑扎。
  4 配线编号应齐全,标识应正确。
检验数量:施工单位全数检查;监理单位抽样检验。
检验方法:观察。

25.4.2 设备接地应符合下列规定:
  1 接地方式、设备接地端子排列、地线接入及连接应符合设计要求。
  2 屏蔽接地时,数据电缆屏蔽层应单端接地。
检验数量:施工单位全数检查;监理单位抽样检验。
检验方法:观察。

一般项目

25.4.3 供电负荷等级应符合设计要求,设备接地应接入综合接地网,接地电阻不应大于1Ω。防雷、工作(联合)接地、保护地线与设备连接应符合设计要求。

检验数量:施工单位全数检查;监理单位见证检验。

检验方法:观察,接地电阻测试仪测试。

25.5 系统调试

主控项目

25.5.1 系统总体监视功能显示应画面完整,应无遗漏站点和遗漏专业,各车站及调度中心和各专业设备显示状态应与现场实际设备状态一致。

检验数量:施工单位全数检查;监理单位抽样检验。

检验方法:观察。

25.5.2 功能检验前应完成相关调试,并应出具完整的点对点、端到端及功能调试报告。

检验数量:施工单位全数检查;监理单位抽样检验。

检验方法:查阅试验报告。

25.5.3 综合监控系统(ISCS)与接口系统间双向通信应正常,冗余链路应符合设计要求。

检验数量:施工单位全数检查;监理单位抽样检验。

检验方法:查阅试验报告。

25.5.4 综合监控系统应符合现行国家标准《城市轨道交通综合监控系统工程技术标准》GB/T 50636 的规定,系统响应性指标应符合设计要求与下列规定:

1 遥控命令在综合监控系统中的传送时间应小于2 s。

2 设备状态变化信息在综合监控系统中的传送时间应小于2 s。

3 实时数据画面在操作员工作站屏幕上整幅调出响应时间应小于1 s。

4 冗余服务器切换时间不应大于2 s。

5 冗余网络切换时间不应大于 0.5 s。

6 冗余通信前置机切换时间不应大于 1 s。

检验数量：施工单位全数检查；监理单位见证检验。

检验方法：网络性能测试仪检测。

一般项目

25.5.5 单机调试综合监控应符合现行国家标准《城市轨道交通综合监控系统工程技术标准》GB/T 50636 的规定，上电后各设备、模块工作指示灯状态应正常。

检验数量：施工单位全数检查；监理单位见证检验 20%。

检验方法：观察。

25.5.6 单机调试设备的硬件配置、软件配置、网络地址设置、预置参数应符合设计要求。

检验数量：施工单位全数检查；监理单位见证检验 20%。

检验方法：试验检验。

25.5.7 单机调试设备中预装的软件登录应正常，应用程序、调试工具软件应运行正常。

检验数量：施工单位全数检查；监理单位见证检验 20%。

检验方法：登录检验。

25.5.8 集成子系统调试应包括综合监控系统的网络调试、集成子系统与现场监控对象的接口调试、集成子系统现场级监控设备的功能测试、集成子系统与综合监控系统的接口调试、综合监控系统的集成子系统专业功能测试。

检验数量：施工单位全数检查；监理单位见证检验 20%。

检验方法：试验检验。

25.5.9 综合监控系统的网络调试应包括集成子系统现场总线、车站局域网、骨干网和中央局域网的联网调试。

检验数量：施工单位全数检查；监理单位见证检验 20%。

检验方法：对照设计文件和有关标准观察。

25.5.10 冗余设备应进行无扰动自动切换调试。

检验数量:施工单位全数检查;监理单位见证检验20%。

检验方法:试验检验。

25.5.11 集成子系统与综合监控系统的接口应属于内部接口,集成子系统与现场监控对象的接口应属于外部接口,接口调试应按接口调试规范文件要求进行。

检验数量:施工单位全数检查;监理单位见证检验20%。

检验方法:试验检验。

25.5.12 集成子系统的端到端测试应从人机界面至现场监控对象一次完成,并应按测点清单进行抽样测试,且应符合下列规定:

1 经过100%模拟点到点测试的,抽测应覆盖所有设备类型,抽测点数不应低于该接口专业总点数的10%,抽测中如发现任何错误,应增加抽测比例至20%。

2 模拟测试后若有设计变更,对变更部分应进行100%测试。

3 控制类测点应在现场进行100%端到端测试,不得进行抽测。

检验数量:施工单位全数检查;监理单位见证检验20%。

检验方法:网络性能测试仪检测。

25.5.13 综合后备盘硬线接口应在现场进行100%端到端测试。

检验数量:施工单位全数检查;监理单位见证检验20%。

检验方法:网络性能测试仪检测。

25.5.14 集成子系统现场级监控设备的功能和综合监控系统的集成子系统专业功能应符合设计要求。

检验数量:施工单位全数检查;监理单位见证检验20%。

检验方法:对照设计文件和有关标准观察。

25.5.15 综合联调应包括综合监控系统与互联系统接口调试、互联系统功能调试及联动功能调试。综合监控系统与互联系统的接口调试应在参与综合联调的各互联系统已经完成本系统调试后进行。

检验数量：施工单位全数检查；监理单位见证检验20%。

检验方法：对照设计文件和有关标准观察。

25.5.16 综合监控系统与互联系统的接口应属于外部接口，接口调试应按接口调试文件要求进行。

检验数量：施工单位全数检查；监理单位见证检验20%。

检验方法：网络性能测试仪检测。

25.5.17 综合监控系统与互联系统的端到端测试应符合下列规定：

1 应在点对点测试完成后进行。

2 控制类测点应进行100%测试。

3 非控制类测点应覆盖所有设备类型，每种设备类型宜采用抽测方式，抽测的数量不应低于该类型设备总数的10%，每个抽测设备应100%测试。

检验数量：施工单位全数检查；监理单位见证检验20%。

检验方法：网络性能测试仪检测。

25.5.18 综合联调应验证各系统联动功能符合设计要求。

检验数量：施工单位全数检查；监理单位见证检验。

检验方法：对照设计文件和有关标准观察。

26 车辆基地

26.1 一般规定

26.1.1 本章适用于车辆基地路基、场区道路、建筑主体结构、附属构筑物、车辆基地工艺设备等工程的施工质量验收。

26.1.2 车辆基地房屋建筑和庭院广场等附属设施的分部分项工程划分应符合现行国家标准《建筑工程施工质量验收统一标准》GB 50300 的规定,其他专业的分部分项工程划分宜按本标准附录 B.0.20 采用。

26.1.3 车辆基地的房屋建筑和庭院广场等附属设施的工程质量验收应符合现行国家标准《建筑工程施工质量验收统一标准》GB 50300 的规定;道路桥梁的工程质量验收应符合现行行业标准《城市桥梁工程施工与质量验收规范》CJJ 2 的规定;道路工程的路基、基层、面层施工质量验收应符合行业标准《城镇道路工程施工与质量验收规范》CJJ 1—2008 第 5~11 章的规定;广场和停车场工程质量验收应符合行业标准《城镇道路工程施工与质量验收规范》CJJ 1—2008 第 12 章的规定;人行道铺筑、人行地道结构、挡土墙工程质量应符合行业标准《城镇道路工程施工与质量验收规范》CJJ 1—2008 第 13~15 章的规定;道路工程的附属构筑物施工质量验收应符合行业标准《城镇道路工程施工与质量验收规范》CJJ 1—2008 第 16 章的规定;通风空调的工程质量验收应符合本标准第 15 章的规定;给水排水工程的工程质量验收应符合本标准第 16 章的规定;供电工程的工程质量验收应符合本标准第 17 章的规定;绿化的工程质量验收应符合行业标准《园林绿化工程施工及验收规范》CJJ 82—2012 第 4 章的规定。

26.2 基地构筑物

Ⅰ 围 墙

主控项目

26.2.1 围墙的任何部位严禁侵入铁路建筑限界。

检验数量：施工单位、监理单位全数检查。

检验方法：观察、测量。

26.2.2 围墙基底应平整密实，基础宽度及深度应符合设计要求。

检验数量：施工单位每 100 m 测 4 处；监理单位按施工单位检验数量见证检验。

检验方法：测量。

26.2.3 围墙墙身材料的品种、规格、质量应符合设计要求。

检验数量：施工单位、监理单位全数检查。

检验方法：观察，检查质量证明文件。

26.2.4 围墙砌筑砂浆的强度等级应符合设计要求。

检验数量：施工单位每 100 m^3 砌体检查 1 次，不足 100 m^3 至少检验一次；监理单位见证检验。

检验方法：抗压强度试验。

26.2.5 围墙抹灰施工及质量验收应符合国家标准《建筑装饰装修工程质量验收标准》GB 50210—2018 第 4.1 和 4.2 节的有关规定。

一般项目

26.2.6 围墙砌缝应整齐均匀，墙体及墙体与柱体的接茬错缝、勾缝应符合要求，应按规定预留伸缩缝，砖柱、砖垛应无包心砌法。墙面、墙顶应平顺，墙面抹灰应表面光滑、线角顺直清晰、毛面纹路均匀。

26.2.7 围墙砌筑位置及结构尺寸质量检验应符合表 26.2.7 的

— 915 —

规定。

表 26.2.7 围墙砌筑位置及结构尺寸质量检验

序号	检验项目	允许偏差	检验数量	检验方法
1	墙轴线	10 mm	每 100 m 抽查 4 处	仪器测量
2	基顶高程	±50 mm		水准仪测量
3	墙高	+50 mm		尺量
4	墙柱中心间距	+50 mm		尺量
5	墙面平整度	5 mm		2 m 长靠尺
6	墙体倾斜度	5 mm/m		吊线及尺量

检验数量：施工单位按表 26.2.7 检查；监理单位抽样检验。

Ⅱ 综合管沟

26.2.8 综合管沟的施工及质量验收应符合行业标准《铁路站场工程施工质量验收标准》TB 10423—2020 第 14.1～14.6 节的规定。

Ⅲ 电缆沟

主控项目

26.2.9 电缆沟沟槽中心线及端部允许偏差应小于 10 mm；底面坡度允许偏差应为设计要求坡度值的 ±0.1%。

检验数量：施工单位、监理单位全数检查。

检验方法：观察、测量。

26.2.10 预埋件、变形缝的防水质量应符合设计要求。

检验数量：施工单位、监理单位全数检查。

检验方法：观察、核对设计文件。

26.2.11 检查井的施工单位质量验收应符合设计要求及行业标准《铁路站场工程施工质量验收标准》TB 10423—2020 第 14.5 节的规定。

一般项目

26.2.12 电缆沟土方开挖质量检验应符合表 26.2.12 的规定。

表 26.2.12 土方开挖质量检验

序号	检验项目	允许偏差	检验方法
1	表面标高	−50 mm~0	水准仪测量
2	长度、宽度	±30 mm	经纬仪测量、钢尺量
3	边坡坡度	不小于设计文件规定值	坡度尺检查

检验数量:施工单位按表 26.2.12 检查;监理单位抽样检验。

26.2.13 电缆沟混凝土质量检验应符合表 26.2.13 的规定。

表 26.2.13 电缆沟混凝土质量检验

序号	检验项目		允许偏差(mm)
1	基础中心线(纵横)与厂房轴线位移		20
2	基础标高		−20~0
3	基础外形尺寸		+20
4	沟道中心线的位移		20
5	沟道顶面的标高		−10~0
6	沟道底面坡度(按设计文件坡度计)		10‰
7	沟道壁厚		±5
8	预留孔洞、预埋件	中心线位移	10
		倾斜度	2‰
9	电缆排管混凝土	中心位置	50
		标高	20
10	直埋螺栓的偏差	标高(顶部)	0~20
		中心位置	2
11	盖板的偏差	长度(企口)/(直铺)	−5~10
		宽度	±5
		厚度	0~5

检验数量:施工单位按表 26.2.13 检查;监理单位抽样检验。
检验方法:测量。

26.2.14 电缆沟回填土的压实度标准应符合设计要求,且应符合表 26.2.14 的规定。

表 26.2.14 回填土压实度标准

回填部位	压实度(%)
沟底填土	≥95
侧壁填土	≥92
沟顶板上 50 cm 以内	≥90
沟顶板上 50 cm 以上	≥95

检验数量:施工单位按表 26.2.14 每 50 m 每层填土检查 1 处;监理单位抽样检验。

检验方法:压实度试验。

Ⅳ 检查坑

主控项目

26.2.15 检查坑开挖方式和支护形式应符合设计要求。

检验数量:施工单位、监理单位全数检查。

检验方法:观察、核对设计文件。

26.2.16 检查坑的基础处理方式及承载力检测应符合设计要求。

检验数量:施工单位、监理单位全数检查。

检验方法:观察、试验。

26.2.17 检查坑的模板及支架、钢筋、混凝土验收应符合本标准第 6.7 节的相关规定。

检验数量:施工单位、监理单位全数检查。

检验方法:观察、测量、试验。

一般项目

26.2.18 基坑位置和尺寸质量检验应符合表 26.2.18 的规定。

表 26.2.18 基坑位置和尺寸质量检验

序号	检验项目	允许偏差（mm）	检验数量	检验方法
1	基坑边至设计中线距离	−10～+20	每边至少 2 点	尺量
2	坑底高程	±20	至少 3 点	水准仪测量
3	基坑长	−20～+50	坑底、坑顶各 1 点	尺量

检验数量：施工单位按表 26.2.18 检查；监理单位抽样检验。

26.2.19 排水暗沟（管）位置和规格应符合设计要求，接头严密，排水顺畅。

检验数量：施工单位全数检查；监理单位抽样检验。

检验方法：观察、尺量。

26.2.20 检查坑外形尺寸质量检验应符合表 26.2.20 的规定。

表 26.2.20 检查坑外形尺寸质量检验

序号	检验项目	允许偏差(mm)	检验方法和数量
1	中线位置	10	测量，不少于 4 处
2	坑壁、坑底平整度	8	2 m 靠尺和塞尺，不少于 3 处
3	坑顶高程	±5	水准仪测量，不少于 5 点
4	坑深	±20	尺量，不少于 4 点
5	预留孔洞（井）位置	±15	尺量，每孔测
6	预留孔洞（井）尺寸	0～+10	尺量，每孔测
7	预埋件中心位置	5	尺量，每件测

检验数量：施工单位按表 26.2.20 检查；监理单位抽样检验。

Ⅴ 混凝土登司平台

主控项目

26.2.21 混凝土登司平台基底的长度、宽度尺寸应符合设计要求。

检验数量：施工单位、监理单位全数检查。

检验方法:用经纬仪、拉线尺量并检查施工测量记录。

26.2.22 混凝土登司平台边坡坡度应符合设计文件或施工方案要求。

检验数量:施工单位、监理单位全数检查。

检验方法:坡度尺检查。

26.2.23 混凝土登司平台的钢筋、模板及支架、混凝土验收应符合本标准第6.7节的有关规定。

26.2.24 混凝土登司平台边缘距线路中心线的距离应符合设计要求,允许偏差应为0~15mm,且不应侵入限界。

检验数量:施工单位、监理单位全数检查。

检验方法:仪器测量。

一般项目

26.2.25 混凝土登司平台基底表面平整度应符合设计要求。

检验数量:施工单位全数检查;监理单位抽样检查。

检验方法:2 m靠尺和坡度尺检查。

26.2.26 混凝土登司平台外形尺寸质量检验应符合表26.2.26的规定。

表26.2.26 混凝土登司平台外形尺寸质量检验

序号	检验项目		允许偏差(mm)	检验方法
1	轴线位置	独立基础	10	钢尺量
		梁、柱	8	
2	标高	层高	±5	水准仪测量或拉线、钢尺量
		全高	±10	
3	表面平整度		8	2 m靠尺和塞尺检查
4	截面尺寸		−5~+8	钢尺量
5	预埋件中心位置	预埋件	10	钢尺量
		预埋管	5	
6	平台板外沿至线路中线距离		0~+15	钢尺量和水准仪测量

检验数量:施工单位按表26.2.26全数检查;监理单位抽样检验。

Ⅵ 设备基础

主控项目

26.2.27 地面设备基础的基底土质情况及地基承载力应符合设计要求。

检验数量:施工单位全数检查;监理见证承载力试验。
检验方法:观察和试验检查。

26.2.28 设备基坑的开挖及支护应符合设计要求。

检验数量:施工单位、监理单位全数检查。
检验方法:观察,核对设计文件。

26.2.29 设备基坑的尺寸、位置、标高应符合设计要求。

检验数量:施工单位、监理单位全数检查。
检验方法:测量。

26.2.30 设备基坑基底的集水坑、排水沟的尺寸、深度、坡度应符合设计要求。

检验数量:施工单位、监理单位全数检查。
检验方法:测量。

26.2.31 地面设备基础所用钢筋、混凝土原材料的规格、质量的检验应符合本标准第5章和第6.7节的有关规定。

26.2.32 设备安装预埋件、预留孔位置、数量应符合设计要求。悬挂设备预制连接板规格、数量、位置应符合设计要求。设备轨道基础的规格、位置、规矩、长度应符合设计要求。

检验数量:施工单位、监理单位全数检查。
检验方法:观察、测量。

26.2.33 悬挂设备预制连接板与屋架焊接质量的验收符合本标准第7.4节的有关规定。

一般项目

26.2.34 地面设备基础、设备基坑施工质量检验应符合表26.2.34的规定。

表26.2.34 地面设备基础施工质量检验

序号	检验项目	允许偏差(mm)	检验数量	检验方法
1	轴线位置	20	纵、横向各3点	尺量
2	基底顶面高程	±10	每个基础测1点	水准仪测量
3	长、宽、厚	±10	各2处	尺量

检验数量：施工单位按表26.2.34检查；监理单位抽样检验。

26.3 主要工艺设备

Ⅰ 固定式立体作业平台

主控项目

26.3.1 平台钢结构主要材料、材质及备件物品存放台的设置应符合设计要求。

检验数量：施工单位、监理单位全数检查。
检验方法：测量、观察。

26.3.2 车顶防护网及翻板所用原材料、杆件的规格、质量应符合设计要求。

检验数量：施工单位、监理单位全数检查。
检验方法：观察、测量、资料检查。

26.3.3 平台的尺寸大小应符合设计要求。

检验数量：施工单位、监理单位全数检查。
检验方法：测量。

26.3.4 车顶防护网的安装应牢固、稳定，花式图案应符合设计要求。

检验数量：施工单位、监理单位全数检查。
检验方法：观察。

26.3.5 车顶防护网限界应符合设计要求。
　　检验数量：施工单位、监理单位全数检查。
　　检验方法：测量。

26.3.6 固定式立体作业平台的承载力及稳定性应符合设计要求。
　　检验数量：施工单位、监理单位全数检查，地基承载力监理单位见证检验。
　　检验方法：试验。

26.3.7 固定式立体作业平台的限界应符合设计要求。
　　检验数量：施工单位、监理单位全数检查。
　　检验方法：观察、测量。

26.3.8 作业平台均应有可靠接地连接。
　　检验数量：施工单位、监理单位全数检查。
　　检验方法：观察、测量。

26.3.9 作业平台外观应无缺损，漆层应均匀、无漏涂。
　　检验数量：施工单位、监理单位全数检查。
　　检验方法：观察。

　　　　　　　　　　　一般项目

26.3.10 固定式立体作业平台焊接要求应符合现行国家标准《钢结构工程施工质量验收标准》GB 50205 及设计的相关规定。
　　检验数量：施工单位、监理单位全数检查。
　　检验方法：测量、观察、试验。

26.3.11 车顶防护网安装位置和结构尺寸质量检验应符合表 26.3.11 的规定。

表 26.3.11　车顶防护网位置和结构尺寸质量检验

序号	检验项目	允许偏差(mm)	检验数量	检验方法
1	轴线位置	10	每 20 m 测 1 处	钢尺量
2	顶面高程	±10	每 20 m 测 1 处	水准仪测量
3	立柱间距	±5	每 20 m 测 1 处	钢尺量

检验数量：施工单位按表26.3.11检查；监理单位抽样检验。

检验方法：测量。

Ⅱ 车辆动态智能综合检测系统

主控项目

26.3.12 列车通过车辆动态智能综合检测系统应满足各种气候条件下的受电弓诊断、轮对尺寸动态检测、踏面缺陷动态检测及管理系统对车号进行识别的要求，使各子系统能够按照车号信息对检测数据进行跟踪、统计、分析。

检验数量：施工单位、监理单位全数检查。

检验方法：操作检查。

26.3.13 轮对踏面基本检测单元应获取轮对外形和踏面缺陷的原始检测数据，包括轮对外形尺寸检测模块、车轮擦伤（不圆度）检测模块及视频图像擦伤监测模块等三个基本检测模块的数据。

检验数量：施工单位、监理单位全数检查。

检验方法：操作检查。

26.3.14 车轮擦伤（不圆度）检测模块应能定量检测轮对滚动圆的不圆度和车轮圆周的擦伤缺陷情况。

检验数量：施工单位、监理单位全数检查。

检验方法：操作检查。

26.3.15 视频图像擦伤监测模块应能反映一个轮对圆周的所有图像，满足设计要求。

检验数量：施工单位、监理单位全数检查。

检验方法：操作检查。

26.3.16 受电弓及车顶状态基本检测单元应能对受电弓磨耗情况、距中心线距离、工作位接触压力、车顶监控情况等进行检测并满足设计要求。

检验数量：施工单位、监理单位全数检查。

检验方法：操作检查。

26.3.17 轮对动态检测系统的设备接地电阻应符合设计要求。
　　检验数量：施工单位、监理单位全数检查。
　　检验方法：测量。

一般项目

26.3.18 现场硬件设施的安装位置应符合设计要求。
　　检验数量：施工单位全数检查；监理单位抽样检验。
　　检验方法：测量。

26.3.19 系统应具有故障诊断功能，能利用故障检测装置和执行器件的辅助装置进行在线检测，能自动监控电气设备的工作，具有自动保护功能。
　　检验数量：施工单位全数检查；监理单位抽样检验。
　　检验方法：操作检查。

Ⅲ 悬挂式综合管线集成吊挂系统

26.3.20 悬挂式综合管线集成吊挂系统验收应符合设计要求及本标准第24.4节的规定。

主控项目

26.3.21 悬挂式综合管线集成吊挂系统安装前应对各部件进行全面检查验收，满足相关技术条件要求。
　　检验数量：施工单位、监理单位全数检查。
　　检验方法：资料检验、测量。

26.3.22 悬挂式综合管线集成吊挂系统安装后应保证同层标高一致。
　　检验数量：施工单位、监理单位全数检查。
　　检验方法：测量。

26.3.23 各类管线、桥架之间的水平距离应符合设计要求。
　　检验数量：施工单位、监理单位全数检查。
　　检验方法：观察、测量。

26.3.24 悬挂式综合管线集成支吊架的荷载及稳定性应符合设计要求。

检验数量：施工单位全数检查；监理单位见证检验。
检验方法：试验检查。

一般项目

26.3.25 悬挂式综合管线集成吊挂系统高度应符合设计要求。
检验数量：施工单位、监理单位全数检查。
检验方法：测量。

Ⅳ 轨道桥设备

26.3.26 轨道桥设备验收应符合设计要求及本标准第 11 章的规定。

主控项目

26.3.27 轨道桥设备的安装位置与平台位置应协调一致，符合设计要求。

检验数量：施工单位、监理单位全数检查。
检验方法：测量。

26.3.28 轨道桥的轨缝大小应符合设计要求。
检验数量：施工单位、监理单位全数检查。
检验方法：测量。

26.3.29 轨道桥各支座顶面标高应保持相同，符合设计要求。
检验数量：施工单位、监理单位全数检查。
检验方法：测量。

一般项目

26.3.30 轨道桥下部结构应具有良好的防排水系统。
检验数量：施工单位全数检查；监理单位抽样检验。
检验方法：观察、测量。

26.3.31 轨道桥基础应满足轨道桥承载力和行车平顺的要求。
检验数量：施工单位每 20 m 检查 1 处；监理单位见证检验。

检验方法:试验。

V 转向架更换设备

主控项目

26.3.32 转向架更换设备起始状态各部件应无入侵车辆限界现象,符合车辆限界对设备的要求。

检验数量:施工单位、监理单位全数检查。
检验方法:观察、测量。

26.3.33 转向架更换设备空载运转情况应符合设计要求。

检验数量:施工单位、监理单位全数检查。
检验方法:操作检查。

26.3.34 转向架更换设备负载运转情况应符合设计要求。

检验数量:施工单位、监理单位全数检查。
检验方法:操作检查。

26.3.35 设备应具有在任意位置急停的功能。

检验数量:施工单位、监理单位全数检查。
检验方法:操作检查。

26.3.36 设备声光报警功能应正常,满足设计要求。

检验数量:施工单位、监理单位全数检查。
检验方法:操作检查、观察。

26.3.37 更换转向架时,活动轨道桥停车定位精度应满足 ± 100 mm 要求。

检验数量:施工单位、监理单位全数检查。
检验方法:测量。

一般项目

26.3.38 转向架设备的电气保护等级应不低于 IP54。

检验数量:施工单位全数检查;监理单位抽样检验。
检验方法:测量。

26.3.39 转向架更换设备应能正常平稳运行,其安全警示功能应符合设计要求。

检验数量：施工单位全数检查；监理单位抽样检验。

检验方法：操作检查。

Ⅵ 安全联锁系统

主控项目

26.3.40 安全联锁系统中安装在现场的检出装置和执行器应符合车辆基地的防爆、防火要求。

检验数量：施工单位、监理单位全数检查。

检验方法：试验检查。

26.3.41 每股道进库端内侧对应的电气控制柜应能进行对应股道的电动隔离开关分、合闸操作及合闸之前的报警操作，其指示灯有关状态显示应正常。

检验数量：施工单位、监理单位全数检查。

检验方法：操作检查。

26.3.42 安全联锁系统应能准确完成接触网的通断电控制和各类检修状态的切换与显示。

检验数量：施工单位、监理单位全数检查。

检验方法：操作检查。

一般项目

26.3.43 作业平台上安全警示、门禁装置和作业指示灯应能够达到对作业人员进行安全警示的效果。

检验数量：施工单位全数检查；监理单位抽样检验。

检验方法：操作检查。

Ⅶ 列车外皮清洗设备

主控项目

26.3.44 列车外皮清洗设备外表应平整光滑，油漆颜色应深浅一致、色泽光亮，规格、型号、外形应符合设计要求。

检验数量：施工单位、监理单位全数检查。

检验方法：观察。

26.3.45 列车外皮清洗设备起始状态各部件应无入侵车辆限界现象，符合车辆限界对设备的要求。

检验数量：施工单位、监理单位全数检查。

检验方法：测量。

26.3.46 列车外皮清洗设备电气连接件、电气组件应工作正常且连接牢固，各指示灯数显装置应显示准确，说明书描述的电气标识应准确清晰。

检验数量：施工单位、监理单位全数检查。

检验方法：观察、操作检查。

26.3.47 列车外皮清洗设备电气保护等级、设备电机绝缘等级应符合设计要求。

检验数量：施工单位、监理单位全数检查。

检验方法：测量。

26.3.48 列车外皮清洗设备龙门架手动操作检验，分别手动控制左、右龙门架行走及面部摇臂旋转，动作应流畅无异声，相互部件无碰擦。

检验数量：施工单位、监理单位全数检查。

检验方法：观察、操作检查。

26.3.49 列车外皮清洗设备手动侧部喷淋及摇臂动作时，喷淋应无堵塞，摇臂伸出旋转动作应流畅无异声。

检验数量：施工单位、监理单位全数检查。

检验方法：观察、操作检查。

26.3.50 列车外皮清洗设备手动控制外部信号指示灯切换应工作正常。

检验数量：施工单位、监理单位全数检查。

检验方法：观察、操作检查。

26.3.51 列车外皮清洗设备清洗功能检验，列车按正常清洗流程进行检验,连续检验 3 次以上,设备各部件均应工作正常、无异声,列车外观清洁度明显上升,列车外件无损伤,作业效率符合设计要求。

检验数量:施工单位、监理单位全数检查。

检验方法:观察、操作检查。

26.3.52 列车外皮清洗设备运行时,各个紧停装置均应能使设备紧急停止。

检验数量:施工单位、监理单位全数检查。

检验方法:操作检查。

26.3.53 列车外皮清洗设备的使用环境温度应符合设计要求。

检验数量:施工单位、监理单位检查。

检验方法:测温仪检验。

一般项目

26.3.54 列车外皮清洗设备水处理系统的水处理能力应符合设计要求,水质排放标准应符合现行国家标准《污水综合排放标准》GB 8978 的规定。

检验数量:施工单位全数检查;监理单位抽样检验。

检验方法:检查质量证明文件。

26.3.55 列车外皮清洗设备的水管和气管满足自动、手动排水装置,应能使洗车完成后水管内的水排空,防止水管冬季结冰冻裂。

检验数量:施工单位全数检查;监理单位抽样检验。

检验方法:操作检查。

26.3.56 列车外皮清洗设备的金属部件应有接地装置,符合设计要求,确保操作人员的用电安全。

检验数量:施工单位全数检查;监理单位抽样检验。

检验方法:观察。

26.3.57 列车外皮清洗设备的设备监控检查操作面板中设备工作状态与实际应相符。

检验数量：施工单位全数检查；监理单位抽样检验。

检验方法：操作检查。

26.3.58 列车外皮清洗设备报警功能检验，人为设置故障点，检验故障描述情况与实际应相符。

检验数量：施工单位全数检查；监理单位抽样检验。

检验方法：操作检查。

26.3.59 接口工程检查，土建设施应符合列车自动洗车机安装运行条件，工作电源的电源质量、容量应符合运用要求。

检验数量：施工单位全数检查；监理单位抽样检验。

检验方法：测量。

Ⅷ 不落轮镟车床设备

主控项目

26.3.60 不落轮镟车床外表应平整光滑，油漆颜色应深浅一致、色泽光亮，规格、型号、外形应符合设计要求。

检验数量：施工单位、监理单位全数检查。

检验方法：观察。

26.3.61 不落轮镟车床起始状态各部件应无入侵车辆限界现象，符合车辆限界对设备的要求。

检验数量：施工单位、监理单位全数检查。

检验方法：测量。

26.3.62 不落轮镟车床液压连接件、液压组件应工作正常，无渗漏油现象，压力表等显示准确，说明书描述的液压标识准确清晰。

检验数量：施工单位、监理单位全数检查。

检验方法：观察、操作检查。

26.3.63 不落轮镟车床电气连接件、电气组件应工作正常且连接牢固，各指示灯数显装置显示准确正常，说明书描述的电气标识准确清晰。

检验数量：施工单位、监理单位全数检查。

检验方法:观察、操作检查。

26.3.64 不落轮镟车床电气保护等级应不低于 IP54,设备电机绝缘等级应不低于 F 级,应独立接地。

检验数量:施工单位、监理单位全数检查。

检验方法:测量。

26.3.65 不落轮镟车床机床整体框架水平度允许公差范围应符合设计要求。

检验数量:施工单位、监理单位全数检查。

检验方法:测量。

26.3.66 不落轮车切削刀架与主轴控制臂平行度允许公差范围应符合设计要求。

检验数量:施工单位、监理单位全数检查。

检验方法:测量。

26.3.67 不落轮镟车床驱动轮相互水平度允许公差范围应符合设计要求。

检验数量:施工单位、监理单位全数检查。

检验方法:测量。

26.3.68 不落轮镟车床连续空转试验运动时应平稳灵活,变位机构应准确可靠定位,在相互全行程运动过程中,各功能部件间应无相互干涉现象。

检验数量:施工单位、监理单位全数检查。

检验方法:操作检查。

26.3.69 不落轮镟车床室温下连续运转的温升测试应满足连续运转 8 h,齿轮箱油温、轴承端盖的最高温度应不大于 70℃,温升值应不大于 35℃。

检验数量:施工单位、监理单位全数检查。

检验方法:测温仪检验。

26.3.70 不落轮镟车床噪声检测,驱动轮转速在 100 rpm 情况下,离设备 1 m 位置处噪声应不大于 80 dB。

检验数量:施工单位、监理单位全数检查。

检验方法:分贝仪检验。

26.3.71 不落轮镟车床重载检查,驱动轮抬升、下降动作时各液压电气部件应工作正常、动作连贯且相互动作无异声。

检验数量:施工单位、监理单位全数检查。

检验方法:操作检查。

26.3.72 不落轮镟车床重载检查,导轨伸出、收入时各液压电气部件应工作正常、动作连贯且相互动作无异声。

检验数量:施工单位、监理单位全数检查。

检验方法:操作检查。

26.3.73 不落轮镟车床各手动动作检查,轴箱支撑抬升、下降,各液压电气部件应工作正常、动作连贯且相互动作无异声。

检验数量:施工单位、监理单位全数检查。

检验方法:操作检查。

26.3.74 不落轮镟车床各手动动作检查,驱动轮旋转,各电气部件应工作正常、旋转速度可调。

检验数量:施工单位、监理单位全数检查。

检验方法:操作检查。

26.3.75 不落轮镟车床整体压紧检查,工件压紧后检查静态压紧状态,旋转驱动后检查动态压紧状态,车床与工件应相互配合紧密,驱动时相互无跳动。

检验数量:施工单位、监理单位全数检查。

检验方法:观察、测量、操作检查。

26.3.76 不落轮镟车床测量装置手动功能检查,左、右侧分别操作,测量循环动作、测量旋转动作应正常,传感器数据显示应正常。

检验数量:施工单位、监理单位全数检查。

检验方法:操作检查。

26.3.77 不落轮镟车床联锁保护功能检验,根据设计要求相互手动动作应互为连锁。

　　检验数量:施工单位、监理单位全数检查。
　　检验方法:操作检查。

26.3.78 不落轮镟车床最大扭矩检验,空载驱动轮提升至最大扭矩时,应运转正常、无异声。

　　检验数量:施工单位、监理单位全数检查。
　　检验方法:操作检查。

26.3.79 不落轮镟车床列车轮对切削检验,切削后轮形及其精度应符合设计要求。

　　检验数量:施工单位、监理单位全数检查。
　　检验方法:专用轮形卡尺、轮缘尺检验。

26.3.80 不落轮镟车床最大切削量检验,应按技术文件要求对最大机床切削量进行列车切削检验,设定最大切削值完成检验,设备应无报警闷车现象。

　　检验数量:施工单位、监理单位全数检查。
　　检验方法:操作检查。

26.3.81 不落轮镟车床紧停装置检验,设备运行时控制面板紧停装置及电气柜紧停装置均应能使设备紧急停止。

　　检验数量:施工单位、监理单位全数检查。
　　检验方法:操作检查。

一般项目

26.3.82 不落轮镟车床工作时,指示灯应工作正常。

　　检验数量:施工单位全数检查;监理单位抽样检验。
　　检验方法:操作检查。

26.3.83 不落轮镟车床故障报警功能检验,人为设置故障点,检验故障描述情况与实际应相符。

　　检验数量:施工单位全数检查;监理单位抽样检验。
　　检验方法:操作检查。

26.3.84 不落轮镟车床数据备份及恢复功能检验,使用外部软件对不落轮镟车床数据进行备份及恢复,恢复结果与备份结果应相符。

检验数量:施工单位全数检查;监理单位抽样检验。

检验方法:操作检查。

26.3.85 不落轮镟车床断排屑装置检验,断排屑应工作流畅、无异声。

检验数量:施工单位全数检查;监理单位抽样检验。

检验方法:操作检查。

26.3.86 不落轮镟车床打印设备检验,打印工作报告,其数据与显示数据应相符,字迹清晰,打印格式符合设计要求。

检验数量:施工单位全数检查;监理单位抽样检验。

检验方法:操作检查、观察。

Ⅸ 起重机设备

26.3.87 起重机设备验收应符合设计要求及现行国家标准《起重设备安装工程施工及验收规范》GB 50278 的有关规定。

Ⅹ 压力容器及压力管道设备

主控项目

26.3.88 压力容器及压力管道设备应符合设计要求及现行国家标准《压力容器》GB 150 的有关规定。

26.3.89 压力容器管道设备应符合现行行业标准《固定式压力容器安全技术监察规程》TSG 21 的有关规定,在获得国家核准的检测部门提供检验合格的检验报告后方可投入使用。

Ⅺ 自动化立体仓库

主控项目

26.3.90 货架应按现行行业标准《立体仓库焊接式钢结构货架技术条件》JB/T 5323 和《立体仓库组合式钢结构货架技术条件》

JB/T 11270 中相关规定的货架整体安装要求进行验收。

检验数量：施工单位、监理单位全数检查。

检验方法：观察、测量。

26.3.91 现场涂装的警示线的涂料颜色、图案、涂装区域应符合设计要求。

检验数量：施工单位、监理单位全数检查。

检验方法：观察。

26.3.92 涂装前零件表面应符合现行国家标准《涂装前钢材表面锈蚀等级和除锈等级》GB/T 8923 中的 Sa2 级或 St2 级要求。

检验数量：施工单位、监理单位全数检查。

检验方法：观察。

26.3.93 图纸中注明不涂装的部位不应涂装，涂装应均匀，无明显起皱、流挂，附着应良好。当涂装防火涂料时，应符合现行国家标准《钢结构防火涂料》GB 14907 的规定。

检验数量：施工单位、监理单位全数检查。

检验方法：观察。

26.3.94 堆垛机验收应按现行行业标准《巷道堆垛起重机》JB/T 7016 及《巷道堆垛起重机安全规范》JB/T 11269 中相关要求安装验收。

检验数量：施工单位、监理单位全数检查。

检验方法：观察、测量。

26.3.95 堆垛机限速器应完好，限速防坠装置应动作可靠。

检验数量：施工单位、监理单位全数检查。

检验方法：观察、试验。

26.3.96 输送设备安装精度或偏差、各零部件的装配过程应符合相关技术要求，主要包括连接螺栓、键、轴、轴承、转动皮带、链条和齿轮、密封件、气动件、液压件的装配要求等，输送设备应按现行国家标准《输送设备安装工程施工及验收规范》GB 50270 验收。

检验数量:施工单位、监理单位全数检查。

检验方法:目测、操作检查。

26.3.97 输送设备滚动轴承装配,滚动轴承的内外圈严禁有裂缝,滚珠或滚柱严禁有缺陷,应满足现行国家标准《机械设备安装工程施工及验收通用规范》GB 50231 的规定,润滑应符合相关规定。

检验数量:施工单位、监理单位全数检查。

检验方法:观察。

26.3.98 电气设备及电器元件的铭牌应完好,型号、规格应符合设计要求,绝缘保护应完好,不应有裂纹和破损。安全滑触线接触面应平整、无锈蚀,导电应良好。

检验数量:施工单位、监理单位全数检查。

检验方法:观察、操作检查。

26.3.99 低压电器应符合现行国家标准《电气装置安装工程 低压电器施工及验收规范》GB 50254 的有关规定;电器的金属外壳、框架的接零或接地应符合现行国家标准《电气装置安装工程 接地装置施工及验收规范》GB 50169 的有关规定;配电屏、柜的安装应符合现行国家标准《电气装置安装工程 盘、柜及二次回路接线施工及验收规范》GB 50171 的有关规定;电缆施工应符合现行国家标准《电气装置安装工程 电缆线路施工及验收规范》GB 50168 的有关规定;电缆布线应横平竖直,信号电缆和动力电缆分开布线,有隔绝措施。

检验数量:施工单位、监理单位全数检查。

检验方法:观察、测量。

26.3.100 信息系统功能、效率、设备抗电磁干扰、光干扰性、噪声、各类人机命令及接口、数据处理系统上位计算机的通信功能、模拟故障、自诊断测试应与设计要求一致。

检验数量:施工单位、监理单位全数检查。

检验方法:操作检查、观察。

26.3.101 自动化立体仓储设备进行 24 h 连续运转试验应与设计要求一致,并根据排故手册设置故障点,设备能正确报出故障点位置。

检验数量:施工单位、监理单位全数检查。

检验方法:操作检查、观察。

26.3.102 自动化立体仓库整体应符合设计要求,且通过消防管理部门的验收。

检验数量:施工单位全数检查;监理单位抽样检验。

检验方法:资料检查。

一般项目

26.3.103 电气部分应满足设计要求,功能齐全、操作方便、动作灵活、定位准确、安全可靠,不应有漏电、过热等现象。

检验数量:施工单位全数检查;监理单位抽样检验。

检验方法:操作检查。

XII 架车机

主控项目

26.3.104 架车机验收时进行检验,外表应平整光滑,油漆颜色应深浅一致、色泽光亮、规格、型号、外形应符合设计要求。

检验数量:施工单位、监理单位全数检查。

检验方法:目测检验。

26.3.105 架车机起始状态各部件尺寸检验,起始状态各部件应无入侵车辆限界现象,应符合车辆限界对设备的要求。

检验数量:施工单位、监理单位全数检查。

检验方法:测量仪器检验。

26.3.106 架车机外观应整洁美观,各部件非接触面应做防锈处理并涂漆保护,托架颜色应为安全防护色,漆膜应均匀一致、富有光泽、附着力强,不应有露底、破裂、气泡、流痕、皱皮等影响美观的缺陷。

检验数量：施工单位、监理单位全数检查。
检验方法：目测检验。

26.3.107 架车机载重螺杆和承载螺母应具有相关探伤报告,磨损应不大于 2 mm。

检验数量：施工单位、监理单位全数检查。
检验方法：查检资料、卡尺测量。

26.3.108 架车机应设有保护传动螺母磨损装置,极限行程限位开关动作应灵敏、安全可靠。

检验数量：施工单位、监理单位全数检查。
检验方法：目测检验、操作检验。

26.3.109 架车机控制系统应设专用接地端子并有明显的接地标志,整套控制系统接地电阻应符合设计要求。

检验数量：施工单位、监理单位全数检查。
检验方法：目测检验、仪器测量。

26.3.110 架车机空载试验,空载情况下各部件应无裂纹、永久变形、连接处松动异响等异常现象。

检验数量：施工单位、监理单位全数检查。
检验方法：目测检验。

26.3.111 架车机电缆应安装牢固,线号标记清晰,降声光报警有效,按钮、旋钮、指示灯安装牢固,功能有效,指示清晰,PLC、触摸屏安装牢固,运行稳定,程序完成备份。

检验数量：施工单位、监理单位全数检查。
检验方法：操作检验、目测检验。

26.3.112 架车机各架车支点升降精度误差应符合设计要求。
检验数量：施工单位、监理单位全数检查。
检验方法：测量。

一般项目

26.3.113 架车机接口工程检查,土建设施应符合架车机安装运行条件,工作电源的电源质量、容量应符合运用要求。

检验数量:施工单位全数检查;监理单位抽样检验。
检验方法:测量仪器检验。

26.4 非标准工艺设备

Ⅰ 钢结构登司平台

主控项目

26.4.1 钢结构登司平台所用材质、焊接要求应满足现行国家标准《钢结构工程施工质量验收标准》GB 50205 及设计的相关规定。

检验数量:施工单位、监理单位全数检查。
检验方法:测量、观察、试验。

26.4.2 平台的尺寸大小应符合设计要求。
检验数量:施工单位、监理单位全数检查。
检验方法:测量。

26.4.3 钢结构登司平台的承载范围应符合设计要求。
检验数量:施工单位、监理单位全数检查,承载力试验监理见证检验。
检验方法:试验。

26.4.4 钢结构登司平台表面油漆涂层应完整、均匀,并做好防滑处理。
检验数量:施工单位、监理单位全数检查。
检验方法:观察。

26.4.5 钢结构登司平台应无入侵车辆限界现象,符合车辆限界对设备的要求。
检验数量:施工单位、监理单位全数检查。
检验方法:测量。

一般项目

26.4.6 钢结构登司平台的对地绝缘措施及绝缘电阻应符合设

计要求。

检验数量：施工单位全数检查；监理单位抽样检验。
检验方法：观察、测量。

Ⅱ 通用设备

主控项目

26.4.7 通用设备外表应平整光滑、漆面无掉漆，各规格、型号、外形均应符合设计要求。

检验数量：施工单位、监理单位全数检查。
检验方法：观察。

26.4.8 通用设备机械部件应安装可靠、无损坏或裂纹。

检验数量：施工单位、监理单位全数检查。
检验方法：观察。

26.4.9 组装机床和组装零部件应符合下列规定：

1 零件、部件应清洗洁净，其加工面不得被磕碰、划伤和产生锈蚀。

2 机床的移动、转动部件组装后，其运动应平稳、灵活、轻便，无阻滞现象，变位机构应准确可靠地移动到规定位置。

检验数量：施工单位、监理单位全数检查。
检验方法：观察、操作检查。

26.4.10 组装重要和特别重要的固定结合面，其表面精度应符合设计要求。

检验数量：施工单位、监理单位全数检查。
检验方法：操作检查。

26.4.11 通用设备液压油管应无泄漏，螺栓无松动，接线可靠，无裸露线头。

检验数量：施工单位、监理单位全数检查。
检验方法：观察。

26.4.12 通用设备制动系统应工作正常、安全可靠。

检验数量:施工单位、监理单位全数检查。
　　检验方法:操作检查。

26.4.13 通用设备电气系统应工作正常。
　　检验数量:施工单位、监理单位全数检查。
　　检验方法:操作检查。

26.4.14 通用设备转向系统应转向灵活、无卡滞。
　　检验数量:施工单位、监理单位全数检查。
　　检验方法:操作检查。

26.4.15 通用设备各安全限位应到位,具有安全自锁功能。
　　检验数量:施工单位、监理单位全数检查。
　　检验方法:操作检查。

26.4.16 通用设备动态使用应正常,各部件灵活无异响,使用功能应满足实际需要。
　　检验数量:施工单位、监理单位全数检查。
　　检验方法:操作检查。

一般项目

26.4.17 通用设备接口工程检查,土建设施应符合安装运行条件,工作电源的电源质量、容量应符合运用要求。
　　检验数量:施工单位全数检查;监理单位抽样检验。
　　检验方法:测量。

26.4.18 结构材料、材质、位置、尺寸应符合设计要求,满足设备安装需要。
　　检验数量:施工单位全数检查;监理单位抽样检验。
　　检验方法:观察、测量。

26.4.19 基础外观应角直、线顺、面平,色泽清晰、一致,无污染。
　　检验数量:施工单位全数检查;监理单位抽样检验。
　　检验方法:观察、测量。

26.4.20 整体外观应能与周边环境、设备相协调,无明显的冲突。
　　检验数量:施工单位全数检查;监理单位抽样检验。

检验方法:观察。

26.4.21 设备铭牌标示应准确、清晰、完整,安装应牢固。
检验数量:施工单位全数检查;监理单位抽样检验。
检验方法:观察。

26.4.22 设备安装应牢固,无松动,防松零件齐全,尺寸及安装位置符合设计要求。
检验数量:施工单位全数检查;监理单位抽样检验。
检验方法:观察、测量。

26.4.23 设备线缆的规格、型号应符合设计要求,线缆敷设固定牢固、不松动,支架点间距均匀、美观、排列整齐。
检验数量:施工单位全数检查;监理单位抽样检验。
检验方法:观察。

26.5 车辆基地功能检验

Ⅰ 走行功能检验

主控项目

26.5.1 车辆基地走行功能质量验收应符合下列规定:
1 车辆基地内轨道工程应完成分部工程验前检查。
2 车辆基地内线路应完成限界检查。
3 基地内行车标志应安装完成。
4 行车终端车挡应安装完毕。
5 基地内线路应清洗完毕,无铁渣杂物。
6 应完成冷滑试验并完成整改。

检验数量:施工单位、监理单位全数检查,功能试验监理单位见证检验。

检验方法:检查验前记录,检查限界检查记录,实地观察及检查施工记录、清洗及巡查记录,沿全部线路步行观察,检查冷滑试验记录和整改报告。

Ⅱ 运用整备功能检验

主控项目

26.5.2 车辆基地运用整备功能质量验收应符合下列规定：

1 走行功能应验收完成。

2 满足运用整备功能的临时用水或永久用水应接驳通水。

3 供电系统应施工完毕并完成分部、分项工程验收。

4 通信、信号系统应施工完毕并完成分部、分项工程验收。

5 信号设备室及控制室设备应安装完毕并实现信号功能。

6 DCC室设备应安装完毕并实现运转调度功能。

7 检查库、临修镟轮库实体工程及动力、照明、给水排水设备设施应安装施工完毕并完成分项工程验收。

8 列车清洗设备应安装完毕并完成分项工程验收。

9 设备用房、装修、机电应安装完毕并完成分项工程验收。

10 正式用电应已完成接触网所有区段、检查库、洗车库等各级受电。

11 应完成热滑试验并完成整改。

12 列车不落轮镟床、固定架车机、起重设备等工艺设备应安装完毕并完成分项工程验收。

13 车辆基地应满足电客列车及工程车辆的运输和装卸要求。

14 列车调试完毕并完成及行车接管功能的质量验收。

检验数量：施工单位、监理单位全数检查，功能试验监理单位见证检验。

检验方法：检查验收记录，观察，现场试验，检查热滑试验记录。

Ⅲ 检修功能检验

主控项目

26.5.3 车辆基地检修功能质量验收应符合下列规定：

1 走行功能应验收完成。

2 运用整备功能应验收完成。

3 永久用水应接驳通水。

4 车辆基地检查库、临修镟轮库等实体工程及动力、照明、给水排水设备设施应安装施工完毕并完成分项工程验收。

5 相应修程检修设备、设施应安装施工完毕并完成分项工程验收。

6 轨道、通信、信号、供电系统应完成分项工程验收。

7 DCC室应实现检修调度功能。

8 相应车辆基地设备维修和动力设施应安装施工完毕并完成分项工程验收。

9 检查库和检修办公用房正式用电应完成受电。

检验数量：施工单位、监理单位全数检查，功能试验监理单位见证检验。

检验方法：检查验收记录，观察，现场试验，检查热滑试验记录。

Ⅳ 消防功能检验

主控项目

26.5.4 车辆基地消防功能质量验收应符合下列规定：

1 各单体工程实体、装修、机电安装应施工完毕并完成分项工程验收。

2 永久用水应接驳通水。

3 正式用电应完成车辆基地内消防设备、设施各级受电。

4 包含消防水池蓄水的消防给水系统应施工完毕并完成分项工程验收。

5 消防动力、照明系统应施工完毕并完成分项工程验收。

6 消防通风、抽排烟设备应施工完毕并完成功能检查。

7 气体灭火系统应施工完毕并完成分项工程验收。

8 火灾自动报警系统应施工完毕并完成功能分部、分项工程验收。

9 消防控制中心设备应安装完毕并完成监控联动功能。

检验数量：施工单位、监理单位全数检查，功能试验监理单位见证检验。

检验方法：检查验收记录，观察，现场试验。

Ⅴ 后勤保障功能检验

主控项目

26.5.5 车辆基地后勤保障功能质量验收应符合下列规定：

1 永久用水应接驳通水，取得水质检测报告。

2 给水排水系统应施工完毕并完成分部、分项工程验收。

3 污水处理站设备、设施应安装施工完毕并完成分项工程验收。

4 通风、空调与采暖系统应施工完毕并完成分部、分项工程验收。

5 供电系统应施工完毕并完成生产、生活房屋各级受电。

检验数量：施工单位、监理单位全数检查，功能试验监理单位见证检验。

检验方法：检查验收记录，观察，现场试验。

Ⅵ 停车功能检验

主控项目

26.5.6 车辆基地停车功能质量验收应符合下列规定：

1 信号系统应施工完毕并完成分部验收。

2 应满足存车区域的车辆及人员正常通行。

3 登司平台应施工完毕并进行司机登车功能的质量验收。

检验数量：施工单位、监理单位全数检查，功能试验监理单位见证检验。

检验方法：实际操作检查。

27 综合接地

27.1 一般规定

27.1.1 本章适用于路基、桥涵、隧道、站场、轨道等主体所涉及的综合接地工程的施工质量验收。

27.1.2 综合接地工程应纳入所属主体工程的单位工程一并验收。

27.1.3 综合接地工程分部分项工程划分宜按本标准附录B.0.20采用。

27.2 贯通地线

主控项目

27.2.1 贯通地线及其接续和连接用的C形压接件、L形连接件等各种零件进场前应进行验收,其型号、规格、技术要求应符合有关技术标准的规定以及设计要求。

检验数量:施工单位、监理单位全数检查。

检验方法:对照技术标准、设计文件检查实物和质量证明文件。

27.2.2 贯通地线敷设应符合下列规定:

1 应平顺,不得形成环状。
2 外护套应无损伤、变形。
3 最小弯曲半径应不小于外径的15倍。

检验数量:施工单位、监理单位全数检查。

检验方法:观察、测量。

27.2.3 电缆槽下方的贯通地线的敷设应符合下列规定,敷设径路应符合设计要求:

1 路堤、土质及软质岩路堑地段的贯通地线应埋设于通信信号槽下方,距基床底层顶面或电缆槽底面 300 mm～400 mm 处的沟中,并回填细粒填料进行防护。

2 石质路堑地段的贯通地线应埋设于通信信号槽底面下约 200 mm 的沟中,并回填细粒填料进行防护。

3 桥梁采用整体桥面布置时,贯通地线应埋设于通信信号槽下方的防水保护层内,通过防水保护层进行物理隔离防护。

检验数量:施工单位、监理单位全数检查。

检验方法:隐蔽前观察。

27.2.4 敷设于电缆槽内的贯通地线与通信信号光(电)缆之间采取的物理隔离措施应符合设计要求。

检验数量:施工单位、监理单位全数检查。

检验方法:观察。

27.2.5 敷设于地线专用槽内的贯通地线敷设方式应符合设计要求。

检验数量:施工单位、监理单位全数检查。

检验方法:观察。

27.2.6 贯通地线接续前、后应进行导体的电气完整性测量。

检验数量:施工单位、监理单位全数检查。

检验方法:测量。测量方法应符合现行行业标准《铁路综合接地系统测量方法》TB/T 3233 的规定。

27.2.7 C 形压接件、L 形连接件的安装应符合下列规定:

1 规格应与贯通地线规格相配套。

2 安装位置偏差应不大于 50 mm。

3 贯通地线接续或连接处的压接件数量应为 2 个,DH35 型、S-DH 35 型贯通地线的 C 形压接件间距应为 30 mm～35 mm,DH 70 型、S-DH 70 型贯通地线的 C 形压接件间距应为 45 mm～50 mm。

4 压接后封闭的防腐材料应紧密,带层压边宽度应为 6 mm～

8 mm。

5 压接的压力不应小于 12 t。

检验数量:施工单位、监理单位全数检查。

检验方法:观察、测量。

27.2.8 综合接地系统接地端子处的接地电阻不应大于 1 Ω。

检验数量:施工单位、监理单位全数检查。

检验方法:沿线需接入综合接地系统的设备、设施、接地装置未与贯通地线等电位连接前测量。测量方法应符合现行行业标准《铁路综合接地系统测量方法》TB/T 3233 的有关规定。

27.2.9 在桥梁伸缩缝处,贯通地线敷设应考虑余量,符合贯通地线弯曲半径的规定,并采用阻燃绝缘尼龙 12 套管防护措施。

检验数量:施工单位、监理单位全数检查。

检验方法:观察。

一般项目

27.2.10 贯通地线敷设在电缆槽内时,电缆槽内应平整、无杂物。

检验数量:施工单位全数检查;监理单位抽样检验。

检验方法:观察。

27.2.11 贯通地线接续时,接续处每端应预留 1 次接续的余量,余量应不小于 0.5 m。

检验数量:施工单位全数检查;监理单位抽样检验。

检验方法:观察、测量。

27.2.12 贯通地线接续及横向连接点应设置标识。

检验数量:施工单位全数检查;监理单位抽样检验。

检验方法:观察。

27.3 接地体和接地端子

主控项目

27.3.1 接地端子进场前应进行验收,其型号、规格、技术要求应符合有关技术标准的规定以及设计要求。

检验数量：施工单位、监理单位全数检查。

检验方法：对照设计文件检查实物和质量证明文件。

27.3.2 接地钢筋的位置、间距、截面积应符合现行行业标准《铁路防雷及接地工程技术规范》TB 10180 的有关规定及设计要求。

检验数量：施工单位、监理单位全数检查。

检验方法：隐蔽前观察、测量。

27.3.3 混凝土结构物内接地装置在浇注前后应进行电气完整性测量，直流电阻测量值应不大于 50 mΩ。

检验数量：施工单位、监理单位全数检查。

检验方法：隐蔽前测量。测量方法应符合现行行业标准《铁路综合接地系统测量方法》TB/T 3233 的有关规定。

27.3.4 接地钢筋的焊接应符合下列规定：

1 单面焊接长度应不小于 100 mm，双面焊接长度应不小于 55 mm。

2 焊接处应完整、无毛刺，焊缝厚度不应小于 4 mm。

检验数量：施工单位、监理单位全数检查。

检验方法：隐蔽前观察、测量。

27.3.5 接触网支柱基础接地体施工应符合下列规定：

1 接地端子应与接触网支柱基础内的接地钢筋焊接。

2 接触网支柱基础内的接地钢筋应与基础螺栓主筋焊接。

3 分支引接线应一端与接地端子栓接，另一端与贯通地线 C 形压接。

检验数量：施工单位、监理单位全数检查。

检验方法：隐蔽前测量。

27.3.6 桥墩接地体施工应符合下列规定：

1 桩基础桥墩在每根基桩中应选用 1 根通长接地钢筋，作为接地体的垂直接地钢筋；利用承台中的结构钢筋将垂直接地钢筋环接。

2 明挖基础桥墩基底底面应设一层钢筋网作为水平接地体。

3 每个桥墩应设置不少于 2 根接地钢筋,一端与基底水平接地钢筋网连接,另一端与墩帽处的接地端子焊接。

检验数量:施工单位、监理单位全数检查。

检验方法:隐蔽前测量。

27.3.7 桥梁体的接地装置施工应符合下列规定:

1 在无砟轨道梁上表层内,上、下行两个轨道板之间的 1/3 和 2/3 处应各设置 1 根纵向接地钢筋。

2 在有砟轨道梁上表层内,上、下行线路中间位置应设置 1 根纵向接地钢筋。

3 在桥梁两侧的防护墙上部,应利用其上表层的纵向结构钢筋作为接地钢筋。

4 梁体上表层(或保护层)设置的纵向接地钢筋应纵向贯通整个桥台,并距混凝土表面的距离小于 100 mm。

检验数量:施工单位、监理单位全数检查。

检验方法:隐蔽前观察。

27.3.8 非盾构隧道接地体设置应符合下列规定:

1 抗水压衬砌及全封闭衬砌瓦斯隧道,应在仰拱填充层内间隔 1 个台车位设置 1 处钢筋网作为接地体。

2 Ⅰ、Ⅱ级围岩隧道,应在 1 个台车位的长度内按照 1 m 间隔选用底板结构钢筋作为接地体,间隔 1 个台车位设置 1 处。

3 Ⅲ级及以上围岩隧道,应每个台车位设置 1 处锚杆接地体,其环向间距为 2 倍锚杆长度,并与同位置的钢架或钢筋网焊接。

4 二次衬砌中有结构钢筋时,应利用二次衬砌的内层纵、环向结构钢筋作为接地钢筋;无结构钢筋时,应在接触网基础位置处设置专用环向接地钢筋。

5 锚杆接地体、底板接地体及二次衬砌内的接地钢筋均应与两侧电缆槽外缘的纵向接地钢筋连接。

检验数量:施工单位、监理单位全数检查。
检验方法:隐蔽前观察。

27.3.9 盾构隧道接地体设置应符合下列规定:

1 轨道板底层有减震钢筋网的,应利用轨道板底层的减震钢筋作为接地体。没有减震钢筋网的,应在隧道底层填充层外层设置一层纵横交错的钢筋网作为接地体。

2 接地端子、接地体均应通过连接钢筋与两侧电缆槽外缘的纵向接地钢筋连接。

检验数量:施工单位、监理单位全数检查。
检验方法:隐蔽前测量。

27.3.10 地下车站接地体设置应符合下列规定:

1 利用车站底板垫层下的综合接地网作为接地体,在车站两端的综合接地网应分别与上、下行贯通地线连接。

2 利用车站自然接地体作为接地体,车站自然接地体应与车站底板垫层下的综合接地网连接。

3 站台台面上层接地钢筋应选取靠线路侧 0.6 m 范围内的纵向结构钢筋。

4 车站侧墙约每 50 m 应设置接地端子,站台外缘、中隔墙约每 100 m 应设置接地端子,设备集中处应根据需要集中设置接地端子。

5 设于结构内的接地端子均应通过连接钢筋与车站自然接地体的接地钢筋连接。

检验数量:施工单位、监理单位全数检查。
检验方法:隐蔽前测量。

27.3.11 无砟轨道接地装置应符合下列规定:

1 无砟轨道板接地应利用轨道板结构钢筋,每段无砟轨道板接地装置的长度按不大于 100 m 设置;接地装置中的接地钢筋不应形成闭合电气回路,并与其他结构钢筋绝缘。

2 每个单元板两端应设置 2 个接地端子,在站内每台转辙机处的无砟轨道板安装转辙机一侧应设置1个接地端子。

检验数量：施工单位、监理单位全数检查。

检验方法：隐蔽前测量。

27.3.12 地面车站站台接地装置的设置应符合下列规定：

1 站台台面上层接地钢筋应选取靠线路侧 0.6 m 范围内的纵向结构钢筋。

2 站台墙靠线路侧外缘约每 100 m 应设置接地端子，在构筑物内与接地钢筋焊接，并与贯通地线连接。

检验数量：施工单位、监理单位全数检查。

检验方法：隐蔽前测量。

27.3.13 接地端子的安装应符合下列规定：

1 接地端子的位置应做标识。

2 拆模后的接地端子顶面应与混凝土面平齐或高出不大于 5 mm。

检验数量：施工单位、监理单位全数检查。

检验方法：观察、测量。

一般项目

27.3.14 接地端子金属面应无杂质，孔内螺纹不得有损伤，孔塞应完整。

检验数量：施工单位全数检查；监理单位抽样检验。

检验方法：观察。

27.3.15 接地用钢筋应做接地标识。

检验数量：施工单位全数检查；监理单位抽样检验。

检验方法：观察。

27.4 等电位连接

主控项目

27.4.1 不锈钢连接线、热镀锌扁钢进场前应进行验收，其型号、规格、技术要求应符合有关技术标准的规定以及设计要求。

检验数量：施工单位、监理单位全数检查。

检验方法：对照设计文件检查实物和质量证明文件。

27.4.2 距贯通地线20 m范围内建(构)筑物的接地装置应与贯通地线等电位连接。

检验数量：施工单位、监理单位全数检查。

检验方法：观察、测量。

27.4.3 接触网支柱、距接触网带电部分5 m范围以内的金属结构和电气设备应接地，并通过接地端子与综合接地系统的贯通地线等电位连接。

检验数量：施工单位、监理单位全数检查。

检验方法：观察、测量。

27.4.4 站台区域线路间设置有接触网支柱时，应敷设热镀锌扁钢，并通过分支引接线与接触网支柱基础的接地装置等电位连接。

检验数量：施工单位、监理单位全数检查。

检验方法：隐蔽前观察、测量。

27.4.5 强电与弱电设备、设施不得共用接地端子，其间距不应小于15 m。

检验数量：施工单位、监理单位全数检查。

检验方法：观察、测量。

一般项目

27.4.6 不锈钢连接线、热镀锌扁钢应安装平顺、完整、牢固。

检验数量：施工单位全数检查；监理单位抽样检验。

检验方法：观察。

27.4.7 不锈钢连接线不得有破损和断股。

检验数量：施工单位全数检查；监理单位抽样检验。

检验方法：观察。

附录 A 施工现场质量管理检查记录

表 A 施工现场质量管理检查记录

工程名称			开工日期		
建设单位			项目负责人		
设计单位			项目负责人		
监理单位			总监理工程师		
施工单位		项目负责人		技术负责人	
序号	项目		主要内容		
1	项目部质量管理体系				
2	现场质量责任制				
3	主要专业工种操作岗位证书				
4	分包单位管理制度				
5	图纸会审记录				
6	地质勘察资料				
7	施工技术标准				
8	施工组织设计、施工方案编制及审批				
9	物资采购管理制度				
10	施工设施和机械设备管理制度				
11	计量设备配备				
12	检测试验管理制度				
13	工程质量检查验收制度				
14					
检查结论	施工单位项目负责人：			年 月 日	
	总监理工程师：			年 月 日	

附录 B 市域铁路工程的分部分项工程划分

表 B.0.1 地下车站及构筑物分部分项工程划分

分部工程	子分部工程	分项工程	检验批
地基与基础	基坑围护	水泥土重力式围护墙	每施工段
		钢板桩围护墙	每施工段
		预制钢筋混凝土板桩围护墙	每施工段
		型钢水泥土搅拌墙(含 SMW)	每施工段
		等厚度水泥土搅拌墙(含 TRD、CSM)	每施工段
		灌注桩排桩	每根桩
		咬合桩围护墙	每根桩
		地下连续墙	每幅墙
	地基处理	注浆法	每施工段
		高压喷射注浆法(含旋喷桩 MJS、RJP、N-JET)	每施工段
		水泥土搅拌桩	每施工段
	桩基础	灌注桩工程桩	每根桩
		预制钢管桩	每根桩
		钢筋混凝土预制桩	每根桩
	地下水控制	轻型井点	每独立井群
		疏干降水管井	每独立井群
		降压降水管井	每口井
		回灌井	每独立井群
		管井封井	每口井
	基坑开挖与回填	基坑开挖	每开挖段
		支撑体系	每开挖段
		垫层	每施工段
		土方回填	每回填段

续表B.0.1

分部工程	子分部工程	分项工程	检验批
主体结构	混凝土结构	模板及支架工程	每施工段
		钢筋工程	每施工段
		混凝土工程	每施工段
		预应力工程	每施工段
		预制构件	每施工段
	砌体结构	砌体结构	每施工段
工程防水	主体结构防水	防水混凝土	每施工段
		水泥砂浆防水层	每施工段
		卷材防水层	每施工段
		塑料板防水层	每施工段
		涂料防水层	每施工段
	细部构造防水	施工缝	每施工段
		诱导缝、变形缝	每施工段
		后浇带	每施工段
		穿墙管	每施工段
		埋设件	每施工段
		预留通道接头	每施工段
		桩头	每施工段
		孔口	每施工段
		坑、池	每施工段
	特殊施工法结构防水	顶管法防水	每施工段
		渗漏水治理	每施工段

表 B.0.2 地面及高架车站分部分项工程划分

分部工程	子分部工程	分项工程	检验批
地基与基础	基坑围护	水泥土重力式围护墙	每施工段
		钢板桩围护墙	每施工段

续表B.0.2

分部工程	子分部工程	分项工程	检验批
地基与基础	基坑围护	预制钢筋混凝土板桩围护墙	每施工段
		型钢水泥土搅拌墙(含SMW)	每施工段
		等厚度水泥土搅拌墙(含TRD、CSM)	每施工段
		灌注桩排桩	每根桩
		咬合桩围护墙	每根桩
		地下连续墙	每幅墙
	地基处理	注浆法	每施工段
		高压喷射注浆法(含旋喷桩MJS、RJP、N-JET)	每施工段
		水泥土搅拌桩	每施工段
	桩基础	灌注桩工程桩	每根桩
		预制钢管桩	每根桩
		钢筋混凝土预制桩	每根桩
	地下水控制	轻型井点	每独立井群
		疏干降水管井	每独立井群
		降压降水管井	每口井
		回灌井	每独立井群
		管井封井	每口井
	基坑开挖与回填	基坑开挖	每开挖段
		支撑体系	每开挖段
		垫层	每施工段
		土方回填	每回填段
主体结构	混凝土结构	模板及支架工程	每施工段
		钢筋工程	每施工段
		混凝土工程	每施工段
		预应力工程	每施工段
		预制构件	每施工段

续表 B.0.2

分部工程	子分部工程	分项工程	检验批
主体结构	钢结构工程	原材料	每施工段
		焊接	每施工段
		紧固件连接	每施工段
		钢零件及钢部件加工	每施工段
		组装	每施工段
		预拼装	每施工段
		安装	每施工段
		涂装	每施工段
		轻钢屋面	每施工段
	砌体结构工程	砌体结构	每施工段
	膜结构工程	膜结构	每施工段
工程防水	主体结构防水	防水混凝土	每施工段
		水泥砂浆防水层	每施工段
		卷材防水层	每施工段
		塑料板防水层	每施工段
		涂料防水层	每施工段
	细部构造防水	施工缝	每施工段
		诱导缝、变形缝	每施工段
		后浇带	每施工段
		穿墙管	每施工段
		埋设件	每施工段
		预留通道接头	每施工段
		桩头	每施工段
		孔口	每施工段
		坑、池	每施工段

续表B.0.2

分部工程	子分部工程	分项工程	检验批
屋面	—	屋面防水工程	每施工段
		屋面保温工程	每施工段
		金属屋面系统	每施工段

表 B.0.3 盾构隧道分部分项工程划分

分部工程	子分部工程	分项工程	检验批
构件制作	钢筋混凝土管片	管片钢筋	每生产批
		管片模板	每生产批
		管片混凝土	每生产批
	钢管片	钢管片制作	每生产批
	隧道内部结构预制构件	预制下部弧形构件	每生产批
		预制中隔墙	每生产批
		预制顶部钢结构连接件	每生产批
		预制疏散平台	每生产批
始发与接收	洞口地层处理	高压喷射注浆法	每洞口加固段
		水泥土搅拌桩	每洞口加固段
		人工地层冻结	每洞口加固段
		降水	每独立群井系统
	洞口施工	洞口防护	每洞口
隧道盾构掘进	—	盾构掘进及管片拼装	每施工段
		壁后注浆	每施工段
		管片手孔封堵及嵌缝	每施工段
		井接头	每洞口
		成型隧道验收	每施工段

续表B.0.3

分部工程	子分部工程	分项工程	检验批
联络通道	冻结法施工	冻结法加固	每联络通道
		冻结体开挖	每联络通道
		格栅钢架与型钢	每联络通道
		挂网喷射混凝土	每联络通道
		二衬钢筋	每联络通道
		二衬模板与支架	每联络通道
		二衬混凝土	每联络通道
		防水	每联络通道
		充填与融沉注浆	每联络通道
		冻结孔充填与封堵	每联络通道
盾构法隧道防水	—	管片防水混凝土	每生产批
		细部构造防水	每生产批
隧道内部结构	装配式钢筋混凝土结构	预制下部弧形构件安装	每施工段
		预制中隔墙安装	每施工段
		预制顶部钢结构连接件安装	每施工段
		预制疏散平台安装	每施工段
	现浇钢筋混凝土结构	钢筋	每施工段
		模板	每施工段
		混凝土	每施工段
		混凝土结构后锚固施工	每施工段

表 B.0.4 桥涵分部分项工程划分

分部工程	子分部工程	分项工程	检验批
围护结构	—	钢套箱围堰	每基坑
		水泥土重力式围护墙	每基坑
		钢板桩围护墙	每基坑
		预制钢筋混凝土板桩围护墙	每基坑

续表 B.0.4

分部工程	子分部工程	分项工程	检验批
围护结构	—	型钢水泥土搅拌墙	每基坑
		等厚度水泥土搅拌墙	每基坑
		灌注桩排桩	每基坑
		咬合桩围护墙	每基坑
		地下连续墙	每基坑
桩基础	沉入桩	沉桩	每根桩
	灌注桩工程桩	钻孔	每根桩
		钢筋	每根桩
		混凝土	每根桩
承台	—	钢筋	每承台
		混凝土	每承台
墩台	现浇墩台	钢筋	每墩台
		混凝土	每墩台
	预制拼装墩台	胎架	每墩台
		钢筋模块制作	每墩台
		钢筋模块现场安装	每墩台
		构件预制	每墩台
		现场拼装	每墩台
支座垫石	—	钢筋	每20个垫石
		混凝土	每20个垫石
支座	—	支座砂浆	每孔梁
		支座安装	每孔梁
混凝土简支梁	先张法预应力混凝土简支梁预制	钢筋	每孔梁
		混凝土	每孔梁
		预应力	每孔梁

续表B.0.4

分部工程	子分部工程	分项工程	检验批
混凝土简支梁	后张法预应力混凝土简支梁预制	钢筋	每孔梁
		混凝土	每孔梁
		预应力	每孔梁
	架桥机架设预应力混凝土简支箱梁	架梁	每孔梁
		支座	每孔梁
		梁体横向连接(桥面整体)—钢筋	每孔梁
		梁体横向连接(桥面整体)—混凝土	每孔梁
		梁体横向连接(桥面整体)—预应力	每孔梁
	支架法现浇预应力混凝土简支箱梁	模板及支架	每孔梁
		钢筋	每孔梁
		混凝土	每孔梁
		预应力	每孔梁
		支座	每孔梁
	移动模架现浇预应力混凝土简支箱梁	模板及支架	每孔梁
		钢筋	每孔梁
		混凝土	每孔梁
		预应力	每孔梁
		支座	每孔梁
预应力混凝土连续梁、连续刚构	悬臂浇筑预应力混凝土连续梁、连续刚构	模板及支架	每孔梁
		钢筋	每孔梁
		混凝土	每孔梁
		预应力	每孔梁
		支座	每孔梁

续表 B.0.4

分部工程	子分部工程	分项工程	检验批
预应力混凝土连续梁、连续刚构	悬臂拼装预应力混凝土连续梁、连续刚构	钢筋	每孔梁
		混凝土	每孔梁
		预应力	每孔梁
		梁段拼装	每孔梁
		支座	每孔梁
	支架法现浇预应力混凝土连续梁、连续刚构	模板及支架	每孔梁
		钢筋	每孔梁
		混凝土	每孔梁
		预应力	每孔梁
		支座	每孔梁
	转体法现浇预应力混凝土连续梁、连续刚构	模板及支架	每孔梁
		钢筋	每孔梁
		混凝土	每孔梁
		预应力	每孔梁
		支座、转体系统	每孔梁
	顶推法现浇预应力混凝土连续梁、连续刚构	模板及支架	每孔梁
		钢筋	每孔梁
		混凝土	每孔梁
		预应力	每孔梁
		支座	每孔梁
		顶推系统	每孔梁

续表B.0.4

分部工程	子分部工程	分项工程	检验批
结合梁	钢梁	钢梁制作	每孔梁
		拼装架设	每施工段
		涂装	每施工段
		支座	每孔梁
	桥面板	钢筋	每安装段
		混凝土	每浇筑段
		预应力	每施工段
		桥面板安装	每安装段
	钢混连接段	钢筋	每施工段
		混凝土	每施工段
		预应力	每施工段
钢桁梁	—	杆件预拼	每施工段
		拼装架设	每施工段
		涂装	每施工段
		桥面板	每孔梁
		支座	每孔梁
钢管混凝土拱	—	钢管拱肋制作	每安装段
		钢管拱肋拼装架设	每安装段
		钢管内混凝土	每安装段
		钢管拱肋涂装	每拱肋
		吊杆及系杆	每拱肋
		拱上立柱	每孔梁
		梁部	每孔梁
		支座	每孔梁
劲性骨架拱	—	劲性骨架制作	每安装段
		钢桁梁拼装架设	每安装段

续表 B.0.4

分部工程	子分部工程	分项工程	检验批
劲性骨架拱	—	涂装	每安装段
		劲性骨架内外混凝土浇筑	每安装段
		吊杆及系杆安装	每拱肋
		拱上立柱	每孔梁
		梁部	每孔梁
		支座	每孔梁
钢拱	—	桥面板	每安装段
		焊接	每安装段
		栓接	每安装段
		支座	每安装段
		涂装	每安装段
钢筋混凝土拱	—	模板及支架	每安装段
		钢筋	每安装段
		混凝土	每安装段
		拱圈	每安装段
		桥面板	每安装段
		支座	每安装段
钢筋混凝土刚构(架)和框架桥	刚构(架)桥	钢筋	每安装段
		混凝土	每浇筑段
		预应力	每施工段
		支座	每座桥
	框架桥	钢筋	每座桥
		混凝土	每座桥
斜拉桥	索塔	模板及支架	每安装段
		钢筋	每安装段
		混凝土	每浇筑段

续表B.0.4

分部工程	子分部工程	分项工程	检验批
斜拉桥	索塔	预应力	每施工段
		索塔锚固区	每件
	混凝土主梁	模板及支架	每安装段
		钢筋	每安装段
		混凝土	每浇筑段
		预应力	每施工段
		支座	每安装段
	钢主梁	拼装架设	每安装段
		钢梁涂装	每施工段
		桥面板	每安装段
		支座	每安装段
	斜拉索	安装及检验	每根
桥梁附属设施	锥体及排水设施	锥体	每座桥,3km以上特大桥每3km
		排水设施	
	挡砟墙(防护墙)、遮板、电缆槽竖墙、接触网支柱基础	钢筋	
		混凝土	
	—	声(风)屏障基础、栏杆(挡板)、电缆槽(盖板)、人行步板	
	—	桥梁梁端防水装置、防落梁挡块	每座桥,3km以上特大桥每3km
		防水层	
		保护层	
		桥梁排水设施	
	—	人行道、吊篮、围栏	
	—	桥上救援疏散设施	每处

续表 B.0.4

分部工程	子分部工程	分项工程	检验批
涵洞	框架涵	钢筋	每安装段
		混凝土	每浇筑段
		防水层	每座涵
		沉降缝	每座涵
	圆涵	钢筋	每座涵
		混凝土	每座涵
		涵节拼装	每座涵
		防水层	每座涵
		沉降缝	每座涵
	顶进涵	钢筋	每安装段
		混凝土	每浇筑段
		顶进	每施工段
		防水层	每施工段
		沉降缝	每施工段
	端翼墙及附属工程	钢筋	每座涵
		混凝土	每座涵
		砌体	每座涵
		栏杆	每座涵

表 B.0.5 路基分部分项工程划分

分部工程	子分部工程	分项工程	检验批
地基处理	—	原地面处理	单线连续长度每 600 m，双线连续长度每 400 m
		换填	单线连续长度每 600 m，双线连续长度每 400 m
		砂(碎石)垫层	单线连续长度每 600 m，双线连续长度每 400 m

续表B.0.5

分部工程	子分部工程	分项工程	检验批
地基处理	—	灰土(水泥土)垫层	单线连续长度每600 m,双线连续长度每400 m
		土工合成材料垫层	单线连续长度每600 m,双线连续长度每400 m
		塑料排水板	单线连续长度每600 m,双线连续长度每400 m
		真空预压	连续长度每100 m
		水泥土(浆体喷射)搅拌桩	每施工段
		高压喷射注浆法	每施工段
		钢筋混凝土预制桩	每施工段
		水泥粉煤灰碎石桩	每施工段
		灌注桩工程桩	每根桩
		托梁(承载板)、筏板	每施工段
		毛细水隔断层	单线连续长度每600 m,双线连续长度每400 m
		复合土工膜隔断层	单线连续长度每600 m,双线连续长度每400 m
基床以下路堤	—	一般路堤填筑、物理改良土路堤填筑	连续长度每600 m,每检测层
		化学改良土路堤填筑	连续长度每600 m,每检测层
		加筋土路堤填筑	连续长度每600 m,每检测层
		软土地基上路堤填筑	连续长度每600 m,每检测层
		路堤边坡成型	连续长度每600 m

续表B.0.5

分部工程	子分部工程	分项工程	检验批
基床	—	基床底层	连续长度每600 m,每检测层
		基床表层	连续长度每600 m,每检测层
过渡段	—	过渡段填层及锥体填土	每过渡段
		过渡段混凝土填层	每过渡段
		基坑回填	每过渡段
路基支挡	重力式挡土墙	明挖基坑	长度每50 m,每施工段
		挡土墙基础	长度每50 m,每施工段
		墙身钢筋	每安装段
		墙身混凝土	每浇筑(砌筑)段
		墙背填筑及反滤层	长度每50 m,每施工段
		沉降缝(伸缩缝)、泄水孔	每座挡土墙
	悬臂式和扶壁挡土墙	明挖基坑	长度每50 m,每施工段
		挡土墙基础	长度每50 m,每施工段
		墙身钢筋	每安装段
		墙身混凝土	每浇筑(砌筑)段
		墙背填筑及反滤层	长度每50 m,每施工段
		沉降缝(伸缩缝)、泄水孔	每座挡土墙
	槽型挡土墙	明挖基坑	长度每50 m,每施工段
		挡土墙基础	长度每50 m,每施工段
		底板、侧墙钢筋	每安装段
		底板、侧墙混凝土	每安装段
		墙背填筑及反滤层	长度每50 m,每施工段
		墙背防水层	长度每50 m,每施工段
		沉降缝(伸缩缝)、泄水孔	每座挡土墙

续表B.0.5

分部工程	子分部工程	分项工程	检验批
路基支挡	桩板式挡土墙	明挖基坑	长度每50 m,每施工段
		挡土墙基础	长度每50 m,每施工段
		钢筋	每安装段
		墙身混凝土	每浇筑(砌筑)段
		墙背填筑及反滤层	长度每50 m,每施工段
		沉降缝(伸缩缝)、泄水孔	每座挡土墙
路基防护	绿色防护	植物护坡	连续护坡长度每500 m
		客土植生护坡	连续护坡长度每500 m
		喷混植生护坡	连续护坡长度每500 m
		土工合成材料植被坡	连续护坡长度每500 m
	骨架护坡	浆(干)砌片石骨架护坡	连续护坡长度每500 m
		预制件骨架护坡	连续护坡长度每500 m
		现浇混凝土骨架护坡	连续护坡长度每500 m
	挡水埝	基坑	埝连续长度每100 m
		埝身	埝连续长度每100 m
路基防排水	地表排水	基坑	连续长度每100 m
		现浇混凝土水沟	每浇筑段
		预制水沟	连续长度每100 m
		砌筑水沟	连续长度每100 m
	地下排水	排水沟	连续长度每100 m
		检查井	每座井
		渗井	每座井
	坡体排水	排水沟(支撑渗沟)	连续长度每100 m
		仰斜排水孔	连续长度每100 m
	过渡段排水	无砂透水混凝土块(渗水板)	每过渡段
		透水管	每过渡段
		渗水盲沟	每过渡段

续表 B.0.5

分部工程	子分部工程	分项工程	检验批
路基附属工程	电缆槽(井)	基底	沿线路连续长度每 400 m
		电缆槽	沿线路连续长度每 400 m
		电缆井	每处电缆井
	接触网支柱基础	接触网支柱基础	沿线路每 10 处接触网支柱基础
	声屏障基础	声屏障基础	按现行行业标准《铁路声屏障工程施工质量验收标准》TB 10428 划分和检验
	预埋管、综合接地	预埋管	沿线路每 10 处
		综合接地	沿线路连续长度每 400 m
	检查设备	检查井	每处检查井
		检查栏杆	沿线路连续长度每 500 m
		检查台阶(检查梯)	每 10 处检查台阶(检查梯)
	防护栅栏	防护栅栏	沿线路连续长度每 400 m

表 B.0.6 轨道分部分项工程划分

分部工程	子分部工程	分项工程	检验批
普通双块式无砟道床	混凝土底座及限位凹槽	钢筋	每施工段
		混凝土	每施工段
	—	隔离层、弹性垫层	每施工段
	混凝土道床板	轨排铺设、精调	每施工段
		钢筋	每施工段
		混凝土	每施工段
长枕埋入式无砟道床	混凝土底座及限位凹槽	钢筋	每施工段
		混凝土	每施工段
	—	隔离层、弹性垫层	每施工段

续表B.0.6

分部工程	子分部工程	分项工程	检验批
长枕埋入式无砟道床	混凝土道床板	轨排铺设、精调	每施工段
		钢筋	每施工段
		混凝土	每施工段
减振式无砟道床	钢弹簧浮置板道床	轨排铺设、精调	每施工段
		钢筋	每施工段
		混凝土	每施工段
		减振装置安装及顶升	每施工段
	减振垫浮置板道床	轨排铺设、精调	每施工段
		钢筋	每施工段
		混凝土	每施工段
		减振装置安装	每施工段
	梯形轨枕道床	轨排铺设、精调	每施工段
		钢筋	每施工段
		混凝土	每施工段
		减振装置安装	每施工段
有砟轨道道床	—	有砟道床	每施工段
道岔	无砟道岔	无砟道岔	每组
	有砟道岔	铺道岔前铺砟	每组
		道岔铺设	每组
		道岔钢轨焊接	每组
		道岔整理	每组
钢轨伸缩调节器	—	钢轨伸缩调节器铺设	每组
线路铺轨	—	无砟轨道铺轨	每10 km
		有砟轨道铺枕铺轨	每10 km
		工地钢轨焊接	每区间

续表B.0.6

分部工程	子分部工程	分项工程	检验批
线路铺轨	—	无缝线路应力放散及锁定	每单元轨节
		无砟轨道铺枕铺轨整理	每区间
		有砟轨道铺枕铺轨整理	每区间
钢轨预打磨	—	钢轨预打磨	每10 km
轨道安全设备及附属设施	—	护轨	每处
		轨道加强设备	每区间
		线路标志	每区间
		车挡	每处

表B.0.7 装饰装修工程分部分项工程划分

分部工程	子分部工程	分项工程	检验批
建筑装饰装修	地面工程	基层铺设	≤900 m²
		整体面层铺设	≤900 m²
		板块面层铺设	≤900 m²,盲道砖30 m
	抹灰工程	一般抹灰	室外抹灰工程每1 000 m²应划分为1个检验批,不足1 000 m²时也应划分为1个检验批;室内抹灰工程每50个自然间应划分为1个检验批,不足50间也应划分为1个检验批,大面积房间和走廊可按抹灰面积每30 m²计为1间
		保温层薄抹灰	
		装饰抹灰	
		清水砌体勾缝	
	外墙防水工程	外墙砂浆防水	≤500 m²
		涂膜防水	≤500 m²
		透气膜防水	≤500 m²
	饰面板工程	石板安装	室内饰面板工程每50间应划分为1个检验批,不足50间也应划分为1个检验批,大面积房间和走廊可按饰面板面积每30 m²计为1间;室外饰面板工程每1 000 m²应划分为1个检验批,不足1 000 m²也应划分为1个检验批
		陶瓷板安装	
		金属板安装	

续表B.0.7

分部工程	子分部工程	分项工程	检验批
建筑装饰装修	饰面砖工程	外墙饰面砖粘贴	室内饰面砖工程每50间应划分为1个检验批,不足50间也应划分为1个检验批,大面积房间和走廊可按饰面砖面积每30 m² 计为1间;室外饰面砖工程每1 000 m² 应划分为1个检验批,不足1 000 m² 也应划分为1个检验批
		内墙饰面砖粘贴	
	涂饰工程	水性涂料涂饰	室外涂饰工程每栋楼的同类涂料涂饰的墙面每1 000 m² 应划分为1个检验批,不足1 000 m² 也应划分为1个检验批;室内涂饰工程同类涂料涂饰墙面每50间应划分为1个检验批,不足50间也应划分为1个检验批,大面积房间和走廊可按涂饰面积每30 m² 计为1间
		溶剂型涂料涂饰	
		美术涂饰	
	门窗工程	金属门窗安装	≤100樘
		木门窗安装	≤100樘
		特种门安装	≤50樘
		门窗玻璃安装	≤100樘
		防火卷帘	每个
		挡烟垂壁	每个
	吊顶工程	整体面层吊顶	每50个自然间(大面积房间和走廊按吊顶面积30 m² 为1间)
		板块面层吊顶	
		格栅吊顶	
	轻质隔墙工程	板材隔墙	每50个自然间(大面积房间和走廊按轻质隔墙面积30 m² 为1间)
		骨架隔墙	
		活动隔墙	

续表B.0.7

分部工程	子分部工程	分项工程	检验批
建筑装饰装修	轻质隔墙工程	玻璃隔墙	每50个自然间(大面积房间和走廊按轻质隔墙面积30 m² 为1间)
		砖砌体隔墙	
		混凝土小型空心砌块砌体隔墙	
		石砌体隔墙	
		配筋砌体隔墙	
		填充墙砌体隔墙	
	幕墙工程	玻璃幕墙安装	相同设计、材料、工艺和施工条件的幕墙工程每1 000 m² 应划分为1个检验批,不足1 000 m² 也应划分为1个检验批;同一单位工程不连续的幕墙工程应单独划分检验批;对于异形或有特殊要求的幕墙,检验批的划分应根据幕墙的结构、工艺特点及幕墙工程规模,由监理单位(或建设单位)和施工单位协商确定
		金属幕墙安装	
		石材幕墙安装	
		人造板材幕墙安装	
	细部工程	橱柜制作与安装	同类制品每50间(处)应划分为1个检验批,不足50间(处)也应划分为1个检验批;每部楼梯应划分为1个检验批
		窗帘盒和窗台板制作与安装	
		门窗套制作与安装	
		护栏和扶手制作与安装	
		花饰制作与安装	
	导向标识工程	悬挂	导向标识工程沿线路方向每层每100 m 应划分为1个检验批,不足100 m 也应划分为1个检验批
		附着	
		落地	

表 B.0.8 站内客运设备分部分项工程划分表

分部工程	子分部工程	分项工程	检验批
电梯	电力驱动的曳引式或强制式电梯	设备进场验收	每车站
		土建交接检验	
		驱动主机	
		导轨	
		门系统	
		轿厢、对重	
		安全部件	
		悬挂装置、随行电缆、补偿装置	
		电气装置	
		整机安装验收	
	自动扶梯、自动人行道	设备进场验收	每车站
		土建交接检验	
		整机安装验收	
	轮椅升降机	导轨系统	每车站
		升降平台	
		控制系统	
		系统调试	

表 B.0.9 站台门分部分项工程划分

分部工程	子分部工程	分项工程	检验批
站台门系统	门体系统	上部结构安装(全高站台门适用)	每车站
		下部结构安装	每车站
		门体结构安装	每车站
		滑动门、应急门和端门	每车站
		顶箱安装(全高站台门适用)	每车站
		固定侧盒安装(半高站台门适用)	每车站

续表B.0.9

分部工程	子分部工程	分项工程	检验批
站台门系统	电气系统	电源设备安装	每车站
		电源设备配线	每车站
		接地安装	每车站
		电源系统指标检测及功能检验	每车站
	监控系统	监控系统设备安装	每车站
		监控系统设备配线	每车站
		监控系统功能检验	每车站
	系统调试	系统调试	每车站

表B.0.10 通风与空调分部分项工程划分

分部工程	子分部工程	分项工程	检验批
通风与空调工程	送风工程	风管与配件制作	每区间、中间风井、段场、车站、控制中心
		部件制作	
		风管系统安装	
		风机与空气处理设备安装	
		风管与设备绝热防腐	
		系统调试	
	排风工程	风管与配件制作	每区间、中间风井、段场、车站、控制中心
		部件制作	
		风管系统安装	
		风机与空气处理设备安装	
		风管与设备绝热防腐	
		卫生间排风系统安装	
		系统调试	
	防、排烟工程	风管与配件制作	每区间、中间风井、段场、车站、控制中心
		部件制作	
		风管系统安装	

续表B.0.10

分部工程	子分部工程	分项工程	检验批
通风与空调工程	防、排烟工程	风机与空气处理设备安装	每区间、中间风井、段场、车站、控制中心
		风管与设备防腐	
		排烟风阀(口)	
		常闭正压风口	
		防火风管安装	
		系统调试	
	空调水系统	管道系统及部件安装	每车站、段场、控制中心
		水泵及附属设备安装	
		管道冲洗与管内防腐	
		冷却塔与水处理设备安装	
		防冻伴热设备安装	
		管道、设备防腐与绝热	
		系统压力试验及调试	
	冷(热)源系统	机组、设备及部件安装	每车站、段场、控制中心
		管道冲洗及防腐	
		制冷剂管路连接	
		控制开关安装	
		管道系统安装	
		制冷剂灌注	
		系统压力试验及调试	
	多联机(热泵)空调系统	室外机组安装	每车站、区间、中间风井、段场、控制中心
		室内机组安装	
		制冷剂管路连接及控制开关安装	
		风管安装,冷凝水管道安装	
		制冷剂灌注	
		系统压力试验及调试	

表 B.0.11 给水排水及消防灭火系统分部分项工程划分

分部工程	子分部工程	分项工程	检验批
给水排水系统	室内给水系统	给水管道及配件安装	每车站、区间、中间风井、段场、控制中心、主所
		给水设备安装	每车站、区间、中间风井、段场、控制中心、主所
		室内消火栓系统安装	每车站、区间、中间风井、段场、控制中心、主所
		消防喷淋系统安装	每车站、段场、控制中心、主所
		防腐	每车站、区间、中间风井、段场、控制中心、主所
		绝热	每车站、区间、中间风井、段场、控制中心、主所
		管道冲洗、消毒	每车站、区间、中间风井、段场、控制中心、主所
		试验与调试	每车站、区间、中间风井、段场、控制中心、主所
	室内排水系统	排水管道及配件安装	每车站、区间、中间风井、段场、控制中心、主所
		雨水管道及配件安装	每车站、区间、中间风井、段场、控制中心、主所
		防腐	每车站、区间、中间风井、段场、控制中心、主所
		试验与调试	每车站、区间、中间风井、段场、控制中心、主所
	室内热水系统	管道及配件安装	每车站、段场、控制中心、主所

续表B.0.11

分部工程	子分部工程	分项工程	检验批
给水排水系统	室内热水系统	辅助设备安装	每车站、段场、控制中心、主所
		防腐	每车站、段场、控制中心、主所
		绝热	每车站、段场、控制中心、主所
		试验与调试	每车站、段场、控制中心、主所
	卫生器具	卫生器具安装	每车站、段场、控制中心、主所
		卫生器具给水配件安装	每车站、段场、控制中心、主所
		卫生器具排水管道安装	每车站、段场、控制中心、主所
		试验与调试	每车站、段场、控制中心、主所
	室外给水管网	给水管道安装	每车站、中间风井、段场、控制中心、主所
		室外消火栓系统安装	每车站、中间风井、段场、控制中心、主所
		试验与调试	每车站、中间风井、段场、控制中心、主所
	室外排水管网	排水管道安装	每车站、中间风井、段场、控制中心、主所
		排水管沟与井池	每车站、中间风井、段场、控制中心、主所
		试验与调试	每车站、中间风井、段场、控制中心、主所
消防灭火系统	气体灭火系统	材料进场检验	每区间、车站、段场、控制中心、主所

续表B.0.11

分部工程	子分部工程	分项工程	检验批
消防灭火系统	气体灭火系统	系统组件进场检验	每区间、车站、段场、控制中心、主所
		选择阀及信号反馈装置的安装	每区间、车站、段场、控制中心、主所
		阀驱动装置的安装	每区间、车站、段场、控制中心、主所
		灭火剂输送管道的安装	每区间、车站、段场、控制中心、主所
		喷嘴的安装	每区间、车站、段场、控制中心、主所
		预制灭火系统的安装	每区间、车站、段场、控制中心、主所
		控制组件的安装	每区间、车站、段场、控制中心、主所
		模拟启动试验	每区间、车站、段场、控制中心、主所
		模拟喷气试验	每区间、车站、段场、控制中心、主所
		模拟切换操作试验	每区间、车站、段场、控制中心、主所
		防护区或保护对象与储存间验收	每区间、车站、段场、控制中心、主所
		设备和灭火剂输送管道验收	每区间、车站、段场、控制中心、主所
		系统功能验收	每区间、车站、段场、控制中心、主所

表 B.0.12 牵引供电分部分项工程划分

子单位工程	分部工程	分项工程	检验批
各牵引变电所、分区所、开闭所	基础	基础	每所
	防雷及接地装置	防雷及接地装置	每所
	变压器	变压器	每所
	高压电器	SF_6全封闭组合电器	每所
		高压开关柜	每所
	箱式所	箱式所	每所
	电缆	高压电缆	每所
		光缆及低压电缆	每所
		电缆支架桥架及电缆附件	每所
	屏(柜)及二次回路、交直流系统	屏(柜)及二次回路	每所
		交直流电源装置	每所
	综合自动化系统	综合自动化系统	每所
	辅助监控系统	辅助监控系统	每所
	变电所起动试运行及送电开通	变电所起动试运行及送电开通	每所
接触网	基础、埋入杆、化学锚栓	基础(含基础帽)	每10锚段、车站、段场
		钢柱、拉线锚栓	每10锚段、车站、段场
		力矩控制式胶粘型锚栓	每10锚段、车站、段场、隧道
	支柱、地线及拉线	支柱(钢柱)	每10锚段、车站、段场
		地线及接地极	每10锚段、车站、段场
		拉线	每10锚段、车站、段场
		软横跨	每10锚段、车站、段场
		硬横梁	每10锚段、车站、段场
		吊柱	每10锚段、车站、段场、隧道

续表 B.0.12

子单位工程	分部工程	分项工程	检验批
接触网	支柱、地线及拉线	标志牌及支柱号码牌	每 10 锚段、车站、段场、隧道
		支柱防护、限界门	每区间、车站、段场
	接触悬挂	腕臂结构	每 10 锚段、车站、段场
		定位装置	每 10 锚段、车站、段场
		承力索及接触线	每 10 锚段、车站、段场
		中心锚结	每 10 锚段、车站、段场
		吊弦及吊索	每 10 锚段、车站、段场
		接触悬挂	每 10 锚段、车站、段场
		补偿装置	每 10 锚段、车站、段场
	设备	电连接	每 10 锚段、车站、段场
		线岔	每车站、段场
		隔离开关	每所亭处、车站、段场、区间、10 个～15 个锚段
		避雷器	每所亭处、车站、段场、区间、10 个～15 个锚段
		分段绝缘器	每所亭处、车站、段场、区间、10 个～15 个锚段
		分相装置	每所亭处、车站、段场、区间、10 个～15 个锚段
	附加导线	附加导线	每 10 个耐张段、车站、段场
		27.5 kV 电缆	每所亭处
		回流及吸上线	每 10 锚段、车站、段场

续表 B.0.12

子单位工程	分部工程	分项工程	检验批
供电调度及远动系统	设备安装	设备安装	每个系统
	远动系统检测	远动系统检测	每个系统

表 B.0.13 电力分部分项工程划分

子单位工程	分部工程	分项工程	检验批
各变、配电所电力工程	基础	基础	每所
	电气装置	电力变压器	每所
		互感器	每所
		高压断路器	每所
		隔离开关、负荷开关及高压熔断器	每所
		高压开关柜	每所
		低压开关柜	每所
		电能质量补偿装置	每所
		屏柜及二次配线	每所
		综合自动化系统	每所
		母线装置	每所
		交直流电源装置	每所
		UPS不间断电源装置及EPS应急电源装置	每所
		柴油发电机组	每所
		中性点接地装置	每所
	电缆敷设	支吊架安装	每所
		电缆敷设	每所
		电缆附件制作与安装	每所
	低压配电	配管配线	每所
		配电柜(箱)、控制柜安装	每所
		防爆电气设备安装	每所

续表B.0.13

子单位工程	分部工程	分项工程	检验批
各变、配电所电力工程	低压配电	应急电源装置	每所
		封闭式母线	每所
		地面电源装置	每所
	电气照明	室内照明	每所
		智能照明系统	每所
	防雷、接地	防雷装置	每所
		接地网	每所
		电气设备接地	每所
		防爆及火灾危险场所设备接地	每所
		等电位连接	每所
		与综合接地系统的连接	每所
各区间电力工程	电缆敷设	支吊架安装	每区间
		电缆敷设	每回路
		电缆附件制作与安装	每回路
	低压配电	配管配线	每座建筑物
		配电箱(柜)、控制柜安装	每座建筑物
	电气照明	隧道及特殊场所照明	每区间
	防雷、接地	防雷装置	每区间
		接地网	每区间
		电气设备接地	每区间
		防爆及火灾危险场所设备接地	每区间
		等电位连接	每区间
		与综合接地系统的连接	每区间
各车站电力工程	电缆敷设	支吊架安装	每车站、中间风井、段场
		电缆敷设	每回路
		电缆附件制作与安装	每回路

续表 B.0.13

子单位工程	分部工程	分项工程	检验批
各车站电力工程	35 kV及以下架空线路	基坑开挖、回填及基础浇筑	每10个基杆位
		杆塔组立、横担组装及绝缘子安装	每10个基杆位
		拉线安装	每10个基杆位
		导线、地线架设	每10个基杆位
		线路设备安装	每组
	低压配电	配管配线	每车站、中间风井、段场
		配电柜(箱)、控制柜安装	每车站、中间风井、段场
		防爆电气设备安装	每车站、中间风井、段场
		应急电源装置	每车站、中间风井、段场
		封闭式母线	每车站、中间风井、段场
		地面电源装置	每车站、中间风井、段场
	电气照明	室外照明	每车站、中间风井、段场
		智能照明系统	每车站、中间风井、段场
	防雷、接地	防雷装置	每车站、中间风井、段场

— 987 —

续表B.0.13

子单位工程	分部工程	分项工程	检验批
各车站电力工程	防雷、接地	接地网	每车站、中间风井、段场
		电气设备接地	每车站、中间风井、段场
		防爆及火灾危险场所设备接地	每车站、中间风井、段场
		等电位连接	每车站、中间风井、段场
		与综合接地系统的连接	每车站、中间风井、段场
各车辆基地电力工程	电缆敷设	支吊架安装	每座建筑物
		电缆敷设	每回路
		电缆附件制作与安装	每回路
	低压配电	配管配线	每座建筑物
		配电箱(柜)、控制柜安装	每座建筑物
		防爆电气设备安装	每座建筑物
		应急电源装置	每组
		封闭式母线	每场
		地面电源装置	每座建筑物
	电气照明	室外照明	每车站、段场
		智能照明系统	每段场
	防雷、接地	防雷装置	每段场
		接地网	每段场
		电气设备接地	每段场
		防爆及火灾危险场所设备接地	每段场
		等电位连接	每段场
		与综合接地系统的连接	每段场

续表 B.0.13

子单位工程	分部工程	分项工程	检验批
各光伏发电系统	光伏发电系统	光伏发电系统	每个系统
	防雷、接地	防雷装置	每个系统
		接地网	每个系统
		电气设备接地	每个系统
		防爆及火灾危险场所设备接地	每个系统
		等电位连接	每个系统
		与综合接地系统的连接	每个系统

表 B.0.14 通信分部分项工程划分

子单位工程	分部工程	分项工程	检验批
专用通信系统	通信管线	线槽安装	每车站
		保护管安装	每车站
		缆线布放	每车站
	通信线路	区间电缆支架	每区间
		光缆敷设、防护	每车站、区间
		电缆敷设、防护	每车站、区间
		光缆接续及引入	每车站、区间
		电缆接续及引入	每车站、区间
		光缆线路检测	每中继段、区间
		电缆线路检测	每音频段、区间
		漏缆敷设、连接及引入	每敷设段
		漏缆线路检测	每敷设段
	机房设备	机柜安装	每车站
		室内布线及配线	每车站
		室内防雷及接地	每车站
	电源及接地系统	电源设备安装及配线	每车站
		电源设备功能性能	每个系统

续表B.0.14

子单位工程	分部工程	分项工程	检验批
专用通信系统	传输系统	设备安装及配线	每车站
		设备及系统性能	每个系统
		系统功能	每个系统
	专用移动通信系统	天线杆(塔)安装	每地面、高架区间、停车场
		天线和馈线安装	每地面、高架区间、停车场
		设备安装及配线	每区间、车站
		无线场强覆盖及抗干扰	全线
		设备及系统性能	每个系统
		设备及系统功能	每个系统
		系统网管	每个系统
	电话交换系统	设备安装及配线	每车站
		系统功能性能	每个系统
	有线调度通信系统	设备安装及配线	每车站
		系统功能性能	每个系统
	综合视频监控系统	设备安装及配线	每车站
		系统功能性能	每个系统
	时钟同步及时间同步系统	设备安装及配线	每车站
		系统功能性能	每个系统
	综合网管系统	设备安装及配线	每车站、中心
		系统功能性能	每个系统
	应急通信系统	设备安装及配线	每车站、中心
		系统功能检验	每个系统
		隧道应急电话	每区间

续表B.0.14

子单位工程	分部工程	分项工程	检验批
公安通信系统	公安视频监视	设备安装及配线	每车站
		系统功能性能	每个系统
	公安(消防)无线通信引入系统	天线和馈线安装	每地面、高架区间、停车场
		漏缆安装	每区间
		设备安装及配线	每车站、区间
		无线场强覆盖及抗干扰	全线
		系统功能性能	每个系统
	公安数据网	设备安装及配线	每车站
		系统功能性能	每个系统
	公安电源设备	电源设备安装配线	每车站
		电源设备功能性能	每个系统

表 B.0.15 信号分部分项工程划分

分部工程	子分部工程	分项工程	检验批
计算机联锁系统	光电缆线路	光电缆及箱盒进场检验	每车站
		光电缆敷设、防护、接续及引入	每车站、区间
		箱盒安装及配线	每车站、区间
	地面固定信号	地面固定信号进场检验	每车站
		高柱信号机安装	每车站
		矮型信号机安装	每车站
		信号表示器	每车站
		信号机及信号表示器单项检验	每车站
		信号标志牌	每车站、区间
		按钮装置安装	每车站
	轨道占用检查装置	轨道占用检查装置进场检验	每车站、区间
		轨道电路设备安装及配线	每车站、区间
		设备调试及检验	每车站、区间

续表B.0.15

分部工程	子分部工程	分项工程	检验批
计算机联锁系统	道岔转辙装置	道岔转辙装置进场检验	每车站
		道岔转辙装置安装及配线	每车站
		道岔转辙装置单项检验	每车站
		道岔缺口监测设备	每车站
	室内设备	设备及材料进场检验	每车站
		设备安装	每车站
		布线及配线	每车站
		防雷及接地	每车站
	信号电源	电源屏设备检验	每车站
		不间断电源设备检验	每车站
		蓄电池	每车站
	联锁系统检验	联锁系统进场检验	每车站
		联锁系统功能检验	每车站
		联锁系统接口检验	每车站
列车运行控制系统	光电缆线路	光电缆进场检验	每车站
		光电缆敷设、防护、接续及引入	每车站、区间
		箱盒安装及配线	每车站、区间
	地面固定信号	地面固定信号进场检验	每车站
		信号标志牌	每车站、区间
	轨道占用检查装置	轨道占用检查装置进场检验	每车站、区间
		轨道电路设备安装及配线	每车站、区间
		设备调试及检验	每车站、区间
	室内设备	设备及材料进场检验	每车站
		设备安装	每车站
		布线及配线	每车站
		防雷及接地	每车站

续表 B.0.15

分部工程	子分部工程	分项工程	检验批
列车运行控制系统	应答器及室外地面电子单元	应答器及室外地面电子单元进场检验	每车站、区间
		应答器	每车站、区间
		室外地面电子单元	每车站、区间
		应答器单项检验	每车站、区间
	车载信号的地面检测设备	车载信号的地面检测设备进场检验	每车辆基地
		车载信号的地面检测设备	每车辆基地
	列车运行控制系统检验	设备及材料进场检验	每车站、区间
		CTCS系统调试与检验	每车站、中心
		接口检验	每车站、中心
		ATO系统调试与检验	每车站、中心
调度集中系统	室内设备	设备及材料进场检验	每车站
		设备安装	每车站
		布线及配线	每车站
		防雷及接地	每车站
	调度集中系统检验	进场检验	每车站、中心
		功能检验	每车站、中心
		接口检验	每车站、中心
信号监测系统	光电缆线路	光电缆进场检验	每车站
		光电缆敷设、防护、接续及引入	每车站
		箱盒安装及配线	每车站
	室内设备	设备及材料进场检验	每车站
		设备安装	每车站
		布线及配线	每车站
		防雷及接地	每车站
	信号集中监测系统检验	系统功能检验	每车站
		接口检验	每车站

续表 B.0.15

分部工程	子分部工程	分项工程	检验批
信号监测系统	信号集中监测系统检验	道岔缺口监测系统检验	每车站
		ZPW-2000轨道电路室外监测及诊断系统检验	每车站
车辆段调车防护系统	光电缆线路	光(电)缆进场检验	每车站
		光(电)缆敷设、防护、接续及引入	每车站
		箱盒安装及配线	每车站
	室内设备	设备及材料进场检验	每车站
		设备安装	每车站
		布线及配线	每车站
		防雷及接地	每车站
	车辆段调车防护系统检验	设备安装	每车站
		系统功能检验	每车站
车辆段控制集中系统	室内设备	设备及材料进场检验	每车站
		设备安装	每车站
		布线及配线	每车站
		防雷及接地	每车站
	车辆段控制集中系统检验	系统功能检验	每车站
		系统接口检验	每车站
辅助系统	室内设备	设备及材料进场检验	每车站
		设备安装	每车站
		布线及配线	每车站
		防雷及接地	每车站
	辅助系统检验	车载设备信息管理系统	每个系统
		列控动态监测检验	每个系统
		动车组司机操控信息分析系统	每个系统
		列控数据管理系统	每个系统
		其他辅助系统	每个系统

表 B.0.16 信息分部分项工程划分

子单位工程	分部工程	分项工程	检验批
客票系统	管槽敷设	管槽敷设	每车站
		管槽接头和端口	每车站
		电缆桥架安装	每车站
	缆线布放及检测	缆线敷设	每车站
		缆线引入	每车站
		缆线接续	每车站
		缆线特性检测	每车站
	电源设备	设备安装及配线	每车站
		设备功能性能检验	每个系统
		防雷与接地	每车站
	车票与读写器	车票与读写器	抽验
	车站终端设备	车站终端设备安装及配线	每车站
		设备防雷接地	每车站
		车站终端设备功能性能检验	每车站
	车站级客票系统	机房设备安装及配线	每车站
		设备防雷及接地	每车站
		车站级客票系统局域网	每车站
		车站级客票系统功能性能检验	每车站
		紧急按钮	每车站
	中心级客票系统	机房设备安装及配线	每中心
		中心级客票系统局域网	每个系统
		设备防雷及接地	每车站
		中心级客票系统功能性能检验	每个系统
	清分系统	机房设备安装及配线	每中心
		设备防雷及接地	每中心
		清分系统局域网	每个系统

续表B.0.16

子单位工程	分部工程	分项工程	检验批
客票系统	清分系统	清分系统功能检验	每个系统
		系统互联互通	每个系统
	系统联调联试	系统联调联试	每个系统
旅客服务信息系统	管槽敷设	桥架、线槽安装	每车站
		保护管安装	每车站
	缆线布放及检测	缆线布放	每车站
		缆线检测	每车站
	电源设备	设备安装及配线	每车站
		设备功能性能检验	每个系统
	乘客信息系统	设备安装及配线	每车站
		设备防雷及接地	每车站
		系统功能性能	每个系统
	广播系统	设备安装及配线	每车站
		设备防雷及接地	每车站
		系统功能性能检验	每个系统
	时钟系统	设备安装及配线	每车站
		设备防雷及接地	每车站
		系统功能性能检验	每个系统
	集成管理平台	设备安装及配线	每车站、处
		设备防雷及接地	每车站
		系统功能检验	每个系统
动车组管理信息系统	动车组管理信息系统	设备安装及配线	每区域
		系统功能性能检验	每个系统
办公信息系统	办公信息系统	设备安装及配线	每车站、中心
		数据网功能性能检验	每个系统

续表B.0.16

子单位工程	分部工程	分项工程	检验批
系统布线	系统布线安装	室内设备安装	每建筑物
		信息点安装	每建筑物
		设备配线	每建筑物
		线缆敷设	每建筑物
		线缆保护方式	每建筑物
		线缆终接	每建筑物
	系统性能检验	系统性能检验	每建筑物
安防系统	管槽敷设	桥架、线槽安装	每车站
		保护管安装	每车站
	缆线布放及检测	缆线布放	每车站
		缆线检测	每车站
	电源设备	设备安装及配线	每车站
		设备功能性能检验	每个系统
	安防集成平台	设备安装及配线	每处
		防雷及接地	每处
		平台功能性能检验	每个系统
	车站安检设备	设备安装及配线	每车站
		防雷及接地	每车站
		系统功能性能检验	每车站
	入侵报警系统	设备安装及配线	每车站、段场、控制中心、主所
		防雷及接地	每车站、段场、控制中心、主所
		系统功能性能检验	每个系统
	电子巡查	设备安装及配线	每车站、段场、控制中心、主所

续表B.0.16

子单位工程	分部工程	分项工程	检验批
安防系统	电子巡查	防雷及接地	每车站、段场、控制中心、主所
		系统功能性能检验	每车站、段场、控制中心、主所
门禁系统	管槽敷设	桥架、线槽安装	每车站、段场、控制中心、主所
		保护管安装	每车站、段场、控制中心、主所
	缆线布放及监测	缆线布放	每车站、段场、控制中心、主所
		缆线检测	每车站、段场、控制中心、主所
	电源设备	设备安装及配线	每车站、段场、控制中心、主所
		设备功能性能检验	每个系统
	设备安装及配线	设备安装及配线	每车站、段场、控制中心、主所
		防雷及接地	每车站、段场、控制中心、主所
	系统功能性能检验	系统功能性能检验	每个系统

表B.0.17 火灾、环境系统分部分项工程划分

分部工程	子分部工程	分项工程	检验批
火灾自动报警系统	—	梯架、托盘、槽盒和导管安装	车站及附属区间、风井、主变电站、车辆基地等
		线缆敷设	车站及附属区间、风井、主变电站、车辆基地等

续表B.0.17

分部工程	子分部工程	分项工程	检验批
火灾自动报警系统	—	探测器类设备安装	车站及附属区间、风井、主变电站、车辆基地等
		控制器类设备安装	车站及附属区间、风井、主变电站、车辆基地等
		其他设备安装	车站及附属区间、风井、主变电站、车辆基地等
		软件安装	车站及附属区间、风井、主变电站、车辆基地等
		系统调试、试运行	车站及附属区间、风井、主变电站、车辆基地等
环境与设备监控系统	—	梯架、托盘、槽盒和导管安装	车站及附属区间、风井、主变电站、车辆基地等
		线缆敷设	车站及附属区间、风井、主变电站、车辆基地等
		传感器安装	车站及附属区间、风井、主变电站、车辆基地等
		执行器安装	车站及附属区间、风井、主变电站、车辆基地等
		控制器/箱安装	车站及附属区间、风井、主变电站、车辆基地等
		操作分站设备安装	车站及附属区间、风井、主变电站、车辆基地等
		中央管理工作站安装	车站及附属区间、风井、主变电站、车辆基地等
		软件安装	车站及附属区间、风井、主变电站、车辆基地等
		系统调试、试运行	车站及附属区间、风井、主变电站、车辆基地等

表 B.0.18 综合监控系统分部分项工程划分

分部工程	子分部工程	分项工程	检验批
综合监控系统	—	光(电)缆线路敷设	每车站、中心、车辆基地
		设备安装及配线	每车站、中心、车辆基地
		电源与接地	每车站、中心、车辆基地
		系统调试	每车站、中心、车辆基地

表 B.0.19 车辆基地分部分项工程划分

单位(子单位)工程	分部(子分部)工程	分项工程	检验批
基地构筑物	—	围墙	每25 m
		综合管沟	每20 m
		电缆沟	每100 m
		检查坑	每个检查坑
		混凝土登司平台	每座平台
		设备基础	每个设备基础
道路工程	路基	土方路基	每条路、路段
		石方路基	每条路、路段
		路基处理	每条处理段
		路肩	每条路肩
	基层	石灰土基层	每条路、路段
		石灰粉煤灰稳定砂砾(碎石)基层	每条路、路段
		水泥稳定土类基层	每条路、路段
		级配砂砾(砾石)基层	每条路、路段
		级配碎石(碎砾石)基层	每条路、路段
		沥青碎石基层	每条路、路段

续表 B.0.19

单位(子单位)工程	分部(子分部)工程	分项工程	检验批
道路工程	沥青混合料面层	透层	每条路、路段
		粘层	每条路、路段
		封层	每条路、路段
		热拌沥青混合料面层	每条路、路段
		冷拌沥青混合料面层	每条路、路段
	水泥混凝土面层	水泥混凝土面层(模板、钢筋、混凝土)	每条路、路段
	铺砌式面层	料石面层	每条路、路段
		预制混凝土砌块面层	每条路、路段
	广场与停车场	料石面层	每个广场、区段
		预制混凝土砌块面层	每个广场、区段
		沥青混合料面层	每个广场、区段
		水泥混凝土面层	每个广场、区段
	人行道	料石人行道铺砌面层(含盲道砖)	每条路、路段
		混凝土预制块铺砌人行道面层(含盲道砖)	每条路、路段
		沥青混合料铺筑面层	每条路、路段
	人行地道结构	现浇钢筋混凝土人行地道结构	地基	每座通道
			防水	每座通道
			基础(模板、钢筋、混凝土)	每座通道
			墙与顶板(模板、钢筋、混凝土)	每座通道

续表B.0.19

单位(子单位)工程	分部(子分部)工程	分项工程	检验批
道路工程	人行地道结构	预制安装钢筋混凝土人行地道结构	墙与顶部构件预制	每座通道
		地基	每座通道
		防水	每座通道
		基础(模板、钢筋、混凝土)	每座通道
		墙板、顶板安装	每座通道
	砌筑墙体、钢筋混凝土顶板人行地道结构	顶部构件预制	每座通道
		地基	每座通道
		防水	每座通道
		基础(模板、钢筋、混凝土)	每座通道
		墙体砌筑	每座通道
		顶部构件、顶板安装	每座通道
		顶部现浇(模板、钢筋、混凝土)	每座通道
	挡土墙	现浇钢筋混凝土挡土墙	地基	每道挡土墙地基、分段
		基础	每道挡土墙地基、分段
		墙(模板、钢筋、混凝土)	每道墙体、分段
		滤层、泄水孔	每道墙体、分段
		回填土	每道墙体、分段
		帽石	每道墙体、分段
		栏杆	每道墙体、分段
		装配式钢筋混凝土挡土墙	挡土墙板预制	每道墙体、分段
		地基	每道挡土墙地基、分段
		基础(模板、钢筋、混凝土)	每道基础、分段

续表B.0.19

单位(子单位)工程	分部(子分部)工程		分项工程	检验批
道路工程	挡土墙	装配式钢筋混凝土挡土墙	墙板安装(含焊接)	每道墙体、分段
			滤层、泄水孔	每道墙体、分段
			回填土	每道墙体、分段
			帽石	每道墙体、分段
			栏杆	每道墙体、分段
	砌筑挡土墙		地基	每道墙体、分段
			基础(砌筑、混凝土)	每道墙体、分段
			墙体砌筑	每道墙体、分段
			滤层、泄水孔	每道墙体、分段
			回填土	每道墙体、分段
			帽石	每道墙体、分段
	附属构筑物		路缘石	每条路、路段
			雨水支管与雨水口	每条路、路段
			排(截)水沟	每条路、路段
			倒虹管及涵洞	每座结构
			护坡	每条路、路段
			隔离墩	每条路、路段
			隔离栅	每条路、路段
			护栏	每条路、路段
			声屏障(砌体、金属)	每处声屏障墙
			防眩板	每条路、路段
工艺设备	主要工艺设备		固定式立体作业平台	每座平台
			车辆动态智能综合检测系统	每个系统
			悬挂式综合管线集成吊挂系统	每个系统

— 1003 —

续表B.0.19

单位(子单位)工程	分部(子分部)工程	分项工程	检验批
工艺设备	主要工艺设备	轨道桥设备	每台设备
		转向架更换设备	每台设备
		安全联锁系统	每个系统
		列车外皮清洗设备	每台设备
		不落轮镟车床设备	每台设备
		起重机设备	每台设备
		压力容器及压力管道设备	每台设备
		自动化立体仓库	每台设备
		架车机	每台设备
	非标准工艺设备	钢结构登司平台	每座平台
		通用设备	每台设备
车辆基地功能检验	—	走行功能检验	每车辆基地
		运用整备功能检验	每车辆基地
		检修功能检验	每车辆基地
		消防功能检验	每车辆基地
		后勤保障功能检验	每车辆基地
		停车功能检验	每车辆基地

表B.0.20 综合接地分部分项工程划分

主体工程	分项工程	检验批
路基	贯通地线敷设、接续及分支引接	连续长度不大于1 000 m
	接触网支柱基础接地装置	每施工段
	接地端子安装	每施工段
	电气设备、声屏障、金属隔离栅栏等电位连接	每200 m
	20 m范围内建(构)筑物接地装置等电位连接	每个接地装置

续表B.0.20

主体工程	分项工程	检验批
桥涵	贯通地线敷设、接续	每施工段
	桥墩接地装置	每座桥墩
	梁体接地装置	每跨梁
	框架桥涵接地装置	每座框架桥涵
	跨线桥接地装置	每座跨线桥
	电气设备、声屏障、金属隔离栅栏等电位连接	每200 m
	20 m范围内建(构)筑物接地装置等电位连接	每个接地装置
隧道	贯通地线敷设、接续	连续长度不大于1 000 m
	隧道接地体和接地端子	每个台车位(浇筑段)
	非盾构隧道二次衬砌接地装置	每个台车位(浇筑段)
	电气设备及设施等电位连接	每200 m
地下车站	贯通地线敷设、接续	连续长度不大于1 000 m
	地下车站接地体和接地端子	每100 m
	电气设备及设施等电位连接	每200 m
站场	贯通地线敷设、接续及分支引接	连续长度不大于1 000 m
	接触网支柱基础接地装置	每施工段
	接地端子安装	每施工段
	线间热镀锌接地扁钢敷设	每100 m
	站台接地装置	每100 m、每站台
	电气设备、声屏障、金属隔离栅栏等电位连接	每200 m
	20 m范围内建(构)筑物接地装置等电位连接	每个接地装置
轨道	无砟轨道板接地装置	每个浇筑体
	无砟轨道等电位连接	每100 m

附录 C 检验批质量验收记录

表 C 检验批质量验收记录

单位(子单位)工程名称				
分部(子分部)工程名称				
分项工程名称		验收部位		
施工单位		项目经理		
分包单位		项目经理		
施工执行标准及编号				
施工质量验收标准的规定			施工单位检查评定记录	监理单位验收记录
主控项目	1			
	2			
	3			
一般项目	1			
	2			
	3			
施工单位检测评定结果	施工员		施工班组长	
	项目专职质量员：			年 月 日
监理单位验收结论	验收意见：			
	专业监理工程师：			年 月 日

附录 D 分项工程质量验收记录

表 D 分项工程质量验收记录

单位(子单位)工程名称			
分部(子分部)工程名称		检验批数量	
施工单位		项目负责人	
分包单位		项目负责人	
序号	检验批部位名称	施工单位检查评定结果	监理单位验收记录
1			
2			
3			
4			
5			
6			
7			
8			
9			
10			
施工单位检查结果	专业技术负责人： 年 月 日		
监理单位验收结论	专业监理工程师： 年 月 日		

附录E 分部(子分部)工程质量验收记录

表E 分部(子分部)工程质量验收记录

单位(子单位)工程名称		子分部工程数量		分项工程数量	
施工单位		项目负责人		技术负责人	
分包单位		项目负责人		分包内容	
施工执行标准及编号					
序号	子分部工程名称	分项工程名称	检验批数量	施工单位检查结果	监理单位验收结论
1					
2					
3					
4					
5					
6					
7					
质量控制资料					
安全和功能检验结果					
观感质量检验结果					
综合验收结论					
施工单位项目负责人： 年 月 日	勘察单位项目负责人： 年 月 日		设计单位项目负责人： 年 月 日	监理单位总监理工程师： 年 月 日	

附录F 单位(子单位)工程质量竣工验收记录

表F.0.1 单位工程质量竣工验收记录

工程名称		结构类型		层数/建筑面积	
施工单位		技术负责人		开工日期	
项目负责人		项目技术负责人		完工日期	
序号	项目	验收记录 (由施工单位填写)		验收结论 (由监理单位填写,符合有关规定未委托监理的由建设单位填写)	
1	分部工程验收	共 分部,经查 分部,符合设计及标准规定 分部			
2	质量控制资料核查	共 项,经核查符合规定 项,经核查不符合规定 项			
3	安全和使用功能核查及抽查结果	共核查 项,符合规定 项,共抽查 想,符合规定 想,经返工处理后符合规定 项			
4	观感质量验收	共抽查 项,符合规定 项,不符合规定 项			
5	综合验收结论 (参加验收各方共同商定,由建设单位填写)				
参加验收单位	建设单位 (公章) 项目负责人: 年 月 日	勘察单位 (公章) 项目负责人: 年 月 日	设计单位 (公章) 项目负责人: 年 月 日	施工单位 (公章) 项目负责人: 年 月 日	监理单位 (公章) 项目负责人: 年 月 日

表 F.0.2 单位(子单位)工程质量控制资料核查记录

工程名称					
施工单位					

序号	资料名称	检查情况	检查意见		
			好	一般	差
1	图纸会审记录、设计变更通知单、工程洽商记录				
2	工程定位测量放线记录				
3	原材料、成品、半成品出厂合格证书及进场检验报告				
4	施工试验报告及见证检测报告				
5	施工记录				
6	工程质量事故及事故调查处理资料				
7	施工现场质量管理检查记录表				
8	检验批、分项、分部质量验收记录				
9	新材料、新工艺、新技术等论证、备案及施工记录				
10	关键工序、重点部位影像资料				
11					
核查结论	施工单位项目负责人： 年 月 日 总监理工程师： 年 月 日				

表 F.0.3 单位(子单位)工程安全和功能检验资料核查及主要功能抽查记录

工程名称					
施工单位					
序号	安全和功能检查项目	资料份数	核查意见	抽查结果	核查(抽查)人
1					
2					
3					
4					
5					
6					
7					
8					
9					
10					
核查及抽查结论	施工单位项目负责人： 年 月 日 总监理工程师： 年 月 日				

表 F.0.4 单位(子单位)工程观感质量验收记录

工程名称					
施工单位					
序号	抽查项目	抽查质量状况	质量评价		
			好	一般	差
1					
2					
3					
4					
5					
6					
7					
8					
9					
10					
观感质量综合评价					
检查结论	施工单位项目负责人：　　　　　　　　　　　　　　年　月　日 总监理工程师：　　　　　　　　　　　　　　　　　年　月　日				

本标准用词说明

1 为便于在执行本标准条文时区别对待,对要求严格程度不同的用词说明如下:
   1) 表示很严格,非这样做不可的用词:
      正面词采用"必须";
      反面词采用"严禁"。
   2) 表示严格,在正常情况下均应这样做的用词:
      正面词采用"应";
      反面词采用"不应"或"不得"。
   3) 表示允许稍有选择,在条件许可时首先应这样做的用词:
      正面词采用"应";
      反面词采用"不应"。
   4) 表示有选择,在一定条件下可以这样做的用词,采用"可"。

2 条文中指明应按其他有关标准执行的写法为"应符合……的规定"或"应按……执行。"

引用标准名录

1 《平垫圈 C 级》GB/T 95
2 《平垫圈 A 级》GB/T 97.1
3 《压力容器》GB 150
4 《通用硅酸盐水泥》GB 175
5 《碳素结构钢》GB/T 700
6 《混凝土外加剂》GB 807
7 《产品几何技术规范(GPS) 表面结构 轮廓法 表面粗糙度参数及其数值》GB/T 1031
8 《钢结构用高强度大六角头螺栓、大六角螺母、垫圈与技术条件》GB/T 1231
9 《钢筋混凝土用钢 第1部分:热轧光圆钢筋》GB/T 1499.1
10 《钢筋混凝土用钢 第2部分:热轧带肋钢筋》GB/T 1499.2
11 《用于水泥或混凝土中的粉煤灰》GB/T 1596
12 《型钢验收、包装、标志及质量证明书的一般规定》GB/T 2101
13 《往复式内燃机驱动的交流发电机组 第10部分:噪声的测量(包面法)》GB/T 2820.10
14 《紧固件机械性能螺栓、螺钉和螺柱》GB 3098
15 《紧固件公差、螺栓、螺钉、螺柱和螺母》GB/T 3103.1
16 《紧固件公差平垫圈》GB/T 3103.3
17 《连续热镀锌钢板及钢带》GB/T 3280
18 《可锻铸铁管路连接件》GB 3287

19	《可锻铸铁管路连接件验收规则》GB 3288	
20	《焊缝无损检测 射线检测 第1部分:X 和伽玛射线的胶片技术》GB/T 3323.1	
21	《焊缝无损检测 射线检测 第2部分:使用数字化探测器的 X 和伽玛射线技术》GB/T 3323.2	
22	《室内消火栓》GB 3445	
23	《固定式钢梯及平台安全要求》GB 4053	
24	《室外消火栓》GB 4452	
25	《火灾报警控制器》GB 4717	
26	《自动喷水灭火系统 第7部分:水流指示器》GB 5135.7	
27	《自动喷水灭火系统 第10部分:压力开关》GB 5135.10	
28	《自动喷水灭火系统 第11部分:沟槽式管接件》GB 5135.11	
29	《预应力混凝土用钢绞线》GB/T 5224	
30	《离心泵技术条件(Ⅱ类)》GB/T 5656	
31	《生活饮用水卫生标准》GB 5749	
32	《消防泵》GB 6245	
33	《消防水带》GB 6246	
34	《建筑外门窗气密、水密、抗风压性能分级及检测方法》GB/T 7106	
35	《55°密封管螺纹 第2部分:圆锥内螺纹与圆锥外螺纹》GB 7306.2	
36	《光缆规范》GB/T 7424	
37	《电梯制造与安装安全规范》GB 7588	
38	《混凝土外加剂》GB 8076	
39	《消防水枪》GB 8181	
40	《涂装前钢材表面锈蚀等级和除锈等级》GB 8923	
41	《建筑构件耐火试验方法》GB/T 9978	
42	《电梯安装验收规范》GB/T 10060	
43	《圆柱头焊钉》GB 10433	

44 《水位测量仪器》GB/T 11828
45 《通用阀门标志》GB 12220
46 《国家一、二等水准测量规范》GB/T 12897
47 《防火门》GB 12955
48 《冷轧带肋钢筋》GB/T 13788
49 《金属覆盖层钢铁质件热浸镀锌层技术要求及试验方法》GB/T 13912
50 《组合式空调机组》GB/T 14294
51 《消火栓箱》GB/T 14561
52 《锻钢制螺纹管件》GB/T 14626
53 《建设用砂》GB/T 14684
54 《预拌混凝土》GB/T 14902
55 《钢结构防火涂料》GB 14907
56 《消防软管卷盘》GB 15090
57 《建筑通风和排烟系统用防火阀门》GB 15930
58 《建筑用硅酮结构密封胶》GB 16776
59 《消防联动控制系统》GB 16806
60 《可燃气体报警控制器》GB 16808
61 《自动扶梯和自动人行道的制造与安装安全规范》GB 16899
62 《离心泵技术条件（Ⅰ）类》GB/T 16907
63 《火灾显示盘》GB 17429
64 《防盗安全门通用技术条件》GB 17565
65 《用于水泥、砂浆和混凝土中的粒化高炉矿渣粉》GB 18046
66 《高分子防水材料 第3部分：遇水膨胀橡胶》GB/T 18173.3
67 《高分子防水材料 第4部分：盾构法隧道管片用橡胶密封垫》GB 18173.4
68 《城市轨道交通客运服务标志》GB/T 18574
69 《锌铬涂层技术条件》GB/T 18684

70	《家用火灾安全系统》	GB 22370
71	《电气化铁路接网钢支柱》	GB/T 25020
72	《阀门的检验和试验》	GB/T 26480
73	《砂浆和混凝土用硅灰》	GB/T 27690
74	《消防设备电源监控系统》	GB 28184
75	《建筑地基基础设计规范》	GB 50007
76	《混凝土结构设计规范》	GB 50010
77	《建筑设计防火规范》	GB 50016
78	《钢结构设计规范》	GB 50017
79	《工程测量标准》	GB 50026
80	《压缩空气站设计规范》	GB 50029
81	《建筑物防雷设计规范》	GB 50057
82	《普通混凝土拌合物性能试验方法标准》	GB/T 50080
83	《普通混凝土力学性能试验方法标准》	GB/T 50081
84	《普通混凝土长期性能和耐久性能试验方法标准》	GB/T 50082
85	《混凝土强度检验评定标准》	GB/T 50107
86	《火灾自动报警系统设计规范》	GB 50116
87	《民用建筑隔声设计规范》	GB 50118
88	《混凝土外加剂应用技术规范》	GB 50119
89	《给水排水构筑物施工及验收规范》	GB 50141
90	《电气装置安装工程电气设备交接试验标准》	GB 50150
91	《火灾自动报警系统施工及验收标准》	GB 50166
92	《电气装置安装工程 电缆线路施工及验收标准》	GB 50168
93	《电气装置安装工程接地装置施工及验收规范》	GB 50169
94	《电气装置安装工程 盘、柜及二次回路接线施工及验收规范》	GB 50171
95	《数据中心设计规范》	GB 50174

96	《建筑地基基础工程施工质量验收规范》	GB 50202
97	《砌体结构工程施工质量验收规范》	GB 50203
98	《混凝土结构工程施工质量验收规范》	GB 50204
99	《钢结构施工质量验收规范》	GB 50205
100	《屋面工程质量验收规范》	GB 50207
101	《地下防水工程质量验收规范》	GB 50208
102	《建筑地面工程施工质量验收规范》	GB 50209
103	《建筑装饰装修工程质量验收标准》	GB 50210
104	《建筑内部装修设计防火规范》	GB 50222
105	《机械设备安装工程施工及验收通用规范》	GB 50231
106	《建筑给水排水及采暖工程施工质量验收规范》	GB 50242
107	《通风与空调工程施工质量验收规范》	GB 50243
108	《电气装置安装工程低压电器施工及验收规范》	GB 50254
109	《给水排水管道工程施工及验收规范》	GB 50268
110	《输送设备安装工程施工及验收规范》	GB 50270
111	《制冷设备、空气分离设备安装工程施工及验收规范》	GB 50274
112	《风机、压缩机、泵安装工程施工及验收规范》	GB 50275
113	《起重设备安装工程施工及验收规范》	GB 50278
114	《地下铁道工程施工质量验收标准》	GB/T 50299
115	《建筑工程施工质量验收统一标准》	GB 50300
116	《建筑电气工程施工质量验收规范》	GB 50303
117	《城市轨道交通工程测量规范》	GB/T 50308
118	《电梯工程施工质量验收规范》	GB 50310
119	《综合布线系统工程验收规范》	GB/T 50312
120	《消防应急照明和疏散指示系统技术标准》	GB 50319
121	《民用建筑工程室内环境污染控制规范》	GB 50325
122	《智能建筑工程质量验收规范》	GB 50339
123	《气体灭火系统设计规范》	GB 50370

124	《城市轨道交通自动售检票系统工程质量验收标准》GB/T 50381
125	《城市轨道交通通信工程质量验收规范》GB 50382
126	《建筑节能工程施工质量验收规范》GB 50411
127	《盾构法隧道施工及验收规范》GB 50446
128	《水泥基灌浆材料应用技术规范》GB/T 50448
129	《电子信息系统机房施工及验收规范》GB 50462
130	《混凝土结构耐久性设计规范》GB/T 50476
131	《固定消防炮灭火系统施工与验收规范》GB 50498
132	《城市轨道交通信号工程施工质量验收标准》GB/T 50578
133	《城市轨道交通综合监控系统工程技术标准》GB/T 50636
134	《无障碍设施施工验收及维护规范》GB 50642
135	《钢结构焊接规范》GB 50661
136	《混凝土结构工程施工规范》GB 50666
137	《城市轨道交通综合监控系统工程施工与质量验收规范》GB/T 50732
138	《光伏发电站施工规范》GB 50794
139	《钢管混凝土结构技术规范》GB 50936
140	《数字同步网工程技术规范》GB/T 51117
141	《通信线路工程设计规范》GB 51158
142	《建筑防烟排烟系统技术标准》GB 51251
143	《地铁设计防火标准》GB 51298
144	《城市轨道交通站台屏蔽门》CJ/T 236
145	《城镇道路工程施工与质量验收规范》CJJ 1
146	《城市桥梁工程施工与质量验收规范》CJJ 2
147	《城市测量规范》CJJ/T 8
148	《盾构隧道管片质量检查技术标准》CJJ/T 164
149	《城市轨道交通站台屏蔽门系统技术规范》CJJ 183
150	《轻便消防水龙》GA 180

151 《钢铁质件粉末渗锌》JB/T 5067
152 《立体仓库焊接式钢结构货架技术条件》JB/T 5323
153 《巷道堆垛起重机》JB/T 7016
154 《巷道堆垛起重机安全规范》JB/T 11269
155 《立体仓库组合式钢结构货架技术条件》JB/T 11270
156 《无粘结预应力钢绞线》JG/T 161
157 《钢筋机械连接用套筒》JG/T 163
158 《预应力混凝土用金属波纹管》JG 225
159 《混凝土结构用成型钢筋》JG/T 226
160 《卷帘门窗》JG/T 302
161 《人行自动门安全要求》JG 305
162 《彩钢整板卷门》JG/T 306
163 《人行自动门用传感器》JG/T 310
164 《平开玻璃门用五金件》JG/T 326
165 《混凝土结构工程用锚固胶》JG/T 340
166 《预应力混凝土用金属螺旋管》JG/T 3013
167 《公路工程质量检验评定标准(第一册 土建工程)》JTG F80/1
168 《装配式混凝土结构技术规范》JGJ 1
169 《普通混凝土用砂、石质量及检验方法标准》JGJ 5
170 《钢筋焊接及验收规程》JGJ 18
171 《普通混凝土用砂、石质量及检验方法标准》JGJ 52
172 《普通混凝土配合比设计规程》JGJ 55
173 《混凝土用水标准》JGJ 63
174 《钢结构高强度螺栓连接技术规程》JGJ 82
175 《预应力筋用锚具、夹具和连接器应用技术规程》JGJ 85
176 《玻璃幕墙工程技术规范》JGJ 102
177 《建筑基桩检测技术规范》JGJ 106
178 《钢筋机械连接技术规程》JGJ 107

179	《建筑工程饰面砖粘结强度检验标准》JGJ/T 110	
180	《建筑玻璃应用技术规程》JGJ 113	
181	《金属与石材幕墙工程技术规范》JGJ 133	
182	《玻璃幕墙工程质量验收标准》JGJ/T 139	
183	《混凝土耐久性检验评定标准》JGJ/T 193	
184	《型钢水泥土搅拌墙技术规程》JGJ/T 199	
185	《钢筋锚固板应用技术过程》JGJ 256	
186	《渠式切割水泥土连续墙技术规程》JGJ 303	
187	《人造板材幕墙工程技术规范》JGJ 336	
188	《预应力混凝土桥梁用塑料波纹管》JT/T 529	
189	《民用机场飞行区场道工程质量检验评定标准》MH 5007	
190	《电气化铁路接触网用力矩控制式胶粘型锚栓》Q/CR 570	
191	《客货共线铁路桥涵工程施工技术规程》Q/CR 9652	
192	《铁路钢桥保护涂装及涂料供货技术条件》TB/T 1527	
193	《铁路信号电源系统设备》TB/T 1528	
194	《钢轨焊接》TB/T 1632	
195	《铁路信号用变压器》TB/T 1869	
196	《铁路信号插入式交流二元继电器》TB/T 2024	
197	《电气化铁路接触网零部件》TB/T 2075	
198	《简支梁试验方法预应力混凝土梁静载弯曲试验》TB/T 2092	
199	《铁路信号交流继电器通用技术条件》TB/T 2120	
200	《铁路碎石道砟》TB/T 2140	
201	《集中联锁结合电路一般原则》TB 2307	
202	《铁路信号有极继电器通用技术条件》TB/T 2309	
203	《铁路通信、信号、电力电子系统防雷设备》TB/T 2311	
204	《铁路车站电码化技术条件》TB/T 2465	
205	《铁路信号电缆》TB/T 2476	
206	《铁路线路及信号标志牌》TB/T 2493	

207	《电气化铁路用铜及铜合金接触线》TB/T 2809	
208	《铁路碎石道床底砟》TB/T 2897	
209	《电气化铁路接触网硬跨》TB/T 2920	
210	《钢轨胶接绝缘接头》TB/T 2975	
211	《铁路车站计算机联锁技术条件》TB/T 3027	
212	《25 kV 电气化铁道接触网用分段绝缘器》TB/T 3036	
213	《25 kV 电气化铁道接触网用分相绝缘器》TB/T 3037	
214	《铁路数字信号电缆》TB/T 3100	
215	《电气化铁路用铜及铜合金绞线》TB/T 3111	
216	《电气化铁路接触网用绝缘子》TB/T 3199	
217	《铁路信号点灯单元》TB/T 3202	
218	《ZPW-2000 轨道电路技术条件》TB/T 3206	
219	《铁路综合接地系统测量方法》TB/T 3233	
220	《LED 铁路信号机构通用技术条件》TB/T 3242	
221	《铁路时间同步网技术条件》TB/T 3283	
222	《铁路隧道排水板》TB/T 3354	
223	《铁路隧道防水材料 第 1 部分:防水板》TB/T 3360.1	
224	《铁路隧道防水材料 第 2 部分:止水带》TB/T 3360.2	
225	《列控中心技术条件》TB/T 3439	
226	《调度集中系统技术条件》TB/T 3471	
227	《铁路信号系统内部接口》TB 3546	
228	《城际铁路站台门系统》TB/T 3559	
229	《铁路路基设计规范》TB 10001	
230	《铁路信号设计规范》TB 10007	
231	《铁路工程设计防火规范》TB 10063	
232	《铁路桥梁钢结构设计规范》TB 10091	
233	《铁路工程测量规范》TB 10101	
234	《铁路工程土工试验规程》TB 10102	
235	《铁路混凝土梁支架法现浇施工技术规程》TB 10110	

236	《铁路防雷及接地工程技术规范》TB 10180
237	《铁路工程基桩检测技术规程》TB 10218
238	《铁路轨道工程施工质量验收标准》TB 10413
239	《铁路路基工程施工质量验收标准》TB 10414
240	《铁路桥涵工程施工质量验收标准》TB 10415
241	《铁路通信工程施工质量验收标准》TB 10418
242	《铁路信号工程施工质量验收标准》TB 10419
243	《铁路电力工程施工质量验收标准》TB 10420
244	《铁路电力牵引供电工程施工质量验收标准》TB 10421
245	《铁路站场工程施工质量验收标准》TB 10423
246	《铁路混凝土工程施工质量验收标准》TB 10424
247	《铁路混凝土强度检验评定标准》TB 10425
248	《铁路声屏障工程施工质量验收标准》TB 10428
249	《固定式压力容器安全技术监察规程》TSG 21
250	《通信电缆无线通信用 50 Ω 泡沫聚烯烃绝缘皱纹铜管外导体射频同轴电缆》YD/T 1092
251	《轻型钢结构制作及安装验收标准》DG/TJ 08—010
252	《地基处理技术规范》DG/TJ 08—40
253	《基坑工程技术标准》DG/TJ 08—61
254	《市政地下工程施工质量验收规范》DG/TJ 08—236
255	《城市轨道交通站台屏蔽门技术规程》DG/TJ 08—901
256	《旁通道冻结法技术规程》DG/TJ 08—902
257	《城市轨道交通机电设备安装工程质量验收标准》DG/TJ 08—2005
258	《装配整体式混凝土结构施工及质量验收规范》DGJ 08—2117
259	《轨道交通及隧道工程混凝土结构耐久性设计施工技术标准》DG/TJ 08—2128
260	《城市道路桥梁工程施工质量验收规范》DG/TJ 08—2152

261 《城市轨道交通工程施工监测技术规范》DG/TJ 08—2224
262 《公路工程装配式施工质量验收评定标准》DG/TJ 08—2250
263 《轨道交通桥墩预制拼装技术标准》DG/TJ 08—2345

上海市工程建设规范

市域铁路工程施工质量验收标准

DG/TJ 08—2436—2023
J 17004—2023

条 文 说 明

2023　上海

目 次

- 1 总 则 ······ 1037
- 3 基本规定 ······ 1038
  - 3.1 一般规定 ······ 1038
  - 3.2 工程施工质量验收的划分 ······ 1040
  - 3.3 工程施工质量验收 ······ 1040
  - 3.4 质量验收程序和组织 ······ 1042
- 4 施工测量与工程监测 ······ 1044
  - 4.1 一般规定 ······ 1044
  - 4.2 测量控制网 ······ 1044
  - 4.3 施工测量 ······ 1047
  - 4.4 工程监测 ······ 1047
- 5 材 料 ······ 1049
  - 5.1 一般规定 ······ 1049
  - 5.2 混凝土原材料 ······ 1050
  - 5.3 混凝土配合比设计 ······ 1052
  - 5.5 钢 材 ······ 1053
  - 5.6 预制构件 ······ 1055
- 6 地下车站及构筑物 ······ 1056
  - 6.2 基坑围护 ······ 1056
  - 6.3 地基处理 ······ 1058
  - 6.4 桩基础 ······ 1058
  - 6.5 地下水控制 ······ 1059
  - 6.6 基坑开挖与回填(含支撑体系) ······ 1061
  - 6.7 混凝土结构 ······ 1062

	6.8	砌体结构	1072
	6.9	主体结构防水	1073
	6.10	细部构造防水	1074
7	地面及高架车站		1075
	7.4	钢结构	1075
8	盾构隧道		1081
	8.2	钢筋混凝土管片	1081
	8.6	始发、接收施工及洞口防护	1081
	8.8	盾构掘进及管片拼装	1082
	8.9	壁后注浆	1082
	8.11	隧道内部结构	1084
	8.12	联络通道	1084
	8.14	成型隧道验收	1085
9	桥 涵		1086
	9.3	桩基础	1086
	9.7	支 座	1086
10	路 基		1087
	10.2	地基处理	1087
	10.3	基床以下路堤	1088
	10.4	基 床	1089
	10.5	过渡段	1091
	10.6	路基支挡工程	1091
	10.8	路基防排水	1092
	10.9	路基附属工程	1092
11	轨 道		1093
	11.2	普通双块式无砟道床	1093
	11.3	长枕埋入式无砟道床	1094
	11.6	无砟道岔	1094
	11.7	有砟道岔	1094

	11.9	线路铺轨	1094
	11.10	钢轨预打磨	1095
12	装饰装修工程		1096
	12.1	一般规定	1096
	12.2	地面工程	1096
	12.5	饰面工程	1097
	12.6	门窗工程	1097
	12.9	幕墙工程	1098
	12.11	导向标识	1098
13	站内客运设备		1099
	13.1	一般规定	1099
	13.2	土建交接检及井道	1099
	13.4	电　梯	1100
	13.5	轮椅升降机	1100
14	站台门		1101
	14.2	门体系统	1101
	14.3	电气系统	1102
	14.4	监控系统	1102
15	通风与空调		1104
	15.2	风管、配件及部件制作	1104
	15.5	空调水系统	1104
	15.7	空调制冷系统	1106
16	给水排水及消防水系统		1107
	16.2	室内给水系统	1107
	16.3	室内排水系统	1108
	16.6	室外给水管网	1109
	16.8	气体灭火系统	1109
17	牵引供电		1111
	17.2	牵引变电所	1111

17.3 柔性接触网 ……………………………………… 1111
18 电　力 ………………………………………………… 1112
　　18.7 电气照明 ………………………………………… 1112
19 通　信 ………………………………………………… 1113
　　19.2 通信管线 ………………………………………… 1113
　　19.3 通信线路 ………………………………………… 1113
　　19.4 机房设备 ………………………………………… 1114
　　19.5 电源及接地系统 ………………………………… 1115
　　19.6 传输系统 ………………………………………… 1115
　　19.7 专用移动通信系统 ……………………………… 1116
　　19.8 电话交换系统 …………………………………… 1118
　　19.9 有线调度通信系统 ……………………………… 1118
　　19.10 综合视频监控系统 …………………………… 1118
　　19.11 时钟同步及时间同步系统 …………………… 1118
20 信　号 ………………………………………………… 1120
　　20.2 光(电)缆线路 …………………………………… 1120
　　20.3 地面固定信号 …………………………………… 1121
　　20.4 轨道占用检查装置 ……………………………… 1121
　　20.7 道岔转辙装置 …………………………………… 1122
　　20.8 室内设备 ………………………………………… 1122
　　20.9 信号电源 ………………………………………… 1123
　　20.10 计算机联锁 …………………………………… 1123
　　20.11 列车运行控制系统 …………………………… 1124
　　20.12 调度集中系统 ………………………………… 1125
　　20.13 信号监测系统 ………………………………… 1125
21 信　息 ………………………………………………… 1126
　　21.2 客票系统 ………………………………………… 1126
　　21.3 旅客服务信息系统 ……………………………… 1128
　　21.5 办公信息系统 …………………………………… 1128

21.6 系统布线 ………………………………………… 1128
　　21.7 安防系统 ………………………………………… 1129
　　21.8 门禁系统 ………………………………………… 1130
22 火灾自动报警系统 …………………………………… 1132
　　22.2 管线敷设 ………………………………………… 1132
　　22.3 设备安装 ………………………………………… 1132
　　22.4 系统调试 ………………………………………… 1133
23 环境与设备监控系统 ………………………………… 1134
　　23.1 一般规定 ………………………………………… 1134
　　23.3 设备安装 ………………………………………… 1134
　　23.4 系统调试 ………………………………………… 1134
24 机电系统支吊架 ……………………………………… 1136
　　24.2 风管系统支吊架 ………………………………… 1136
25 综合监控系统 ………………………………………… 1137
　　25.1 一般规定 ………………………………………… 1137
26 车辆基地 ……………………………………………… 1138
　　26.1 一般规定 ………………………………………… 1138
　　26.2 基地构筑物 ……………………………………… 1138
　　26.3 主要工艺设备 …………………………………… 1139
27 综合接地 ……………………………………………… 1140
　　27.1 一般规定 ………………………………………… 1140
　　27.2 贯通地线 ………………………………………… 1140
　　27.3 接地体和接地端子 ……………………………… 1140

Contents

1 General provisions ·········· 1037
3 Basic regulations ·········· 1038
   3.1 General requirements ·········· 1038
   3.2 Division of acceptance of constructional quality ······ 1040
   3.3 Project construction quality acceptance ············ 1040
   3.4 Procedure and organization of acceptance of constructional quality ·········· 1042
4 Construction surveying and engineering monitoring ·········· 1044
   4.1 General requirements ·········· 1044
   4.2 Surveying control network ·········· 1044
   4.3 Construction surveying ·········· 1047
   4.4 Engineering monitoring ·········· 1047
5 Materials ·········· 1049
   5.1 General requirements ·········· 1049
   5.2 Concrete raw materials ·········· 1050
   5.3 Design of concrete ·········· 1052
   5.5 Steel products ·········· 1053
   5.6 Precast member ·········· 1055
6 Underground station and structure ·········· 1056
   6.2 Foundation pit enclosure ·········· 1056
   6.3 Foundation treatment ·········· 1058
   6.4 Pile foundation ·········· 1058
   6.5 Groundwater control ·········· 1059

6.6	Foundation pit excavation and backfilling (including support system)	1061
6.7	Concrete structure	1062
6.8	Masonry structure	1072
6.9	Waterproof of main structure	1073
6.10	Waterproof of detailed structure	1074
7	Ground and elevated stations	1075
7.4	Steel construction	1075
8	Shield tunnel	1081
8.2	Concrete segment	1081
8.6	Construction and protection of launching shaft and receiving shaft	1081
8.8	Shield tunneling and segment assembly	1082
8.9	Grouting for tunnel	1082
8.11	Internal structure of tunnel	1084
8.12	Conntect channel	1084
8.14	Acceptance of formed tunnel	1085
9	Bridge and culvert	1086
9.3	Pile foundation	1086
9.7	Support	1086
10	Roadbed	1087
10.2	Foundation treatment	1087
10.3	Embankment below the foundation bed	1088
10.4	Foundation bed	1089
10.5	Changeover portion	1091
10.6	Retaining works of roadbed	1091
10.8	Waterproof and drainage of roadbed	1092
10.9	Subgrade ancillary works	1092
11	Track	1093
11.2	Ordinary double-block type ballastless road bed	1093

	11.3	Long sleeper embedding ballastless road bed	1094
	11.6	Ballastless turnout	1094
	11.7	Gravel turnout	1094
	11.9	Line track laying	1094
	11.10	Steel rail pre-grinding	1095
12	Decoration	1096
	12.1	General requirements	1096
	12.2	Ground	1096
	12.5	Architectural surface engineering	1097
	12.6	Door and window engineering	1097
	12.9	Curtain wall engineering	1098
	12.11	Guide signs	1098
13	Passenger traffic equipment in stations	1099
	13.1	General requirements	1099
	13.2	Civil engineering handover inspection and shaft track	1099
	13.4	Stair lift	1100
	13.5	Wheel chair lift	1100
14	Platform screen door	1101
	14.2	Door system	1101
	14.3	Electric system	1102
	14.4	Monitoring system	1102
15	Ventilation and air condition	1104
	15.2	Production of air ducts and parts	1104
	15.5	Air condition water system	1104
	15.7	Air conditioning refrigeration system	1106
16	Water supply and drainage and fire protection water system	1107
	16.2	Interior water supply system	1107

	16.3	Interior plumbing system ……………………… 1108
	16.6	Outdoor network of water supply …………… 1109
	16.8	Gas fire extinguishing system ………………… 1109
17	Traction power supply ……………………………………… 1111
	17.2	Traction substation …………………………… 1111
	17.3	Flexible contact network …………………… 1111
18	Electric power ……………………………………………… 1112
	18.7	Electric lighting ……………………………… 1112
19	Communication ……………………………………………… 1113
	19.2	Communication pipeline …………………… 1113
	19.3	Telecommunication line …………………… 1113
	19.4	Machine room equipment ………………… 1114
	19.5	Power supply and grounding system ……… 1115
	19.6	Transmission system ……………………… 1115
	19.7	Dedicated mobile communication system …… 1116
	19.8	Telephone switching system ……………… 1118
	19.9	Wired dispatch communication system ……… 1118
	19.10	Integrated video surveillance system ……… 1118
	19.11	Clock and time synchronization system …… 1118
20	Signals …………………………………………………… 1120
	20.2	Optical (electric) cable line ……………… 1120
	20.3	Ground fixed signal ………………………… 1121
	20.4	Track occupancy inspection device ………… 1121
	20.7	Switching device …………………………… 1122
	20.8	Indoor equipment …………………………… 1122
	20.9	Signal power source ………………………… 1123
	20.10	Computer interlocking ……………………… 1123
	20.11	Train operation control system …………… 1124
	20.12	Centralized traffic control system ………… 1125
	20.13	Signal monitoring system ………………… 1125

21	Information		1126
	21.2	Ticket system	1126
	21.3	Passenger service information system	1128
	21.5	Office information system	1128
	21.6	System wiring	1128
	21.7	Security and protection system	1129
	21.8	Access control system	1130
22	Automatic fire alarming system		1132
	22.2	Line laying	1132
	22.3	Installation of equipment	1132
	22.4	System test	1133
23	Environment and equipment monitoring system		1134
	23.1	General requirements	1134
	23.3	Installation equipment	1134
	23.4	System test	1134
24	Electromechanical system support and hanger		1136
	24.2	Support and hanger of air duct system	1136
25	Integrated supervisory and control system		1137
	25.1	General requirements	1137
26	Vehicle base		1138
	26.1	General requirements	1138
	26.2	Base building	1138
	26.3	Major process equipment	1139
27	Integrated grounding		1140
	27.1	General requirements	1140
	27.2	Grounding wire	1140
	27.3	Earth electrode and earth terminal	1140

1 总　则

1.0.1 为确保工程质量，参考了轨道交通、市政、建筑和铁路施工质量的验收方法、程序和质量指标，提出一套符合上海市域铁路的施工质量验收标准和验收指标。

1.0.2 本标准适用于市域铁路工程施工现场的验收，包括按设计完成现场施工、系统安装及调试等静态的验收环节。市域铁路开通运行前还需经过联调联试、安全评估等动态的验收环节，应符合其他现行标准及相关管理文件要求。

1.0.3 "四新"技术应在符合设计文件和现行标准的前提下使用。验收过程中涉及的现行国家和铁路标准中有执行要求的标准条文须贯彻执行。

1.0.4 本标准在编制过程中主要参考了轨道交通、市政、建筑及铁路行业的相关标准。对于消防、环卫、绿化等本标准未作规定，以及电力、人防等由专业监督机构监督的专业工程，其验收要求应符合相关标准及管理文件的规定。

3 基本规定

3.1 一般规定

3.1.1 工程施工质量要体现过程控制的原则。施工现场应配齐相应的施工技术标准,包括国家标准和行业标准;施工单位要有健全的质量管理体系,要建立必要的施工质量检验制度;施工准备工作要全面、到位。

3.1.2 工程施工质量控制的要点主要包括两个方面:一是对材料、构配件和设备质量的进场验收;二是对各工序进行质量检查。

现场验收:对材料、构配件和设备的外观、规格、型号和质量证明文件等进行验收。检验方法为观察检查并配以必要的尺量、检查合格证和厂家(产地)试验报告。检验数量多为全数检查。施工单位和监理单位的检验方法和数量多数情况下相同。未经验收或验收不合格的,不应运进施工现场。

试验检验:试验检验的批量、抽样数量、质量指标应根据相关产品标准、设计要求或工程特点确定,检验方法符合相关标准或技术条件的规定。不合格的不得用于工程施工。

3.1.3 作为市域铁路工程施工质量验收的标准,必须严格遵守。工程施工质量验收包括检验批、分项工程、分部工程和单位工程施工质量的验收。

施工单位是施工质量控制的主体,应对工程施工质量负责,其工程施工质量必须达到本标准的规定。另外,其他各方的验收工作必须在施工单位自行检查合格基础上进行,否则也是违反标准的行为。

质量保证资料有:①所用原材料、构配件、半成品和成品质量检验结果;②材料配合比、拌和过程检验和试验数据;③隐蔽工程检查记录;④各项质量控制指标的试验记录和质量检验汇总资料;⑤施工过程中遇到的非正常情况记录及其对工程质量影响分析;⑥施工过程中发生质量缺陷,经处理后,满足质量要求的技术资料。

检验批质量验收是对主控项目和一般项目的检查验收。只要这些项目的质量达到了本标准的规定,就可以判定该检验批合格。标准中的其他要求不在检验批质量验收中涉及。

为了保证对涉及结构安全的试块、试件的代表性和真实性负责,监理单位必须按本标准规定进行见证并平行检验。涉及结构安全和使用功能的现场检测项目,监理单位应按规定进行见证并平行检验。

施工单位对隐蔽工程在施工完成后应先行检查,符合要求后再通知监理单位验收。对于主体结构和地基基础,在开挖至设计高程后,还应通知勘察设计单位参加验收,实际上是要求勘察设计单位对现场地质情况进行确认。这对于保证工程质量及日后可能出现的质量事故的责任判定很重要,不能忽视。

为了保证见证取样检测及结构安全检测结果的可靠性、可比性和公正性,检测单位应具备有关管理部门核定的资质。对于特殊项目的检测,可由建设单位确定检测单位。

观感质量相对涉及结构安全和使用功能的主体工程质量而言,应该是比较次要的。但是,对完工后的工程进行一次全面检查,对工程整体质量进行一次现场核实,是很有必要的。观感质量验收绝不是单纯的外观检查,也不是引导施工单位在工程外观上做片面的投入。观感质量验收的目的在于直观地从宏观上对工程的安全可靠性能和使用功能进行验收。如局部缺损、污染等,通过观感质量验收及时发现问题,提出整改,是一个不可缺少的质量控制环节。

3.1.4 工程施工中的各类质量检测报告、检查验收记录和其他工程技术管理资料,是体现工程质量状况和各方质量责任人的基础文件,应认真填写,完整归档,便于追溯。

3.2 工程施工质量验收的划分

3.2.1 验收时,将市域铁路工程划分为单位(子单位)工程、分部(子分部)工程、分项工程和检验批的方式符合验收过程的统一规定,本标准采用该划分方法。

3.2.2 具有独立施工条件和能形成独立使用功能是单位(子单位)工程划分的基本要求。在施工前由建设、监理、施工单位商议确定。

3.2.3 分部工程是单位工程的组成部分。一个单位工程往往由多个分部工程组成。如车站单位工程由基坑围护、地基处理、结构、装饰装修等分部工程组成。

当分部工程工程量较大且较复杂时,为便于验收,将其中相同部分的工程或能形成独立专业体系的工程划分成若干个子分部工程。如基坑围护分部工程又划分为有支护土方和无支护土方两个子分部工程,结构分部工程又划分为混凝土结构、钢结构、砌体结构等子分部工程。

3.2.4 分项工程主要是按工种划分,有的也可按工序、材料、工艺等划分。由若干个检验批组成,特殊情况下仅含1个检验批。

3.2.5 检验批是工程验收的最小单位。检验批是施工过程中条件相同并有一定数量的材料、构配件或安装项目,由于其质量基本均匀一致,因此可以作为检验的基础单位,并按批验收。

3.3 工程施工质量验收

3.3.1 市域铁路施工质量检验检测工作,是工程质量管理的重要组成部分,也是工程质量控制的重要手段。判定工程施工质量合格与否，要体现质量数据为依据的原则。其基础是质量检测数据必须真实可靠，并且能够代表工程施工质量情况。要求检验检测所用的仪器、方法和抽样方案必须符合相关标准或技术条件的规定，方法统一，数据才有可比性。

3.3.2 检验批质量验收内容包括实物检查和资料检查两部分。本标准对检验批质量验收的要求都是根据实物检查和资料检查两方面做出的规定。

3.3.3 检验批质量合格的前提是主控项目和一般项目的质量经抽样检验合格。

主控项目是对检验批的基本质量起决定性影响的检验项目，因此要求主控项目全部符合各有关专业验收的规定，这意味着主控项目不允许有不符合要求的检验结果。

一般项目是指对安全、卫生、环境保护和公众利益非决定性影响的检测项目，例如结构的外形尺寸等，因此允许存在一定数量的不合格点，但某些不合格点的指标与合格要求偏差较大或存在严重缺陷时，仍将影响使用功能或观感质量，需要对这些部位进行维修处理。

对于有允许偏差的一般项目抽查点除有专门要求外，规定在允许偏差内的点应达到80%及以上，其余抽查点可以超出允许偏差，但不应超出1.5倍的允许偏差。

3.3.4 分项工程的验收在检验批的基础上进行。只要构成分项工程的各检验批的验收资料文件完整，并且均已验收合格，则分项工程验收合格。

3.3.5 分部（子分部）工程的验收在其所含各分项工程验收的基础上进行，并对观感质量验收提出要求。关于观感质量验收，对于"差"的检查点，应采取返修处理等补救措施。

3.3.6 单位工程质量的验收是建设活动各方对施工质量控制的最后一关。分部工程质量、质量控制资料、检测资料及抽查结果、观感质量均应符合本标准的规定。

3.3.7 检验批验收时,要求进行现场检查并填写现场验收检查原始记录,该原始记录由专业监理工程师和施工单位专业质量检查员、专业工长共同签署,并在单位工程竣工验收前存档备查,保证该记录的可追溯性,现场验收检查原始记录的格式由建设、监理、施工等单位确定,包括检查项目、检查位置、检查结果等内容。

本标准配套验收记录表分别给出了检验批、分项工程、分部(子分部)工程、单位(子单位)工程验收记录的填写要求。为各专业验收提供了表格的基本格式,具体内容按各专业验收内容确定。

3.3.8 工程质量不符合要求的情况,多在检验批质量验收阶段出现,否则会影响相关分项工程质量的验收。

1 对于返工重做、更换构配件的检验批,应重新进行验收。当重新抽样检查后,检验项目符合本标准规定的,应判定该检验批合格。

2 个别试件的强度不能满足要求的情况,包括试件失去代表性、试件缺少、试验报告有缺陷或对试验报告有怀疑等。这种情况下,应由有资质的检测单位进行检验测试,如果测试结果证明该检验批的质量能够达到原设计的要求,则该检验批予以合格验收。

3 对于其他不合格的现象,因情况复杂,本标准不能给出明确的处理方案,由各方根据具体情况按程序协商处理。

3.4 质量验收程序和组织

3.4.2 检验批验收前,施工单位应在自检合格的基础上,填写《检验批质量验收记录》,并由项目质量检查员在《检验批质量验收记录》中相关栏内签字,然后由专业监理工程师组织按规定程序进行验收。

3.4.5 单位工程的验收是一个重要的控制环节,单位工程验收条件及程序如下：

（1）验收条件：应完成设计图纸及招标文件规定的单位工程工作量及相关施工质量保证资料，并总结施工质量；向监理单位提出单位工程验收申请；监理单位完成工程质量评估报告，审核施工单位的验收条件，报建设单位同意。

（2）验收程序：验收由建设单位项目负责人主持，对工程的观感质量、安全和使用功能核查及抽查与质量控制资料进行分组检查，各检查组提出验收意见，列出整改项目清单，监理单位编制验收纪要。

3.4.6 建设工程承包合同的双方主体是建设单位和总包单位，总包单位应按照承包合同的权利义务对建设单位负责。总包单位可以根据需要将建设工程的一部分依法分包给其他具有相应资质的单位，分包单位对总包单位负责，亦应对建设单位负责。总包单位就分包单位完成的项目向建设单位承担连带责任。因此，分包单位对承建的项目进行验收时，总包单位应参加，检验合格后，分包单位应将工程的有关资料整理完整后移交给总包单位，建设单位组织单位工程质量验收时，分包单位负责人应参加验收。

4 施工测量与工程监测

4.1 一般规定

4.1.1，4.1.2 施工测量、工程监测应遵循先设计、后实施的原则。单位工程实施前，应编写施工测量方案、工程监测方案；小型工程或技术成熟的单位工程也可在施工组织设计中纳入相应内容。

4.1.3，4.1.4 对施工测量、工程监测的通用性要求，验收时按主控项目执行。

4.2 测量控制网

4.2.1 上海市域铁路是城市市政设施重要组成部分，并与城市其他许多市政设施衔接或在空间位置上与其他城市建筑互相制约。为了保证市域铁路交通设施与城市其他市政设施准确衔接，因此强调平面控制网应采用城市平面坐标系统，其高程投影面应与城市平面坐标系统的高程投影面一致，起算于高等级城市控制点。

现行国家标准《城市轨道交通工程测量规范》GB/T 50308 把控制网分为一等（全市轨道交通控制网，采用 GNSS 测量、一次性全面布网）、二等（线路控制网，采用 GNSS 测量）和三等（导线网，上海地区通常在高架段、地面段布设）。轨道施工需在二等网基础上加密布设控制网（相当于高铁测量的 CPⅢ网）。

铁路工程在用的《铁路工程测量规范》TB 10101—2018、卫星定位测量《铁路工程卫星定位测量规范》TB 10054—2009 等技术标准，把控制网分为四级：CP 0（框架平面控制网）、CPⅠ（基础平面控制网）、CPⅡ（线路平面控制网）和 CPⅢ（轨道控制网）。其中，CP 0、CPⅠ为轨道施工和运营维护的基准，CPⅡ是沿线布设的平面、高程控制网，CPⅢ是为沿线布设、用于铺轨和轨道维护的平面、高程控制网。

上海市已建成连续运行基准站系统 SHCORS 并投入运营，系统包含 10 个基准站站点（图 1），以及遍布全市、密度更高的 C 级 GNSS 网，上海市的市域铁路工程测量时，《城市轨道交通工程测量规范》GB/T 50308 中的一等网、《铁路工程测量规范》TB 10101 中的 CP 0、CPⅠ网可利用这些基础测绘成果。因此，本条的沿线地面控制测量主要指《城市轨道交通工程测量规范》GB/T 50308 中的二等网、《铁路工程测量规范》TB 10101 的 CPⅡ，其精度要求相当，本条描述主要采用《城市轨道交通工程测量规范》GB/T 50308 中的用词。

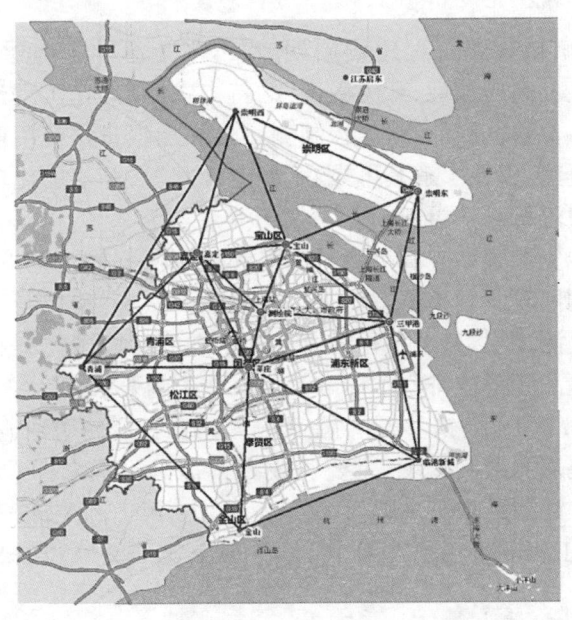

图 1　SHCORS 基准站站点分布图

对于本条第 2 款，现行国家标准《工程测量标准》GB 50026 和现行行业标准《城市测量规范》CJJ/T 8 基于城市 1∶500 地形测图要求，规定的平面控制网坐标系统投影长度变形不大于 25 mm/km。市域铁路较大的投影长度变形对隧道结构和铺轨精度影响较大，轨道面的综合投影长度变形值不大于 15 mm/km；当设计文件对综合投影长度变形值提出更高要求时，应符合设计要求。

4.2.2 上海软土地层软弱，高程控制点稳定性差，沿线设置深埋水准点、起算于基岩标是城市建设过程中形成的有效的高程基准网布设方法。

上海地区基于地面沉降测量、城市轨道交通结构监测的需要，遍布全市已建立了 40 多组基岩标，可满足市域铁路高程控制测量的起算需求。

4.2.3 市域铁路工程建设周期较长，受上海软土地层"高含水量、低强度、高压缩性、高灵敏度"的特点，控制点在工程建设中有可能发生位移。因此，地面控制测量必须加强日常使用前的检查和定期复测，以便了解其可靠性、稳定性状况，并对变化较大的控制点及时进行维护更新。

全线复测频率应满足测量方案和控制网有效性维护的要求，平面控制网复测频率不宜低于每年复测 1 次，高程控制不宜低于每半年复测 1 次，直至工程结束。施工期间标段内控制点的日常稳定性检测频率应符合本标准第 4.3.1 条的要求。

4.2.4，4.2.5 高铁 CPⅢ精密测量技术已推广使用到地铁、市域铁路的轨道测量实践中，主要验收指标需满足国家标准《城市轨道交通工程测量规范》GB/T 50308—2018 第 10.3 节以及行业标准《铁路工程测量规范》TB 10101—2018 第 3.9 节和 4.8 节的相关要求。

4.3 施工测量

4.3.1 本条为施工测量通用要求。测量控制点是施工放样的基准,应来源可靠,使用期间做好保护和复测验证,确保成果正确性;施工图中的坐标、高程及几何尺寸等应复核后使用。

4.3.3~4.3.6 结合上海地区常用的土建施工工法,对盾构法隧道、高架结构、明挖车站或区间等施工测量验收进行规定,暗挖隧道和车站施工测量要求可参考盾构法隧道。

4.3.7~4.3.10 市域铁路工程竣工测量记录了工程地面、地下轨道、地下建筑、管线等竣工后的实际位置、高程以及形体尺寸、材质等状况,是反映、评估施工测量的技术资料,应作为工程进行交接验收、管理维护、改建扩建的重要依据;作为建设及运营管理单位必须长期保存的技术文件;其更是国家建设行政管理部门进行监督审查以及国有资产归档的主要技术档案。应确保检测数据正确性、要素完整性,成果规整性、内外业资料合规性。

4.4 工程监测

4.4.1 市域铁路工程监测按实施主体不同,分为施工监测和第三方监测,施工监测由施工单位委托,第三方监测由建设单位委托。施工监测单位、第三方监测单位应具有相应资质,并按照合同及相关监测技术标准开展监测工作。第三方监测单位承担工程监测工作的同时,代表建设单位对施工监测进行专业化管理。

工程结构本体主要指基坑围护桩(墙)、立柱、支撑、盾构法工程隧道管片、高架车站及高架的墩台及梁体等。

现场巡视与仪器监测应组成一个完整的监控体系,防止事故的发生。上海地区地下工程具有显著的时空效应,现场仪器监测的结果往往具有一定的滞后性;在特殊天气(如持续大雨)环境下,与现场仪器监测相比,现场巡视更为简单、直观、可行。因此,在工程施工期间,应有专业监测人员进行现场巡检。现场巡检以目测为主,必要时可辅以相关工器具。当巡检发现异常情况时,应对所有巡检内容做好详细的记录,认真校核,并与仪器监测数据进行比较;当分析认为异常情况可能是事故的预兆时,应立即通知相关单位,以便尽快提出应急预案,避免引起严重后果。

4.4.2 周边环境的预警值应由权属单位提供,若未明确可按设计要求和现行上海市工程建设规范《城市轨道交通工程施工监测技术规范》DG/TJ 08—2224 等确定。对于变形年代久远的老旧房屋、存在病害的危险建(构)筑物或国家级文物保护建(构)筑物的预警值,宜根据专项房屋检测评估报告确定。

4.4.11 上海市的市域铁路工程结构建造于软弱地层中,软土具有"高含水量、低强度、高压缩性、高灵敏度"的特点,一经扰动,土体变形大、强度降低显著、变形延续时间长。特别是盾构隧道,其拼装结构接缝多,隧道内外环境复杂多变,加之多种因素影响,隧道结构易产生漏水、大变形、管片开裂破损等严重结构病害,直接影响隧道结构安全,隧道结构一旦受损破坏极难修复。因此,结构形成后应按设计要求进行结构变形监测。

4.4.12 监测点的布设应充分考虑施工阶段和运营阶段监测衔接工作,有利于工程结构本体变形原因数据分析和规律的总结。如当隧道铺轨施工时要及时跟进布设监测点并测取初始值,原有变化量应累加到重新布设的测点的变化量上,不应归零。

5 材 料

5.1 一般规定

5.1.4 本章预制构件是指市域铁路中采用装配整体式建筑混凝土结构用预制构件。市域铁路中的隔墙、盾构管片、弧形件等盾构区间预制构件的技术要求在其他章节中另行规定。

5.1.6 此表格划分主要根据现行上海市工程建设规范《市域铁路设计标准》DG/TJ 08—2435 及上海市混凝土行业生产条件,对不同结构中混凝土部位进行分类。

5.1.7 目前国家层面尚未出台市域铁路工程混凝土相关标准,且各地所参照标准对混凝土的具体性能指标要求存在较大差异,其中铁路行业标准的相关要求高于上海市混凝土标准,且远高于国家混凝土标准。本条综合考虑了市域铁路工程施工质量验收要求,及上海市混凝土生产及使用的实际条件,结合本标准第5.1.6条,对混凝土原材料性能指标所参照标准进行了界定。对于重要的第一类混凝土结构部位,宜参照现行行业标准《铁路混凝土工程施工质量验收标准》TB 10424 进行严格规定;对于较为重要的第二类混凝土结构部位,宜参照现行上海市工程建设规范《轨道交通及隧道工程混凝土结构耐久性设计施工技术标准》DG/TJ 08—2128 进行规定。

此处分类只针对混凝土原材料性能、配合比设计和混凝土性能指标的验收,钢筋等其他原材料的工程质量要求仍按各类工程所参照的标准进行验收。

5.1.9 同条件试件的作用如下:

——是对实体强度有怀疑或标养试件丢失、资料缺失时,进行实体强度的验证。但现场同条件试件很难做到真正的同条件养护,对混凝土实体强度验证基本不采用同条件试件的结果而采用钻芯取样法来验证。国内公路、市政、水利、机场、建筑等行业标准中均未将同条件试件作为验证实体强度的强制性标准。

二是在施工过程中,根据同条件养护试件的强度来确定结构构件拆模、出池、出厂、吊装、张拉、放张及施工期间临时负荷时的混凝土强度,是一个行之有效的办法。

三是等效龄期同条件养护试件用于结构实体强度检验,并按照现行国家标准《混凝土结构施工质量验收规范》GB 50204 的相关规定执行。

《混凝土强度检验评定标准》GB/T 50107、《公路工程质量检验评定标准(第一册 土建工程)》JTG F80/1、《城镇道路工程施工与质量验收规范》CJJ 1、《城市桥梁工程施工与质量验收规范》CJJ 2、《民用机场飞行区场道工程质量检验评定标准》MH 5007 等国家现行标准都规定了应留置同条件试件作为检验施工阶段混凝土强度的试件,留置数量以施工需要为准。铁路相关专业验标对施工需要的同条件试件的留置也都有相应的规定。

因此,本标准不再将同条件试件作为主控项目验收,而纳入一般规定中。

5.2 混凝土原材料

5.2.1 混凝土中掺合料多为粉煤灰和矿渣粉,为了使混凝土中矿渣粉与粉煤灰添加总量可控,所用水泥中的混合材宜为矿渣粉或粉煤灰。水泥颗粒过细,水泥熟料中 C_3A 含量过高,水泥的水化速度过快,水化热集中释放,导致混凝土收缩增大、抗裂性降低,对混凝土耐久性不利。因此,应对水泥的比表面积及 C_3A 含量加以限制。现行国家标准《通用硅酸盐水泥》GB 175 中用比表面积来评价普通硅酸水泥的细度,规定了最小比表面积。

对于水泥比表面积,现行国家标准《通用硅酸盐水泥》GB 175 的规定为不小于 300 m²/kg,现行行业标准《铁路混凝土工程施工质量验收标准》TB 10424 规定为 300 m²/kg～350 m²/kg。本标准综合考虑水泥性能参数对混凝土成品质量的影响规律,以及上海市水泥生产供应及供应用实践,对第一类混凝土的水泥比表面积上限放宽至 380 m²/kg。

水泥中的碱含量过高不仅容易引发混凝土的碱-骨料反应,而且增加混凝土的开裂倾向,不宜采用碱含量过高的水泥。考虑到对混凝土入模温度的要求,实际施工过程中应对水泥的入仓温度进行限制。

5.2.3 基于技术可行性和经济性,铁路混凝土工程中所用的掺合料以矿渣粉、粉煤灰为主,也可使用硅灰。矿渣粉的活性对混凝土的强度和耐久性有重要的影响,因此本标准对矿渣粉进行 7 d、28 d 活性指数检测。在一些特殊场合,必须使用新型矿物掺合料,如煅烧高岭土、沸石粉、复合掺合料时,应由试验证明掺加这些掺合料的混凝土耐久性满足要求,并要通过试验论证后方可使用。

5.2.5 天然砂是在自然条件作用下岩石产生破碎、风化、分选、运移、堆/沉积,形成的粒径小于 4.75 mm 的岩石颗粒,包括河砂、湖砂、山砂、净化处理的海砂,不包括软质、风化的岩石颗粒。但应注意,市域铁路工程中不得使用淡化海砂作为混凝土骨料。机制砂是指以岩石、卵石、矿山废石等为原料,经除土处理,由机械破碎、整形、筛分、粉控等工艺制成的,级配、粒形和石粉含量满足要求且公称粒径小于 4.75 mm 的颗粒,但不包括软质岩、风化的颗粒。天然砂和机制砂混合而成的混合砂属于人工砂。

5.2.8 依据上海市住房和城乡建设管理委员会《关于印发〈进一步加强本市建设用砂管理的意见〉的通知》(沪建建材〔2022〕162 号),上海市场使用的建设用砂氯离子含量不应大于 0.01%。

山砂是由开挖山体浅层风化岩经筛选而得,含泥量高、风化严重,故不提倡使用。海砂中的有害物氯离子虽然可用淡水冲洗除去，但目前冲洗成本高，质量控制困难，因此，本标准中规定不应使用。

石粉含量波动对机制砂混凝土性能，尤其是施工性能影响较大，机制砂生产过程中应控制石粉含量的稳定性，石粉含量波动宜控制在2%以内。高石粉含量会增加混凝土中粉体用量，影响混凝土的施工性能。高石粉含量机制砂适合于低强度等级混凝土制备。

5.2.9 粗骨料在运输和装卸过程中，其级配可能发生变化。为了确保骨料具有良好的级配，一个有效又可行的技术措施是采用多级配石，如采用二级配石或三级配石。使用过程中可通过对粗骨料实行分级采购、分级运输、分堆堆放、分级计量，配合比试配时再确定各级配石的具体用量，以使骨料具有尽可能小的空隙率，从而降低混凝土的胶凝材料用量。降低粗骨料空隙率的另一个有效措施是采用反击式、锤式破碎机生产骨料，或增加骨料整形机，这样可以获取更多类球形的骨料产品。用这种骨料配制的混凝土，其工作性可以得到进一步的改善，因而也是骨料生产工艺改进的一个方向。

为加强粗骨料质量的过程控制，完善控制流程，特提出混凝土用粗骨料的含泥量、泥块含量应分级检验，不合格的分级骨料不应用于混凝土施工。当由粗骨料的含泥量、泥块含量引发工程质量争议时，可按使用分级比例混合后骨料的泥块含量、含泥量是否满足技术要求，对工程质量进行判定。

混凝土的耐磨性决定它的强度与硬度，特别是面层混凝土的强度与硬度。磨蚀环境下宜采用高C_3S的水泥，除此之外，骨料的强度和硬度是影响磨蚀环境下混凝土的关键，磨蚀环境下，宜选择硬质骨料，如花岗岩、闪长岩等。

5.3 混凝土配合比设计

5.3.1 混凝土配合比选定的好坏，直接关系结构物的寿命和整个工程的经济效益。混凝土配合比的设计不仅要考虑强度，而且要考虑耐久性能等。当混凝土原材料和施工工艺等发生变化时，必须重新选定配合比。当施工工艺和环境条件未发生明显变化、原材料的品质在合格的基础上发生波动时，可对混凝土外加剂用量、粗骨料分级比例、砂率进行适当调整，调整后混凝土的拌合物性能应与原配合比一致。混凝土配合比应通过计算、适配、试件检验和试浇筑后确定。

5.3.2 采用活性骨料进行混凝土生产时，必须采取技术措施降低碱-骨料反应发生的风险。措施之一是严格控制混凝土的总碱含量。根据混凝土使用环境条件、设计年限对总碱含量最大限值进行了规定。

5.3.3 当工程的使用环境有外界氯离子侵入时，必须严格控制混凝土生产时从原材料带入的氯离子总量。限制混凝土中的总氯离子含量，不同标准都有规定，但在具体量值上多有差别。根据现行行业标准《铁路混凝土工程施工质量验收标准》TB 10424 和现行上海市工程建设规范《轨道交通及隧道工程混凝土结构耐久性设计施工技术标准》DG/TJ 08—2128 中对混凝土最大氯离子含量的要求，规定混凝土的最大氯离子含量。

5.5 钢 材

5.5.2 钢筋对混凝土结构的承载能力至关重要，对其质量应从严要求。钢筋进场时，应检查产品合格证件和出厂检验报告，并按有关标准的规定进行抽验检验。由于工程量、运输条件和各种钢筋的用量等的差异，很难对钢筋进场的批量大小做出统一规定。实际验收时，若有关标准中对进场检验做了具体规定，应遵照执行；若有关标准中只有产品出厂检验的规定，则在进场检验时，批量应按相关规定确定。本条的检验方法中，质量证明文件包括产品合格证、出厂检验报告，有时产品合格证、出厂检验报告可以合并；当用户有特别要求时，还应列出某些专门的检验数据。进场抽样检验的结果是钢筋材料能否在工程中应用的判断依据。

5.5.3 根据成型钢筋应用的实际情况，本条规定了成型钢筋进场的抽样检验规定。本条规定的成型钢筋指按现行行业标准《混凝土结构用成型钢筋》JG/T 226 生产的产品，成型钢筋类型包括箍筋、纵筋、焊接网、钢筋笼等。对由热轧钢筋组成的成型钢筋，当有施工单位或监理单位的代表驻场监督加工过程，并能提交该批成型钢筋进场的质量证明文件（主要为产品合格证、产品标准要求的出厂检验报告和成型钢筋所用原材料的第三方检验报告）时，可不进行现场取样检测。

对由热轧钢筋组成的成型钢筋不满足上述条件，以及由冷加工钢筋组成的成型钢筋，进场时应按本条规定做屈服强度、抗拉强度、伸长率和重量偏差检验。此时，成型钢筋的质量证明文件主要为产品合格证、产品标准要求的出厂检验报告；对成型钢筋所用原材钢筋，生产企业可参照本标准及相关专业规定自行检验，其检验报告在成型钢筋进场时可不提供，但应在生产企业存档保留，以便需要时查阅。

5.5.4 本条提出了针对部分框架、斜撑构件（含梯段）中纵向受力钢筋强度、伸长率的规定，其目的是保证重要结构件的抗震性能。本条第 1 款中抗拉强度实测值与屈服强度实测值与屈服强度标准值的比值，工程中习惯称为"超强比"或"超屈比"；第 3 款中最大力下总伸长率习惯称为"均匀伸长率"。牌号带"E"的钢筋为专门为满足本条性能要求生产的钢筋，其表面轧有专用标志。

本条中的框架梁、框架柱、框支梁、框支柱及板柱-抗震墙的柱，其抗震等级应根据国家现行有关标准由设计确定；斜撑构件包括伸臂桁架的斜撑、楼梯的梯段等，有关标准中对斜撑构件规定抗震等级，当建筑中其他构件需要应用牌号带"E"钢筋时，则建筑中所有斜撑构件均应满足本条规定；对不做受力斜撑构件使用的简支预制楼梯，可不遵守本条规定；剪力墙及其连梁与边缘构件、筒体、楼板、基础不属于本条规定的范围。

5.5.5 钢筋进场时和使用前均应加强外观质量的检查。弯曲不直或经弯折损伤、有裂纹的钢筋不应使用,表面有油污、颗粒状或片状老锈的钢筋亦不应使用,以防止影响钢筋握裹力或锚固性能。

5.5.6 成型钢筋在加工及出厂过程中均由专业加工厂质量管理人员进行检验,检验合格的产品才能入库和出厂。为规避成型钢筋在储存和运输过程中可能出现质量波动影响,本条规定了进入施工现场时的成型钢筋整体外观质量和尺寸偏差检验要求。

5.6 预制构件

5.6.4 预制构件外观质量缺陷可按现行国家标准《混凝土结构工程施工质量验收规范》GB 50204 的规定进行判断。

5.6.5 小型构件是指预制沟(槽)身、预制沟(槽)盖板、预制遮板、预制混凝土栏杆(防护栅栏)等。

6 地下车站及构筑物

本章内容主要参照《市政地下工程施工质量验收规范》DG/TJ 08—236等现行有关标准。

6.2 基坑围护

6.2.1，6.2.2 水泥土重力式围护墙有多种施工工艺，应根据选择的施工工艺的相关质量验收标准进行验收。

6.2.3 钢板桩锁口空隙较小，锁口有缺损或变形的钢板桩，不能保证锁口有效咬合和顺利沉桩。

6.2.10

2 水泥土搅拌桩应进行桩身强度检测。原位检测方法主要包括静力触探试验、标准贯入试验和动力触探试验等。搅拌桩施工完成后一定龄期内进行现场原位测试是一种较方便和直观的检测方法，能够更直接地反映水泥土搅拌桩的桩身质量和强度性能。

3 在搅拌桩施工过程中采取浆液进行浆液试块强度试验，是在搅拌桩刚搅拌完成、水泥处于流动状态时，及时沿桩长范围进行取样，采用浸水养护一定龄期后，通过单轴无侧限抗压强度试验，获取试块的强度试验值。浆液试块强度试验应采用专用取浆装置获取搅拌桩一定深度处的浆液，严禁取用桩顶和搅拌桩头带出来的浆液。取得的水泥土混合浆液应制备于专用的封闭养护罐中浸水养护，浆液灌装前宜在养护罐内壁涂抹层黄油以便于将来脱模，养护温度宜保持与取样点的土层温度相近。

4 钻取桩芯强度试验为在搅拌桩达到一定龄期后，通过地质钻机，连续钻取全桩长范围内的桩芯，并对取样点芯样进行无侧限抗压强度试验。取样点应取沿桩长不同深度和不同土层处的 5 点，以反映桩深不同处的水泥土强度，在基坑坑底附近应设取样点。钻取桩芯宜采用直径不小于 $\Phi 110$ 的钻头，试块宜直接采用圆柱体，直径即为所取的桩芯芯样直径，宜采用 1∶1 的高径比。一般认为钻取芯样强度试验是一种比较可靠的桩身强度检验方法，但该方法缺点也较为明显，主要是由于钻取芯样过程和试验中总会在一定程度上损伤搅拌桩；取芯过程中一般采用水冲法成孔，由于桩的不均匀性，水泥土易产生损伤破碎。考虑工程实际情况和本次对水泥土搅拌桩强度及检测方法所做的试验研究，建议将取芯试验检测值乘以 1.2～1.3 的系数。

6.2.16
  2 取芯检验数量及方法：按一个独立延米墙身取样，数量为墙身总延米的 1‰，且不应少于 3 处。每延米取芯数量不应少于 5 组，且在基坑坑底附近应设取样点。钻取墙芯应采用双管单动取芯钻具。钻取桩芯得到的试块强度，宜根据芯样的情况，乘以 1.2～1.3 的系数。

6.2.20 采用"桩墙合一"技术，考虑将原有废弃的临时围护排桩利用作为永久地下室侧壁挡土结构的一部分，可以减少地下室外墙的厚度，甚至可以减少结构外墙下边桩的数量，以节约社会资源，实现建筑节能和可持续发展的基坑支护结构设计。"桩墙合一"围护桩由于作为永久结构一部分，其施工与检测的要求高于常规临时围护排桩。其中，垂直度偏差提高要求主要考虑减小围护桩施工误差对后期地下室外墙施工的影响，建议采用旋挖工艺成孔进行"桩墙合一"围护桩的施工。

6.2.22 目前，灌注桩钢筋笼主筋连接多采用 $10d$ 搭接焊接方式。该方式每个接头焊接时间较长，立焊焊缝质量不易控制。采用螺纹钢筋连接器接头或 $35d$ 搭接辅以焊接接头形式，从实施效果看，工效高、质量易保证。采用 $35d$ 主筋错位搭接辅以焊接接头,每根钢筋搭接长度内焊缝长度不少于 $10d$ 主筋单面焊。

6.2.29 混凝土抗渗等级不宜小于P6级,墙体混凝土强度等级不应低于C30,水下浇筑时混凝土强度等级应按相关标准要求提高。

6.2.30 作为永久结构的地下连续墙需同时满足基坑开挖和永久使用两个阶段的受力和使用要求,对墙体的质量检验尤为重要。墙体质量检测应对墙体完整性、墙体厚度、墙体深度及墙底沉渣厚度等项目进行超声波检测。对于检测数量的要求,本条规定同类型槽段的检验数量不应少于20%,且不应少于3幅,每个检验墙段的预埋超声波管数不应少于4个。对墙体混凝土的强度或质量存在疑问时,可采用钻芯法进行检验。

6.2.36 用于地下连续墙浇灌的混凝土,其坍落度和扩散度比常规混凝土大得多,应确保地下连续墙混凝土具有良好的流动性。

6.2.42 混凝土浇筑速度宜为每小时上升 3 m～8 m,不应小于每小时 3 m,否则会降低混凝土的流动性,容易产生堵管事故。

6.3 地基处理

6.3.6 检验点应选取下列部位:
 1 建筑物荷载大的部位。
 2 帷幕线上。
 3 桩间搭接部位。
 4 施工中出现异常情况的部位。
 5 地质情况复杂,可能影响质量部位。
 6 坑内加固临近基坑边缘部位。

6.4 桩基础

6.4.1 工程桩的承载力和桩身完整性,对上部结构的安全稳定具有至关重要的意义。承载力检测时检验抗压或抗拔承载力满足设计值,通常采用静载试验确定;桩身完整性是检验桩身的缩径、夹泥、空洞、断裂等缺陷情况,通常采用钻芯法、低应变法、声波透射法等方法,要求桩身完整性的检测结果评价应达到Ⅱ类桩以上。

6.4.2 对重要工程(甲级)应采用静载试验检验桩的承载力。工程桩的分类按现行国家标准《建筑地基基础设计规范》GB 50007 的规定执行。关于静载试验的数量,当施工区域地质条件单一且当地又有足够的实践经验时,数量可根据实际情况,由设计确定。承载力检验不仅是检验施工的质量,而且也能检验设计是否达到工程的要求。因此,施工前的试桩如没有破坏又用于实际工程中,可作为验收依据。非静载试验桩的数量可按现行行业标准《建筑基桩检测技术规范》JGJ 106 的规定执行。

6.4.3 桩身完整性的检验可按现行行业标准《建筑基桩检测技术规范》JGJ 106 所规定的方法执行。

6.4.7 接桩目前大多数采用电焊连接,焊缝处容易出现裂缝,主要原因有:焊接连接时,连接处表面未清理干净、桩端不平整;焊接质量不好,焊缝不连续、不饱满、焊肉中夹有焊渣等杂物;焊接后停顿时间较短,焊缝遇地下水出现脆裂;两节桩不在同一条直线上,接桩处产生曲折,压桩过程中接桩处局部产生集中应力而破坏连接。因此,本标准规定需对焊缝的质量(如上下节桩错口、焊缝咬边深度,焊接结束后停歇时间,节点弯曲矢高等)进行验收。

6.5 地下水控制

6.5.1 轻型井点的井孔成孔后,往往会因缩径、塌孔导致井深不够,井管无法下到设计要求深度。因此,要求成孔时井深大于设计文件规定深度 500 mm。

6.5.3 轻型井点是通过井内形成真空将水排出地面,真空度决定了抽水能力和效果,因此要保证井点内形成一定的真空度。

6.5.7 滤料的实际填料量如果不足95%,会出现充填不实的情况,影响反滤层的形成,抽水时会造成含水地层的颗粒损失。因此,对实际填料量做出规定。

6.5.11 活塞洗井的提拉次数和持续时间的规定是一般经验的总结。由于土层含水量的大小、孔壁泥皮的厚薄、活塞的磨损程度、井管的正圆度、井内水位的高低和活塞提拉的频率等因素都会对洗井产生一定的影响,因此,活塞洗井的效果不能仅仅依据提拉活塞的次数和持续时间来判断,最终还是要通过观察地下水冲破、稀释泥皮并经由滤砂层进入滤管后,水体是否由混转清的过程予以把握。

6.5.12 超强真空降水管井的特点是基坑开挖过程中保持井内密闭,理论上不会发生真空泄漏,因此,在整个基坑施工过程中都可以保持一个持续稳定的高负压真空。根据工程实践的经验,其降水运行起始阶段负压管路系统的真空负压不应小于0.09 MPa,运行中后期不宜小于0.08 MPa。

6.5.19 由于滤料柱在围填完毕后的包括活塞洗井过程的一定时间内,其顶面标高会有一定程度的紧缩性下降,因此,滤料围填终了时的滤料柱顶面标高应适当高于设计标高,使滤料柱顶面相对于滤管顶端保持足够的有效高度,确保过滤结构在降水运行中发挥正常功能,防止封填黏土随滤料柱的紧缩,下降到滤料管顶部。

6.5.24 由于地层在平面分布上可能存在起伏变化、薄厚不均的情况,为了保证降水井能进入设计要求的地层,且进入的深度控制在设计要求范围内,以井底地层控制井深的井孔,才能符合设计要求。

6.5.28 为了避免污染地下水或改变地下水环境制定本条。毒理性指标不合格的水不能或很难自行降解,会永久性污染地下水环境,因此对毒理性指标做出规定。

6.5.29 回灌需要控制回灌水量,有的回灌需要加压。因此,回灌井设备应按照设计要求安装,加压的供水管路需要密封。

6.5.32 井管直径过大会导致井管和井孔之间的环状空间过小,井管外滤料会出现充填厚度不均或充填不实的情况,影响反滤层的形成;井管直径过小会影响回灌水量,降低回灌效果。

6.5.35 在井管外壁位于底板中部处焊接止水钢板有助于加强底板的防水。当底板厚度大于 1.5 m 时,宜采用 2 道止水钢板。

6.5.36 井内采用注浆或混凝土封闭后,割除井管至与底板面平齐后,在井内至井口 20 cm 处先烧焊 1 道止水钢板,以进一步防止不可预见的渗水情况,然后采用砂浆封闭该井内止水钢板。对于原出水量较大的管井或环境较潮湿的区域,可另在井口烧焊 1 道止水钢板,然后再用砂浆封闭,进一步防止止水钢板在潮湿有氧环境下腐蚀。

6.5.38 封井混凝土宜采用水下混凝土,实际应用时考虑可能的残余水对混凝土的影响,要求采用常规混凝土时应将混凝土强度提高一级。

6.6 基坑开挖与回填(含支撑体系)

6.6.1 机械开挖至基底时,不易控制其平整度,并有可能超挖或扰动基底。为保证基坑坑底不被扰动,机械开挖的基坑底部都要预留 0.2 m~0.3 m 厚土层采用人工开挖的方法进行施工,开挖同时进行人工检底。因此,为避免增加地基处理工程量,制定本条规定。

6.6.2 验槽是基坑开挖完成后的步骤,验槽的参加单位包括建设单位、勘察单位、设计单位、监理单位、施工单位等的代表,检验内容包括基底土质情况、地下障碍物情况、地下水情况、必要时的钎探记录和承载力试验报告、基坑尺寸、基底是否有扰动等。基坑开挖后,地基暴露在大气中,如为土质地基,经风化后易产生干缩,影响承载力。尤其是支护桩或地下连续墙作为主体结构一部分时,土方挖至基底后,尚需靠主体结构增强其强度。因此,土方挖至基底后,要求尽快施工混凝土垫层。

6.6.6 基底如果有超挖,宜用砂、砂夹石铺垫到设计标高,或加厚混凝土垫层。

6.6.21 本条为保证回填土压实质量和回填时结构不致产生位移而制定的。分层填筑厚度根据土质、压实机械和方法通过现场试验确定,采用振动机械压实时,每层虚铺厚度控制在 250 mm～350 mm;采用人工机具时,每层虚铺厚度控制在 200 mm～250 mm;采用人工夯实时,每层虚铺厚度控制在 200 mm 以下。

6.7 混凝土结构

6.7.2 本条对模板及支架材料的技术指标提出要求,主要指标为模板、支架及配件的材质、规格、尺寸及力学性能等。目前常用的模板及支架材料种类繁多,其规格尺寸、材质和力学性能等各异,且多为周转重复使用,其质量差异较大。部分材料、配件的材质、规格尺寸、力学性能等如果不符合要求,将给模板及支架的质量、安全留下隐患,甚至可能酿成事故。故本条将模板及支架材料的技术指标作为主控项目列为进场验收内容。

考虑到现场条件,以及现实中模板及支架材料的租赁、周转等情况比较复杂,正常情况下的主要检验方法是核查质量证明文件,并对实物的外观、规格、尺寸进行观察和必要的尺量检查。当实物的质量差异较大时,宜在检查前进行必要的分类筛选。

6.7.3 本条要求对安装完成后的模板及支架进行验收。现浇混凝土结构的模板及支架类型众多,验收检查的项目和重点也不相同,主要类型已有相应的国家或行业标准,故要求应按照有关标准进行验收。

6.7.4 后浇带模板及支架由于施工中留置时间较长,不能与相邻的混凝土模板及支架同时拆除,且不宜拆除后二次支撑,应考虑独立设置,使其装拆方便,且不影响混凝土结构的质量。

6.7.5 在土层上直接安装支架竖杆或竖向模板,原则上应按照地基基础设计规范的要求进行设计计算,但施工中有时被忽视,个别施工单位甚至将模板竖杆直接支撑在未经处理的普通场地上。为此,本条除了要求基土应坚实、平整并应有防水、排水等措施外,还明确要求基土承载力或密实度应符合相关的要求。验收时,应检查土层密实度检测报告、土体承载力验算或现场检测报告。

6.7.10 本条为保证混凝土成型质量而设置。无论采用何种材料制作的模板,其接缝都应严密,避免漏浆,但木模板需要考虑浇水湿润时的木材膨胀情况。模板内部及与混凝土的接触面应清理干净,以避免出现麻面、夹渣等缺陷。对清水混凝土与装饰混凝土,为使浇筑后的混凝土表面满足设计效果,宜事先对所使用的模板和浇筑工艺制作样板或进行试验。

6.7.11 对跨度较大的现浇混凝土梁、板,考虑到自重的影响,适度起拱有利于保证构件的形状和尺寸。执行时,应注意本条的起拱高度未包括设计起拱值,而只考虑模板本身在荷载下的下垂,故对钢模板可取偏小值,对木模板可取偏大值。当施工措施能够保证模板下垂符合要求时,也可不起拱或采用更小的起拱值。

6.7.12 本条适用于对固定在模板上的预埋件和预留孔洞、洞内置模板的检查验收。主要包括数量、位置、尺寸的检查,安装牢固程度的检查,防渗措施的检查和对预埋螺栓外露长度的检查。检查的基本依据为设计和施工方案的要求。

6.7.13,6.7.14 给出了现浇结构和预制构件模板安装的尺寸允许偏差及检验方法,其中预制构件模板安装的允许偏差除了适用于预制构件厂外,也适用于现场制作的预制构件。由于模板验收时尚未浇筑混凝土,发现过大偏差时应在浇筑前修整。过大偏差可按照允许偏差的1.5倍取值,也可由施工方案根据工程具体情况确定。

6.7.15 为保证拆模时混凝土表面及棱角不致因拆模被破坏、断裂或因强度不足导致混凝土变形、坍塌,故拆模时混凝土达到的强度应以同条件养护试件的抗压强度试验为准。

6.7.19 本条对不同级别的钢筋弯弧内径做了具体规定。钢筋加工时应按本条规定选择弯折机弯头,防止因弯弧内径太小使钢筋弯折后弯弧外侧出现裂缝,影响钢筋受力或锚固性能。第4款规定"箍筋弯折处尚不应小于纵向受力钢筋的直径",纵向受力钢筋指箍筋弯折处的纵向受力钢筋,除此规定外,拉筋弯折尚应考虑拉筋实际勾住钢筋的具体情况。

6.7.20 本条规定的纵向受力钢筋弯折后平直段长度包括受拉光面钢筋180°弯钩、带肋钢筋在节点内弯折锚固、带肋钢筋弯钩锚固、分批截断钢筋延伸锚固等情况。本标准仅规定了光圆钢筋180°弯钩的弯折后平直段长度,其他构造钢筋应符合设计要求。

6.7.21 本条提出对箍筋及用作复合箍筋拉筋的弯钩构造的验收要求。有抗震设防要求的结构构件,即设计图纸和有关标准中规定具有抗震等级的结构构件,箍筋弯钩可按不小于135°弯折。本条中设计专门要求指构件受扭、弯剪扭等复合受力状态,也包括全部纵向受力钢筋配筋率大于3%的柱。

6.7.22 本条规定了盘卷钢筋调直后力学性能和重量偏差的检验要求,所有用于工程的调直钢筋均应按本条规定执行。提出本条检验规定是为了加强对调直后钢筋性能质量的控制,防止冷拉加工过度改变钢筋的力学性能。对钢筋调直机械设备是否有延伸功能的判定,可由施工单位检查并经监理单位确认;当不能判定或对判定结果有争议时,应按本条规定进行检验。考虑到建筑工程钢筋检验的实际情况,盘卷钢筋调直后的重量偏差不符合要求时不允许复检,本条还取消了力学性能人工时效的规定。

6.7.23 本条提出纵向受力钢筋连接方式的基本要求,这是保证受力钢筋应力传递及结构构件受力性能所必需的。如设计没有规定钢筋的连接形式,可由施工单位根据《混凝土结构设计规范》GB 50010 等国家现行有关标准的相关规定和施工现场条件与设计共同商定,并按此进行验收。

6.7.24 钢筋有多种连接方式,采用哪一种方式,必须符合设计要求,以保证钢筋应力传递及结构受力要求。

6.7.25 受力钢筋的牌号、规格和数量对结构构件的受力性能有重要影响,必须符合设计要求。较大直径带肋钢筋的牌号、规格可根据外观的轧制标志识别。光圆钢筋和小直径带肋钢筋外观没有轧制标志,安装时应对其牌号特别注意。

6.7.26 钢筋的安装位置、锚固方式同样影响结构受力性能,应按设计要求进行验收。钢筋的安装位置主要包括钢筋安装的部位,如梁顶部与底部、柱的长边与短边等。

6.7.29 钢筋机械连接用套筒的外观质量应符合现行行业标准《钢筋接卸连接技术规程》JGJ 107、《钢筋机械连接用套筒》JG/T 163 的有关规定。钢筋锚固板质量应符合现行行业标准《钢筋锚固板应用技术过程》JGJ 256 的规定。本条规定还适用于按商品进场验收的预埋件等结构配件。钢筋机械连接套筒、钢筋锚固板以及预埋件等外观质量的进场检验项目及合格要求应按有关标准的规定确定。

6.7.30 本条规定了钢筋加工形状、尺寸和允许偏差值及检验数量和方法。现行国家标准《混凝土结构设计规范》GB 50010 已将混凝土保护层厚度按最外层钢筋(箍筋)规定,此种情况下截面尺寸减 2 倍保护层后可直接得到箍筋外廓尺寸。

6.7.31 钢筋接头的位置影响受力性能,应根据设计和施工方案要求设置在受力较小处,箍筋加密区范围可按现行国家标准《混凝土结构设计规范》GB 50010 的有关规定确定。加密区范围尽可能不设置钢筋接头;如需连接,则应采用性能较好的机械连接和焊接接头。

6.7.32 本条对施工现场的机械连接接头和焊接接头提出了外观质量验收要求。

6.7.34 本条规定了纵向受力钢筋绑扎搭接接头间距及百分率验收要求。计算接头区段长度时,搭接长度可取相互连接两根钢筋中较小直径计算,并按该直径计算连接区段内接头面积百分率;当同一构件内不同连接钢筋计算的连接区段不同时,取大值。同一连接区段内纵向受力钢筋接头面积百分率为接头中点位于该连接区段长度内的纵向受力钢筋截面面积与全部纵向受力钢筋截面面积的比值。对于接头百分率的,本条规定当确有必要放松时对梁类构件不应大于 50%。根据相关规定,对其他构件可根据实际情况放宽。

接头连接区段是指长度为 1.3 倍搭接长度的区段。搭接长度取相互连接两根钢筋中较小直径计算。同一连接区段内纵向受力钢筋接头面积百分率为接头中点位于该连接区段长度内的纵向受力钢筋截面面积与全部纵向受力钢筋截面面积的比值。

6.7.35 设计文件及现行国家标准《混凝土结构工程施工规范》GB 50666 规定了搭接长度范围内的箍筋直径、间距等构造要求,应按此进行验收。

6.7.36 本条规定了钢筋安装的允许偏差。考虑到纵向受力钢筋锚固长度对结构受力性能的重要性,本条增加了锚固长度的允许偏差要求。表中规定纵向受力钢筋锚固长度负偏差不大于 20 mm,对正偏差没有要求。国家标准《混凝土结构设计规范》GB 50010—2010 已将混凝土保护层最小厚度按最外层钢筋规定,本条中对于钢筋的混凝土保护层厚度允许偏差同时规定了纵向受力钢筋和箍筋。考虑保护层厚度对结构的安全性、耐久性的重要影响,本条将受力钢筋保护层厚度的合格率统一提高为 90% 及以上。

6.7.37 无论是预拌混凝土还是现场搅拌混凝土,水泥进场时,应根据产品合格证检查其品种、代号、强度等级等,并有序存放,以免造成混料错批。强度、安定性和凝结时间是水泥的重要性能指标,进场时应抽样检验,其质量应符合现行国家标准《通用硅酸盐水泥》GB 175 等的要求。质量证明文件包括产品合格证、有效的型式检验报告、出厂检验报告。

6.7.54 预应力筋分为有粘结预应力筋和无粘结预应力筋两种,进场时均应按本条规定进行力学性能检验。

常用的预应力筋有钢丝、钢绞线、精轧螺纹钢筋等。不同的预应力筋产品,其质量标准及检验批内容均有相关产品标准,制定产品抽样检验方案时应按不同产品标准的具体规定执行。目前常用的预应力筋的相应产品标准有:《预应力混凝土用钢绞线》GB/T 5224、《预应力混凝土用钢丝》GB/T 5223、《预应力混凝土用螺纹钢筋》GB/T 20065 和《无粘结预应力钢绞线》JGJ 161 等。

预应力筋是预应力分项工程中最重要的原材料,进场时应根据进场批次和产品的抽样检验方案确定检验批,进行抽样检验。由于各厂家提供的预应力筋产品合格证内容与格式不尽相同,为统一及明确有关内容,要求厂家除了提供产品合格证外,还应提供反映预应力筋主要性能的出厂检验报告,二者也可合并提供。抽样检验可仅做预应力筋抗拉强度与伸长率试验;松弛率试验由于时间较长,成本较高,同时目前产品质量比较稳定,一般不需要进行该项检验,当工程确有需要时,可进行检验。

6.7.55 无粘结预应力钢绞线的进场检验包括钢绞线力学性能检验和涂包质量检验两部分,现行国家标准《预应力混凝土用钢绞线》GB/T 5224 规定了无粘结预应力筋的涂包质量要求。无粘结预应力筋在进场后,应按本标准第 6.7.54 条的规定检验其力学性能;由于涂包质量对保证预应力筋防腐及准确地建立预应力也非常重要,还应按现行行业标准《无粘结预应力钢绞线》JG/T 161 的规定检验其油脂含量与涂包层厚度。无粘结预应力筋的涂包质量比较稳定,进场后经观察检查其涂包外观质量较好且有厂家提供的涂包质量检验报告时,为简化验收,可不进行油脂用量和护套厚度的抽样检验。

6.7.56 锚具、夹具和连接器的进场检验主要做锚具(夹具、连接器)的静载锚固性能试验,锚固区传力性能、材质、机加工尺寸及热处理硬度等可按出厂时的质量证明文件进行核对。预应力筋用锚具、锚垫板、局部加强钢筋等产品是生产厂家通过锚固区传力性能试验得到的能够保证其正常工作性能和安全性的匹配性组合,能够在工程应用中保证锚固区的安全性。因此,现行行业标准《预应力筋用锚具、夹具和连接器》JGJ 85规定锚具、夹具和连接器产品应配套使用(包括锚垫板和局部加强钢筋),并对其性能要求进行了明确的规定,在进场验收时应检查锚固区传力性能试验报告。

静载锚固性能试验工作,费工、费时、经费开支较大,购货量大的工程进行此项工作是必要的,购货量小的工程可能会造成试验费用负担过重,故对锚具用量较少的工程,可由产品供应商提供本批次产品的检验报告,作为进场验收的依据。

6.7.57 孔道灌浆一般采用素水泥浆,配置水泥浆用的硅酸盐水泥或普通硅酸盐水泥性能应符合现行国家标准《混凝土结构工程施工质量验收规范》GB 50204的有关规定。水泥浆中掺入外加剂可改善其稠度和密实性等,但预应力对应力腐蚀较为敏感,故水泥和外加剂中均不应含有对预应力筋有害的化学成分。

对孔道灌浆用水泥和外加剂用量较少的一般工程,当有可靠依据时,可不作材料性能的进场复验。

6.7.58 预应力筋的品种、规格、强度级别和数量对保证预应力结构的承载能力、抗裂度至关重要,故必须符合设计要求。

6.7.59 预应力筋在结构构件中的位置由设计人员依据结构构件的受力特点确定,对保证预应力结构构件的正常使用性能与承载能力至关重要,故必须符合设计要求。

6.7.60 过早地对混凝土施加预应力,会引起较大的收缩及徐变损失,同时可能局部受压应力过大而引起混凝土损伤。本条对预应力筋张拉及放张时混凝土强度的规定与现行国家标准《混凝土结构设计规范》GB 50010一致。若设计对此有明确要求，则应按设计要求执行。

6.7.62 预应力筋张拉锚固后，实际建立的预应力值与量测时间有关。相隔时间越长，预应力损失值越大，故检验值应由设计通过计算确定。预应力筋张拉后实际建立的预应力值对结构受力性能影响很大，应予以保证。先张法施工中可以用应力测定仪器直接测定张拉锚固后预应力筋的应力值。

6.7.63 预应力筋张拉后处于高应力状态，对腐蚀非常敏感，故应尽早对孔道进行灌浆。灌浆是对预应力筋的永久保护措施，要求孔道内水泥浆饱满、密实、完全握裹住预应力筋。灌浆质量的检验应着重现场观察检查，必要时也可凿孔或采用无损检查。

6.7.64 灌浆用水泥浆在满足必要的稠度的前提下尽量减小泌水率，以获得密实饱满的灌浆效果。水泥浆中水的泌出往往造成孔道内的空腔，并引起预应力筋腐蚀。1%左右的泌水一般可被灰浆吸收，因此应按本条的规定控制泌水率。水泥浆中的氯离子会腐蚀预应力筋，而预应力筋对腐蚀非常敏感，故水泥和外加剂中均不能含有对预应力有害的化学成分，特别是氯离子的含量需严加控制。计算水泥浆中的氯离子含量时，应包含水、掺合料、水泥及骨料中的氯离子。

水泥浆的适度膨胀有利于提高灌浆密实性，提高灌浆饱满度，但过度地膨胀可能造成孔道破损，反而影响预应力工程质量，故应控制其膨胀率。本标准用自由膨胀率来控制，并考虑普通灌浆工艺和真空灌浆工艺的差异。

6.7.65 灌浆质量应强调其密实性，从而对预应力筋提供可靠的防腐保护，而孔道灌浆材料与预应力筋之间的粘结力同时也是预应力筋与混凝土共同工作的前提。参考国外的有关规定并考虑目前建筑工程中强度为30 MPa的孔道灌浆材料可有效提供对预应力筋的保护并提供足够的粘结力，故本条规定了孔道灌浆材料的抗压强度不应小于 30 MPa。留置试件时,应采用带底模的钢试模,直接采用试验结果评定孔道灌浆材料强度。

一组试件由 6 个试件组成,试件应标准养护 28 d;抗压强度为一组试件的平均值,当一组试件中抗压强度最大值或最小值与平均值相差超过 20% 时,应取中间 4 个试件强度的平均值。

6.7.66 为确保暴露于结构外的锚具和外露预应力筋能够正常工作,应防止锚具和外露预应力筋锈蚀。因此,应遵照设计要求执行,并在施工方案中做出具体规定,并且需满足本条的规定。锚具和预应力的混凝土保护层厚度应分两步进行检查:在封锚前应检查封锚模板的安装质量,混凝土浇筑后应复查封锚混凝土的外形尺寸,确保锚具和预应力筋的混凝土保护层厚度满足本条要求。

6.7.67 预应力筋进场后可能由于保管不当引起锈蚀、污染等,使用前应进行外观质量检查。对有粘结预应力筋,可按各有关标准进行检查。对无粘结预应力筋,若出现护套破损,不仅影响密封性,也会增加预应力摩擦损失,故需要保护其塑料护套;尤其在地下结构等潮湿环境中采用无粘结预应力筋时,更需要注意其护套完整。对于轻微破损处,可用防水聚乙烯胶带封闭,其中每圈胶带搭接宽度一般大于胶带宽度的 1/2,缠绕层数不少于 2 层,而且缠绕长度超过破损长度 30 mm。

无粘结预应力筋护套轻微破损的,应外包防水塑料胶带修补;严重破损的,不应使用。

6.7.68 当锚具、夹具及连接器进场入库时间较长时,可能造成锈蚀、污染等,影响其使用性能。因此,应在储存时加强保护措施,并在使用前重新对其外观进行逐一检查。

6.7.69 后张法预应力成孔主要采用塑料波纹管以及金属波纹管,而竖向孔道常采用钢管。与塑料波纹管相关的现行行业标准为《预应力混凝土桥梁用塑料波纹管》JT/T 529,与金属波纹管相关的现行行业标准为《预应力混凝土用金属波纹管》JG 225。成孔管道受到污染、变形时，可能增加张拉时的摩擦损失，影响构件有效预应力的建立；或影响灌浆后的粘结效果，对构件的耐久性造成影响。目前，后张预应力工程中多采用金属波纹管预留孔道，由于其在运输、存放过程中可能出现伤痕、变形、锈蚀、污染等，故使用前应进行外观质量检查。塑料波纹管尽管没有锈蚀问题，仍应注意保护其不受外力作用下的变形，以及油污等污染，同时应避免阳光直射造成老化。检查成孔管道的径向刚度和抗渗性能，是为了确保成孔质量，从而保证预应力筋的张拉和孔道灌浆质量能满足设计要求。

6.7.70 预应力筋的端部锚具制作质量对可靠地建立预应力非常重要。本条规定了挤压锚、压花锚、镦头锚的制作质量要求。本条对镦头锚制作质量的要求，主要是为了检测钢丝的可镦性，故规定按钢丝的进场批量检查。

6.7.73 实际工程中，由于锚具种类、张拉锚固工艺及放张速度等各种因素的影响，内缩量可能有较大波动，导致实际建立的预应力值出现较大偏差。因此，应控制锚固阶段张拉端预应力筋的内缩量。当设计对张拉端预应力筋的内缩量有具体要求时，应按设计要求执行。

6.7.74 预应力筋外露长度的规定，主要是考虑到锚具正常工作及氧-乙炔焰切割时可能的热影响，切割位置不宜距离锚具太近，同时不应影响构件安装。

6.7.76 预制构件的外观质量缺陷可按国家标准《混凝土结构工程施工质量验收规范》GB 50204—2015 第 8 章的相关规定进行判断。对于预制构件的严重缺陷及影响结构性能和安装、使用功能的尺寸偏差，处理方式同国家标准《混凝土结构工程施工质量验收规范》GB 50204—2015 第 8.2 节、第 8.3 节的有关规定。专业企业生产的预制构件，应由预制构件生产企业按技术方案处理，并重新检查验收。

6.7.77 预制构件的预埋件和预留孔洞等应在进场时按设计要

求抽检，合格后方可使用，避免在构件安装时发现问题造成不必要的损失。

6.7.78 预制构件表面的标识应清晰、可靠，以确保能够识别预制构件的"身份"，并在施工企业全过程中发生的质量问题可追溯。预制构件表面的标识内容一般包括生产单位、构件型号、生产日期、质量验收标志等；如有必要，尚需通过约定标识表示构件在结构中安装的位置和方向、吊运过程中的朝向等。

6.7.80 本条给出了预制构件尺寸偏差和预制构件上的预留孔、预留洞、预埋件、预留插筋、键槽位置偏差的基本要求。如根据具体工程要求提出高于本条规定时，应按设计要求或合同规定执行。

6.7.81 装配整体式结构中预制构件与后浇混凝土结合的截面称为结合面，具体可为粗糙面或键槽两种形式。有需要时，还应在键槽、粗糙面上配置抗剪或抗拉钢筋等，以确保结构的整体性。

6.8 砌体结构

6.8.1 现行国家标准《砌体结构工程施工质量验收规范》GB 50203中要求当在使用中对水泥质量有怀疑时，应复查试验，并按复验结果使用。

6.8.13 本条对砌体砌筑后养护做了规定，以满足砌体强度和耐久性要求。

6.8.14 本条规定为防止水渗入和不均匀沉降对砌体工程造成损害。实践证明，沉降缝、泄水孔、反滤层的质量对于防止产生水害、保持砌体的整体长期稳定影响很大。设计无要求时，应随砌体同时施工，施工中要严格控制。

6.8.16 配筋砌体中的混凝土、砂浆的强度直接影响砌体的结构性能，故应符合设计要求。

6.8.17 构造柱是房屋抗震设防的重要措施，为保证构造柱与墙体的可靠连接,使构造柱能充分发挥其作用而提出了施工要求。外露的拉结钢筋有时会妨碍施工,必要时进行弯折是可以的,但不应随意弯折,以免钢筋在灰缝中产生松动和不平直,影响其锚固性能。

6.8.32 本条给出一般情况下砌体尺寸允许偏差,如相关专业验收标准和设计有要求时,应按专业标准执行。

6.8.34 本条对砌体工程表面进行了规定,强调施工中应对表面质量引起重视。

6.9 主体结构防水

6.9.4 本条对防水混凝土的变形缝、施工缝、后浇带、穿墙管道、预埋件等设置和构造提出了要求。

1 防水混凝土应连续浇筑,宜少留施工缝,以减少渗水隐患。墙体上的垂直施工缝宜与变形缝相结合。墙体最低水平施工缝应高出底板表面不小于 300 mm,距墙孔洞边缘不应小于 300 mm,并避免设在墙体承受剪力最大的部位。

2 变形缝应考虑工程结构的沉降、伸缩的可变性,并保证其在变化中的密闭性,不产生渗漏水现象。变形缝处混凝土结构的厚度不应小于 300 mm,变形缝的宽度宜为 20 mm~30 mm。全埋式地下防水工程的变形缝应为环状;半地下防水工程的变形缝应为 U 形,设计高度应超出室外地坪 500 mm 以上。

3 后浇带采用补偿收缩混凝土、遇水膨胀止水条或止水胶等防水措施,补偿收缩混凝土的抗压强度和抗渗等级均不应低于两侧混凝土。

4 穿墙管道应在浇筑混凝土前预埋。当结构变形或管道伸缩量较小时,穿墙管可采用主管直接埋入混凝土内的固定式防水法;当结构变形或管道伸缩量较大或有更换要求时,应采用套管式防水法。穿墙管线较多时宜相对集中,采用封口钢板式防水法。

5 埋设件端部或预留孔、槽底部的混凝土厚度不应小于 250 mm；当厚度小于 250 mm 时，应采取局部加厚或加焊止水钢板的防水措施。

6.9.13 水泥砂浆防水层无论是在结构迎水面还是在结构背水面，都具有很好的防水效果。水泥砂浆防水层的厚度测量，应在砂浆终凝前用钢针插入进行尺量检查，不允许在已硬化的防水层表面任意凿孔破坏。

6.9.17 转角处、变形缝、施工缝、穿墙管等部位是防水层的薄弱环节，由于基层后期产生裂缝会导致卷材或涂膜防水层的破坏，因此基层阴阳角应做成圆弧，卷材或涂料防水层在转角处、变形缝、施工缝、穿墙管等部位应增设卷材或涂料加强层。为保证防水的整体效果，对上述细部构造节点必须精心施工和严格检查，除观察检查外还应检查隐蔽工程验收记录。

6.10 细部构造防水

6.10.20 后浇带两侧的留缝形式，根据施工条件可做成平直缝或阶梯缝。选用的遇水膨胀止水条应具有缓胀性能，其 7 d 的膨胀率不应大于最终膨胀率的 60%；当不符合时，应采取表面涂缓胀剂的措施。

7 地面及高架车站

本章内容主要参照《钢结构工程施工质量验收标准》GB 50205、《混凝土结构工程施工质量验收规范》GB 50204、《铁路混凝土工程施工质量验收标准》TB 10424、《铁路站场工程施工质量验收标准》TB 10423、《铁路桥涵工程施工质量验收标准》TB 10415、《轨道交通及隧道工程混凝土结构耐久性设计施工技术标准》DG/TJ 08—2128、《轻型钢结构制作及安装验收标准》DG/TJ 08—010等现行有关标准。

7.4 钢结构

7.4.4 在国家建设中,特殊技能操作人员发挥着重要作用。在钢结构工程施工焊接中,焊工是特殊工种,焊工的操作技能和资格对工程质量起到保证作用,必须充分予以重视。本条所指的焊工包括手工操作焊工和机械操作焊工。从事钢结构工程焊接施工的焊工,应根据所从事钢结构焊接工程的具体类型,按国家现行标准对施焊焊工进行考试并取得相应证书。

7.4.5 由于钢结构工程中的焊接节点和焊接接头不可能进行现场实物取样检验,而探伤仅能确定焊缝的几何缺陷,无法确定接头的理化性能。为保证工程焊接质量,应在构件制作和结构安装施工焊接前进行焊接工艺评定,同时根据焊接工艺评定的结果制定相应的施工焊接工艺规程,并在施焊过程中进行全过程质量控制。本条规定了施工单位应进行工艺评定的条件,强调了过程检验的重要性。就焊接产品质量控制而言,过程控制比焊后无损检测显得更为重要,特别是对高强螺栓或特种钢,产品制造过程中工艺参数对产品性能和质量的影响更为直接,产生的不利后果更难以恢复,同时也是用常规无损检测方法无法检测到的。因此,正确的过程检验程序和方法是保证产品质量的重要手段。焊接工艺评定报告的有效期和焊接过程检验的程序、内容应符合现行国家标准《钢结构焊接规范》GB 50661 的规定。

7.4.6,7.4.7 根据结构的承载情况不同,现行国家标准《钢结构焊接规范》GB 50661 中将焊缝的质量分为三个质量等级。内部缺陷的检测一般可用超声波探伤和射线探伤。射线探伤具有直观性、一致性好的优点,但是射线探伤成本高、操作程序复杂、检测周期长,尤其是钢结构中大多为 T 形接头和角接头,射线检测的效果差,且射线探伤对裂纹、未熔合等危害性缺陷的检出率低。超声波探伤则正好相反,操作程序简单、快速,对各种接头形式的适应性好,对裂纹、未熔合的监测灵敏度高。因此,对钢结构内部质量的控制采用超声波探伤,一般已不采用射线探伤。除非不能采用超声波探伤或对超声波检测结果有疑义时,可采用射线检测进行补充或验证。

本标准规定一级焊缝 100% 检验,二级焊缝为抽样检验。钢结构工厂制作焊缝长度大于 1 m 的焊缝,对每条焊缝按规定的百分比进行探伤,抽检部位为焊缝两端,且探伤长度不小于 200 mm 的规定,对保证每条焊缝的质量是有利的;对焊缝长度小于或等于 1 m 的焊缝,可按同类焊缝数量的百分比进行探伤。钢结构安装焊缝大部分为一柱连接焊缝,一般都比较短,每条焊缝的长度大多为 250 mm～300 mm,按照焊缝条数抽样的检测是可行的。对于长度大于 1 m 的现场安装焊缝,也可以按每条焊缝规定的百分比进行探伤,抽检部位和检测长度同工厂制作焊缝。

7.4.8 对 T 形接头、十字接头、角接接头等要求焊透的对接和角接组合焊缝,为减少应力集中,同时确保焊缝强度,参照国内外相关标准的规定,确定了对不同焊脚尺寸的要求。

7.4.10 不同质量等级的焊缝承载要求不同,凡是严重影响焊缝承载能力的缺陷都是严禁的,本条按照荷载形式即无疲劳验算要求和有疲劳验算要求两种情况给出了焊缝外观合格质量的要求。

由于一、二级焊缝的重要性,不允许存在表面气孔、夹渣、弧坑裂纹、电弧擦伤等缺陷;无疲劳验算要求的一级焊缝,不应存在咬边、未满焊、根部收缩等缺陷;对于有疲劳验算要求的一、二级焊缝,不允许存在未满焊、根部收缩等缺陷;承受动载的一级焊缝,不允许存在咬边缺陷。

7.4.11 对接焊缝的余高、错边,部分焊透的对接与角接组合焊缝及角焊缝的焊脚尺寸,余高等外形尺寸偏差也会影响钢结构的承载能力,必须加以限制。

7.4.12 焊接预热可以降低影响区冷却速度,对防止焊接延迟裂纹的产生有重要作用,是各国焊接规范关注的重点。目前大多通过工艺试验确定预热温度,必须与预热温度同时规定的是该温度区距离施焊部分各方向的范围,该温度范围越大,焊接热影响区冷却速度越小,反之则冷却速度越大。同样的预热温度要求,如果温度范围不确定,其预热的效果相差很大。

焊缝后热处理主要是对焊缝进行脱氢处理,以防止冷裂纹的产生。后热处理的时机和保温时间直接影响后热处理的效果,因此应在焊后立即进行,并按板厚适当增加热处理时间。

7.4.13 当螺栓连接节点采用普通螺栓连接时,对螺栓质量有疑义或设计有要求的应按国家标准《钢结构工程施工质量验收标准》GB 50205—2020 附录 B 的要求做螺栓实物最小拉力载荷复验。钢结构工程的螺栓连接节点采用普通螺栓连接时,螺栓的精度为 C 级(粗制)螺栓,与其相配合的孔为 II 类孔。

7.4.14 本条涉及的自攻钉是指自带钻头的自攻钉,即施工时不必预钻孔。薄钢板连接件都有一个适宜的连接厚度,设计根据连接强度(抗拔力、抗剪力、抗拉强度等)进行连接设计。计算确定连接件的直径,从构造要求规定间距和边距。验收时,必须满足设计要求,确保使用功能。

7.4.15 抗滑移系数是高强度螺栓连接的主要设计参数之一,直接影响构件的承载力。因此,构件摩擦面无论在制造厂处理还是在现场处理,均应对抗滑移系数进行测试,测得的抗滑移系数最小值应满足设计要求。

7.4.16 高强度螺栓终拧 1 h 后,螺栓预拉力的损失大部分已完成;在随后一两天内,损失趋于平稳;当超过 1 个月后,损失就会停止,但在外界环境影响下,螺栓扭矩系数会发生变化,影响检查结果的准确性。为了统一和便于操作,本条规定检查时间统一在 1 h 后、48 h 内完成。依据现行行业标准《钢结构高强度螺栓连接技术规程》JGJ 82 的有关规定,用转角法施工的高强度螺栓连接副也需经国家标准《钢结构工程施工质量验收标准》GB 50205—2020 第 4.7.2 条检验合格后方可施工,其紧固过程也分初拧和终拧。初拧和复拧用扭矩法施工使节点内各螺栓受力基本均匀,终拧用转角法施工。

7.4.19 高强度螺栓初拧和终拧的目的是使摩擦面能密贴,且螺栓受力均匀。对大型节点强调安装顺序是为了防止节点中螺栓预拉力损失不均,影响连接的刚度。

7.4.22 强行穿入螺栓会损伤丝扣,改变高强度螺栓连接副的扭矩系数,甚至连螺母都拧不上,因此强调能自由穿入螺栓孔。气割扩孔很不规则,既削弱构件的有效截面,减少了传力面积,还会使扩孔后刚才产生缺陷,故规定用铰刀修正。最大扩孔量的限制也是基于构件有效截面和摩擦力面积的考虑。本条规定扩孔后的孔径不应超过 $1.2d$ 是针对摩擦型高强度螺栓而言的,承压型高强度螺栓孔径扩孔后也不应大于螺栓公称直径 2 mm。若孔型为大圆孔或槽孔,扩孔后的孔径应满足设计要求和其他相关规定。

7.4.23 钢材切割面或剪切面应无裂纹、夹渣、分层和大于 1 mm 的缺棱。这些缺陷在气割后都能较明显地暴露出来,一般观察(用放大镜)检查即可,但有特殊要求的气割面或剪切时则不然,除观察外,必要时应采用渗透、磁粉或超声波探伤检查。

7.4.24 本条为了与现行国家标准《钢结构设计规范》GB 50017一致,保证加工质量,对A、B级螺栓孔的质量做了规定。根据现行国家标准《紧固件公差 螺栓、螺钉、螺柱和螺母》GB/T 3103.1的规定,产品等级分为A、B、C三级,为了便于操作和严格控制,对螺栓孔直径为10 mm～18 mm、18 mm～30 mm和30 mm～50 mm三个级别的偏差值做了规定。条文中R_a是根据现行国家标准《产品几何技术规范(GPS) 表面结构 轮廓法 表面粗糙度参数及其数值》GB/T 1031确定的。A、B级螺栓孔的精度偏差和孔壁表面粗糙度是指先钻小孔,组装后绞孔或铣孔应达到的质量标准。C级螺栓孔包括普通螺栓孔和高强度螺栓孔。

7.4.52 起拱度或不下挠均指吊车梁安装就位后的状况。因此,吊车梁在工厂制作完成后,要检验其起拱度或下挠与否,应与安装就位的支承状况基本相同,即将吊车梁立放并在支承点处将梁垫高一点,以便检测或消除梁自重对拱度或挠度的影响。

7.4.62 建筑物的定位轴线与基础的标高等直接影响钢结构的安装质量,故应给予高度重视。

7.4.64 考虑到坐浆垫板设置后不可调节的特性,故规定其顶面标高允许偏差为—3.0 mm～0 mm。

7.4.73 锚栓的外露长度和螺纹长度的偏差和锚栓直径相关,且不允许有负偏差。

7.4.74 钢构件的定位标记(中心线和标高等标记)不仅能提高安装精度,而且能加快安装进度。对工程竣工后正确地进行定期观测,积累工程档案资料和工程的改、扩建等至关重要。

7.4.76 在钢结构安装工程中,构件堆放和施工现场都是露天的,风吹雨淋,构件表面极易粘结泥沙、油污等赃物,不仅影响建筑美观,而且时间长了还会侵蚀涂层,造成结构锈蚀。因此,做出本条规定。

7.4.77 钢结构施工总高度可按相对标高控制,也可按设计标高控制,在钢结构施工实施前确定。不论采用相对标高还是设计标高进行多层、高层钢结构安装,对同一层柱顶标高的差值均应控制在 5 mm 以内,使柱顶高度偏差不致失控。

7.4.80 涂装防腐是提高钢结构耐久性的重要手段与方法,故本条规定了漆膜厚度的最低要求。

7.4.82 防火涂料隔热性能和涂层厚度对钢结构的防火效果影响较大,故本条明确了钢结构防火涂料隔热性能和涂层厚度的检查验收。

8 盾构隧道

本章内容主要参照《市政地下工程施工质量验收规范》DG/TJ 08—236 等现行有关标准。

8.2 钢筋混凝土管片

8.2.10 钢筋混凝土管片成品的自身防水抗渗质量是隧道防水质量的关键,存在渗漏缺陷的管片在隧道内一旦拼装完成,难以更换和修复,成为成型隧道的质量问题和安全隐患。因此,要对管片定期进行检漏测试,不同区间覆土厚度不同时管片配筋也不同,测试压力的要求也不同。

8.2.12 管片外观质量一般缺陷通常不会影响结构性能和使用功能,要求及时处理,并重新验收。补强处理部位的强度不低于管片设计要求的强度,处理部位强度未达到设计要求的,不能用于拼装。

8.2.13 管片标识的作用是便于现场对管片的选用和对其质量的追溯。对于倒班作业的生产单位,还要增加生产流水号码。

8.6 始发、接收施工及洞口防护

8.6.4 洞门预埋钢环的制作和安装精度,影响盾构始发与接收的姿态,以及洞口段管片的拼装质量,特予以规定。

8.6.6 盾构始发、接收时,隧道洞门围护结构打开后,由于地下水作用或地层稳定性差,容易突发涌水、涌砂、流泥、坍塌等风险,为保证始发、接收安全,同时也便于及时完成洞口段管片壁后注浆,填充封堵管片与洞口地层间隙,按设计要求安装洞门防水密封装置。在采用钢套筒始发与接收或土中、水中接收等措施时,洞口防水密封措施按相应技术要求实施。

8.8 盾构掘进及管片拼装

8.8.1 管片拼装完成脱出盾尾后,受各种因素影响,易发生下沉、上浮、水平偏移等变位,随着同步注浆浆液不断凝固及强度提高,地层变位趋于稳定,隧道结构才会最终稳定。故本条规定的管片拼装过程中隧道轴线、椭圆度以及拼缝的偏差允许值,较成型隧道验收时偏差控制值严格,防止出现后期管片结构轴线超标、局部侵入限界等。

8.8.2 螺栓属机械加工件,目前盾构专业领域对于管片螺栓尺寸加工精度的现场检验没有统一规定,按紧固件的加工要求,管片螺栓及连接件的尺寸公差应符合现行国家标准《紧固件公差 螺栓、螺钉、螺柱和螺母》GB/T 3103.1 和《紧固件公差 平垫圈》GB/T 3103.3 的规定。

8.9 壁后注浆

8.9.3 因刀盘开挖直径大于管片外径,加上开挖扰动,形成超挖,在盾构掘进的同时,脱出盾尾的管片与地层之间会出现一定空隙,因此要及时进行管片壁后注浆填充,并保证充填密实。

壁后注浆的主要作用为:
(1)防止周围土体松动或坍塌,控制隧道周边地层变位及地面沉降。
(2)使管片受力均匀,约束管片变位,保证管片早期稳定性。
(3)在管片外形成防水隔层,增强隧道防水性能。
壁后注浆按注入时期分为一次注浆、二次补强注浆或多次补强注浆。其中,一次注浆按注入部位和方式分为盾尾同步注浆和管片即时注浆。同步注浆是利用盾构机自身配置的自动化注浆系统,通过盾尾注浆管,在盾构掘进的同时,对尾部形成的空隙进行注浆充填的方法。它能在掘进的瞬时对盾尾空隙形成有效填充,起到支撑周围地层的作用,防止在空间和时间的累积作用下,出现地层沉降或坍塌。同步注浆在稳定性差的地层尤为关键。

即时注浆是在一环管片掘进完成、脱出盾尾后,利用管片注浆孔进行壁后注浆的方法。多用于自稳能力较强、裂隙发育较少、埋深较大的岩质地层。该方法对盾构设备注浆系统要求低,但地层局限性强,且注浆作业空间受限,对连续掘进施工干扰大,且注浆的及时性和均衡性差。

二次补强注浆是在盾构掘进数环之后,利用管片注浆孔对壁后进行补强注浆的方法,其作用是弥补和增强一次注浆的不足。具体为:

(1) 对一次注浆未充填完全的部位进行补充注浆。

(2) 对一次注浆因注浆材料凝固后形成收缩,或注浆材料扩散、流失而形成的空隙进行补充注浆。

(3) 在复杂地层条件下掘进,或通过环境安全风险地段掘进(风险源施工)等,对沉降控制标准较严格,为防止周围地层松动或坍塌,造成较大的地层或地面沉降以及建(构)筑物变形等,要求及时补强注浆以补充一次注浆不足,并有效扩散,以固结周围地层的补强注浆。要求较高时,利用管片注浆孔向地层深处,径向单独增设注浆管,进行加强注浆。

多次补强注浆是针对特殊地段变形控制要求或结构安全考虑,有意识地在一次注浆后,进行二次以上反复补强注浆;或者在已完成掘进地段,鉴于变形速率或累计变形量较大,变形控制不及时,甚至出现沉陷、坍塌的情况下,被动地进行二次以上反复补强注浆。多次注浆对管片结构自身及周围地层环境的影响和扰动作用均较大,要注意选择合理的注浆参数。

同步注浆和即时注浆要求与盾构掘进同步进行。同步注浆的注浆速度根据注浆量和掘进速度确定。

同步注浆或即时注浆的注浆量与多种因素有关,故在理论空隙量的基础上,结合本条所述因素,综合考虑注浆量充填系数。具体工程地层条件不同,环境和工况不同,要综合考虑。同时,施工中要根据注浆要求、注浆效果和监测信息及时进行调整。故本条只对注浆量的下限进行规定。

8.11 隧道内部结构

市域铁路项目13.6 m外径大隧道的内部结构采用全预制构件拼装形式,有别于以往隧道常用的预制构件加现浇混凝土结构形式。因此,本次标准中,通过结合现有同类项目、现行国标和行标规定,以及预制构件加工制作单位的建议,初步设置了本项目的预制构件的制作与安装的标准及相应偏差值。在今后的项目中,设计若有新的规定可进一步按设计要求、相关技术标准等设置更准确的这一部分内容,以期更加有针对性地指导工程实践。

8.12 联络通道

机械化联络通道施工方法主要有顶管法和盾构法,顶管法与盾构法在我国地铁区间联络通道施工中已有工程实践,但尚未得到广泛应用,其最主要原因是受限于地层条件的复杂性。机械化施工在软塑土地质条件下有一定优势;但在可液化粉砂层、淤泥质层等高富水地质条件下,机械化施工仍需采用冻结法加固地层,此条件下应由设计比选、确定施工工法,并提供具体的技术指标与要求。机械化施工联络通道施工技术尚未完全成熟,6 m级地铁区间隧道与9 m级市域铁路区间隧道间的联络通道工程建造条件有较大差异。因此,暂不编入本标准中。

本节适用于冻结法施工的联络通道工程。本节内容依据《旁通道冻结法技术规程》DG/TJ 08—902、《市政地下工程施工质量验收规范》DG/TJ 08—236、《地下铁道工程施工质量验收标准》GB/T 50299、《混凝土结构工程施工质量验收规范》GB 50204、《地下防水工程质量验收规范》GB 50208、《钢筋焊接及验收规程》JGJ 18、《钢结构工程施工质量验收规范》GB 50205、《混凝土结构耐久性设计规范》GB/T 50476、《钢结构焊接规范》GB 50661 等现行有关标准进行编制。

8.12.4 冻结壁的温度一般在 0℃以下,与混凝土之间一般设保温层。为保证混凝土不因受冻影响强度,特规定本条。

8.12.43 注浆分为充填注浆和融沉注浆。充填注浆为停止冻结后 3 d~7 d 内进行衬砌后充填注浆,主要利用预留注浆管对冻结帷幕与永久结构之间空隙充填注浆。融沉注浆采用自然解冻方法,利用冻结帷幕与联络通道衬砌之间预留注浆管进行融沉补充注浆。

8.14 成型隧道验收

8.14.1 成型隧道验收前,如防水效果达不到设计要求,要采取合理的技术措施予以处理。处理方案须经审批通过,处理原则为满足设计防水要求的同时,兼顾防水材料的耐久性,注重从根本上治理。

8.14.2 成型隧道验收前,发现有本条所指的质量问题,要采取合理的技术措施进行裂损修补或加强处理。修补和或加强处理方案须经审批通过,处理的原则为满足结构受力要求,兼顾外观质量。

9 桥 涵

本章内容主要参照《铁路桥涵工程施工质量验收标准》TB 10415 等现行有关标准。

9.3 桩基础

9.3.8 在施工成孔后,应采用成孔检测仪对孔径、孔深、孔型和垂直度等进行精确检测。目前桥梁桩基施工中采用较先进的成孔检测仪器为超声波测壁仪。

9.3.17 本标准将钢筋骨架在承台底以下长度规定为±100 mm,即不允许在浇筑水下混凝土时发生钢筋骨架上浮和下沉现象。

9.7 支 座

9.7.3 对于橡胶支座,按照现行行业标准《铁路桥梁板式橡胶支座》TB/T 2330 及《铁路盆式橡胶支座》TB/T 2331 的要求进行质量验收。

10 路　基

本章内容主要参照《铁路路基工程施工质量验收标准》TB 10414等现行有关标准。

10.2　地基处理

10.2.2　本条是对地基地质资料进行核查的要求。国内大量铁路路基病害的产生多为勘察不足、没有查明不良地质情况造成，由于施工时的地形地貌和勘察设计时可能发生较大变化（例如勘察后形成的取土坑、土丘、建筑垃圾堆场、水塘等），地质情况存在较大出入（例如存在垃圾填埋场、暗沟暗管、水井等）或者拆迁区在勘测设计时无法完全查明具体地质条件等，应对地基采取原位测试等快速方便的地质核查手段，检查地基土层是否与勘察资料相符。当核查的地质条件与设计不符时，应提交设计单位重新评价地基条件，以便优化调整地基处理措施。

10.2.10　按设计换填深度开挖基坑后，应观察基底的地质条件是否与设计相符。与设计不符时，应初步探明软弱层厚度，提交设计单位进行处理。

10.2.11　换填基坑开挖后，如设计对基底有碾压和承载力要求，应按设计要求进行碾压并检验，地基承载力符合设计要求后方可回填。

10.2.17　当设计对砾石或碎石垫层有具体级配要求时，按照设计要求执行；当设计对砾石或碎石的级配没有具体要求时，为保证压实质量，宜优先选用级配良好的砾石或碎石。

每批土工合成材料生产时的原料配制、生产工艺可能存在差异,根据土工合成材料有关检验规定,结合铁路土工合成材料使用范围和数量,按每批产品每 1×10^4 m² 进行抽检。

10.2.18 大部分土工合成材料系高分子聚合物,在紫外线照射下容易老化,影响其耐久性。因此,土工合成材料铺设后应及时覆盖,以免影响材料的使用寿命。一般土工合成材料两个方向的强度不一致,纵向强度较高。强调铺设方向符合设计要求,使其强度高的方向与受力方向一致,更有利于发挥材料性能,其受力方向的连接应保证连接强度不低于所采用材料的抗拉强度。

10.2.24 塑料排水板打入深度应考虑砂垫层厚度的影响,确保塑料排水板底部达到设计标高。

10.2.28 真空预压卸载时间应满足路基沉降稳定和工后沉降的要求。施工单位按评估要求分段提供观测资料,建设单位组织设计单位、监理单位参加,评估单位进行卸载评估。

10.2.31 密封膜应粘结牢固,搭接缝宽度应满足设计要求,铺设时应适当放松,表面不应损坏。当设计无具体要求时,热合加工的搭接缝宽度不应小于 15 mm。根据国内铁路施工经验,密封膜应比预压区宽 7 m～10 m,且密封膜铺设时需适当放松,防止抽真空时膜间未清理干净的砂、石子等颗粒将膜穿破。

10.2.40 通过混凝土预制桩沉桩工艺试验,应确定沉桩设备、桩锤和送桩、接桩等工艺参数及收锤标准(压桩力,使用设备对应的贯入度)等。

10.3 基床以下路堤

10.3.1 填筑试验段应针对同一种类的填料、同一种压实机械进行工艺试验,不同填料、不同压实机械的工艺试验应分别进行。在采用相同工艺参数施工、不少于 3 个检验批验收合格后,可确定大面积施工的工艺参数。路基填筑工艺试验确定的施工工艺参数主要有:机械设备组合,压路机碾压行走速度、碾压方式、碾压遍数,填料类型及粒径级配,填料施工允许含水量范围,松铺厚度。当设计在边坡范围设置土工材料时,松铺厚度应结合土工材料间隔进行试验。

根据路基工程质量控制实践:碎石类土和砾石类土每层填筑压实厚度不宜超过 40 cm,砂类土每层填筑压实厚度不宜超过 30 cm,每层最小填筑压实厚度均不应小于 10 cm。

10.3.2 使用不同填料填筑时,除应按试验段工艺试验确定的并经监理工程师批准的参数进行控制外,上、下层颗粒级配还应满足反滤准则要求,防止较小颗粒嵌入较大颗粒填层。不同粒径填料填层间的级配需满足太沙基反滤准则,即 $D_{15}<4d_{85}$,大颗粒土颗粒级配曲线上相应于 15% 含量的粒径(D_{15}),需小于较小颗粒土颗粒级配曲线上相应于 85% 含量的粒径 d_{85} 的 4 倍($4d_{85}$);当填土之间不满足 $D_{15}<4d_{85}$ 的要求时,应在填土层之间铺设土工合成材料。下部填土为化学改良土时,可不受此项规定限制。以上填料检验方法,应符合现行行业标准《铁路工程土工试验规程》TB 10102 的有关规定。

10.3.22 加筋材料铺设前应整平、压实下承层,下承层表面不应有坚硬凸物。铺设时,应将强度高的方向置于垂直于路堤的轴线方向,并应拉紧、展平,与下承层面密贴,不应褶皱、扭曲和损坏。多层铺设时,上、下层接缝应错开。加筋材料铺设后应及时填筑填料,避免阳光长时间照射。

10.3.29 路堤填筑临界高度(极限高度),是指在天然地基状态下,不采取任何地基加固措施所容许的最大填筑高度。超过临界高度的路堤,应采用地基加固措施。

10.4 基 床

10.4.1 基床底层与基床以下路基填筑工艺性试验内容、试验方法相同,只是其压实质量要求不同。如基床底层与基床以下路基采用同一种类的填料、同一种压实机械，可在基床以下工艺试验时一并进行基床底层的填筑工艺性试验。

10.4.3 基床底层普通填料填筑，除应按试验段工艺试验确定的并经监理工程师批准的参数进行控制外，上、下层颗粒级配还应满足反滤准则要求，即为保证路基稳定，防止较小颗粒嵌入较大颗粒填层。不同粒径填料填层间的级配需满足太沙基反滤准则，即 $D_{15}<4d_{85}$，大颗粒土颗粒级配曲线上相应于 15% 含量的粒径 (D_{15})，需小于较小颗粒土颗粒级配曲线上相应于 85% 含量的粒径 d_{85} 的 4 倍 ($4d_{85}$)；当填土之间不满足 $D_{15}<4d_{85}$ 的要求时，应在填土层之间铺设土工合成材料。下部填土为化学改良土时，可不受此项规定限制。以上填料检验方法应符合现行行业标准《铁路工程土工试验规程》TB 10102 的有关规定。

10.4.4 基床底层填料应在填料生产场取样检验，评定填料是否符合设计要求。在摊铺现场，应对填料出场检验资料进行核查，以复查填料是否符合设计要求。此条规定是鉴于铁路路基填料采取工厂（场）化生产，填料质量相对稳定，颗粒级配抽样检测在场内进行；为优化施工组织、协调施工工序及提高施工效率，对于出厂（场）检验合格运至现场的填料，现场抽样检验填料含水率，原则上不再进行颗粒级配的抽样检验。当运抵现场的填料目测存在明显变化或疑问时，应在现场进行填料的颗粒级配的抽样检测。

10.4.8 基床表层填筑工艺性试验，应在采用相同工艺参数施工，连续不少于 3 个检验批验收合格后，确定大面积施工的工艺参数。填筑工艺试验确定的施工工艺参数主要有：机械设备组合，压路机碾压行走速度、碾压方式、碾压遍数，填料粒径级配，填料施工允许含水量范围，松铺厚度。

10.4.14 基床表层压实标准是根据现行行业标准《铁路路基设计规范》TB 10001 规定编写的。在相同填料、施工工艺及机械设备填筑碾压路基基床的情况下，压实质量较均匀，本标准规定路基基床表层各部验收单元的长度适当加长,相对减少检测点数量。

10.5 过渡段

10.5.8 基床表层以下过渡段采用级配碎石掺水泥填筑时,级配碎石掺水泥填料运至填筑现场后,应对其出场检验资料进行核查,查验其水泥掺加量是否符合设计要求。水泥掺加量低,过渡段基床表层难以起到刚度过渡的目的;掺加量高,施工费用高,且可能出现干燥收缩及温度收缩裂纹,影响施工质量。因此,规定水泥掺量允许偏差为试验配合比-1.0%~1.0%。水泥掺量百分比应为质量百分比。

10.5.10 过渡段采用混凝土填筑,一般是在两桥之间、桥隧之间及两隧道之间的短路基地段。为保证过渡段混凝土填层质量,应对混凝土的施工质量进行控制。

10.5.17 基坑回填所用填料通常为碎石、灰土或混凝土。采用碎石、灰土回填时,所用填料的检验应符合本标准对碎石、灰土填料的检验规定。

10.5.20 基坑采用碎石或灰土回填时,每层的松铺厚度宜在20 cm~25 cm,并采用小型压实机械碾压密实。

10.6 路基支挡工程

10.6.11 为保证桩身混凝土连续、完整,桩孔混凝土应一次性连续灌注完成。在地下水发育地段,应按水下混凝土灌注方式施工。本条规定的检验数量在实际的工作中,有可能是业主或施工单位委托的第三方检测机构实施,但任何其他第三方检测均不能免除施工单位的质量责任。

10.6.17 路堤衡重式挡土墙施工时,应特别注意衡重台顶面必须按设计要求设置泄水孔,防止墙背衡重台顶面积水,并确保排水通畅。当设计未提出具体要求时,孔位应按上下、左右间隔2m～3m交错布置,墙背易积水处及反滤层最低处必须设置。最低一排泄水孔应设于反滤层底部,其向外排水坡坡度不应小于4‰,进水口应用透水土工布包裹。

10.6.18 支挡结构物背后反滤结构、防排水结构设计种类较多,因砂、碎石反滤层在施工中较难控制其厚度,有些支挡背后设计采用了土工合成材料,本标准仅给出了一些常见的结构设计种类,还应结合工程实际情况,在保证工程质量的前提下具体确定反滤层材料。

10.6.48 侧墙墙背一旦开始填筑,从结构安全的角度出发即可视为对侧墙的加载。根据建筑有关规范的规定,需要承受荷载的结构应在其混凝土强度达到设计强度的100%以后方可进行下道工序的施工,否则会造成结构物损坏或破坏。

10.8 路基防排水

路基范围内的地表水和地下水的防排系统,是保护路基的重要工程。因此,本标准要求其自身的设置应稳实可靠,按设计配套齐全,除具有足够的流水断面畅通排水、不应危及各部安全外,并能与周围环境的区域性排水设施网络组成一体。尤其地下防排水系统要满足设计的永久性要求,不污染、不影响本地区的安全、卫生条件。

10.9 路基附属工程

为保证铁路路基工程质量,避免路基相关工程及设施施工影响路基本体的安全与稳定,所有需在路基上开挖埋设、设置构筑物的施工应与路基施工统筹安排,相关工程开挖后应保证回填质量。

11 轨 道

本章内容主要参照《地下铁道工程施工质量验收标准》GB/T 50299 和《铁路轨道工程施工质量验收标准》TB 10413 等现行有关标准。

11.2 普通双块式无砟道床

11.2.15 隔离层施工前,支承层或底座板上的突起尖锐部分应进行处理,防止刺穿现象;铺设完成后应避免在上面进行材料机具拖曳引起隔离层破损。道床板施工前,应对隔离层局部破损区域进行修补。

11.2.16 双块式轨枕预埋套管是钢轨与轨枕连接的重要部位,施工过程中应尽可能避免杂物进入。如不慎有杂物掉入,应及时进行清理,施工完毕后要做好孔口封堵。

11.2.17、11.2.18 为保证精度,除少数空间受限段落外,无砟轨道施工应尽可能使用轨排框架法。

11.2.20 无砟轨道道床混凝土浇筑前的轨排铺设精度检查可与轨排精调同步进行,采用具有连续采集和存储功能的设备检查。

11.2.23 设计钢筋网片对绝缘有单独要求时,应严格按照设计执行。

11.2.32 道床混凝土浇筑完成后应加强养护,如出现大于 0.2mm 的裂缝,应认真进行分析,结合裂缝产生的原因制定裂缝修补措施。

11.3 长枕埋入式无砟道床

11.3.3 长枕埋入式无砟道床新老混凝土结合界面长,道床板施工时要加强振捣保证轨枕周边混凝土的密实性,防止出现新老混凝土结合面的开裂现象。

11.6 无砟道岔

11.6.1 无砟道岔应按照设计要求由道岔厂家进行整体配送,装卸环节应做好关键部件的保护措施。

11.6.5,11.6.6 无砟道岔就位后应在厂家的指导下进行安装,确保各部件的几何形位符合设计要求。

11.7 有砟道岔

11.7.1～11.7.5 道岔施工前,应对站场控制网及岔位桩进行复测。

11.7.6 道岔因钢轨焊接、绝缘接头位置等影响道岔内配轨长度时,采购前应予明确。

11.7.9 道岔在运输、装卸、存放和铺设过程中,应确保道岔部件不受损、不发生塑性变形。

11.9 线路铺轨

11.9.2 无砟轨道轨距、轨向调整(轨道平面调整),区间轨道可通过更换轨距块来实现,高低、水平调整(轨面高程调整)通过更换轨底调高垫板来实现。

11.9.11 焊接设备操作人员应经过专业培训,熟悉钢轨焊头质量标准。焊接设备操作人员应严格执行焊接设备的操作规程,并按型式检验确定的作业参数操作。焊接作业人员应持有铁路主管部门认可的技术机构颁发的岗位培训合格证书。环境温度低于0℃时,不宜进行工地钢轨焊接。恶劣天气焊接时,应采取防护措施。

11.9.17 探伤人员应具有铁道行业无损检测的Ⅱ级或以上级别的技术资格,并通过钢轨焊接接头探伤技术培训。

11.9.27 线路锁定时,有砟道床轨下基础应达到初期稳定状态,道床断面应基本达到设计要求。

11.10 钢轨预打磨

11.10.1～11.10.6 钢轨预打磨应在轨道整理后线路开通前完成,预打磨前应进行打磨车打磨参数调整试验,确认打磨廓形达到要求后方可进行正式打磨。

12 装饰装修工程

本章内容主要参照《建筑装饰装修工程质量验收标准》GB 50210、《建筑地面工程施工质量验收规范》GB 50209、《地下铁道工程施工质量验收标准》GB 50299 和《玻璃幕墙工程质量验收标准》JGJ/T 139 等现行有关标准。

装饰装修工程质量验收除符合国家现行有关标准外，验收时还要求检查工程的设计文件，有利于强化设计文件的重要性，为验收提供数据依据。

12.1 一般规定

12.1.3 人们对室内环境污染越来越重视，很多装饰材料不同程度地含有一些甲醛、苯等有害物质。施工前对材料进行必要的进场检验和复试，以保证单项材料符合环保要求。但是，每个单项材料合格并不能确定最终施工完成后的室内整体环境质量达到要求，因此要按现行国家标准《民用建筑工程室内环境污染控制规范》GB 50325 的要求，在施工完成后进行室内环境质量检测。

12.1.4 无障碍设施是保障残疾人、老年人、孕妇、儿童等人群通行安全和使用便利的建设配套服务设施。为方便特殊人群的出行，特制定本条用以加强该方面的设施建设。

12.2 地面工程

12.2.3 考虑到各种特殊需求的出行人员，地下铁道工程地面需要设置无障碍设施，故增加本条验收规定。

12.2.7 本条参照国家标准《地下铁道工程施工质量验收标准》GB 50299—2018 第 13.5.4 条和《建筑地面工程施工质量验收规范》GB 50209—2010 第 6.1.8 条的规定,陶瓷地砖接缝高低差允许偏差按 0.5 mm 控制。

12.5 饰面工程

12.5.1 饰面板工程采用的石板有花岗石、大理石、板石和人造石材(实体面材);采用的瓷板有抛光板和磨边板两种,单块面积不大于 1.2 m² 且不小于 0.5 m²;陶板主要包括陶板、异形陶板、陶土百叶;金属饰面板有钢板、铝板等品种。复合板包含在相应主导材料中。

12.5.7 为了避免大面积粘贴外墙饰面砖后出现饰面砖粘结强度不达标造成不可挽回的损失,本条规定现场粘贴外墙饰面砖施工前,在每种类型的基层上各粘贴饰面砖制作样板件,对饰面砖粘结强度进行检验,防患于未然,检验方法和检验结果判定在现行行业标准《建筑工程饰面砖粘结强度检验标准》JGJ/T 110 中有明确的规定。

12.6 门窗工程

12.6.3 本条对各种检验批的检查数量做出规定。由于特种门的重要性明显高于普通门,数量则较之普通门为少,为保证特种门的功能,规定每个检验批抽样检查的数量应比普通门加大。

12.6.5 随着国家对施工及使用安全的重视,安全玻璃越来越多地用于门窗工程,特提出对安全玻璃的使用要求。为了兼顾与相关标准的协调性,安全玻璃的使用按照现行行业标准《建筑玻璃应用技术规程》JGJ 113 的规定执行,本标准不再单独提出要求。

12.9 幕墙工程

12.9.3 根据住房城乡建设部标准定额司《关于印发〈建筑装饰装修工程质量验收规范〉等4项标准协调会会议纪要的函》(建标〔2005〕8号)的要求"各类幕墙验收时,主控项目和一般项目的划分原则放入《建筑装饰装修工程质量验收规范》GB 50210,具体每个项目的验收内容、检验方法、检查数量应符合现行行业标准幕墙工程主控项目和一般项目的验收内容、检验方法、检查数量等放入各专业幕墙技术规范",制定了本条。

12.11 导向标识

12.11.3 附着标识安装分为嵌入和粘贴等方式。嵌入地面或侧墙的多是具有光源或照明的标志,根据其特点,验收时要检查内部导线的连接和布设、防火隔离措施等。

13 站内客运设备

本章内容主要参照《电梯工程施工质量验收规范》GB 50310 等现行有关标准。

13.1 一般规定

13.1.3 随机文件是电梯产品供应商应移交给建设单位及安装单位的文件,这些文件应针对所安装的电梯产品,应能指导电梯安装人员顺利、准确地进行安装作业,是保证电梯安装工程质量的关键。门锁装置、限速器、安全钳、缓冲器、含有电子元件的安全电路、曳引机、控制柜、悬挂绳端接装置、上行超速装置、轿厢意外移动、导轨、层门和玻璃门或玻璃轿壁是保证电梯安全运行的部件,因此在设备进场阶段必须提供由国家指定部门出具的型式试验合格证复印件。

13.2 土建交接检及井道

13.2.1~13.2.4 是保证电梯安装工程顺利进行和确保电梯安装工程质量、安全的重要环节。

13.2.5,13.2.6 是确保自动扶梯与自动人行道安装工程质量、安全的重要环节。

13.2.13 本条对自动扶梯下部基坑排水提出要求,参照了上海市工程建设规范《城市轨道交通工程技术规范》DG/TJ 08—2232—2017 第 23.1.9 条。

13.4 电　梯

13.4.2 本条规定是为了紧急救援操作时,正确、安全、方便地进行救援工作。

13.4.5,13.4.6 电梯导轨的安装质量直接关系电梯运行使用的安全性和舒适感。

13.4.17 本条规定是为防止其他人员调整限速器、安全钳,改变动作速度,造成限速器、安全钳误动作或达到动作速度而不能动作。

13.4.35 层门与轿门联锁是防止发生坠落、剪切的安全保护;层门在无外力的情况下必须能够自动关闭,必须能够用专用钥匙正常开启,是为了防止发生坠落和电梯发生故障时用于维修和救援。

13.4.40 平层准确度检验应符合下列规定:

1 额定速度小于或等于 0.63 m/s 的交流双速电梯,应在 ±15 mm 的范围内。

2 额定速度大于 0.63 m/s 且小于或等于 1.0 m/s 的交流双速电梯,应在 ±30 mm 的范围内。

3 其他调速方式的电梯,应在 ±15 mm 的范围内。

13.5　轮椅升降机

本节内容主要参照《电梯工程施工质量验收规范》GB 50310、《电梯制造与安装安全规范》GB 7588、《液压电梯制造与安装安全规范》GB 21240 等现行有关标准。

14 站台门

本章内容主要参照《城市轨道交通站台屏蔽门系统技术规范》CJJ 183、《城际铁路站台门系统》TB/T 3559、《城市轨道交通站台屏蔽门》CJ/T 236 和《城市轨道交通站台屏蔽门技术规程》DG/TJ 08—901 等现行有关标准。

14.2 门体系统

14.2.1 站台门安装必须以轨道控制基准点和站台中心线作为放线、安装和验收的基准,而提供 3 个控制基准点是为了在施工过程中可以互相验证基准点的准确性。

14.2.2 检查土建的施工记录和安装施工单位的复测记录。一般是测量、校验站台门安装施工单位报送的站台门预埋件、站台边土建预留的顶梁的复测数据,确保相应土建尺寸符合站台门安装需求。应重点检查所有预埋件的数量及安装位置尺寸准确性。

14.2.5 站台门需进行型式试验,对工程样机进行测试试验。门体的负载试验应在生产厂家进行。市域铁路设计速度为 160 km/h 及以下,因此门体负载试验的风载荷参数应满足设计要求。

14.2.6 传统站台门门体材质采用普通安全玻璃和钢材,门扇采用隐框结构,门框和玻璃之间采用密封胶粘结,并设置有橡胶和毛刷,因此不具备作为防火隔离设施的条件。地下车站站台门系统的绝缘材料、密封材料和电线电缆等应采用无卤、低烟的阻燃材料,以避免在火灾情况下产生有害气体,对乘客造成更大的伤害。

14.2.17 站台门在站台边缘的设置和外形尺寸不得超出站台门

建筑限界。站台门系统的任何构件在轨道侧应满足现行国家标准《地铁设计规范》GB 501571 关于建筑限界的规定。车站设置站台门时,安装尺寸应考虑在门体弹性变形状态下,站台门最外突出点至车辆限界间有不小于 25 mm 的安全间隙。站台门的建筑限界:一般地面车站或高架车站为 1 850 mm,地下车站为 1 780 mm,最终以设计参数为准。

14.3 电气系统

14.3.2 设备室内的控制系统设备箱单独敷设接地线,接至车站综合接地体。站台门系统控制设备的外壳、电缆屏蔽层和金属管线采用电源系统 PE 线安全接地(安装在站台门门体上的设备金属外壳及金属保护管除外,安装在站台门门体上的设备外壳及金属保护管与门体同电位)。

14.4 监控系统

14.4.1 根据站台门系统内部通信的需要,以每侧站台单元控制器、PSL 和 DCU 为单位组成一个相对独立的子系统,通信方式采用现场总线和硬线连接。采用标准通用、开放的网络通信协议,方便与其他专业进行接口。现场总线采用 TCP/IP 通信协议,每个 DCU 作为一个网络结点挂接在网络现场总线上,PSC 作为网络服务器,DCU 作为网络工作站。采用冗余设计,当总线上其中一个节点发生故障时,其他网络结点不会受影响。现场总线采用部分点对点的通信线路进行命令及响应的传输。对于一些关键信号,PSC 与 PSL 间以及 PSC 与 DCU 之间、单元控制器与 DCU 之间、PSL 与 DCU 之间采用点对点的硬线连接。

14.4.5 障碍物探测试验:5 mm 宽度放置在门行程直线上,40 mm 长度放置在于门行程垂直位置。障碍物探测次数:1 次~

5次可调。障碍物探测间隔时间:0~2 s可调。重关门延迟停顿时间:0~10 s可调。障碍物探测后滑动门的开度应在零到最大开度可调。

14.4.6 站台门系统重要状态和故障信息应通过站台门与综合监控(或环境与设备监控)系统的接口上传至本站控制室,有本站上传至调度中心的功能则由综合监控(或环境与设备监控)系统实现。

15 通风与空调

本章内容主要参照《通风与空调工程施工质量验收规范》GB 50243等现行有关标准。

15.2 风管、配件及部件制作

15.2.1 参考现行国家标准《通风与空调工程施工质量验收规范》GB 50243中存在微压风管和高压风管，对于本标准所涵盖内容及使用区域来说，无涉及微压风管，仅有少数区域可能用到高压风管，故本标准中保留高压风管部分，删除微压风管部分。

15.2.3

3 非金属风管分很多类别，加固要求不同，为了防止太多赘述，建议非金属风管和复合风管的加固统一参考现行国家标准《通风与空调工程施工质量验收规范》GB 50243中相关条款。

15.5 空调水系统

15.5.2 空调水系统中的阀门质量是系统工程质量验收的一个重要项目。但是，从国家整体质量管理的角度来说，阀门的本体质量应归属于产品的范畴，不能因为产品质量的问题而要求在工程施工中负责产品的检验工作。本标准从职责范围和工程施工的要求出发，对阀门的检验规定为阀门安装前必须进行外观检查，其外表应无损伤、阀体无锈蚀，阀体的铭牌应符合现行国家标准《通用阀门标志》GB 12220的规定。管道阀门的强度与严密性

试验,不应在施工过程中占用大量的人力和物力。为此,条文将根据各种阀门的不同要求予以区别对待:

1 对于安装在主干管上起切断作用的阀门,条文规定按全数检查。

2 其他阀门的强度检验工作可结合管道的强度试验工作一起进行。条文规定的阀门强度试验压力(1.5倍的工作压力)和压力持续时间(5 min)均符合现行国家标准《阀门的检验和试验》GB/T 26480 的规定。

这样,不但减少了阀门检验的工作量,而且也提高了检验的要求。既保证了工程质量,又易于实施。

15.5.4 空调工程管道水系统安装后必须进行水压试验(冷凝水系统除外),试验压力根据工程系统的设计工作压力分为两种。冷热水、冷却水系统的试验压力,当工作压力小于或等于 1.0 MPa 时,为 1.5 倍工作压力,最低不小于 0.6 MPa;当工作压力大于或等于 1.0 MPa 时,为工作压力加 0.5 MPa。

一般市域铁路内的建筑空调工程,绝大部分建筑高度不会很高,空调水系统的工作压力普遍不会大于 1.0 MPa。符合常规的压力试验条件,即试验压力为 1.5 倍的工作压力,并不得小于 0.6 MPa,稳压 10 min,压降不大于 0.02 MPa,然后降至工作压力后做外观检查。因此,完全可以按该方法进行验收。

对于大型空调水系统,其系统下部受水压力的影响,工作压力往往很高,采用常规 1.5 倍工作压力的试验方法极易造成设备和零部件损坏。因此,对于工作压力大于 1.0 MPa 的空调水系统,条文规定试验压力为工作压力加上 0.5 MPa。这是因为现在空调水系统中,大部分为闭式循环系统,水泵的增压主要是克服水系统运行阻力。根据一些典型系统的设计计算和工程实例,最大值都不大于 0.5 MPa。故条文规定之。该试压方法多年来在国内多类工程中试用,效果良好,符合工程实际情况。

15.7 空调制冷系统

15.7.4 本条规定管路系统吹扫排污应采用压力为 0.5 MPa～0.6 MPa 干燥的压缩空气或氮气,其目的是既能控制管内的流速不致过大,又能满足管路清洁、安全施工的要求。

16 给水排水及消防水系统

本章内容主要参照《气体灭火系统施工及验收规范》GB 50263、《给水排水管道工程施工及验收规范》GB 50268 等现行有关标准。

16.2 室内给水系统

16.2.1 目前市场上可供选择的给水系统管材种类繁多,每种管材均有自己的专用管道配件及连接方法,故强调给水管道应采用与管材相适应的管件,以确保工程质量。为防止生活饮用水在输送中受到二次污染,也强调了生活给水系统所涉及的材料应达到饮用水标准。

16.2.10 给水水平管道设置坡度坡向泄水装置是为了在试压冲洗及维修时能及时排空管道内的积水。

16.2.12 给水立管和装有 3 个或 3 个以上配水点的支管始端,要求安装可拆的连接件,主要是为了便于维修、拆装方便。

16.2.13 为保证水泵基础质量,对水泵就位前的混凝土强度、坐标、标高、尺寸和螺栓孔位置按设计要求进行控制。

16.2.21 水箱的溢流管和泄放管设置应引至排水地点附近,是为了排水方便;不应与排水管直接连接,是为了防止排水系统污物或细菌污染水箱水质。

16.2.22 因弹簧减振器不利于立式水泵运行时保持稳定,故规定立式水泵的减振装置不应采用弹簧减振器。

16.2.80 为保证水质、使用安全,强调生活饮用水管道在竣工后或交付使用前应进行吹洗,除去杂物,使管道清洁,并经有关部门取样化验，达到现行国家标准《生活饮用水卫生标准》GB 5749 的规定才能交付使用。

16.2.82 强调室内给水管道试压应按设计要求且符合规范规定，列为主控项目。检验方法分两档：金属及复合管给水管道系统试压参照钢制给水管道试压的有关规定；塑料给水管道系统试压则参照各塑料给水管生产厂家的有关规定。制定本条以统一检验方法。

16.2.85 为保证水泵运行安全，其试运转的轴承温升值应符合设备说明书的限定值。

16.2.87 为保证使用功能，强调室内给水系统在竣工后或交付使用前应通水试验，并作好记录，以备查验。

16.3 室内排水系统

16.3.11 主要为了便于清扫，防止管道堵塞。

16.3.12 主要为了保证室内排水畅通，防止外管网污水倒流。

16.3.14 金属排水管道较重，要求吊钩或卡箍固定在承重结构上是为了安全。要求立管底部的弯管处设支墩，主要为防止立管下沉，造成管道接口断裂。

16.3.16 主要为了便于检查清扫。井底表面设坡度，是为了使井底内不积存脏物。

16.3.27 隐蔽或埋地的排水管道在隐蔽前做灌水试验，主要是防止管道本身及管道接口渗漏。灌水高度不低于底层卫生器具的上边缘或底层地面高度，主要是按施工程序确定的，安装室内排水管道一般均采取先地下后地上的施工方法。从工艺要求看，铺完管道后，经试验检查无质量问题，为保护管道不被砸碰和不影响土建及其他工序，应进行回填。如果先隐蔽，待一层主管做完再补做灌水试验，一旦有问题，就不好查找是哪段管道或接口漏水。

16.3.28 保证工程质量要求排水立管及水平干管均应做通球试验；通球要必保100%，球径以不小于排水管径的2/3为宜。

16.6 室外给水管网

16.6.3 法兰、卡扣、卡箍等是管道可拆卸的连接件，埋在土壤中，这些管件必然要锈蚀，挖出后再拆卸已不可能。即或不挖出不做拆卸，这些管件的所在部位也必然成为管道的易损部位，从而影响管道的寿命。

16.6.4 给水管与排水管上、下交叉铺设，规定给水管应铺设在排水管上面，主要是为防止给水水质不受污染。如因条件限制，给水管应铺设在排水管下面时，给水管应加套管，为安全起见，规定套管长度不应小于排水管管径的3倍。

16.6.12 给水管道埋地铺设时为提高使用年限，外壁应采取防腐蚀措施。目前常用的管外壁防腐蚀涂料有沥青漆、环氧树脂漆、酚醛树脂漆等，涂覆方法可采用刷涂、喷涂、浸涂等。

16.8 气体灭火系统

16.8.3 气体灭火系统由于储存高压气体，特别是IG541混合气体灭火系统等，为人员安全，泄压方向不应朝向操作面。为了方便灭火系统的日常检查和维护保养，仪表安装位置应便于人员观察和操作。储存容器和集流管在灭火剂释放时会受到高速流体冲击而发生振动、摇晃等，因此，在安装时应将储存容器和集流管固定牢靠。储存容器和管道的表面涂层习惯为红色，为检查、复位、维护记录提供方便。保持内腔清洁是为防止异物进入管网堵塞喷嘴。

16.8.4 气体灭火系统的选择阀都带有机械应急操作手柄。将操作手柄安装在操作面一侧，且安装高度不超过1.7m，是为了保证在系统采用机械应急操作启时,方便快捷。每个选择阀对应一个防护区或保护对象,灭火操作时,将打开发生火灾的防护区或保护对象对应的选择阀实施灭火。

16.8.5 驱动气瓶在释放时会受到高速气流的冲击而发生振动、摇晃等,因此,在安装时应将驱动气瓶固定牢靠。通常每个驱动气瓶对应启动一个防护区的选择阀及容器阀,正确、清晰的标志可避免操作人员误操作。通常气动驱动装置的出口与灭火剂储存容器的容器阀及防护区或保护对象的选择阀直接相连,若有泄漏,驱动气体的压力有可能低于打开选择阀和容器阀所需的压力,导致打不开选择阀和容器阀。故需要在安装后做气压严密性试验。

16.8.7 在实际工程中,经常需要在现场进行焊接,特别是带法兰的弯头,如不对其进行防腐处理,则以后焊接处将最先被腐蚀。因此,本条要求安装前应对焊接部位进行防腐处理。

17 牵引供电

本章内容主要参照《铁路电力牵引供电工程施工质量验收标准》TB 10421 等现行有关标准。

17.2 牵引变电所

17.2.12 光缆敷设、光缆接续及引入、光缆测试应符合现行行业标准《高速铁路通信工程施工质量验收标准》TB 10755 的规定。

17.3 柔性接触网

17.3.4 锚栓螺杆及锚固胶相关要求在中国铁路总公司企业标准《电气化铁路接触网用力矩控制式胶粘型锚栓》Q/CR 570—2017 中做了规定。

18 电 力

本章内容主要参照《铁路电力工程施工质量验收标准》TB 10420 等现行有关标准。

18.7 电气照明

18.7.12 正常照明断电后应急照明的响应工况及响应时间,以及非火灾状态下,应急照明系统主电源断电后应急照明灯具的响应工况及响应时间应符合现行国家标准《消防应急照明和疏散指示系统技术标准》GB 51309 的有关规定。

19 通 信

本章内容主要参照《市域(郊)铁路设计规范》TB 10624、《铁路通信工程施工质量验收标准》TB 10418、《城市轨道交通通信工程质量验收规范》GB 50382、《铁路防雷及接地工程技术规范》TB 10180 等现行有关标准。

19.2 通信管线

19.2.3 线槽、走线架的安装宜根据综合支架的分层分布规划敷设。

19.2.7 本条参考了国家标准《地下铁道工程施工标准》GB/T 51310—2018 第 24.2.7 条的有关规定。

19.2.8 本条参考了国家标准《地下铁道工程施工标准》GB/T 51310—2018 第 24.2.8 条的有关规定。

19.2.11 本条参考了国家标准《城市轨道交通通信工程质量验收标准》GB 50382—2016 第 4.6.9 和 4.6.13 条的有关规定。

19.2.12 本条参考了国家标准《地下铁道工程施工标准》GB/T 51310—2018 第 24.2.9 条的有关规定。

19.3 通信线路

19.3.1 第 3 款参考了行业标准《市域(郊)铁路设计规范》TB 10624—2020 第 15.10.5 条的有关规定。

19.3.10 第 2 款光(电)缆埋深对照市域环境特点,土质地带和石质地带参考了国家标准《地下铁道工程施工标准》GB/T

51310—2018第25.2.2条的有关规定,穿越沟渠参考了行业标准《铁路通信工程施工质量验收标准》TB 10418—2018第5.3.4条的有关规定。

19.3.11 本条参考了行业标准《铁路通信工程施工质量验收标准》TB 10418—2018第5.3.5条的有关规定。

19.3.13 本条参考了行业标准《铁路通信工程施工质量验收标准》TB 10418—2018第5.3.12条的有关规定。

19.3.20 单模光纤接头衰减参考了国家标准《通信线路工程验收规范》GB 51171—2016第10.2.3条规定,多模光纤接头衰减参考了国家标准《综合布线系统工程验收规范》GB/T 50312—2016附录B.0.3的规定。

19.3.21 行业标准《光缆线路性能测量方法 第1部分:链路衰减》YD/T 1588.1—2020规定了光缆链路衰减的测量方法,其中的插入损耗法对被测链路不具有破坏性,且成本低廉、简单易行,是工程中广泛应用的链路衰减的测量方法。

19.3.22 本条参考了行业标准《铁路长途通信电缆制式及主要技术条件》TB 1478—1983第3.4~3.6条的规定。

19.3.24 本条参考了行业标准《铁路数字移动通信系统(GSM-R)设计规范》TB 10088—2015第4.2.23条的有关规定。

19.3.25 第2、3款参考了行业标准《铁路通信工程施工质量验收标准》TB 10418—2018第11.4.4条的有关规定。

19.3.26 本条参考了行业标准《铁路数字移动通信系统(GSM-R)设计规范》TB 10088—2015的第4.2.23条第2款的规定。

19.4 机房设备

19.4.2 第3款参考了国家标准《数据中心设计规范》GB 50174—2017第4.3.4条的有关规定。

19.4.4 本条参考了国家标准《模块化数据中心通用规范》GB/T

41783—2022 第 7 章的有关规定。

19.4.14 本条参考了行业标准《铁路防雷及接地工程技术规范》TB 10180—2016 第 7.0.3 条的有关规定。

19.4.15 第 2 款参考了行业标准《铁路防雷及接地工程技术规范》TB 10180—2016 第 3.5.9 条的有关规定。

19.5 电源及接地系统

19.5.3 第 3 款参考了国家标准《通信电源设备安装工程验收规范》GB 51199—2016 第 6.1.3 条的有关规定。

19.5.5 第 1~3 款参考了国家标准《通信电源设备安装工程验收规范》GB 51199—2016 第 3.5.3 和 3.3.8 条的有关规定。

19.5.6 本条参考了行业标准《铁路信号工程施工质量验收标准》TB 10419—2018 第 4.5.1 和 4.5.5 条的有关规定。

19.5.7 本条参考了国家标准《通信电源设备安装工程验收规范》GB 51199—2016 表 8.2.6 的有关规定。

19.5.8 本条参考了国家标准《通信电源设备安装工程验收规范》GB 51199—2016 表 8.2.6 的有关规定。

19.5.9 阀控式密封铅酸蓄电池的检测参考了国家标准《通信电源设备安装工程验收规范》GB 51199—2016 表 8.2.6 的有关规定。磷酸铁锂电池参考了行业标准《通信用磷酸铁锂电池组 第 1 部分:集成式电池组》YD/T 2344.1—2011 表 5 中部分适用于工程现场检测项。

19.5.11 电源及接地系统应提供上行接入网管的数据接口,具体视设计情况而定。

19.6 传输系统

19.6.8 应根据设计文件中明确的产品技术要求,指标参照现行有关行业标准测试。SDH系统的性能指标可参考行业标准《同步数字体系(SDH)光纤传输系统工程设计规范》YD 5095—2014；OTN设备的性能指标可参考国家标准《光传送网(OTN)工程技术标准》GB/T 51398—2019；PTN系统性能指标可参考行业标准《分组传送网(PTN)工程验收暂行规定》YD 5200—2014第5章的有关规定；SPN系统性能指标可参考行业标准《切片分组网络(SPN)总体技术要求》YD/T 3826—2021的有关规定。

19.6.9 本条参考了国家标准《城市轨道交通通信工程质量验收规范》GB 50382—2016第8.2.8条的有关规定。

19.6.13 应根据设计文件中明确的产品技术要求，指标参照相关行业标准测试。

19.7　专用移动通信系统

19.7.1 国家标准《城市轨道交通通信工程质量验收规范》GB 50382—2016第11.2节对天线杆塔的安装验收做了规定。

19.7.3 《通信电缆　无线通信用50Ω泡沫聚烯烃绝缘皱纹铜管外导体射频同轴电缆》YD/T 1092—2013第4.6.2条对单盘射频同轴电缆的直流电阻、绝缘介电强度、最小绝缘电阻等直流电气性能做了规定。

19.7.4

4 国家标准《建筑物电子信息系统防雷技术规范》GB 50343—2012第3.2.2条对防雷保护区划分做了规定。

19.7.5

6 行业标准《通信电缆　无线通信用50Ω泡沫聚烯烃绝缘皱纹铜管外导体射频同轴电缆》YD/T 1092—2013中附录B对弯曲半径做了规定。

19.7.14 应根据选定的专用移动通信系统技术体制，对照设计要求和行业技术标准进行性能测试。采用LTE制式基站时，应符合行业标准《TD-LTE数字蜂窝移动通信网　基站设备技术要求》YD/T 2571—2015第7.3和7.4节的有关规定。

19.7.17　国家标准《地铁设计规范》GB 50157—2013第16.3.7条中规定无线通信系统空间波覆盖的时间地点概率不应小于90%，漏泄同轴电缆敷设电波的时间地点概率不应小于95%，实际工程中的覆盖质量应根据工程具体需求设定。

19.7.18　采用LTE-M系统时，可参考中国城市轨道交通协会团体标准《城市轨道交通车地综合通信系统(LTE-M)设计、工程规范　第5部分：工程验收》T/CAMET 04009.5—2018第8.6节系统服务质量的有关规定。实际工程中的网络性能应根据工程具体需求设定。

19.7.20　采用LTE-M系统时，可参考中国城市轨道交通协会团体标准《城市轨道交通车地综合通信系统(LTE-M)设计、工程规范　第5部分：工程验收》T/CAMET 04009.5—2018第8.2节核心网的有关规定。实际工程中的网络性能，应根据工程具体需求设定。

19.7.21　本条参考了中国城市轨道交通协会团体标准《城市轨道交通车地综合通信系统(LTE-M)设计、工程规范　第5部分：工程验收》T/CAMET 04009.5—2018第8.3.3条的有关规定。

19.7.22　采用LTE-M系统时，可参考中国城市轨道交通协会团体标准《城市轨道交通车地综合通信系统(LTE-M)设计、工程规范　第5部分：工程验收》TCAMET 04009.5—2018第8.5节终端的有关规定。

19.7.23　采用LTE-M系统时，可参考中国城市轨道交通协会团体标准《城市轨道交通车地综合通信系统(LTE-M)设计、工程规范　第5部分：工程验收》TCAMET 04009.5—2018第8.7节系统业务的有关规定。

19.7.24　采用LTE-M系统时，可参考中国城市轨道交通协会团体标准《城市轨道交通车地综合通信系统(LTE-M)设计、工程规范　第5部分：工程验收》TCAMET 04009.5—2018第8.4节运营与支撑子系统的有关规定。

19.8 电话交换系统

19.8.6 本条参考了国家标准《城市轨道交通通信工程质量验收规范》GB 50382—2016 第 9.3 节中公务电话系统的主要功能。

19.9 有线调度通信系统

19.9.13 调度通信系统的网管功能参考了行业标准《铁路有线调度通信系统 第 1 部分：技术条件》TB/T 3160.1—2016 第 4.7 节的有关规定。

19.10 综合视频监控系统

19.10.8 第 4 款参考了行业标准《安全防范视频监控摄像机通用技术要求》GA/T 1127—2013 第 5.2.1.4 条的有关规定。

19.11 时钟同步及时间同步系统

19.11.5 本条参考了国家标准《数字同步网工程技术规范》GB/T 51117—2015 第 6.2.2 条的有关规定。

19.11.6 本条参考了国家标准《数字同步网工程技术规范》GB/T 51117—2015 第 6.2.3 条的有关规定。

19.11.7 本条参考了国家标准《数字同步网工程技术规范》GB/T 51117—2015 附录 A 的有关规定。

19.11.9 本条参考了行业标准《铁路时间同步网技术条件》TB/T 3283—2015 第 6.3 条的有关规定。

19.11.10 本条参考了行业标准《铁路时间同步网技术条件》

TB/T 3283—2015 第 5.1 条的有关规定。

19.11.11　本条参考了行业标准《铁路时间同步网技术条件》TB/T 3283—2015 第 8.2 条的有关规定。

19.11.12　本条参考了行业标准《铁路时间同步网技术条件》TB/T 3283—2015 第 6.1.2～6.2.4 条的有关规定。

20 信 号

本章内容主要参照《市域(郊)铁路设计规范》TB 10624、《铁路信号工程施工质量验收标准》TB 10419、《城市轨道交通信号工程施工质量验收标准》GB/T 50578等现行有关标准。

20.2 光(电)缆线路

20.2.3 行业标准《铁路信号电缆 第1部分:一般规定》TB/T 2476.1—2017第5章、《铁路数字信号电缆 第1部分:一般规定》TB/T 3100.1—2017第5章对电缆性能指标做了规定;《铁路信号电缆 第1部分:一般规定》TB/T 2476.1—2017第6章、《铁路数字信号电缆 第1部分:一般规定》TB/T 3100.1—2017第6章对电缆检验方法做了规定。

20.2.6 本条参考了国家标准《通信线路工程设计规范》GB 51158—2015第6.2.14条的有关规定。

20.2.7 第1款参考了行业标准《铁路信号工程施工质量验收标准》TB 10419—2018第5.3.4条的有关规定。

20.2.8 本条参考了行业标准《铁路信号工程施工质量验收标准》TB 10419—2018第5.3.5条的有关规定。

20.2.14 第2款参考了行业标准《铁路信号工程施工质量验收标准》TB 10419—2018第5.3.12条的有关规定。

20.2.16 行业标准《铁路线路及信号标志牌》TB/T 2493—2018第3章对标志牌的材质及信息标志内容做了规定。

20.2.17 行业标准《铁路信号工程施工质量验收标准》TB 10419—2018第5.4.1~5.4.4条对各类地段箱盒安装做了规定。

20.3 地面固定信号

20.3.1

1 4)行业标准《LED铁路信号机构通用技术条件》TB/T 3242—2010对LED铁路信号机构技术指标做了规定。

20.3.2 行业标准《铁路信号点灯单元》TB/T 3202—2008第4.5节对点灯单元技术指标做了规定。

20.3.18

2 行业标准《铁路信号设计规范》TB 10007—2017第3.3.1条对信号机及信号表示器显示距离做了规定。

3 行业标准《铁路信号点灯单元》TB/T 3202—2008第4.5节对点灯单元技术指标做了规定。

5 行业标准《LED铁路信号机构通用技术条件》TB/T 3242—2010第5章对LED信号机构技术指标做了规定。

20.4 轨道占用检查装置

20.4.15

2 行业标准《铁路信号设计规范》TB 10007—2017第4.1.14条对"钢轨绝缘与信号机不能对齐时调整范围"做了规定。

3 行业标准《铁路信号设计规范》TB 10007—2017第4.1.12条对"绝缘节与警冲标"的距离做了规定。

10 行业标准《铁路钢轨胶接绝缘接头技术条件》TB/T 2975—2010第7.2条对"电气绝缘性能"做了规定。

20.4.30

1 行业标准《铁路信号设计规范》TB 10007—2017第4.2.3条对"标准分路电阻"做了规定。

2 行业标准《ZPW-2000轨道电路技术条件》TB/T 3206—

2017第6章对"不同道床条件下标准分路电阻值"、相对载频的"短路电流"做了规定。行业标准《铁路车站电码化技术条件》TB/T 2465—2010第4.2.14条对"最小短路电流及入口电流值"做了规定。

20.7 道岔转辙装置

20.7.2 转辙机根据选用型号整机电气性能应符合现行行业标准《ZD6系列电动转辙机》TB/T 1477、《ZY系列电液转辙机》TB/T 2673、《ZD9/ZDJ9系列电动转辙机》TB/T 3113、《S700K-C型电动转辙机》TB/T 3069等有关标准的规定。

20.7.12
  7 《道岔缺口监测系统技术规范》(运电信号函〔2015〕315号)第6.4条对绝缘电阻进行了规定。

20.8 室内设备

20.8.2 行业标准《铁路通信、信号、电力电子系统防雷设备》TB/T 2311—2017第8.3节对防雷设备及材料验收检验的技术要求和试验方法进行了规定。

20.8.3 行业标准《铁路信号用变压器》TB/T 1869.1～5—2013对变压器输出电压、电流、绝缘电阻等性能进行了规定。

20.8.4 行业标准《铁路信号有极继电器通用技术条件》TB/T 2309、《铁路信号交流继电器通用技术条件》TB/T 2120、《铁路信号插入式交流二元继电器》TB/T 2024对继电器的有关性能和试验方法进行了规定。

20.8.16 行业标准《铁路工程设计防火规范》TB 10063—2016第9.2.5条对缆线的选择做了规定。

20.8.24 行业标准《铁路防雷及接地工程技术规范》TB 10180—2016第7.0.3条对浪涌保护器施工做了规定。

20.9 信号电源

20.9.1 行业标准《铁路信号电源系统设备 第1部分:通用要求》TB/T 1528.1—2018对电源屏功能做了规定。

20.9.2 行业标准《铁路信号电源系统设备 第1部分:通用要求》TB/T 1528.1—2018第5章对电源屏电气参数进行了规定。

20.9.3 行业标准《铁路信号电源系统设备 第6部分:不间断电流(UPS)及蓄电池组》TB/T 1528.6第5章对UPS试验方法进行了规定。

20.9.4 行业标准《铁路信号电源系统设备 第6部分:不间断电流(UPS)及蓄电池组》TB/T 1528.6第4章对UPS电气性能及参数进行了规定。

20.9.5 行业标准《铁路信号电源系统设备 第6部分:不间断电流(UPS)及蓄电池组》TB/T 1528.6第5章对蓄电池检验方法进行了规定。

20.10 计算机联锁

20.10.2 行业标准《铁路车站计算机联锁技术条件》TB/T 3027—2015第7章对有关切换进行了规定。

20.10.3

1 行业标准《铁路车站计算机联锁技术条件》TB/T 3027—2015第6.1节对基本联锁功能进行了规定。

2 行业标准《铁路车站计算机联锁技术条件》TB/T 3027—2015第6.2节对特殊联锁功能进行了规定。

3 行业标准《铁路车站计算机联锁技术条件》TB/T 3027—2015第10章对操作及表示进行了规定。

20.10.4 行业标准《铁路车站计算机联锁技术条件》TB/T

3027—2015 第 6 章对与区间闭塞结合、与场间结合、利用渡线隔开的联锁区衔接结合、与轨道电路电码化结合、与相关表示器结合、与其他系统结合功能进行了规定。

20.10.5 行业标准《铁路车站计算机联锁技术条件》TB/T 3027—2015 第 6.16 节对计算机联锁之间的通信联系进行了规定。

20.10.6

 1 行业标准《铁路车站计算机联锁技术条件》TB/T 3027—2015 第 6.15 节对与列控中心的结合进行了规定。

 2 行业标准《铁路车站计算机联锁技术条件》TB/T 3027—2015 第 6.17 节对与调度集中的结合(含列车调度指挥中心)进行了规定。

 3 行业标准《铁路车站计算机联锁技术条件》TB/T 3027—2015 第 6.18 节对与信号集中监测系统的结合进行了规定。

20.10.8 行业标准《集中联锁结合电路一般原则》TB/T 2307—2017 对各类结合电路进行了规定。

20.11 列车运行控制系统

20.11.1

 5 行业标准《铁路信号安全数据网》TB/T 3547—2019 对网络功能进行了规定。

20.11.12 行业标准《列控中心技术条件》TB/T 3439—2016 第 6 章对列控中心功能进行了规定。

20.11.13 行业标准《临时限速服务器技术条件》TB/T 3531—2018 第 5 章对临时限速服务器功能进行了规定。

20.11.15 行业标准《列控中心技术条件》TB/T 3439—2016 第 8 章对列控中心设备接口进行了规定。

20.11.16 行业标准《临时限速服务器技术条件》TB/T 3531—

2018第6章对临时限速服务器接口要求进行了规定。

20.12 调度集中系统

20.12.2 行业标准《调度集中系统技术条件》TB/T 3471—2016对系统设备功能进行了规定。

20.12.3 行业标准《调度集中系统技术条件》TB/T 3471—2016第16章对系统接口要求进行了规定。

20.13 信号监测系统

20.13.1 中国国家铁路集团有限公司企业标准《铁路信号集中监测系统技术条件》Q/CR 442—2020第7.1节对系统功能进行了规定。

20.13.2 中国国家铁路集团有限公司企业标准《铁路信号集中监测系统技术条件》Q/CR 442—2020第7.2节对监测终端功能进行了规定。

20.13.3 中国国家铁路集团有限公司企业标准《铁路信号集中监测系统技术条件》Q/CR 442—2020第6章对系统接口进行了规定。

21 信 息

本章内容主要参照《城市轨道交通自动售检票系统工程质量验收标准》GB/T 50381、《综合布线系统工程验收规范》GB 50312、《安全防范工程技术标准》GB 50348等现行有关标准。

21.2 客票系统

21.2.2 国家标准《城市轨道交通自动售检票系统工程质量验收标准》GB/T 50381—2018 第 4 章对管槽敷设做出规定。

21.2.5 国家标准《综合布线系统工程验收规范》GB 50312—2016 第 6.2.1 条第 2 款第 3 项、第 3 款第 6 项、第 4 款第 2 项对缆线出入口密封、防护处理进行了规定。

21.2.6 国家标准《城市轨道交通自动售检票系统工程质量验收标准》GB/T 50381—2018 第 5.2.2 条对电源线的布放做了规定，第 5.2.4 条对数据线缆、控制电缆和电源电缆在管槽内敷设的质量做了规定。

21.2.7 国家标准《城市轨道交通自动售检票系统工程质量验收标准》GB/T 50381—2018 第 5.3 节对缆线引入做了规定。

21.2.8 国家标准《城市轨道交通自动售检票系统工程质量验收标准》GB/T 50381—2018 第 5.4.3 条对电源线的接续成端做了规定。

21.2.10 国家标准《综合布线系统工程验收规范》GB 50312—2016 第 7 章对数据缆线终接做了规定。

21.2.11 国家标准《城市轨道交通自动售检票系统工程质量验收标准》GB/T 50381—2018 第 5.5.2 条对光线路特性做了规定。

21.2.12 国家标准《综合布线系统工程验收规范》GB 50312—2016 附录 B.0.3 对数据线缆特性做了规定。信道的衰减值等于回波损耗、插入损耗、近端串音、近端串音功率和、线对与线对之间的衰减串音比、ACR 功率和、线对与线对之间等电平远端串音、等电平远端串音功率和、直流环路电阻、传播时延、传播时延偏差衰减量的总和。近端串音是对绞电缆内两条线对间信号的感应。对近端串音进行测试时,需在每对线的两端进行测量。

21.2.20 国家标准《城市轨道交通自动售检票系统工程质量验收标准》GB/T 50381—2018 第 6.4.1—6.4.7 条对设备配线做了规定。

21.2.23 国家标准《城市轨道交通自动售检票系统工程质量验收标准》GB/T 50381—2018 第 7 章对车票和读写器的检验做了规定。

21.2.24 国家标准《城市轨道交通自动售检票系统工程质量验收标准》GB/T 50381—2018 第 8.2 节对自动售票机的功能做了规定。

21.2.25 国家标准《城市轨道交通自动售检票系统工程质量验收标准》GB/T 50381—2018 第 8.3 节对窗口售票机/半自动售票机的功能做了规定。

21.2.26 国家标准《城市轨道交通自动售检票系统工程质量验收标准》GB/T 50381—2018 第 8.4 节对自动检票机的功能、性能做了规定。

21.2.27 国家标准《城市轨道交通自动售检票系统工程质量验收标准》GB/T 50381—2018 第 8.5.9 条对便携式验票机的功能做了规定。

21.2.31 国家标准《城市轨道交通自动售检票系统工程质量验收标准》GB/T 50381—2018 第 9.4 节对紧急按钮做了规定。

21.3 旅客服务信息系统

21.3.5 本条参考了行业标准《铁路客运服务信息系统工程施工质量验收标准》TB 10427—2020第4.5.3条的规定。

21.3.6 国家标准《综合布线系统工程验收规范》GB/T 50312—2016附录B对布线系统的测试方法、测试指标做了规定，附录C对光纤信道指标做了规定。

21.3.12 行业标准《铁路客运服务信息系统工程施工质量验收标准》TB 10427—2020第5.3.1和5.3.2条对集成管理平台设备安装及配线做了规定。

21.3.13 行业标准《铁路客运服务信息系统工程施工质量验收标准》TB 10427—2020第4.6节对设备防雷及接地做了规定。

21.3.16 国家标准《城市轨道交通通信工程质量验收规范》GB 50382—2016第14.5节对乘客信息系统网管功能做了规定。

21.3.18 国家标准《公共广播系统工程技术标准》GB/T 50526—2021第5.4、5.5节对声场不均匀度和应备声压级做了规定。

21.3.19 国家标准《城市轨道交通通信工程质量验收规范》GB 50382—2016第13.5节对广播系统网管功能做了规定。

21.5 办公信息系统

21.5.6 国家标准《城市轨道交通通信工程质量验收规范》GB 50382—2016第16.4节对数据网网管功能做了规定。

21.6 系统布线

21.6.5 国家标准《综合布线系统工程验收规范》GBT 50312—

2016第5.0.3条对信息插座模块安装做了规定。

21.6.7 国家标准《综合布线系统工程验收规范》GB/T 50312—2016第6.1节对缆线敷设作了规定,第6.2节对缆线保护措施做了规定。

21.6.8 国家标准《综合布线系统工程验收规范》GB/T 50312—2016第7章对对绞电缆及光缆芯线终接做了规定。

21.6.11 行业标准《铁路通信工程施工质量验收标准》TB 10418—2018第18.3.1条对电缆布线链路和信道缆线长度做了规定。

21.6.12 国家标准《综合布线系统工程验收规范》GB/T 50312—2016附录B对对绞电缆电缆布线系统永久链路和信道性能做了规定。

21.6.13 国家标准《综合布线系统工程验收规范》GB/T 50312—2016附录B对综合布线工程所采用光纤性能指标及光纤信道指标做了规定。

21.7 安防系统

21.7.5 国家标准《安全防范工程技术标准》GB 50348—2018第7.2.8条对线缆检测做了规定。

21.7.9 国家标准《安全防范工程技术标准》GB 50348—2018第7.2.5条第9款对车站安检系统设备安装做了规定。

21.7.10 国家标准《安全防范工程技术标准》GB 50348—2018第7.2.5条第3款对入侵报警系统设备安装做了规定。

21.7.12 国家标准《安全防范工程技术标准》GB 50348—2018第7.2.7条对设备防雷及接地做了规定。

21.7.14 国家标准《城市轨道交通公共安全防范系统工程技术规范》GB 51151—2016第4.8.3条对车站安防集成平台系统功能做了规定。

21.7.15 国家标准《城市轨道交通公共安全防范系统工程技术

规范》GB 51151—2016 第4.8.4条对中心安防集成平台系统功能做了规定。

21.7.19 国家标准《城市轨道交通公共安全防范系统工程技术规范》GB 51151—2016 第4.5.2条对车站安检系统功能做了规定。

21.7.20 国家标准《安全防范工程技术标准》GB 50348—2018 第9.4.6条对车站安检系统性能做了规定。

21.7.21 国家标准《城市轨道交通公共安全防范系统工程技术规范》GB 51151—2016 第4.4.3条对入侵报警系统功能做了规定；国家标准《入侵和紧急报警系统技术条件》GB/T 32581—2016 第6.1.3、6.1.4条对防拆探测和故障识别功能做了规定；国家标准《城市轨道交通安全防范系统技术要求》GB/T 26718—2011 第6.3节对人工紧急报警功能做了规定。

21.7.22 国家标准《城市轨道交通公共安全防范系统工程技术规范》GB 51151—2016 第4.4.4条第4款、第6款对入侵报警系统性能做了规定。国家标准《城市轨道交通安全防范系统技术要求》GB/T 26718—2011 第6.2.3条、第6.2.5条、第6.2.9条对入侵报警系统性能做了规定。

21.7.23 行业标准《电子巡查系统技术要求》GA/T 644—2006 第6.2节对电子巡查系统功能性能做了规定。

21.7.24 行业标准《电子巡查系统技术要求》GA/T 644—2006 对第6.3节对电子巡查系统管理软件功能做了规定。

21.8 门禁系统

21.8.5 国家标准《安全防范工程技术标准》GB 50348—2018 第7.2.8条对线缆检测做了规定。

21.8.8 国家标准《安全防范工程技术标准》GB 50348—2018 第7.2.5条第5款对门禁系统设备安装做了规定。

21.8.9 国家标准《安全防范工程技术标准》GB 50348—2018第7.2.7条对设备防雷及接地做了规定。

21.8.11 国家标准《安全防范工程技术标准》GB 50348—2018第9.4.4条对门禁系统功能做了规定。

22 火灾自动报警系统

本章内容主要参照《建筑电气工程施工质量验收规范》GB 50303、《智能建筑工程质量验收规范》GB 50339、《火灾自动报警系统施工及验收标准》GB 50166 等现行有关标准。

22.2 管线敷设

22.2.1 在多尘和潮湿的场所,为防止灰尘和水汽进入管内引起导电,影响工程质量,故规定在管子的连接处、出线口均应做密封处理。

22.3 设备安装

22.3.1 本条按现行国家标准《火灾自动报警系统设计规范》GB 50116 的规定编写。落地安装时,为了防潮,规定距地面应有一定距离。控制器要求安装牢固,不得倾斜,其目的在于美观,并避免运行时因墙不坚固而脱落,影响使用。

22.3.3 按消防设备通常要求,控制器的主电源应与消防电源连接,严禁用插头连接,这有利于消防设备安全运行,也为了防止用户经常拔掉插头做其他用。火灾自动报警系统的电源应为系统专用电源,不应接入其他用电设备。

22.3.7 本条是为了规范线型红外光束感烟探测器的安装。线型红外光束感烟火灾探测器发射器和接收器不宜安装在金属等易受环境温度变化产生物理变形的物体上,确保系统的可靠运行。

22.3.8 线型感温火灾探测器根据敏感部位的类型不同可分为缆式、分布式光纤、光纤光栅、线式多点型,探测器有敏感部位和与其相连的信号处理单元等部分组成。敏感部位应采用感温电缆、感温光纤、光纤光栅形式或点式感温元件及其接续部件、接续部件应为接线盒、终端盒。本条规定规范了线型感温火灾探测器敏感部件的安装要求,以确保其温度探测的可靠性。

22.3.18 剩余电流式电气火灾探测器用于检测供电线路的对地泄漏电流值,安装不当容易误报警。

22.4 系统调试

22.4.3 在系统正常后,对每个可恢复或不可恢复的手动火灾报警按钮均应进行火灾报警试验。本条规定了火灾应急广播的调试内容和要求,火灾应急广播属于火灾报警装置类,对人员疏散起到至关重要的作用。因此,规定的调试内容应逐一检查并全部满足要求。

22.4.5 在供电线路本身发生过负荷时,接头部位反应最强烈,保护供电线路过负荷时,应重点监控其接头部位的温度变化。因此,测温式电气火灾监控探测器应设置在电缆接头、端子、重点发热部件等部位。

22.4.8 本条规定了传输设备的调试内容和要求。

22.4.13 本条是对火灾自动报警系统的联调,也就是说在系统联调之前各项设备、系统应经过调试并已合格后,将这些设备及系统连接组成完整的火灾自动报警系统对其进行联调。进行联调的目的是检查整个系统的关系功能是否符合国家现行标准和设计的联动逻辑关系要求,全面调试系统的各项功能。

23 环境与设备监控系统

本章内容主要参照《建筑电气工程施工质量验收规范》GB 50303、《智能建筑工程质量验收规范》GB 50339 等现行有关标准。

23.1 一般规定

23.1.3 正常运行工况需控制的设备,应由环境与设备监控系统直接监控;火灾工况专用的设备,应由火灾自动报警系统直接监控;正常运行与火灾工况均需控制的设备,平时可由机电设备监控系统直接监控,火灾时机电设备监控系统应能接收火灾自动报警系统指令,并优先执行火灾自动报警系统确认的火灾工况。

23.3 设备安装

23.3.11 在监控系统中,比较常见的气体传感器有测量服务区域空气质量的 CO_2 传感器、测量车库空气质量的 CO 传感器、测量 NH_3 制冷机是否有泄漏的 NH_3 传感器等。这些气体中,CO 和 NH_3 的密度低于空气,容易积聚在房间上部;其他气体的密度高于空气,容易积聚在房间下部。应在合适高度的位置进行安装。

23.4 系统调试

23.4.10 接口功能验收前,需要完成环境与设备监控系统全部接口调试工作,功能验收对已完成的调试记录进行检查,并对重要功能的现场抽测,考虑到综合监控系统海量的监控对象和繁杂的功能项,根据工程实际以适宜的比例进行抽测既有利于保证系统的调试质量,也有利于功能验收的实际实施,并保证单站的功能验收在 2 d 内测试完成,有利于功能测试的可实施性。

24 机电系统支吊架

本章内容主要参照《通风与空调工程施工质量验收规范》GB 50243、《建筑给水排水及采暖工程施工质量验收规范》GB 50242、《建筑电气工程施工质量验收规范》GB 50303 等现行有关标准。

24.2 风管系统支吊架

24.2.1 风管系统支吊架的形式和规格应按工程实际情况和国家现行有关标准图集选用。对于大口径风管支吊架规定应按设计要求,是强调工程的安全施工。

25 综合监控系统

本章内容主要参照《城市轨道交通综合监控系统工程技术标准》GB/T 50636 等现行有关标准。

25.1 一般规定

25.1.4 试运行测试主要是验证综合监控系统运行的可靠性与稳定性。试运行期间,不允许出现系统故障;如出现,则终止试运行并修复和更换后再重新开始试运行,直至试运行通过。

25.1.5 不间断运行期间,综合监控系统功能和性能应保持正常,并持续运转,运行时间不得小于 144 h。当出现下列情况时,应终止不间断运行测试,整改后重新进行:

(1) 系统硬件未出现故障的情况下,软件运行异常,导致全部或部分系统功能丧失,且运行异常时间超过 5 min 时。

(2) 系统配置的冗余设备同时发生故障,导致全部或部分系统功能丧失,且故障时间超过 5 min 时。

(3) 综合监控系统因自身而统故障导致失去单个车站、车辆段或停车场的单个接口专业全部监控功能,且故障时间超过 5 min 时。

不间断运行期间应停止下列维护性操作:

(1) 修改数据库结构或算法。

(2) 修改数据库中的遥控序列表。

(3) 离线组态、数据同步。

(4) 系统启停。

26 车辆基地

本章内容主要参照《铁路站场工程施工质量验收标准》TB 10423、《城市轨道交通机电设备安装工程质量验收标准》DG/TJ 08—2005 等现行有关标准。

26.1 一般规定

26.1.1 本条所指的车辆基地工程是指市域铁路工程中的车辆段、停车场、综合维修基地等。车辆基地工程涉及验收专业多,可能出现单独专项验收能通过,但几个专业加起来后会出现矛盾及冲突,不能实现设计文件规定的功能要求,因此车辆段地基要进行功能验收。除本章规定的验收项目外,车辆基地的其他建筑、市政工程的验收参照国家现行标准进行。

26.2 基地构筑物

26.2.1 围墙施工精度直接影响列车在库区行车的安全。因此,在施工完成投入使用前,应由测量人员对其定位及尺寸进行复核检查,确保符合设计要求,不得侵入相关限界内。

26.2.9 车辆基地内的电缆沟施工除按本条标准执行外,如电缆沟顶无覆土的,要进行质量感观方面的验收,包括电缆沟直线段的直线性、曲线段的曲率及沟面的平整性等。

26.2.16 检查坑基底的处理直接影响铺轨及列车行驶安全,基底施工完成后应进行承载力检测,并满足设计要求。

26.2.17 检查坑施工精度直接影响列车在库区行车的安全,在施工完成投入使用前,要由测量人员对其定位及尺寸进行复核检查,确保符合设计要求。

26.2.27 地面设备基础的地基处理直接影响设备的安装,在施工完成投入使用前,要进行地基承载力检测,确保符合设计要求。

26.2.32 设备预埋件、预留孔位置、数量直接影响设备安装及使用,施工前应认真比对土建和设备安装预埋图纸,确保满足设备安装要求。

26.3 主要工艺设备

26.3.18 车辆动态智能综合检测系统涉及摄像机、传感器等硬件设备,完成对现场的监测,需按照设计要求确定具体安装位置。

26.3.23 管线的布置原则主要是平行分层进行布置,即线缆桥架和水管采用平行布置方式,各种管线和桥架之间的距离应满足专业的检修要求。一般布置原则为线缆桥架在上层,水管在最下层,强、弱电桥架尽量分层设计。

26.3.88 现行国家标准《压力容器》GB 150.1~150.4 规定了金属制压力容器的建造要求。现行国家标准《压缩空气站设计规范》GB 50029 适用于装有电力驱动、工作压力小于或等于 42 MPa 的活塞空气压缩机、隔膜空气压缩机、离心空气压缩机的新建、改建、扩建的压缩空气站及其压缩空气管道的设计安装。

27 综合接地

本章内容主要参照《铁路防雷及接地工程技术规范》TB 10180等现行有关标准。

27.1 一般规定

27.1.2 综合接地工程是有关主体工程的一部分,不具备独立施工条件,应纳入主体工程的单位工程一并验收,本标准仅规定了分项工程和检验批的验收要求。

27.2 贯通地线

27.2.3 本条参考了行业标准《铁路防雷及接地工程技术规范》TB 10180—2016第4.2.4、4.2.6条及铁路工程建设通用参考图《铁路综合接地系统》(通号(2016)9301)第10页的有关规定。

27.3 接地体和接地端子

27.3.6 本条参考了行业标准《铁路防雷及接地工程技术规范》TB 10180—2016第4.3.3条的有关规定。

27.3.7 本条参考了行业标准《铁路防雷及接地工程技术规范》TB 10180—2016第4.3.4条及铁路工程建设通用参考图《铁路综合接地系统》(通号(2016)9301)第10—17页的有关规定。

27.3.8 本条参考了行业标准《铁路防雷及接地工程技术规范》TB 10180—2016第4.3.6、4.3.7条的有关规定。

27.3.9 本条参考了行业标准《城际铁路设计规范》TB 10623—2014 第 23.3.4 条的有关规定。

27.3.10 本条参考了行业标准《城际铁路设计规范》TB 10623—2014 第 23.3.9 条的有关规定。